U0112562

郭齐勇 主编

中国哲学通史

学术版

—现代卷—

胡治洪 著

A
HISTORY
OF
CHINESE
PHILOSOPHY

江苏人民出版社

图书在版编目(CIP)数据

中国哲学通史. 现代卷 / 郭齐勇主编；胡治洪著
. —南京：江苏人民出版社，2021.12(2024.3重印)
ISBN 978 - 7 - 214 - 26019 - 2

Ⅰ. ①中… Ⅱ. ①郭… ②胡… Ⅲ. ①哲学史–中国
–现代 Ⅳ. ①B2

中国版本图书馆 CIP 数据核字(2021)第 055016 号

中国哲学通史

郭齐勇　主编

现代卷

胡治洪　著

策　　　划	府建明	
责 任 编 辑	府建明	
装 帧 设 计	周伟伟	
责 任 监 制	王　娟	
出 版 发 行	江苏人民出版社	
地　　　址	南京市湖南路 1 号 A 楼,邮编:210009	
照　　　排	江苏凤凰制版有限公司	
印　　　刷	苏州市越洋印刷有限公司	
开　　　本	652 毫米×960 毫米　1/16	
印　　　张	46.75　插页 4	
字　　　数	625 千字	
版　　　次	2021 年 12 月第 1 版	
印　　　次	2024 年 3 月第 2 次印刷	
标 准 书 号	ISBN 978 - 7 - 214 - 26019 - 2	
定　　　价	178.00 元(精装)	

(江苏人民出版社图书凡印装错误可向承印厂调换)

目　录

导　论

　　中国现代哲学,严格地说,当指中国现代时期产生的哲学思想及著述,如此则中国现代哲学的时间跨度应在 1912 年中华民国成立或 1919 年五四运动爆发以迄 1949 年中华人民共和国成立期间。[①] 但是深究而言,哲学思想的逻辑进程并不一定与社会历史的实际发展完全对应,中华民国诞生或五四运动爆发与中国现代哲学的发端并无确切关系。若以迈出中国古代思想槛限而在古今中西宏大视域中依违取舍思想资源作为中国现代哲学的主要问题和贯穿脉络,那么中国现代哲学应以对固有文化和近代西学均有较多了解和吸取的改良派人物的哲思为起点,其超越了鸦片战争前后基本上还处于中国古代思想槛限之内的士大夫,以及太平天国时期对古今中西皆欠正确择取的知识分子。

[①] 将中国现代史之起讫界定为 1912—1949 年者例见陈廷湘主编《中国现代史》(成都:四川大学出版社 2002 年版);将中国现代史之起讫界定为 1919—1949 年者例见王桧林主编《中国现代史》(北京:高等教育出版社 1989 年版)、张华腾等主编《中国现代史》(北京:高等教育出版社 1999 年版)、魏宏运主编《中国现代史》(北京:高等教育出版社 2002 年版)、王桧林编《中国现代史》(北京:北京师范大学出版社 2004 年版)、章开沅、朱英主编《中国近现代史》(开封:河南大学出版社 2009 年版)、本书编写组著《中国近现代史纲要(2010 年修订版)》(北京:高等教育出版社 2010 年版)。本书为马克思主义理论研究和建设工程重点教材,显然也将中国现代史之起讫界定为 1919—1949 年。

显而易见,中国现代哲学的存在时段在中国哲学史上只是甚为短暂的一瞬。不必说以 1912 年或 1919 年为起点,即使以 19 世纪 80 年代改良派人物的思想成熟为起点,迄于 1949 年以中华人民共和国成立为标志而宣告这一时期结束,也不过鼎鼎七十年。虽然中国历史上的秦朝、三国之魏蜀吴、南朝之宋齐梁陈、隋朝、五代之梁唐晋汉周,其各自存在的时间多比现代时期更加短促,但这些朝代却几乎从未被作为独立单元予以对待,而是分别归并为秦汉、魏晋南北朝、隋唐五代等长时段,各时段均达三四百年之久。若将中国古代哲学作为与自成单元的中国现代哲学相对的整体来看,则自殷周之际以迄清代末期更是延续三千余年,据此断定中国现代哲学的存在时段在中国哲学史上只是短暂一瞬,当非瞽说。

不过,中国现代哲学的存在时段虽然短暂,但其历史意义却非同寻常。由于际会以强势的西力东侵、西制东扩、西学东渐为特征的三千年未有之大变局,这种非常特殊的客观情势致使中国现代哲学激发出十分丰富的理论成果,形成了诸多史无前例的思想特点,从而为其后中国哲学的发展奠定了相当厚实的学术思想基础,开启了一系列崭新的论域,积累了大量弥足珍贵的经验教训。因此,中国现代哲学在中国哲学史上占有独具一格的重要地位。

中国现代哲学的首要理论成果当是确立了哲学部类或学科。毫无疑问,中华民族是拥有悠久哲学思维传统、高明哲学思想智慧和丰富哲学理论资源的伟大民族。从传说为伏羲始创而至迟在公元前 11 世纪便已形成的八卦观念,到同样于公元前 11 世纪便已形成而可追溯到公元前 21 世纪甚至更早的五行观念,再到公元前 8 世纪早期便已成熟的阴阳观念,乃至公元前 4 至公元前 3 世纪出现的太极观念,所有这些都表明,中华民族具有悠久、一贯并且精深的哲学思维传统。中国古代哲学思想的发生,非但不落后于世界上其他的古老民族,而且甚至早于其他古老民族。不过,中国虽然拥有悠久、高明、丰富的哲学思想和理论,但直到 19 世纪末叶都没有"哲学"这一名目,当然也就没有专门的哲学部类或学科。中国古代可以被归入现代所谓"哲学"范畴的关于宇宙、人生、社会、历史之根本问题的论说,都浑融于经史子集四部之学当中。19
世纪末,维新派人士黄遵宪等将日本学者西周用汉字对译西语
philosophy而创立的"哲学"一词引入中国,不久即被郑观应、王国维等
人在著作中大量使用,借以指目关于天人根本乃至形上存有的思想学
说。特别是王国维所撰《哲学辨惑》(1903)、《论哲学家与美术家之天职》
(1905)、《静庵文集自序》(1905)、《述近世教育思想与哲学之关系》
(1906)、《书辜氏汤生英译〈中庸〉后》(1906)、《奏定经学科大学文学科大
学章程书后》(1906)、《静庵文集续编自序(一)》(1907)、《静庵文集续编
自序(二)》(1907)诸名篇,不仅为哲学辩诬,而且推尊哲学为无比崇高的
学问,自此哲学渐为国人耳熟能详并且积极认可的名目。在此基础上,
北京大学于1912年即民国初元始建文科哲学门,嗣后谢无量、陈黻宸分
别于1915年和1916年出版或撰成《中国哲学史》,凡此皆标志着哲学在
现代中国正式成为学科门类和学术部类,千百年来浑融于经史子集四部
之学当中的关于宇宙、人生、社会、历史之根本问题的论说也就从此成为
独立的专门的学术体系。尽管对于哲学独立于四部之学的事实至今褒
贬不一,但哲学在中国的出现却是中国现代哲学史上发生的破天荒的
事件。

　　中国现代哲学的另一个显著的理论成果亦即其突出的学术特点,就
是一方面愈益广泛深入地引进西方学说,另一方面愈益全面深刻地扬弃
甚至否定以六经之学为根柢的中国传统学术思想。① 从前一方面来看,
例如王韬对实证主义的介绍及其思想观念与存在主义的接近,严复对赫
胥黎《天演论》、亚当·斯密《原富》、斯宾塞《群学肄言》、约翰·穆勒《群
己权界论》和《穆勒名学》、甄克思《社会通诠》、孟德斯鸠《法意》、耶方斯

---

① 先秦诸子之学、两汉经学、魏晋玄学、宋明道学、清代朴学皆以六经之学为根柢,构成一根而
　发的中国传统学术思想。兴盛于南北朝隋唐的佛学虽然另有根柢,但其学理在两宋以降仍
　多被吸纳到中国传统学术思想之中,甚至其丛林制度以及终极信仰也都逐渐与中国传统学
　术思想相适应。因此在宽泛的意义上可以说,自先秦至晚清的中国传统学术思想乃是一脉
　相承或一体闭合的。

《名学浅说》的翻译和解说,康有为对康德和拉普拉斯星云说的阐发,谭嗣同对西方物理学史上的以太说的运用,孙中山对近代西方天文学、地质学、生物学以及进化论、互助论的引述,章太炎对伊壁鸠鲁和莱布尼兹原子论、洛克经验论、休谟怀疑论、康德先验论乃至达尔文和斯宾塞进化论的择取,王国维对古希腊及近代以降英、德、法、荷等国哲学文化的博涉广说,胡适对实用主义的提炼与推广,梁漱溟对叔本华唯意志论和柏格森生命哲学的借鉴,张君劢对约翰·穆勒政治学、倭伊铿精神哲学、柏格森生命哲学的服膺与倡导,李大钊、陈独秀对马克思列宁主义的引入和传播以及李达、毛泽东、艾思奇对马克思列宁主义理论的系统化、中国化、大众化所做的杰出工作,熊十力对斯宾诺莎、孟德斯鸠、康德、黑格尔、叔本华、孔德、达尔文、斯宾塞、詹姆士、布拉德雷、柏格森、怀特海、杜里舒、罗素等西方哲学家,牛顿、瓦特等西方科学家,互助论、相对论、波粒二象性、不确定性原理、热力学第二定律等理论的关注、洞见与评论,张东荪对作为西方科学之"祖宗"和做人态度之根本的西洋哲学的广泛输入,李石岑对尼采超人哲学、柏格森生命哲学、倭伊铿精神生活论、罗素逻辑实证主义、杜威实用主义以及马克思主义辩证唯物论的宣传,冯友兰对新实在论和逻辑实证论的认同与化用,金岳霖对洛克、休谟、罗素、布拉德雷哲学的研究与讲授及其遵循亚里士多德形而上学和新实在论的思路对本体宇宙论的建构,方东美对古希腊及希伯来超越蕲向、黑格尔理性体系、尼采超人精神、柏格森生命哲学、杜威实用主义的精研与较论,朱谦之关于黑格尔历史哲学和孔德历史哲学的著述,贺麟对斯宾诺莎、康德、黑格尔哲学的译介,洪谦对石里克及其发起的维也纳学派的逻辑实证论的引介,张岱年对马列主义辩证唯物论、罗素逻辑分析法与中国传统道德人生观的综合创新,等等,短短几十年间几乎引入了当时所有的西方哲学以及社会科学和自然科学的前沿理论。

从后一方面来看,自从洋务运动期间改良派人物如王韬等在其自觉不自觉地奉为至高无上的中国传统学术思想的框架中纳入某些西方学说成分,不久便演变为诸如处于改良派与维新派之间的前期严复、维新派人物如前期康有为和谭嗣同、革命派人物如前期孙中山和前期章太炎,甚至作为纯学者的保守派人物王国维等,对中国传统学术思想框架的基本弃置及其对中西思想资源的等量齐观和兼收并蓄,中学相对于西学的主体地位已经岌岌可危。迨及新文化运动前后,不要说中国传统学术思想框架被完全打破,甚至欲将中国传统学术思想与西方学说等量齐观亦不可求,经樊锥、易鼐、吴虞、易白沙、钱玄同、吴稚晖等人推波助澜,更加以陈独秀、胡适等人激烈陈词扬西抑中,以儒学为核心的中国传统文化遂被认定为万恶之渊薮或已陈之刍狗,而近代欧美物质文明、社会制度及其价值观念则被尊奉为至上的追求目标,影响广泛而深远的全盘反传统、全盘西化思潮至此形成并逐渐积淀为社会心理。此后马列主义传入中国,中国的马列主义者虽然不再尊崇欧美文明,而是抨击欧美文明而向往苏俄社会,但以广义的西方为归宿的取向却是与尊奉欧美文明者相一致的,至于在对待中国传统文化的态度上,早期马列主义者如陈独秀、王明等人或者本来就是尊奉欧美文明者,或者反传统的立场与尊奉欧美文明者相接近,实际上是反传统阵线的重要一翼;只是到了成熟的马列主义者如毛泽东、张闻天、艾思奇等人提出马克思主义中国化、马列主义普遍真理与中国革命具体实践相结合、批判地继承中国传统文化、建设民族的科学的大众的新民主主义文化、创作具有中国作风中国气派的文学艺术、对旧文化的真正发扬光大,等等,由此才形成中国现代史上除文化保守主义派别之外的对待中国传统文化比较平允的态度。这种态度的实质就是马列主义指导下的中西文化双向扬弃。即使是最终归依中国传统的文化保守主义人物如马一浮、熊十力、张君劢、梁漱溟、冯友兰、方东美、贺麟等也都不同程度地承认中国传统存在着种种积弊,因而不同程度地参鉴或接纳西方文化,以期为中国传统文化的生存延续注入箴肓起废、激浊扬清的新动能。综上所述,在中国现代短短几十年间,从先秦以迄清末两千余年一直为中华民族所遵守的中国传统学术思想框架被逐步打破甚至弃置,或者说仅仅存在于社会的边缘不绝如缕。

　　对西方学说的引进以及对中国传统学术思想框架的打破甚至弃置,

根本上是为了寻求建立新的社会意识准则、民族精神支柱或国家主导观念,用中国传统术语来说,就是要建立新的"道统"(新统),这正是所谓"三千年未有之大变局"的真正含义,也是中国现代哲学最为重要的特点,是如此短暂的中国现代哲学阶段在漫长的中国哲学史上占据震古烁今地位的首要原因。毫无疑问,文化保守主义者如后期严复、后期康有为、后期章太炎,特别是被称为现代新儒家的马一浮、熊十力、张君劢、梁漱溟、钱穆、冯友兰、方东美、贺麟等人,都通过学术著述、授业讲学或社会活动,努力护持尧舜禹汤文武周孔颜曾思孟周张程朱陆王诸圣诸贤慧命递续的固有道统,以期"济文武于将坠,宣风声于不泯"(陆机《文赋》)。当然不能说他们的努力毫无成效,事实上他们为中华民族固有文化的保存延续积累了无疆真火,但是无论如何,自《中华民国临时约法》规定人民有信教之自由,且民初教育法规法案废止祭孔读经,中国固有道统便不再受到政体特别维护,而成为国民信仰的自由选项之一,从另一方面说,也就是成为国民可以不信仰或是反对信仰的对象。与之相对,从洋务运动时段的改良派到戊戌变法期间的维新派,再到辛亥革命前后的革命派,直至新文化运动时期的西化派,乃是一以贯之、愈益激烈地破斥中国固有传统而礼赞近代欧美文明,越来越明显地欲以近代欧美文明取代中国固有传统而成为新统。观前期严复推尊"以自由为体,以民主为用"(《原强》),后期康有为追悔"昔者视欧美过高,以为可渐至大同"(《意大利游记》),甲午年间谭嗣同誓言"不恤首发大难,画此尽变西法之策"(《报贝元徵书》),即可为证。特别是孙中山以深受近代欧美人权、自由、平等、民主等理念影响的民权主义为指导思想,建立中华民国(参见《在东京〈民报〉创刊周年庆祝大会的演说》),民国首任教育总长蔡元培以共和政体否定忠君、以信仰自由排斥尊孔(参见《对于新教育之意见》),实际上已经采纳近代欧美文明之要义以建立民国新统,[①]然而新文化人物

---

① 孙中山、蔡元培等人仿尚近代欧美文明以建立中华民国的取向,还可从他们于民国初年颁布的国歌所谓"揖美追欧,旧邦新造"获得证明。

却仍然意有未慊,必欲全盘反传统、全盘西化而后甘,例如陈独秀说"要拥护那德先生,便不得不反对孔教、礼法、贞节、旧伦理、旧政治;要拥护那赛先生,便不得不反对旧艺术、旧宗教;要拥护德先生又要拥护赛先生,便不得不反对国粹和旧文学。……我们现在认定只有这两位先生可以救治中国政治上道德上学术上思想上一切的黑暗"(《本志罪案之答辩书》);胡适说"我们如果还想把这个国家整顿起来,如果还希望这个民族在世界上占一个地位,只有一条生路,就是我们自己要认错! 我们必须承认我们自己百事不如人,不但物质机械上不如人,不但政治制度不如人,并且道德不如人,知识不如人,文学不如人,音乐不如人,艺术不如人,身体不如人! 肯认错了,方才肯死心塌地的去学人家"(《介绍我自己的思想》)。推绎陈、胡之用心,他们是要在将传统文化扫荡得干干净净的中国旧址之上另建一个以欧美为榜样和认同的国度,如此则历史文化和精神气质意义上的中国(中国人)将不复存在! 综上可见,晚清以降致力于以近代欧美文明取代中国固有传统而成为新统的势头持续强劲,且在民国年间部分地得以实现。① 但是,就在崇尚近代欧美文明的思潮高歌猛进的新文化运动期间,以 1917 年俄国十月革命为动因,向往以马列主义为指导的社会主义思潮也勃然兴起。这一思潮以严密的组织化方式聚合为中国共产党,以辩证唯物主义为世界观和方法论,以唯物史观为历史规律和社会理想,以揭露并反抗剥削压迫为道义诉求,以阶级斗争、暴力革命和无产阶级专政为手段,以宣传、动员、组织广大民众为依托,以党的建设、武装斗争、统一战线为法宝,以马列主义普遍真理与中国革命具体实践相结合为思想路线,在历史选择的卓越领袖毛泽东领导下,经过艰苦卓绝奋斗而于 1949 年夺取国家政权,这一划时代的历史事件标志着中华民族百余年来任由西方列强和日本军阀欺凌宰制的时代结束及其重新走向繁荣富强的开始,因此,作为中国共产党的指导思想、

---

① 融合了中国传统道德和现代社会主义某些成分、但基本精神秉承于近代欧美文明的三民主义,除了北洋政府当权时期以外,一直被中国国民党和中华民国政府奉为指导思想,1946 年12 月 25 日被作为头条载入《中华民国宪法》。

也为绝大多数中国人民所拥护的马列主义和毛泽东思想,也就在中国现代哲学史的终结点取代中国固有道统和近代欧美文明而成为国家新统。

争立新统的过程在文化领域表现为学术思想观点的论战,这也是中国现代哲学的一个显著特点。论战所形成的文著构成中国现代哲学理论成果的重要组成部分。[①] 与中国固有传统被近代欧美观念所鼎替、近代欧美观念又被马列主义所取代这一递嬗过程相应,中国现代哲学史上此起彼伏、形形色色、错综复杂的思想观点论战大致可以归类为崇尚近代欧美文明者和马列主义者联手或各自与护持中国固有传统乃至东方文明者的论战,马列主义者与崇尚近代欧美文明者的论战。另外,马列主义者对官方哲学的批判(从另一方面看,也可以说是官方哲学对马列主义的"围剿")也是思想观点论战的一个重要方面。上述第一类论战主要有从 1905 年开始,持续三年之久的《民报》与《新民丛报》关于革命与保皇的论战,1918 年《新青年》陈独秀与《东方杂志》杜亚泉关于东西文化特点及其优劣的论战,1923 年 2 月由丁文江抨击张君劢的《人生观》演讲而引发的持续近两年规模宏大的"科学与人生观"论战,同年 4 月胡适对梁漱溟《东西文化及其哲学》的批评与梁漱溟的反批评,同年 8 月开始的恽代英、杨明斋、杨铨等对章士钊、董时进等宣扬的"以农立国论"的批评,1924 年陈独秀、瞿秋白、吴稚晖、恽代英等对应梁启超邀请来华宣扬东方文化的印度诗人泰戈尔的猛烈抨击,1935 年胡适、陈序经以"全盘西化论"对王新命等十位教授主张的"中国本位文化论"的批判,1940 年前后陈家康、赵纪彬、胡绳、杜国庠、洪谦等对冯友兰"贞元六书"的形上学、历史文化观、生活方法论、人生境界说以及中国哲学史观的质疑或批判。第二类论战主要有 1919 年李大钊与胡适关于"问题与主义"的论战,1920 年李大钊、陈独秀、李达、陈望道、蔡和森与张东荪、梁启超关于社会主义和基尔特主义的论战,1924 年瞿秋白《实验主义与革命哲学》一文对

---

① 由钟离蒙和杨凤麟主编、辽宁大学哲学系中国哲学史研究室于 1980—1984 年印行的《中国现代哲学史资料汇编》4 集及续集凡 49 册可见其概貌。

胡适宣扬的实用主义的批判,20世纪20年代末延至20世纪30年代中后期的新思潮派、中国农村派等马列主义者与新生命派、国民党改组派以及新月派、托派、动力派、中国经济派、《读书杂志》群体等形形色色思想派别关于中国社会性质、中国社会史及中国农村问题的论战,①20世纪30年代艾思奇、邓云特(邓拓)、李达等与张东荪、叶青等关于唯物辩证法与形式逻辑问题的论战。至于马列主义者对于官方哲学的批判,主要有1925年瞿秋白《中国国民革命与戴季陶主义》一文对戴季陶以三民主义排斥共产主义的论调的批判,1941年艾思奇《抗战以来的几种重要哲学思想评述》一文对唯生论和力行哲学的批判,1943年周恩来《论中国的法西斯主义——新专制主义》和艾思奇《〈中国之命运〉——极端唯心论的愚民哲学》对力行哲学的继续批判。这些论战并不一定都可以归入严格意义上的哲学范畴,但都切及社会、政治、文化、思想的根本问题,都对社会思潮的递嬗兴替具有不同程度的影响作用。在学理上,这些论战的资取范围不外乎古今中西;在旨归上,这些论战直接或间接致思于国族振兴;而资取古今中西和致思国族振兴也就是中国现代哲学的两大主题。

理论创新和体系创构也是中国现代哲学的突出特点。就本卷选取的研究对象来看,王韬突破仁统万德传统观念的尚智论,郑观应无名有实的中国哲学观,康有为略同王韬尚智论的"人惟有智"重智论,孙中山独步千祀另辟蹊径的行易知难说,章太炎只眼独具迥异流俗的俱分进化论,王国维振聋发聩的哲学价值论和广博精深的比较哲学论,梁漱溟基于意欲本体观的人类文化三路向说和世界文明三期重现说,张君劢自由意志人生观及和会中西的新儒学,李大钊的青春哲学、民彝史观以及和合思想,李达对马克思主义的全面系统表述,毛泽东以截断众流手段对辩证唯物主义的方法论亦即矛盾论和认识论亦即实践论的阐明,艾思奇

---

① 这场包含三个连贯主题的论战,持续时间长,参与人物多,涉及思想派别复杂,有中共,有托派,有官方,有欧美派,还有第三种人,等等,实际上并不仅仅是马列主义者与崇尚近代欧美文明者的论战,权系于此而已。

对马克思主义哲学大众化和中国化作出的理论贡献，方东美以高度心理学、双回向、共命慧等独创理论对中西文化的比较和反思，贺麟以逻辑心取代道德心的本体论、以规律破解神秘的直觉论、以神经生理学为基础的知行合一论，朱谦之以情本体论、默识的认识—方法—工夫论、复归真情的理想人格论构建的唯情哲学，张岱年以问题为中心论述中国哲学发展历程的《中国哲学大纲》及其"唯物、理想、解析综合于一"的哲学思想，等等，多为道前贤所未道、启后学以多方的新论。而熊十力兼取儒佛、归宗《大易》，以体用、翕辟、心物、本心、习心、工夫、性智、量智诸范畴建构的"新唯识论"体系；冯友兰依据从《易传》到理学、从亚里士多德形而上学到新实在论和逻辑实证论等中西古今思想资源，运用事、类、大全、性、理、气、太极、无极、实际、真际诸范畴推演而成的"新理学"体系；金岳霖借鉴朱熹理气说和亚里士多德形质说以及新实在论，通过殊相、共相、有能、可能、无极、太极诸范畴完成的"道是式能"体系，更是中国现代哲学史上的思想顶巅，是足以与古今中外一切本体宇宙论体系比肩甚至超乎其上的理论高峰，是中华民族哲学的新的骄傲！

应该说，本卷选取的研究对象基本上能够体现中国现代哲学的概貌和成就，但这并不意味着中国现代哲学的成就仅限于以上这些对象。在此仍然只能以例举的方式来说，在中国现代哲学阶段，传统学术研究方面的主要创获还有崔适的今文经学《春秋复始》《五经释要》，廖平的今文经学《穀梁集解纠谬》《公羊何氏解诂十论》《今古学考》《知圣篇》《辟刘篇》，蔡元培的《中国伦理学史》，梁启超的子史之学《老子哲学》《孔子》《子墨子学说》《墨子学案》《老孔墨以后学派概观》《儒家哲学》《先秦政治思想史》《中国近三百年学术史》《清代学术概论》，刘师培的古文经学《春秋左氏传古例诠征》《春秋左氏传例略》《春秋左氏传答问》《春秋左氏传时月日古例考》《读左札记》《周礼古注集疏》《礼经旧说考略》《逸礼考》《古书疑义举例补》《论文札记》，李石岑的《中国哲学十讲》，汤用彤的《魏晋玄学论稿》，钱穆的《先秦诸子系年考辨》，范寿康的《中国哲学史通论》《朱子及其哲学》，周予同的《群经概论》，方授楚的《墨学源流》，高亨的

《周易古经今注》《老子正诂》，郭湛波的《先秦辩学史》，虞愚的《中国名学》。其时还有一批马克思主义学者在传统学术研究领域也取得了卓越成就，如杜国庠的《先秦诸子的若干研究》《先秦诸子思想概要》，郭沫若的《中国古代社会研究》《十批判书》，范文澜的《正史考略》《群经概论》（按此书与周予同所著同名）、《中国经学史的演变》，嵇文甫的《晚明思想史论》《先秦诸子政治社会思想述要》《左派王学》《船山哲学》，吕振羽的《中国政治思想史》《史前期中国社会研究》《殷周时代的中国社会》，侯外庐的《中国古典社会史论》《中国古代思想学说史》《中国思想通史》，陈伯达的《孔子哲学》《墨子哲学思想》，赵纪彬的《中国哲学史纲要》，杨荣国的《中国古代思想史》。在西方哲学研究方面的主要成就有张颐的《黑氏伦理研究》《黑格尔与宗教》《圣路易哲学运动》，陈康的《柏拉图〈诺曼篇〉中的认识论》《柏拉图认识论中的主体与对象》《亚里士多德的分离问题》，全增嘏的《西洋哲学小史》，郑昕的《真理与实在》《康德学述》，严群的《亚里士多德之伦理思想》。在逻辑学方面的主要成就有林可培的《论理学通义》，潘梓年的《逻辑与逻辑学》，汪奠基的《逻辑与数学逻辑论》《现代逻辑》，章士钊的《逻辑指要》。在佛学研究方面的主要成就有蒋维乔的《中国佛教史》，汤用彤的《汉魏两晋南北朝佛教史》《隋唐佛教史》，吕澂的《因明纲要》《印度佛学源流略讲》《中国佛学源流略讲》。伊斯兰教研究成果则有马坚的《中国伊斯兰教概观》《回教哲学》《回教、基督教与学术文化》等多种。关于天人之际的哲学观点主要还有唐才常的《质点配成万物说》，张东荪的"架构论宇宙观"（《一个雏形的哲学》）和"多元认识论"（《多元认识论重述》），李石岑的《人生哲学》。他如邓以蛰、朱光潜、宗白华的美学研究，瞿秋白、熊得山、杨献珍、何思敬、胡绳的马列主义理论研究，乃至蒋介石的《力行哲学》、戴季陶的《三民主义之哲学的基础》、陈立夫的《唯生论》《生之原理》，都在中国现代哲学史上留有思想印迹。所有这些思想成果都应予以全面、系统地搜集、保存、整理、研究和评论，为中华民族的思想宝库留下具有长久启迪意义的珍贵遗产。

综上所述，中国现代哲学在不到七十年的短暂时段中，创立了哲学这一学术部类或学科体制,广泛并逐渐深入地引进西学以对固有学术思想框架予以冲击,以中西新旧思想摩荡的方式促成维系国族精神命脉的道统的迭变,通过频繁激烈的学术思想论战凸显学理上资取古今中西和现实中致思国族振兴的时代主题,以理论创新奠定厚实的学术思想基础,以体系创构形成矗立的哲学理论高峰,由此充分表明中国现代哲学的不凡成就及其空前特点。而这种"三千年未有之大变局"式的学思转折为其后中国哲学思想的发展开启了诸多意义重大的论域,诸如:哲学部类或学科的内涵究竟是中国哲学还是哲学在中国,哲学部类或学科的创立究竟有益于还是无益甚至有害于中国学术,哲学部类和学科是否应该或可能回归中国传统四部之学的框架;西学的全面、系统、原本、精深地引进是否必须排斥中国固有学术思想,或者说中西学术思想的交集对于中华民族而言是否应该考虑体用、本末、主次、内外等前提性问题;凭借强势建立的新统是否应该逐步植根于悠久博厚的中国固有传统和中华民族心理;连篇累牍纷繁复杂的学术思想论战成果应该如何全面总结、妥当评价并且认真吸取经验教训;中国现代哲学史上的理论创新和体系创构如何可能在新时段中被完全消化和真正超越;归根到底,古今中西四大元素在当代及未来中国学术思想之中应该如何配平且融合。短暂的中国现代哲学阶段以其取得的不凡成就及其开启的诸多论域,在由远古向着未来无尽延伸的中国哲学思想史上占有独具一格的重要地位,如同长江大河的一段水道,是中国思想从源头通往永恒的必经之路!

第一章　传统思想框架中的西学成分：现代哲学的发端

按照中国历史分期，中国现代史以 1911 年辛亥革命或 1919 年五四运动为开端。相应于中国历史分期，一般认为，中国现代哲学史也应以 1911 年或 1919 年前后为起点。[①] 这种看法当然是基本合理的，然而需要指出的是，以观念的演进为内容的哲学史与以社会政治变革为内容的历史，并不能够完全对应。一个时期哲学思想的发生和形成，虽然不可避免地会受到其时社会历史条件的影响，但在逻辑上却又必有其先在的思想来源；无论是思想史进程，还是思想家个人认识的发展，往往都难以按照历史分期予以截然划断。因此，在对进入现代时期的中国哲学展开论述之前，有必要对其思想前源稍加追溯，由此方可把握中国现代哲学

[①] 三十多年来问世的中国现代哲学史著作正是如此，如吕希晨等著《中国现代哲学史》（长春：吉林人民出版社 1984 年版），许全兴等著《中国现代哲学史》（北京：北京大学出版社 1992 年版），宋志明等著《现代中国哲学思潮》（北京：中国人民大学出版社 1992 年版），张文儒、郭建宁主编《中国现代哲学》（北京：北京大学出版社 2001 年版）、宋志明著《中国现代哲学通论》（北京：中国人民大学出版社 2008 年版），大致都以五四新文化运动为起点；袁伟时著《中国现代哲学史稿上卷》（广州：中山大学出版社 1987 年版），冯友兰著《中国现代哲学史》（广州：广东人民出版社 1999 年版），丁祖豪等著《20 世纪中国哲学的历程》（北京：中国社会科学出版社 2006 年版），李军等著《中国现代哲学新论》（济南：齐鲁书社 2007 年版），则大致以辛亥革命为起点。至郭齐勇编著的《中国哲学史》（北京：高等教育出版社 2006 年版）"现代哲学"部分，才以戊戌维新为起点。

的根源、发展、特点及其地位。

中国现代哲学之不同于中国古代哲学,主要在于它基本上不再运用中国古代哲学的思想框架、范畴体系和理论形式去思考和表述天人、物我、群己、常变、善恶、知行等哲学问题。在思想内容和理论形式上,中国现代哲学日益全面深入地吸取了包括欧陆、英美乃至苏俄在内的西方哲学观念、方法和形式。中国现代哲学这种深刻变化的思想前源,可以追溯到第一次鸦片战争前后,林则徐、龚自珍、魏源、徐继畬等开明士大夫对于强势的西方文化的痛切体认和被动接受。而这种深刻变化成为思想家们比较主动的思想取向,则始于由曾国藩、左宗棠、李鸿章、张之洞等洋务运动领袖人物所感召、对中国传统和中西形势均有较深了解因而抱持社会改良倾向的一批知识分子,其荦荦大者有改良派思想家王韬和郑观应。

第一节　王韬的道一观、尚智论和一我论

一、生平著述

王韬(1828—1897),苏州府长洲甫里村(今苏州市吴中区甪直镇)人,初名利宾,字兰卿;18岁考中秀才后改名瀚,字懒今;35岁因化名黄畹上书太平天国官员遭清廷通缉,避难香港,更名韬,字仲弢,又字紫诠,号天南遁叟,并被时人戏称为"长毛状元";晚岁又自署弢园老民、甫里逸民、淞北逸民等名号。王韬幼年由母亲朱氏启蒙,成童后随设塾授徒的父亲王昌桂念书,遍读群经,旁涉诸史,奠定一生学问基础。13岁时,因父亲至外乡开馆,遂入长洲青萝山馆就读有年。17岁赴昆山初试县学不中;次年再试,得以拔冠邑庠,高中秀才。19岁赴南京参加乡试,因纵情于秦淮风月导致名落孙山。20岁与杨梦蘅成婚后,为贴补家用,曾在附近乡间教书。1848年初,王韬为看望囊笔沪上的父亲而第一次前往上海,既因目睹西方列强在中国土地上横行而义愤填膺,又因参观墨海书

馆并与其主持者英国人麦都思（Walter Henry Medhurst）交谈而感受到近代西方文明的先进，思想上颇受影响。次年，父亲去世，家乡大水，王韬为维持家计拟外出谋生，恰逢麦都思来函邀做中文助手，遂再赴上海，进入墨海书馆，在其中工作了13年，先后参与了基督教圣经及数部科学著作的翻译。他的这一职业受到亲友和乡党的非议与讪笑。1850年，妻子杨氏病逝于上海。1854年，出于在西人手下谋职的功利考虑，王韬受洗皈依基督教，但终生对此事讳莫如深。1857年续娶林怀蘅。1859年再试科场，仍铩羽而归，从此绝意仕进。1861年冬，王韬携家眷逃离被太平军包围的上海，回到在太平天国政权控制下的故乡甫里。出于不为清朝赏识的怨恨以及冀求被太平天国重用的愿望，他于1862年2月化名黄畹上书太平天国总理苏福省民务刘肇钧，为其出谋划策。这封书信不久落入清军之手，经辨认，黄畹即王韬，他因而受到清廷通缉。在英国领事麦华陀（Walter Henry Medhurst Jr）等西人庇护下，王韬在上海英国领事馆藏匿了四个多月，此间母亲因忧恐而亡。当年10月，王韬化装乘船逃往香港，开始了长达23年的流亡生活。对于上书太平天国官员这一情节，王韬终生矢口否认，鸣冤叫屈。王韬抵达香港后，应英华书院（Anglo Chinese College）院长理雅各（James Legge）邀请，协助其将中国儒家经典译成英文，自己也附带完成了一批经学研究著作。1867年底，王韬受先期回国的理雅各之邀，经四十多日旅行，历亚、非、欧三大洲多个国家，抵达理雅各家乡苏格兰，继续协助理雅各进行儒家经典英译工作，至1870年初方与理雅各联袂返港。此行极大地开阔了王韬的眼界，对于他的中西文化观和改良思想的形成具有重要意义。1872年前后，因理雅各再回欧洲，王韬失去英华书院职位，遂改入《华字日报》任主笔。1873年联合朋友集资成立中华印务总局。1874年2月创办《循环日报》。该报为中国历史上第一份由中国人创办的报纸，尤以鼓吹改良的时评政论耸动舆情。由于《循环日报》以及《普法战纪》等著作在日本产生巨大影响，1879年春，王韬受日本学界多人联名邀请，作扶桑之游，历时四月有余。往返途中均曾停留上海，并返归甫里探望，受到清朝官员友好接待。1884 年,经清廷重臣李鸿章默许,王韬结束流亡生活,携家眷返居上海。1885 年任上海格致书院山长,并创设弢园书局,刊行平生著述。1897 年 5 月 24 日病逝于上海,归葬甫里。

王韬的著述主要有:《春秋左氏传集释》《春秋朔闰日至考》《春秋朔至表》《春秋日食辨正》《皇清经解校勘记》《国朝经籍志》《弢园文录》《弢园文录外编》《台事窃愤录》《普法战纪》《法志》《俄志》《美志》《西事凡》《西古史》《弢园西学辑存六种》《火器说略》《乘桴漫记》《漫游随笔图说》《扶桑游记》《弢园尺牍》《弢园尺牍续钞》《蘅华馆诗录》《遁窟谰言》《淞隐漫录》《淞滨闲话》等。

二、作为改良思想之根据的道一观

王韬是晚清改良思想家中的翘楚。[①] 他基于对中西社会的体受、了解、比较和考究,对当时中国落后于西方因而不适应近代世界形势的诸多方面,都提出了批评意见和改良主张。

王韬批评选用人才的方式说:"今国家取士,三年而登之贤书,升之大廷,称之曰进士,重之曰翰林,以为天下人才在是矣。不知所试者时文耳,非内圣外王之学也,非治国经野之道也,非强兵富国之略也,率天下之人才而出于无用者,正坐此耳。乃累数百年而不悟,若以为天下之人

[①] 在晚清著名的改良和维新思想家中,王韬的年辈唯后于冯桂芬,而与容闳、薛福成、郑观应、陈炽、马建忠、黄遵宪、陈虬、严复、康有为、宋恕等或为同辈,或为前辈。王韬对同辈或后辈改良思想家的影响,由郑观应《易言三十六篇本》王韬序跋可以概见(见《郑观应集》上册,上海:上海人民出版社 1982 年版,第 61—62、165—168 页;亦见《弢园文录外编》,上海:上海书店出版社 2002 年版,第 264—267 页)。至于王韬与冯桂芬的思想影响关系,朱维铮曾指出:"冯桂芬《校邠庐抗议》明显受王韬影响。冯原所通晓的时务属传统型,如漕、盐、河政、吏治、赋税等。同治二年二月初十(一八六三年三月二十八日),冯桂芬代李鸿章拟奏章,文字与冯著《抗议·上海设同文馆议》同,而思想与某些文字则和《与周弢甫征君》同。《抗议·采西学议》:'闻英华书院、墨海书馆,藏[西]书甚多',此当'闻'自王韬、李善兰。冯在周腾虎处见王韬《与周弢甫征君》,'极为叹赏,以为近来谈西学者,当以此为左券'(王韬《瀛濡杂志》卷四)。"(见李天纲编校《弢园文新编》之朱维铮《导言》注八,香港:生活·读书·新知三联书店有限公司 1998 年版,导言第 20 页)可见冯桂芬虽然年长于王韬,但其改良思想却反而是受王韬影响的。

才非此莫由进身，其谬亦甚矣。败坏人才，斫丧人才，使天下无真才，以至人才不能古若，无不由此。"①又说："今日之士即异日之官，巍然身为民上者也。时文中果有治民之谱欤？……乳臭之子，朝登科第而夕握印绶矣，不必试而后用也，而乌得不病国而殃民？故时文不废，天下不治。"②对此他提出改良办法："为今计者，当废时文而以实学，略如汉家取士之法，于考试之外则行乡举里选，尚行而不尚才，则士皆以气节自奋矣。至以考试取士，亦当减其额，远其期，与其多取而贤不肖之皆多，毋宁寡取而贤不肖之皆少。"③对于奋气节、重实学的倡导，正是时代的要求。

王韬批评盲目自大、固步自封以致政治窳坏的现象，说："今观中国之所长者无他，曰因循也，苟且也，蒙蔽也，粉饰也，贪罔也，虚骄也，喜贡谀而恶直言，好货财而彼此交征利。其有深思远虑矫然出众者，则必摈不见用。苟以一变之说进，其不哗然逐之者几希。盖进言者必美其词曰：中国人才之众也，土地之广也，甲兵之强也，财力之富也，法度之美也，非西国之所能望其项背也。呜呼！是皆然矣。特彼知人才之众，而不知所以养其人才以为我用；知土地之广，而不知所以治其土地以为我益；知甲兵之强，而不知练其甲兵以为我威；知财力之富，而不知所以裕其财力，开源节流，以出诸无穷而用之不匮；知法度之美，而不知奉公守法，行之维力，不至视作具文。凡此皆其蔽也。"④对此他提出改良办法：在作风上，"毋因循也，毋苟且也，毋玩愒也，毋轻忽也，毋粉饰也，毋夸张也，毋蒙蔽也，毋安于无事也，毋溺于晏安也，毋狃于积习也，毋徒袭其皮毛也，毋有初而鲜终也，毋始勤而终怠也"；⑤在措施上，"取士之法宜变"，

---

① 《弢园文录外编·原才》，第 6 页。
② 《弢园文录外编·原士》，第 8 页。
③ 《弢园文录外编·原士》，第 8 页。对于选用人才方式的批评及其补救策略，另见于同书《取士》《重儒》等篇。
④ 《弢园文录外编·变法中》，第 11—12 页。
⑤ 《弢园文录外编·变法自强下》，第 33 页。

"练兵之法宜变","学校之虚文宜变","律例之繁文宜变",①乃至于必须清仕途、裁冗员、安旗民、废河工、免妄费、撤厘金以及辟车路以通平陆、设电线以速邮传、开矿务以采煤铁五金、铸钱币以便商民足国用、行屯田以实营伍赡额兵、制机器以兴织造、用轮舶以达内河、立公司以贸易于外洋,等等;②而"其最要者,移风易俗之权操之自上,而与民渐渍于无形,转移于不觉"。③ 这就从观念、作风以及军国实务诸方面提出了亟变以合乎时势的主张。

王韬批评"善为国者当以礼义为甲胄,忠信为干橹,仁德为埤堄,谦逊为玉帛,天下自不敢动,而固于金汤,安于磐石"这种不合时宜的论调,说:"夫用兵以刀矛一变而为枪炮,航海以舟舰一变而为轮舶,行陆以车马一变而为火车,工作以器具一变而为机捩。虽刀矛、枪炮同于用兵,舟舰、轮舶同于航海,车马、火车同于行陆,器具、机捩同于工作,及其成功一也,然而缓速利钝,难易劳逸,不可同日而语矣。凡此四者,皆彼所有而我无其一。使我无彼有,而彼与我渺不相涉,则我虽无不为病,彼虽有不足夸,吾但行吾素可耳。独奈彼之咄咄逼人,相形见绌也。且彼方欲日出其技以与我争雄竞胜,絜长较短,以相角而相凌,则我岂可一日无之哉?"对此他提出改良办法:"莫如师其所长。盖天道变于上,则人事不得不变于下,《易》曰:'穷则变,变则通。'此君子所以自强不息也。"④由此表达了变通致强以卓立于尚力之世的观点。

王韬批评外交事务中的进退失据说:"因循其积习也,蒙蔽其大端也,粉饰其长技也。无事之时,则其藐视西人,几以为不人类,若一旦有事,则又畏之如虎。凡政治、风俗、事物云为之出于西人者,必无一可取,

①《弢园文录外编·变法中》,第 12 页。关于改良取士、练兵、学校、律例的论述,另见于同书《变法自强中》《尚简》等篇。

②《弢园文录外编·除弊》,第 34—36 页。另见李天纲编校《弢园文新编·拟上当事书》,香港:生活·读书·新知三联书店有限公司 1998 年版,其中提出练兵、造船、制器、选士、储材、重艺术、开垦各矿广采五金、筑路、理财、慎遣使臣、厚待外人、固守邦交等十二条策略。

③《弢园文录外编·变法中》,第 13 页。

④《弢园文录外编·答〈强弱论〉》,第 167—168 页。

心骄志傲，位置自高，绝不肯俯而求焉，降而察焉，性情隔阂而仇隙日深，于是彼此相轻而事卒不可为矣。"对此他提出改良办法："西人之至我中国，亦惟推诚布公，必信必速，毋区畛域，毋许膜视，尽我之怀柔，竭我之胞与，以示大一统之盛而已。总之，是是否否，其始即决之一言，虽彼强而我弱，彼必不我强也。……要之，内自总理衙门，外自通商口岸，必求熟谙洋务人员，以为之支持，国步当不至于多艰，而外侮断不至于独甚也。"①概乎言之，就是应在外交事务中，既了解对方、尊重对方，又坚持原则、不辱国格，这大致正是现代国际交往的通例。

王韬甚至批评当时如火如荼的洋务运动，说："今沿海各直省皆设有专局，制枪炮，造舟舰，遴选幼童出洋肄业。自其外观之，非不庞洪彪炳，然惜其尚袭皮毛，有其名而鲜其实也。福州前时所制轮舶，悉西国古法耳，不值识者一噱。他处所造机捩，转动之妙，不能不赖乎西人之指授。而窥其意，则已嚣然自足，辄以为心思智慧足与西人匹，或且过之而有余矣。"对此他提出改良办法："故今日我国之急务，其先在治民，其次在治兵，而总其纲领则在储材。诚以有形之仿效，固不如无形之鼓舞也；局厂之锤炉，固不如人心之机器也"；"民心既固，兵力既强，而后所有西法，乃可次第举行"。② 如果说批评顽固派的盲昧拒变乃是一般改良思想家都能达到的认识的话，那么，对于形式主义地办军工、派留学生的批评，则无疑表现了王韬认识的更加深刻之处。他显然已不满足于变器的层次，而进一步提出了变革制度乃至观念的要求，这在他所处的时代是具有超前性的。

王韬的改良思想并不仅仅形成于对具体的社会政治问题的批判性认识，还有其哲学思想的根据，这就是他的"道一观"。王韬说："天下之

---

① 《弢园文录外编·书〈众醉独醒翁稿〉后》，第238—239页。
② 《弢园文录外编·变法下》，第13—14页。对于洋务运动徒袭西方皮毛的批评及其补救策略，另见于同书《变法上》《治中》《洋务上》《洋务下》《〈火器略说〉后跋》《书日人〈隔靴论〉后》等篇，以及《弢园文新编·论所谈洋务终难坐言起行》。关于民心为本、西法为末的集中论述，还可见于《弢园文录外编·上当路论时务书》。

道，一而已矣，夫岂有二哉？道者，人人所以立命，人外无道，道外无人"，"道不外乎人伦。苟舍人伦以言道，皆其歧趋而异途者也，不得谓之正道也。"①又说："道也者，人道也，不外乎人情者也。苟外乎人情，断不能行之久远。"②这就在终极意义上确立了道的唯一性和人道性。但是，人道性的唯一之道却又并不总是完整清晰地呈现于人类世界从而使一切时代的一切人都得以全面准确地遵行。实际上，"天下之道，其始也由同而异，其终也由异而同"③，即是说，当道体现于特定的人类历史阶段时，由于人们对道的不同领会和施行，便逐渐导衍出千差万别的文化（包括宗教、政制等）类型。因此，"今天下教亦多术矣，儒之外有道，变乎儒者也；有释，叛乎儒者也。推而广之，则有挑筋教、景教、祆教、回教、希腊教、天主教、耶稣教，纷然角立，各自为门户而互争如水火"，所有这些文化类型，"其间有盛有衰，有兴有灭，与人事世运互为消长"。④ 亦因此，在特定的人类历史阶段，不同的文化类型对于道的符合程度也是不同的，有些文化类型甚至与道的性质相悖反。由于道在终极意义上即为人之所以安身立命者，所以判断一种文化类型是否符合道及其符合的程度，基本标准就在于这种文化类型的当下效果及其目的指向是否适于人生且合于人心，"盖人心之所向即天理之所示"。⑤ 具体到王韬所处的"教亦多术"的时代来说，哪一种文化类型的当下效果及其目的指向比较适于人生且合于人心呢？王韬认为，那就是西方文化。从当下效果来看，"试观泰西各国，凡其骎骎日盛，财用充足，兵力雄强者，类皆君民一心。无论政治大小，悉经议院妥酌，然后举行，故内则无苛虐残酷之为，外则有捍卫保持之谊，常则尽懋迁经营之力，变则竭急公赴义之忱。如心志之役股肱，如手足之捍头目。所以远涉重瀛，不啻本境，几忘君民之心，惟期

---

① 《弢园文录外编·原道》，第 1 页。
② 《弢园文新编·扶桑游记·中西教法》，第 362 页。
③ 《弢园文录外编·原道》，第 1 页。
④ 《弢园文录外编·原道》，第 1—2 页。
⑤ 《弢园文录外编·原道》，第 2 页。

国运之昌，数十年来，中原之大，皆其足迹所至，此其明效大验也"。① 从目的指向来看，"今日欧洲诸国日臻强盛，智慧之士造火轮舟车以通同洲、异洲诸国，东西两半球足迹几无不遍，穷岛异民几无不至，合一之机将兆于此。夫民既由分而合，则道亦将由异而同。形而上者曰道，形而下者曰器。道不能即通，则先假器以通之，火轮舟车皆所以载道而行者也"。② 因此，基于符合人道性的唯一之道的立场，王韬对落后甚至悖反于西方的当时中国社会政治状况的批评及其提出的以西方为范本的改良，就具有了符合于道的天经地义的合理性。

在王韬为其改良思想寻求合理性根据时，他往往也将中国古圣先贤之教统合于他的"道一观"中。他强调，唯一之道的人道性，乃是中国古圣先贤早已揭示出来并予以肯认和践行的。他说："道不自孔子始，而孔子其明道者也。"③这就是说，道是自在于天地之间的，至圣如孔子，也并不能造道，而只能将道的内涵揭示出来。那么孔子所揭示的道的内涵是什么呢？ 王韬说："夫孔之道，人道也，人类不尽，其道不变。"④这显然是将孔子作为唯一性的人道的肯认者。王韬又说："圣人，人伦之至也。盖以伦圣而非以圣圣也。"⑤这就表明，孔子等圣人之所以为圣人，唯因他们在实践中将人道推行于极致。基于这些论述，王韬的改良思想就不仅仅只是一般地符合人类公道，而且也符合中国古圣先贤之教，因为中国古圣先贤之教也就是人类公道，而人类公道亦不过是中国古圣先贤之教。在这一意义上，西方那种在王韬看来比较符合人道性的唯一之道的文化，便与中国古圣先贤所揭示、肯认并践行的道乃是一致不二的，西方文化符合人道性的唯一之道，也就是符合中国古圣先贤所揭示、肯认并践行的道。因此，以西方为范本的改良也就并不存在"中道"与"西器"的割

---

① 《弢园文录外编·达民情》，第 56 页。
② 《弢园文录外编·原道》，第 2 页。
③ 《弢园文录外编·原道》，第 1 页。
④ 《弢园文录外编·变法上》，第 10 页。
⑤ 《弢园文录外编·原道》，第 1 页。

裂或是"变器"与"守道"的扞格。所以王韬说:"诚使孔子生于今日,其于西国舟车、枪炮、机器之制,亦必有所取焉。"①

但是,在自觉或不自觉之中,王韬常常又将人道性的唯一之道奉为中国(特别是儒家)所独有而包括西方在内的其他民族一概阙如的道,他说:"故佛教、道教、天方教、天主教,有盛必有衰。而儒教之所谓人道者,当与天地同尽。'天不变,道亦不变。'"②这样,西方的先进就仅仅在于形而下的器物与制度层面,"故曰:形而上者中国也,以道胜;形而下者西人也,以器胜",③"器则取诸西国,道则备自当躬"。④ 由此,西方文化对于人道性的唯一之道的符合,便恰恰是向着中国圣道的趋归,即是说,西方是不自觉地充当了实现中国圣道的工具角色;而西方的先进也恰恰是在促使中国通过仿效西方改良社会政治以符合本有的圣道。王韬说:"故泰西诸国今日所挟以凌侮我中国者,皆后世圣人有作,所取以混同万世之法物也。此其理,中庸之圣人早已烛照而券操之,其言曰:'天下车同轨,书同文,行同伦。'而即继之曰:'天之所覆,地之所载,日月所照,霜露所坠,舟车所至,人力所通,凡有血气者莫不尊亲,此之谓大同。'"⑤又说:"天时人事,皆由西北以至东南,故水必以轮舟,陆必以火车,捷必以电线,然后全地球可合为一家。中国一变之道,盖有不得不然者焉。"⑥在这里,"西器"与"中道"仍然不存在凿枘,仿效西方器物与制度的改良恰所以实现中国圣道。问题只是在于,被王韬视为与人类公道相重合的中国圣道,时而甚至最终又取代人类公道而成为唯一的普遍之道。"道一观"的形式倒并未因此受到破坏,但其内容却不免发生游移。王韬思想认识的这种游移,虽然具有浸润于中国文化传统的主观原因,但主要还是由于时代精神尚未发展到完全超脱传统观念的地步。正因此,王韬既是他

---

① 《弢园文录外编·杞忧生〈易言〉跋》,第 266 页。
② 《弢园文新编·扶桑游记·中西教法》,第 362 页。
③ 《弢园文新编·与周弢甫征君》,第 194 页。
④ 《弢园文录外编·杞忧生〈易言〉跋》,第 266 页。
⑤ 《弢园文录外编·原道》,第 2 页。
⑥ 《弢园文录外编·变法自强下》,第 34 页。

所处时代中最具"向西方开放"意识的人物,同时又基本上还处在圣贤遗教的笼罩之中,而仍然属于传统士大夫的类型。①

三、具有现代色彩的尚智论和一我论

王韬虽然基本上还笼罩于圣贤遗教之中,但他的思想无疑存在着逸出这种笼罩的端倪。如上所述,他对西方文化的肯认就透露出这一端倪。而他的《智说》和《与友人》两篇短文,更是显然与圣贤遗教颇相径庭,而与近代西方思潮比较吻合,因而在由传统观念向现代思想转变的脉络中具有不可忽视的意义。

《智说》曰:"世以仁、义、礼、智、信为五德,吾以为德惟一而已,智是也。有智则仁非伪,义非激,礼非诈,信非愚。盖刚毅木讷近仁,仁之偏也;煦妪姑息近仁,亦仁之偏也。慷慨奋发近义,复仇蹈死近义,皆未得义之中也。礼拘于繁文缛节,周旋揖让,则浅矣。信囿于硁硁自守,至死不变,则小矣。而赖智焉,有以补其偏而救其失。智也者,洞澈无垠,物来毕照,虚灵不昧,运用如神。其识足以测宇宙之广,其见足以烛古今之变,故四者皆赖智相辅而行。苟无以济之,犹洪炉之无薪火,巨舟之无舟楫也,安能行之哉? 世人不知智之为用,故作智说以明之。"②

众所周知,中国传统,特别是作为其主流的儒家传统,乃以德性作为人的最高成就,故有"太上立德"之说。③ 而德性又以仁为尚,其他如义、

---

① 观王韬《〈汇刻陈节母节孝诗文〉序》《重刻〈徐忠烈公遗集〉序》《代上广州府冯太守书》(俱见《弢园文录外编》)《与周弢甫征君》(见《弢园文新编》)等文所表现的贞节观、孝道观、忠义观、正义观、道器观,可证其仍属传统士大夫的类型。
② 《弢园文录外编·智说》,第 155 页。
③ 《十三经注疏·春秋左传正义·襄公二十四年》,北京:中华书局 1980 年版,第 1979 页。

礼、智、信虽亦皆为德,但须统驭于仁,此即所谓"仁统四德";①扩而言之,儒家甚至标举"仁统万德"②"仁统天下之善"③。至于作为德目之一的智,其于人之成德的作用,朱熹在《格物致知补传》中阐述得最为清楚,其曰:"所谓致知在格物者,言欲致吾之知,在即物而穷其理也。盖人心之灵莫不有知,而天下之物莫不有理,惟于理有未穷,故其知有不尽也。是以大学始教,必使学者即凡天下之物,莫不因其已知之理而益穷之,以求至乎其极。至于用力之久,而一旦豁然贯通焉,则众物之表里精粗无不到,而吾心之全体大用无不明矣。此谓物格,此谓知之致也。"④这就明确地将知(即智⑤)作为识取天下之理,从而使主体最终了悟道德本体的工具,智的作用及其在德性中的地位由此得以阐明,并为宋元明清士大夫乃至社会大众所肯认。乾嘉朴学家虽然在治学中表现出重智倾向,但并未公然挑战仁主智辅的圣贤遗教。

王韬的《智说》,则可谓公然挑战圣贤遗教了。他认为,基于圣贤遗教而形成传统观念的智观,乃是"不知智之为用"的世俗陋见,故需起而对智的地位、作用及其本质重新加以发明。在他看来,智是唯一至高无

---

① (清)刘宝楠《论语正义》,台北:世界书局 1963 年版,第 5 页。二程也说:"仁义礼智信五者,性也。仁者,全体;四者,四支。"(见《二程集》,北京:中华书局 2004 年版,第 14 页)程颢还说:"仁者浑然与物同体。义礼智信,皆仁也。"(见《二程集》,第 16 页)朱熹则曰:"盖仁义礼智四者,仁足以包之。"(见《朱子语类》,北京:中华书局 1994 年版,第 113 页)王夫之似乎比较推重智的作用,其曰:"夫智,仁资以知爱之真,礼资以知敬之节,义资以知制之宜,信资以知诚之实,故行乎四德之中,而彻乎六位之终始。"(见《周易外传》,北京:中华书局 1977 年版,第 3—4 页)但他实际上并未真正超逸以智辅仁的传统思维框架。

② 《熊十力全集》第 3 卷,武汉:湖北教育出版社 2001 年版,第 947、1041 页。熊十力还说:"元者,仁也,为万德之首,万德皆不离乎仁也。""实则四端统是一个仁体。"(见《熊十力全集》第 3 卷,第 172、397 页)熊氏友人马一浮也说:"仁者,德之总相也,开而为二曰仁智、仁义,开而为三曰智、仁、勇,开而为四曰仁、义、礼、智,开而为五则益之以信,开而为六曰智、仁、圣、义、中、和,如是广说,可名万德,皆统于仁。"(见《马一浮集》第 1 册,杭州:浙江古籍出版社、浙江教育出版社 1996 年版,第 121 页)熊氏弟子牟宗三也说:"见道德实在,透精神实体,必以仁为首出。智隶属于仁而为其用。"(见《历史哲学》,南宁:广西师范大学出版社 2007 年版,第 14 页)

③ (宋)张载《张子全书·易说上》,台北:中华书局 1981 年版,第 2 页。

④ (宋)朱熹《四书集注·大学章句》,长沙:岳麓书社 1998 年版,第 11 页。

⑤ 二程说:"智,知也。"见《二程集》,北京:中华书局 2004 年版,第 14 页。

上的"德"，其余仁、义、礼、信，若无智的统驭与规范，则都将成为非德（偏）乃至缺德（失）；端赖智的指引，一切德性才可能成就其德性。如此界定智的地位与作用，岂止是与朱熹的教言相去遥远，实在是与之适相反对。更不要说王韬为凸显智的作用而将在他看来是不智的刚毅木讷指为"仁之偏"，这就是直接针对孔子褒扬"刚毅木讷近仁"[①]的批评了。至于王韬对智的本质的解说，即所谓"洞澈无垠，物来毕照，虚灵不昧，运用如神。其识足以测宇宙之广，其见足以烛古今之变"云云，也基本上剔除了道德属性，而将智认定为一种纯粹的认识功能。

王韬《智说》的思想来源，一方面当与乾嘉朴学的影响相关，他所撰《春秋左氏传集释》《春秋朔闰日至考》《春秋日食辨正》《皇清经解校勘记》等论著，均需运用纯知性的考据工夫，由此可能启发了他对于智的高度重视。[②] 另一方面，他的重智思想也受到近代西方实证主义思潮的影响，这一点，由他的《纪卜斯迭尼教》一文提供了证据。所谓"卜斯迭尼"，即实证主义（Positivism）的音译，这是一个形成于19世纪前期法、英等国的哲学派别，其一般理论特点是强调以感觉经验对事物加以实证，以观察、实验、分类、比较等科学方法探求事物的本质及其规律，追求建立知识的客观性，力图以科学转化传统哲学，坚决反对先验或超验的神秘玄想或形而上学思辨。按照实证主义创始人孔德（Auguste Comte）的观点，人类历史是一个由神学阶段到玄学阶段再到科学阶段（即实证阶段）的进化过程，而当时人类已经处于科学阶段。相应地，在社会政治态度方面，实证主义反对宗教和君主的传统权威，认为人类已经发展到以科学思想为指导的工业社会，而这也是人类理智发展的最高阶段。实证主义的理论特点和社会主张受到王韬的关注，他述介这一哲学派别说："而迩来二十年中，英、法之中，又有所谓卜斯迭尼教者，则迥与天主、耶稣教不同，且不啻隐树之敌。其为教也，不拜上帝，不事百神，但尽乎生人分

---

① 《十三经注疏·论语注疏·子路》，第2508页。
② 朱维铮说"王韬竟欲与乾嘉汉学诸老争胜，踢翻在前的毛奇龄，跨越在世的王先谦"，表明了王韬与乾嘉朴学风气的关系。见《弢园文新编·导言》，第9页。

内所当为,实事求是,以期心之所安而已。彼谓死后报应,天堂地狱之说,徒足以惑人听闻,而实非道之至者也。道之至者,在乎躬行实践。徒言死后之事,虚无缥缈,果谁见而谁述之者? ……闻奉此教者,在英、法不过百余人,皆世家子也,其人类皆读书明理,严一介不取之义。"①应该说,王韬对实证主义的了解并不全面准确,这从他将作为哲学派别的实证主义与犹太教、挑筋教、摩西教、希腊教、景教、回教、天主教、耶稣教、祆教、柳艮教等宗教混为一谈便可看出;而且他对这一新起哲学派别的述介,乃是为了说明其"合乎我中国圣贤所云矣","其古圣贤之徒欤",②这也是风马牛不相及的。但要之王韬大致是从这一新起哲学派别获得了崇尚智性和挑战传统权威的启示,从而表达于他的《智说》一文中,由此可见王韬思想中的近代西方因素。

《与友人》一文诉说"我"的种种存在状态以及感受,诸如渺小:"大千世界,无量众生中,而有一我虱于其间";膈膜:"虽至爱如父母,至亲昵如妻子,不能喻我心之悲忧惨怛,代我身之疾痛困苦也。……我在世间见人忽而生,忽而死,忽而长,忽而老,或漠然置之,或有时动于心,一哀而出涕。我于人如此,人于我可知矣";孤独:"所堪自喻者,耳目口鼻知想意识也";自私:"我父母死,我不能与之俱死,饮食衣服如故也,游戏征逐如故也……我妻死,我不能为之不娶,琴瑟好合如故也,闺房宴笑如故也";定命:"命绝缘尽则死,夭殇短折亦数之莫逃";齐物:"人生不能无死,壮岁而死与百年而死,等死耳";无价值:"天地间有一我,人不为多,无一我,人不为少。朋友交游,亲戚昆弟中,有一我不足奇,无一我不足异";无意义:"每念人生忙迫一场便休,为之三叹";唯有现世而无前缘后身:"佛氏所云轮回之说者,谬也。……佛氏谓人深于情者可结再生缘,亦妄也",③如此等等。

显而易见,王韬在此所表达的存在状态以及感受,与作为中国传统

---

① 《弢园文录外编·纪卜斯迭尼教》,第 135 页。
② 《弢园文录外编·纪卜斯迭尼教》,第 135 页。
③ 《弢园文新编·与友人》,第 276—277 页。

主流的儒家传统的人生观大异其趣。儒家所自立并立人者,是"与天地合其德,与日月合其明,与四时合其序,与鬼神合其吉凶"①的大人精神,"仁者浑然与物同体"②的一体之仁,"亲亲而仁民,仁民而爱物"③的推扩之道,"知命尽道,顺受其正"④的能动定命观,"所过者化,所存者神,上下与天地同流"⑤的人生价值论。至于前缘后身一类观念,儒家当然不取佛教五道轮回之说,更不相信三十三天及十八地狱的存在。儒家的信仰指向超越而内在的道德本体,相信通过"尽心知性知天"⑥的主体工夫,便可能接续先圣先贤而垂于不朽,并且相信"积善之家必有余庆,积不善之家必有余殃"⑦的善恶由人、祸福报应论。但是,对于茫昧难知的神魂之事,儒家却又并不是一概否定,孔子所谓"未能事人,焉能事鬼","未知生,焉知死",⑧实际上隐含着在解决了"事人""知生"的现实问题之后,便当进一步考究"事鬼""知死"的幽渺问题的意思。⑨ 而且为了安顿生命,儒家也一贯重视对于天地、圣贤、祖宗的祭祀;为了推行教化,儒家还主张神道设教。所有这些,正体现了儒家的包容性人文精神,在这种精神状态中,儒家决不悲观地认为人(类)在宇宙中只是一种渺小、孤独、无意义的存在,当然也决不是肤浅的乐观主义。

将人(类)确认为宇宙中一种渺小、孤独、无意义的存在的,是现代西方的存在主义者。存在主义者对人(类)的存在状态及其感受的典型描述就是孤独、疏离、忧郁、厌烦、焦虑、恐惧、颤栗、悲观、绝望、无助、无意

---

①《十三经注疏・周易正义・乾文言》,第17页。

②(宋)程颢、程颐《二程集》,北京:中华书局2004年版,第16页。

③《十三经注疏・孟子注疏・尽心上》,第2771页。

④《十三经注疏・孟子注疏・尽心上》,第2764页。原文为:"莫非命也,顺受其正,是故知命者不立乎岩墙之下。尽其道而死者,正命也。"

⑤《十三经注疏・孟子注疏・尽心上》,第2765页。

⑥《十三经注疏・孟子注疏・尽心上》,第2764页。原文为:"尽其心者,知其性也;知其性则知天矣。"

⑦《十三经注疏・周易正义・坤文言》,第19页。

⑧《十三经注疏・论语注疏・先进》,第2499页。

⑨参见杜维明《儒家人文精神的宗教含义——〈论儒学的宗教性〉中文版代序》,载《论儒学的宗教性——对〈中庸〉的现代诠释》,武汉:武汉大学出版社1999年版,第10—11页。

义。所有这些体验和表述,在存在主义的鼻祖、丹麦哲学家克尔凯郭尔(Soren Aabye Kierkegaard)那里基本都已具备。《与友人》一文与存在主义的情调如此合拍,会不会是王韬接触到克尔凯郭尔的思想并与之产生共鸣呢? 对于这一问题,目前尚无确凿材料加以证明。但在王韬游历欧洲、居留英国期间,克尔凯郭尔不仅思想早已成型,著作早已完成,而且去世也已十多年,影响正在逐步扩展。从王韬对同样形成于 19 世纪三四十年代欧洲的实证主义的及时关注来看,他也注意到克尔凯郭尔的思想这种可能性并非完全不存在。当然,在《与友人》中,道家思想的影响也表现得相当明显,如果这篇文章为古人所作,或是为王韬同时代没有经历过西方文化洗礼的人士所作,那么道家就应该是作者全部或主要的思想资源。但由于这篇文章为王韬所作,就不能不考虑其中会有近代西方思想的影响。无论如何,《与友人》中关于人仅仅存在于现世而并无前缘后身的观点,却是与《纪卜斯迭尼教》中所述实证主义者对于天堂地狱说的否定若合符节的,即此便可论定王韬表现于这篇文章中的思想有受近代西方思想的影响。

第二节　郑观应的道器论、天人论和中国哲学观

一、生平著述

郑观应(1842—1922),广东香山县(今中山市)雍陌乡人,本名官应,又名观应,字正翔,号陶斋,别署杞忧生,晚号罗浮偫鹤山人、[①]慕雍山人。郑观应 5 岁入私塾,此后十年一直跟随"少攻儒业,授徒自给"的父亲攻读孔孟经书,学习八股时文。10 岁时生母去世。16 岁开始向慕道教神仙方术,终生不辍,至老弥笃。17 岁应童子试不中,乃奉父命到上海学

---

① "偫鹤"有时又被郑观应本人或他人写作"待鹤",本人所写例见郑观应于 1914 年所立遗嘱的签名,他人所写例见盛宣怀为郑观应《诗草》封面题签以及许炳璈、林福成为郑观应 80 岁生日留影题辞。

贾,寓居时任新德洋行买办的叔父郑廷江处,做工役,并随其叔父学习英语。18 岁转入上海宝顺洋行做杂务,因跟随宝顺洋行人员到即将开埠的天津考察商务时表现出色,次年被宝顺洋行派管丝楼,兼管轮船揽载业务,从此开始买办生涯。在宝顺洋行期间,曾入英国人傅兰雅(John Fryer)开办的英华书馆夜课班学习英语两年,颇有成效。1860 年 10 月,英法联军攻陷北京,强迫清政府签订《中英北京条约》《中法北京条约》;11 月,沙俄要挟清政府签订《中俄北京条约》,割占乌苏里江以东 40 万平方公里中国领土。郑观应目击时艰,义愤填膺,亟思国家自强之策,乃于 1862 年撰写《救时揭要》,并且开始究心现代西方政治、实业之学。1868年,宝顺洋行停业,郑观应遂自行经营商务,投资华洋合营的公正轮船公司,任董事,另外承办和生祥茶栈。1869 年,郑观应捐得员外郎,次年捐升郎中,后又于 1879 年捐得道员,由此获具候选官员身份,得以出入官商两界。1871 年,郑观应在《救时揭要》的基础上撰成《易言》,该书在国内以及日本、朝鲜产生影响。1872 年,郑观应任扬州宝记盐务总理。次年与唐廷枢、盛宣怀等合股开办轮船招商局。1874 年受聘为太古轮船公司总理,任期三年;期满后,因经营业绩出色,又续聘五年。此间,山西、河南、直隶、陕西、山东等地发生严重灾荒,因捐资和募款赈灾有力,受到李鸿章、卫荣光等大臣保奏和清廷褒奖。1881 至 1883 年间,受李鸿章、盛宣怀等委派,先后任官办上海电报分局总办、轮船招商局帮办(后改任总办)、上海机器织布局总办、金州矿务局总办等职;此间曾向左宗棠建议铺设长江电线,向奕譞、李鸿章、彭玉麟等建议开办水师学堂、陆军学堂、工艺书院。1884 年中法战争期间,被督办粤防军务大臣彭玉麟调至广东帮办营务;又受彭玉麟委派,往西贡、新加坡、暹罗、金边各处了解敌情,此行著有《南游日记》。此间曾上书朝廷请开国会,未被采纳。1885年初抵香港,因此前为他人作担保导致太古洋行亏损,被太古洋行执拘于香港索赔,至年中方得脱身,身心俱疲,返回故里休养。1891 年重出,先后任开平煤矿粤局代理总办、轮船招商局帮办。任轮船招商局帮办期间,曾由上海溯江西上,稽查汉口、万县、重庆各招商分局利弊,著有《长江日记》。1893 年 5 月,父亲在澳门去世,离职守制。9 月复职,返沪途中考察汕头、厦门、福州、天津等地招商分局。同年,在《易言》基础上编定《盛世危言》,引发朝野各界强烈反响,光绪帝下令印制两千部,分赠臣工阅读。1894 年中日战争前后,对军国事务多提建议,呼吁变法,此间与孙中山、康有为等均有交往。1896 年,在任轮船招商局帮办的同时,被张之洞聘为汉阳铁厂总办,往来沪鄂,兼顾经营。1898 年,与日本总领事小田切等创办亚细亚协会,任副会长。该会于戊戌变法失败之后解散。戊戌变法时,郑观应并不赞成康梁变法方式,但政变之后仍资助并保护康有为亲属及弟子。此后几年,受盛宣怀委派,任江西萍乡煤矿总董、安徽宣城煤矿总董、吉林矿务公司驻沪总董。1902 年,应广西巡抚王之春奏调前往任职,在此期间,曾镇压会党,剿灭土匪,设立巡警,改传统书院为新式学堂,颇有政声,一年后去职返粤。此后几年任粤汉铁路广东购地局总办、粤汉铁路工程局总办、广东商务总会协理、粤汉铁路有限公司总办、厦门招商分局总办、轮船招商局董事等职。1911 年 9 月再次由上海溯江西上,巡察轮船招商局各埠分局,抵达重庆时获悉武昌起义爆发,遂为轮船招商局善后事宜多方活动。此行著有《西行日记》。进入民国以后,除继续担任轮船招商局董事,还受聘为上海广肇公所首席理事、务商中学名誉董事、招商公学住校董事。因年老多病,加之对国内动乱和欧战惨况痛心疾首而又无能为力,遂日益沉迷于修道,幻想以神仙方术保命长生并拯救人类。1922 年 5 月下旬在上海招商公学宿舍逝世,次年移葬澳门前山。

郑观应的主要著述有:《救时揭要》《易言》《盛世危言》《盛世危言后编》《南游日记》《西行日记》《罗浮偫鹤山人诗草》《罗浮偫鹤山房谈玄诗草》《中外卫生要旨》《道言精义》《富贵源头》《陶斋志果》《剑侠传》《万国电报通例》《电报新编》《测量浅学》等。

二、作为改良思想之基础的道器论

郑观应一生虽然在工商界颇有成就,但他知名于当时且影响于后世者，却主要在于他的改良理论。在《救时揭要》《易言》《盛世危言》等著作中，他对制器、开矿、交通、运输、邮政、通讯、纺织、农功、治河、练兵、选将、边防、海防、商务、税务、盐务、金融、学校、考试、医道、立法、议政、选举、吏治、刑律、舆论、外交等各方面都提出了改良主张，以致王韬在《杞忧生〈易言〉跋》中揣摩保守人士的口吻说："若舍西法一途，天下无足与图治者。呜呼！我中国五帝三王之道将坠于地，而不可收拾矣。古来圣贤所以垂法立制者，将废而不复用。用夏变夷则有之矣，未闻变于夷者也。诚如杞忧生之说，是将率天下而西国之也。"但是王韬接着指出："夫形而上者道也，形而下者器也。杞忧生之所欲变者器也，而非道也。"[①]这确是深悉郑观应改良思想的精当之论。道器之辨，正是郑观应改良思想的哲学基础。

在《盛世危言·道器》中，郑观应描述了以道为本体的宇宙生成模式："盖道自虚无，始生一气，凝成太极。太极判而阴阳分，天包地外，地处天中。阴中有阳，阳中有阴，所谓一阴一阳之谓道者是也。由是二生三，三生万物，宇宙间名物理气，无不罗括而包举。"遵循儒家传统的道德形上学，并参以老子宇宙论，郑观应进一步将道的性质规定为道德性的"中"，他说："老子云：'无名，天地之始；有名，万物之母。'无名者，喜怒哀乐之未发，谓之中也；有名者，发而皆中节，谓之和也。"由于以"中"为质的道是"弥纶宇宙，涵盖古今，成人成物，生天生地"的，所以化生于本体之道并且首出庶物的人也就特别秉受了本体之德，所谓"人受天地之中以生，天地有中，人亦同具"。郑观应认为，作为宇宙本体且具有道德性的"道"，唯有中国圣贤得以洞见并拳拳服膺，他说："孔氏云：'物有本末，事有终始。知所先后，则近道矣。'既曰物有本末，岂不以道为之本，器为之末乎？又曰：'事有终始。'岂不以道开其始，而器成其终乎？孔子曰：'君子谋道不谋食，忧道不忧贫。'又曰：'君子不器。'良以握原者可以制

[①]《弢园文录外编·杞忧生〈易言〉跋》，第 265 页。此文也收入夏东元编《郑观应集》上册，上海：上海人民出版社 1982 年版，第 165—168 页，文题径作"跋"，个别文字和标点与《弢园文录外编》有差异。

化,大受者不可小知。……《大学》云:'止至善。'止此中也。《中庸》云:'得一善则拳拳服膺。'服此中也。《易·系辞》云:'成性存存,道义之门。'存此中也。致中和,天地位焉,万物育焉。"而中国圣贤所洞见并且服膺的道,也就是"从中国自伏羲、神农、黄帝、尧、舜、禹、汤、文、武以来,列圣相传之大道,而孔子述之以教天下万世者也"。相对于中国圣贤而言,郑观应认为,西人却是"不知大道,囿于一偏"的。① 这就从对于道的体认方面肯定了中国文化相对于西方文化的高明性,而中国文化对于道的体认这一高明方面,当然是不必也不许变易的,故郑观应说"尧舜禹汤文武周孔之道,为万世不易之大经大本"。②

就道器关系而言,郑观应认为,"道非器则无以显其用,器非道则无以资其生",二者实乃相得益彰;且器于道还具有不可或缺的发明之功,故"《易》独以形上形下发明之者,非举小不足以见大,非践迹不足以穷神"。所以,郑观应指出,"包牺、神农、尧、舜诸帝,以及后世圣人之制器尚象,莫非斯道之流行,器固不能离乎道。又《阴符经》谓:'爰有奇器,是生万象。'则道又寓于器中矣",表明中国圣贤本来乃是道器并重、不主一偏的。问题在于,"自《大学》亡《格致》一篇,《周礼》阙《冬官》一册,古人名物象数之学,流徙而入于泰西,其工艺之精,遂远非中国所及。盖我务其本,彼逐其末;我晰其精,彼得其粗。我穷事物之理,彼研万物之质",于是诸如汽学、光学、化学、数学、重学、天学、地学、电学等属于"器"之范畴的技艺,便都成为"西人之所骛格致诸门"及其"霸术之绪余",而中国则自"秦汉以还,中原板荡"而堕入"莫窥制作之原,循空文而高谈性理"的重道轻器、孤体无用之境了。③

显而易见,郑观应在此表达了一种甚为荒谬的"西学中源"观点,这一观点在《盛世危言·藏书》中更为显豁,其曰:"今天下竞言洋学矣,其实彼之天算、地舆、数学、化学、重学、光学、汽学、电学、机器、兵法诸学,

---

① 以上引文均见《郑观应集》上册,第241—242页。
② 《郑观应集》上册,第244页。
③ 以上引文均见《郑观应集》上册,第242—244页。

无一非暗袭中法而成,第中国渐失其传,而西域转存其旧,穷原竟委,未足深奇。"①然而十分吊诡的是,郑观应秉持这种观点,非但不是出于盲目自大而拒斥学习近代西方的器物和制度,反而恰恰是为全面学习近代西方的器物和制度提供正当性根据乃至是与保守派交锋的策略武器。例如在《盛世危言·学校上》中,郑观应极力主张学习近代西方教育制度,但他却将这种"彼萃数十国人材,穷数百年智力,掷亿万兆资财而后得之"的近代西方制度指为"彼实窃我中国古圣之绪余,精益求精,以还之中国,虽欲自私自秘焉,而天有所不许也",这就使得取法西方如同向欠方索债一般,成为天经地义的事情。他还说:"彼泥古不化,诋为异学,甘守固陋以受制于人者,皆未之思耳。"这是基于"西学中源"观点抨击保守派因不明渊源而排抵西学。② 如《盛世危言·西学》说:"不知我所固有者,西人特踵而行之,运以精心,持以定力,造诣精深,渊乎莫测。所谓礼失而求诸野者,此其时也。"③《议院上》之"附论"说:"议院乃上古遗制,固非西法,亦非创辟之论也。"④《公举》说:"公举之法,即乡举里选之遗意也。"⑤《日报下》说:"是日报者,即古乡校之遗意。"⑥《典礼上》说:"今如泰西各国通行之礼节盖亦简矣,……此即西礼暗合中国古礼之遗意者也。"⑦如此等等,不胜枚举。正是在"西学中源"说的掩护下,郑观应堂而皇之地提出了对当时中国的器物和制度进行全面改良的主张。⑧

　　至于郑观应改良思想的取向,则在于通过变器不变道的方式,达到

---

① 《郑观应集》上册,第 306 页。

② 以上引文均见《郑观应集》上册,第 247—248 页。

③ 《郑观应集》上册,第 275 页。

④ 《郑观应集》上册,第 323 页。

⑤ 《郑观应集》上册,第 328 页。

⑥ 《郑观应集》上册,第 349 页。

⑦ 《郑观应集》上册,第 375—376 页。

⑧ 无独有偶,近代中国另一位改良思想家陈炽也以"西学中源"说作为向西方学习的理论根据,参见《盛世危言》陈序,《郑观应集》上册,第 230—232 页。熊十力窥破了个中消息,他说:"于是维新人士,将欲吸引西学,不得不择取经文中有可以类通之语句,而为之比附张皇。使守旧之徒,乐闻而不为峻拒。"见《熊十力全集》第 3 卷,武汉:湖北教育出版社 2001 年版,第559 页。

卫道乃至弘道的目的。他说："我不过欲效其技艺,臻于富强,而于世道人心曾无少损。"(《易言三十六篇本·论机器》)①这是企图在保守中国之道从而不致损害世道人心的前提下效仿西方技艺,从而变革三代以降日趋窳败的中国之器。而一旦中国之器达到了"机权技巧盖天下"的地步,那也就是"船失其坚,炮失其利,智力无所施其巧,器械无所擅其长"的时候了,到那时,"圣人之道施及蛮貊,凡有血气者,莫不尊亲,文教之敷,于是乎远矣"(《易言三十六篇本·论公法》),②高明的中国之道在强大的中国之器支撑下,将大行于天下。总括而言,郑观应改良思想的纲领就是"道为本,器为末,器可变,道不可变,庶知所变者富强之权术,非孔孟之常经也"(《〈盛世危言〉增订新编凡例》)。③

综上所述,郑观应的改良思想建立在中道西器、西学中源、变器卫道等一系列观点之上,由今观之,这些观点在学理上无疑是大可商榷的,甚至是荒诞不经的,由此构成的郑观应的道器论,相比其前辈改良思想家王韬的道一观来说,实在更为封闭而传统。但是尽管如此,却不能否认郑观应的改良思想具有比较系统的哲学基础,更不能否认他基于这一哲学基础而提出了高于他所处时代思想水平的全面改良主张。

三、以德为本的天人论

与其改良思想之哲学基础更为传统这一特点相一致,郑观应遵循儒家的道德形上学,在儒家传统、特别是思孟一系的道德心性论被逐渐边缘化的时代背景下,汲汲阐扬以德为本的天人论。

在《〈阴符经〉序》中,郑观应说:"夫阴者暗也,符者合也,言人道暗合乎天道也。苟能观天之道,执天之行,则道自我生,命自我立。何以故?盖道为生天地、生万物之根,而人得阴阳五行之秀而最灵。"④这是说,天

---

① 《郑观应集》上册,第90页。
② 《郑观应集》上册,第67页。
③ 《郑观应集》上册,第240页。
④ 夏东元编《郑观应集》下册,上海:上海人民出版社1988年版,第16页。

道为包括人在内的宇宙万物生成与存在的根本，但由于人具心灵而在宇宙万物中首出庶物，所以人特别可能体察、契合并运用天道。那么天道的本质亦即"天心"是什么呢？郑观应说："我孟子曾言之矣：'"天下何定"？曰："定于一"。曰："孰能一之"？曰："不嗜杀人者能一之"。'夫此不嗜杀人者之心，即天心也。"（《盛世危言·弭兵》）①所谓"不嗜杀人者之心"，亦即仁民爱物之心。郑观应又说："人之本何在？心是也。存其心则惟善为宝，而心广体胖，事无不安，人无不乐，天必将于其间降之以福；失其心则以恶为能，而心悸神昏，事无不悖，人无不怨，天亦于其间降之以祸。降之者天，召之者人。天道至公，应物无迹：栽者培之，倾者覆之。天心也，人心也，人心能合天心，天心自默鉴乎人心也。"（《〈救时揭要〉序》）②这就基于天心福善而祸恶的观点，肯定天心是实然的善，而人心则是或然的善，亦即人心在实际上可善可恶。

郑观应认为，人心虽然在实际上可善可恶，因而只是或然的善，但这并不意味着人心与天心本来就存在着或离或合的差异。毋宁说，以天为本的人，其本心都是完全秉承于天心的。他说："古之建德立功者，惟以智、仁、勇三者为用，此三者赋畀于天"，虽以建德立功者为言，但其本意是说人人都先天的赋有天德，所以他接着说："若为人欲所蔽，利令智昏，则仁心渐亡，而勇气亦挫矣"（《易言三十六篇本·论吏治》），③即是说，那些不得建德立功者，并不是因为他们本来就不具有天赋之德，而是因为他们秉赋的天德被人欲所障蔽了。在《盛世危言后编》之《重镌〈心经〉序》《答直隶司君新三、云南黎君燦阶书》等篇中，郑观应又对举地提出人之一心并存着"道心""人心"，"真心""妄心"，"天心""识心"，乃至"天地之性""气质之性"，等等，这些相对概念中的前者乃是心（性）之本体，后者则是形而后的情识。④

----

① 《郑观应集》上册，第 924—925 页。
② 《郑观应集》上册，第 4 页。
③ 《郑观应集》上册，第 110—111 页。
④ 参见《郑观应集》下册，第 22、53 页。

那么,如何由形而后的情识显发心之本体? 如何使或然之善趋归实然之善? 郑观应认为,关键在于落实自我身心。他说:"静存动察,贤圣工夫也。人人能之,只是人不肯做耳。何谓静存动察? 存,即孟子所谓求放心也。盖心至虚灵,出入无时,莫知其乡,万端憧扰,人自不觉,身在一室而心驰万里,则不存矣。存其心不使须臾走作,而为物欲所累,将天赋之至虚、至灵,养得浑然中处。虚灵受之于天谓之性,即所谓'存心养性'也,即所谓'明明德'也。心既退藏于密,固喜、怒、哀、乐未发时也,固至中时也,是之谓静存。若动而发为言行则有美恶,故必察焉。静时为心,动时为念。念之美者扩而充之,合事理之当然,即所谓发而皆中节也。念之恶者即为欲,当立刻克制,不使之发,即所谓克己复礼也。是之谓动察。静、动在于心,隐微之地,人不知而己独知之最真。故曰'莫见乎隐,莫显乎微'。知之而存焉察焉,则善恶自明,即所谓'知止'也。明,即事事必求合天理,即所谓'有定'也。有定则率性而行,即所谓明善复初也。《大学》'止至善',《中庸》'致中和',此之谓也。静存动察,四存用功,不难其道,只在乎治心,时时检点,不使走作。若动则必审其可否,就此些微上用功。初则勉强,久之自然。内存养熟,念念是天理,即为仁;外省察精,事事皆合宜,即为义。仁熟而义精,日用伦常无不合乎中道,功用大矣。格物致知,诚意正心,修身、齐家、治国、平天下,一以贯之矣。"只要落实了"于心上做起,于心上收功"的"澈始澈终工夫",人就必可破除情识人欲的障蔽而返善复始,以德合天,"虽不敢望用行为伊、周,舍藏为孔、孟,又岂天地间可少之人才哉!"(《盛世危言后编·答曹一峰先生书》)①

郑观应致思于天心人心,倡言身心工夫,具有强烈的现实指向,其意在于救治知性日益见重、无道之器发达,以致世风诈伪、科技杀人的时代弊害。他深怀忧愤地指出:"盖时际内阃外侮,是非颠倒,赏罚不公,有强权无公理,趋炎附势,不顾廉耻,无道德,无法律,视苍生贱如马牛,哀黎

---

① 《郑观应集》下册,第78—79页。

遍野,凄惨可怜。且各国杀人火器日出日精,近有四十二升的大炮,有毒炸弹,有飞行机,有潜水艇,动辄杀人流血千里,伤残惨酷,为自有战史以来所未见。"(《盛世危言后编·上张三丰祖师疏文》)①有见于此,郑观应亟思重振道德以救世救人。他疾呼"盖无道德而欲久享世界之幸福,断断乎未之有。一国如是,一家如是,即个人一身之所处亦莫不如是"!他承认"近世商界、政界正中外交争剧烈之时,吾人设献身其间,如精神智慧不足,即处于劣败地位",肯定知性的重要作用;但转而强调"精神智慧即足,而无道德以贯注于其间,虽亦极一世之雄,然不过如石光电火,转瞬即归乌有"!(《盛世危言后编·训次儿润潮书》)②他因此明确表达德性重于才智的观点说:"诚以德胜于才,终不失为君子;才胜于德,或竟流为小人。"(《易言三十六篇本·论吏治》)③"纵使学术优良,技艺绝伦,而无孝、悌、忠、信、礼、义、廉、耻之心,不过与秦桧、严嵩一流人物而已。"(《盛世危言后编·致家塾蒙师书》)④"人才重人品尤重,必不为财色所困,若徒养成无品之人才,不如无才之为愈。"(《盛世危言后编·答杨君弨伯、梁君敬若、何君阆樵书》)⑤他这种以德为本的思想,与他变器不变道的道器论是一致的,目的都是要将富强之器置于天人之道的统驭之下,使"船失其坚,炮失其利,智力无所施其巧,器械无所擅其长",从而达成"六合之外,八荒之内,礼齐德道,偃武修文,合天下万国含生负气之伦,无一物不得其所"的有道之世,这也就是中国圣贤所规划的"车同轨,书同文,行同伦,日月所照,霜露所队,凡有血气莫不尊亲"的大同之世。(《盛世危言·弭兵》)⑥

然而,由西方启蒙运动推动的近代世界潮流及其在中国激起的反应,与郑观应的道德理想适相反对。现实的趋势不仅日益重智轻德,甚

---

① 《郑观应集》下册,第48页。
② 《郑观应集》下册,1205—1206页。
③ 《郑观应集》上册,第110页。
④ 《郑观应集》下册,第209页。
⑤ 《郑观应集》下册,第252页。
⑥ 《郑观应集》上册,第925页。

至日益重智非德乃至重智反德,乱象丛生,日甚一日,这使郑观应对于人的道德自觉的信心日益丧失,从而沉迷于他早岁就笃信的神仙方术,幻想"上帝施恩,通饬已发宏愿救世度人之仙佛降世,尽灭火器"(《盛世危言后编·上通明教主权圣陈抱一祖师表文》),①这就使郑观应的思想染上了浓重的悲观色彩,也使这位改良思想家成为一位悲剧性的人物。

四、无名有实的中国哲学观

郑观应的哲学思想还有一个值得注意的方面,就是他较早运用"哲学"这一外来新词,并且肯定中国自古就有与这一外来新词所指称的对象基本相当的学说。

中国古代本无"哲学"一词。"哲学"之成词,乃是日本明治时代的学者西周为了翻译西语 philosophy 而借用汉字所创。西周在其 1874 年刊行的《百一新论》中首次公开使用了"哲学"这一新词,用以表达 philosophy 所含有的"论明天道人道,兼之教法"的意义。② 这一新词由黄遵宪在 1896 年前后介绍到中国,但在当时中国并不十分流行,甚至受到保守人士的拒斥。而在《盛世危言后编》中,郑观应却不止一次地使用了"哲学"这一新词,以及以这一新词作为词根而构成的"哲学门""哲学家"等词。例如《〈盛世危言后编〉自序》提倡中国各省学校应该"择泰西、日本专科有用之书,及德国哲学门内德育科勉励士夫忠君爱国自修要义";③《致伍君秩庸书》称"盖泰西之哲学家每因一事之发生,必加意研求",又说"倘将来泰西哲学发明其理,使求仙者有阶级可循,亦如求贤、求圣之可悬其格以待,则所谓神仙者将实现于世界,如日、星、云、雷、山、海之习见而安之也。但不知泰西哲学家果能如愿以偿否耳";④《〈神相证

---

① 《郑观应集》下册,第 103 页。这种幻想还表现于《盛世危言后编》之《呈张欧冶真人书》《上张三丰祖师疏文》《致伍君秩庸书》《上吕纯阳祖师、陈抱一祖师、张三丰祖师》《上吕纯阳祖师、陈抱一祖师、张三丰祖师、何合藏祖师禀》等篇中。
② 大久保利谦编《西周全集》第 1 卷,日本宗高书房 1950 年版,第 289 页。
③ 《郑观应集》下册,第 12 页。
④ 《郑观应集》下册,第 74 页。

验书〉序》言"相命之说,智者所不言,况今日哲学大兴乎",①等等。据《郑观应年谱简编》记载,《盛世危言》五卷本刊行于 1894 年,增订十四卷本刊行于 1895 年,增订八卷本刊行于 1900 年;而《盛世危言后编》则始纂于 1907 年,辑成于 1908 年。② 照此推算,《盛世危言后编》所收文章至迟当写作于 1900—1908 年之间,距"哲学"一词传入中国最长不过十年左右,最短则只有四五年,而在这些文章中已频频出现"哲学"一词,无疑表明郑观应是较早(甚至可以说是很早)使用此词者。

郑观应不仅只是较早(或很早)使用"哲学"一词,而且基于此词的本意,肯定中国自古就有这种学说。在《〈新解老〉序》中,他说:"刘君少珊著《新解老》一书,发明老氏有为无为之妙旨,俾中外人士皆得易于了解。盖以道德五千言,实吾国最古最高之一种哲学书也。长沙郑君序中言:西人哲学始终不离物理,不能入于第一义谛。诚哉是言。然而西人近多研究佛、老之学,逆料将来必从物理而通大道,从有入无,从实入虚,与老氏'清净无为'大旨不相违背。所以通明教主定一真君有七教丛林之议也。考诸往昔欧美学术未流入中国,哲学之名不立,哲学之理不传。岂知我国二千年前道家为固有之哲学,佛家则外来之哲学乎? 方今聪明方士类多谈佛而少谈老,不知老氏之书,足以发明先天之秘,泄造化之机,而其意使人返朴还淳,以复太古之自然。而其要使人虚极静笃、归根复命,如万物生于根而归于根也。刘君所著,发前人所未发,令中外学者咸知老子著书大旨,即开哲学之祖派,真道德一经之功臣也。"③在这篇短序中,郑观应承认,哲学名词在中国成立,确是近代以来受到西方学术影响的结果;但他又强调,在哲学名词成立之前,中国实质上就有与所谓"哲学"的内涵基本相当的学说,他举出了本土的道家学说和来自印度而实现了中国化的佛家学说作为例证。就道家学说来说,何以能称之为"哲学"呢? 这是因为道家思想"足以发明先天之秘,泄造化之机,而其意使

---

① 《郑观应集》下册,第 1159 页。
② 《郑观应集》下册,第 1546、1550、1557、1562、1564 页。
③ 《郑观应集》下册,第 160 页。

人返朴还淳，以复太古之自然"，这不就是"论明天道人道，兼之教法"的哲学吗？进而言之，道家那种透悟形上根本并据以导引生存意态和旨归的洞见，较之西方那种以物为本、主客二分的哲学，更加广大精微而合乎天人大道，由此他作出了西方哲学将要趋归由中国道家发明的天人大道的预言。

郑观应对西方哲学的了解及其基于这种了解而对西方哲学的趋向所作的预言，显然是不很恰当的。但不可否认的是，他肯定中国古代虽无"哲学"之名却有哲学之实的观点，则是完全正确的。其实，不仅中国的道家学说和佛家学说是哲学，儒家的道德形上学同样是致广大而尽精微的哲学。追根溯源，伏羲八卦、箕子五行、伯阳甫阴阳乃至《易传》太极，这些范畴都无可置疑的是哲学。它们表明，中华民族是一个具有悠久而一贯的哲学思维传统的伟大民族；中国古代哲学思想的发生，非但不落后于世界上其他古老民族，而且甚至早于其他古老民族。郑观应在哲学一词传入中国之初便肯定了这一点，这实在是非常卓越的见解。

第二章　中西新旧的杂糅：现代哲学的起步

与改良派思想家王韬和郑观应明显不同,19 世纪 90 年代前后相继登上历史舞台的维新派代表人物康有为、谭嗣同和革命派代表人物孙中山、章炳麟都更多地将西方哲学观念纳入自己的思想体系之中。虽然在社会政治立场上,康、谭与孙、章几乎截然对立,两方的哲学思想的现实旨归也基本上迥然相异,但共同的时代思潮背景致使他们在理论方式、专门术语以及哲学形态上又具有不少相近之处,例如对实证论和进化论的服膺、对中国传统与近代西方思想资料的生硬杂糅、对新译名词的大量采用等,由此相当典型地表现了哲学思想相对于社会政治倾向的独立性。

第一节　康有为的二元本体观、自然—功利人性论和重智倾向

一、生平著述

康有为(1858—1927),广东南海人,初名祖诒,1895 年中进士后改名有为,字广夏(或作广厦),号长素,1898 年改号更牲,别号南海天游化人。康有为少年时代在家乡从简凤仪、陈鹤侨、梁健修诸先生及其祖父康赞修读经。11 岁时(清同治七年,1868),其父康达初去世,丧事既毕,即往

连州依时任连州训导的祖父生活。1870 年(清同治九年),祖父调任至广州,康有为随行始入省城,奉祖父之命,从陈慎生先生学八股文,然不好举子业,常遨游不学。次年还乡,连续两载就童子试,均不售,此间又从杨学华、张公辅先生习为制义。1874 年(清同治十三年),康有为始读《瀛环志略》,见世界地图,初知地球之理及万国之故。1876 年(清光绪二年),应乡试又不售,遂辍置科举,入同邑大儒朱九江(次琦)先生门下求圣贤大道,两年后忽觉埋首故纸汩没灵明,遂绝学弃书,辞别朱先生归家。前一年,祖父因连州水灾遇难,守丧期间读丧礼,因考三礼之学。1879 年(清光绪五年),康有为从时任京官的番禺张鼎华处得知京朝掌故、近时人才及各种新书,慨然有经营天下之志,于是舍弃考据帖括之学,转而博览经世致用以及西国史地政事之书。这一年,他初游英国殖民统治下的香港,惊羡西人宫室之瑰丽,道路之整洁,巡捕之严密,乃知西人治国有法度,不得以古代之夷狄视之。次年,康有为始肆力于《春秋》公羊学,其以"三世进化"为理论基础的维新思想即萌蘖于此。1882 年(清光绪八年),康有为初游京师,道经上海,见租界之繁盛,益知西人治术有本,自是尽释故见,大购西书归而讲求,涉及声、光、电、化、重诸学及各国史志、诸人游记并乐律、韵学、地图学等。其时康氏长女同薇、次女同璧已出生,康氏夫妇坚决不为二女裹足,并与乡邻区谔良发起"不裹足会"。1884 年(清光绪十年)以后的几年间,康有为撰写《大同书》初稿及《人类公理》《诸天讲》《康子内外篇》《教学通义》等著作。1888 年(清光绪十四年),康有为赴顺天应试,再至京师,计自马尾海战败于法国之后,国势日蹙,唯及时变法,或尚可支持,于是以诸生上万言书(即《上清帝第一书》),该书并未呈达光绪帝,但却引起朝士大哗,目之为狂生。此次进京应试,康有为仍然名落孙山,厕身政界周旋迁延,至次年九月方才离京还粤,在京期间著《广艺舟双楫》。1891 年(清光绪十七年),始于广州长兴里开万木草堂,聚徒讲学习礼,著《长兴学记》,此间编著《新学伪经考》《孔子改制考》诸书。1893 年(清光绪十九年)应乡试,中式第八名,次年入京会试,旋因伤足而返粤。同年因《新学伪经考》被参劾,避地广西桂林,编著《春秋董氏学》。1895 年(清光绪二十一年)再至京师会试,时值甲午战争中国新败,清廷被迫接受日本所提割让台湾、赔款二万万两之媾和条件,康有为得知消息,即发动十八省举人联名上书,请求朝廷拒和、迁都、变法,史称"公车上书"。[①] 此次会试得中进士,官授工部主事,然未到任。留京多与大臣交通,频频上书,鼓吹变法,并邀集同志成立强学会,但其行事亦颇受守旧者沮抑,不得已离京,经天津、江宁、上海等地返回广州。在江宁时曾劝两江总督张之洞开强学会,但因彼此学术观点不合而未果。次年再游香港,并至澳门,与弟子创办《新知报》,撰成《日本书目志》。1897 年(清光绪二十三年)初,在广西桂林开圣学会,礼敬孔子,论学育人;初夏还粤,夏末至上海,游杭州,旋入京师,与李鸿章商议将中国民众移居南美洲巴西事宜,开办粤学会以续强学会之旧。1898 年(清光绪二十四年)正月初三日,康有为应约赴总理衙门与李鸿章、翁同龢、荣禄、廖寿恒、张荫桓等议论变法事宜,陈法律、度支、学校、农商、工政、矿政、铁路、邮信、会社、海军、陆军之法。次日翁同龢将康氏所言上奏光绪帝,帝命康氏条陈所见,并进呈所编《日本变政考》及《俄大彼得变政记》)。于是康氏奏请光绪帝誓告群臣以定国是,开制度局以定新制,别开法律、度支、学校、农、商、工、矿务、铁路、邮信、会社、海军、陆军十二局以行新法,各省设民政局以行地方自治;随后进呈《俄大彼得变政记》等著述,附片请易八股以策论。月末筹开保国会,一时从者纷纷,但谤言随亦蜂起,参劾交加。此后多次上折言变法,至四月二十三日乃奉光绪帝明定国是之诏。二十八日蒙帝召见,倡言自制度法律入手尽变旧法,又建议废八股、译西书、派游历、开民智诸事。五月初五日诏下废八股,引起守旧派强烈反弹,新旧矛盾日趋激化。时西太后为遏制光绪帝,以亲信荣禄为直隶总督并统三军,预定九月举行天津阅兵,康有为等维新派人士疑虑西太后将趁阅兵之机行废立之事,于是密交袁世凯以备不测。

---

① 关于"公车上书"事件的真实性,史学界有抱持怀疑或否定态度者,参见茅海建《"公车上书"考证补》,载《近代史研究》2005 年第 3、4 期,姜鸣《莫谈时事逞英雄——康有为"公车上书"的真相》,收入氏著《天公不语对枯棋》,北京:生活•读书•新知三联书店 2006 年版。

至七月二十九日光绪帝传密诏称帝位不保,八月初二日又出明诏敦促康有为离京,康氏等人知事已急,乃嘱谭嗣同鼓动袁世凯诛杀荣禄,起兵勤王,然袁世凯卒不受命,于是康有为于八月初五日凌晨出京至天津,初六日从天津乘船赴上海,初九日抵上海后旋即转船并由英国军舰护送,于十四日至香港,从此开始长达十六年的流亡生活。流亡期间,康有为主要居留于英国统治下的马来西亚槟榔屿和印度大吉岭,此间曾先后游历日本、加拿大、英国、缅甸、暹罗(泰国)、锡兰(斯里兰卡)、意大利、德国、瑞士、匈牙利、荷兰、法国、丹墨(丹麦)、瑞典、挪威、比利时、瑞士、奥地利、美国、西班牙、葡萄牙、摩洛哥、墨西哥、匈牙利、塞耳维亚(塞尔维亚)、布加利亚(保加利亚)、罗马尼亚、突厥(土耳其)、希腊多国,其中日本、加拿大、英国、德国、法国更是多次盘桓。1899 年在加拿大发起成立保皇会。1900 年在海外指挥诸弟子购买枪械,组织队伍,密谋武力推翻以西太后为首的清朝守旧派,但至同年 8 月作为内应的唐才常在汉口被张之洞捕杀,自立军事败,其谋遂寝,由此可见康氏"保皇斥后"的政治目的虽与孙中山"驱逐鞑虏"不同,但采取武力反抗清廷的手段却并无大异。在此期间,特别是 1904 年游历欧洲之后,康氏的文化观发生重大转变。此前他曾长期震慑与惊羡西方文化,尽弃故见而肆力于西学,以为西方无不优胜而中国无不劣败,以至维新主张多以西人理念为张本,以西方制度为楷模。及至亲身感受西方国家世道人心,乃悟"昔者视欧美过高,以为可渐至大同,由今按之,则升平尚未至也。孔子于今日,犹为大医王,无有能易之者",[①]从此尊崇孔子,弘扬孔教,倡导读经,护持国粹,甚至提出"中国颠危误在全法欧美而尽弃国粹"的论断,[②]这种保守主义的文化观终康氏余生未再改变。1913 年(民国二年)底,康有为结束流亡回国,以其在前朝的声望而周旋于遗老和新贵之间,对一些重大的社会政治事件每每表态,如 1916 年声讨袁世凯称帝,1917 年反对中国加入

---

① 《康有为全集》第 7 集,北京:中国人民大学出版社 2007 年版,第 374 页。类似言论在康氏全集中多处可见。

② 《康有为全集》第 10 集,第 129—143 页。

协约国对德宣战,同年支持张勋复辟,1919 年声援五四学生运动,1925
年前后鼓动北洋政府联合各路军阀剿灭在他看来倾向"赤化"的北冯(玉
祥)南蒋(介石)。但无论如何,康氏毕竟逐渐疏离时代,淡出社会,终于
1927 年夏历二月廿八日卒于青岛,落葬于青岛李村象耳山。

康有为一生著述丰富,有多种选集、专集或单篇著作行世。搜罗其
存世著作、文章、书札、诗词最完备的为《康有为全集》十二集,由中国人
民大学出版社于 2007 年出版。

二、"惟元惟人"的二元本体观

康有为一生的主要关切在于社会政治方面,并未专门致思于哲学建
树,不过为了追索学理的本源或确立社会政治主张的终极根据,他还是
零散地表达了一些哲学思考。

关于宇宙的本体,康有为采用了元、气、元气、一、天以及诚、不忍之
心、人之灵明等多个名目予以指称,这些名目大致可以归纳为元气与人
心两个范畴。首先就前一个范畴来看,康有为说:"岂知元为万物之本,
人与天同本于元,犹波涛与沤同起于海,人与天实同起也。然天地自元
而分别为有形象之物矣。人之性命虽变化于天道,实不知几经百千万变
化而来,其神气之本,由于元",①此乃以元为本;"凡物皆始于气,既有气,
然后有理。生人生物者,气也。所以能生人生物者,理也","天地之本皆
运于气",②此则以气为本;"夫浩浩元气,造起天地。天者,一物之魂质
也;人者,亦一物之魂质也。虽形有大小,而其分浩气于太元,挹涓滴于
大海,无以异也",③此又以元气为本;"天地之道出于一","道立于一,化
成万物。夫天地生物之数,终于万而始于一",④此转以一为本;"天者,统

①《康有为全集》第 2 集,第 373 页。按"人与天同本于元,犹波涛与沤同起于海"二句,编校者将
"于元"二字断归下句,当误,径改。
②《康有为全集》第 2 集,第 133、372 页。
③《康有为全集》第 7 集,第 4 页。
④《康有为全集》第 2 集,第 147 页;另见第 5 集,第 384 页。

摄之谓,非苍苍之谓也",①此复以天为本;另外康有为还曾采用太一、太极等名目指称本体。② 虽然名目繁多,但细绎康氏有关论说,可知这些名目的本体意涵并不都是等同的,有些名目则只是衍称而并无独特内容。如其曰"元,气之始,故以元统天",③"唯圣人能属万物于一,而系之以元",④这就将气、天、一置于元的下位;又说《礼运》言太一,即统天之元",⑤"太一者,太极也,即元也",⑥这则以太一、太极为元的衍称而归并于元。因此可以说,"元"才是康有为真正认定的"无形以起,有形以分,造起天地,天地之始"⑦的本体范畴。不过,在元的诸下位名目或衍称名目中,气又往往被赋予特殊地位。康有为既说"元,气之始",将元作为气的始基;但又说"元即气也",⑧直是视元、气为一如甚至反而归元于气。关于元、气一如这一点,从康有为对元和气的内涵或属性的论说中也可得到证明。论及元的内涵或属性,康有为说"其道以元为体,以阴阳为用";⑨至于气的内涵或属性,其曰"天地之理,阴阳而已。其发于气",⑩"有气即有阴阳,其热者为阳,冻者为阴",⑪由此可见元、气具有相同的内涵或属性,因而也就具有同等的本体地位,构成康有为的元气本体观。

元气因所涵阴阳两端而发生运动,所谓"有气自有运转,有运转自有力矣"。⑫ 元气的阴阳运动则生成宇宙万物乃至人类,此即"生生之道出于二";⑬具体地说,"阳为湿热,阴为干冷。湿热则生发,干冷则枯槁,二

---

① 《康有为全集》第 2 集,第 151 页。
② 《康有为全集》第 5 集,第 565 页。
③ 《康有为全集》第 2 集,第 147 页。
④ 《康有为全集》第 5 集,第 384 页。
⑤ 《康有为全集》第 2 集,第 160 页。
⑥ 《康有为全集》第 5 集,第 565 页。
⑦ 《康有为全集》第 5 集,第 565 页。
⑧ 《康有为全集》第 2 集,第 149 页。
⑨ 《康有为全集》第 5 集,第 64 页。按"其"乃康有为自指,"其道"则指康氏自己所遵循的基本思想观点。
⑩ 《康有为全集》第 1 集,第 105 页。
⑪ 《康有为全集》第 2 集,第 133 页。
⑫ 《康有为全集》第 2 集,第 146、149 页。
⑬ 《康有为全集》第 2 集,第 147 页。

者循环相乘，无有终极也。无以名之，名之阴阳也。于无极无无极之始，有湿热之气，郁蒸而为天。诸天皆得此湿热之气，辗转而相生焉。近天得湿热之气，乃生诸日，日得湿热之气，乃生诸地，地得湿热之气，蒸郁而草木生焉，而禽兽生焉，已而人类生焉。人得湿热之气，上养其脑，下养其心。湿则仁爱生，热则智勇出。积仁爱、智勇，而有宫室、饮食、衣服以养其身；积仁、爱、智、勇，而有礼乐、政教、伦理以成其治。五帝、三王，犹湿热而选者也。……夫湿热者，天地之正气也，人皆有之，不可绝也。然纵极之而无度量分界，则所伤实多，不可行于人，不能道也。夫干冷非人道也，然以济湿热之病，则材适得其宜，而病得愈焉"，[1]故宇宙万物以及人类必须阴阳两端相互配合方可生成，"夫道有阴阳，统有文质，原有异同，并行不悖。力之有拒吸也，汽之有冷热也，皆物质不能少者也。惟所贵者，两者调均，造物以成"。[2]恰因阴阳两端相互配合方才生成宇宙万物以及人类，故宇宙万物以及人类无不具有一体两面性，"若就一物而言，一必有两。《易》云：太极生两仪。孔子原本天道，知物必有两，故以阴阳括天下之物，理未有能出其外者。就一身言之，面背为阴阳。就一木言之，枝干为阴阳。就光言之，明暗为阴阳。就色言之，黑白为阴阳。就音言之，清浊为阴阳。就气言之，冷热为阴阳。就质言之，流凝为阴阳。就形言之，方圆为阴阳。推此仁义、公私、经权、常变，以观天下之物，无一不具阴阳者，不独男女、牝牡、雌雄、正负、奇耦也"。[3] 一体两面的普遍性又决定了运动变化的普遍性；若否定运动变化，则一体两面亦将不能存在，故曰"天不能有阳而无阴，地不能有刚而无柔，人不能有常而无变。……若知守常而不知变，是天有阳而可无阴，地有刚而可无柔也"。[4] 康有为举例说："夫天，不变者也，然朝夕之暮，无刻不变矣。况昼夜之显以明晦，冬夏之显以寒暑乎？如使天以昼而无夜，以夏而无冬，万

---

① 《康有为全集》第 1 集，第 105 页。按"阳为湿热"之"为"字，原文作"无"，当误，径改。
② 《康有为全集》第 9 集，第 317 页。
③ 《康有为全集》第 2 集，第 374 页。
④ 《康有为全集》第 2 集，第 30 页。

物何从而生？故天惟能变通而后万物成焉。……地，不变者也，然沧海可以成田，平陆可以为湖，火山忽流，川水忽涸，故至变者莫如地。夫地久而不弊者，为能变也。夫以天地，不变且不能久，而况于人乎？且人欲不变，安可得哉？自少至老，颜貌万变。自不学而学，心智万变。积微成智，闷若无端，而流变之微，无须臾之停也。"①基于上述认识，康有为得出了"道主维新，不主守旧，时时进化，故时时维新"②的结论，其元气本体观适为其戊戌前后社会政治主张的终极根据。不过康有为求变求新的社会政治主张却并未照顾到故常方面，这与他的元气本体观所生发的一体两面论是存在理论矛盾的，或许只能从时势使然的角度予以同情的理解了。③

康有为的元气本体观本自中国古代典籍，主要是《周易》"乾元统天"以及《春秋》"元春王正"的微言大义，故其称《周易》《春秋》"天人之道备矣"。④ 但因康氏一度服膺西学，故又以近代西方星云说阐发元气本体观，其曰："德之韩图、法之立拉士发星云之说，谓各天体创成以前，是朦胧之瓦斯体，浮游于宇宙之间，其分子互相引集，是谓星云，实则瓦斯之一大块也。始如土星然，成中心体，其外有环状体，互相旋转，后为分离，各成其部，为无数之小球体，今之恒星是也。我之太阳系亦然。当初星云之瓦斯块自西回转于东，其星云渐至冷却，诸球分离自转，遂为游星。在中者为太阳，其周围有数多之环，因远心力而分离旋转，其环则成卫星。故凡诸星之成，始属瓦斯块，地球之始亦然。最初高度之热瓦斯体，逐渐冷却而成液体，更冷则表面结成为固体矣。其旋转之方向，仍以太

---

① 《康有为全集》第 2 集，第 30 页。
② 《康有为全集》第 5 集，第 455 页。
③ 康有为说："其统异，其世异，则其道亦异。故君子当因其所处之时，观其会通，以行其典礼。上下无常，惟变所适。别寒暑而易裘葛，因水陆而资舟车。道极相反，行亦相反。然适当其时，则为此时之中庸，故为之时中。若守旧泥古，而以悍狂行之，反乎时宜，逆乎天运，虽自谓中庸，而非适时之中庸，则为无忌惮之小人而已。"（《康有为全集》第 5 集，第 371 页）可见在他看来，只要适应时势，即使偏颇也不失为中庸。
④ 《康有为全集》第 2 集，第 30 页。

阳为母体,依旧自西转东。"①所谓"瓦斯"(gas)当即元气,由之生成无量天体乃至地球,这种本体宇宙观体现出康氏敞开中国传统学理以吸纳西学的趋向。当然,康氏对西学的理解还是相当零乱肤浅的,这不仅表现于他对星云说的陈述甚不清晰,而且从他所谓"经格致家将地球逐渐考验,知地球自始生以来,历六万年,然后有人类,自有人类以至今日,则不过四千余年耳"②一类的说法更可概见。

　　与康有为本体观的前一个范畴将宇宙本体置于客观存有不同,其后一个范畴将宇宙本体收摄于主体精神,此即"不忍之心"和"人之灵明"。康有为认为"人人皆有"的不忍之心"为万化之海,为一切根,为一切源",③而"人之灵明,包含万有,山河大地,全显现于法身,世界微尘,皆生灭于性海,广大无量,圆融无碍,作圣作神,生天生地"。④ 康有为的本体观中还有"诚"之一目,其曰"天地万物皆从诚字出,故《中庸》曰:不诚无物",⑤由于诚既可是主体德性,也可是道德本体,如《中庸》所谓"诚者,天之道也;诚之者,人之道也",而康氏又没有对诚的涵义作出清晰分说,故难以断定诚在康氏本体观中究属客观存有还是主体精神,或者可以将其理解为贯通两界的范畴。克就"不忍之心"和"人之灵明"来说,这类系于主体精神的本体虽与元气本体迥然相异,但其作为康氏社会政治主张的终极根据却与元气本体一致无二。康氏张扬人之灵明,实质上是为了提撕人心以救亡图存,其曰:"故今日之会,欲救亡无他法,但激厉其心力、增长其心力,念兹在兹,则爝火之微,自足以争光日月,基于滥觞,流为江河。果能合四万万人,人人热愤,则无不可为者,奚患于不能救?"⑥其鼓吹不忍之心,则是为了成就仁政进而实现太平社会和大同世界,其曰:"既有此不忍人之心,发之于外,即为不忍人之政。若使人无此不忍人之

---

① 《康有为全集》第12集,第20页。按韩图即康德,立拉士即拉普拉斯。
② 《康有为全集》第1集,第143页。
③ 《康有为全集》第5集,第414页。
④ 《康有为全集》第5集,第422页。
⑤ 《康有为全集》第2集,第233页。
⑥ 《康有为全集》第4集,第59页。

心,圣人亦无此种,即无从生一切仁政。……一核而成参天之树,一滴而成大海之水。人道之仁爱,人道之文明,至于太平大同,皆从此出。"①

康有为所标举的"不忍之心"和"人之灵明"显然本自《孟子》以及陆王心学,并且参以佛教唯识论,但应合着接纳西学的时代潮流,他又将这些观念与近代西方科学加以比附,如谓"不忍人之心,仁也,电也,以太也",②"仁从二人,人道相偶,有吸引之意,即爱力也,实电力也",③"若夫电,则诸天皆无不通矣。每杪之时,电行三十万里,天下之至速未有如电者也。今无线可以通电,足见电无所不有,无所不通,无处能舍电者也。……电人人有之,在人之自修与否。修电之点而为电团,务令聚而不散,则长明不昧,长存不散。佛能收电,保存电,故入定能通一切,极之生生世世,灵明不昧。《隋书》所谓修炼精神,以至为佛,即修电也,即老子谓恍兮惚兮,中有物象,绵绵若存,用之不尽。《中庸》曰:予怀明德。《易》曰:斋戒以神明其德。即此电也。孔子之道,时时修省,则为圣为贤,否则为愚为贱。《大学》之道在明明德,明德即收电也。明之不已,则大明终始,不可思议。此人人可能之事也",④将不忍之心、仁、爱力、灵明、明德等精神现象与电和所谓"以太"之类物质概念混然杂糅,这不仅表现了康有为个人西学造诣的浅薄,实际上也反映了其时学术思想界理解西学的一般水平。

综上所述,康有为的本体观具有元气本体与人心本体二元性,这是为他自己所肯认的,从其所谓"神鬼神帝,生天生地,全神分神,惟元惟人"⑤之语可以得到证明。

三、"求乐免苦"的自然—功利人性论

康有为认为"人禀阴阳之气而生",由此将元气本体观导入人性论。

---

① 《康有为全集》第 5 集,第 414 页。
② 《康有为全集》第 5 集,第 414 页。
③ 《康有为全集》第 5 集,第 380 页。
④ 《康有为全集》第 11 集,第 274 页。
⑤ 《康有为全集》第 7 集,第 4 页。

在康有为看来,人性的根基在于自然感官及其本能,仁义之类的道德性都是感官本能通过逐渐发达的理智作用而形成的,他说:"人禀阴阳之气而生也。能食味、别声、被色,质为之也。于其质宜者则爱之,其质不宜者则恶之,儿之于乳已然也。见火则乐,暗则不乐,儿之目已然也。故人之生也,惟有爱恶而已。欲者,爱之征也;喜者,爱之至也;乐者,又其极至也;哀者,爱之极至而不得,即所谓仁也,皆阳气之发也。怒者,恶之征也;惧者,恶之极至而不得,即所谓义也,皆阴气之发也。婴孩沌沌,有爱恶而无哀惧,故人生惟有爱恶而已。哀惧之生也,自人之智出也。魂魄足矣,脑髓备矣,知觉于是多焉,知刀锯水火之足以伤生也,于是谨避之。婴儿不知刀锯水火之足以伤生而不避也,禽兽亦然。圣人之知更多,故防害于未至,虑患于未然,曲为之防,力为之制。故其知愈多者,其哀惧愈多;其知愈少者,其哀惧愈少。其有无不能终穷也,以分数计之。"①此所谓质(亦称气质),即自然感官,爱恶即本能,哀惧即仁义一类道德性。哀惧(仁义)乃是感官本能通过理智作用的结果,且与理智作用成正比。根据以上观点,康有为认为,在发生意义上,除了感官本能,并没有既成的人性,更无先验的善恶,其曰:"人之有生,爱恶仁义是也,无所谓性情也,无所谓性情之别也。爱恶皆根于心,故主名者名曰'性情'。造书者从心生,要知其生于心而已。存者为性,发者为情,无所谓善恶也。"②又说:"实则性全是气质,所谓义理,自气质出,不得强分也。"③

　　那么具体说来,人性特别是德性究竟是如何形成的呢? 康有为认为关键在于后天的人为学习。其曰:"今之所谓仁义者,积人事为之,差近

①《康有为全集》第1集,第100页。
②《康有为全集》第1集,第101页。"人之有生,爱恶仁义是也"一语,既可理解为仁义就是爱恶本能,此由康氏所谓"故人之生也,惟有爱恶而已""故人生惟有爱恶而已""夫仁之与爱、义之与恶,何异之有"(第1集,第101页)可以证明;但也可理解为仁义是人与生俱来的本性,此则由康氏所谓"夫人性本有仁义,特非仁义之至耳"(第1集,第101页)可以证明,由此反映康氏人性论的驳杂抵牾。
③《康有为全集》第1集,第341页。康有为反复说"性者,生之质也,未有善恶"(第2集,第166页),"性无善恶"(第2集,第186页),"性只有质,无善恶"(第2集,第188页),"'性'字、'善'字,要开分讲"(第2集,第203页)。

于习,而非所谓性也。若夫性,则仁义爱恶无别也。善者,非天理也,人事之宜也。故以仁义为善,而别于爱恶之有恶者,非性也,习也。"①他打比方说:"尝试譬之,性则丝帛也,善则冕裳也,织之、染之、练之、丹黄之,又复制之,冕裳成焉,君子是也。弗练、弗织、弗文、弗色,中人是也。污之粪之,裂为缯结,小人是也。"②如果没有人为学习,则"人人相等,同是食味、别声、被色,无所谓小人,无所谓大人也",甚至"人与禽兽相等,同是视听运动,无人禽之别也"。③康有为归结人为学习对于转化人的自然本能而成就德性的作用说:"同是物也,人能学则贵,异于万物矣;同是人也,能学则异于常人矣;同是学人也,博学则胜于陋学矣;同是博学,通于宙合,则胜于一方矣;通于百业,则胜于一隅矣;通天人之故,极阴阳之变,则胜于循常蹈故拘文牵义者矣。故人所以异于人者,在勉强学问而已。夫勉强为学,务在逆乎常纬。顺人之常,有耳、目、身体,则有声、色、起居之欲,非逆不能制也;顺人之常,有心思识想,则有私利隘近之患,非逆不能扩也。人之常俗,自贵相贱,人之常境,自善相高,造作论说,制成事业。与接为构,而目惑荧,而心洽就。其为是俗,非一人与,积千万人,积亿兆人,积京陔秭壤沟人,于是,党类立矣。其为是俗,非一时也,积日月年,积百十年,积千万年,于是,积习深矣。欲矫然易之,非至逆安能哉? 故其逆弥甚者,其学愈至,其远于人愈甚,故所贵勉强行道也。《大戴·保傅篇》曰:胡越之人,生而同声,嗜欲不异,及其长而成俗也,累数译而不能通。故孔子曰:习相远。习,即学也。惟其学相远,故人与禽兽相远,人与人相远,学人与学人相远,其相远之道里,不啻百十里也,不啻千万里也,不啻亿兆里至于无可计议、无可知识里也。"④这就强调了学习对于成就德性的至关重要性。

---

① 《康有为全集》第 1 集,第 101 页。"若夫性,则仁义爱恶无别也"一语意为,如果说人的本性是仁义,实际上也就是说人的本性是爱恶。
② 《康有为全集》第 1 集,第 101 页。
③ 《康有为全集》第 1 集,第 341 页。
④ 《康有为全集》第 1 集,第 341 页。

康有为这种注重感官本能、否定既成人性和先验善恶、认为人性特别是德性由后天人为学习而形成的观点,比较接近于告子"生之谓性""食色性也""性犹湍水""杞柳杯桊"诸说,①故其曰"告子曰'食色性也','性犹湍水也',是也",②"告子生之谓性,自是确论"。③ 相应地,他对具有先验论倾向的性善说、性恶说、性善恶混说、性三品说、性善情恶说等诸种人性论都予以批评和否定。他说:"孟子言性善,荀子言性恶,杨子言善恶混,韩子强为之说曰三品,程、朱则以为性本善,其恶者情也,皆不知性情者也。程子曰:论性不言气不备。夫性者,气质所发,犹一子也,但于气质中别名之耳,安所谓不备哉?……漆雕开、子贱、世子亦言性有善恶。……《春秋繁露》曰:性比于禾,善比于米,米出于禾中,而禾未可全为米也。善出于性中,而性未全为善也。《韩诗外传》曰:茧之性为丝,弗得女工燔以沸汤,抽其统理,不成为丝。卵之性为雏,不得良鸡覆伏守育,积日累久,不成为雏。此二说似善为喻矣,亦非也。夫禾虽未为米,卵虽未为雏,而禾必为米,卵必为雏,虽有失,不为他物也。茧丝之说为近之,然亦未至也。"④在康有为所批评和否定的诸种先验人性论中,他又往往对孟子性善说更不认可,如谓"孟子言性善,扩充不须学问。荀子言性恶,专教人变化气质,勉强学问,论说多勉强学问工夫。天下惟中人多,可知荀学可重",⑤"从荀子说,则天下无善人。从孟子说,则天下无恶人。荀子说似较长",⑥"荀子言矫輮,董子言勉强,极是。孟子性善之说未妥",⑦由此显示了康有为从唐宋以降的儒家主流和中国正统的歧出。

---

① 告子诸说见《孟子·告子上》。

② 《康有为全集》第1集,第101页。

③ 《康有为全集》第1集,第341页。不过康有为也并非完全同意告子的人性论,如批评告子的"杞柳为杯桊"说为"未至"(第1集,第101页),"生之谓性"说"发之未透"(第1集,第341页),"性犹湍水"说"言未得实"(第5集,第428页),只不过在他看来,"告子之意近是,……在诸儒中盖近理矣"(第1集,第101页)。

④ 《康有为全集》第1集,第101页。

⑤ 《康有为全集》第2集,第182页。

⑥ 《康有为全集》第2集,第186页。

⑦ 《康有为全集》第2集,第246页。

不过康有为仍然标举孔子之说以为其人性论观点的权威依据,如谓"善乎孔子之言曰:性相近,习相远。言相近者,谓出于禽虫之外,凡为人者必相近也,不称善恶。至于习于善、习于恶,则人为之矣,故相远也。其言至矣",①又谓"凡论性之说,皆告子是而孟非,可以孔子为折衷。告子之说为孔门相传之说,天生人为性",②这显然是将孔子之说以及儒家学统加以自己的解释,以期证明其人性论观点与先圣一脉相承。当然应该承认,康有为的思想在总体上确实并未超出儒家传统范围,表现在人性论方面,不仅因其仍然依违于诸儒论说之间,特别由于其有意无意中又张扬了性善论,观其所谓"人类化于天,人性生于天,故人道即法天道。天人分合,本原贯通,孝子不匮,永锡尔类"③、"不忍人之心,仁也,电也,以太也,人人皆有之,故谓人性皆善"④、"人人性善,尧、舜亦不过性善,故尧、舜与人人平等相同"⑤、"人人性善,文王亦不过性善,故文王与人平等相同"⑥一类言论,可以为证。这种歧出与流连的思想境况,致使康有为的人性论观点具有某些驳杂和抵牾成分,而与他的二元本体观存在着相应性。

康有为的人性论也是与其社会政治主张相关的。他构画了一个"人人极乐"的"大同之世",作为社会政治的至高理想。"大同之世"之所以"极乐",就在于能够完全充分地满足"生人之乐趣、人情所愿欲",诸如"口之欲美饮食也,居之欲美宫室也,身之欲美衣服也,目之欲美色也,鼻之欲美香泽也,耳之欲美音声也,行之欲灵捷舟车也,用之欲便美机器也,知识之欲学问图书也,游观者之欲美园林山泽也,体之欲无疾病也,养生送死之欲无缺也,身之欲游戏登临、从容暇豫、啸傲自由也,公事大政之欲预闻预议也,身世之欲无牵累压制而超脱也,名誉之欲彰彻大行

---

① 《康有为全集》第 1 集,第 101 页。
② 《康有为全集》第 2 集,第 186 页。
③ 《康有为全集》第 2 集,第 382 页。
④ 《康有为全集》第 5 集,第 414 页。
⑤ 《康有为全集》第 5 集,第 417 页。
⑥ 《康有为全集》第 5 集,第 418 页。

也，精义妙道之欲入于心耳也，名书、妙画、古器、异物之欲罗于眼底也，美男妙女之欲得我意者而交之也，登山临水、泛海升天之获大观也"，凡此"人之大愿至乐，而大同之世人人可得之者也"。① 显而易见，这样一个"大同之世"乃是建立在康有为所认定的人的"求乐免苦"的感官本能基础之上；换言之，人的感官本能为"大同之世"提供了必要性。但"大同之世"之得以建立，又有赖于人的感官本能提升为"不忍之心"的德性，"人道之仁爱，人道之文明，至于太平大同，皆从此出"；②也就是说，德性为"大同之世"提供了可能性。这样，康有为以感官本能为根本、以学成德性为指向的人性论就成为其"大同之世"之必要与可能的根据；人的德性成就"大同之世"，"大同之世"又满足人的感官本能需要。至于人性既已提升为德性，何以还会降格以求"大同之世"对感官本能的满足，康有为的解释是："故普天之下，有生之徒，皆以求乐免苦而已，无它道矣。其有迂其途，假其道，曲折以赴，行苦而不厌者，亦以求乐。而虽人之性万有不同乎，而可断断言之，曰人道无求苦去乐者也。"③由此可见，在康有为看来，德性归根到底只是满足感官本能的手段，"求乐免苦"的感官本能才是人性的根荄。

四、"人惟有智"的重智倾向

康有为既然认为哀惧亦即仁义"自人之智出"，当然表明他将智置于比仁义更加重要的地位。他还说"夫礼、信者，人事之不得不然，自其智为之，以顺仁、义者也"，④又将智置于比礼信更加重要的地位。综观其说，可见在康有为看来，智在五常之中居于首位。这种重智倾向在康有为的言论中还有不少表露，如谓"爱恶仁义，非惟人心有之，虽禽兽之心亦有焉。然则人与禽兽何异乎？曰：异于其智而已。其智愈推而愈广，

①《康有为全集》第 7 集，第 32—33 页。
②《康有为全集》第 5 集，第 414 页。
③《康有为全集》第 7 集，第 7 页。
④《康有为全集》第 1 集，第 101 页。

则其爱恶愈大而愈有节,于是政教、礼义、文章生焉,皆智之推也。故人之性情,惟有智而已,无智则无爱恶矣",[①]"物皆有仁、义、礼,非独人也。乌之反哺,羊之跪乳,仁也;即牛、马之大,未尝噬人,亦仁也;鹿之相呼,蚁之行列,礼也;犬之卫主,义也,惟无智,故安于禽兽耳。人惟有智,能造作饮食、宫室、衣服,饰之以礼乐、政事、文章,条之以伦常,精之以义理,皆智来也。苟使禽兽有智,彼亦能造作宫室、饮食、衣服,饰之以伦常、政事、礼乐、文章,彼亦自有其义理矣。故惟智能生万理",[②]这是说明人之所以异于禽兽而为人乃至人类文明的创造和道德的形成,完全依赖于智的作用。康有为还说:"或谓仁统四端,兼万善,非也。吾昔亦谓仁统义、礼、智、信,与朱子言'义者,仁之断制;礼者,仁之节文;信者,仁之诚实;智者,仁之分别'同。既乃知人道之异于禽兽者,全在智。惟其智者,故能慈爱以为仁,断制以为义,节文以为礼,诚实以为信。夫约以人而言,有智而后仁、义、礼、信有所呈,而义、礼、智、信以之所为,亦以成其仁,故仁与智所以成终成始者也。"[③]这就明确否定了仁在五常中的统摄地位,在强调智为仁、义、礼、信之呈现根据的前提下肯定仁智并重,但仍以智为先(始)而以仁为后(终)。至其所谓"仁智同藏而智为先,仁智同用而仁为贵",[④]虽然将仁智并举,但细绎其意,却不无智体仁用的内涵。

康有为的重智倾向及其议论方式与其前辈王韬几乎如出一辙,他们主要都是在对作为中国传统主流意识形态的儒家思想的五常观的分析比较中突出智的重要性,都表现出超轶圣贤遗教和传统观念的趋向。但并无证据表明康有为受到王韬的直接影响,毋宁说他们异时异地而共同形成的重智倾向都是时势使然。余波未已的清代朴学和新近传入的西方科学不同程度的看重求知而轻视修身的风气弥漫于社会,深入人心,王韬和康有为可谓得风气之先者,他们所表露的重智倾向实际上已经启导了牟宗三日后

---

① 《康有为全集》第 1 集,第 101—102 页。
② 《康有为全集》第 1 集,第 108 页。
③ 《康有为全集》第 1 集,第 108 页。
④ 《康有为全集》第 7 集,第 4 页。

提出的、作为补足中国传统文化知性欠缺之方法的"良知坎陷"的历程,也打开了通向分科专门之学的现代学科体制的门径。

第二节　谭嗣同杂糅新旧以求通变的"仁学"

一、生平著述

谭嗣同(1865—1898),湖南浏阳人,于父继洵为户部主事任内生于京城宣武门外孏眠胡同宅邸,字复生,号壮飞,自署东海褰冥氏、华相众生,室号寥天一阁、莽苍苍斋、思纬吉凶台、石菊影庐、远遗堂、壮飞楼、秋雨年华馆、微大弘孤精舍等。谭嗣同童年时代一直客居京师,五岁(清同治八年,1869)从毕莼斋先生始受书,后又师从韩荪农、欧阳中鹄(瓣薑)、涂启先(舜丞)、刘人熙(蔚庐)诸先生。十二岁(清光绪二年,1876),京师春疫流行,生母徐氏、长兄嗣贻、仲姊嗣淑于旬日之内先后触疫而亡,嗣同亦染疾濒死,然三日复苏,父遂赐字曰复生。十三岁(清光绪三年,1877),父补授甘肃巩秦阶道,加二品衔,上任之前先回故里修墓,嗣同随侍,首次返乡。次年随父赴甘肃任,始有西北之行。此后至二十五岁的十余年间,嗣同五次往返于陇湘之间,壮游山川,体察时艰,厕身军旅,砥砺胆识,养成了恻怛而豪侠的性格。此间于十九岁(清光绪九年,1883)与长沙女子李闰成婚;二十一岁(清光绪十一年,1885)暨二十四岁(清光绪十四年,1888)两度返湘参加秋试,均不第;二十五岁(清光绪十五年,1889)自兰州赴京师拟应北闱之试,不意仲兄嗣襄遽卒于台湾,遂转奔上海迎榇,不克入闱。是年底,父升任湖北巡抚,嗣同先期由湘抵鄂,预为布置迎接安顿事宜。二十七岁(清光绪十七年,1891)由鄂返湘再应秋试,仍报罢,嗣同不以为意,畅游南岳衡山,赋诗言志曰"身高殊不觉,四顾乃无峰。但有浮云度,时时一荡胸",[①]尽显卓荦不群气概。三十岁(清光绪二十年,1894)再于长沙参加秋试,是后便绝意科场,更激于中国水

---

① 《晨登衡岳祝融峰二篇》其一,载《谭浏阳全集》,台北:文海出版社1962年版,第172页。

师惨败于日本,愤然欲尽弃无用之学而壹意经世,作《莽苍苍斋诗自叙》曰"天发杀机,龙蛇起陆,犹不自惩,而为此无用之呻吟,抑何靡与！三十年前之精力,敝于所谓考据辞章,垂垂尽矣。勉于世,无一当焉。愤而发箧,毕弃之"。① 此间有长书分致欧阳瓣薑师及友人贝元徵,要点不外废八股、兴格致、育人才、效西法。三十一岁(清光绪二十一年,1895)闻康有为倡强学会于京师,有公车上书之举,乃自鄂抵沪,转赴京师,欲以谒见康氏,适康氏南归广东,不获见,遂与时任强学会记纂的梁启超交谈,得悉康氏学思宗旨及经世条理,因感动喜悦,而私淑焉。三十二岁(清光绪二十二年,1896),父为捐得候补知府,需次金陵,得从居士杨文会游,佛学造诣大进,此间撰写平生最重要之著作《仁学》。三十三岁(清光绪二十三年,1897)受湖南巡抚陈宝箴之邀,弃官自金陵返长沙,参赞新政,为时务学堂主持人之一,以公羊三世进化之说、孟子民贵君轻之义、西方科学民主之理、计算质测格致之学以及《明夷待访录》《扬州十日记》等宣扬民主民族思想的书籍教导学生;又设立南学会,既以讲学,又以议政,讲学以启发新知,议政以伸张民权,实具地方议会性质。清光绪二十四年(1898)四月,定国是诏既下,嗣同以侍读学士徐致靖举荐被征,适大病不能行,迁延至七月病愈方才辗转入京觐见,被授四品卿衔,任军机章京,参预新政。七月二十七日,光绪帝拟效康乾故事,开懋勤殿,设顾问官,然为西太后沮抑。二十九日,同任军机章京之杨锐带出光绪帝密诏,中有"朕位且不能保"等语,嗣同与康有为等密谋,主张笼络实力派将领直隶按察使袁世凯,以备不测之用。八月初三夜,嗣同挟光绪帝密诏至袁世凯在京中寓所,说袁诛旧派首领直隶总督荣禄,以救君上之难。袁慷慨应诺,然初五日返回驻地天津后即向荣禄首告康谭等密谋,于是西太后即日垂帘训政,软禁光绪帝于瀛台,并开始搜捕康党。嗣同于八月初十被逮,系狱三日,有题壁诗曰"望门投止思张俭,忍死须臾待杜根。

---

① 《谭浏阳全集》,第51页。

我自横刀向天笑,去留肝胆两昆仑",①表现出担当精神和无畏气概。八月十三日,嗣同与康广仁、杨深秀、林旭、杨锐、刘光第一同就戮于京师宣武城门之菜市口,终年三十四岁。

谭嗣同著述主要有《思纬吉凶台短书》一卷,《谥考前编》二卷,《浏阳谭氏谱》四卷,《剑经衍葛》一卷,《印录》一卷,《秋雨年华馆丛脞书》四卷,《仁学》二卷,《石菊影庐笔识》二卷,《兴算学议》一卷,《寥天一阁文》二卷,《莽苍苍斋诗》二卷,《远遗堂集外文初编》一卷《续编》一卷,《壮飞楼治事》十篇。其哲学思想,主要见于《仁学》《以太说》等篇。当代整理出版的谭氏著作主要有《谭浏阳全集》一册,台北文海出版社 1962 年版;《谭嗣同全集》二册,北京中华书局 1981 年版。

二、新旧杂糅的哲学思想

在中西文化摩荡日亟的近代,作为对中国文化造诣颇深,且对西方文化用功甚勤,但尚未及将二者加以分析融通的人物,谭嗣同的哲学思想不免具有中西古今相互杂糅的特点。以本体论而言,谭嗣同采用"以太"作为本体范畴,在《以太说》中,其曰:

> 接吾目,吾知其为光。光之至吾目欤?抑目之即于光也?接吾耳,吾知其为声。声之至吾耳欤?抑耳之即于声也?通百丈之筒,此呼而彼吸,吾知其为气,而孰则推移是?引万里之线,此击而彼应,吾知其为电,而孰则纲维是?在格致家,必曰光浪也,声浪也,气浪也,电浪也,为之传一也。一固然矣,然浪之者,言其动荡之数也。动荡者何物?谁司其动?谁使其荡?谁为其传?何以能成可纪之数?光声气电之同时并发,其浪何以各不相碍?光声气电之寂然未发,其浪又消归于何处?则非浪之一辞所能尽矣。一地球,何以能摄月球与动植物?一日球,何以能摄行星彗星流星?一昴星,何以能摄天河圈内所

---

① 《狱中题壁》,载《谭浏阳全集》,第 190 页。

有诸恒星？一虚空,何以能摄星林星团星云星气,皆如昴星之天河圈而遥与之摄？在动重家,必曰离心力也,向心力也,为之吸一也。一固然矣,然力也者,言其牵引之势也。牵引者何物？谁主其牵？谁令其引？谁任其吸？何以能成可睹之势？日月星地之各吸所吸,其力何能制其不相切附？日月星地之互吸所吸,其力何能保其不相陵撞？则非力之一辞所能尽矣。任举万物中之一物,如一叶,如一尘,如一毛端,如一水滴,其为物眇乎其小矣,而要皆合无量之微质点粘砌而成,及以显微镜窥之,则叶之纹理,知其为山河;尘之旋舞,知其为小地球;一毛端,一水滴,知其有万亿京垓之微生物微植物,或根著,或浮流,或蜎飞蠕动,跂行喙息,而微生物微植物又莫不各有筋骨肠胃枝叶根须,其筋骨肠胃枝叶根须之间,又莫不更有寄生之微生物微植物,由是辗转递测,以至于无穷,谓为质点之粘砌,则质点之微,岂复可以言喻？虽天演家亦无以辨其物竞矣。任举万事中之一事,如一言,如一动,如一饮泣,如一思念,其为事亦至庸无奇矣,而要皆合全体之脑气筋发动而显。以我之脑气筋,感我之脑气筋,于是乎有知觉,牵一发而全身为动,伤一指而终日不适,疾痛疴痒,一触即知,其机极灵,其传至速;不灵不速,时曰麻木不仁。以我之脑气筋,感人之脑气筋,于是乎有感应,善不善,千里之外应之;诚不诚,十手十目严之。容色可征意旨,幽独如见肺肝。本合天地人我为一全体,合众脑气筋为一脑气筋。而妄生分别,妄见畛域,自隔自蔽,绝不相通者,尤麻木不仁之大者也。然究其所以相通之神之故,虽心灵家无以达其分核矣。是何也？是盖遍法界、虚空界、众生界,有至大至精微,无所不胶粘不贯洽不筦络而充满之一物焉,目不得而色,耳不得而声,口鼻不得而臭味,无以名之,名之曰以太。其显于用也,为浪,为力,为质点,为脑气;法界由是生,虚空由是立,众生由是出;无形焉,而为万形之所丽;无心焉,而为万心之所感。精而言之,夫亦曰仁而已矣。[1]

---

[1]《谭浏阳全集》,第446—448页。

在《仁学》首篇，谭嗣同也说：

遍法界、虚空界、众生界，有至大之精微，无所不胶粘、不贯洽、不筦络，而充满之一物焉，目不得而色，耳不得而声，口鼻不得而臭味，无以名之，名之曰以太。其显于用也，孔谓之仁，谓之元，谓之性；墨谓之兼爱；佛谓之性海，谓之慈悲；耶谓之灵魂，谓之爱人如己、视敌如友；格致家谓之爱力、吸力，咸是物也。法界由是生，虚空由是立，众生由是出。夫人之至切近者莫如身，身之骨二百有奇，其他筋肉血脉腑脏又若干有奇，所以成是而粘砌是不使散去者，曰惟以太。由一身而有夫妇，有父子，有兄弟，有君臣朋友，由一身而有家有国有天下，而相维系不散去者，曰惟以太。身之分为眼耳鼻舌身，眼何以能视，耳何以能闻，鼻何以能嗅，舌何以能尝，身何以能触，曰惟以太。与身至相切近莫如地，地则众质点粘砌而成，何以能粘砌，曰惟以太。任剖某质点一小分，以至于无，察其为何物所凝结，曰惟以太。至与地近，厥惟月，月与地互相吸引，不散去也；地统月与金水火木土天王海王为八行星，又有无数小行星、无数彗星互相吸引，不散去也；金水诸行星又各有所绕之月互相吸引，不散去也；合八行星与所绕之月，与小行星，与彗星，绕日而疾旋，互相吸引不散去，是为一世界；此一世界之日，统行星与月，绕昴星而疾旋，凡得恒河沙数成天河之星团，互相吸引不散去，是为一大千世界；此一大千世界之昴星，统日与行星与月以至于天河之星团，又别有所绕而疾旋；凡得恒河沙数各星团星林星云星气，互相吸引不散去，是为一世界海；恒河沙数世界海为一世界性；恒河沙数世界性为一世界种；恒河沙数世界种为一华藏世界；华藏世界以上，始足为一元，而元之数，则算所不能稽，而终无有已时，而皆互相吸引不散去，曰惟以太。其间之声光热电风雨云露霜雪之所以然，曰惟以太。更小之于一叶，至于目所不能辨之一尘，其中莫不有山河动植，如吾所履之地，为一小地球。至于一滴水，其中莫不有微生物千万而未已，更小之又小至于无,其中莫不有微生物浮寄于空气之中,曰惟以太。学者第一当认明以太之体与用,始可与言仁。①

显而易见,谭嗣同是基于近代物理学、天体学、微生物学、生理学、心理学等自然科学知识,将大千世界万事万物的本体归纳为以太。以太(ether)是古希腊哲学的一个概念,用以表示想象中的占据宇宙空间的物质元素;至17世纪经典物理学将其转化为科学概念,指称充满全部空间并渗透到普通物质之中、能够传递力、声、电、磁、光的媒介物质。虽然近代天体力学、光学、电磁学等多方面实验不断表明以太这种介质并不存在,但以太说在19世纪后期仍然臻于极盛,直到20世纪相对论和量子力学创立从而否定物质运动及其相互作用需要某种介质支持之后,以太说才被废弃。谭嗣同生活的年代正值以太说大行其道,其时英国传教士傅兰雅(John Fryer)翻译的《光学图说》就介绍了这一学说,谭嗣同接受以太说并将以太提升为本体范畴,反映了他对西学、特别是近代西方科学的了解和服膺。

不过,从以上引文即可看出,以太在谭嗣同的观念中并非十分严格的近代西方科学概念,而是与传统道德学说及宗教信念相杂糅,其中羼入了儒家的道德心性论,如谓"善不善,千里之外应之",本于《周易·系辞上》"子曰'君子居其室,出其言,善则千里之外应之,况其迩者乎;居其室,出其言,不善则千里之外违之,况其迩者乎'";又如"诚不诚,十手十目严之","容色可征意旨,幽独如见肺肝",本于《大学》"曾子曰'十目所视,十手所指,其严乎'","人之视己,如见其肺肝然";再如"本合天地人我为一全体,合众脑气筋为一脑气筋。而妄生分别,妄见畛域,自隔自蔽,绝不相通者,尤麻木不仁之大者也",本于程明道"观仁"之说"医书言手足痿痹为不仁,此言最善名状。仁者以天地万物为一体,莫非己也。认得为己,何所不至? 若不有诸己,自不与己相干。如手足不仁,气已不

---

①《谭浏阳全集》,第201—203页。

贯，皆不属己"，①另亦有取于王阳明的《大学问》。谭嗣同还将儒家的仁、元、性，墨家的兼爱，佛家的性海、慈悲，基督教的灵魂、博爱与物理学的作用力一并视为以太的效用，将人伦关系也归于以太的维系，而蔽以一言曰：以太"精而言之，夫亦曰仁而已矣"，即是说以太的核心或精蕴就是仁，凡此种种就在科学概念中包容了意志成分。诚然，以太既为本体，应该是包括意志在内的宇宙间一切现象的终极原因，不过在一个成熟的哲学体系中，由此终极原因实现为宇宙诸现象，一定是有逻辑层次和主从次序的，而谭嗣同将声光电气、日月星地、水尘动植、人类身心与道德意志、宗教信仰以及人伦关系并列为以太之实现，将科学性的以太与道德性和宗教性的仁、元、性、兼爱、性海、慈悲、灵魂、博爱等直接挂搭甚至相提并论，这就表现了他在中西古今思想资料纷然杂陈的情况下大包大揽、生吞活剥、择焉不精、思焉不详的思想幼稚性。其实，谭嗣同的本体论还不止于杂糅而已，甚至存在着游移问题，例如同在《仁学》一篇中，他又说"仁为天地万物之源，故唯心，故唯识"，而"以太也，电也"反为"粗浅之具也，借其名以质心力"；②还说"以太者，亦唯识之相分，谓无以太可也"，③由此表明谭嗣同又以仁（或心、识）为本体，而只是将以太作为表现本体的工具，或只是相当于佛家唯识学中由主导方面的见分所派生的依从方面的相分，④这不啻是对以太本体论作了根本否定，由此进一步显示出谭嗣同哲学思想的不成熟性质。

谭嗣同的宇宙论、人性论、认识论也都具有杂糅的特点。他论述宇宙生成曰："天地万物之始，一泡焉耳。泡分万泡，如镕金汁，因风旋转，

---

① 《二程集》，北京：中华书局 2004 年版，第 15 页。

② 《仁学》，载《谭浏阳全集》，第 197、198 页。

③ 《仁学》，载《谭浏阳全集》，第 260 页。

④ 唯识学认为，阿赖耶识是现象界的根源，其中包含无量数的种识，由之变现大千世界万事万物；阿赖耶识及其所含每一种识皆为一识聚，包含心、心所两方面，心、心所又各自包含见分、相分两方面，在心、心所两方面中，心为主导方面，心所为依从方面，在见分、相分两方面中，见分为主导方面，相分为依从方面。谭嗣同既将以太相当于相分，也就是不以其作为终极本体，而只是见分的派生物了。

卒成圆体。日又再分,遂得此土,遇冷而缩,由缩而干。缩不齐度,凸凹其状,枣暴果膜,或乃有纹,纹亦有理,如山如河。缩疾干迟,溢为洪水;干更加缩,水始归墟。沮洳郁蒸,草蕃虫蛸,璧他利亚,微植微生,螺蛤蛇龟,渐具禽形。禽至猩猿,得人七八。人之聪秀,后亦胜前。"[1]这无疑是基于近代进化论而对宇宙万物乃至人类生成的描述。但述至人类生成之后,谭嗣同的论说陡然一转曰:"恩怨纷结,方生方灭,息息生灭,实未尝生灭。见生灭者,适成唯识。即彼藏识,亦无生灭,佛与众生,同其不断。忽被七识所执,转为我相。执生意识,所见成相。眼耳鼻舌身,又各有见,一一成相。相实无枉受熏习,此生所造,还入藏识,为来生因;因又成果,颠倒循环,无始沦滔。沦滔不已,乃灼然谓天地万物矣。天地乎?万物乎?夫孰知其在内而不在外乎?"[2]这又显然将宇宙万物的成因归于藏识(即阿赖耶识),近代进化论的宇宙论与佛教唯识学的宇宙论就这样被谭嗣同奇妙地拼凑在一起。

关于人性论,谭嗣同的观点也是莫衷一是。他说:"性一以太之用,以太有相成相爱之能力,故曰性善也。"[3]这是隐然将"天命之谓性"的天人道德观念羼入以太本体论中,将以太的物理性的质力转变为道德内涵及作用,从而论证作为以太之生成发用的性(当然主要指人性)具备本然之善。这种性善论的思想内容已经相当驳杂,然而谭嗣同的人性论还并不只此一端,就在他论证性善的同一篇中,他忽而又跳到"无性"的立场。谭嗣同这样论辩道:"或难曰:草木金石,至冥也,而寒热之性异;鸟兽鱼鳖,至愚也,而水陆之性异;谓人无性,毋乃不可乎?曰:就其本原言之,固然其无性明矣。彼动植之异性,为自性尔乎?抑质点之位置与分剂有不同耳。质点不出乎七十三种之原质,某原质与某原质化合,则成一某物之性;析而与他原质化合,或增某原质,减某原质,则又成一某物之性;

---

[1]《仁学》,载《谭浏阳全集》,第258—259页。按"璧他利亚"当为英文 bacteria 之音译,词义为细菌。

[2]《仁学》,载《谭浏阳全集》,第259页。

[3]《仁学》,载《谭浏阳全集》,第211页。

即同数原质化合,而多寡主佐之少殊,又别成一某物之性。纷纭蕃变,不可纪极,虽聚千万人之毕生精力治化学,不能竟其绪而宣其蕴,然而原质则初无增损之故也。香之与臭,似判然各有性矣,及考其成此香臭之所以然,亦质点布列,微有差池,致触动人鼻中之脑气筋,有顺逆迎拒之异,故觉其为香为臭;苟以法改其质点之聚,香臭可互易也。此化学家之浅者,皆优为之,乌睹所谓一成不改之性耶? 庖人之治庖也,同一鱼肉,同一蔬笋,调和烹煮之法又同,宜同一味矣,而或方正切之,或斜切之,或藿叶切之,或脔之,或糜之,或巨如块,或细如丝,其奏刀异,其味亦因之而不同。此岂性也哉? 由大小斜正之间,其质点不无改变,及与舌遇,遂改变舌上脑气筋之动法,觉味有异耳。故论其原质,必不容有寒热云云诸性明矣。然原质犹有七十三之异,至于原质之原,则一以太而已矣。一故不生不灭,不生故不得言有,不灭故不得言无。谓以太即性可也,无性可言也。"[1]谭嗣同答辩"谓人无性毋乃不可乎"的问难,列举化学元素的不同配合构成不同的物性、气味、口味的例证,得出"无性可言"结论,其例证与论旨实际上是颇不相类的。物质的化学性质诚然由元素的配合而构成,但人性却非化学元素合成;基于元素的层面可以说物无自性,但由此并不能推断人"无性可言"。谭嗣同从性善论跳到"无性"论,将人性与物质的化学性质相提并论,其哲学思想的游移和驳杂于此又可见一斑。

在认识论方面,谭嗣同的思想表现出某种深刻性,他说:"眼耳鼻舌身所及接者,曰色声香味触五而已。以法界、虚空界、众生界之无量无边,其间所有,必不止五也明矣。仅凭我所有之五,以妄度无量无边,而臆断其有无,奚可哉! ……即以肉眼、肉耳论,有远镜、显微镜所见,而眼不及见者焉,又有远镜、显微镜亦不及见者焉;有电筒、德律风所闻,而耳不及闻者焉,又有电筒、德律风亦不及闻者焉。"[2]这是说,面对浩渺无垠

---

[1] 《仁学》,载《谭浏阳全集》,第 219—220 页。
[2] 《仁学》,载《谭浏阳全集》,第 237—238 页。按"德律风"当为英文 telephone 的音译,词义为电话机。

的对象世界,人的感官能力和作用范围是极其有限的,即使借助某些科技仪器,也仍然无法穷尽宏观世界和微观世界的底蕴。他进一步说:"且眼耳所见闻,又非真能见闻也。眼有帘焉,形入而绘其影,由帘达脑而觉为见,即见者见眼帘之影耳,其真形实万古不能见也。岂惟形不得见,影既缘绘而有是,必点点线线而缀之,枝枝节节而累之,惟其甚速,所以不觉其劳倦,迨成为影,彼其形之逝也亦已久矣;影又待脑而知,则影一已逝之影,并真影不得而见也。……耳有鼓焉,声入而肖其响,由鼓传脑而觉为闻,则闻者闻耳鼓之响耳,其真声实万古不能闻也。岂惟声不得闻,响既缘肖而有是,必彼之既终,而此方以为始,惟其甚捷,所以不觉其断续,迨成为响,彼其声之逝也亦已久矣;响又待脑而知,则响一已逝之响,并真响不得而闻也。……悬蚊久视,大如车轮;床下蚁动,有如牛斗。眼耳之果足恃耶否耶?鼻依香之逝,舌依味之逝,身依触之逝,其不足恃,均也。"①这则是说,即使在感官作用的范围之内,由于从对象到感官、从感官到大脑存在着几度转折,所以人的认识不仅不能把握真实的对象,甚至连原始的表象都把握不住,更不要说感官往往会产生错觉。因此,凭借感官所得到的认识是"不足恃"的。谭嗣同在此对时人颇为推崇的经验主义认识论提出了批判,应该说是有一定见地的。不过他的解决方式却又走向另一极端,他说:"苟不以眼见,不以耳闻,不以鼻嗅,不以舌尝,不以身触,乃至不以心思,转业识而成智慧,然后一多相容、三世一时之真理乃日见乎前。"②这就在绝对否定感知甚至理智的同时,堕入神秘主义的迷误之中了。如果仅止于此,则谭嗣同的认识论虽然偏颇,却还具有从反经验论到主张神秘论的一贯性,问题是在上述论说同一篇的《仁学》中,他又说了这样一段话:"有物骤而与吾身相切,吾知为触重焉,吾知为痒为痛,孰知之?脑知之。所切固手足之末,非脑也,脑何由知

---

① 《仁学》,载《谭浏阳全集》,第238—239页。
② 《仁学》,载《谭浏阳全集》,第239页。谭嗣同说:"灵魂,智慧之属也;体魄,业识之属也。"(见《仁学》,载《谭浏阳全集》,第198页)故其所谓"转业识而成智慧"也就是要消解肉体而纯任神灵。

之? 夫固言脑即电矣。则脑气筋之周布,即电线之四达;大脑小脑之盘结,即电线之总汇,一有所切,电线即传信于脑,而知为触为痒为痛,其机极灵,其行极速。"①这不仅又肯定了感官作用,而且将脑神经系统与电线的总汇与四达相比附,再次暴露出谭嗣同哲学思想的游移和杂糅。

在社会历史观方面,谭嗣同提出了著名的"冲决网罗"说,②其曰"网罗重重,与虚空而无极,初当冲决利禄之网罗,次冲决俗学若考据若词章之网罗,次冲决全球群学之网罗,次冲决君主之网罗,次冲决伦常之网罗",③表现出相当彻底的社会历史批判精神。然而他接着又说:"然其能冲决,亦自无网罗。真无网罗,乃可言冲决。故冲决网罗者,即是未尝冲决网罗。循环无端,道通为一",④这就以庄子的"齐物"观消解了"网罗"的社会历史实在性,将批判精神转变为一种超然无谓的态度,显然也表现出其思想尚未底定。正是有见于谭嗣同哲学思想的不成熟性,熊十力评论道:"戊戌政变,首流血以激天下之动者,谭复生嗣同。复生,船山学也。复生精研船山,其精神伟大,实由所感受于船山者甚深。尝与友人林宰平、梁漱溟言,自清季以来,真人物,唯复生一人足当之而已。惜其学未成熟,感世变已剧,孜孜求知。遇康、梁,则锐意新闻。及以一官需次南京,便访佛法于杨居士。规模甚大,志愿极宏,而知见不免失于浮杂。《仁学》之篇,实未足云著作也。然复生如不早丧,其成就必卓然可观。"⑤既对谭嗣同的人格予以高度赞扬,也直率批评其代表作《仁学》,并对其学思终结于浮杂给予了同情的理解,可谓允当之论。

---

①《仁学》,载《谭浏阳全集》,第 204 页。

② 全面地说,谭嗣同的"冲决网罗"说不只是社会历史观,而且是宇宙观乃至终极关怀,故其曰"次冲决天之网罗,终将冲决佛法之网罗"云云。不过谭嗣同主要还是着眼社会历史领域发为此说,从上文所谓"窃揣历劫之下,度尽诸苦厄,或更语以今日此土之愚之弱之贫之一切苦,将笑为诳语而不复信,则何可不千一述之,为流涕哀号,强聒不舍",可以证明。引文见《仁学自序》,载《谭浏阳全集》,第 55—56 页。

③《仁学自序》,载《谭浏阳全集》,第 55—56 页。

④《仁学自序》,载《谭浏阳全集》,第 56 页。

⑤《读经示要》,载《熊十力全集》第 3 卷,武汉:湖北教育出版社 2001 年版,第 855 页。

三、尚通求变的理论旨归

谭嗣同的哲学思想虽因杂糅与游移而不成熟,但他之所以杂糅中西古今思想资源,却有着相当明确的理论旨归,这就是阐发他所认定的宇宙间的普遍真理——通。在谭嗣同看来,本体的根本属性就是通,他反复说:"仁以通为第一义,以太也,电也,心力也,皆指出所以通之具","通之义以道通为一,为最浑括","以太者,通天地万物人我为一身","夫仁,以太之用,而天地万物由之以生,由之以通","若夫不生不灭之以太,通天地万物人我为一身",①且不论其本体概念的游移不定(这一点,上文已作分析),总之在他看来,诸如仁、道、以太这类本体性存有的根本性质和普遍作用就是通。谭嗣同将通标举为他最为推崇的孔、佛、耶"三教之公理"。② 他说:"通有四义:中外通,多取其义于《春秋》,以太平世远近大小若一故也;上下通、男女内外通,多取其义于《易》,以阳下阴吉,阴下阳吝,泰否之类故也;人我通,多取其义于佛经,以无人相无我相故也",③这是指出孔佛二教尚通之旨;又说:"通之相为平等。通则必尊灵魂,平等则体魄可为灵魂",④从其将灵魂说主要归于耶教来看,⑤这当然是说耶教具有通的内涵。谭嗣同还将他所服膺的墨学精神归为通,他反驳"彼墨子之兼爱,乱亲疏之言也"的观点说:"墨子何尝乱亲疏哉! 亲疏者,体魄乃有之。从而有,则从而乱之。若夫不生不灭之以太,通天地万物人我为一身,复何亲疏之有? 亲疏且无,何况于乱? 不达乎此,反诋墨学,

---

① 《仁学》,载《谭浏阳全集》,第 197、204、206、229 页。

② 《仁学》,载《谭浏阳全集》,第 311 页。谭嗣同往往将孔教与儒学相区分,尊崇孔教而贬斥儒学,如其言曰:"中国之所谓儒,不过孔教中之一端而已。司马迁《论六家要指》,其微意可知也。而为儒者乃始以儒蔽孔教,遂专以剥削孔子为务。于事功则曰五尺羞称也,于学问则曰玩物丧志也,于刑名又以为申韩刻核,于兵陈又以为孙吴惨黩,于果报轮回又以为异端邪说,皆所不容。孔子之道,日削日小,几无措足之地"(见《仁学》,载《谭浏阳全集》,第 294—295 页),所以在谭嗣同的语境中,孔教与儒学并不是直接等同的概念。

③ 《仁学》,载《谭浏阳全集》,第 197 页。

④ 《仁学》,载《谭浏阳全集》,第 197—198 页。

⑤ 参见《仁学》,载《谭浏阳全集》,第 201、224 页。

彼乌知惟兼爱一语为能超出体魄之上而独任灵魂,墨学中之最合以太者
也。"[1]一言以蔽之,谭嗣同认为通就是宇宙的通性以及人类伟大宗教文
明的通理。

谭嗣同对通的阐扬有其现实关切,他以通为至上原则,复以通学、通
政、通教、通商为具体标准,据以评判中西文化的穷通。[2] 他说:"善夫西
法学校科举之合为一也,有择官选士之意焉。有初学院、中学院、上学
院,学者依次递升,其材者升于大书院,犹成均也。各守专门之学以待录
用,学弗精进,或他过失,依次降之,犹郊遂也。其投考也,即由各专门院
长考之,不拘人数,求考即考,一二人可也,百十人可也;不拘时日,随到
随考,今日可也,明日可也。所考又皆实事,皆可实验,如考算学即面令
运算,船学面令驾船,律学面令决狱,医学面令治病,汽机学面令制造,天
文、测量面令运用仪器,众目昭彰,毫无假借。中式即面予证书,差其等
第,以为名称,如中国举人、进士之类,其有殊尤,立即报明擢拔。考政学
文学者官内部,考算学理财者官户部,考兵学者官海军陆军部,考法律者
官刑部,考机器者掌机局,考测绘者掌舆图,考轮船者航江海,考矿学者
司煤铁,考公法者充使臣,考农桑者列农部,考医学者入医院,考商务者
为商官。余或掌教,或俟录用,或再考。每国大小公私书院学塾多至十
数万区,少亦数万。学某学即读某门专书,而各门又无不兼有舆地之学。
又有兵学校,凡兵均令读书。又有瞽学校,制凸字书令扪而读之。凡子
女生八岁不读书,罪其父母。又有五家连坐之法,一家不读书,五家皆坐
罪。故百工商贾农夫走卒,无不读书。又有女学校,故妇女无不读书,由
是小儿得于母教,方七八岁,即知地为球体,月为地之行星,地为日之行
星,地自转而成昼夜,地绕日而有寒暑,地凡几洲,凡几国,某国与我亲,
某国与我仇,及其广狭强弱,均已晓其大概。至于品行心术,固无法以考
验,实即寓于诸学之中,坐定为人人应有,而进观其他。苟其不端,亦决

---

① 《仁学》,载《谭浏阳全集》,第 229 页。

② 谭嗣同说:"彼治于我,我将师之;彼忽于我,我将拯之。可以通学,可以通政,可以通教,又况
于通商之常常者乎。"见《仁学》,载《谭浏阳全集》,第 206 页。

无能善其事而不败露者。况有警察官吏举刺之,有上下议院评论之,又有浓赏厚罚驱其后,复何忧不得人哉?"①而"中国举事着着落后,浸并落后之着而无之,是以陵迟至有今日。而所谓士者,方更坚持旧说,负固不服,不问此时为何时,所当为为何事,溺于考据词章,狃于湘军中国人杀中国人之百战百胜,而怙以矜夸。初不辨为某洲某国,概目之曰洋鬼。动辄夜郎自大,欲恃其一时之议论为经济,意气为志节,尽驱彼于海外,以闭关绝市,竟若经数十年贤士大夫焦思极虑无以处之者,彼一横蛮即且夕可定。见有识者讨论实学,力挽危局,又恶其形己虚而秉己短也,从而娼之、疾之、詈之,以异端訾之。……平时所考,不过八股、试律、大卷、白折,及使之也,迥异其所考,不问其习不习,一于求全责备,事事皆使为之,卒至一事不能为。欲讲洋务,而国家初无是法,乏师承以致其精,又望然而畏其烦苦,恐徒分治举业之日力,又不能与科目、赀财、荐举者争进取。目营四海,茫无系属,遂忍而付诸不论不议"。②"三代学者,亦皆有所专习,切近而平实。自秦变去古法,学术亦与之俱变,渐无复所谓实学,而今则滋甚。即如算学为中国最实之学,中国往往以虚妄乱之,故谈算者必推本河图洛书为加减乘除之所出,不知任举二数,皆可加可减可乘可除,何必河洛? 夫河洛诚不解是何物,要与太极图、先天图、谶纬、五行、爻辰、卦气、纳甲、纳音、风角、壬遁、堪舆、星命、卜相、占验诸神怪之属,同为虚妄而已矣。必如西人将种种虚妄一扫而空,方能臻于精实。算家又言黄钟为万事之根本,此大可笑。黄钟一律筒而已,何能根本万事? 即以造度量权衡而论,十二律吕,谁不可借为度量权衡,何必黄钟? 况累黍之法,实迂谬不可行,何能取准? 是以从古至今,九州十八省,无一齐而不差之度量权衡,则亦创法者未尽善,虽虞舜不能强同之矣。夫谨权量为王政之大者,奈何不求一定率,而听奸民相欺饰乎? 惟法人分地面之天度为四千万分,以其一为度,度定则算立方容积以为量,即以其

---

①《报贝元微书》,载《谭浏阳全集》,第 492—493 页。
②《报贝元微书》,载《谭浏阳全集》,第 485—487 页。

重为权衡,而权立方之轻重,又可还正乎度,一有差数,夫人可运算得之。中国之度,至分数止矣。彼有佛逆及分厘尺,每分可剖为千百。中国之权衡,至分数止矣。彼有化学天平,每分亦剖为千百。以故通都大邑,僻壤穷乡,出而相较,无不吻合。中国测量家多用西尺,沿海民间交易尤习用西人之度量权衡,非好新奇,实彼有准而我无准也。……算术古有九章之说,割立方田粟布商功均输诸名目,实非本乎自然。疑《周礼》保氏之九数,初不如此。其说失传,汉儒乃割裂算数以补之。在先郑时已多出夕桀重差诸法,明不止九。至宋秦九韶知九章不足信,别立九章名目,所分乃益无理,是不若西人点线面体之说足以包举一切。惟此则凡中国所称五谷、六谷、九谷、百谷、三江、九江、五湖、九河,要不过随举一数以为名,如九夷、八蛮之类,原可不必拘泥。经生家琐琐分辨,卒不能折中一是,亦止觉玩时愒日而不切事理矣。"①这是指出西学无所不通而中学自秦以降几乎一无所通。

谭嗣同又论西方社会政治曰:"而有所谓民主者,尤为大公至正,彬彬唐虞揖让之风,视中国秦以后尊君卑臣,以隔绝不通气为握固之愚计,相去奚止霄壤?于族属有姓氏之分,有谱牒之系,长幼卑尊之相次,父子兄弟之相处,未尝不熙熙然。彼惟无人不出于学,深得易子而教之义。故年至成立,艺术已就,其父母分与资财,令其自立,是尤合古之士父子异宫之法,其日日问视可如故,非一离不复合,一别不更亲也。且将以小离终保其大合,以有别不至相夷于无亲,是可无中国室无空虚,妇姑勃豀之弊。人人不能不求自立之道,通国于以无惰民,不似中国转累父母养之忧之,使父母有多男多惧及汝曹催我老之叹也。祖父之产,身后不悉归于子孙,犹然民主之法之推也,是永无兄弟骨肉争产之讼,与夺嫡争继之讼。……夫妇则自君至民,无置妾之例,又皆出于两情相愿,故伉俪笃重,无妒争之患,其子孙亦遂无嫡庶相猜忌之患。朋友则崇尚风义,讲信修睦,通财忘势,而相赴难。其学堂书院之规模,一堂师弟,恩谊分明,迥

---

① 《报贝元徵书》,载《谭浏阳全集》,第 507—509 页。

非中国书院之攘诟及近日师弟相待之薄。即与异邦人交,无不竭尽其诚,胡越而肝胆,永无市井欺诈之习,是尤为中国衰世所绝无。……中国之五伦,详于文而略于法。彼不尚文,而其法能使家庭之间不即不离,就令不无流弊,而长短适足相抵,何至如中国前跋后疐,貌合神离,强遏自然之天乐,尽失自主之权利,使古今贤圣君子于父子兄弟之间,动辄有难处之事。"①反观中国,"俗学陋行,动言名教,敬若天命而不敢渝,畏若国宪而不敢议。嗟乎!以名为教,则其教已为实之宾,而决非实也。又况名者,由人创造,上以制其下,而不能不奉之,则数千年来,三纲五伦之惨祸烈毒,由是酷焉矣。君以名桎臣,官以名轭民,父以名压子,夫以名困妻,兄弟朋友各挟一名以相抗拒,而仁尚有少存焉者得乎?然而仁之乱于名也,亦其势自然也。中国积以威刑,箝制天下,则不得不广立名,为箝制之器。如曰仁,则共名也,君父以责臣子,臣子亦可反之君父,于箝制之术不便,故不能不有忠孝廉节一切分别等衰之名,乃得以责臣子曰:尔胡不忠?尔胡不孝?是当放逐也,是当诛戮也。忠孝既为臣子之专名,则终必不能以此反之。虽或他有所据,意欲诘诉,而终不敌忠孝之名为名教之所上,反更益其罪,曰怨望,曰觖望,曰怏怏,曰腹诽,曰讪谤,曰亡等,曰大逆不道。是则以为当放逐,放逐之而已矣;当诛戮,诛戮之而已矣;曾不若狐豚之被絷缚屠杀也,犹奋荡呼号,以声其痛楚,而人不之责也。施者固泰然居之而不疑,天下亦从而和之曰得罪名教,法宜至此。而逢、比、屈原、伯奇、申生之流逐,衔冤饮恨于万古之长夜,无由别白其美。实不幸更不逮逢、比诸人之遭,则转复被之以恶名。《易》曰:'丰其蔀,日中见斗。'此其黑暗,岂非名教之为之蔀耶?"②由此表明西方社会政治的开通和谐以及中国纲常伦理的单向宰制。

关于教化或信仰,谭嗣同说:"无论何等教,无不严事其教主,俾定于一尊而牢笼万有,故求智者往焉,求子者往焉,求财者往焉,求寿者往焉,

---

① 《报贝元徵书》,载《谭浏阳全集》,第 472—474 页。
② 《仁学》,载《谭浏阳全集》,第 209—210 页。

求医者往焉。由日用饮食之身而成家人父子之天下,寤寐寝兴,靡纤靡巨,人人悬一教主于心目之前,而不敢纷驰于无定,道德所以一,风俗所以同也。中国则不然,府厅州县虽立孔子庙,惟官中学中人乃得祀之;至不堪,亦必纳数十金鬻一国子监生,始赖以骏奔执事于其间。农夫野老徘徊观望于门墙之外,既不睹礼乐之深容,复不识何所为而祭之,而己独不得一与其盛,其心岂不曰:孔子庙,一势利场而已矣。如此又安望其教之行哉! 且西人之尊耶稣也,不问何种学问,必归功于耶稣,甚至疗一病,赢一钱,亦必报谢曰:此耶稣之赐也。附会归美,故耶稣庞然而日大。彼西人乃尔愚哉? 事教主之道,固应如此也。……为孔者终不思行其教于民也,汉以后佛遂代为教之,至今日耶又代为教之。为耶者曰:中国既不自教其民,即不能禁我之代为教。彼日托于一视同仁,我转无词以拒。岂惟无词以拒,往者诸君子抱亡教之忧,哀痛求友,约建孔子教堂,仿西人传教之法,遍传诸愚贱,某西人闻之曰:信能为是,吾属教士皆可归国矣。不悟斯举适与愚黔首之旨背戾,竟遭禁锢。后虽名为开禁,实则止设一空无所有之官文书局,徒增一势利场而已矣。于力不能拒之耶教,则听之,且保护之;于衰微易制之孔教,则禁之,且严绝之。"①这又说明教化或信仰通行于西方而滞碍于中国。至于通商,谭嗣同赞叹西国"志虑宏远","以其货物仁我",而"我无以仁彼,既足愧焉;曾不之愧而转欲绝之,是以不仁绝人之仁。且绝人之仁于我,先即自不仁于我矣",②同样认为西方商务通畅而中国阻塞。

愤激于中国不通的状况,谭嗣同进一步对中国传统文化以及当世政制进行了猛烈抨击。他痛斥道家老子思想影响曰:"乌知乎有李耳者出,言静而戒动,言柔而毁刚,乡曲之士,给饘粥,察鸡豚,而长养子孙,以之自遁而苟视息焉,固亦术之工者矣。乌知乎学子术焉,士大夫术焉,诸侯王术焉,浸浸淫而天子亦术焉,卒使数千年来成乎似忠信似廉洁一无刺

①《仁学》,载《谭浏阳全集》,第294—295页。
②《仁学》,载《谭浏阳全集》,第314、254、255页。

无非之乡愿天下。言学术则曰宁静,言治术则曰安静。处事不计是非,而首禁更张,躁妄喜事之名立,百端由是废弛矣。用人不问贤不肖,而多方遏抑,少年意气之论起,柄权则颓暮矣。陈言者则命之曰希望恩泽,程功者则命之曰露才扬己。既为糊名以取之,而复隘其途。既为年资以用之,而复严其等。财则惮辟利源,兵则不贵朝气。统政府台谏六部九卿督抚司道之所朝夕孜孜不已者,不过力制四万万人之动,絷其手足,涂塞其耳目,尽驱以入契乎一定不移之乡愿格式。夫群四万万之乡愿以为国,教安不得亡,种类安待而可保也。"①又深诋儒家荀子一系道:"荀乃乘间冒孔之名,以败孔之道。曰法后王,尊君统,以倾孔学也。曰有治人,无治法,阴防后人之变其法也。又喜言礼乐政刑之属,惟恐箝制束缚之具之不繁也。一传而为李斯,而其为祸亦暴著于世矣。然而其为学也,在下者术之,又疾遂其苟富贵取容悦之心,公然为卑谄侧媚奴颜婢膝而无伤于臣节,反以其助纣为虐者名之曰忠义;在上者术之,尤利取以尊君卑臣愚黔首,自放纵横暴而涂锢天下之人心。故秦亡而汉高帝术之于上:从吾游者吾能尊显之。君主之潜施其饵也。叔孙为术之于下:今而后知皇帝之贵。绵蕝之导君于恶也。汉衰而王莽术之于上,竟以经学行篡弑矣。刘歆术之于下,又窜易古经以煽之矣。新蹶而汉光武术之于上:吾以柔道治天下。盖渐令其驯扰,而己得长踞之焉。桓荣术之于下:车服稽古之力也。挟《尚书》以为稗贩,无所用耻焉。如是者四百年,安得不召三国虎争、五胡汤沸、南北分割之乱哉?至唐一小康矣,而太宗术之于上:天下英雄皆入吾彀中矣。此其猜忌为何如邪?韩愈术之于下:君者,出令者也;臣者,行君之令而致之民者也;民者,出粟米麻丝作器皿通货财以事其上者也。竟不达何所为而立君,显背民贵君轻之理,而谄一人,以犬马土芥乎天下。至于臣罪当诛,天王圣明,乃敢倡邪说以诬往圣,逞一时之谀说而坏万世之心术,罪尤不可逭矣。至宋又一小康,而太宗术之于上,修《太师御览》之书,以消磨当世之豪杰。孙复术之于下,造

---

① 《仁学》,载《谭浏阳全集》,第242—243页。

《春秋尊王发微》，以割绝上下之分，假立中外之防，惨鸷刻核，尽窒生民之灵思，使不可复动，遂开两宋南北诸大儒之学派，而诸大儒亦卒莫能脱此牢笼，且弥酷而加厉焉。呜呼！自生民以来，迄宋而中国乃真亡矣！天乎？人乎？独不可以深思而得其故乎？至明而益不堪问，等诸自郐以下可也，类皆转相授受，自成统绪，无能稍出宋儒之胯下而一睹孔教之大者。其在上者，亦莫不极崇宋儒，号为洙泗之正传，意岂不曰宋儒有私德大利于己乎？悲夫！悲夫！民生之厄，宁有已时耶！故常以为二千年来之政，秦政也，皆大盗也；二千年来之学，荀学也，皆乡愿也。惟大盗利用乡愿，惟乡愿工媚大盗。二者相交相资，而罔不托之于孔。"①他甚至公然诟詈满清政权为"贱类异种""独夫民贼""蝮蛇鸩鸟"，②揭露清朝罪行曰："明季稗史中之《扬州十日记》《嘉定屠城纪略》，不过略举一二事。当时既纵焚掠之军，又严薙发之令，所至屠杀虏掠，莫不如是。即彼准部，方数千里，一大种族也，遂无复乾隆以前之旧籍，其残暴为何如矣！亦有号为令主者焉，及观《南巡录》所载淫掳无赖，与隋炀、明武不少异，不徒鸟兽行者之显著《大义觉迷录》也。台湾者，东海之孤岛，于中原非有害也，郑氏据之，亦足存前明之空号。乃无故贪其土地，据为己有。据为己有，犹之可也，乃既竭其二百余年之民力，一旦苟以自拔，则举而赠之于人，其视华人之身家，曾弄具之不若。噫！以若所为，台湾固无伤耳，尚有十八省之华人，宛转于刀碪之下，瑟缩于贩贾之手，方命之曰：此食毛践土者之分然也。夫果谁食谁之毛？谁践谁之土？久假不归，乌知非有。人纵不言，己宁不愧于心乎？"③"试征之数百年之行事与近今政治及交涉，若禁强学会，若订俄国密约，皆毅然行之而不疑，其迹已若雪中之飞鸿，泥中之斗兽，较然不可以掩。况东事亟时，决不肯假民以自为战守之权，且曰宁为怀、愍、徽、钦，而决不令汉人得志，固明宣之语言，华人宁不闻而知之耶？乃犹道路以目，相顾而莫敢先发，曰畏祸也。彼其文字之冤

---

① 《仁学》，载《谭浏阳全集》，第 267—269 页。按《太师御览》当为《太平御览》之误。
② 《仁学》，载《谭浏阳全集》，第 270、295 页。按"鸠鸟"或当做"鸩鸟"。
③ 《仁学》，载《谭浏阳全集》，第 278 页。按"裨史"当为"稗史"之误。

狱,凡数十起,死数千百人;违碍干禁书目,凡数千百种,并前数代若宋明之书,亦在禁列,文网可谓至密矣!"①

谭嗣同标举通的至上价值、评判中西文化的穷通乃至激烈批判中国传统与现实的滞碍不通,用意归结为一点,即"酌取西法以补吾中国古法之亡"。② 在他看来,当时中国已经步入穷途末路,若不变法求通,则"可使四百兆黄种之民胥为白种之奴役"!③ 他疾呼"外患深矣,海军熸矣,要害扼矣,堂奥入矣,利权夺矣,财源竭矣,分割兆矣,民倒悬矣,国与教与种将偕亡矣。唯变法可以救之"!④ 他质问"独何以届今之世,犹有守旧之鄙生,断断然曰不当变法,何哉? 是将挟其繭敝惰怯之私,而窒天之生,而扼地之运行,而蔽日月之光明,而乱四时之迭更,而一弥百产万灵之芸芸,不恤亡学亡政亡教,以拗戾乎不生不灭者也"!⑤ 他断言"变亦变,不变亦变""通亦通,不通亦通"!⑥ 他提出了一系列变法主张,诸如变衣冠、变发型、变科举、变学校、变官制、革漕务河务之弊、兴铸钱钞票之利、开矿务、办商务、造机器、制轮船、普及图表统计、兴办新闻报纸、设立算学格致馆等等。⑦ 他具体陈述变法方略说:

> 于是迁都中原,与天下更始,发愤为雄,决去壅蔽。且无中外之见,何有满汉之分? 则凡一官两缺,凡专称旗缺,一律裁止,则凡宗禄驻防,凡旗丁名粮,一律裁止。广兴学校,无一乡一村不有学校,而群才奋。大开议院,有一官一邑即有议院,而民气通。慎科举,无一定之额数,无常限之日期,程其艺事,端其趋向,繁其汇目,精其较量,而一人不求其备。改官制,无内外之重轻,无文武之区别,专其

---

① 《仁学》,载《谭浏阳全集》,第 280 页。
② 《报贝元徵书》,载《谭浏阳全集》,第 479 页。
③ 《报贝元徵书》,载《谭浏阳全集》,第 521 页。
④ 《仁学》,载《谭浏阳全集》,第 279 页。
⑤ 《仁学》,载《谭浏阳全集》,第 240 页。"届今之世"或当做"居今之世"。
⑥ 《仁学》,载《谭浏阳全集》,第 298 页。
⑦ 参见《仁学》《报贝元徵书》,载《谭浏阳全集》,第 308、309、488、494、500、503、506、509、513、514、525 页。

职业，少其层累，迁其勋阶，增其禄糈，而终身不易其官。选士人治里间，以复乡官之旧；练乡兵隶守令，以代力役之征。凡府史皆用律学之士，人既有升转之望，而书吏之盘踞空。凡胥徒即用在役之乡兵，既有践更之期，而差班之蠹贼去。几阙失有警察之官，禁暴修闾之遗制也；正粮土有测绘之官，封人、均人之职掌也。分海军、陆军为二部，将则必出于武学堂。创办之始，募西贡、新加坡、新旧金山之华民以练海军，无事则令运载货物，出洋贸易，既可挽救商务，又得熟习航海。陆军则守兵仿寓农而隶守令，战兵募选锋而立将帅，枪兵可尚勇力，炮兵兼通算学，工兵则备筑垒、浚濠、炮堤、地营、修造器具诸工作。其练之也，守兵令站炮台，较准头，布阵势，习步伐。战兵于数者之外，益以征调代操练，今日往某处，已而易一处，已而又易一处，日日如临大敌，彼出此归，不使游惰。尽开中国所有之矿，以裕富强之源。兼以兵法部勒矿夫，有事则处处皆兵。多修铁路，多造浅水轮船，以速征调，以便转饷，以隆商务，以兴矿产，以广游历，以通漕运，以宏赈济。商务则设商部，集商会，立商总，开公司，招民股，兴保险，建官银行，而必以学商务者为之官。精求工艺制造，如磁器丝茶之属，与中外所共需者，下至烂布可造纸，莱菔可熬糖，骆驼牛羊鸡鸭之毳可为毡为褐。工与商通力合作，以收回利权。改订刑律，使中西合一，简而易晓，因以扫除繁冗之簿书。清理庶狱，分别轻系重系，使操作如白粲鬼薪之罚。岁始豫算，岁终决算，丝毫皆用之于民，而不私于府库，以明会计之无欺。出口免税，入口重税，涓滴皆操之自我，而不授于外洋，以杜漏卮之有渐。食盐与诸土货，则一征于出产之地，而不问所之。税坐贾而不税行商，以归简易而塞弊窦。尤须研覃税务之学，缕晰中外税则，查验章程，始可夺回税务司包办海关之权。讲求植物学，以裨农政，以丰材木。讲求动物学，以蕃马政，以溥畜牧。兴女学以课妇职，兴废疾学以无坐食。蚕织用机器，可去蚕瘟，而成功多以速。耕不必用机器，而引水用机器，可省筒车之费与手车脚车之劳。续电线，创邮便局以理邮政。汲自来水、然电气煤气灯以利民用。街道修,则疠疫之源塞;医院多,则医治之术工。造公共之花园,以为养生却病之方。七日一休沐,以合文武弛张之政。博通各国语言文字,以翻译西书西报,以周和四国之为,以造就使才;而四出游历,以长见识,以充学问,以觇人国之得失兴衰。各国之长并取之,各国之弊立去之。各国之船械无一不能造,各国之器用无一不愈精。谨权量,审法度,一道德,同风俗,法立而教自存焉矣。①

谭嗣同的变法动机和目的都是良好的,观其所谓"嗣同抚目隆平,逾于饥渴"可知。② 他的变法主张大多也是当时应该采取的措施,其中不少后来也确实施行了,可见其变法主张的基本合理性。不过,他的变法言论中也包含一些匪夷所思的谬说,如谓"若夫力足以杀尽地球含生之类,胥天地鬼神之沦陷于不仁,而卒无一人能少知其非者,则曰俭","中国守此不变,不数十年,其醇其庞,其廉其俭,将有食槁壤、饮黄泉、人皆饿殍而人类灭亡之一日。何则? 生计绝,则势必至于此也。惟静故惰,惰则愚;惟俭故陋,陋又愚。兼此两愚,固将杀尽含生之类而无不足","夫治平至于人人皆可奢,则人之性尽;物物皆可奢,则物之性亦尽",③这种崇奢黜俭论反映出谭嗣同对近代西方资本主义生产生活方式的倾慕,但这种生产生活方式其实是不可持续的,其所导致的败坏人心、毁灭生态的恶果已经日益暴露出来。又如谭嗣同说:"中国、土耳其、阿富汗、波斯、朝鲜,海内所号为病夫者也。英、美、德、法诸国不并力强革其弊政,以疗其病,则其病将传染于无病之人。……甚矣病夫之累人,而各国遭遇之苦,诚有不幸也! 然为各国计,莫若明目张胆,代其革政,废其所谓君主,而择其国之贤明者,为之民主。"④这种谋求列强干预从而一举实现西方

---

① 《报贝元徵书》,载《谭浏阳全集》,第 497—500 页。按"几阙失"或当做"讥阙失";"周和"或当做"周知"。
② 《报贝元徵书》,载《谭浏阳全集》,第 530 页。另参见第 504—505、523—524 页。
③ 《仁学》,载《谭浏阳全集》,第 244、251、253 页。
④ 《仁学》,载《谭浏阳全集》,第 302、304 页。

政体的企图,虽然或为激愤之言,但对天下后世如何自别于后晋石敬瑭、南宋刘豫之流? 而这种嫌疑更由谭嗣同的以下言论得以加深,其曰:"今夫内外蒙古、新疆、西藏、青海,大而寒瘠,毫无利于中国,反岁费数百万金戍守之。地接英、俄,久为二国垂涎,一旦来争,度我之力,终不能守,不如及今分卖于二国,犹可结其欢心,而坐获厚利。二国不烦兵力骤获大土,亦必乐从。计内外蒙古、新疆、西藏、青海不下二千万方里,每方里得价五十两,已不下十万万。除偿赔款外,所余尚多,可供变法之用矣。而英、俄之出此款,亦自不易,吾则情愿少取值,浼二国居间胁日本废去遍地通商之约,即再加赔费,亦无不可。而仍愿少取值,请归二国保护十年,二国第毁约与保护,即少出值,尤必乐从。"[1]这就不啻为赤裸裸的卖国论调,遑论形诸文字,即使如此设想,也是一切正常的中国人所不敢亦且不忍为者! 当然决不能怀疑谭嗣同有卖国动机,他发此论还是只能归因于不成熟,即如其父于戊戌政变前夕所批评的"少不更事"。[2] 如谭嗣同认为列强侵略压迫剥削中国乃是"天实使之,所以曲用其仁爱,至于极致也","夫焉得不感天之仁爱,阴使中外和会,救黄人将亡之种以脱独夫民贼之鞅轭乎";[3]又如评论甲午中日战争曰"若夫日本之胜,则以善仿效西国仁义之师,恪遵公决,与君为仇,非与民为敌,故无取乎杀。敌军被伤者,为红十字会以医之;其被虏者,待和议成而归之。辽东大饥,中国不之恤,而彼反糜巨金泛粟以赈之。……当日本去辽东时,民皆号泣从之,其明征也。嗟乎! 仁义之师,所以无敌于天下者",而"中国之兵,固不足以御外侮,而自屠割其民则有余。自屠割其民而方受大爵,膺大赏,享大名,瞵然骄居,自以为大功,此吾所以至耻恶湘军不须臾忘也。……迨闻牛庄一役,一战而溃,为之奇喜",[4]无论其用意如何,也无论其有多少细节根据,总之这种言论在根本上都是颠倒黑白、致使亲痛仇快因而

---

[1]《报贝元徵书》,载《谭浏阳全集》,第496页。
[2] 谭训聪《清谭复生先生嗣同年谱》,台北:台湾商务印书馆股份有限公司1980年版,第46页。
[3]《仁学》,载《谭浏阳全集》,第281、282页。
[4]《仁学》,载《谭浏阳全集》,第283—285页。

十分不当的！凡此种种谬说，都反映出谭嗣同思想的不成熟性。联系他的现实政治观相比当时的革命派略无不及，[①]且其西化和反传统的激进程度甚至有过于革命派，而他竟还置身于体制内进行变法事业，这就更加暴露其思想的不成熟。所有这些应该都与谭嗣同以驳杂游移为特点的不成熟的哲学思想具有直接或间接的关系。毫无疑问，谭嗣同以其慷慨赴死的凛然大义成就了崇高人格，但他的哲学思想、中西文化观以及变法理论，在学理、思想倾向以及社会影响等方面，都留下了诸多值得反思的课题。

第三节　孙中山的心物本体观、知难行易论和社会历史哲学

一、生平著述

孙中山（1866—1925），中国近代伟大的民主革命家。名文，字德明，号日新，改号逸仙，在日本化名中山樵，后遂以中山名，广东香山（今中山）人。1866年（清同治五年）11月12日出生。1892年（光绪十八年）于香港西医书院毕业后，在澳门、广州行医。1894年上书李鸿章，提出革新政治主张，遭拒绝，赴檀香山组织兴中会，提出"振兴中华"的口号和"驱除鞑虏，恢复中国，创立合众政府"的政纲。次年在香港设机关，准备在广州起义，未成。1900年派人至广东惠州三洲田发动起义，失败后继续在国外开展革命活动。1905年在日本东京组建中国同盟会，被推为总理；确定"驱除鞑虏，恢复中华，建立民国，平均地权"的革命政纲，提出三民主义学说；创办《民报》，宣传革命，同改良派激烈论战。此后在国内外发展革命组织，联络华侨、会党和新军，多次发动武装起义。1911年（宣统三年）10月10日武昌起义，各省响应。12月29日，被十七省代表在

[①] 1894年兴中会成立宗旨中的"驱逐鞑虏"一语，并不比谭嗣同《仁学》中对清廷的斥骂更严厉；而邹容、章太炎等攻击清廷为"逆胡""小丑"，比之谭嗣同《仁学》斥清尚晚六七年。虽然《仁学》在谭嗣同生前并未刊布，其中詈语在他进行变法事业时当未公诸于世，但他既已怀此块垒，就不可能毫不表露于言行之间。

南京推举为中华民国临时大总统。1912 年 1 月 1 日在南京宣誓就职，成立中华民国临时政府，月底组成临时参议院。2 月 13 日，因革命党人与袁世凯妥协，被迫辞职。3 月主持制订《中华民国临时约法》，经临时参议院通过公布。8 月同盟会改组为国民党，当选为理事长。1913 年 3 月因袁世凯派人刺杀宋教仁，筹划起兵讨袁，旋即失败。1914 年在日本建立中华革命党，重举革命旗帜，两次发表《讨袁宣言》。1917 年因段祺瑞解散国会，在广州召开国会非常会议，组织护法军政府，当选为大元帅，誓师北伐。1918 年受桂系军阀和政学系挟制，被迫去职，至上海。次年创办《建设》杂志，发表《实业计划》，并将中华革命党改组为中国国民党。1920 年回广东，次年就任非常大总统。1922 年因陈炯明叛变，退居上海。屡经失败，陷入困境之际，俄国十月革命的胜利和中国共产党的成立，给他以新的希望。在中国共产党和苏俄共产党、列宁的帮助下，决心改组国民党。1923 年回广州，重建大元帅府，次年 1 月召开中国国民党第一次全国代表大会，通过宣言，实行联俄、联共、扶助农工三大政策，把旧三民主义发展成为新三民主义；改组中国国民党成为工人、农民、小资产阶级和民族资产阶级的革命联盟。11 月，应冯玉祥之邀北上讨论国是，提出"召开国民会议和废除不平等条约"两大号召，同帝国主义和北洋军阀段祺瑞、张作霖等作斗争。1925 年 3 月 12 日在北京病逝，遗嘱"必须唤起民众，及联合世界上以平等待我之民族，共同奋斗"。在哲学上，提出"知难行易"说，批判"知之非艰，行之惟艰"的保守思想。遗著编有《孙中山选集》《孙中山全集》《孙文选集》等。[①]

二、太极说与生元说

孙中山是革命家、政治家而非专业哲学家，不过他的革命活动和政治实践却有其哲学思想作为基础，或者说他的哲学建树乃为其革命活动和政治实践提供论证。较为集中表达孙中山哲学思想的是其 1917—

---

① 引自《辞海（第 7 版）》，上海：上海辞书出版社 2020 年版，第 4191—4192 页。

1919 年所著《建国方略》，特别是其中的《孙文学说》一篇；①另外还有 1921 年的《在桂林对滇赣粤军的演说》，②以及 1924 年根据系列演讲记录稿整理出版的《三民主义》一书。③

孙中山既非专业哲学家，故于本体论并无特别创见，但这却并不意味着他没有本体观念，他说："元始之时，太极（此用以译西名"伊太"也）动而生电子，电子凝而成元素，元素合而成物质，物质聚而成地球，此世界进化之第一时期也，今太空诸天体多尚在此期进化之中。而物质之进化，以成地球为目的。吾人之地球，其进化几何年代而始成，不可得而知也。地球成后以至于今，按科学家据地层之变动而推算，已有二千万年矣。"④这是与同时代一些思想家一样，以近代西方物理学中的以太（伊太）概念指称宇宙本体，稍有不同的是赋予以太以中国传统的太极一名。而此所谓太极除了与以太名称相异之外，实质上都表示物质性的始基，所以孙中山才递进地说太极生电子、凝元素、合物质乃至聚地球，由此似乎确立了物质的本体地位。

不过，与同时代一些思想家一样，一旦进入生命心灵领域，孙中山本体观的内涵就发生了游移。他说："据最近科学家所考得者，则造成人类及动植物者，乃生物之元子为之也。生物之元子，学者多译之为'细胞'，而作者今特创名之曰'生元'，盖取生物元始之意也。"⑤"由生元之始生而至于成人，则为第二期之进化，物种由微而显，由简而繁，本物竞天择之原则，经几许优胜劣败，生存淘汰，新陈代谢，千百万年而人类乃成。人

---

① 《建国方略》包括《孙文学说——行易知难（心理建设）》《实业计划（物质建设）》《民权初步（社会建设）》三篇，《民权初步》发表于 1917 年，《孙文学说》和《实业计划》发表于 1919 年，至 1922 年前后合编为一书。今收入《孙中山全集》第 6 卷，北京：中华书局 1985 年版。

② 此次演讲一题为《军人精神教育》，演讲时间为 1921 年 12 月 10 日。今收入《孙中山全集》第 6 卷。

③ 包括《民族主义》六讲、《民权主义》六讲、《民生主义》四讲。演讲地点在广州国立高等师范学校，起讫时间为 1924 年 1 月 27 日至 8 月 24 日。本来《民生主义》也有六讲，后因处理广州商团叛乱事件而未能完成。今收入《孙中山全集》第 9 卷，北京：中华书局 1986 年版。

④ 《孙中山全集》第 6 卷，第 195 页。

⑤ 《孙中山全集》第 6 卷，第 163 页。

类初出之时，亦与禽兽无异，再经几许万年之进化而始长成人性，而人类之进化于是乎起源。"[1]"人之一身，五官百骸皆为体，属于物质；其能言语动作者即为用，由人之精神为之。二者相辅，不可分离。"[2]这些言论还是从科学的进化的观点来表述生命起源、人类形成以及精神机制，完全排除了神创说，所以孙中山曾说："就人类的来源讲，基督教说世界人类是上帝六日造成的；近来科学中的进化论家说人类是由极单简的动物慢慢变成复杂的动物以至于猩猩，更进而成人。……就宗教和科学比较起来，科学自然较优。"[3]但是更加深入地探讨生命心灵现象，孙中山便认为作为这一领域之始基的生元与物质本体的性质迥然相异，他说："生元者何物也？曰：其为物也，精矣，微矣，神矣，妙矣，不可思议者矣！按今日科学所能窥者，则生元之为物也，乃有知觉灵明者也，乃有动作思为者也，乃有主意计划者也。人身结构之精妙神奇者，生元为之也。人性之聪明知觉者，生元发之也。动植物状态之奇奇怪怪不可思议者，生元之构造物也。生元之构造人类及万物也，亦犹乎人类之构造屋宇、舟车、城市、桥梁等物也。空中之飞鸟，即生元所造之飞行机也。水中之鳞介，即生元所造之潜航艇也。孟子所谓'良知良能'者非他，即生元之知、生元之能而已。自圭哇里氏发明'生元有知'之理而后，则前时之哲学家所不能明者，科学家所不能解者，进化论所不能通者，心理学所不能道者，今皆可由此而豁然贯通，另辟一新天地为学问之试验场矣。"[4]这种"生元有知"说将生物细胞的本能感应性与人类精微神妙的心理活动甚至更为高级的道德意识混为一谈，并将这种极为拔高的生元作为一切生物的基因，这就排斥了物质本体在生命心灵领域的存在，致使物质本体被限制在无生物界，而不能从无生物界贯穿到生物界乃至人类精神世界；另一方面，生元也与无知无识的无生物界了无关系。孙中山甚至说"心之为

---

[1]《孙中山全集》第 6 卷，第 195 页。
[2]《孙中山全集》第 6 卷，第 12 页。
[3]《孙中山全集》第 8 卷，北京：中华书局 1986 年版，第 316 页。
[4]《孙中山全集》第 6 卷，第 163 页。

用大矣哉！夫心也者，万事之本源也"，①更是似乎将精神取代物质而作为宇宙本体。权且不论宇宙本体当为或实为物质还是精神的问题，仅就太极（伊太）说与生元说之扞格不通来看，可以说孙中山的本体观是缺乏唯一性和一贯性的。

三、行易知难说

知行关系是中国哲学思想史上的一个古老问题，这一问题大概最早由《尚书·商书·说命中》提出："（傅）说拜稽首曰：'非知之艰，行之惟艰。王忱不艰，允协于先王成德，惟说不言有厥咎。'"傅说提出的"非知之艰，行之惟艰"的命题基本上型范了中华民族关于行重于知的观念，其相关言说也引导了中国古代认识论的道德取向。王阳明揭橥"知行合一"似乎是对傅说命题的转进，但实际上阳明知行关系的落脚点仍然在于道德践行。辛亥革命以后，孙中山痛感行重于知的观念导致党人以至国人视其三民主义、五权宪法以及种种建设宏规为陈义过高而无从实行的空言，甚至"于革命宗旨、革命方略亦难免有信仰不笃、奉行不力之咎"，以致"革命之建设所以无成，而破坏之后，国事更因之以日非也"，"七年以来，犹未睹建设事业之进行，而国事则日形纠纷，人民则日增痛苦"，因此，他汲汲于"破此心理之大敌，而出国人之思想于迷津，庶几吾之建国方略或不致再被国人视为理想空谈"，②乃对知行关系作了颠覆性改造，③提出"行易知难"说。④ 其知行思想超越道德范畴而具有了近代科学认识论的特质，自不待言。

孙中山说："夫'知之非艰，行之惟艰'一语，传之数千年，习之遍全国，四万万人心理中久已认为天经地义而不可移易者矣。今一旦对之曰

---

① 《孙中山全集》第 6 卷，第 159 页。
② 《孙中山全集》第 6 卷，第 158—159 页。
③ 孙中山说："总而论之，有此十证以为'行易知难'之铁案，则'知之非艰，行之惟艰'之古说与阳明'知行合一'之格言，皆可以从根本上而推翻之矣。"见《孙中山全集》第 6 卷，第 197 页。
④ 孙中山时常将"行易知难"与"知难行易"同义换用，例见《孙中山全集》第 6 卷第 157、185、186 页。

'此为似是而非之说，实与真理相背驰'，则人必难遽信。无已，请以一至寻常、至易行之事以证明之。"①从所谓"至寻常、至易行之事"扩而论之，孙中山总共提出了"行易知难十证"。其一饮食，"夫饮食者，至寻常、至易行之事也，亦人生至重要之事而不可一日或缺者也。凡一切人类、物类皆能行之，婴孩一出母胎则能之，雏鸡一脱壳则能之，无待于教者也。然吾人试以饮食一事反躬自问，究能知其底蕴者乎？不独普通一般人不能知之，即近代之科学已大有发明，而专门之生理学家、医药学家、卫生学家、物理家、化学家，有专心致志以研究于饮食一道者，至今已数百年来，亦尚未能穷其究竟者也"。② 其二用钱，"夫人生用钱一事，非先天之良能，乃后天之习尚，凡文明之人，自少行之以至终身，而无日或间者也。饮食也，非用钱不可；衣服也，非用钱不可；居家也，非用钱不可；行路也，非用钱不可。吾人日日行之，视为自然，惟知有钱用则事事如意，左右逢源；无钱用则万般棘手，进退维谷。故莫不孜孜然惟钱是求、惟钱是赖矣。社会愈文明，工商愈发达，则用钱之事愈多，用钱之途愈广，人之生死祸福悲喜忧乐几悉为钱所裁制，于是金钱万能之观念深中乎人心矣。人之于钱也，既如此其切要，人之用钱也，又如此之其惯熟，然则钱究为何物？究属何用？世能知之者有几人乎？""非综览人文之进化，详考财货之源流，不能知金钱之为用也。又非研究经济之学，详考工商历史、银行制度、币制沿革，不能知金钱之现状也。……故曰世人只能用钱，而不能知钱者也。此足为'行之非艰，知之惟艰'之一证也"。③ 其三作文，"然虽以中国文字势力之大与历代能文之士之多，试一问此超越欧美之中国文学家中，果有能心知作文之法则而后含毫命简者乎？则将应之曰否！中国自古以来无文法、文理之学，为文者穷年揣摩，久而忽通，暗合于文法则有之，能自解析文章，穷其字句之所当然与用此字句之所以然者，未之见也。至其穷无所遁，乃以'神而明之，存乎其人'自解，谓非无学而

---

① 《孙中山全集》第 6 卷，第 160 页。
② 《孙中山全集》第 6 卷，第 160 页。
③ 《孙中山全集》第 6 卷，第 170、179 页。

何？夫学者贵知其当然与所以然，若但能然，不得谓为学也。欲知文章之所当然，则必自文法之学始；欲知其所以然，则必自文理之学始。""夫中国之文章富矣丽矣，中国之文人多矣能矣，其所为文，诚有如扬雄所云'深者入黄泉，高者出苍天，大者含元气，细者入无间'者矣。然而数千年以来，中国文人只能作文章，而不能知文章，所以无人发明文法之学与理则之学，必待外人输来而乃始知吾文学向来之缺憾。此足证明行之非艰而知之惟艰也"。[1] 其四建屋，"夫人类能造屋宇以安居，不知几何年代，而后始有建筑之学。中国则至今犹未有其学，故中国之屋宇多不本于建筑学以造成，是行而不知者也。……至表面观之，设计者指摇笔画，而施工者胼手胝足，似乎工师易而苦力难矣，然而细考其详，则大有天壤之别。设有人欲以万金而建一家宅，以其所好及其所需种种内容就工师以请设计，而工师从而进行，则必先以万金为范围，算其能购置何种与若干之材料，此实践之经济学所必需知也。次则计其面积之广狭，立体之高低，地基之压力如何，梁架之支持几重，务要求得精确，此实验之物理学所必需知也。再而家宅之形式如何结构，使之勾心斗角，以适观瞻，此应用之美术学所必需知也。又再而宅内之光线如何接引，空气如何流通，寒暑如何防御，秽浊如何去除，此居住之卫生学所必需知也。终而客厅如何陈设，饭堂如何布置，书房如何间格，寝室如何安排，方适时流之好尚，此社会心理学所必需知也。工师者，必根据于以上各科学而设计，方得称为建筑学之名家也。……由此观之，知之易乎？行之易乎？此建筑事业可为'知难行易'之铁证者四也"。[2] 其五造船，"作者往尝游观数厂，每向华匠叩以造船之道，皆答以施工建造并不为难，所难者绘图设计耳，倘计划既定，按图施工，则成效可指日而待矣。……此'行之非艰，知之惟艰'，造船事业可为铁证者五也"。[3] 其六筑城，"中国最有名之陆地工程者，万里长城也。秦始皇令蒙恬北筑长城以御匈奴，东起辽沈，西迄临

---

① 《孙中山全集》第 6 卷，第 181—182、185 页。
② 《孙中山全集》第 6 卷，第 186 页。
③ 《孙中山全集》第 6 卷，第 187—188 页。

洮,陵山越谷五千馀里,工程之大,古无其匹,为世界独一之奇观。……彼迫于需要,只有毅然力行以成之耳,初固不计其工程之大、费力之多也,殆亦行之而不知其道也。而今日科学虽明,机器虽备,人工物力亦超越往昔,工程之学皆远驾当时矣,然试就一积学经验之工师,叩以万里长城之计划,材料几何？人工几何？所需经费几何？时间若干可以造成？吾思彼之所答必曰'此非易知之事也'。……由此观之,'行之非艰,知之惟艰',始皇之长城、欧洲之战壕可为铁证者六也"。① 其七开河,"中国更有一浩大工程,可与长城相伯仲者,运河是也。运河南起杭州,贯江苏、山东、直隶三省,经长江、大河、白河而至通州,长三千馀里,为世界第一长之运河,成南北交通之要道,其利于国计民生,有不可胜量也。……而今人于筹谋之始,已觉不胜其难,多有闻而生畏,乃古人则竟有举三千里之长河疏凿而贯通之,若行所无事者,何也？曰:其难不在进行之后,而在筹划之初也。古人无今人之学问知识,凡兴大工,举大事,多不事筹划,只图进行,为需要所迫,莫之为而为,莫之致而致,其成功多出于不觉。是中国运河开凿之初,原无预定之计划也。……此'行之非艰,知之惟艰',中外运河之工程可为铁证者七也"。② 其八电学,"以今日而论,世界用电之人已不为少,然能知电者有几人乎？……以用电一事观之,人类毫无电学知识之时,已能用磁针而制罗经,为航海指南之用;而及其电学知识一发达,则本此知识而制出奇奇怪怪层出不穷之电机,以为世界百业之用,此'行之非艰,知之惟艰',电学可为铁证者八也"。③ 其九化学,"中国之有化学制造事业,已数千年于兹,然行之而不知其道,并不知其名,比比皆是也","西人之仿造中国瓷器,专赖化学以分析,而瓷之体质、瓷之色料一以化学验之,无微不释。然其烧炼之技术,则属夫人工与物理之关系,此等技术今已失传,遂成为绝艺,故仿效无由。此欧美各国所以贵中国明清两代之瓷,有出数十万金而求一器者。今藏于法、英、美

① 《孙中山全集》第 6 卷,第 188—189 页。
② 《孙中山全集》第 6 卷,第 189—191 页。
③ 《孙中山全集》第 6 卷,第 192 页。

等国之博物院中者,则直视为希世之异宝也。然当时吾国工匠之制是物者,并不知物理、化学为何物者也。此'行之非艰,知之惟艰',化学可为铁证者九也"。① 其十进化,"夫进化者,自然之道也,而物竞天择,适者生存,不适者淘汰,此物种进化之原则也。此种原则,人类自石器时代以来已能用之以改良物种,如化野草为五谷,化野兽为家畜,以利用厚生者是也。然用之万千年而莫由知其道,必待至科学昌明之世,达文氏二十年苦心孤诣之功而始知之,其难也如此。……此'行之非艰,而知之惟艰',进化论可为铁证者十也"。② 凡此十证,均表明不知亦能行、能行未必知因而行易知难的道理,论证科学的知识和正确的理论比本能的行为和习得的技能更加难能可贵,③其用意当然是为实行三民主义、五权宪法以及种种建设宏规张本。④

孙中山虽然坚执行易知难说,但在知行发生的次序上却是肯定行先知后的,他说:"当科学未发明之前,固全属不知而行及行之而犹有不知者,故凡事无不委之于天数气运,而不敢以人力为之转移也。迨人类渐起觉悟,始有由行而后知者,乃甫有欲尽人事者矣,然亦不能不听之于天也。至今科学昌明,始知人事可以胜天,凡所谓天数气运者,皆心理之作用也。然而科学虽明,惟人类之事仍不能悉先知之而后行之也,其不知而行之事仍较于知而后行者为尤多也。且人类之进步皆发轫于不知而行者也,此自然之理则,而不以科学之发明为之变易者也。故人类之进化,以不知而行者为必要之门径也。夫习练也,试验也,探索也,冒险也,之四事者,乃文明之动机也。生徒知习练也,即行其所不知以达其欲能也。科学家之试验也,即行其所不知以致其所知也。探索家之探索也,

---

① 《孙中山全集》第 6 卷,第 192、194 页。
② 《孙中山全集》第 6 卷,第 195—196 页。按达文今译为达尔文。
③ 孙中山说:"故天下事惟患于不能知耳,倘能由科学之理则以求得其真知,则行之决无所难。"见《孙中山全集》第 6 卷,第 203 页。
④ 孙中山说:"倘使我国之后知后觉者能毅然打破'知之非艰,行之惟艰'之迷信,而奋起以仿效,推行革命之三民主义、五权宪法,而建设一世界最文明进步之中华民国,诚有如反掌之易也。"见《孙中山全集》第 6 卷,第 202 页。

即行其所不知以求其发见也。伟大杰士之冒险也,即行其所不知以建其功业也。由是观之,行其所不知者,于人类则促进文明,于国家则图致富强也。是故不知而行者,不独为人类所皆能,亦为人类所当行,而尤为人类之欲生存发达者之所必要也。"①这是说,人类不仅在原始蒙昧时期,甚至在科学高度发达时期,都面临着未知领域,必须经由不知而行最终达至行而后知,由此表明新知总是在践行之后才能获得。不过,在肯定行先知后的前提下,孙中山也指出了知对于行的有条件的能动作用,他说:"三代以前,人类混混噩噩,不识不知,行之而不知其道,是以日起有功,而卒底于成周之治化,此所谓不知而行之时期也。由周而后,人类之觉悟渐生,知识日长,于是渐进而入于欲知而后行之时期矣。……其始则不知而行之,其继则行之而后知之,其终则因已知而更进于行。"②"当今科学昌明之世,凡造作事物者,必先求知而后乃敢从事于行。所以然者,盖欲免错误而防费时失事,以冀收事半功倍之效也。是故凡能从知识而构成意像,从意像而生出条理,本条理而筹备计划,按计划而用工夫,则无论其事物如何精妙,工程如何浩大,无不指日可以乐成者也。"③这则是说,在文明人类的已知范围之内,知往往是行的先导。无论肯定行先知后,还是指出知为行的先导,都与行易知难说不相抵牾,行先知后表明行之简易而知之难能,知为行的先导当然更加突出了知的重要性,因此,孙中山的行易知难说在理论上是自洽的。

孙中山的行易知难说还包含一个特别观点,即分知分行或曰知行分任,他说:"以科学愈明,即一人之知行相去愈远,不独知者不必自行,行者不必自知,即同为一知一行,而以经济学分工专职之理施之,亦有分知分行者也。"④又说:"夫人群之进化,以时考之,则分为三时期,如上所述:曰不知而行之时期,曰行而后知之时期,曰知而后行之时期。而以人言

①《孙中山全集》第 6 卷,第 222—223 页。
②《孙中山全集》第 6 卷,第 199 页。
③《孙中山全集》第 6 卷,第 204 页。
④《孙中山全集》第 6 卷,第 198 页。

之,则有三系焉:其一先知先觉者,为创造发明;其二后知后觉者,为仿效推行;其三不知不觉者,为竭力乐成。有此三系人相需为用,则大禹之九河可疏,秦皇之长城能筑也。乃后世之人,误于'知之非艰,行之惟艰'之说,虽有先知先觉者之发明,而后知后觉者每以为知之易而忽略之,不独不为之仿效推行,且目之为理想难行,于是不知不觉者则无由为之竭力乐成矣。"①孙中山将知一概归为先知先觉者之事,将行一概归为后知后觉者和不知不觉者之事,思维方法不免失之绝对;而他对社会成员的划类实际上是分等,由此体现的天才意识和英雄史观与他提倡的民权主义不免抵牾。

孙中山的行易知难说是中国哲学认识论中一种独特的理论形态,所以他将此说名为"孙文学说"。此说接续知易行难说和知行合一说,阐明了知行关系的第三种或者可以说是最后一种可能性,基本上补足了知行范畴的全部内容,从而为来者留下了极具启发意义的思想成果。② 孙中山力辟千古而高标知相对于行的重要性,既与他为了中国革命和建设事业所做的思想动员工作相关,也应该有近代西方实验科学、启蒙思潮、理性主义的影响,从一个侧面反映了中国传统思想转型的轨迹。不过,行易知难说与知易行难说一样是存在偏颇性的。实际上,若说行难则知亦不易,而若说知难则行亦不易,知行相须并重,庶几乎得之。因此,无论在道德实践领域,还是在生产斗争、阶级斗争和科学实验等领域,知行合一方为知行关系的正解。

四、民生史观与互助论

1924 年孙中山演讲《三民主义》,可以说是他的晚年定论。在其中的

---

① 《孙中山全集》第 6 卷,第 201 页。"知行分任"一语见同卷第 186 页。
② 知行关系从逻辑排列上可能有知易行难、知难行易、知难行难、知易行易、知行合一、知行相分六种,但在实际上,似乎从无哲学思想家提出知易行易和知行相分的命题,因为那是不可能的;孔子所谓"学而不思则罔,思而不学则殆",大致近于知难行难、知行并重的意思,而知行并重大概即是知行合一。所以说知易行难、知行合一、知难行易基本囊括了知行关系的全部可能性和全部内容。

《民生主义》演讲中,他反复说:"到底什么东西才是历史的重心呢? 我们国民党提倡民生主义已经有了二十多年,不讲社会主义,只讲民生主义,社会主义和民生主义的范围是什么关系呢? 近来美国有一位马克思的信徒威廉氏,深究马克思的主义,见得自己同门互相纷争,一定是马克思学说还有不充分的地方,所以他便发表意见,说马克思以物质为历史的重心是不对的,社会问题才是历史的重心,而社会问题中又以生存为重心,那才是合理。民生问题就是生存问题,这位美国学者最近发明适与吾党主义若合符节。这种发明就是民生为社会进化的重心,社会进化又为历史的重心,归结到历史的重心是民生,不是物质。"①"这位美国学者所发明的人类求生存才是社会进化的定律,才是历史的重心。人类求生存是什么问题呢? 就是民生问题。所以民生问题才可说是社会进化的原动力。"②"我们国民党所提倡的民生主义,不但是最高的理想,并且是社会的原动力,是一切历史活动的重心。"③"然则民生主义到底是什么东西呢? 我在前一次讲演有一点发明,是说社会的文明发达、经济组织的改良和道德进步,都是以什么为重心呢? 就是以民生为重心。民生就是社会一切活动中的原动力。因为民生不遂,所以社会的文明不能发达,经济组织不能改良和道德退步,以及发生种种不平的事情,象阶级战争和工人痛苦,那些种种压迫,都是由于民生不遂的问题没有解决。所以社会中的各种变态都是果,民生问题才是因。"④以民生为历史的重心和社会进化的原动力,这就是孙中山的民生史观。

那么民生的内容究竟是什么呢? 孙中山解释说:"民生就是人民的生活——社会的生存、国民的生计、群众的生命便是。"⑤具体来说,"吃饭就是民生的第一个需要。民生的需要,从前经济学家都说是衣食住三

---

① 《孙中山全集》第 9 卷,第 365 页。
② 《孙中山全集》第 9 卷,第 371 页。
③ 《孙中山全集》第 9 卷,第 381 页。
④ 《孙中山全集》第 9 卷,第 386 页。
⑤ 《孙中山全集》第 9 卷,第 355 页。

种,照我的研究,应该有四种,于衣食住之外,还有一种就是行。行也是一种很重的需要,行就是走路。我们要解决民生问题,不但是要把这四种需要弄到很便宜,并且要全国的人民都能够享受",①"在民生主义里头,第一个重要问题是吃饭,第二个重要问题是穿衣",②"要全国四万万人都可以得衣食的需要,要四万万人都是丰衣足食",③这些说法可谓卑之无甚高论,但唯有解决了全体国民衣食住行等生存需求问题,社会才可能进步,历史才可能发展。基于这种认识,孙中山提出了解决民生问题的一系列办法,他说:"民生主义的办法,国民党在党纲里头老早是确定了。国民党对于民生主义定了两个办法,第一个是平均地权,第二个是节制资本。只要照这两个办法,便可以解决中国的民生问题。"④又说:"中国不单是节制私人资本,还是要发达国家资本。……统一之后,要解决民生问题,一定要发达资本,振兴实业。振兴实业的方法很多,第一是交通事业,象铁路、运河都要兴大规模的建筑;第二是矿产,中国矿产极其丰富,货藏于地,实在可惜,一定是要开辟的;第三是工业,中国的工业非要赶快振兴不可。"⑤又说:"照美国发达资本的门径,第一是铁路,第二是工业,第三是矿产,要发达这三种大实业,照我们中国现在的资本、学问和经验都是做不来的,便不能不靠外国已成的资本。我们要拿外国已成的资本来造成中国将来的共产世界,能够这样做去,才是事半功倍。如果要等待我们自己有了资本之后才去发展实业,那便是很迂缓了。"⑥又说:"我们要解决民生问题,如果专从经济范围来着手,一定是解决不通的。要民生问题能够解决得通,便要先从政治上来着手,打破一切不平等的条约,收回外人管理的海关,我们才可以自由加税,实行保护政

---

①《孙中山全集》第 9 卷,第 411 页。
②《孙中山全集》第 9 卷,第 412 页。
③《孙中山全集》第 9 卷,第 414 页。
④《孙中山全集》第 9 卷,第 377 页。
⑤《孙中山全集》第 9 卷,第 391 页。
⑥《孙中山全集》第 9 卷,第 393 页。

策。能够实行保护政策,外国货物不能侵入,本国的工业自然可以发达。"①凡此平均地权、节制资本、振兴实业、利用外资、保护政策诸多解决民生问题的办法,一言以蔽之,"目的就是要把社会上的财源弄到平均",②孙中山认为这就是实行社会主义,他反复强调"民生主义者,即社会主义也",③"民生主义就是社会主义,又名共产主义,即是大同主义",④"民生主义就是共产主义,就是社会主义。所以我们对于共产主义,不但不能说是和民生主义相冲突,并且是一个好朋友",⑤他甚至直接称"社会主义家"为"民生学者",⑥当然也就是以"民生学者"为"社会主义家"了。

值得注意的是,孙中山指出:"我今天来分别共产主义和民生主义,可以说共产主义是民生的理想,民生主义是共产的实行,所以两种主义没有什么分别,要分别的还是在方法。"⑦此所谓方法的分别,即孙中山提倡以互助的手段解决民生问题,而反对进化论的生存竞争和马克思主义的阶级斗争。他说:"作者则以为进化之时期有三:其一为物质进化之时期,其二为物种进化之时期,其三则为人类进化之时期。……人类初出之时,亦与禽兽无异;再经几许万年之进化,而始长成人性,而人类之进化于是乎起源。此期之进化原则,则与物种之进化原则不同。物种以竞争为原则,人类则以互助为原则。社会国家者,互助之体也;道德仁义者,互助之用也。人类顺此原则则昌,不顺此原则则亡。此原则行之于人类当已数十万年矣。然而人类今日犹未能尽守此原则者,则以人类本从物种而来,其入于第三期之进化为时尚浅,而一切物种遗传之性尚未能悉行化除也。然而人类自入文明之后,则天性所趋,已莫之为而为,莫

---

① 《孙中山全集》第 9 卷,第 424 页。
② 《孙中山全集》第 9 卷,第 388 页。
③ 《孙中山全集》第 5 卷,第 191 页。
④ 《孙中山全集》第 9 卷,第 355 页。
⑤ 《孙中山全集》第 9 卷,第 386 页。
⑥ 《孙中山全集》第 6 卷,第 179 页。
⑦ 《孙中山全集》第 9 卷,第 381 页。

之致而致,尚于互助之原则,以求达人类进化之目的矣。人类进化之目的为何?即孔子所谓'大道之行也,天下为公',耶稣所谓'尔旨得成,在地若天',此人类所希望,化现在之痛苦世界而为极乐之天堂者是也。近代文明进步,以日加速,最后之百年已胜于以前之千年,而最后之十年又胜已往之百年,如此递推,太平之世当在不远。乃至达文氏发明物种进化之物竞天择原则后,而学者多以为仁义道德皆属虚无,而争竞生存乃为实际,几欲以物种之原则而施之于人类之进化,而不知此为人类已过之阶级,而人类今日之进化已超出物种原则之上矣。"①又说:"世界有三大问题,即国际战争、商业战争与阶级战争是也。在此国际发展实业计划中,吾敢为此世界三大问题而贡一实行之解决,即如后达文而起之哲学家之所发明人类进化之主动力,在于互助,不在于竞争,如其他之动物者焉。故斗争之性乃动物性根之遗传于人类者,此种兽性当以早除之为妙也。"②这是将生存竞争限制在文明人类以外的动物界,而以互助为文明人类的社会规范。针对马克思主义的阶级斗争学说,孙中山批评道:"社会之所以有进化,是由于社会上大多数的经济利益相调和,不是由于社会上大多数的经济利益有冲突。社会上大多数的经济利益相调和,就是为大多数谋利益。大多数有利益,社会才有进步。社会上大多数的经济利益之所以要调和的原因,就是因为要解决人类的生存问题。古今一切人类之所以要努力,就是因为要求生存。人类因为要有不间断的生存,所以社会才有不停止的进化。所以社会进化的定律是人类求生存,人类求生存才是社会进化的原因。阶级战争不是社会进化的原因,阶级战争是社会当进化的时候所发生的一种病症。这种病症的原因是人类不能生存,因为人类不能生存,所以这种病症的结果便起战争。马克思研究社会问题所有的心得,只见到社会进化的毛病,没有见到社会进化的原理,所以马克思只可说是一个'社会病理家',不能说是一个'社会生

---

① 《孙中山全集》第 6 卷,第 195—196 页。达文即达尔文。
② 《孙中山全集》第 6 卷,第 394 页。

理家'。"①他又说："中国今是患贫，不是患不均。在不均的社会，当然可用马克思的办法，提倡阶级战争去打平他；但在中国实业尚未发达的时候，马克思的阶级战争、无产专制便用不着。所以我们今日师马克思之意则可，用马克思之法则不可。"②可见孙中山并非一概否定阶级斗争，而是认为阶级斗争只是社会的病态而非常态，在当时中国并不适合采取。

　　民生史观和互助论构成孙中山社会历史哲学的基础和方法。他的社会历史哲学的旨归与科学社会主义在实质上一致无二，都是要铲平阶级压迫，实现经济公正和政治平等；但二者在实现方式究竟应该采取激烈手段还是和平手段的取舍上却大相径庭，这或许应合了《易传》所谓"天下同归而殊途，一致而百虑"的睿识。

第四节　章炳麟的本体观、认识论和进化论

一、生平著述

　　章炳麟(1869—1936)，浙江余杭人，初名学乘，字枚叔，一作梅叔，因羡慕顾炎武之为人而更名绛，别号太炎，另有章燐、章缁、绛叔、末底、菿汉阁主、台湾旅客、陆沉居士等多个笔名。九岁从外祖父朱左卿(名有虔)读经四年，稍知经训；间亦听外祖父讲述明清遗事及王夫之、顾炎武著作大旨，又尝偷窥蒋良骐《东华录》所载戴名世、吕留良、曾静诸案，民族观念和革命思想由此萌发。十六七岁涉猎史传，浏览《老子》《庄子》，泛观《文选》，揣摩《说文》，自是废弃制义，平生不应科举。十八九岁更读唐人九经义疏、清人学海堂经解和南菁经解，参以顾炎武《音学五书》、王引之《经义述闻》、郝懿行《尔雅义疏》以及《说文解字》段玉裁注等书，从此一意治经，文必法古。弱冠得明季稗史十七种并全祖望、王船山阐扬民族大义诸书，排满意志益坚。二十三岁失怙，其父遗命敛以深衣而不

---

① 《孙中山全集》第9卷，第369页。
② 《孙中山全集》第9卷，第392页。

用清朝服饰,由此更加愤疾东胡,从事光复。同年至杭州诂经精舍从古文大家俞樾(字荫甫,号曲园)受业。二十四五岁撰成考释经史诸子之文字音训注解的《膏兰室札记》。1894 年甲午战争之后,章炳麟激于民族危亡而开始投身政治活动,参加康有为设立的上海强学会。至 1897 年初,他离开问学七年的诂经精舍赴上海,在维新派主办的《时务报》任主笔,但不久便因政治观点和学术思想分歧而与康梁门徒攘臂大讧,愤然辞职,返归杭州编辑《经世报》,并为《实学报》《译书公会报》撰文。此间他与宋恕相交甚得,受其影响始读佛典,渐近玄门。1898 年初上书清廷重臣李鸿章,冀其阻止德、俄、英、法等国瓜分中国的图谋。是年春应张之洞电邀赴武昌,乃因古文经学见解与张之洞相近故,然未几即以政见与张之洞保守立场不合而被劝告离鄂。8 月至沪,再入汪康年改组《时务报》而成立的《昌言报》任主笔。9 月"百日维新"失败,谭嗣同等六君子就义,爰作《祭维新六贤文》,哀悼六君子,且对慈禧为首的守旧派表示强烈仇恨。12 月,为逃逸清廷通缉而举家避地台湾,居台期间将以往论政、论学文札辑成《訄书》,于次年梓行,是为"原刊本"。① 1899 年 5 月由基隆东渡日本,于横滨清议报馆晤梁启超,并初见孙中山,谈论排满方略,颇为相得。此间撰写《儒术真论》在《清议报》连载发表。7 月自日本返回上海,在康门弟子唐才常主持的《亚东时报》任主笔。1900 年八国联军侵入北京,帝后西狩,清廷无主,章炳麟再次上书时任粤督的李鸿章,劝其"明绝伪诏,更建政府",鼓动李鸿章独立。7 月参加唐才常发起的中国议会,但对唐氏一面排满、一面勤王的首鼠两端态度极为不满,遂"宣言脱社,割辫与绝",自此与改良派分道扬镳而矢志革命。唐才常自立军失败后,章炳麟稍受牵连,于是归乡度岁,乘间对《訄书》原刊本重行编校,是为"手校本",两本对勘颇见其思想转变轨迹。1901 年在中国留日青年创办的《国民报》发表《正仇满论》,驳斥梁启超《积弱溯源论》中的保皇思想立

---

① 关于《訄书》的编纂时间及其版本情况,汤志钧在《章太炎年谱长编》(北京:中华书局 1979 年版)中的说法与朱维铮在《章太炎全集(三)·前言》(上海:上海人民出版社 1984 年版)中的观点存在差异,此处采取汤志钧的说法,下同。

场,宣扬反清革命不得不行的观点,大概是革命派驳斥保皇派的第一篇
文章。是年入苏州东吴大学任教,曾拜见业师俞樾,俞先生痛责其入异
域而背父母陵墓、效索虏而斥九重乘舆是为"不忠不孝,非人类也",章炳
麟则以顾炎武治经学使人推寻国性、辨别汉虏为宗旨而辞谢本师,宣布
从此脱离师生关系,表明坚持革命的决心。1902 年初,因在东吴大学任
教期间言论恣肆,被江苏巡抚恩铭查问,遂再东渡日本,与孙中山定交。
4 月发起"支那亡国二百四十二年纪念会",揭橥反清复明主旨。7 月回
国,在上海从事日文书籍翻译工作,译作有日人岸本能武太所著《社会
学》,被时人誉为"译界一明星""群学为巨擘"。里居多暇,再对《訄书》进
行删改,熔铸新理,推迹古近,叛离改良,矢志革命,其中《订孔》《学变》等
篇批判孔子"虚誉夺实",开近代批孔风气。此著后由日本东京翔鸾社出
版,是为《訄书》"重印本"。1903 年春,在中国教育会赞助、蔡元培开办的
上海爱国学社任国文教员。5 月为邹容《革命军》作序,许之为"义师先
声"。又撰《驳康有为论革命书》,于 6 月 29 日在《苏报》刊发,与保皇派
展开针锋相对的斗争,直斥清光绪帝为"小丑",赞扬以流血革命明公理、
去旧俗。此文刊发之次日,章炳麟即被上海租界工部局逮捕,判处监禁
三年,《苏报》被查封,是为轰动一时的"苏报案"。章炳麟在狱中专心研
读《瑜伽师地论》《因明论》《唯识论》等佛典,自译了悟大乘法义,认为释
迦玄言高于晚周诸子不可计数,程朱以下尤不足论;又深感华严、法相诸
宗有助于确立信仰,坚定意志,可以改造成为革命斗争的思想武器。
1906 年 6 月,章炳麟刑满出狱,即被中国同盟会派人接至日本,受到革命
同志和留学生的热烈欢迎,加入同盟会,被委任为同盟会机关报《民报》
主笔,与康梁保皇派的《新民丛报》进行针锋相对的舆论斗争。此时提出
"用宗教发起信心,增进国民的道德""用国粹激动种性,增进爱国的热
肠"作为"办事的方法"亦即行动根据。自此年起在《民报》发表《俱分进
化论》《无神论》《革命之道德》《建立宗教论》《人无我论》《五无论》《四惑
论》等哲学论文;在国学讲习会、国学振兴社讲授文字、音韵、训诂、经子
史集诸学;除继续研习佛学,还涉猎康德、叔本华等西方哲学家的学说,

在参观互鉴中更加服膺佛理。1907 年因《民报》经费问题与孙中山产生分歧。1908 年 10 月,日本政府徇清政府之请而封禁《民报》,章炳麟三次致书日本内务大臣申诉,并亲至警廷抗议,终未挽回。1909 年,章炳麟与陶成章因活动经费和革命方略等问题公开攻击孙中山,引发黄兴、吴稚晖、汪精卫等人反驳,同盟会内部派系分歧遂公诸于世。本年在《国粹学报》连载《庄子解诂》,并刊印《小学答问》《新方言》。1910 年,光复会在日本东京重新成立,章炳麟任会长,陶成章任副会长,与同盟会分庭抗礼。本年又对《訄书》多所修治,是为"手改本";出版《国故论衡》,撰成《文始》,著作《齐物论释》。1911 年 10 月武昌起义成功,11 月,章炳麟离日回国抵沪,发为"革命军起,革命党消"之论。1912 年初在上海发起成立中华民国联合会,任会长,创办联合会机关报《大共和日报》,3 月将中华民国联合会更名为统一党。5 月赴北京,周旋于政界党派纷争,所作文字几乎尽为通电政论,放言无忌,异说纵横,被时人呼为"章疯子"。12 月受袁世凯任命为东三省筹边使,次年(1913)春赴吉林长春视事,未几返回内地,在北京、武汉、上海诸处周旋。复因"东省实业计划"受到财政方面的阻挠,愤然辞去东三省筹边使职务。7 月,"二次革命"爆发,章炳麟函电迭发,对南北两方均加攻击。8 月,因需主持党务而再次进京,拒不面见袁世凯,遂遭软禁,几于自投罗网,轻蹈险境。羁滞期间百无聊赖,爱立国学讲学所,以讲授经、子、史、玄诸学自遣,并修改《小学答问》《文始》,撰《自述学术次第》。其时袁世凯下令尊孔祀圣,康有为发表《以孔子为国教配享天坛议》等文,陈焕章创办《孔教会杂志》,章炳麟亦作《驳建立孔教议》《反对以孔教为国教篇示国学会诸生》等文进行针锋相对斗争。1914 年初,章炳麟欲径自离京,被军警阻拦,遂手持以北洋政府颁发的二等勋章作坠饰的折扇,至总统府大闹要见袁世凯,旋被幽禁于龙泉寺等处。7 月移居钱粮胡同,仍被监视,复取《訄书》增删,更名《检论》,学术分量增加而革命内容稍减。此时处困向亨,渐契《易》义。1915 年末,袁世凯称帝,招致群雄反对,次年 6 月在众叛亲离中病故,代理大总统黎元洪旋即解除对章宅的监视,章炳麟遂于 7 月南归,结束了三年幽禁生活。是后由上海而广东、云南、贵州、四川、湖北、湖南等地,尝以广东大元帅府秘书长名义,配合孙中山运动各派地方势力,进行反对北洋政府的护法斗争,所到之处每以力士高举特大红旗为先导,以壮行色。自此纠缠于政务多年,以议论时政、通电宣言、斡旋派系、纵横筹策闻名国中;不过1922年因受柳诒徵批评而追悔以前"激而诋孔"乃"狂妄逆诈之论",又应江苏省教育会之约分十次讲授国学,1924年发表《中学国文书目》引导学子穷研经史子集,乃至与弟子吴承仕论三体石经及今古文《尚书》,1925年撰著《致知格物正义》《康成子雍为宋明心学导师说》《读论语小记》《疏证古文八事》等文,凡此仍然体现其国学家本色。1926曾任上海国民大学、法政大学校长。1931年九一八事变,1932年一·二八事变,寇患日深,国家阽危,章炳麟屡发宣言疾呼抗战,曾专赴北平向当轴者陈情,爱国之意溢于言表。1932年秋应邀赴苏州讲学,勉励青年学习范仲淹名节厉俗及顾炎武行己有耻,讲《儒行要旨》《大学大义》等,倡言"扶微业辅绝学之道,诚莫如学会便",苏州人士遂成立国学会,"惇诲学人,保国学于一线"。此后渐疏政事,归宗六经,特别推崇《孝经》《大学》《儒行》《丧服》,以为经术之归宿,而经术则是为人之基本;对于畔经蔑古的风气痛加斥责,乃至诋为魔道。1934年秋从上海移居苏州,脱离国学会而另外发起章氏国学讲习会,编办《制言》半月刊,以研究固有文化、造就国学人才为宗旨;再倡"读经有利而无弊"之论,强调"中国今后应永远保存之国粹即是史书,以民族主义所托在是",洵为粹然儒宗。1936年6月14日因鼻衄病和胆囊炎遽逝,弟子钱玄同、许寿裳等尊之为"革命元勋,国学泰斗",门人鲁迅也赞之曰"先哲的精神,后生的楷范"。

二、阿屯—以太本体观和真如本体观

章炳麟是国学大师,但却不是专业哲学家。他认为"哲学精而无用,非明道定性、象山立大之术。欲骤变之,则无其师,固不如已也",因此他主张"凡学先以识字,次以记诵,终以考辨,其步骤然也",①这应该就是他的学术期许。他的平生著述,大多是对经史子集之字句篇章、古语僻典、名物制度、人事掌故等进行解说、考辨或补佚,约属经学之小学和经解一类,诸如《膏兰室札记》《诂经札记》《春秋左传读》及《叙录》《驳箴膏肓评》《七略别录佚文征》《庄子解故》《管子馀义》《广论语骈枝》《体撰录》《春秋左氏疑义答问》《国故论衡》等;另有较多文著以鼓吹反清革命、议论社会政治、阐述学术观点、表达思想认识、体现唯识信仰、记载平生交游为主旨,集中见于《訄书》《检论》《太炎文录初编》及《续编》;比较专门阐述哲理的著作似乎只有《齐物论释》和《菿汉微言》,均为表彰法相唯识学的主观唯心主义本体论和认识论。不过,作为学问渊博、阅历丰富、视域广阔、思想深刻的大家,章炳麟其实还是具有不少独到的哲学见解,这些哲学见解散见于他的诸多著作文札之中,可以归纳为本体论、认识论、进化论三个方面。

关于宇宙本体的认识,大致以 1906 年为界,此前章炳麟受近代西方自然科学的影响,信从以阿屯(Atom)为始基、以以太(Ether)为介质的物质本体观,而根本否定神创说和性空论。其曰:"盖凡物之初,只有阿屯,而其中万殊。各原质皆有欲恶去就,欲就为爱力、吸力,恶去为离心力、驱力。有此,故诸原质不能不散为各体,而散后又不能不和合。夫然,则空气金铁虽顽,亦有极微之知。……彼其知则欲恶去就而已,不如是不能自成原质,亦不能相引而成草木。夫其桥起而相引也,则于是有雌雄片合,而种类成矣。有种类,则又有其欲恶去就,而相易相生相摩,渐以化为异物。故既有草木,则草木亦如瞀之求明,如痿之思起,久之而机械日生,刻意思之以趋于近似,而其形亦遂从之而变,则于是有蜃蛤、水母。彼又求明,则递为甲节,为脊骨,复自鱼以至鸟兽而为猿、狙、猩、狒,以至为人。此所谓'随序之相理'也。"②这是以阿屯为宇宙万物的基本原素,

---

① 《章太炎全集》(五),上海:上海人民出版社 1985 年版,第 102、96 页。
② 《章太炎选集》(注释本),上海:上海人民出版社 1981 年版,第 62—63 页。

认为无机物如空气金铁以及有机物自植物、动物以至人类，皆由之递进生成。章炳麟又说："然以太即传光气，能过玻璃实质，而其动亦因光之色而分迟速。彼其实质，即曰阿屯，以一分质分为五千万分，即为阿屯大小之数，是阿屯亦有形可量。以太流动，虽更微于此，而既有迟速，则不得谓之无体。……苟如是，动则速矣，力则厚矣，而亦与极顽之日星同类，宁能超出万有耶？"①此则认为作为宇宙万物之基本原素的阿屯以太虽极细微，但仍有其实体，与其所构成的巨大天体同属一类，而不能超逸于物质之外。

基于阿屯以太物质本体观，章炳麟对宗教神创说和佛学性空论作了否定。针对宗教神创说，他反复指出："夫大钧播物，气各相摄，月摄于地，地摄于日，日复摄于列宿。其所以鼓之舞之旋之折之者，其用大矣，安事此苍苍者为？"②"今乃知万物之生灭消长，皆由太阳之光热致之，而苍苍者无与焉。"③"故曰知'实而无乎处'，知'长而无乎剽'，则上帝灭矣，孰能言其造人与其主予夺殃庆耶？"④"夫非有上帝之造之，而物则自造之。"⑤"然则物生于日，而其为祸福，则日勿与焉。若夫天与帝，则未尝有矣。"⑥针对佛学性空观，他说："盖所谓性海，无秋毫之微，芦苻之厚。而阿屯以太则尚不免于毫末沦无间，芦苻通无坼也，以此相拟，终不相类。即如光、热、电三者，虽不能得其质点，而终与湛然不动者有殊，舍利性海，岂是之比？"⑦"原质有形，即以太亦有至微之形，固不必以邈无倪际之性海言也。"⑧凡此皆在否定宗教神创说和佛学性空论的同时，肯定了物质本体及其构成的宇宙万物的自在与实有。

---

①《章太炎选集》(注释本)，第69页。
②《章太炎选集》(注释本)，第41页。
③《章太炎选集》(注释本)，第42页。
④《章太炎选集》(注释本)，第49页。
⑤《章太炎选集》(注释本)，第60页。
⑥《章太炎全集》(三)，上海：上海人民出版社1984年版，第20页。
⑦《章太炎选集》(注释本)，第69页。
⑧《章太炎选集》(注释本)，第70页。

与物质性的本体宇宙观相应,章炳麟强调包括人在内的生命只是物质的一种存在形式,由此否定了神鬼之类的观念。他说:"今夫庶物莫不起于细胞,细胞大氐皆球形,其中有核,亦大氐皆球形,核中液体充满,名曰核液,分染色物、非染色物二者。凡细胞诸种皆自原形质成立。原形质似卵白质,赫胥黎氏称之曰'生命之本原'。而卵白质无同化、增殖二力,原形质有同化、增殖二力。……是即生物之所以灵运,然非有神宰界之矣。"①生物既以原形质组成的细胞而获得灵运亦即生机,也必以细胞的衰亡而丧失生机,从而转化为别种物质,"及精气相离而死,则神亦无存。譬之水既淤湮,浪即无有;两味化分,寻索隽永了不可得。故精离则死,死则无知,其流定各质,久则合于他物,或入草木,或入胎卵,未有不化者。……夫焉有精化既离而神识能独立者乎?"②"说今人之死也,则淡、养、炭、轻诸气,盐、铁、磷、钙诸质,各散而复其流定之本性,而人之性亡矣。离此流定而复索一舍利性海,亦犹离此诸体而索马索象也。"③"人死而为枯骼,其血之转邻或为茅蒐,其炭其盐或流于卉木,其铁在屮,其肌肉或为虫蛾蛰豸。仲尼曰'精气为物',其智虑非气也,所从受者,胎卵之成,成于牝牡之感,而子姓受之,感有交错,以成智虑,及死则若波之复,乃夫气则濿淖于水土也。仲尼曰'游魂为变',夫一朝而丧其亲戚,匍匐皋复,卒不得其处之。死而不忍致死之,荐祭之设,情也。谓其馨香之气屑然昳然,足以感魂魄,诬矣。"④人死既无独立的神识和魂魄,除了转化的物质之外亦无舍利性海,这就对生命作了相当彻底的唯物论解释。而对生命的唯物论解释也就意味着将整个宇宙视为物质的存在,这正是章炳麟前期的本体宇宙观。不过,应该指出,从上引所谓"各原质皆有欲恶去就""空气金铁虽顽亦有极微之知"云云来看,章炳麟前期的思想认识多少还存在着物质与精神相混淆的问题。

---

① 《章太炎选集》(注释本),第82—83页。
② 《革故鼎新的哲理——章太炎文选》,上海:远东出版社1996年版,第49页。
③ 《章太炎选集》(注释本),第68页。
④ 《章太炎全集》(三),第34页。

　　然而，自 1903 至 1906 年因《苏报》案系狱而深研佛学之后，章炳麟的本体观发生了根本转变。据宋教仁 1906 年 12 月 6 日的日记记载："晚餐后，与章枚叔谈最久，谈及哲学。枚叔甚主张精神万能之说，以为'万事万物，皆本无者，自我心之一念以为有之，始乃有之矣。所谓物质的，亦不过此一念中，以为有此物质，始乃有之耳'。"① 可见其时章炳麟已经服膺唯识学，乃以心为本真，而以物为幻有。后期章炳麟以圆成实性、真如、法界、涅槃、心、阿赖耶识等佛学名词指目宇宙本体，而认为真如一名最为恰切，他说："第三自性由实相真如法尔而成，亦由阿赖耶识还灭而成。在遍计所执之名言中，即无自性；离遍计所执之名言外，实有自性，是为圆成实自性。夫此圆成实自性云者，或称真如，或称法界，或称涅槃。"②"真如即是惟识实性，所谓圆成实也。"③"本体者，本以有形质故言体，今究竟名中本体字，于所诠中，非有质碍，不可搏掣，云何可说为本体？唯真如名最为精审。"④ 他反复说明唯有真如本体是真实的，而大千世界万事万物包括人本身及其观念皆为真如本体递生变现的幻象，如谓"乃不知所谓我者，舍阿赖耶识而外，更无他物。此识是真，此我是幻，执此幻者以为本体，是第一倒见也。……然则此力、此五尘者，依于何事而能显现？亦曰心之相分，依于见分而能显现耳。此心是真，此质是幻，执此幻者以为本体，是第二倒见也。……不能退而自观其心，以知三界惟心所现，从而求之于外；于其外者，则又与之以神之名，以为亦有人格。此心是真，此神是幻，执此幻者以为本体，是第三倒见也"，⑤"此心为必有，而宇宙为非有。所谓宇宙，即是心之碍相"。⑥

　　具体到人来说，由于"一切众生，同此真如，同此阿赖耶识"，而"阿赖耶识，无始时来，有种种界，如蜀黍聚。即此种种界中，有十二范畴相，有

---

① 汤志钧《章太炎年谱长编》，第 230 页。
② 《章太炎全集》(四)，上海：上海人民出版社 1985 年版，第 404 页。
③ 《章太炎全集》(四)，第 414 页。
④ 《章太炎全集》(六)，上海：上海人民出版社 1986 年版，第 27 页。
⑤ 《章太炎全集》(四)，第 406—407 页。
⑥ 《章太炎全集》(四)，第 414 页。

色空相,有三世相,乃至六识种子,皆在阿赖耶中",①所以人得由阿赖耶识递生眼耳鼻舌身意六识,由此变现色声香味触法六尘,"五尘法尘(按即六尘),同是相分。此诸相分,同是依识而起。由有此识,而有见分、相分依之而起","然则法尘在意识中,五尘在五识中",②亦由此而构成常人所见的器世间。章炳麟根本否定器世间的真实性,他说:"世界本无,不待消灭而始为无。今之有器世间,为众生依止之所本,由众生眼翳见病所成,都非实有。六十四种原质,析至邻虚,终无不可复析之量。既可复析,即不得强立原子之名。若云原子本无方分,互相抵触而后见形者,既无方分,便合浑沦为一,何有互相抵触之事?故知原子云者,徒为妄语。其他或立伊太,或立伊奈卢鸡,斯皆超出经验之外,但有假名。要之,空间尚无,岂彼空间所容受者而可信其为有?然现见此器世间,宛尔存在,则以众同分业,错乱其明故。是则众生既尽,世界必无豪毛圭撮之存,譬若病眼者死,而眼中所见之空华与之俱死。虽然,此未可为常人道也,常人所信,惟有覆谛而已。世界初成,溟濛一气,液质固形,皆如烟聚,佛谓之金藏云,康德谓之星云,今人谓之瓦斯气,儒者则以太素目之。尔后渐渐凝成,体若熟乳,久之坚硬,则地球于是定位,次是乃有众生滋长,而有机物之最始,果自无机物出乎?则生物学家所不能断定者。若如覆谛世界不亡,仍有产出群生之日。是故众生悉证法空,而世界为之消弭,斯为最后圆满之期也。"③他将器世间指为众生或常人因妄识所产生的妄见,而以众生灭度、世界消弭、悉归真如为究竟真实。

在上引文句中,已可看出章炳麟对他前期所信从的原子、以太(即伊太)一类物质本体也予以否定。为了证立真如本体,他对唯物论还作了更为深入的破斥,其曰:

> 惟物者,自物而外,不得有他。应用科学者,非即科学自体;而

---

① 《章太炎全集》(四),第414页。
② 《章太炎全集》(四),第405页。
③ 《章太炎全集》(四),第434—435页。

科学之研究物质者,亦非真惟物论。是何也? 言科学者,不能舍因果律。因果非物,乃原型观念之一端。既许因果,即于物外许有他矣。真持惟物论者,在印度有斫婆迦师,在欧洲有吼模(按即休谟)耳。乃若《胜论》之言阿耨,伊壁钩卢(按即伊壁鸠鲁)之言阿屯,黎布尼(按即莱布尼兹)之言毛奈陀,汉语译之,皆云原子。然彼实轶出经验以外,以求本根于无方分者。况其所谓原子,非独物有,亦许心有,则仍是心物二元也。斫婆迦说以为现量诚谛,比量虚妄,此即断绝因果矣。又谓地水火风任运流转,自斯而外,更无心量。即彼地水火风者,亦但有现行,初无种子,此又断绝本质矣。吼模之言曰:"弄球者先转一球,进而击触他球,则他球亦转,其势流注相迁,而不可以先转为后转之因,后转为先转之果。诸言因者,非五根所能感触,得一现象,而归之于不可见因,谬矣! 因云果云,此皆联想所成。联想云何? 凡同一事而屡见者,即人心之习惯所由生。初见一事,前有此,后有彼;继见一事,前有此,后有彼;如是更十百次,皆前有此,后有彼,遂以此为彼因,彼为此果,其实非有素定也。且夫白日舒光,爝火发热,亦其现象则然。以为日必舒光,火必发热,则不可。惟根识所触证者,有日与火之现象,必有光与热之现象随之。以吾心之牵联,而谓物自牵联,乃豁然定为因果。若就物言,日自日矣,何与于光;火自火矣,岂关于热。安见有日必有光,有火必有热者?"余谓吼模之说,犹未究也。正感觉时,惟有光相热相,非有日相火相。日与火者,待意识取境分齐而为之名。故光与热为现象,光上之圆形锐形亦为现象,而日与火为非现象。若专信感觉者,日、火尚不可得,况可言其舒光发热之功能哉? 夫既遮拨因果,则科学所证明者,一切不得许为极成,非独遮拨因果而已。科学之说,既得现象,亦必求其本质。而吼模之说,惟许现象,不许本质,则原子之义自摧。由是观之,惟物论成,则科学不得不破。世人之矜言物质文明者,皆以科学揭櫫,而妄托其名于惟物,何其远哉! 斯宾塞尔著综合哲学,分可知、不可知为二篇,曰时间空间不可知,力不可知,物质不可知,流转不可知;而又崇重科学,以为最上。然力与物质且不可知,则科学之根已绝,虽有所建立发明,如海市寻香城耳。物质既不可知,则惟求之现象。而现象与现象之因果,于此心界虽可知,于彼物界诚有此因果否,亦不可知,则名言辄绝,无可为趋入之途矣。即实而言,惟物之与惟心,其名义虽绝相反,而真惟物论乃即真惟心论之一部。所以者何?不许因果,不许本质,惟以现所感触为征,此则所谓"现见别转,远离一切种类、名言、假立,无异诸门分别"者,是正惟心论之见量。吼模有言:触寒而生寒觉,触热而生热觉,当是时,无寒热之名言也。名为寒热,必在感觉已灭之时。若充其例,当有寒觉与热觉时,惟于自体觉有寒热,未有寒热外来之想。更充其例,掷贝珠顷,以青色对向眼识,掷贝珠顷,眼识与青色俱生。是时分别未形,但觉眼之与青泯合非二,未有青在眼外之想。故专以感觉为征者,现象有对,且不得成,况物之本质哉?故曰惟物论者,惟心论之一部也。或则变转其言曰:感觉本在神经,而神经亦为物质,以物知物,何系于心?是亦可曰惟心论者,惟物论之一部也。应之曰:心量本非一端而罄。今之言感觉者,以为内印神经;言忆念者,以为神经有遗印也。不悟显色形色,虽可以印象为缘,而数量即无印象。如人见三饭颗,若只缘印象者,感觉以后,当惟生饭颗、饭颗、饭颗之想,必不得生三饭颗之想。今有三饭颗之想者,非于尔所饭颗各各取其印象,亦非以尔所饭颗和合为一以成一种印象,必有原型观念在其事前,必有综合作用在其事后,安得云只以物质对取物质耶?虽然,此犹感觉以后事也,而当其初感觉时,亦有悟性为其助伴。如庵卢知之言曰:物映眼帘,其形皆倒,而视觉所取则非倒,明感觉亦以悟性为依。若专就神经对印为言,即无解于倒见之疑矣。又若为印象者,一日接十印象,印已模胡,何以得了了而忆?故知现量感觉,一切惟心,而甄明科学者,必不许现量为究竟。此特相似之惟物论,其于真惟物论,翻其反矣!以物质文明求幸福者,不自量度,而安尸惟物之名,斯亦厚颜之甚也!夫真惟物论者,既举本质而空之,惟以本质为心所妄念之名,是骎骎与惟心相接。①

这就将运用观念性的因果律、探求超验性的本质物的唯物论斥为假唯物论,又将纯任直觉的"真唯物论"纳入唯心论范畴,从而彻底否定了唯物论的可能性,当然也就最终肯定了真如本体的唯一实在性。章炳麟的本体观便结穴于此。

三、经验论、唯理论和直觉认识论

综前后期而观之,章炳麟的认识论也是相当驳杂的。首先,他肯定认识来源于感觉经验,他说:"黄赤碧涅修广以目异,徵角清商叫啸喁于以耳异,酢甘辛咸苦涩隽永百旨以口异,芳苾腐殠腥蝼膻朽以鼻异,温寒熙湿平棘坚疏枯泽以肌骨异,是以人类为公者也。"②这是说,对于对象的色、声、味、嗅、触等属性的认识,必须分别通过眼、耳、舌、鼻、身诸感官来获得。他甚至一言以蔽之曰:"以知识之全体,亦不能出乎官骸之外也。"③这当然属于经验论的认识论。

受洛克"人之精神,本如白纸"④观点的影响,章炳麟的经验论具有唯物的成分。他肯定事物的客观性,认为即使是感官接触不到的事物,也仍然存在着,如谓:"余尝西登黄鹤山,瞻星汉阳,闪尸乍见,屑屑如有声,以是知河汉以外有华严焉,有钧天广乐之九奏万舞焉,体巨而吾耳目勿能以闻见也。以不闻见,毅言其灭没,其厌人乎?"⑤这是借用佛教和神话的语言,说明在浩渺的宇宙中存在着人的感官所无从把握的无量天体,若因感官无从把握便否定这些天体的存在,那是不能令人满意的。也只有当感官接触到的客观事物移入如同"白纸"的人的"精神",方才形成认

---

① 《章太炎全集》(四),第452—454页。
② 《章太炎全集》(三),第233页。
③ 《章太炎选集》(注释本),第70页。
④ 《章太炎选集》(注释本),第86页。
⑤ 《章太炎全集》(三),第234页。

识。但另一方面,受休谟"但许感觉所得,不许论其因果"①的极端经验论影响,章炳麟又因在对象与直觉(按即见量,见通现)之间特重后者而使其经验论具有了唯心成分,他说:"于诸量中,见量最胜。见量既不执相在外,故知所感定非外界,即是自心现影。"②这就将外物收摄到主体的感觉之中了。

更深一层看,章炳麟并不满足于经验论,或者说他的认识论主要不在于经验论,他曾批评经验论"物物习之,而概念抽象之用少"。③ 在他看来,人的感官机能是非常有限的,他说:

> 以黄赤碧涅之异缘于人之眸子可也;以目之眚者,视火而有青炎,因是以为火之色不恒,其悖矣。取歧光之璧流离遮蔽之于白日,而白者为七色,非璧流离之成之,日色固有七,不歧光则不见也。火之有青炎,火者实射之,不眚目则亦不可见也。烛炻钩冶之上,七色而外,有幻火变火,可以镕金铁,而人目不能见。不见其光,而不得谓之无色;见者异其光,而不得谓之无恒之色。虽缘眸子以为艺极,有不缘者矣。……声一秒之动,下至于十六,高至于三万八千,而听不逮。日赤之馀姡,电赤之馀姡,光力万然蒸,而视不逮。④

这是说,人的感官由于生理方面的原因,对于许多对象是把握不到的,如日光色谱、红外线、紫外线、次声波、超声波等;由于病理方面的原因,对于许多对象则可能是把握得不正确的,如视力障碍的人所见火色异常。为了突破感官的局限性所导致的经验认识的狭隘性,就需要运用理性思维,通过"譬称"即比较推理,抽象出与具体经验有别的普遍概念,以获得更为广泛的认识。在这一点上,章炳麟颇近于荀子从"天官簿类"到"心有征知"的认识原则。他说:"夫物各缘天官所合以为言,则又譬称

①《国故论衡》,上海:上海古籍出版社 2003 年版,第 143 页。
②《章太炎全集》(六),第 8 页。
③《章太炎全集》(三),第 151 页。
④《章太炎全集》(三),第 233—234 页。

之以期至于不合，然后为大共名也。虽然，其已可譬称者，其必非无成极，而可恣膺腹以为拟议者也。"①值得注意的是，章炳麟在主张通过"譬称"（比较推理）而获得"大共名"（普遍概念）的同时，强调了这种"譬称"必须要有一定的标准（"成极"），这个标准就是譬称所欲达至的"不合"须与"物各缘天官所合以为言"相合，亦即推理必须基于已有的经验认识。就这一点看，章炳麟关于理性思维的观点是一种唯物论的唯理论。但是，受康德先验论和佛教唯识学影响，章炳麟又认为理性思维之所以可能，是因为与生俱来的"原型观念"的作用，他说："谓此概念法尘，非由彼外故生，由此阿赖耶识原型观念而生。"②这就不是将概念的形成建基于经验认识，而是认为概念乃是人的头脑中固有的，因而也就割断了理性与感性的关系，否定了概念形成的客观基础，从而陷入唯心论的唯理论。

如果说从经验论到唯理论的复杂面相反映了章炳麟关于认识论问题思考的深化，那么在究极意义上，他的认识论乃是非理性主义的直觉论，所谓"自证而知"。③ 章炳麟认识论的终极指向在于把握真如本体，而真如本体是无法通过感性或理性加以把握的，于是他提出了"有分别智"和"无分别智"两种认识方式，他说："明则有分别智，神则无分别智。有分别智所证唯是名相，名相妄法，所证非诚证矣。无分别智所证始是真如，是为真证耳。"④这就将感性认识和理性认识都归于"非诚证"的"有分别智"，均属"妄法"；唯有非理性的"无分别智"才可能冥契真如，是为"真证"。基于这种观点，章炳麟认为，认识在终极意义上正确与否，并不取决于外物，而唯在于内心。他说："凡取一物一事，而断其合法与否，此亦惟在自心，非外界所能证也。……与其归敬于外界，不若归敬于自心。不知其心，而怖于外，以为穷大至精。譬之心有忧者，闻鸟鸣而谓鸟亦有忧；心有乐者，睹草色而谓草亦有乐。于彼外界起增益执，于此自心起损

---

①《章太炎全集》（三），第 234 页。

②《章太炎全集》（四），第 409—410 页。

③《国故论衡》，第 143 页。

④《菿汉三言》，沈阳：辽宁教育出版社 2000 年版，第 24 页。

减执,实惟不了依他之故。"①"道何所依据而有真伪? 言何所依据而有是非? 向无定轨,唯心所取。"②他的《齐物论释》基本上就是借用佛庄学说阐述这一思想。这样,章炳麟的直觉认识论与他的真如本体观达到了一致,而归于彻底的唯心论。

四、科学进化论和俱分进化论

前期章炳麟接受严复宣传的近代西方进化论思想,用以观察自然和人类社会的历史演化过程,形成了科学的进化观。他叙述从无机物到有机物、从低等生物以至于人类的自然进化过程说:"赭石赤铜著乎山,莙藻浮乎江湖,鱼浮乎薮泽,果然玃狙攀援乎大陵之麓,求明昭苏而渐为生人。人之始,皆一尺之鳞也。"③在《菌说》一文中,他也描述了由无生物以至于人类的进化链,将包括人类在内的整个自然进化过程贯串起来,各环节之间并没有绝对的分界,所谓"动与植有汗漫而无畔者也"。④

章炳麟肯定一切进化的原因都在于物种内在的竞争倾向。他说:"物苟有志,强力以与天地竞,此古今万物之所以变。"不过他也认识到,人类社会一旦形成,其进化过程便不完全同于自然界,而是一种更高级的运动形式。他说:"石也,铜也,铁也,则瞻地者以其刀辨古今之期者也。"这是说,考古者根据生产工具或生活器具判断历史分期,实际上也肯定了工具或器具是社会发展水平的标志。基于这一观点,章太炎叙述了工具或器具的改进与社会发展的关系,如神农时代的人们以石为兵,断树木为宫室;黄帝时代的人们以玉为兵,伐树木为宫室;大禹时代的人们以铜为兵,已能开凿伊阙,决江导河,使天下通畅;再往后,人们便以铁为器,更能使江水折扬,显示了超越前代的伟大力量。由此,章炳麟提出

---

① 《章太炎全集》(四),第 412 页。
② 《章太炎全集》(六),第 17 页。
③ 《章太炎全集》(三),第 21 页。
④ 参见《章太炎选集》(注释本),第 55,62—65 页。

"人之相竞也以器"的命题，表现了科学历史观的思想因素。①

　　基于进化论的历史观，章炳麟认为，在社会领域，与其说是"天演"，不如说是"人演"，因而倡言革命。他说："拨乱反正，不在天命之有无，而在人力之难易。""人心进化，孟晋不已。以名号言，以方略言，经一竞争，必有胜于前者。……然则公理之未明，即以革命明之；旧俗之俱在，即以革命去之。革命非天雄、大黄之猛剂，而实补泻兼备之良药矣！"②可以说，在前期章炳麟那里，科学进化论的意义基本上是正面的，并且成为他进行反清革命的思想武器。

　　但到 1906 年以后，章炳麟对进化论的看法发生了重大转变。在 1906 年 9 月 5 日出版的《民报》第七号上，他发表了《俱分进化论》一文，对那种认为"进化终极必能达于尽美醇善之区"的说法表示怀疑乃至否定，他说：

　　　　彼不悟进化之所以为进化者，非由一方直进，而必由双方并进。专举一方，惟言智识进化可尔。若以道德言，则善亦进化，恶亦进化；若以生计言，则乐亦进化，苦亦进化。双方并进，如影之随形，如罔两之逐影，非有他也。智识愈高，虽欲举一废一而不可得。曩时之善恶为小，而今之善恶为大。曩时之苦乐为小，而今之苦乐为大。然则以求善、求乐为目的者，果以进化为最幸耶？其抑以进化为最不幸耶？进化之实不可非，而进化之用无所取。③

　　这是说，除了知识是单方面增长之外，在道德方面则是善恶同时增长，在生活方面也是苦乐同时增长，而且善、乐越增长，恶、苦也相应地越增长，因此，人类社会从低级到高级的演化固然是事实，但这种演化没有什么用处，并不可欲。他举例说明善恶并进：

　　　　太古草昧之世，以争巢窟、竞水草而相杀者，盖不可计，犹以手

---

① 参见《章太炎全集》（三），第 191 页。
② 《章太炎全集》（四），第 179、181 页。
③ 《章太炎全集》（四），第 386—387 页。

足之能，土丸之用，相觚相射而止。国家未立，社会未形，其杀伤犹不能甚大也。既而团体成矣，浸为戈矛剑戟矣，浸为火器矣，一战而伏尸百万，喋血千里，则杀伤已甚于太古。纵令地球统一，弭兵不用，其以智谋攻取者，必尤甚于畴昔，何者？杀人以刃，固不如杀人以术。与接为构，日以心斗，则驱其同类，使至于悲愤失望而死者，其数又多于战，其心又憯于战。此固虎豹所无而人所独有也。由是以观，则知由下级之乳哺动物以至人类，其善为进，其恶亦为进也。[1]

又举例说明苦乐并进：

> 若人则非独有五官之乐也，其乐固可以恒久，自五官而外，其乐又有可以恒久者，于是摄受之念始成，衽席之情，床第之乐，刍豢之味，裘帛之温，无不可以常住。其始徒以形质现前为乐，其后则又出于形质以外，由饱暖妃匹而思土地，由土地而思钱帛，由钱帛而思高官厚禄。土地欤？钱帛欤？高官厚禄欤？此固不可直接以求乐者，而求乐之方便必自此始，有此而后饱暖妃匹之欲可以无往不遂也。虽然，其始之乐此者，为间接以得饱暖妃匹之欲，其卒则遂以此为可乐，而饱暖妃匹之欲亦或因此而牺牲之。又其甚者，则以名誉为乐，而土地、钱帛、高官厚禄亦或因此而牺牲之。此其为乐，岂他动物所敢望者？然而求此乐者，必非可以一踊获也，将有所营画而后获之。下者奔走喘息，面目黎黑，以求达其五官之欲，其苦犹未甚也。求土地者，求钱帛者，求高官厚禄者，非直奔走喘息、面目黎黑而已，非含垢忍辱则不可得。今夫动物之情虽异，而其喜自尊贵，不欲为外物所陵藉者，则动物之同情也。必不得已，而至于含垢忍辱，笞我詈我，踶我践我，以主人臧获之分而待我，我犹鞠躬磬折以承受之，此其为苦，盖一切生物所未有也。虽求名誉者，宁或异此？于世俗之名誉，求之之道，固无以愈于前矣。道德、功业、学问之名誉，于名誉

---

[1]《章太炎全集》（四），第387页。

为最高,其求之亦愈艰苦。有时而求此道德、功业、学问之名,乃不得不举此道德、功业、学问之实而丧之。有时而求此道德、功业、学问之名,乃不得不举此可以受用道德、功业、学问之名者而亦丧之。杀身灭种,所不恤矣!此其为苦,则又有甚于前者。以彼其苦而求是乐,其得之者犹可以自喜也,而不得者十犹八九。藉令得之,犹未知可以摄受否也。藉令可以摄受,受之愈乐,则舍之也愈苦。佛说诸天终时,现五衰相,其苦甚于人类。今观富贵利达之士,易箦告终,其苦必甚于贫子;贫子之死,其苦必甚于牛马;牛马之死,其苦必甚于鱼鳖;下至腔肠、囊状、桑椹诸物,而死时受苦之剂量,亦愈减矣。是不亦乐之愈进者,其苦亦愈进乎?①

章炳麟最后说:"世有勇猛大心之士,不远而复,吾宁使之早弃斯世,而求之于视听言思之外,以济众生而灭度之。……无勇猛大心者,则惟随顺进化,渐令厌弃。夫以进化之力,使斯世趋于为鬼为魅,则自陷穷而知所返,此法尔无可遁者。"②预言社会进化必将趋于为鬼为魅以至陷穷,呼吁人们及早离弃社会,可以说是毫无保留地否定了社会进化论。

此后章炳麟批评或否定进化论的言论尚多,如1907年发表的《五无论》说:

> 望进化者,其迷与求神仙无异。今自微生以至人类,进化惟在智识,而道德乃日见其反。张进化愈甚,好胜之心愈甚,而杀亦愈甚。纵令进化至千百世后,知识慧了或倍蓰于今人,而杀心方日见其炽。所以者何?我见愈甚故。……夫耽于进化者,犹见沐浴为清凉,而欲沉于溟海。所愿与卓荦独行之士勤学无生,期于人类众生、世界一切销镕而止,毋沾沾焉以进化为可欣矣。③

1908年发表的《四惑论》说:

---

① 《章太炎全集》(四),第388—389页。
② 《章太炎全集》(四),第393—394页。
③ 《章太炎全集》(四),第442—443页。

然则所谓进者,本由根识迷妄所成,而非实有此进。就据常识为言,一切物质,本自不增不减,有进于此,亦必有退于彼,何进化之足言?且有机物界,世见其进化之幻象也。而无机物界,并此幻象亦不可睹。借观地球,无时而不绕日,乃其所旋轨道,惟是循环周转,非有直进之途。譬若户枢常动,不能有分寸过于规外。夫既循环周转,则方见为进,即见其为退矣。又观月魄与海水者,终日折旋,而今月之明不能加于古月,今潮之盛不能过于古潮,安得所谓进化者?惟仅就有机物界以言进化,则幻象略可睹耳。虽然,进化者,由外缘牵引以成,而人心所向,不悉在是。幸福增进,一部人类所盲从也,他部人类则或有反对此者。以善恶言,求增进幸福者,特贪冒之异名,所以者何?有所进者,不得不先有所处,而最初所处之点,惟是兽性。循其所处之点日进不已,亦惟是扩张兽性。始之兽性,鼷鼠、陵鱼若耳;积久而扩张其兽性,乃若狻猊、白虎。兽性则同,而反愈加之厉。是则进化之恶,又甚于未进化也。以苦乐言,资生养形之事,必由操作致之。人人自宝爱其朽骨,无可奈何,而忍形以就苦,斯已勤矣,更求增进,则乐必不能与苦相偿。而不见之耕稼之骊牛乎?藜蒿布野,足以疗饥,横为人伦牵引,喘息流汗,以服劳于陇上,所得稻粱,不为牛啖。纵令牛自耕田,牛自啖之,牛之所需,本不在此,苦身以求稻粱之美,曷若自放而食藜蒿矣。人求进化,必事气机,欲事气机,必先穿求石炭,而人之所需,本不在此,与其自苦于地窟之中以求后乐,曷若樵苏耕获,鼓腹而游矣。夫乐不与苦相偿,谁有白痴,甘为此者?[1]

这就不仅否定了社会进化论,甚至不止于否定生物进化论,乃并宇宙进化现象也一起予以否定,可以说是彻底否定了进化论。

在 20 世纪初期进化论大行其道、激起人们(包括当时几乎所有精英人物)对于未来美好社会的乐观遐想之际,章炳麟提出"俱分进化"的观

---

[1]《章太炎全集》(四),第 449—450 页。

点,揭露进化必然的负面效应,特别指出现代科技文明潜存的巨大危害,体现出他的思想的深刻性和远见性。后来爆发的两次世界大战验证了他所说的"一战而伏尸百万,喋血千里,则杀伤已甚于太古"的预言;而所谓"人求进化,必事气机,欲事气机,必先穿求石炭"云云,则透露他已意识到现代科技文明与自然生态的严重矛盾,这也为当今生态破坏状况所证实。或许可以说,"俱分进化"就是人类社会发展的宿命,因此这一观点具有恒久的警示意义。不过,章炳麟基于佛教空观而劝导人们主动厌弃现世、勤学无生,"期于人类众生、世界一切销镕而止",企图以此终结进化,从而消除恶果,当然也只是曲高和寡、无济于事的空想。

第三章　中西学术的界分与参较：现代哲学的初成

在 19 至 20 世纪之交的思想界，严复是一位既不全同于改良派、更加区别于维新派和革命派的独特人物。[①] 在学术方面，他比王韬、郑观应等人更多地吸收了西方学术思想，但又不像康有为、谭嗣同乃至孙中山等人那样将中西新旧思想资源仓促肤浅杂糅，而是在比较深入地涵化中西学理的前提下，对两方学术思想予以界分与参较，由此展开了真正意义上的中西学术思想比较研究，显示了中国现代哲学的初步成就。比严复大致晚一辈的王国维，在社会政治观方面始终与严复不甚相契，当前

---

① 以往研究者多将严复归入维新派。严复在戊戌维新前后确实发表过不少旨在变法的著译和言论，且在戊戌政变之后也对一些维新人士（主要是六君子和光绪帝）的不幸遭遇甚表同情，但并未直接参与维新运动。在变法思想方面，毋宁说严复与维新派首领康有为和梁启超是颇相径庭的，早在 1896 年梁启超创办《时务报》之初，严复就曾对其加以告诫（见《与熊纯如书三十九》，载王栻主编《严复集》第 3 册，北京：中华书局 1986 年版，第 648 页）；而在维新运动失败后，严复更是怒斥康梁"轻举妄动，虑事不周，上负其君，下累其友，⋯⋯况杂以营私揽权之意，则其罪愈上通于天矣"（见《与张元济书五》，载《严复集》第 3 册，第 533 页）；对康梁点名或不点名的批评，在严复的论著或书信中还有不少。正是由于严复不仅没有参与维新运动，而且与康梁一直存在着思想分歧，因此在戊戌政变之后缉杀或罢斥维新党人的险恶环境中，他虽然也受到参劾，却仍在北洋水师学堂总办的职位上安然无恙。有见于此，笔者认为将严复归入维新派是不恰当的，他仍应该属于改良派人物。当然，相比前辈思想家而言，严复的改良思想又有发展，这一点，可以从《救亡决论》一文对郑观应在《盛世危言》中表达的"西学中源"观点大加讥刺而清楚地看出。

期严复作为名满天下的改良思想家时,王国维基本上还是一个无籍籍名的年轻看客;当后期严复转向保守而投靠袁世凯北洋阵营时,王国维更已矢志效忠逊清小朝廷。但是,从对中西学理的涵化、界分与参较方面来看,王国维与严复又颇为相近,因此,这两位存在着代际差异和社会政治立场差异的人物,可以在哲学思想上归于同一类型。

第一节　严复的质力本体—宇宙观和经验主义认识论

一、生平著述

严复(1854—1921),福建侯官(今属福州市)人,乳名体乾,谱名传初;投考马尾船政学堂时改名宗光,字又陵;入仕后改名复,字几道;晚号瘉壄老人,别署观我生室主人、辅自然斋主人、尊疑学者、瘉壄堂主人。严复7岁入私塾,从业师诵读经典,14岁时父亲患霍乱暴卒,家境困窘,因此辍学。当年冬季,福州马尾船厂附设船政学堂招生,严复报名应试,被船政大臣沈葆桢以第一名录取,入学后开始学习英文及西方近代科学知识。1871年,严复以优等成绩毕业,先后在建威号练习船和扬武号军舰上实习,巡历黄海及日本长崎、横滨等港口,还曾奉清廷命令到台湾勘察海岸。1877年,严复被派往英国留学,进入格林尼次海军学院(The Royal Naval College, Greenwich)学习海军专业,至1879年完成学业回国;留学期间,他与年长36岁的清朝出使英国大臣郭嵩焘时常讨论中西学术政制之异同,彼此结为忘年交。回国之后,严复即被指派为马尾船政学堂教员,旋于1880年被直隶总督李鸿章调往天津,任北洋水师学堂总教习(教务长)。由于当时仕进最看重科举功名,出于仕途考虑,严复在北洋水师学堂总教习任上,于1885年和1888年分别在福州和北京参加乡试,但均落榜。1889年,严复被李鸿章擢拔为北洋水师学堂会办(副校长),次年升任总办(校长),担任此职直至1900年。即使已有如此地位,严复却仍未忘怀功名,而于1893年再回福州参加乡试,但依旧不售,从此便绝意科场。1894 年北洋水师在黄海大战中惨败于日本以及大连、旅顺陷于敌手,乃至 1895 年中日《马关条约》的签订,使严复受到强烈刺激,他连续发表《论世变之亟》《原强》《辟韩》《救亡决论》等四篇重要论文,引介近代西方进化论学说,对中国的现实和传统予以尖锐批判,主张"以自由为体,以民主为用",通过"鼓民力""开民智""新民德"而救亡图存以至实现国家富强。为了实现"力主西学"的志愿,从 1895 年开始的十余年间,严复致力于翻译近代西方学术思想名著,先后翻译出版了赫胥黎(T. H. Huxley)的《天演论》(*Evolution and Ethics*)、亚当·斯密(A. Smith)的《原富》(*An Inquiry into the Nature and Causes of Wealth of Nations*)、斯宾塞(H. Spencer)的《群学肄言》(*The Study of Sociology*)、约翰·穆勒(J. S. Mill)的《群己权界论》(*On Liberty*)和《穆勒名学》(*A System of Logic, Ratiocinative and Inductive*)、甄克思(E. Jenks)的《社会通诠》(*A History of Politics*)、孟德斯鸠(C. L. S. Montesquieu)的《法意》(*L'Esprit des Lois*)、耶方斯(W. S. Jevons)的《名学浅说》(*primer of Logic*)等,并在翻译过程中写下大量按语,对近代西方自然科学、历史学、经济学、社会学、政治学、法学、逻辑学予以阐述,并在此基础上进行中西文化比较,基本上表达了崇西抑中的思想倾向,为当时的变法改良和社会启蒙提供了理论资源。严复的激烈言论和西学主张引起一些权臣的仇视,1897 年,湖广总督张之洞命屠仁守作《〈辟韩〉驳议》,①并打算处置严复,后因友好代向张之洞缓颊,此事得以平复。这年,严复与夏曾佑等在天津创办《国闻报》,并陆续在该报发表《拟上皇帝书》《有如三保》《保教余义》《保种余义》《西学门径功用》等文章,继续阐扬西学,批判传统,鼓吹变法改良。1898 年维新运动期间,严复奉旨入京,受到光绪帝召见,被询以变法事宜。政变发生后,严复随即离京返津,作《戊戌八月感事》《哭林晚翠》《古意》诸篇,对六君子死难、光

---

① 一说《〈辟韩〉驳议》为张之洞自作,而以屠仁守的名义发表。见《与五弟书》,载《严复集》第 3 册,北京:中华书局 1986 年版,第 733 页。

绪帝幽禁深表悲愤。由于《国闻报》在政变之后依旧指斥朝政,略无忌惮,严复等人因而受到言官参劾,但严复等人毕竟不是康梁同党,故清廷只是责成地方官员随时看管而已。严复等人因《国闻报》麻烦多多,遂于1899 年将该报转售给日本人经营了事。1900 年夏,八国联军进攻京津,严复仓促离津赴沪,从此了却北洋水师学堂总办一职。此后四五年间,严复曾任开平矿务局华部总办、京师大学堂附设译书局总办等职,还于1905 年远赴英国办差,在伦敦与孙中山有一次晤谈,但主张教育救国的严复与矢志革命的孙中山在思想观点上却凿枘难合。这一时期,严复对中西文化的褒贬也开始发生游移。在 1902 年发表的《与〈外交报〉主人书》和 1904 年发表的《读新译甄克思〈社会通诠〉》中,他基本上仍然坚持西化主张;但也恰恰是在分别发表于这两年的《主客平议》和《〈英文汉诂〉卮言》中,他又表达了"非新无以为进,非旧无以为守;且守且进,此其国之所以骏发而又治安也""果为国粹,固将长存。西学不兴,其为存也隐;西学大兴,其为存也章"等带有折衷意味的观点。而以 1906 年 1 月在上海寰球中国学生会演讲《论教育与国家之关系》为标志,严复便转到护持中国传统、分析批评甚至激烈抨击西方文化的立场,这一立场此后再无转变,只有日益强化。这一年,严复被聘为安庆高等学堂监督,不久又兼任上海复旦公学监督。次年因安庆高等学堂发生学潮,严复遂辞去该校监督;至 1908 年,他将复旦公学监督一职也辞掉。此后直至辛亥革命前夕,严复担任过直隶总督府新政顾问官、清廷宪政编查馆谘议官、学部审定名词馆总纂、度支部清理财政处谘议官、福建省顾问官、筹办海军事务处顾问官、资政院议员、海军部一等参谋官、海军协都统等职,还于1910 年被清廷赏给文科进士。民国建立后,严复于 1912 年 2 月被国民政府委任为京师大学堂总监督,5 月改称北京大学校长,至 10 月辞职。同年任海军部编译处总纂、总统府顾问官。1913 年,严复参与陈焕章、梁启超等人发起的孔教会,积极提倡读经。1914 年被袁世凯任命为参政院参政,提出《导扬中华民国立国精神》议案,呼吁重振忠孝节义等传统道德,议案经参政院讨论通过,由袁世凯通令各省施行。这一年,严复还发表了《民约平议》这篇重要论文,对作为西方启蒙运动经典文献的卢梭《民约论》进行了全面深刻的分析和批驳。1915 年,严复被杨度拉入筹安会,虽非出于自愿,但客观上为袁世凯称帝起了推波助澜的作用。这一年所写的《新译〈日本帝国海军之危机〉序》一文,对自己早年大力引介的近代西方进化论学说所导致的"人道之酷"予以强烈谴责。从 1915 年起,严复因长期吸食鸦片而诱发气喘病,此后便辗转于北京、上海、福州三地治病或疗养。1921 年 10 月 3 日,严复手书遗嘱六条,首条即曰"须知中国不灭,旧法可损益,必不可叛"。同月 27 日,严复病逝于福州。12月 20 日,葬于故乡阳崎鳌头山。

严复的著述,基本上收入王栻主编的《严复集》(全 5 册)之中,另有孙应祥等编《严复集补编》,台湾方面也出版了王庆成等编 18 卷本《严复合集》。严复的译著则由商务印书馆纳入"严译名著丛刊"出版。

二、质力本体—宇宙观

严复基本上没有哲学专著,[①]他只是在著译中零散地表达了一些关于本体论、宇宙论、认识论的观点。但是由于这些观点多是在中西参互的基础上而归本于近代西方学术,从而表现出不同于中国古代哲学思想的内容,因此对于中国哲学的现代转型具有不可忽视的影响作用。

关于宇宙本体,严复除了径称"本体"之外,还分别以"造物""常住""自然""最初众父""真宰""太极""自在""真因""道""第一因""不二法门"等诸多名词予以指称。在严复的观念中,所有这些名词所指称的那个对象亦即本体,具有唯一性、绝对性、永恒性、普遍性。他说:"《周易》八卦,皆常住因之代表也。作《易》者以万化皆从此出,则杂糅错综之以观其变。故《易》者,因果之书也。虽然,因而至于八,虽常住,乃非其最

---

① 《严复集》中唯有《述黑格儿惟心论》一篇近似哲学专著,但此文乃阐述黑格尔的历史辩证法,并没有表达严复自己的哲学观点。

初。必精以云，是真常住者惟太极已。"①这就强调了本体的唯一性。他又说："如老氏之自然，盖谓世间一切事物，皆有待而然，惟最初众父，无待而然，以其无待，故称自然。此在西文为 Self-existence。惟造化真宰，无极太极，为能当之。"②"彼是对待之名词，一切世间所可言者，止于对待，若真宰，则绝对者也。"③这是强调本体的绝对性。他又说："又如释氏之自在，乃言世间一切六如，变幻起灭，独有一物，不增不减，不生不灭，以其长存，故称自在。此在西文谓之 Persistence，或曰 Eternity，或曰 Conservation，惟力质本体，恒住真因，乃有此德。"④这是强调本体的永恒性。而所谓"道之本体，无大小也。语小莫破，语大无外，且无方体，何有比较？一本既立，则万象昭回"，⑤则强调了本体的普遍性。

那么严复综合《周易》、道家、佛教、西学而体认的唯一、绝对、永恒、普遍的本体，其实质是什么呢？严复认为就是"力质"，⑥即运动的物质。他说："造物立其一本，以大力运之，而万类之所以底于如是者，咸其自己而已，无所谓创造者也。"⑦这就是说，本体（造物）只是一个物质存在，其自身内含伟大的力量，处于永无止息的运动之中。由本体所化生从而秉具本体实质的宇宙万物，也无不通过自身的物质运动而成就其自己，并没有所谓"创造者"亦即宗教徒所信仰的全能的神来创造宇宙万物。严复对于神创论的否定进一步表明，在他看来，宇宙本体不是精神性的存在，而只是一个物质存在。⑧

对于运动的物质本体所化生的运动的物质宇宙，严复多有论述，如

---

① 《〈穆勒名学〉按语四〇》，载《严复集》第4册，第1052页。

② 《〈群己权界论〉译凡例》，载《严复集》第1册，第133页。

③ 《〈庄子〉评语·齐物论第二》，载《严复集》第4册，第1106页。

④ 《〈群己权界论〉译凡例》，载《严复集》第1册，第133页。

⑤ 《〈老子〉评语·三十四章》，载《严复集》第4册，第1090页。

⑥ 严复称为"力质本体"。见《〈群己权界论〉译凡例》，载《严复集》第1册，第133页。

⑦ 《〈天演论·导言一·察变〉按语》，载《严复集》第5册，第1325页。

⑧ 在同一篇中，严复还说："自达尔文出，知人为天演中一境，且演且进，来者方将，而教宗抟土之说，必不可信。"也表明了对于神创论的否定。

所谓"大宇之内,质力相推,非质无以见力,非力无以呈质",①即是说,整个宇宙不过是运动的物质和物质的运动,二者密不可分,共同构成宇宙的存有及演进;又如所谓"宇宙,皆无形者也。宇之所以可言,以有形者列于其中,而后可以指似,使无一物,则所谓方向远近皆亡;宙之所以可言,以有形者变于其际,而后可以历数,使无一事,则所谓先后久暂亦亡",②这则是说,无边际无始终的宇宙之所以实存,不过由于其中充满了运动的物质,空间正因为有运动的物质在其中存在与关联才成其为空间,时间也正因为有物质的运动在其中发生与演化才成其为时间,设若没有运动的物质和物质的运动,宇宙也就不存在了。根据这些论述,大致可以说,严复秉持一种具有唯物论倾向的质力本体—宇宙观。③

严复基于质力本体—宇宙观阐发近代西方进化论学说,他说:"所谓质力杂糅,相剂为变者,亦天演最要之义,不可忽而漏之也。……是故方其演也,必有内涵之力,以与其质相剂。力既定质,而质亦范力,质日异而力亦从而不同焉。"④举例来说,"即如日局太始,乃为星气,名涅菩剌斯,布濩六合,其质点本热至大,其抵力亦多,过于吸力。继乃由通吸力收摄成珠,太阳居中,八纬外绕,各各聚质,如今是也。……馀如动植之长,国种之成,虽为物悬殊,皆循此例矣"。⑤ 这就将"质力杂糅,相剂为变"作为宇宙万物进化的实质内容和基本规律,由此对生物进化论和社会进化论作了哲学的提升。而也就是在以"质力杂糅,相剂为变"阐发进化论的同时,严复也以进化的实例,为其本体—宇宙观注入了近代西方自然科学的内容,这正是他的本体—宇宙观显然不同于中国古代哲学思想,乃至不同于前辈改良思想家如王韬的道一观和郑观应的道器论之

---

① 《〈天演论〉自序》,载《严复集》第 5 册,第 1320 页。
② 《〈庄子〉评语·庚桑楚第二十三》,载《严复集》第 4 册,第 1139 页。
③ 严复曾对唯物论予以明确肯定,他说:"惟物派谓此心之动,皆物之变,故物尽则心尽,所言实凿凿可指,持惟心学说者,不可不深究也。"见《〈庄子〉评语·德充符第五》,载《严复集》第 4 册,第 1115 页。
④ 《〈天演论·导言二·广义〉按语》,载《严复集》第 5 册,第 1328 页。
⑤ 《〈天演论·导言二·广义〉按语》,载《严复集》第 5 册,第 1327 页。

处。这一本体—宇宙观对于严复同时乃至后来的思想家产生了深刻影响,在康有为、谭嗣同、孙中山、章炳麟等人的思想中都有反映,甚至为中国的马克思主义者接受历史唯物主义和辩证唯物主义提供了思想准备。胡汉民在 1906 年发表的《述侯官严氏最近政见》一文中说:"自严氏书出,而物竞天择之理,厘然当于人心,而中国民气为之一变。即所谓言合群言排外言排满者,固为风潮所激发者多,而严氏之功盖亦匪细。"①确为颇有见地之论。

当然,严复晚年思想发生了很大转变,以至将唯物主义指为"最下乘法",②将进化论的实际效果斥为"利己杀人,寡廉鲜耻",③因此,他的质力本体—宇宙观并没有贯彻到底。但是这种转变并不能简单地视为倒退,其中包含的一位智者在对中西古今进行参互比较和深刻反思的基础上所得出的衰年定论,值得后人深长思之。

三、经验主义认识论

中年时期的严复推崇西方文化而批判中国传统,在《救亡决论》中,他说:"夫陆王之学,质而言之,则直师心自用而已。自以为不出户可以知天下,而天下事与其所谓知者,果相合否? 不径庭否? 不复问也。自以为闭门造车,出而合辙,而门外之辙与其所造之车,果相合否? 不龃龉否? 又不察也。向壁虚造,顺非而泽,持之似有故,言之若成理。其甚也,如骊山博士说瓜,不问瓜之有无,议论先行蜂起,秦皇坑之,未为过也。盖陆氏于孟子,独取良知不学、万物皆备之言,而忘言性求故、既竭目力之事,惟其自视太高,所以强物就我。后世学者,乐其径易,便于惰窳敖慢之情,遂群然趋之,莫之自返。其为祸也,始于学术,终于国家。故其于己也,则认地大民众为富强,而果富强否,未尝验也;其于人也,则

---

① 胡汉民《述侯官严氏最近政见》,载《民报》第 1 册,北京:中华书局 2006 年版,第 241 页。
② 见《与诸儿书三》,载《严复集》第 3 册,第 825 页。
③ 见《与熊纯如书七十五》,载《严复集》第 3 册,第 692 页。

神州而外皆夷狄,其果夷狄否,未尝考也。抵死虚骄,未或稍屈。然而天下事所不可逃者,实而已矣,非虚词饰说所得自欺,又非盛气高言所可持劫也。迨及之而知,履之而艰,而天下之祸,固无救矣。胜代之所以亡,与今之所以弱者,不皆坐此也耶!前车已覆,后轸方遒,真可叹也!……然而西学格致,则其道与是适相反。一理之明,一法之立,必验之物物事事而皆然,而后定之为不易。其所验贵多,故博大;其收效也必恒,故悠久;其究极也,必道通为一,左右逢原,故高明。方其治之也,成见必不可居,饰词必不可用,不敢丝毫主张,不得稍行武断,必勤必耐,必公必虚,而后有以造其至精之域,践其至实之途。迨夫施之民生日用之间,则据理行术,操必然之券,责未然之效,先天不违,如土委地而已矣。"①此处对中国传统的批判,主要针对以陆王心学为代表的主观主义认识论;而对西方文化的推崇,则由于其贵察验、重实证的经验主义认识论。严复将这两种认识论视为败亡或者富强的关键所在;出于救亡以致富强的目的,他对经验主义认识论进行了相当全面深入的阐发。

首先,严复根据英国经验主义哲学家洛克的"白板说",指出"盖天生人,与以灵性,本无与生俱来预具之知能",②认识主体的"智慧之生于一本,心体为白甘,而阅历为采和,无所谓良知者矣",③即是说,经验是认识主体获得一切知识和智慧的唯一途径,在经验发生之前,认识主体的意识乃是空无所有的,这就否定了认识的先验性和超验性,消解了主观主义认识论的理论根基。

从肯定经验是认识主体获得一切知识和智慧的唯一途径出发,严复进而强调作为经验对象的客观存在的第一性地位,他说:"吾人为学穷理,志求登峰造极,第一要知读无字之书。倍根言:'凡其事其物为两间之所有者,其理即为学者之所宜穷。所以无大小,无贵贱,无秽净,知穷其理,皆资妙道。'此佛所谓墙壁瓦砾,皆说无上乘法也。赫胥黎言:'能

---

①《救亡决论》,载《严复集》第 1 册,第 44—45 页。
②《政治讲义》,载《严复集》第 5 册,第 1243 页。
③《〈穆勒名学〉按语三四》,载《严复集》第 4 册,第 1050 页。

观物观心者，读大地原本书；徒向书册记载中求者，为读第二手书矣。'读第二手书者，不独因人作计，终当后人；且人心见解不同，常常有惧，而我信之，从而惧矣，此格物家所最忌者。"①又说："盖我虽意主，而物为意因，不即因而言果，则其意必不诚。此庄周所以云心止于符，而英儒贝根亦标以心亲物之义也。"②此所谓"无字之书""大地原本书""意因"云云，均指客观存在的事物，严复认为，它不仅能使认识主体避免盲从、超越陈说，而且也是认识主体获得精确笃实知识的直接来源。而设若没有客观存在的事物，"使六合旷然，无一物以接于吾心，当此之时，心且不可见，安得所谓理者哉"？③

在强调客观存在第一性的前提下，严复对于主客合一在认识中的作用、客观存在的变化与认识的特殊性、直接知识与间接知识诸问题进行了阐述。他说："今夫水湍石碍，而砰訇作焉，其求声于水与石者，皆无当也，观于二者之冲击，而声之所以然得矣。故论理者，以对待而后形者也。"④这就说明认识是主体与客体相接触的产物，且主体对于客体的把握与其认识水平相一致，所谓"道者同道，德者同德，失者同失，皆主客观之以同物相感者"，⑤由此肯定了主体作用在认识中的不可或缺性。他又说："缘物之论，所持之理，恒非大公，世异情迁，则其言常过，学者守而不化，害亦从之。"⑥这则说明，从一时一地之事物所获得的认识，只是特殊认识，一旦时移势异，这种认识便可能由正确变成错误，因此认识必须随着客观事物的变化而变化。他还说："吾闻学术之事，必求之初地而后得其真，自奋耳目心思之力，以得之于两间之见象者，上之上者也。其次则乞灵于简策之所流传，师友之所授业。"⑦"一人之阅历有限，故必聚古人

---

① 《西学门径功用》，载《严复集》第 1 册，第 94 页。
② 《〈穆勒名学〉按语十四》，载《严复集》第 4 册，第 1037 页。
③ 《〈阳明先生集要三种〉序》，载《严复集》第 2 册，第 238 页。
④ 《〈阳明先生集要三种〉序》，载《严复集》第 2 册，第 238 页。
⑤ 《〈老子〉评语·二十三章》，载《严复集》第 4 册，第 1084 页。
⑥ 《译斯氏〈计学〉例言》，载《严复集》第 1 册，第 100 页。
⑦ 《与〈外交报〉主人书》，载《严复集》第 3 册，第 561 页。

与异地人之阅历为之。如此则必由纪载,纪载则历史也。"①这一方面仍然强调了客观存在的第一性以及直接知识的至上性,同时也承认了通过读书学习获得间接知识的重要性。

关于认识主体通过经验获得知识的方法,严复多有论说。他说:"欲论其合,先考其分,则昭昭若揭日月而行,亘天壤不刊之大例也。"②又说:"欲知其合,先察其分。天下之物,未有不本单之形法性情以为其聚之形法性情者也。"③又说:"曲,一部分也;举一部分,则全体见矣。故《中庸》曰,其次致曲。天下惟知曲之为全者,乃可以得。故西人重分析之学,朱晦庵亦言人处不行,终由小处不理也。"④这是主张通过分析与综合方法认识事物以获得知识,而且以分析为综合的前提。他还提倡比较方法,如谓:"人心之思,历异始觉。故一言水,必有其非水者;一言风、草、木,必有其非风、非草、非木者,与之为对,而后可言、可思,何有无对独立者乎?假使世间仅此一物,则其别既泯,其觉遂亡,觉且不能,何况思议?故曰:天下无无对独立者也。"⑤又谓:"形气之物,无非对待。非对待,则不可思议。故对待为心知止境。"⑥这是强调客观事物无非相互比较而存在,故主体也必须通过比较方法而认识事物,否则便不免遁入释氏之"真如"或景教之"上帝"那种"未有不自相违反"的不可思议境地了。⑦

在认识方法方面,严复最为推崇的是"内籀"(或称"内导",即归纳)和"外籀"(或称"外导",即演绎),⑧他对这两种相互联系的认识方法作了

---

① 《政治讲义》,载《严复集》第 5 册,第 1244 页。

② 《原强修订稿》,载《严复集》第 1 册,第 18 页。

③ 《原强修订稿》,载《严复集》第 1 册,第 25 页。

④ 《〈老子〉评语·二十二章》,载《严复集》第 4 册,第 1083 页。

⑤ 《〈穆勒名学〉按语九》,载《严复集》第 4 册,第 1033 页。按"必有其非风、非草、非水者"一句之"水",当为"木"之误。

⑥ 《〈老子〉评语·二章》,载《严复集》第 4 册,第 1076 页。

⑦ 参见《〈穆勒名学〉按语九》,载《严复集》第 4 册,第 1033 页。

⑧ 严复一般将这两种认识方法称为"内籀""外籀";称之为"内导""外导",见于《西学门径功用》;而在《论今日教育应以物理科学为当务之急》中,严复则指出"'内籀'东译谓之'归纳',……'外籀'东译谓之'演绎'"。

大量阐述。所谓"内籀",即"察其曲而知其全者也,执其微以会其通者也";所谓"外籀",即"据公理以断众事者也,设定数以逆未然者也"。① 举例来说,"今有一小儿,不知火之烫人也,今日见烛,手触之而烂;明日又见鑪,足践之而又烂;至于第三次,无论何地,见此炎炎而光,烘烘而热者,即知其能伤人而不敢触。且苟欲伤人,且举以触之。此用内导之最浅者,其所得公例,便是火能烫人一语。其所以举火伤物者,即是外导术"。② 由此可见,内籀和外籀乃是"相为表里,绝非二途",③不过二者却有本末之别,即内籀为本,外籀为末。这是因为,"欲有所知,其最初必由内籀",④即内籀是获得知识的首要步骤;且"公例无往不由内籀",⑤即外籀所凭借的公理必基于内籀得出;更且"不得以既成外籀,遂与内籀无涉",⑥即外籀还需不断充实以内籀,从而为公理奠定愈益坚实的基础。当然,内籀虽然相对于外籀而言为本,"但内籀必资事实,而事实必由阅历",⑦即是说,唯有客观事物的存在,内籀才可能发生;也唯有通过经验去把握客观事物,内籀才可能进行,这就肯定了包括外籀在内的内籀的经验性实质。严复对内籀外籀两种认识方法作了高度评价,认为"二者即物穷理之最要涂术也",⑧"用之,而后智识日辟者也"。⑨ 着眼于中西传统在运用这两种认识方法上的差异,严复褒贬道:"西学之所以翔实,天函日启,民智滋开,而一切皆归于有用者,正以此耳。旧学之所以多无补者,其外籀非不为也,为之又未尝不如法也,第其所本者大抵心成之

---

① 《〈天演论〉自序》,载《严复集》第 5 册,第 1319—1320 页。严复对于"内籀""外籀"的定义,还见于《西学门径功用》《译斯氏〈计学〉例言》《论今日教育应以物理科学为当务之急》等篇,但最为详确的定义则见于《〈天演论〉自序》。

② 《西学门径功用》,载《严复集》第 1 册,第 94 页。

③ 《〈穆勒名学〉按语三四》,载《严复集》第 4 册,第 1050 页。

④ 《政治讲义》,载《严复集》第 5 册,第 1243—1244 页。

⑤ 《〈穆勒名学〉按语三四》,载《严复集》第 4 册,第 1050 页。

⑥ 《〈穆勒名学〉按语二七》,载《严复集》第 4 册,第 1047 页。

⑦ 《政治讲义》,载《严复集》第 5 册,第 1244 页。

⑧ 《〈天演论〉自序》,载《严复集》第 5 册,第 1320 页。

⑨ 《西学门径功用》,载《严复集》第 1 册,第 94 页。

说,持之似有故,言之似成理,媛姝者以古训而严之,初何尝取其公例而一考其所推概者之诚妄乎? 此学术之所以多诬,而国计民生之所以病也。"①反复表达了以认识论作为败亡或者富强之关键的观点。

最后,严复还强调认识必须受客观存在的验证。在《穆勒名学》原书"故外籀之术有三候焉:始于内籀之实测,一也。继用联珠之推勘,二也。终以实行之印证,三也"一段后面,严复按曰:"此篇所言第三候之印证,浅人骛高远者往往视为固然,意或惮于烦重而忽之。不知古人所标之例所以见破于后人者,正坐阙于印证之故。而三百年来科学公例,所由在在见极,不可复摇者,非必理想之妙过古人也,亦以严于印证之故。是以明诚三候,阙一不可。阙其前二,则理无由立;而阙其后一者,尤可惧也。"②在《论今日教育应以物理科学为当务之急》中,严复简明扼要地表述一个完整的认识过程说:"方其始也,必为其察验,继乃有其内籀外籀之功,而其终乃为其印证,此不易之涂术也。"③在《西学门径功用》中又说:"故曰印证愈多,理愈坚确也。"④这都表明通过经验从客观存在中获得的认识,还须通过经验而在客观存在中受到检验,这既是认识完成的最终环节,也是认识发生实效的关键所在。至此,严复从认识的主体、来源、途径、方法以及归宿诸方面,论述了一整套经验主义的认识论。

如前所述,严复晚年思想发生了巨大转变,这一点,在他的认识论中也有表现。1918 年,他致书灵学会主持人俞复称:"三百年科学肇开,事严左证;又知主观多妄,耳目难凭;由是历史所传都归神话。则摧陷廓清之功,不可诬也。然而世间之大、现象之多,实有发生非科学公例所能作解者。何得以不合吾例,憪然遂指为虚?"书后还附记扶乩异事,而喟然叹曰"呜呼! 孰谓冥冥中无鬼神哉"!⑤ 临终前不久,针对小儿不信"迷

① 《〈穆勒名学〉按语二七》,载《严复集》第 4 册,第 1047 页。
② 《〈穆勒名学〉按语四二》,载《严复集》第 4 册,第 1053 页。
③ 《论今日教育应以物理科学为当务之急》,载《严复集》第 2 册,第 280 页。
④ 《西学门径功用》,载《严复集》第 1 册,第 94 页。
⑤ 《与俞复书》,载《严复集》第 3 册,第 725、727 页。

信"的言行,严复训曰:"须知世间一切宗教,自释、老以下,乃至耶、回、犹大、火教、婆罗门,一一皆有迷信,其中可疑之点,不一而足;即言孔子,纯用世法,似无迷信可言矣,而及言鬼神丧祭,以伦理学 Logic 言,亦有不通之处。但若一概不信,则立地成 Materialism,最下乘法,此其不可一也。又人生阅历,实有许多不可纯以科学通者,更不敢将幽冥之端,一概抹杀。迷信者言其必如是,固差,不迷信者言其必不如是,亦无证据。故哲学大师,如赫胥黎、斯宾塞诸公,皆于此事谓之 Unknowable,而自称为Agnostic。盖人生智识,至此而穷,不得不置其事于不论不议之列,而各行心之所安而已。"①这些言论虽然并未完全否定经验主义认识论,但显然已认为经验主义认识论不足以解释整个世界;而在其所标榜的存疑态度中,更多的是对于超验存在的同情。严复在认识论方面的这种转变,也是一个不应简单地目为退步、而应深入思考的问题。

第二节　王国维的哲学观及其精深的哲学研究

一、生平著述

王国维(1877—1927),浙江海宁盐官镇人,原名国桢,字静庵,又字伯隅,初号礼堂,又号观堂,亦号永观、人间等。四岁丧母,赖祖姑母和叔祖母抚养。七岁入塾发蒙。十六岁入州学,参加海宁岁试,考中秀才,始读"前四史"。十七岁赴省城杭州应乡试,不中。次年考入杭州崇文书院,曾逐条批驳俞樾《群经平议》。二十岁娶莫氏女,同年起在本邑沈氏、陈氏家塾任教。二十一岁再赴杭州参加乡试,仍不中。1898 年 2 月入上海时务报馆任书记员,同时在罗振玉创办的东文学社学习,渐得罗氏器重。同年 10 月,《时务报》因倡导变法被清廷查禁,王国维失业,即受罗振玉之聘管理东文学社庶务,并协助罗氏编辑《农学报》,同时仍在东文学社免费学习。1900 年,东文学社因时局纷乱而停办,王国维归里自习。

---

① 《与诸儿书三》,载《严复集》第 3 册,第 825 页。按"伦理学"当为"论理学"即逻辑学之误。

次年春,应时任湖北农务学堂监督罗振玉之邀赴武昌,为该校译述讲义和其他农科书籍。5月回上海,任罗振玉创办的《教育世界》杂志主编。同年秋,获罗振玉资助赴日本留学,就读于东京物理学校。越明年春,脚疾发作,回国疗养,旋入罗振玉任监督的南洋公学东文学堂为执事,不久又经罗振玉举荐,被通州师范学堂聘为心理学、哲学和伦理学教师,任教期间研读康德《纯粹理性批判》和叔本华《意志及表象之世界》以及洛克、休谟等西方哲学家著作,兼为《农学报》《教育世界》撰文,并开始研究甲骨文。1904年转入罗振玉创办于苏州的江苏师范学堂,任心理学、伦理学、社会学、哲学等课程主讲教师。该年撰写《〈红楼梦〉评论》《论性》《释理》《叔本华与尼采》等论著。1905年编成《静庵文集》,收入研究西方哲学和教育学的论著和古体诗作,由商务印书馆出版。同年辞去江苏师范学堂教职,归家赋闲。此后几年写成《论近年之学术界》《论新学语之输入》《论哲学家及美学家之天职》《奏定经学科大学文学科大学章程书后》《原命》《屈子文学之精神》《论教育之宗旨》等文。1906年春随罗振玉至北京,不久因父亲去世奔丧归家,葬父守制。次年4月再次抵京,经罗振玉介绍,任学部总务司行走和图书馆编辑,主持编译和审定教科书事宜;撰《三十自序》,表明因"哲学上之说大都可爱者不可信,可信者不可爱",①故拟弃哲学而致力于文学创作和研究;开始涉猎敦煌卷子,校理《敦煌石室遗书》。是年7月因莫氏病危返里,待莫氏病卒丧事完毕后于9月再回京。明年初因继母去世又离京奔丧,居家期间娶继室潘氏;4月携家眷同赴北京,辑成《唐五代二十家词辑》《曲录》,翻译出版《辩学》两种,撰写《人间词话》,首倡"意境说"。1909年开始研究唐宋金元词作剧本,此后几年撰成《戏曲考源》《宋大曲考》《曲调源流表》《录曲馀谈》《古剧脚色考》等文,译匈牙利裔英国人斯坦因所著《中亚细亚探险记》;改任名词馆协修。1911年在为罗振玉创办的《国学丛刊》所作序文中提出"学无中西"的观点。同年武昌起义爆发后,携眷随罗振玉东渡日本,寓居京

---

① 《王国维文集》第3卷,北京:中国文史出版社1997年版,第473页。

都。旅日期间撰成《简牍检署考》《宋元戏曲史》《明堂寝庙通考》《布帛通考》《秦郡考》《汉郡考》《流沙坠简》《宋代金文著录表》《国朝金文著录表》《洛诰解》《鬼方昆夷玁狁考》等文著,研究领域拓展到古代制度、历史地理、边疆史、文字学等方面。1915 年 3 月携眷返梓,不久又带长子随罗振玉再去日本,撰成《尔雅草木虫鱼鸟兽释例》《三代地理小记》《胡服考》《古礼器略说》《生霸死霸考》等文,又涉及训诂学和古天文历法。1916 年春,应侨居上海的英国籍犹太裔富豪哈同之聘,回国主管《学术杂志》编辑事务,撰成《史籀篇疏证》《殷礼小记》《说商颂》《说周颂》《周开国年表》《周书顾命考》《周乐考》《毛公鼎考释》《两汉博士考》《汉魏博士考》《科斗文字说》《汉代石文考》《魏石经考》等多篇关于古史古文字的著作。1917 年初短暂赴日,寄寓罗振玉宅,旋返上海,撰成《殷卜辞中所见先公先王考》《殷周制度论》《太史公行年考》《古本竹书纪年辑校》《两周金石文韵读》《唐韵别考》《韵学徐说》等论著,研究范围扩及音韵学,次年更补辑、校勘多种音韵学古籍。时任北京大学校长蔡元培邀其担任北大教职,辞未应聘,而入哈同开办的仓圣明智大学任教授。1919 年,结合敦煌文献研究,将兴趣集中到西北历史地理,撰成《摩尼教流行中国考》《西胡考》《西域井渠考》《九姓回鹘可汗碑图记》《西域杂考》以及敦煌文献跋语多篇。1921 年辑成《观堂集林》二十卷,撰《连绵字谱》。1922 年接受北京大学国学门通讯导师之聘,但声明与北大只是有名无实的关系,不受北大薪酬。1923 年被清逊帝爱新觉罗·溥仪任命为南书房行走,赴京任职,期间撰成《殷虚文字类编序》《金文编序》《散氏盘考释》等文。1924 年11 月,直系第三军总司令冯玉祥率部进京,废止民国对清逊帝的优待条件,逼迫溥仪迁出紫禁城,王国维因此一度萌生死志,由于家人严密看管而未遂,转而对《水经注》进行研究,并撰《高宗肜日说》《陈宝说》《书顾命同瑁说》《释天》等文。1925 年应聘任清华国学研究院经史小学导师,讲授《古史新证》《尚书》《仪礼》《说文》等课程,撰《最近二三十年中国新发见之学问》《西辽都城虎思斡耳朵考》《鞑靼年表》《鞑靼考》《元朝秘史地名索引》《耶律文正公年谱》《古行记四种校录》《月氏未西徙大夏时故地考》《辽金时蒙古考》《长春真人西游记注》等论著。1926 年,先是长子病故,后又与罗振玉龃龉以至绝交,身心颇受刺激。1927 年撰《南宋人所传蒙古史料考》《元朝秘史之主因亦儿坚考》《金长城考》《鞑靼后考》《黑车子室韦考》《蒙古札记》《中国历代尺度》《莽量考》等文。是年 6 月 2 日,在无任何先兆的情况下自沉于昆明湖,终年五十一岁,被清逊帝溥仪赐谥"忠悫",遗嘱有"五十之年,只欠一死。经此世变,义无再辱"之语,[1]给世人留下了殉清廷、殉文化理想、惧怕北伐军、罗振玉逼债、尸谏清逊帝出逃日本等种种疑信难定的猜测,但无论原因为何,总而言之,这位在诸多领域都做出了开创性成果且其成果几乎都达到了非常精深水平的天才学者的早逝,实在是中国学术界无可弥补的巨大损失!

二、非功利性哲学观

1905 年,王国维为自编《静庵文集》作序曰:

余之研究哲学,始于辛壬之间。癸卯春,始读汗德之《纯理批评》,苦其不可解,读几半而辍。嗣读叔本华之书而大好之。自癸卯之夏以至甲辰之冬,皆与叔本华之书为伴侣之时代也。其所尤惬心者,则在叔本华之《知识论》,汗德之说得因之以上窥。然于其人生哲学观,其观察之精锐与议论之犀利,亦未尝不心怡神释也。后渐觉其有矛盾之处,去夏所作《红楼梦评论》,其立论虽全在叔氏之立脚地,然于第四章内已提出绝大之疑问。旋悟叔氏之说,半出于其主观的气质,而无关于客观的知识。此意于《叔本华及尼采》一文中始畅发之。今岁之春,复返而读汗德之书,嗣今以后,将以数年之力研究汗德。他日稍有所进,取前说而读之,亦一快也。故并诸杂文刊而行之,以存此二三间思想上之陈迹云尔。光绪三十一年秋八月海宁王国维自序。[2]

---

[1]《王国维文集》第 3 卷,第 475 页。
[2]《王国维文集》第 3 卷,第 469 页。

　　由此可见王国维乃是于 1901 年（辛丑）、1902 年（壬寅）之间开始对哲学产生兴趣，至 1903 年（癸卯）、1904 年（甲辰）便已研读当时最为前沿的康德（即汗德）和叔本华的哲学著作，到 1905 年（光绪三十一年）还打算将这一研究坚持数年。王国维这段学思经历在他 1907 年所撰《自序一》中也有交代，但与 1905 年自序略有出入，他说：

　　　　体素羸弱，性复忧郁，人生之问题，日往复于吾前，自是始决从事于哲学。而此时为余读书之指导者，亦即藤田君也。次岁（按即 1903 年）春，始读翻尔彭之《社会学》，及文之《名学》，海甫定《心理学》之半。而所购哲学之书亦至，于是暂辍心理学而读巴尔善之《哲学概论》，文特尔彭之《哲学史》，当时之读此等书，固与前日之读英文读本之道无异。幸而已得读日文，则与日文之此类书参照而观之，遂得通其大略。既卒《哲学概论》《哲学史》，次年（按即 1904 年）始读汗德之《纯理批评》，至《先天分析论》几全不可解，更辍不读，而读叔本华之《意志及表象之世界》一书。叔氏之书，思精而笔锐，是岁前后读二过，次及于其《充足理由之原则论》《自然中之意志论》及其文集等，尤以其《意志及表象之世界》中《汗德哲学之批评》一篇，为通汗德哲学关键。至二十九岁（按即 1905 年），更返而读汗德之书，则非复前日之窒碍矣。嗣是于汗德之《纯理批评》外，兼及其伦理学及美学。至今年从事第四次之研究，则窒碍更少，而觉其窒碍之处大抵其说之不可持处而已。此则当日志学之初所不及料，而在今日亦得以自慰藉者也。此外如洛克、休蒙之书，亦时涉猎及之。①

然而，也就是在 1907 年，王国维又写了一篇《自序二》，其中有谓：

　　　　余疲于哲学有日矣！哲学上之说，大都可爱者不可信，可信者不可爱。余知真理，而余又爱其谬误。伟大之形而上学，高严之伦理学，与纯粹之美学，此吾人所酷嗜也。然求其可信者，则宁在知识

---

①《王国维文集》第 3 卷，第 471 页。

论上之实证论,伦理学上之快乐论,与美学上之经验论。知其可信而不能爱,觉其可爱而不能信,此近二三年中最大之烦闷,而近日之嗜好所以渐由哲学而移于文学,而欲于其中求直接之慰藉者也。要之,余之性质,欲为哲学家则感情苦多而知力苦寡,欲为诗人则又苦感情寡而理性多。诗歌乎? 哲学乎? 他日以何者终吾身,所不敢知,抑在二者之间乎? 今日之哲学界,自赫尔德曼以后,未有敢立一家系统者也。居今日而欲自立一新系统,自创一新哲学,非愚则狂也。近二十年之哲学家,如德之芬德,英之斯宾塞尔,但搜集科学之结果,或古人之说而综合之、修正之耳。此皆第二流之作者,又皆所谓可信而不可爱者也。此外所谓哲学家,则实哲学史家耳。以余之力,加之以学问,以研究哲学史,或可操成功之券,然为哲学家则不能,为哲学史则又不喜,此亦疲于哲学之一原因也。①

自此以后,王国维便诀别哲学而转入文史领域,他盘桓于哲学界的时间充其量不过六七年而已,但就在这短短的时间中,他对中国哲学作出了独特而重大的贡献。

王国维对中国哲学作出的首要贡献,就是为哲学辩诬和正名。1903年,他发表《哲学辨惑》一文,针对包括湖广总督遥领参预督办政务大臣张之洞和管学大臣张百熙在内的朝野人士诟病哲学的种种言论而致辩,其一曰:

> 哲学非有害之学。今之诟病哲学者,岂不曰自由平等民权之说由哲学出,今弃绝哲学,则此等邪说可以熄乎? 夫此等说之当否,姑置不论。夫哲学中亦非无如此之说,然此等思想于哲学中不占重要之位置。霍布士之绝对国权论,与福禄特尔、卢骚之绝对民权论,皆为哲学说之一。今以福禄特尔、卢骚之故而废哲学,何不一思霍布士之说乎? 且古之时有倡民权者矣,孟子是也。今若举天下之言民

---

① 《王国维文集》第 3 卷,第 473 页。

权,而归罪于孟子,废孟子而不立诸学官,斯亦过矣。欲废哲学者何异于是? 且今之言自由平等、言革命者,果皆自哲学上之研究出欤? 抑但习闻他人之说而称道之欤? 夫周秦与宋代,中国哲学最盛之时也,而君主之威权不因之而稍替。明祖之兴,而李自成、洪秀全之乱,宁皆有哲学家说以鼓舞之欤? 故不研究哲学则已,苟研究哲学,则必博稽众说而唯真理之是从。其视今日浅薄之革命家,方鄙弃之不暇,而又奚惑焉? 则竟以此归狱于哲学者,非也! 且自由平等说非哲学之原理,乃法学、政治学之原理也。今不以此等说废法学、政治学,何独至于哲学而废之? 此余所不解者一也。

其二曰:

哲学非无益之学。于是说者曰:哲学即令无害,决非有益,非叩虚课寂之谈,即骛广志荒之论。此说不独我国为然,虽东西洋亦有之。夫彼所谓无益者,岂不以哲学之于人生日用之生活无关系乎? 夫但就人生日用之生活言,则岂徒哲学为无益,物理学、化学、博物学,凡所谓纯粹科学,皆与吾人日用之生活无丝毫之关系。其有实用于人者,不过医、工、农等学而已。然人之所以为人者,岂徒饮食男女,芸芸以生、厌厌以死云尔哉? 饮食男女,人与禽兽之所同。其所以异于禽兽者,则岂不以理性乎哉? 宇宙之变化,人事之错综,日夜相迫于前,而要求吾人之解释,不得其解,则心不宁。叔本华谓人为形而上学之动物,洵不诬也。哲学实对此要求,而与吾人以解释。夫有益于身者与有益于心者之孰轩孰轾,固未易论定者。巴尔善曰:“人心一日存,则哲学一日不亡。”使说者而非人则已;说者而为人,则已于冥冥之中认哲学之必要,而犹必诋之为无用,此其不可解者二也。

其三曰:

尤可异者,则我国上下日日言教育,而不喜言哲学。夫既言教育,则不得不言教育学。教育学者实不过心理学、伦理学、美学之应用。心理学之为自然科学而与哲学分离，仅曩日之事耳。若伦理学与美学则尚俨然为哲学中之二大部。今夫人之心意，有知力，有意志，有感情，此三者之理想，曰真，曰善，曰美。哲学实综合此三者而论其原理者也。教育之宗旨亦不外造就真善美之人物，故谓教育学上之理想即哲学上之理想，无不可也。试读西洋之哲学史、教育学史，哲学者而非教育学者有之矣，未有教育学者而不通哲学者也。不通哲学而言教育，与不通物理、化学而言工学，不通生理学、解剖学而言医学，何以异？今日日言教育，言伦理，而独欲废哲学，此其不可解者三也。

其四曰：

哲学为中国固有之学。今之欲废哲学者，实坐不知哲学为中国固有之学故。今姑舍诸子不论，独就六经与宋儒之说言之。夫六经与宋儒之说，非著于功令而当时所奉为正学者乎？周子"太极"之说，张子"正蒙"之论，邵子之《皇极经世》，皆深入哲学之问题。此岂独宋儒之说为然，六经亦有之，《易》之"太极"，《书》之"降衷"，《礼》之"中庸"，自说者言之，谓之非虚非寂得乎？今欲废哲学，则六经及宋学皆在所当废，此其所不解者四也。

其五曰：

说者曰：哲学既为中国所固有，则研究中国之哲学足矣，奚以西洋哲学为？此又不然。余非谓西洋哲学之必胜于中国，然吾国古书大率繁散而无纪，残缺而不完，虽有真理，不易寻绎，以视西洋哲学之系统灿然，步伐严整者，其形式上之孰优孰劣，固自不可掩也。且今之言教育学者，将用《论语》《学记》作课本乎？抑将博采西洋之教育学以充之也？于教育学然，于哲学何独不然？且欲通中国哲学，又非通西洋之哲学不易明也。近世中国哲学之不振，其原因虽繁，然古书之难解，未始非其一端也。苟通西洋之哲学以治吾中国之哲学，则其所得当不止此。异日昌大吾国固有之哲学者，必在深通西洋哲学之人,无疑也。今欲治中国哲学而废西洋哲学,其不可解者五也。

王国维最后说:"余非欲使人人为哲学家,又非欲使人人研究哲学,但专门教育中,哲学一科必与诸学科并立,而欲养成教育家,则此科尤为要。"①率先明确提出了在教育系统中建立哲学学科的要求,由此奠定了其作为中国哲学学科开创者的地位。

王国维为哲学辩护并力主建立哲学学科的观点,在1906年发表的《奏定经学科大学文学科大学章程书后》中得到继续发挥。此文专门针对由张之洞所作成的《奏定学校章程》,指出其根本之误在于缺少哲学一科,反驳张之洞作为拒斥哲学学科之理由的必以哲学为有害之学、必以哲学为无用之学、必以外国之哲学与中国古来之学术不相容等一系列在王国维看来纯属错误的观点,认为"若不改此根本之谬误,则他日此二科中所养成之人才,其优于占毕帖括之学者几何? 而我国之经学文学不至坠于地不已",②对于哲学的高度重视以及对于建立哲学学科的强烈期盼,真可谓情见乎词!

王国维对于哲学的高度重视以及对于建立哲学学科的强烈期盼,基于他对哲学特质的独到认识。1905年,他发表了《论哲学家与美术家之天职》一文,用充满激情的语言盛赞哲学与美术(亦即文学艺术)的崇高地位和深远影响,他说:

> 天下有最神圣、最尊贵而无与于当世之用者,哲学与美术是也。天下之人嚣然谓之曰"无用",无损于哲学、美术之价值也。至为此学者自忘其神圣之位置,而求以合当世之用,于是二者之价值失。夫哲学与美术之所志者,真理也。真理者,天下万世之真理,而非一时之真理也。其有发明此真理(哲学家),或以记号表之(美术)者,天下万世之功绩,而非一时之功绩也。唯其为天下万世之真理,故

---

① 以上引文见《王国维文集》第3卷,第3—5页。
②《王国维文集》第3卷,第71页。

不能尽与一时一国之利益合，且有时不能相容，此即其神圣之所存也。

世人喜言功用，吾姑以其功用言之。夫人之所以异于禽兽者，岂不以其有纯粹之知识与微妙之感情哉？至于生活之欲，人与禽兽无以或异。后者政治家及实业家之所供给，前者之慰藉满足非求诸哲学及美术不可。就其所贡献于人之事业言之，其性质之贵贱，固以殊矣。至就其功效之所及言之，则哲学家与美术家之事业，虽千载以下，四海之外，苟其所发明之真理，与其所表之之记号之尚存，则人类之知识感情由此而得其满足慰藉者，曾无以异于昔。而政治家及实业家之事业，其及于五世十世者希矣。此又久暂之别也。然则人而无所贡献于哲学美术，斯亦已耳；苟为真正之哲学家、美术家，又何慊乎政治家哉！

……今夫人积年月之研究，而一旦豁然悟宇宙人生之真理，或以胸中惝恍不可捉摸之意境，一旦表诸文字、绘画、雕刻之上，此固彼天赋之能力之发展，而此时之快乐，决非南面王之所能易者也。且此宇宙人生而尚如故，则其所发明所表示之宇宙人生之真理之势力与价值，必仍如故。之二者，所以酬哲学家、美术家者固已多矣。若夫忘哲学、美术之神圣，而以为道德、政治之手段者，正使其著作无价值者也。愿今后之哲学美术家毋忘其天职，而失其独立之位置，则幸甚！①

正是由于体认到哲学最神圣、最尊贵、能够发明天下万世之真理，王国维才不遗馀力地维护哲学，推尊哲学，从而形成了颇不同于时流的非功利性哲学观，他也因此得以"于局促之生活中，以思索玩赏为消遣之法，以自遗于声色货利之域"，②由此在比较纯粹的哲学研究中取得了甚高成就。

---

① 《王国维文集》第 3 卷，第 6—8 页。
② 《王国维文集》第 3 卷，第 474 页。

三、纯粹性学术追求

王国维相当自觉地追求学术的纯粹性,这一点,从他对于当时学界的评论可以看出。在《论近年之学术界》中,他虽然肯定学术与时代背景深相关联,但显然认为学术之为学术,必须自有标准。如他评论严复说:"唯近七八年前,侯官严氏(复)所译之赫胥黎《天演论》(赫氏原书名《进化论与伦理学》,译义不全)出,一新世人之耳目,比之佛典,其殆摄摩腾之四十二章经乎?嗣是以后,达尔文、斯宾塞之名腾于众人之口,物竞天择之语见于通俗之文。顾严氏所奉者,英吉利之功利论及进化论之哲学耳,其兴味之所存,不存于纯粹哲学,而存于哲学之各分科,如经济、社会等学,其所最好者也。故严氏之学风,非哲学的,而宁科学的也,此其所以不能感动吾国之思想界者也。"又如批评康有为、谭嗣同说:"其有蒙西洋学说之影响而改造古代之学说,于吾国思想界上占一时之势力者,则有南海康有为之《孔子改制考》《春秋董氏学》,浏阳谭嗣同之《仁学》。康氏以元统天之说,大有泛神论之臭味,其崇拜孔子也颇模仿基督教,其以预言者自居,又居然抱穆罕默德之野心者也。其震人耳目之处,在脱数千年思想之束缚,而易之以西洋已失势力之迷信,此其学问上之事业不得不与其政治上之企图同归于失败者也,然康氏之于学术非有固有之兴味,不过以之为政治上之手段,《荀子》所谓'今之学者以为禽犊者也'。谭氏之说则出于上海教会中所译之治心免病法,其形而上学之'以太'说,半唯物论,半神秘论也。人之读此书者,其兴味不在此等幼稚之形而上学,而在其政治上之意见。谭氏此书之目的,亦在此而不在彼,而与南海氏同也。"他还指摘当时的学界思潮和学术杂志说:"近三四年,法国十八世纪之自然主义,由日本之介绍而入于中国,一时学海波涛沸渭矣。然附和此说者,非出于知识,而出于情意,彼等于自然主义之根本思想固懵无所知,聊借其枝叶之语以图遂其政治上之目的耳。由学术之方面观之,谓之无价值可也。""庚辛以还,各种杂志接踵而起,其执笔者,非喜事之学生,则亡命之逋臣也。此等杂志,本不知学问为何物,而但有政治上之目的,虽时有学术上之议论,不但剽窃灭裂而已。如《新民丛报》中之《汉德哲学》,其纰缪十且八九也。其稍有一顾之价值者,则《浙江潮》中某氏之《续无鬼论》,作者忘其科学家之本分,而闯入形而上学,以鼓吹其素朴浅薄之唯物论,其科学上之引证亦甚疏略,然其唯有学术上之目的,则固有可褒者。"他揭橥学术宗旨道:"故欲学术之发达,必视学术为目的,而不视为手段而后可。汗德《伦理学》之格言曰:'当视人人为一目的,不可视为手段。'岂特人之对人当如是而已乎,对学术亦何独不然?""未有不视学术为一目的而能发达者。学术之发达,存于其独立而已!"①所谓视学术为目的,并以学术独立为学术发达的条件,无疑都体现了对于学术纯粹性的追求。

基于纯粹性学术追求,王国维对中西哲学做出了诸多相当精深的研究成果,在中国哲学方面有对老子、孔子、墨子、列子、子思子、孟子、荀子、周秦诸子、周敦颐、戴震、阮元等人思想的阐论;在西方哲学方面则有对古希腊苏格拉底、柏拉图、雅里大德勒(即亚里士多德),近代德国康德、叔本华、尼采,英国倍根(即培根)、霍布士、洛克、休蒙(即休谟)、斯宾塞,荷兰斯披洛若(即斯宾诺莎),法国卢骚(即卢梭)等人学说的述评。如果说,王国维运用形而上学、本体论、道义论、伦理学、美学、教育学、政治学等新范畴开创性地归纳中国古代哲学思想资料虽属不易,但对中国古代哲学思想的阐论由于有前代学者的成果作为借镜因而毕竟不算太难;那么,其对西方哲学较为系统而深入的把握,在 20 世纪初年实可谓凤毛麟角。例如在《述近世教育思想与哲学之关系》中,王国维勾勒了自柏庚(即培根)经廓美纽司(即夸美纽斯)、特嘉尔德(即笛卡儿)、洛克、伍尔夫、卢骚直至汗德(即康德)的思想发展脉络,阐述了各家思想的内容,并涉及了拉普烈、孟德尼、夏尔伦、弗理约利、斐奈伦、罗尔兰、拉德楷、贝斯达禄奇、芝拉普、巴瑟德、班罗希、尼爱摩尔、休怀尔兹、威凯尔曼、兰馨、海尔台尔、格代、希尔列尔、巴尔善等多家在上述思想发展脉络中所

---

① 以上引文见《王国维文集》第 3 卷,第 37—39 页。

占地位。①　又如在《释理》中,王国维说:

天下之物,绝无无理由而存在者,其存在也,必有所以存在之故,此即物之充足理由也。在知识界,则既有所与之前提,必有所与之结论随之。在自然界,则既有所与之原因,必有所与之结果随之。然吾人若就外界之认识而皆以判断表之,则一切自然界中之原因即知识上之前提,一切结果即其结论也。若视知识为自然之一部,则前提与结论之关系亦得视为因果律之一种。故欧洲上古及中世之哲学,皆不区别此二者,而视为一物。至近世之拉衣白尼志(按即莱布尼兹)始分晰之,而总名之曰充足理由之原则,于其《单子论》之小诗中,括之为公式曰:"由此原则,则苟无必然,或不得不然之充足理由,则一切事实不能存在,而一切判断不能成立。"汗德亦从其说而立形式的原则与物质的原则之区别,前者之公式曰:"一切命题必有其论据。"后者之公式曰:"一切事物必有其原因。"其学派中之克珊范台尔更明言之曰:"知识上之理由(论据)必不可与事实上之理由(原因)相混,前者属名学,后者属形而上学;前者思想之根本原则,后者经验之根本原则也。原因对实物而言,论据则专就吾人之表象言也。"至叔本华而复就充足理由之原则为深邃之研究曰:"此原则就客观上言之,为世界普遍之法则;就主观上言之,乃吾人之知力普遍之形式也。"②

又说:

汗德以理性之批评为其哲学上之最大事业,而其对理性之概念,则有甚暧昧者。彼首分理性为纯粹及实践二种,纯粹理性指知力之全体,殆与知性之意义无异。彼于《纯粹理性批评》之《绪论》中曰:"理性者,吾人知先天的原理的能力是也。"实践理性则谓合理的

---

① 参见《王国维文集》第 3 卷,第 9—22 页。
②《王国维文集》第 3 卷,第 254—255 页。

意志之自律,自是"理性"二字始有特别之意义。而其所谓纯粹理性中,又有狭义之理性。其下狭义理性之定义也,亦互相矛盾。彼于理性与悟性之别,实不能深知,故于《先天辩证论》中曰:"理性者,吾人推理之能力。"又曰:"单纯判断,则悟性之所为也。"叔本华于《汗德哲学之批评》中曰:"由汗德之意,谓若有一判断,而有经验的、先天的、或超名学的根据,则其判断乃悟性之所为;如其根据而为名学的,如名学上之推理式等,则理性之所为也。"此外尚有种种之定义,其义各不同,其对悟性也亦然。要之,汗德以通常所谓理性者谓之悟性,而与理性以特别之意义,谓吾人于空间及时间中,结合感觉以成直观者,感性之事;而结合直观而为自然界之经验者,悟性之事;至结合经验之判断以为形而上学之知识者,理性之事也。自此特别之解释,而汗德以后之哲学家遂以理性为吾人超感觉之能力,而能直知本体之世界及其关系者也。特如希哀林(即谢林)、海额尔(即黑格尔)之徒,乘云驭风而组织理性之系统。然于吾人之知力中果有此能力否? 本体之世界果能由此能力知之否? 均非所问也。至叔本华出,始严立悟性与理性之区别,彼于充足理由之论文中,证明直观中已有悟性之作用存,吾人有悟性之作用,斯有直观之世界;有理性之作用而始有概念之世界。故所谓理性者,不过制造概念及分合之之作用而已。由此作用,吾人之事业已足以远胜于动物。至超感觉之能力,则吾人所未尝经验也。彼于其《意志及观念之世界》及《充足理由之论文》中辨之累千万言,然后"理性之概念"灿然复明于世。①

其他还有《原命》中对康德自由意志说的概述和质疑,等等。② 凡此皆反映出王国维对西方哲学、尤其是康德和叔本华哲学的稔熟或专精程度实非其同时代人物所可比拟。

---

① 《王国维文集》第 3 卷,第 256—257 页。
② 参见《王国维文集》第 3 卷,第 264—270 页。

尤有进者,王国维对西方哲学的稔熟专精虽然难能可贵,但尚可通过研读像文德尔班(王国维译作文特尔彭)《哲学史》之类的作品以及各家代表性哲学著作而得以实现;而他几无依傍地对中西学理及其文化特质和民族性格作出的比较评论,则完全是他在精研双方学术文化的前提下所形成的睿识,开新文化运动时期中西文化比较之风的先河,因而更加值得钦佩。他比较中西文化特质及民族性格说:"抑我国人之特质,实际的也,通俗的也;西洋人之特质,思辨的也,科学的也,长于抽象而精于分类,对世界一切有形无形之事物,无往而不用综括及分析之二法,故言语之多,自然之理也。吾国人之所长,宁在于实践之方面,而于理论之方面则以具体的知识为满足,至分类之事,则除迫于实际之需要外,殆不欲穷究之也。"①又说:"泰西之伦理皆出自科学,惟骛理论,不问实行之如何。泰东之伦理则重修德之实行,不问理论之如何。此为实行的,彼为思辨的也,是由于东西地理及人种关系之异,又其道德思想之根本与道德的生活之状态亦异,故有此差别也。"②这种对中西文化作宏观的类型性析论的思路,后来多为新文化人物所沿袭。至于王国维对中西学理的比较评论更是所在多有,如 1904 年著《论性》说:

> (张载)又曰:"气本之虚,则湛而无形;感而生,则聚而有象。有象斯有对,对必反其为;有反斯有仇,仇必和而解。"此即海额尔氏(即黑格尔)之《辩证法》所谓"由正生反,由反生合"者也。"象"者,海氏之所谓"正";"对"者,"反"也;和解者,正反之合也。③

同年著《释理》说:

> 其在西洋各国语中,则英语之 Reason 与我国今日"理"字之义大略相同,而与法国语之 Raison,其语源同出于拉丁语之 Ratio。此语又自动词 Retus(思索之意)而变为名词者也。英语又谓推理之能

---

① 《王国维文集》第 3 卷,第 40 页。
② 《王国维文集》第 3 卷,第 107—108 页。
③ 《王国维文集》第 3 卷,第 248—249 页。

力曰 Discourse，同时又用为言语之义，此又与意大利语之 Discorso 同出于拉丁语之 Discursus，与希腊语之 Logos 皆有言语及理性之两义者也。其在德意志语，则其表理性也曰 Vernunft，此由 Vernehmen 之语出。此语非但"听"字之抽象名词，而实谓知言语所传之思想者也。由此观之，古代二大国语及近世三大国语，皆以思索（分合概念之力）之能力，及言语之能力，即他动物之所无而为人类之独有者，谓之曰"理性"、Logos（希）、Ratio（拉）、Vernunft（德）、Raison（法）、Reason（英）。而从吾人理性之思索之径路，则下一判断，必不可无其理由。于是拉丁语之 Ratio、法语之 Raison、英语之 Reason 等，于理性外，又有理由之意义。至德语之 Vernunft，则但指理性，而理由则别以 Grunde 之语表之。吾国之"理"字，其义则与前者为近，兼有理性与理由二义。①

1905 年著《论新学语之输入》说：

> Intuition 之语，源出于拉丁之 In 及 Tuitus 二语，Tuitus 者，观之意味也；盖观之作用，于五官中为最要，故悉取由他官之知觉，而以其最要之名名之也。Idea 之语，源出于希腊语之 Idea 及 Idein，亦观之意也。以其源来自五官，故谓之观；以其所观之物既去而象尚存，故谓之念。或有谓之"想念"者，然考张湛《列子注序》所谓"想念以著物自丧"者，则"想念"二字乃伦理学上之语，而非心理学上之语，其劣于观念也审矣。至 Conception 之为"概念"，苟用中国古语，则谓之"共名"亦可（《荀子·正名篇》），然一为名学上之语，一为文法上之语，苟混此二者，此灭名学与文法之区别也。②

1906 年著《书辜氏汤生英译〈中庸〉后》说：

> 中国语之不能译为外国语者，何可胜道！如《中庸》之第一句，

---

① 《王国维文集》第 3 卷，第 254 页。
② 《王国维文集》第 3 卷，第 42 页。

无论何人不能精密译之。外国语中之无我国"天"字之相当字,与我国语中之无 God 之相当字无以异。吾国之所谓"天",非苍苍之谓,又非天帝之谓,实介二者之间,而以苍苍之物质具天帝之精神者也。①

同年著《周濂溪之哲学说》有谓:

周子以宇宙为 Makrokosmos,以人为 Mikrokosmos。谓既就宇宙有所断定,则可以同一之形式,就人而断定之。又就人而有所究明者,扩而大之,即宇宙之真理也。所谓"无极而太极"及"阴阳一太极也,太极本无极也"之原理,恰如赫尔德曼所谓"无意识"(Das Unbewusste)之原理,以示其非 Abstrakter Monismus,而为 Konkreter Monismus 者也;而亦其以太极为阴阳二气之内含,如赫氏之 Immanenter Dualismus。赫氏之所谓无意识,非仅抽象的,而内含"意志"与"观念"之具体的原理也。周子之所谓"无极"亦非仅抽象的,而内含阴阳二气,以为万化之原之具体的原理也。周子恐但言"无极",则人或误认为虚无抽象,故加以"太极"之字耳。抑吾人以周子之"无极"为"无意识",非仅就类似上言之也,宋儒注释中已明言之。游九言论周子哲学曰:"人肖天地。试以吾心验之,方其寂然无思,万善未发,是无极也;虽云未发,而此心昭然,灵源不昧,是太极也。欲知太极,先识吾心,澄神端虑而见焉。"是即由吾人之心而推之,以"无极"为"无意识"者也。彼赫尔德曼先就人心研究"无意识"之存在,认其为人心之根本,而后验之万有,遂名宇宙之原理为"无意识",非与此若合符节哉!《太极图说》中自"无极而太极"以下,至"大哉易也斯其至矣",凡二百二十八字,是实伊洛关闽之渊源,太极性理之学之开拓者,而千古不磨之作也。彼以为"无极"即为"太极"之"理"而存焉者,"阴阳"即为"太极"之"气"而发表者。既

---

① 《王国维文集》第 3 卷,第 47 页。

有阴阳二气互相推移消长,乃由其配合之度如何,而成"五行",以遂万化,以现万有。此与赫氏立"意志"与"观念"而以之为"无意识"之内含的属性,为万化之原理者,何以异耶?①

1907年著《孔子之学说》则谓:

> 今以《易》理、叔本华氏之说互相比较,则其原理虽大有径庭,然叔氏之物质、物力与《易》之阴阳二气,皆使物变化之本质或动力,在其变化之外,则二者之说相似也。此外,因果律为伴一切变化之法则,故有变化即有因果律。孔子虽不说此,然儒之"天理",子思之"诚",叔本华之"意志",皆为宇宙之本原,发现万有之一大活动力,固不甚相异也。若夫老子之"道"为"恍兮惚兮""窈兮冥兮",绝对的自然之道,与斯披诺若(按即斯宾诺莎)之一元的"理"相似。②

这些中西比较论无疑都体现了王国维追求学术纯粹性的实绩,其所达至的广博精深程度是后来也喜欢进行中西比较的新文化人物无一企及的。

四、经验论取向

王国维对于他所谓"可爱"的"伟大之形而上学"当有相当清晰的了解,观其多处所说"周子之言'太极',张子之言'太虚',程子、朱子之言'理',皆视为宇宙人生之根本,与《中庸》之言'诚'无异",③"宇宙万物无不相对者,天与地对,日与月对,寒与暑对,人与物对,皆相对的也。道者,宇宙万物之根本,无一物足与之相对者,故绝对的也",④"康德氏之说曰:吾人之知识,惟存于现象界中,不能入本体界也。彼于《纯理二律相背论》中云:宇宙不可无第一原因,又第一原因非实在。盖一论现象界,

---

① 《王国维文集》第3卷,第228—229页。
② 《王国维文集》第3卷,第115页。
③ 《王国维文集》第3卷,第44页。
④ 《王国维文集》第3卷,第103页。

而一预想现象界以外之物者也。叔本华氏之意与之同,以为无第一原因。然叔氏谓存于现界之变化外者,尚有'物质'与'物力'。物质者,为一切变化发生之根本,不为变化所侵,不增不减者也。物力者,己不变化,而能使一切变化,不增不减者也。是二者,超然于时间空间以外。此外,叔氏又说世界之本体之'意志'是盲目的冲动而使现象界发现之根本力,又超绝时间、空间、因果律,而为绝对无差别之物也。要之,物质与物力乃生原因结果之原子,而意志则统一切万有,而使之发现之大活力,即世界之本体也",[1]"《太极图》及《太极图说》由宇宙根源之本体始,以演绎的推论人之心性及人伦五常。《通书》则由人之心性及人伦五常始,以归纳的溯论宇宙极源之本体",[2]如此等等,可以为证。但是,受近代实验科学所导致的哲学界实证之风影响,王国维认为这种"可爱"的"伟大之形而上学"是不可信的,甚至是谬误,因此,除了1904年所撰《〈红楼梦〉评论》有"宇宙一生活之欲而已"[3]一语稍及本体之悬想而外,王国维似乎再未谈论过"可爱者不可信"的本体问题,相反,他往往将历来属于形而上学的问题纳入经验论范畴予以解说,其1904年所作《论性》及1906年所作《原命》便典型地反映了经验论取向。

在《论性》中,王国维梳理了自尧、舜历经商汤、仲虺、刘康公、孔子、告子、孟子、荀子、董仲舒、扬雄、韩愈、李翱、王安石、苏轼、周敦颐、张载、程颢、程颐、朱熹、陆九渊以迄王守仁等关于人性的论说,指出几乎所有这些论说由于各持空想的一元人性论立场而往往互相反对,又由于一元人性论难以自圆其说而持论者终必陷入自我矛盾的境地,如其曰:

> 今《孟子》之言曰"人之性善",《荀子》之言曰"人之性恶",二者皆互相反对之说也,然皆持之而有故,言之而成理,则吾人之于人性固有不可知者在欤? 孔子之所以罕言性与命者,固非无故欤? 且

---

① 《王国维文集》第3卷,第113—114页。
② 《王国维文集》第3卷,第228页。
③ 《王国维文集》第1卷,第9页。

于人性论中,不但得容反对之说而已,于一人之说中亦不得不自相矛盾。《孟子》曰"人之性善,在求其放心而已",然使之放其心者谁欤?《荀子》曰"人之性恶,其善者伪(人为)也",然所以能伪者何故欤? 汗德曰"道德之于人心,无上之命令也",何以未几而又有根恶之说欤? 叔本华曰"吾人之根本,生活之欲也",然所谓拒绝生活之欲者又何自来欤? 古今东西之论性,未有不自相矛盾者![①]

王国维认为古今东西人性论之所以反对矛盾,就是因为超出了经验的范围,他说:

夫立于经验之上以言性,虽所论者非真性,然尚不至于矛盾也。至超乎经验之外而求其说明之统一,则虽反对之说,吾人得持其一,然不至自相矛盾不止,何则? 超乎经验之外,吾人固有言论之自由,然至欲说明经验上之事实时,则又不得不自圆其说,而复反于二元论。故古今言性者之自相矛盾,必然之理也。[②]

至此,王国维将人性论导入经验领域,而得出实存的人性乃具善恶二端的结论;他进而认为不是形而上的本体决定人性,相反乃是善恶二元的人性派生出宗教与哲学。他说:

呜呼! 善恶之相对立,吾人经验上之事实也。自生民以来至于今,世界之事变,孰非此善恶二性之争斗乎? 政治与道德,宗教与哲学,孰非由此而起乎? 故世界之宗教,无不著二神教之色彩。野蛮之神虽多至不可稽,然不外二种,即有爱而祀之者,有畏而祀之者,即善神与恶神是已。至文明国之宗教,于上帝之外,其不豫想恶魔者殆稀也。在印度之婆罗门教,则造世界之神谓之"梵天"(Brahma),维持世界者谓之"吠舍那"(Aishnu),而破坏之者谓之"湿婆"(Siva)。以为今日乃湿婆之治世,梵天与吠舍那之治世已过

---

① 《王国维文集》第 3 卷,第 242 页。
② 《王国维文集》第 3 卷,第 243—244 页。

去矣。其后乃有三位一体之说,此则犹论理学之由二元论而变为超绝的一元论也。迤印度以西,则波斯之火教,立阿尔穆兹(Ormuzd)与阿利曼(Ahriman)之二神。阿尔穆兹,善神也,光明之神也,平和之神也。阿利曼则主恶与暗黑及争斗。犹太教之耶和华(Jehovah)与撒旦(Satan),实自此出者也。希腊神话中之亚波箩(Apolo)与地哇尼速斯(Dionysus)之关系亦颇似之。嗣是以后,基督教之理知派亦承此思想,谓世界万物之形式为神,而其物质则堕落之魔鬼也。暗黑且恶之魔鬼,与光明且善之神相对抗,而各欲加其势力于人,现在之世界,即神与魔鬼之战地也。夫所谓神者,非吾人善性之写象乎? 所谓魔鬼者,非吾人恶性之小影乎? 他如犹太、基督二教之堕落之说,佛教及基督教之忏悔之说,皆示善恶二性之争斗。盖人性苟善,则堕落之说为妄;既恶矣,又安知堕落之为恶乎? 善则无事于忏悔;恶而知所以忏悔,则其善端之存在,又不可诬也。夫岂独宗教而已,历史之所纪述,诗人之所悲歌,又孰非此善恶二性之争斗乎? 但前者主纪外界之争,后者主述内界之争,过此以往,则吾不知其区别也。吾人之经验上善恶二性之相对立如此,故由经验以推论人性者,虽不知与性果有当与否,然尚不与经验相矛盾,故得而持其说也。超绝的一元论亦务与经验上之事实相调和,故亦不见有显著之矛盾。至执性善性恶之一元论者,当其就性言性时,以性为吾人不可经验之一物故,故皆得而持其说;然欲以之说明经验或应用于修身之事业,则矛盾即随之而起。余故表而出之,使后之学者勿徒为此无益之议论也。[①]

这就相当彻底地否弃了超验的人性论,实质上也是否弃了一切形而上学,而将哲学规定于"可信"的经验范围之内。

《原命》主要讨论康德关于定业论与自由意志论的观点。所谓定业论的意思是,"吾人之行为皆为动机所决定,虽吾人有时于二行为间或二

[①]《王国维文集》第 3 卷,第 251—252 页。

动机间若能选择其一者,然就实际言之,不过动机之强者制动机之弱者,而己之选择作用无与焉。故吾人行为之善恶皆必然的,因之吾人品性之善恶亦必然的,而非吾人自由所为也";所谓意志自由论的意思则是"吾人于二动机间有自由之选择力,而为一事与否,一存于吾人之自由,故吾人对自己之行为及品性不能不自负其责任"。① 这两种观点在西洋哲学史上一直争论不决,"盖从定业论之说,则吾人对自己之行为无丝毫之责任,善人不足敬,而恶人有辞矣。从意志自由论之说,则最普遍最必然之因果律为之破灭,此又爱真理者之所不任受也",②于是康德对此二说加以调和。王国维述介康德的观点曰:

> 在现象之世界中,一切事物必有他事物以为其原因,而此原因复有他原因以为之原因,如此递行以至于无穷,无往而不发见因果之关系。故吾人之经验的品性中,在在为因果律所决定,故必然而非自由也。此则定业论之说,真也。然现象之世界外,尚有本体之世界,故吾人经验的品性外,亦尚有睿智的品性。而空间时间及因果律只能应用于现象之世界,本体之世界则立于此等知识之形式外。故吾人之睿智的品性,自由的,非必然的也。此则意志自由论之说,亦真也。故同一事实,自现象之方面言之,则可谓之必然;而自本体之方面而言之,则可谓之自由。而自由之结果,得现于现象之世界中,所谓无上命法是也。即吾人之处一事也,无论实际上能如此与否,必有当如此不当如此之感;他人亦不问我能如此否,苟不如此,必加以呵责。使意志而不自由,则吾人不能感其当然,他人亦不能加以责备也。今有一妄言者于此,自其经验的品性言之,则其原因存于不良之教育,腐败之社会,或本有不德之性质,或缺羞恶之感情,又有妄言所得之利益之观念为其目前之动机,以决定此行为。而吾人之研究妄言之原因也,亦得与研究自然中之结果之原因同。

---

① 《王国维文集》第 3 卷,第 267—268 页。
② 《王国维文集》第 3 卷,第 268 页。

然吾人决不因其固有之性质故,决不因其现在之境遇故,亦决不因前此之生活状态故,而不加以责备,其视此等原因若不存在者,然而以此行为为彼之所自造,何则? 吾人之实践理性实离一切经验的条件而独立,以于吾人之动作中生一新方向。故妄言之罪,自其经验的品性言之,虽为必然的;然睿智的品性不能不负其责也。①

康德通过划分现象界与本体界两层,意图分别安顿定业论和自由意志论,以此调和两者的张力,但他显然更加倾向于自由意志论,认为自由意志可以涉入现象界并发生作用。王国维不同意康德的倾向,而认为一切事物都是由不可穷尽的原因所决定的,"此原因不存于现在,必存于过去;不存于个人之精神,必存于民族之精神。而此等表面的自由,不过不可见之原因战胜可见之原因耳,其为原因所决定,仍与自然界之事变无以异也"。② 他进而解释定业论与道德责任的关系说:

> 然则吾人之行为既为必然的而非自由的,则责任之观念又何自起乎? 曰:一切行为,必有外界及内界之原因,此原因不存于现在,必存于过去;不存于意识,必存于无意识。而此种原因又必有其原因,而吾人对此等原因,但为其所决定,而不能加以选择。如汗德所引妄言之例,固半出于教育及社会之影响,而吾人之入如此之社会,受如此之教育,亦有他原因以决定之,而此等原因往往为吾人所不及觉。现在之行为之不适于人生之目的,一若当时全可以自由者,于是有责任及悔恨之感情起,而此等感情以为心理上一种之势力故,故足为决定后日行为之原因,此责任之感情之实践上之价值也。故吾人责任之感情,仅足以影响后此之行为,而不足以推前此之行为之自由也。余以此二论之争与命之问题相联络,故批评之于此,又使世人知责任之观念自有实在上之价值,不必藉意志自由论为羽

---

① 《王国维文集》第 3 卷,第 268—269 页。
② 《王国维文集》第 3 卷,第 269 页。

翼也。①

由此基本上否定了意志自由的存在,而将人类社会一切现象如同自然界中的事物一样归入决定论的范畴。这种科学主义的取向无疑是新文化运动中的"赛先生"以及科学与人生观论战中的科学派的思想资源之一。但王国维早于新文化运动和科学与人生观论战上十年甚至十多年就已了解到近代以降在西方大行其道的科学主义思潮,并据其实证论和决定论研判古今东西哲学问题,由此表现出王国维思想的敏锐和学力的精深。吊诡的是,王国维虽然理性地依从其时哲学的科学化趋势,但在情感上却并不接受这种趋势,因此他旋即跳脱哲学范围而投入文史领域,在文史领域做出了异常卓越的成就,这当然是文史专业的大幸,但对于筚路蓝缕的现代中国哲学来说,却留下了无尽的遗憾!

---

① 《王国维文集》第 3 卷,第 269—270 页。

第四章　崇尚西化与否弃传统：现代哲学的荡越

自鸦片战争以降，国势日蹙，民生日敝，危亡日甚，士人或知识分子救亡图存的心情也日益迫切，对每况愈下的现实政治乃至传统文化的批判也日益激烈，相应地对蒸蒸日上的西方文化的崇尚也日益炽热。这种势头，从王韬到前期康有为、前期严复以及谭嗣同已见端倪，再经樊锥、易鼐、吴虞、易白沙、钱玄同等人物推波助澜，至清末民初事实上形成了一股全盘反传统和全盘西化的社会思潮。发展到新文化运动时期，这一思潮更加汹涌澎湃，而挺立潮头者就是陈独秀和胡适。中国传统思想观念的框架至此便被西方文化完全冲开了。

第一节　陈独秀的激进主义中西文化观

一、生平著述

陈独秀(1879—1942)，中国共产党主要创始人和早期领导人。原名乾生，字仲甫，号实庵，笔名众多，安徽怀宁(今安庆)人。1896年(清光绪二十二年)中秀才，后入杭州求是书院学习。1901年留学日本。1903年与章士钊等在上海创办《国民日日报》。1904年创办《安徽俗话报》，宣传反帝爱国思想，进行革命活动。1907年第三次赴日求学，入早稻田大学。

1911 年(宣统三年)辛亥革命后回国任安徽省都督府秘书长,后参加"二次革命"。1915 年 9 月在上海创办《青年杂志》(自第二卷起改名《新青年》),揭开新文化运动的序幕。1917 年被聘任为北京大学文科学长。1918 年与李大钊等创办《每周评论》。以《新青年》《每周评论》和北京大学为主要阵地,积极提倡民主与科学,提倡文学革命,反对封建的旧思想、旧文化、旧礼教,成为新文化运动的倡导者。1919 年领导五四运动。6 月因起草、散发《北京市民宣言》而被捕,9 月出狱。五四运动后,接受和宣传马克思主义,参加同资产阶级改良主义和无政府主义思潮的斗争。1920 年初与李大钊开始酝酿组建中国共产党,2 月到上海,深入工人群众,开展建党活动。5 月发起组织马克思主义研究会,8 月创建上海共产党早期组织,取名"中国共产党",任书记,并推动各地建立党组织,成为党的主要创建人之一。同年应邀去广州任教育委员会委员长。1921 年 7 月在中共一大上当选中央局书记,9 月回上海主持中央工作。1922 年 7 月主持召开中共二大,被推举为中央执委会委员长。9 月被孙中山指定为"国民党改组方案起草委员会"成员之一。11 月作为中共代表团团长赴莫斯科出席共产国际四大,被选为国际执委会委员。1923 年 6 月召开中共三大,通过国共合作决议,再次当选为中执委委员长。后在中共四大、五大上继续当选为中共中央总书记。其间领导了五卅运动,发动群众参加北伐战争,组织领导上海工人第三次武装起义,参与成立上海市民政府等一系列重大革命活动。大革命后期,犯了右倾机会主义错误。1927 年 7 月离开中央领导岗位,后参加中国托派组织。1929 年 11 月被开除党籍。1931 年各个托派小组织统一起来成立"中国共产党左派反对派",任书记。1932 年 10 月在上海被国民党当局逮捕,拒不投降。1937 年 8 月获释,出狱后主张发动群众抗日,拒绝国民党的高官厚禄,在四川江津(今属重庆市)以教书为生。后病逝。主要著作收入《独秀文存》《陈独秀著作选编》。①

---

① 引自《辞海(第 7 版)》,上海:上海辞书出版社 2020 年版,第 512 页。

二、全盘反传统和全盘西化的文化观

陈独秀一生从倾向维新的士人演变为服膺革命的激进者,又从激进者演变为新文化运动领袖,再从新文化运动领袖演变为马克思列宁主义者,最终从马列主义者演变为托洛茨基派与新文化人物的混合体,如其晚年自谓,其"一生差不多是消耗在政治生涯中"[①]。因此,他的文章基本上都是关于思想文化或社会政治问题的感想或意见,学术著作已属罕觏,专门的哲学论著更付阙如。他曾自承"我并没有什么学问"[②],"我这几十篇文章,不但不是文学的作品,而且没有什么有系统的论证,不过直述我的种种直觉罢了"[③],这应该不是过谦之语。但是尽管如此,陈独秀在中国现代哲学思想史上却仍是一位不容忽略的人物,占据着不可或缺的思想环节,这是因为他空前地最为全面深刻猛烈地提出了全盘反传统和全盘西化的观点,致使自 19 世纪后期开始向着西方文化逐步打开的中国传统思想框架几乎完全被冲垮,中西文化在中国主流社会思想领域的主从地位几乎彻底颠倒,一贯被视为天经地义的传统观念的权威地位开始动摇甚至倾覆,相反曾被指为异端邪说的思潮公行于世,这种思想领域的巨变是比西方列强的侵略更为惊心动魄的"三千年未有之大变局"! 当然并不是说陈独秀一人造成了这种局面,只不过他是当时这样一大批极具鼓动性和影响力的新文化人物的代表,他们因缘际会,叱咤风云,实现了他们的时代意义。陈独秀后来说:"五四运动是中国现代社会发展之必然的产物,无论是功是罪,都不应该专归到那几个人;可是蔡先生、适之和我乃是当时在思想言论上负主要责任的人。"[④]当为平实之论。

陈独秀一生数变,但其思想特征总体上可以全盘反传统(特别是全

①《陈独秀著作选》第 3 卷,上海:上海人民出版社 1993 年版,第 413 页。
②《陈独秀著作选》第 2 卷,第 94 页。
③《陈独秀著作选》第 2 卷,第 379 页。
④《陈独秀著作选》第 3 卷,第 545 页。蔡先生指蔡元培,适之即胡适。

盘反儒家传统)、全盘西化加以概括。全盘反传统在他是至终未变,或许后来态度稍有缓和;全盘西化则有从欧美转向苏俄、复在扬弃欧美与苏俄的前提下回归欧美的曲折,但统而言之是趋从于西方。陈独秀集中表达全盘反传统、全盘西化的观点,是在 1915 年创办《青年杂志》之后至 1920 年演变为马列主义者之前这段时间,而在这段时间以前,他的这种思想特征早已显露端倪。如 1903 年《安徽爱国会演说》中说:"盖中国人性质,只争生死,不争荣辱,但求偷生苟活于世上,灭国为奴皆甘心受之。外国人性质,只争荣辱,不争生死,宁为国民而死,不为奴隶而生。"①同年《哭汪希颜》诗曰"历史三千年黑暗,同胞四百兆颠连"。② 1914 年《生机(致〈甲寅杂志〉记者)》甚至有谓"国人唯一之希望,外人之分割耳"。③ 同年《爱国心与自觉心》一文更发挥此旨曰:"近世欧美人之视国家也,为国人共谋安宁幸福之团体,人民权利,载在宪章;犬马民众,以奉一人,虽有健者,莫敢出此。……吾国伊古以来,号为建设国家者,凡数十次,皆未尝为吾人谋福利,且为戕害吾人福利之蟊贼。吾人数千年以来所积贮之财产,所造作之事物,悉为此数十次建设国家者破坏无馀。凡百施政,皆以谋一姓之兴亡,非计及国民之忧乐。即有圣君贤相,发政施仁,亦为其福祚攸长之计,决非以国民之幸福与权利为准的也。若而国家实无立国之必要,更无爱国之可言!……且平情论之,亡国为奴,岂国人之所愿,惟详察政情,在急激者即亡国瓜分,亦以为非可恐可悲之事。国家者,保障人民之权利,谋益人民之幸福者也。不此之务,其国也存之无所荣,亡之无所惜。若中国之为国,外无以御侮,内无以保民,不独无以保民,且适以残民,朝野同科,人民绝望,如此国家,一日不亡,外债一日不止;滥用国家威权,敛钱杀人,杀人敛钱,亦未能一日获已;拥众攘权,民罢锋镝,党同伐异,诛及妇孺,吾民何辜,遭此荼毒!'奚我后,后来其苏。'海外之师至,吾民必且有垂涕而迎之者矣。……呜乎! 国家国家,尔行尔

---

① 《陈独秀著作选》第 1 卷,第 14—15 页。
② 《陈独秀著作选》第 1 卷,第 20 页。
③ 《陈独秀著作选》第 1 卷,第 103 页。

法,吾人诚无之不为忧,有之不为喜。吾人非咒尔亡,实不禁以此自觉也。"①凡此可见陈独秀对中国传统与现实的愤恨以及对欧美国家的向往,以至于流露出即使国亡人奴于欧美亦所心甘的偏激情绪。②

1915 年 9 月,陈独秀主编的《青年杂志》(一年后改名为《新青年》)第一卷第一号出刊,他自己作为主要撰稿人,于此后五六年间在该刊发表了大量宣扬全盘反传统和全盘西化观点的文章和通信,其中尤为激烈者有《敬告青年》(1915)、《法兰西人与近世文明》(1915)、《抵抗力》(1915)、《东西民族根本思想之差异》(1915)、《一九一六年》(1916)、《吾人最后之觉悟》(1916)、《新青年》(1916)、《我之爱国主义》(1916)、《驳康有为致总统总理书》(1916)、《孔子之道与现代生活》(1916)、《袁世凯复活》(1916)、《答常乃悳(古文与孔教)》(1916)、《文学革命论》(1917)、《再答常乃悳(古文与孔教)》(1917)、《答傅桂馨(孔教)》(1917)、《答俞颂华(宗教与孔子)》(1917)、《答佩剑青年(孔教)》(1917)、《四答常乃悳(孔教与家庭)》(1917)、《旧思想与国体问题》(1917)、《道德之概念及其学说之派别》(1917)、《再答俞颂华(孔教)》(1917)、《答胡子承(思想革新)》(1917)、《答钱玄同(世界语)》(1917)、《近代西洋教育》(1917)、《复辟与尊孔》(1917)、《学术与国粹》(1918)、《四答钱玄同(中国今后之文字问题)》(1918)、《今日中国之政治问题》(1918)、《〈新青年〉罪案之答辩书》(1919)诸篇。

陈独秀发表的全盘反传统言论主要有:

举凡残民害理之妖言,率能征之故训,而不可谓诬,谬种流传,

---

① 《陈独秀著作选》第 1 卷,第 113—119 页。
② 类似论调,陈独秀后来还不止一次发过,如《答李协丞(园林)》(1917)谓"吾国有子弟不能教,有土地不能耕,为人类全体计,以大好河山,安插此辈游民,使他种勤俭多能者迫于衣食,岂得谓平? 审是则人之谋我,何足异哉?"(《陈独秀著作选》第 1 卷,第 327 页)《国防军问题(告四国银行团)》(1919)警告政府"你们若是闹极了,恐怕还有国民要请外国来保护的那一天"(《陈独秀著作选》第 1 卷,第 436—437 页),《欢迎英美舰队》(1919)说英美派遣舰队到东洋来"是东洋一线光明的希望,因为我们东洋各国的国民都被本国的军阀压迫得无路可走,不得不希望有别的救星"(《陈独秀著作选》第 1 卷,第 498 页)。

岂自今始？固有之伦理、法律、学术、礼俗，无一非封建制度之遗，持较晰种之所为，以并世之人，而思想差迟几及千载！尊重廿四朝之历史性，而不作改进之图，则驱吾民于二十世纪之世界以外，纳之奴隶牛马黑暗沟中而已，复何说哉！于此而言保守，诚不知为何项制度文物可以适用生存于今世。吾宁忍过去国粹之消亡，而不忍现在及将来之民族不适世界之生存而归消灭也！①

盖吾人自有史以讫一九一五年，于政治，于社会，于道德，于学术，所造之罪孽，所蒙之羞辱，虽倾江汉不可浣也！当此除旧布新之际，理应从头忏悔，改过自新。一九一五年与一九一六年间，在历史上画一鸿沟之界，自开辟以讫一九一五年，皆以古代史目之，从前种种事，至一九一六年死；以后种种事，自一九一六年生。②

充满吾人之神经，填塞吾人之骨髓，虽尸解魂消，焚其骨，扬其灰，用显微镜点点验之，皆各有"做官发财"四大字。做官以张其威，发财以逞其欲。一若做官发财为人生唯一之目的。人间种种善行，凡不利此目的者，一切牺牲之而无所顾惜；人间种种罪恶，凡有利此目的者，一切奉行之而无所忌惮。此等卑劣思维，乃远祖以来历世遗传之缺点(孔门即有干禄之学)与夫社会之恶习相演而日深。③

经数千年之专制政治，自秦汉以讫洪宪皇帝，无不以利禄奔走天下，吾国民遂沉迷于利禄而不自觉，卑鄙龌龊之国民性由此铸成。……浮词夸诞，立言之不诚也。居丧守节，道德之不诚也。时亡而往拜，圣人之不诚也。吾人习于不诚也久矣！④

孔子生长封建时代，所提倡之道德，封建时代之道德也；所垂示之礼教即生活状态，封建时代之礼教、封建时代之生活状态也；所主张之政治，封建时代之政治也。封建时代之道德、礼教、生活、政治，

---

① 《陈独秀著作选》第 1 卷，第 131—132 页。
② 《陈独秀著作选》第 1 卷，第 171 页。
③ 《陈独秀著作选》第 1 卷，第 185 页。
④ 《陈独秀著作选》第 1 卷，第 210—211 页。

所心营目注,其范围不越少数君主贵族之权利与名誉,于多数国民之幸福无与焉。何以明之? 儒家之言,社会道德与生活莫大于礼,古代政治莫重于刑,而《曲礼》曰"礼不下庶人,刑不上大夫",此非孔子之道及封建时代精神之铁证也耶? ……吾知其纤悉周匝者,即在数千年前宗法时代封建时代,亦只行于公卿士大夫之人伦日用,而不行之于庶人,更何能行于数千年后之今日共和时代国家时代乎?①

若以孔子教义挽救世风浇漓,振作社会道德,未免南辕北辙也。儒者作伪干禄,实为吾华民德堕落之源泉。宗法社会之奴隶道德,病在分别尊卑,课卑者以片面之义务,于是君虐臣,父虐子,姑虐媳,夫虐妻,主虐奴,长虐幼。社会上种种之不道德,种种罪恶,施之者以为当然之权利,受之者皆服从于奴隶道德下而莫之能违,弱者多衔怨以殁世,强者则激而倒行逆施矣。以此种道德支配今日之社会,维系今日之人心,欲其不浇漓堕落也,是扬汤止沸耳,岂但南辕北辙而已哉!②

孔教为吾国历史上有力之学说,为吾人精神上无形统一人心之具,鄙人皆绝对承认之,而不怀丝毫疑义。盖秦火以还,百家学绝,汉武独尊儒家,厥后支配中国人心而统一之者,惟孔子而已。以此原因,二千年来讫于今日,政治上、社会上、学术思想上遂造成如斯之果。设全中国自秦汉以来,或墨教不废,或百家并立而竞进,则晚周即当欧洲之希腊,吾国历史必与已成者不同。为学深思之士,谅不河汉斯言。及今不图根本之革新,仍欲以封建时代宗法社会之孔教统一全国之人心,据已往之成绩,推方来之效果,将何以适应生存于二十世纪之世界乎? 吾人爱国心倘不为爱孔心所排而去,正应以其为历史上有力之学说,正应以其为吾人精神上无形统一人心之具,而发愤废弃之也!③

---

① 《陈独秀著作选》第 1 卷,第 235—236 页。
② 《陈独秀著作选》第 1 卷,第 275 页。
③ 《陈独秀著作选》第 1 卷,第 279—280 页。

自于吾国旧日三纲五伦之道德，则既非利己，又非利人；既非个人，又非社会，乃封建时代以家族主义为根据之奴隶道德也。此种道德之在今日，已无讨论之价值，其或有恋恋不舍者，奴性未除，不敢以国民自居者耳。①

其实孔子精华，乃在祖述儒家，组织有系统之伦理学说，宗教玄学，皆非所长。其伦理学说虽不可行之今世，而在宗法社会封建时代诚属名产。吾人所不满意者，以其为不适于现代社会之伦理学说，然犹支配今日之人心，以为文明改进之大阻力耳。且其说已成完全之系统，未可枝枝节节以图改良，故不得不起而根本排斥之，盖以其伦理学说与现代思想及生活绝无牵就调和之馀地也。②

全部十三经，不容于民主国家者盖十之九九，此物不遭焚禁，孔庙不毁，共和招牌当然挂不长久。今之左袒孔教者，罔不心怀复辟。其有不心怀复辟者，更属主张不能一致贯彻之妄人也。③

然中国文字既难传载新事新理，且为腐毒思想之巢窟，废之诚不足惜。（康有为谓美国共和之盛，而与中国七相反，无能取法，其一即云"必烧中国数千年之历史书传，俾无四千年之风俗以为阻碍"。在康氏乃故作此语以难国人，在吾辈则以为烧之何妨！）至于废国语之说，则益为众人所疑矣。鄙意以为今日"国家""民族""家族""婚姻"等观念，皆野蛮时代狭隘之偏见所遗留，根底甚深，即先生与仆亦未必能免俗，此国语之所以不易废也。倘是等观念悉数捐除，国且无之，何有于国语？④

陈独秀有关全盘西化或崇西贬中（东）的言论也所在多有，例如：

欧俗以横厉无前为上德，亚洲以闲逸恬淡为美风，东西民族强

① 《陈独秀著作选》第 1 卷，第 300 页。
② 《陈独秀著作选》第 1 卷，第 309 页。
③ 《陈独秀著作选》第 1 卷，第 320 页。
④ 《陈独秀著作选》第 1 卷，第 376 页。

弱之原因，斯其一矣。……近代欧洲之所以优越他族者，科学之兴，其功不在人权说下，若舟车之有两轮焉。今且日新月异，举凡一事之兴，一物之细，罔不诉之科学法则，以定其得失从违，其效将使人间之思想云为一遵理性，而迷信斩焉，而无知妄作之风息焉。国人而欲脱蒙昧时代，羞为浅化之民，则急起直追，当以科学与人权并重。[①]

　　近世文明，东西洋绝别为二。代表东洋文明者，曰印度，曰中国。此二种文明虽不无相异之点，而大体相同，其质量举未能脱古代文明之窠臼，名为"近世"，其实犹古之遗也。可称曰"近世文明"者，乃欧罗巴人之所独有，即西洋文明也，亦谓之欧罗巴文明。移植亚美利加，风靡亚细亚者，皆此物也。欧罗巴之文明，欧罗巴各国人民皆有所贡献，而其先发主动者率为法兰西人。[②]

　　西洋民族以战争为本位，东洋民族以安息为本位。……西洋民族性，恶侮辱，宁斗死；东洋民族性，恶斗死，宁忍辱。民族而具如斯卑劣无耻之根性，尚有何等颜面高谈礼教文明而不羞愧！……西洋民族以个人为本位，东洋民族以家族为本位。……欲转善因，是在以个人本位主义易家族本位主义。……西洋民族以法治为本位，以实利为本位；东洋民族以感情为本位，以虚文为本位。……浅见者自表面论之，每称以虚文感情为重者，为风俗淳厚之征，其实施之者多外饰厚情，内恒愤忌，以君子始，以小人终，受之者习为贪惰，自促其生以弱其群耳。以此为俗，何厚之有？以法治实利为重者，未尝无刻薄寡恩之嫌，然其结果，社会各人不相依赖，人自为战，以独立之生计，成独立之人格，各守分际，不相侵渔，以小人始，以君子终，社会经济，亦因以厘然有叙。以此为俗，吾则以为淳厚之征也。[③]

　　儒者三纲之说，为吾伦理政治之大原，共贯同条，莫可偏废。三

---

① 《陈独秀著作选》第 1 卷，第 132—135 页。
② 《陈独秀著作选》第 1 卷，第 136 页。
③ 《陈独秀著作选》第 1 卷，第 165—169 页。

纲之根本义,阶级制度是也。所谓名教,所谓礼教,皆以拥护此别尊卑明贵贱制度者也。近世西洋之道德政治,乃以自由平等独立之说为大原,与阶级制度极端相反。此东西文明之一大分水岭也。……自西洋文明输入吾国,最初促吾人之觉悟者为学术,相形见绌,举国所知矣;其次为政治,年来政象所证明已有不克守缺抱残之势。继今以往,国人所怀疑莫决者,当为伦理问题,此而不能觉悟,则前之所谓觉悟者,非彻底之觉悟,盖犹在惝恍迷离之境。吾敢断言曰:伦理的觉悟为吾人最后觉悟之最后觉悟。①

晰族之勤勉,半由于体魄之强,半由于习惯之善。吾华惰民,即不终朝闲散,亦不解时间上之经济为何事,可贵有限之光阴,掷之闲谈而不惜焉,掷之博弈而不惜焉,掷之睡眠宴饮而不惜焉。西人之与人约会也,恒以何时何分为期;华人则往往约日相见。西人之行路也,恒一往无前;华人则往往瞻顾徘徊于中道,若无所事事。劳动神圣,晰族之恒言;养尊处优,吾华之风尚。②

今日庄严灿烂之欧洲,何自而来乎? 曰:革命之赐也。欧语所谓革命者,为革故更新之义,与中土所谓朝代鼎革,绝不相类。故自文艺复兴以来,政治界有革命,宗教界亦有革命,伦理道德亦有革命,文学艺术亦莫不有革命,莫不因革命而新兴而进化。近代欧洲文明史,宜可谓之革命史。故曰今日庄严灿烂之欧洲乃革命之赐也。吾苟偷庸懦之国民,畏革命如蛇蝎,故政治界虽经三次革命,而黑暗未尝稍减。其原因之小部分,则为三次革命皆虎头蛇尾,未能充分以鲜血洗净旧污;其大部分则为盘踞吾人精神界根深底固之伦理道德文学艺术诸端,莫不黑幕层张,垢污深积,并此虎头蛇尾之革命而未有焉。此单独政治革命所以于吾之社会不生若何变化,不收若何效果也。推其总因,乃在吾人疾视革命,不知其为开发文明之

---

① 《陈独秀著作选》第 1 卷,第 179 页。
② 《陈独秀著作选》第 1 卷,第 208 页。

利器故。①

　　吾之社会倘必需宗教，余虽非耶教徒，由良心判断之，敢曰推行耶教胜于崇奉孔子多矣，以其利益社会之量视孔教为广也。事实如此，望迂儒勿惊疑吾言。②

　　吾国教育，方始萌芽，方之欧美，犹未及万一。即此万一之萌芽，其成分十之八仍属科举之变相，旧文教之延续居其十之一有五，其真正近于欧美教育者，仅少而几于无有。甚愿国中教者学者速速发心体会欧美文明教育之果为何物，否即教育日渐扩张，去欧美之文明仍远也。③

　　吾国今日教育界之现象，上焉者为盲目的国粹主义，下焉者科举之变相耳，此先生所谓伪教育也。现代西洋之真教育，乃自动的而非他动的，乃启发的而非灌输的，乃实用的而非虚文的，乃社会的而非私人的，乃直视的而非幻想的，乃世俗的而非神圣的，乃全身的而非单独脑部的，乃推理的而非记忆的，乃科学的而非历史的。东洋式之伪教育胥反乎此，欲求竞进，乌可得哉！④

陈独秀还有一些一并表达全盘反传统和全盘西化观点的言论，其曰：

　　记者非谓孔教一无可取，惟以其根本的伦理道德适与欧化背道而驰，势难并行不悖。吾人倘以新输入之欧化为是，则不得不以旧有之孔教为非；倘以旧有之孔教为是，则不得不以新输入之欧化为非。新旧之间，绝无调和两存之馀地，吾人只得任取其一。……吾华之秽德彰闻于世界者，莫如宫监男伎二事，公然行诸首都。自共和新说得势以来，此数千年或数百年者恶德一旦革除，岂非欧化之

---

① 《陈独秀著作选》第 1 卷，第 260 页。
② 《陈独秀著作选》第 1 卷，第 306 页。
③ 《陈独秀著作选》第 1 卷，第 307 页。
④ 《陈独秀著作选》第 1 卷，第 313 页。

明效大验乎？①

中国学术隆于晚周，差比欧罗巴古之希腊。所不同者，欧罗巴之学术，自希腊讫今，日进不已，近数百年，百科朋兴，益非古人所能梦见；中国之学术则自晚周而后日就衰落耳。以保存国粹论，晚周以来之学术，披沙岂不可以得金？然今之欧罗巴，学术之隆远迈往古，吾人直径取用，较之取法二千年前学术初兴之晚周、希腊，诚劳少而获多。犹之欲得金玉者，不必舍五都之市而远适迂道，披沙以求之也。况夫沙中之金，量少而不易识别。彼盲目之国粹论者，守缺抱残，往往国而不粹，以沙为金，岂不更可悯乎？②

无论政治学术道德文章，西洋的法子和中国的法子绝对是两样，断断不可调和牵就的。这两样孰好孰歹，是另外一个问题，现在不必议论。但或是仍旧用中国的老法子，或是改用西洋的新法子，这个国是，不可不首先决定。若是决计守旧，一切都应该采用中国的老法子，不必白费金钱派什么留学生，办什么学校，来研究西洋学问。若是决计革新，一切都应该采用西洋的新法子，不必拿什么国粹，什么国情的鬼话来捣乱。……我们中国已经被历代悖谬的学说败坏得不成样子了，目下政治上社会上种种暗云密布，也都有几种悖谬学说在那里作祟。慢说一班老腐败了，就是头脑不清的青年，也往往为悖谬学说所惑。我所以放胆一言，以促我青年之猛醒！③

本志同人本来无罪，只因为拥护那德莫克拉西（Democracy）和赛因斯（Science）两位先生，才犯了这几条滔天的大罪。要拥护那德先生，便不得不反对孔教、礼法、贞节、旧伦理、旧政治；要拥护那赛先生，便不得不反对旧艺术、旧宗教；要拥护德先生又要拥护赛先生，便不得不反对国粹和旧文学。……西洋人因为拥护德、赛两先

---

① 《陈独秀著作选》第1卷，第281—282页。按此条与下引第三条似乎容许在传统与西化之间选择，但旋即丑诋传统而赞美西化，断绝了传统的归途而只留出西化一路。
② 《陈独秀著作选》第1卷，第372页。
③ 《陈独秀著作选》第1卷，第386—387页。

生，闹了多少事，流了多少血，德、赛两先生才渐渐从黑暗中把他们救出，引到光明世界。我们现在认定只有这两位先生可以救治中国政治上道德上学术上思想上一切的黑暗。若因为拥护这两位先生，一切政府的压迫，社会的攻击笑骂，就是断头流血，都不推辞！①

概括而言，陈独秀认定中国传统（特别是数千年来作为中华民族精神命脉的儒家传统）自始至终彻头彻尾都是罪恶，完完全全不适于现代社会②，国人只有毫无保留地脱胎换骨般地接受现代西方文化，亦即全盘西化（陈独秀所谓欧化），才是唯一出路。这种言论在当时乃至后来对于民族心理和社会意识的震撼是非常强烈、深刻而长久的。

1920 年，陈独秀在短时间内完成了向着马列主义的思想转变。在这年 3 月发表于《新青年》的《马尔塞斯人口论与中国人口问题》中，陈独秀还说："我向来有两种信念，一是相信进化无穷期，古往今来只有在一时代是补偏救弊的贤哲，时间上没有'万世师表'的圣人，也没有'推诸万世而皆准'的制度；一是相信在复杂的人类社会，只有一方面的真理，对于社会各有一种救济的学说，空间上没有包医百病的良方。我对于马尔塞斯的人口论，就是这种见解。不但马尔塞斯人口论是这样，就是近代别的著名学说，象达尔文自然淘汰说，弥尔自由论，布鲁东私有财产论，马克斯唯物史观，克鲁泡特金互助论，也都是这样。"③可见其时他还将马克思学说与其他学说等量齐观，由此表明他还不是马克思主义者。但到 5月发表于《新青年》的《上海厚生纱厂湖南女工问题》和《答知耻（工人底时间、工资问题）》中，陈独秀已经运用剩余价值理论揭露资本家对于工人的剥削，并且指出欧美、日本的"个人的工业主义"亦即资本主义是遍地荆棘的错路。④ 8 月发表于《新青年》的《谈政治》一文更是宣扬劳动阶

①《陈独秀著作选》第 1 卷，第 442—443 页。
② 陈独秀也说过孔子学说"虽不可行之今世，而在宗法社会封建时代诚属名产"，"记者非谓孔教一无可取"，但那只是在他受到驳斥的情况下对其偏颇之论的转圜。
③《陈独秀著作选》第 2 卷，第 106 页。
④ 参见《陈独秀著作选》第 2 卷，第 138—145 页。

级以阶级战争征服资产阶级,并以强权永久制服他们;赞成列宁的"劳动专政",甚至依据《共产党宣言》的观点批驳"戴着德谟克拉西假面的资产阶级"。[1] 迄于同年 11 月创办《共产党》月刊,发表创刊短言,提出阶级战争、劳动专政、社会主义的诉求,指斥民主政治、代议政治、议会道路都是资本家及其走狗的欺骗[2],陈独秀便确凿无疑地转变为马列主义者了。不过,陈独秀并没有对马列主义进行深入研究和阐述,基本上没有关于马列主义的理论建树。[3] 此后直到 1927 年,他的工作重点在于遵照共产国际的指示建立和领导中国共产党,并根据党的方针政策进行社会政治活动,此间所撰文章也多是围绕社会政治事件发表的意见,其中时或表达一些马列主义观点,如同前一阶段关于中西思想文化比较的文章大大减少,而且在不多的此类文章中,以往所推崇的欧美国家变成了被批判或攻击的对象,取代欧美受到维护和推崇者则是苏俄。如谓:

> 其实苏俄在国家的组织上,或为省,或为自治区,或为联邦,一任民族之自由;在政治的组织上,各级苏维埃皆得随时撤回其所举上级苏维埃代表,全俄苏维埃得随时撤回其所举人民委员会之委员。现在世界上能这样自由民主的更有何国? ……殊不知俄国目前只是物资不足,不能向共产主义猛进,至于一般政治上的建设,不但比中国,比欧美哪国都好。经济的恐慌是没有的;失业的困苦是没有的;政治的阴谋与暗斗是没有的;国家的财政是有严格的预算决算的;城市乡间的生活必需品是可以自给的,六年未曾借过一文外债;红军的知识和学生一般,拥戴个人争政权争地盘,他们做梦也想不到;市上虽有警察,我们不容易看见,因为他们从来不肯站在街

---

① 参见《陈独秀著作选》第 2 卷,第 154—164 页。
② 参见《陈独秀著作选》第 2 卷,第 200—201 页。
③ 陈独秀此间以马克思为题的文章只有两篇,一是《马克思学说》(1922),简要述介"剩余价值""唯物史观""阶级争斗""劳工专政"亦即马克思主义的政治经济学、社会历史哲学和科学社会主义;二是《马克思的两大精神》(1922),将马克思的精神归纳为"实际研究的精神"和"实际活动的精神",乃是一种感想性和动员性的短文。

心指挥市民,然而争斗失窃的事竟不大有。①

　　帝国主义的列强眼见他们不愿意的中俄直接谈判与恢复国交行将实现,并且协定中,俄国已放弃了他们所不愿放弃的许多权利,他们在中国的机关报怎得不忌妒毁谤!……请你们试问英、美、法、日、意等帝国主义者,去要求他们同俄国一样放弃租界租地及庚子赔款,取消治外法权及领事裁判权,废弃妨碍中国主权及利益的旧约,关税平等,看他们肯是不肯?②

　　列强不但不肯抛弃租界,而且正在设法扩大租界;不但不肯抛弃兵营,而且正在极力增加驻华舰队;不但不肯抛弃赔款,而且须付生金金币;不但不肯取消治外法权及领判权,而且正在努力扩张此等权;不但不肯和我订立平等的关税税则,而且对于他们恩许的二五加税会议还是故意留难。列强所给我们的这些痛苦,拿来比较比较此次中俄协定,其是非事实,十分明白了。③

　　说到十月革命的俄罗斯之真情实况,因革命而得救的,第一是占国民十分之八的农民得着了土地,其次是工人得着了政治上教育上的优越权利,再其次是科学者、技术家得着了最优的待遇,就是小工业家、小商人亦因受国家企业之雇佣,免了被大资本企业压迫的忧危,吃亏的只有贵族、大地主、大资本家等最少数的人。因此我们可以说,俄罗斯十月革命是真有利于最大多数人民——农民、工人、小工商业家——的革命。俄罗斯十月革命更有一个重要的主义是,在国内保障全俄人民经济生活脱离外国帝国主义的宰割而独立,在世界给一切被压迫民族反抗帝国主义之一个有力的暗示。中国的贵族、大地主、大资本家,比俄罗斯更是少数,其余最大多数的人民——农民、工人、小工商业家——所受国际资本帝国主义的欺压,比十月革命前俄罗斯人民所受的更是厉害多少倍。因此我们以为

---

①《陈独秀著作选》第2卷,第544—545页。
②《陈独秀著作选》第2卷,第646—647页。
③《陈独秀著作选》第2卷,第652页。

中国最大多数的人民应该接受俄罗斯十月革命的精神,而不应该误信谣言把他看做洪水猛兽。即令他对于帝国主义者、贵族、大地主、大资本家是洪水猛兽,而俄罗斯最大多数人民却已由他而得救了![①]

应该明白在帝国主义及其走狗第二国际党的势力统治下的世界,决没有解决民族问题之可能。要民族解放成功,是必须依照第三国际党所指示,亦即列宁主义所指示,联合世界被压迫的阶级与被压迫的民族,共同打破帝国主义束缚全世界被压迫者的锁链。[②]

可见此时陈独秀对于西方的依违发生了转移,但根本取向并没有改变,而其全盘反传统的思路更是一以贯之。在陈独秀看来,即使是已经落后了甚至变得反动了的欧美文化,还是胜于东方或中国文化,他说:"西洋文化我们固然不能满意,但是东方文化我们更是领教了,他的效果人人都是知道的,我们但有一毫一忽羞恶心,也不至以此自夸。"[③]"我们不是迷信欧洲文化以为极则,我们是说东方文化在人类文化中比欧洲文化更为幼稚。"[④]他一如既往地将复杂政治人物的负面作为的复杂原因简单地归结为尊孔,强调孔子应为所有负面作为承担罪责,如谓:"从前戊戌政变后,反动政治与尊孔运动一时并起;袁世凯要做皇帝,同时尊孔祀天也闹的很起劲;现在南京的军民两长又接到曹锟通电募捐修理孔庙,拟各捐洋五千元。每逢中国政治反动一次,孔圣人便走运一次,可见反动势力和孔圣人本是一家眷属。"[⑤]这当然就将孔子儒家置于全盘否定的地步。他认定东洋思想、亚洲文化的具体内容就是尊君抑民、尊男抑女、知足常乐、能忍自安、轻物质而重心灵乃至生焚寡妇(如印度)和殉节、阉宦(如中国)等。[⑥] 他继续诅咒作为中华先民智慧结晶和中国文化主要载

---

① 《陈独秀著作选》第 2 卷,第 802 页。
② 《陈独秀著作选》第 2 卷,第 868 页。
③ 《陈独秀著作选》第 2 卷,第 124 页。
④ 《陈独秀著作选》第 2 卷,第 602 页。
⑤ 《陈独秀著作选》第 2 卷,第 570—571 页。
⑥ 参见《陈独秀著作选》第 2 卷,第 656—657 页。

体的汉字是"倒运的象形字",谩骂提倡东方文化是"祸国殃民亡国灭种
的议论"。① 为了全盘反传统,已经演变为马列主义者的陈独秀积极寻求
与信奉欧美文化的西化派亦即其以往的同志结成联合战线,他说:

> 中国国民经济基础还停顿在家庭的农业、手工业上面,所以政
> 治仍然是封建军阀的,社会思想仍然是封建宗法的。号称新派的学
> 者如蔡元培、梁启超、张君迈、章秋桐、梁漱溟等,固然不像王敬轩、
> 朱宗熹、辜鸿铭、林琴南等那样糊涂,然仍旧一只脚站在封建宗法的
> 思想上面,一只脚或半只脚踏在近代思想上面,真正了解近代资产
> 阶级思想文化的人,只有胡适之。张君迈和梁漱溟的昏乱思想被适
> 之教训的开口不得,实在是中国思想界一线曙光。适之所信的实验
> 主义和我们所信的唯物史观,自然大有不同之点,而在扫荡封建宗
> 法思想的革命战线上,实有联合之必要。②

这种联合战线的实例,就是 1923 年科学与人生观论战中以陈独秀
为代表的唯物史观派与以丁文江、胡适为代表的科学派联手攻击以张君
劢、梁启超为代表的玄学派。那场论战在当时并没有显分胜负,只不过
科学派急急忙忙自我标榜打败了"玄学鬼";而从学理和事实诸方面看,
玄学派关于科学规律不可能完全主宰精神活动的基本观点其实比科学
派的"科学万能论"更具有合理性和说服力,所以陈独秀在此所谓"张君
迈和梁漱溟的昏乱思想被适之教训的开口不得",实属謷言。至于那场
论战中唯物史观派与科学派的交锋,则构成其时马列主义与自由主义思
想斗争的另一种面相。

1927 年陈独秀被终止中共中央总书记职务后,反复以书信方式批评
中共中央的政治路线,至 1929 年发展为攻击共产国际和斯大林,公然将
已被共产国际和联共(布)党开除的托洛茨基引为同志,仿效托洛茨基自

---

① 参见《陈独秀著作选》第 2 卷,第 602—603 页。
② 《陈独秀著作选》第 2 卷,第 517—518 页。"张君迈"当做"张君劢"。

称为反对派。① 同年 11 月被中共中央开除党籍后，他撰写长篇《告全党同志书》，强烈批评共产国际、斯大林和中共中央，公开宣称"我此时已根本承认托洛茨基同志的主张是合乎马克思列宁主义的"，"我们每个党员都负有拯救党的责任，应该回复到布尔什维克精神与政治路线，一致强固的团结起来，毫不隐讳地站在托洛茨基同志所领导的国际反对派即真正马克思列宁主义的旗帜之下，坚决的、不可调和的、不中途妥协的和国际的及中共中央的机会主义者奋斗到底"。② 这就确切无误地表明他又从马列主义者演变成为托派。③ 此后他的西化取向再次从苏俄转移到欧美，不过保持了对欧美资本主义的批判态度，而只是张扬其民主制度以反对苏俄的专制。在 1938 年致郑学稼的信中，他说：

> 弟主张重新估定布尔什维克的论理及其人物（老托也在内）之价值，乃为一班"俄迷"尤其是吃过莫斯科面包的朋友而发。在我自己则已估定他们的价值。我认为纳粹是普鲁士与布尔什维克之混合物。弟评论他们都用科学的态度，并非依任何教派的观点，更不屑以布尔什维克正统自居也。鄙见很难得人赞同。读来书"布尔什维克与法西斯为孪生儿"之说，不禁拍掌大悦！弟久拟写一册《俄国革命的教训》，将我辈以前的见解彻底推翻，惜精神不佳，一时尚不能执笔耳。弟希望大作早成，得一读为快。此间日前有传告兄在某校演说，谓只有希特勒胜利，中国民族解放才有希望。今读来书，尊见似不如此，想系传言之误也。鄙意只有英美胜利，中国民族虽说不上解放，而政治经济才有发展希望。④

---

① 参见《陈独秀著作选》第 2 卷，第 74—84 页。
②《陈独秀著作选》第 3 卷，第 85—105 页。
③ 陈独秀后来还有《给托派国际书记局的信》（1934）、《致托洛斯基》（1939），都可以证明他作为托派人物是毫无疑问的。需要说明的是，在此只是判定陈独秀最终确实演变为托派，而不涉及托派的是非这一在中央党史和国际共运史学界存在争议的问题，那不是本文必须解决的问题。
④《陈独秀著作选》第 3 卷，第 528 页。

在 1940 年给连根的信中，他说：

> 你们错误的根由，第一是不懂得资产阶级民主政治之真实价值（自列托以下均如此），把民主政治当着是资产阶级的统治方式，是伪善，是欺骗，而不懂得民主政治的真实内容是：法院以外机关无捕人权，无参政权不纳税，非议会通过政府无征税权，政府之反对党有组织言论出版自由，工人有罢工权，农民有耕种土地权，思想宗教自由，等等，这都是大众所需要，也是十三世纪以来大众以鲜血斗争七百余年，才得到今天的所谓"资产阶级的民主政治"，这正是俄、意、德所要推翻的。所谓"无产阶级的民主政治"和资产阶级的民主只是实施的范围广狭不同，并不是在内容上另有一套无[产阶]级的民主。十月以来，拿"无产阶级的民主"这一空洞的抽象名词做武器，来打毁资产阶级的实际民主，才至有今天的史大林统治的苏联，意、德还是跟着学话。现在你们又拿这一空洞的名词做武器，来为希特勒攻打资产阶级民主的英美。第二是不懂得法西斯和英法美帝国主义者阶级作用不同（帝国主义是金融寡头结合中产阶级，只能容忍无产阶级的组织宣传至某种程度；法西斯则是金融寡头结合流氓无产阶级及右派急进小资产阶级，根本铲除无产阶级组织与宣传），不懂得法西斯的经济制度比起英美帝国主义来，是由日渐国际化的局面回转到国家化、自给自足的封建化，而认为只是简单的政制不同。政制是由它阶级的经济的推动，不是凭空产生的。即以政制的表面而论，德意俄的格柏乌政治和英美法的议会政制是小小的不同吗？①

在同年致西流的信中，他说：

> 以大众民主代替资产阶级的民主是进步的，以德、俄的独裁代替英、法、美的民主是退步的。……民主之内容固然包含议会制度，

---

① 《陈独秀著作选》第 3 卷，第 547—548 页。

而议会制度并不等于民主之全内容。许多年来许多人把民主和议会制度当做一件东西，排斥议会制度，同时便排斥民主，这正是苏俄堕落之最大原因。议会制度会成为过去，会成为历史残影，民主则不然也。苏维埃制若没有民主内容，仍旧是一种形式民主的代议制，甚至像俄国的苏维埃，比资产阶级的形式民主议会还不如。……科学、近代民主制、社会主义，乃是近代人类社会三大天才的发明，至可宝贵，不幸十月以来轻率的把民主制和资产阶级统治一同推翻，以独裁代替了民主，民主的基本内容被推翻，所谓"无产阶级民主""大众民主"只是一些无实际内容的空洞名词，一种抵制资产阶级民主的门面语而已。①

尽管西化取向随着个人际遇而翻来覆去，但陈独秀崇西贬中、全盘反传统、全盘西化的思想观点却是始终一贯。直到晚年他仍然斥责汉字是"坑人的中国字，实是教育普及的大障碍"。② 他照旧将他所认为负面的现实社会政治问题与孔子相牵连，其曰"请看近数十年的历史，每逢民主运动失败一次，反动潮流便高涨一次，同时孔子便被人高抬一次，这是何等自然的逻辑"，"中国经过了两次民主革命，而进步党人所号召的'贤人政治''东方文化'，袁世凯、徐世昌所提倡的'特别国情''固有道德'，还成为有力的主张。所谓'贤人政治'，所谓'东方文化'，所谓'特别国情'，所谓'固有道德'，哪一样不是孔子的礼教在作祟呢？哪一样不是和人权民主背道而驰呢"！③ 他断言尊孔是中华民族的永久霉运，甚至谳定尊孔人物不啻亡国奴和卖国贼，其曰"如果孔子永久是万世师表，中国民族将不免万世倒霉，将一直倒霉到孔子之徒都公认外国统监就是君，忠于统监就是忠于君。那时万世师表的孔子仍旧是万世师表，'三月无君则皇皇如也'的孔子之徒，只要能过事君的瘾，盗贼夷狄都无所择，冯道、

①《陈独秀著作选》第 3 卷，第 553—555 页。
②《陈独秀著作选》第 3 卷，第 311 页。
③《陈独秀著作选》第 3 卷，第 386、389 页。

姚枢、许衡、李光地、曾国藩、郑孝胥、罗振玉等，正是他们的典型人物"！[①]
他继续推崇西方而贬斥中国道"欧洲人在中世纪受了宗教和王权的束
缚，学术政治的思想一切都没有自由。自文艺复兴前后，科学、艺术、宗
教、政治各方面都有过为自由而战的流血的剧烈斗争，因此才有光华灿
烂的今日。欧洲近代五六百年的历史，乃是为自由而战的历史。东方比
西方落后，正因为一切学术思想都为古来传统的政教所束缚，不能自由
发展"，[②]"如果经过了鸦片战争、甲午战争、庚子战争，以至今日敌人的飞
机、大炮、坦克车，还不能唤醒我们的痴人迷梦，还死守着前资本主义社
会固有的生产制、武器、道德和文化，跟着以最前进政党自命的蠢材，大
反其'唯武器论'，和大唱其'大刀向鬼子们头上砍去'的歌，大吹其'大刀
旋舞起来，"皇军"便要发抖'的法螺，或者承袭着张之洞'中学为体西学
为用'这种半吊子的见解，反对全部欧化，一方面主张采用现代生产制与
军器，一方面主张保存固有的道德与文化，高唱东方的精神文化胜过西
欧的物质文明，如此则中国永远不会欧化，即是近代资本主义的生产制、
武器、道德和文化永远不会走进中国来，永远死守固有的生产制、武器、
道德和文化，中国永远还是农民无知、商人无耻、士大夫无知而又无耻的
中国，永远没有什么民族野心，如果这样永远糊涂下去，我们对得起子孙
吗"！[③]　综括言之，陈独秀是将全盘反传统、全盘西化的思想观点贯彻到
底的人物。

　　陈独秀全盘反传统、全盘西化的思想观点，在中国传统道德文化之
末流已不足以对抗现代西方强力文化、社会思想的僵固业已诱发亡国灭

[①]《陈独秀著作选》第 3 卷，第 389 页。在同一篇文章中，陈独秀也说"在现代知识的评定之下，
孔子有没有价值？我敢肯定的说有"，"我向来反对拿二千年前孔子的礼教来支配现代人的
思想行为，却从来不曾认为孔子的伦理政治学说在他的时代也没有价值"（《陈独秀著作选》
第 3 卷，第 377、385 页），表明陈独秀后期反孔反儒反传统的态度稍有缓和，这一点从 1939 年
他对养母过世的哀情亦可证明（参见唐宝林、林茂生编《陈独秀年谱》，上海：上海人民出版社
1988 年版，第 514 页）。不过无论如何，对传统的否定仍是陈独秀思想的主导方面。

[②]《陈独秀著作选》第 3 卷，第 440 页。

[③]《陈独秀著作选》第 3 卷，第 492 页。

种的巨大现实危机的情势下,对于唤起国人摈弃传统末流,急起直追西方,实现救亡图存,确有不容否定的时代意义。观其所谓"我要拉国人向康庄大道走"①的自我期许,及其发表的《欧战后东洋民族之觉悟及要求》(1918)、《人种差别待遇问题》(1919)、《一九二三年列强对华之回顾》(1924)、《商界反对外人干涉中国内政第二声》(1924)、《投降条件下之中国教育权》(1924)、《寸铁·大同主义与弱小民族》(1924)、《沙面罢工与民族主义者》(1924)等一系列文章,可见全盘反传统、全盘西化的陈独秀的民族意识和爱国情怀是无可怀疑的,他的那些寄望于外国列强解救中国民众倒悬之苦的言论只能视为愤激之词。其实对于新文化人物群体的时代意义也应作如是观。但是,从长时段视域来看,全盘反传统和全盘西化对于固有传统,特别是悠久高明、博厚精深、具有丰富安身立命德慧的儒家传统的根本否定,严重破坏了数千年间积淀形成的中华民族的伦理关系、生活方式、风俗习惯、道德准则、社会规范乃至超越信念,进而深刻解构了中华民族的价值观、自信心、认同感和凝聚力,致使在克服了国人生存危机之后,中华民族却几乎完全失去了精神归宿,以至于思想歧异,心灵漫荡,情志外驰,往而不返。尤有进者,全盘反传统和全盘西化荡涤了国人对于圣贤和经典的神圣感和敬畏心,非圣无法成为社会时尚和政治正确,反之则是落伍甚至反动;辱骂圣贤糟蹋经典成为暴得大名的有效手段,动辄将固有传统作为罪恶之渊薮和时弊之根由成为社会政治运动的套路;批判浪潮彼伏此起愈益高涨,中华民族也就与自己的文化根源愈益疏离乃至背逆,而这种无根的族裔是很易于被他者消泯或主动消泯于他者的。所谓亡人国族者必先亡其文化,此之谓也!有鉴于此,对于全盘反传统和全盘西化的思想观点,既应历史地予以肯定,更须历史地予以扬弃,拨乱反正,正本清源,弘扬中华民族优秀传统,重立中华民族精神命脉!

---

① 《陈独秀著作选》第 2 卷,第 603 页。

第二节　胡适的实用主义哲学观和文化观

一、生平著述

胡适(1891—1962),安徽绩溪人,原名嗣穈,学名洪骍,字希疆,后改名适,字适之。1910 年(清宣统二年)赴美留学,先在康奈尔大学读农科,后改文科。1915 年入哥伦比亚大学研究院,师从杜威,服膺实用主义哲学。1917 年回国,任北京大学教授、文学院院长,因提倡文学革命而成为新文化运动领袖之一。长期从事文化、教育工作。在文学、哲学、历史等领域都有开创性贡献。1938 年出任驻美大使。1946 年任北京大学校长。1949 年寄居美国,任普林斯顿大学葛思德东方图书馆馆长。1957 年返台湾出任"中央研究院"院长,是现代中国自由主义代表人物。著有《中国哲学史大纲》(上卷)、《白话文学史》(上卷)、《胡适文存》等。[1]

二、实用主义哲学观

胡适虽然在留学美国期间主修哲学,并曾自誓"自今以往,当屏绝万事,专治哲学"[2],且回国进入北京大学之初担任的课程也是中国哲学史,因而有"哲学是我的职业"之语。[3] 但直到晚年他都说:"有时我自称为历史家,有时又称为思想史家,但我从未自称我是哲学家,或其他各行的什么专家。今天我几乎是六十六岁半的人了,我仍然不知道我主修何科。"[4]这是实话,而非自谦,因为胡适一生在哲学研究方面的成果寥寥无几,更谈不上哲学体系的独创,他终生服膺并引介给国人的只是他的老师杜威的实验主义。胡适说:"杜威教授当然更是对我有终身影响的学者之一","我治中国思想与中国历史的各种著作,都是围绕着'方法'这

---

① 引自《辞海(第 7 版)》,上海:上海辞书出版社 2020 年版,第 1757 页。
② 转引自罗志田《再造文明之梦——胡适传》,成都:四川人民出版社 1995 年版,第 99 页。
③《胡适文集(3)》,北京:北京大学出版社 1998 年版,第 366 页。
④《胡适文集(1)》,第 214 页。

一观念打转的。'方法'实在主宰了我四十多年来所有的著述。从基本上说，我这一点实在得益于杜威的影响"，"杜威对有系统思想的分析帮助了我对一般科学研究的基本步骤的了解。他也帮助了我对我国近千年来——尤其是近三百年来——古典学术和史学家治学的方法，诸如'考据学''考证学'等等"，"近几十年来我总欢喜把科学法则说成'大胆的假设，小心的求证'。我总是一直承认我对一切科学研究法则中所共有的重要程序的理解，是得力于杜威的教导"。①

实验主义（Experimentalism）是实际主义（Pragmatism）、工具主义（Instrumentalism）等哲学派别的别称或总称，这种哲学所最注重的是实验的方法，用其创始人皮耳士的话说，就是"科学试验室的态度"（the laboratory attitude），"那就是说，科学实验室的方法和配备，可以使我们的意思、思想明白。你无论同做科学实验的人讲什么，他总是说让我来实验一下，看这句话会发生什么效果，这个效果就是你所说的话的意义。如果照你说的话做一个实验，实验出来某种效果，你那句话就是有意思的。如果你的话没有法子实验，实验不出效果，那么你的话就没有意思，就是瞎说、胡说"。② 显而易见，实验主义就是要以类似科学实验手段所得出的结果来判定思想言论或理论观点的有效或无效，"一切有意义的思想都会发生实际上的效果，这种效果便是那思想的意义。若要问那思想有无意义或有什么意义，只消求出那思想能发生何种实际的效果；只消问若承认他时有什么效果，若不认他时又有什么效果。若不论认他或不认他，都不发生什么影响，都没有实际上的分别，那就可说这个思想全无意义，不过是胡说的废话"。③ 正因这种效果至上的特点，实验主义也被称为实用主义。

实验主义作为一种哲学体系，主要包括实在论、真理论、方法论三个

---

① 《胡适文集（1）》，第263—269页。按"他也帮助了我对我国近千年来——尤其是近三百年来——古典学术和史学家治学的方法"一句似缺句子成分，但原文如此。
② 《胡适文集（12）》，第364页。
③ 《胡适文集（2）》，第214页。

方面。关于实在,胡适阐述道:

> 我们所谓"实在"(Reality)含有三大部分:(A)感觉,(B)感觉与感觉之间及意象与意象之间的种种关系,(C)旧有的真理。从前的旧派哲学都说实在是永远不变的,詹姆斯一派人说实在是常常变的,是常常加添的,常常由我们自己改造的。上文所说实在的三部分之中,我们且先说感觉。感觉之来,就同大水汹涌,是不由我们自主的。但是我们各有特别的兴趣,兴趣不同,所留意的感觉也不同。因为我们所注意的部分不同,所以各人心目中的实在也就不同。一个诗人和一个植物学者同走出门游玩,那诗人眼里只见得日朗风轻,花明鸟媚;那植物学者只见得道旁长的是什么草,篱上开的是什么花,河边栽的是什么树。这两个人的宇宙是大不相同的。
>
> 再说感觉的关系和意象的关系。一样的满天星斗,在诗人的眼里和在天文学者的眼里,便有种种不同的关系。一样的两件事,你只见得时间的先后,我却见得因果的关系。一样的一篇演说,你觉得这人声调高低得宜,我觉得这人论理完密。一百个大钱,你可以摆成两座五十的,也可以摆成四座二十五的,也可以摆成十座十个的。
>
> 那旧有的真理更不用说了。总而言之,实在是我们自己改造过的实在,这个实在里面含有无数人造的分子。实在是一个很服从的女孩子,他百依百顺的由我们替他涂抹起来,装扮起来。"实在好比一块大理石到了我们手里,由我们雕成什么像"。宇宙是经过我们自己创造的工夫的。"无论知识的生活或行为的生活,我们都是创造的。实在的名的一部分和实的一部分,都有我们增加的分子"。①

胡适很清楚"实在论就是宇宙论,也就是世界观",②亦即关于客观存有的认识,但他仍然认同詹姆斯、杜威的观点,将"实在"收摄到主观感觉

---

① 《胡适文集(2)》,第225—226页。
② 《胡适文集(12)》,第274页。

（"旧有的真理"终归是以往的主观感觉），以"实在"为任人涂抹的女孩子、任人雕琢的大理石，可见他是以主观感觉统驭客观存有，以客观存有服从主观意愿。

关于真理，胡适阐述说：

> 什么是"真理"（Truth）？这个问题在西洋哲学史上是一个顶重要的问题。那些旧派的哲学家说真理就是同"实在"相符合的意象。这个意象和"实在"相符合，便是真的；那个意象和"实在"不相符合，便是假的。这话很宽泛。我们须要问：什么叫做"和实在相符合"？旧派的哲学家说"真的意象就是实在的摹本（Copy）"。詹姆士问道："譬如墙上的钟，我们闭了眼睛可以想像钟的模样，那还可说是一种摹本。但是我们心里起的钟的用处的观念也是摹本吗？摹的是什么呢？又如我们说钟的法条有弹性，这个观念摹的又是什么呢？这就可见一切不能有摹本的意象，那'和实在相符合'一句话又怎么解说呢？"
>
> 詹姆士和旁的实验哲学家都攻击这种真理论，以为这学说是一种静止的、惰性的真理论。旧派的意思好像是只要把实在直抄下来说完了事；只要得到了实在的摹本就够了，思想的功用就算圆满了，好像我们中国在前清时代奏折上批了"知道了，钦此"五个大字就完了。这些实验哲学家是不甘心的，他们要问："假定这个观念是真的，这可于人生实际上有什么影响吗？这个真理可以实现吗？这个道理是真是假，可影响那几部分的经验吗？总而言之，这个真理现兑成人生经验，值得多少呢？"
>
> ……
>
> 真理并不是天上掉下来的，也不是人胎里带来的。真理原来是人造的，是为了人造的，是人造出来供人用的，是因为他们大有用处所以才给他们"真理"的美名的。我们所谓真理，原不过是人的一种工具。真理和我手里这张纸、这条粉笔、这块黑板、这把茶壶，是一

样的东西,都是我们的工具。因为从前这种观念曾经发生功效,故从前的人叫他做"真理"。因为他的用处至今还在,所以我们还叫他做"真理"。万一明天发生他种事实,从前的观念不适用了,他就不是"真理"了,我们就该去找别的真理来代他了。譬如"三纲五伦"的话,古人认为真理,因为这种话在古时宗法的社会很有点用处。但是现在时势变了,国体变了,"三纲"便少了君臣一纲,"五伦"便少了君臣一伦。还有"父为子纲""夫为妻纲"两条也不能成立。古时的"天经地义"现在变成废语了,有许多守旧的人觉得这是很可痛惜的。其实这有什么可惜? 衣服破了,该换新的;这支粉笔写完了,该换一支;这个道理不适用了,该换一个。这是平常的道理,有什么可惜?"天圆地方"说不适用了,我们换上一个"地圆说",有谁替"天圆地方"说开追悼会吗?

真理所以成为公认的真理,正因为他替我们摆过渡,做过媒。摆渡的船破了,再造一个;帆船太慢了,换上一只汽船。这个媒婆不行,打他一顿媒拳,赶他出去,另外请一位靠得住的朋友做大媒。

这便是实验主义的真理论。[1]

由此可见,实验主义的真理观并不是或不只是主观认识与客观存在相符合,而主要在于观念或理论对于人生有无实际效用;且因人生世世代代处于不断变动之中,曾经有效用的观念或理论亦即"真理"可能随着变动而失去效用,从而曾经的"真理"也就不再成其为真理。这显然是一种主观的、实用的、情境主义的真理观,无法涵盖人类对于自然、社会、历史乃至人本身的具有真理性而又客观、超功利且恒常的认识。另外还须指出的是,胡适在此以轻佻的语气将"古时的'天经地义'"比附为穿破的衣服、写完的粉笔,可以毫不怜惜地弃旧换新,这是极不恰当的! 遑论传统观念并非如身外之物那样易于弃换,实际上许多传统观念应该为文明人类永远无条件持守,例如孝道,难道鞠育操劳终生的父母因为老迈无

---

[1]《胡适文集(2)》,第221—223页。

用了就可以弃旧换新吗？

关于方法，这是实验主义、特别是杜威哲学的重点所在，"杜威始终只认实验主义是一种方法论。……杜威把詹姆士论实验主义的话总括起来，作为实验主义的三个意义：第一，实验主义是一种方法；第二，是一种真理论；第三，是一种实在论。……但杜威指出实验主义虽有这三种意义，其实还只是一种方法论"。[①] 胡适认同杜威的观点，也说"实验主义自然也是一种主义，但实验主义只是一个方法，只是一个研究问题的方法"[②]，因此，他对实验主义、主要是杜威哲学的方法论作了最多的阐述，他说：

> 杜威认为有系统的思想通常要通过五个阶段：
>
> 第一阶段为思想之前奏（antecedent），是一个困惑、疑虑的阶段，这一阶段导致思想者认真去思考。
>
> 第二阶段为决定这疑虑和困惑究在何处。
>
> 第三阶段[为解决这些困惑和疑虑]思想者自己会去寻找一个[解决问题的]假设，或面临一些[现成的]假设的解决方法任凭选择。
>
> 第四阶段，在此阶段中，思想者只有在这些假设中选择其一作为对他的困惑和疑虑的可能解决的办法。
>
> 第五也是最后阶段，思想的人在这一阶段要求证，把他[大胆]选择的假设，[小心的]证明出来，那是他对他的疑虑和困惑最满意的解决。[③]

又说：

> 杜威论思想，分作五步说：（一）疑难的境地；（二）指定疑难之点究竟在什么地方；（三）假定种种解决疑难的方法；（四）把每种假

[①]《胡适文集(3)》，第286—287页。
[②]《胡适文集(3)》，第365页。
[③]《胡适文集(1)》，第267—268页。

定所涵的结果——想出来，看那一个假定能够解决这个困难；（五）证实这种解决使人信用，或证明这种解决的谬误，使人不信用。

......

杜威一系的哲学家论思想的作用，最注意"假设"。试看上文所说的五步之中，最重要的就是第三步。第一步和第二步的工夫只是要引起这第三步的种种假设；以下第四第五步只是把第三步的假设演绎出来，加上评判，加上证验，以定那种假设是否适用的解决法。这第三步的假设是承上起下的关键，是归纳法和演绎法的关头。[①]

又说：

仔细分析起来，凡是有条理的思想，大概都可以分作五步：（1）感觉困难；（2）寻出疑难所在；（3）暗示的涌现；（4）评判各种暗示的解决，假定一个最适用的解决；（5）证实（就是困难的解决）。[②]

又说：

杜威先生以为有条理的思想的发生，大概可以分为五个步骤，这是他的一个很大的贡献，我现在简单的叙述一下。

第一步，思想的来源，或者说，思想的起点。思想不是悬空的。胡思乱想不算思想。凡是真正有条理的思想，一定是有来源、有背景、有一个起点的。这个起点是什么呢？思想都起源于困难的问题。人生的动作碰了壁，碰了钉子，碰到一个困难的环境，行动发生了障碍，要想打破这个困难，因而才有思想。......

第二步，认清困难障碍在那一点，把困难加以分析，知道困难究竟在那一点。......

第三步叫作提示，或者称为暗示。凡遇到了三岔路口的问题，有大困难的时候，第三步就不是自动而是被动。你过去的知识、学

---

① 《胡适文集（2）》，第233—238页。
② 《胡适文集（3）》，第289页。

问、经验,到今天都发生作用了。你的脑子里这边一个假设,那边一个假设。这些提示的东西那里来的呢?都是不自觉的涌上来的。所以第三步往往是不自觉的。假如你没有学问知识和好的活的经验,看到三岔路口的问题就手足无措,不知道怎样下手,没有主意,没有法子。如果你的知识是死的,学问是书本上得来的,经验是贫乏的,那你还是没有主意,没有法子,看不出道理来。所以第三步是很重要的。不过有时候有些人经验太多了,知识太丰富了,往往东一个意见,西一个意见,前一个意见,后一个意见,就要发生第四步。

第四步就是批评、评判,判断这许多提示、暗示当中,那一个意见比较最能解决所碰到的困难问题。……在许多主意中怎样批评判断那个主意适用或不适用呢?这又得回到第一步去:感觉到需要思想,就是因为有困难问题;再认清楚了困难问题,看困难究竟在什么地方;再从推出来的许多暗示、意见当中看看那一条可以找出结果来。……拿这个困难作一个标准,作一个尺度,来量这些提出来的暗示,挑一个作假定的姑且的解决方案,这是第四步。不过这还是一个假设,还没有证实。

第五步是思想的最后一点,思想的终点,就是证实。要问提出来的这个假定的解决方案是不是可以解决困难问题,是不是满意,是不是最满意,要证实它!……到了最后证实,这个思想才算解决了问题,结果是假设变成了真理,悬想变成满意适用的工具,这是思想的最后终点。①

这些就是胡适转述的主要几条杜威哲学方法论的"五步法"。他也曾将"五步法"缩略为四步,有谓:

我说研究社会问题,应当有四个目的,现在就用治病底方法来形容。第一,要知道病在什么地方。第二,病是怎样起的,他的原因

①《胡适文集(12)》,第375—378页。

在那里。第三,已经知道病在那里,就得开方给他,还要知某种药材底性质,能治什么病。第四,怎样用药,若是那病人身体太弱,就要想个用药的方法,是打针呢?是下补药呢?若是下药,是饭前呢?是饭后呢?是每天一次是每天两次呢?医生医治病人,短不了这四步。研究社会问题的人也是这样。[1]

此处第一、二步相当于"五步法"的第二步,但可以理解为隐含了"五步法"的第一步;第三、四步对应于"五步法"的第三、四步;而"五步法"的第五步即证实在此则付阙如。有时候胡适又将"五步法"更进一步简括为"三步法",如谓:

> 凡是有价值的思想,都是从这个那个具体的问题下手的。先研究了问题的种种方面的种种的事实,看看究竟病在何处,这是思想的第一步工夫。然后根据于一生经验学问,提出种种解决的方法,提出种种医病的丹方,这是思想的第二步工夫。然后用一生的经验学问,加上想像的能力,推想每一种假定的解决法该有什么样的效果,推想这种效果是否真能解决眼前这个困难问题。推想的结果,拣定一种假定的解决,认为我的主张,这是思想的第三步工夫。[2]

此条与上述"四步法"相类,也是涵括了"五步法"的前四步而遗漏了关键性的第五步。不过胡适所表述的"三步法"大多还是照顾到了"五步法"的全部内容,如其所谓:

> 实验的方法至少注重三件事:(一)从具体的事实与境地下手;(二)一切学说理想,一切知识,都只是待证的假设,并非天经地义;(三)一切学说与理想都须用实行来试验过,实验是真理的唯一试金石。[3]

---

[1]《胡适文集(12)》,第568页。
[2]《胡适文集(2)》,第252页。
[3]《胡适文集(2)》,第280页。

实验主义自然也是一种主义,但实验主义只是一个方法,只是一个研究问题的方法。他的方法是:细心搜求事实,大胆提出假设,再细心求实证。①

杜威说,思想总是起于一种疑惑与困难的情境;接着就是研究事实的真相,并提出种种可能的假定以解决起初的疑难;最后用种种方法证明或证实那一种假定能够圆满地解决或应付原先激起我们思想的那个疑难问题或疑难的情境。这就是杜威的思想论。过去四十年我曾经努力使它普遍化。②

我且略说科学方法的要点:第一注重事实。科学方法是用事实作起点的,不要问孔子怎么说,柏拉图怎么说,康德怎么说,我们须要先从研究事实下手,凡游历调查统计等事都属于此项。第二注重假设。单研究事实,算不得科学方法。王阳明对着庭前的竹子做了七天的"格物"工夫,格不出什么道理来,反病倒了,这是笨伯的"格物"方法。科学家最重"假设"(Hypothesis)。观察事物之后,自然有几个假定的意思,我们应该把每一个假设所涵的意义彻底想出,看那意义是否可以解释所观察的事实,是否可以解决所遇的疑难。所以要博学,正是因为博学方才可以有许多假设,学问只是供给我们种种假设的来源。第三注重证实。许多假设之中,我们挑出一个认为最合用的假设,但是这个假设是否真正合用,必须实地证明。有时候证实是很容易的,有时候必须用"试验"方才可以证实。证实了的假设,方可说是"真"的。一切古人今人的主张,东哲西哲的学说,若不曾经过这一层证实的工夫,只可作为待证的假设,不配认作真理。③

这些论说大致都是以第一步涵括"五步法"的第一、二步,以第二步

①《胡适文集(3)》,第365页。
②《胡适文集(12)》,第430页。
③《胡适文集(12)》,第561—562页。

涵括"五步法"的第三、四步，以第三步对应"五步法"的第五步。然而，胡适对于方法论的简化并未到"三步法"为止，他一直有心将实验主义方法论提炼为简明的格言，以便更易于传播和为人接受，从而形成更广泛的影响，他说：

> 我曾经有许多时候想用文字把方法做成一个公式、一个口号、一个标语，把方法扼要地说出来，但是从来没有一个满意的表现方式。现在我想起我二三十年来关于方法的文章里面有两句话也许可以算是讲治学方法的一种很简单扼要的话，那两句话就是"大胆的假设，小心的求证"。……这十个字是我二三十年来见之于文字，常常在嘴里向青年朋友们说的。①

大约从 1920 年代初到 1960 年代前后，"大胆的假设，小心的求证"在胡适文著中屡见不鲜，②至此，实验主义方法论就日益被胡适的所谓"十字真言"所取代。

当实验主义方法论被提炼为"十字真言"，"大胆的假设"俨然成为合理的观念而公行于世，又辅之以尼采所谓"重新估定一切价值"的强烈自信和赫胥黎所谓"拿证据来"的怀疑心理与审判态度，③再加上实验主义的主观主义实在论和真理论的支持，这种方法论便被当做一件似乎普遍适用的武器，对自然领域、社会领域、精神领域、历史领域乃至超验领域的那些因空间无限广袤、时间无限久远、现象无限复杂、存在无限奥妙以致暂时甚至永远无法实证的对象横加破斥，实际上恰恰表现出狭隘而肤浅的理性的僭妄。至于所谓"小心的求证"基本上只是对于理性的僭妄的掩饰，事实上往往不是以证据验证假设，反而是以假设为标准去取舍证据，假设已经先在地规定了求证的范围和结果。这种情况不仅见于胡

---

① 《胡适文集(12)》，第 131 页。
② 例见胡适于 1919 至 1921 年写作的《清代学者的治学方法》(《胡适文集(2)》，第 302 页)、1959 年发表的《杜威在中国》演讲稿(《胡适文集(12)》，第 430 页)和 1959 年用英语讲述而由唐德刚于 20 世纪 70 年代末翻译出版的《胡适口述自传》(《胡适文集(1)》，第 269 页)。
③ 参见《胡适文集(3)》，第 272、278 页。

适"整理国故"的工作之中,而且表现在他对中西文化的认识上。

三、全盘西化和全盘反传统的文化观

生当西方文化高歌猛进、磅礴于世而中国文化江河日下、难以为继的时代,成长于乡土、启蒙于经史的胡适也曾对固有文化怀抱由衷的敬意、深切的同情、诚挚的忧虑以及振兴的志愿,在留学美国四年后的1914年所写《非留学篇》中,胡适说:

> 当吾国文明全盛之时,泱泱国风,为东洋诸国所表则。稽之远古,则有重译之来朝。洎乎唐代,百济、新罗、日本、交趾,争遣子弟来学于太学。中华经籍,都为异国之典谟,纸贵鸡林,以觇诗人之声价,猗欤盛哉,大国之风也!①
>
> 以数千年之古国,东亚文明之领袖,曾几何时,乃一变而北面受学,称弟子国,天下之大耻,孰有过于此者乎?
>
> 吾国今日所处,为旧文明与新文明过渡之时代。旧文明非不可宝贵也,不适时耳。人将以飞行机无烟炮袭我,我乃以弓箭鸟铳当之;人方探赜研几,役使雷电,供人牛马,我乃以布帆之舟、单轮之车当之;人方倡世界平等、人类均产之说,我乃以天王圣明、君主万能当之;人方倡生存竞争、优胜劣败之理,我乃以揖让不争之说当之;人方穷思殚虑,欲与他星球交通,我乃持天圆地方之说,以为吾国居天下之中,四境之上皆蛮夷戎狄也;此新旧二文明之相隔,乃如汪洋大海,渺不可渡。留学者,过渡之舟楫也;留学生者,篙师也,舵工也,乘风而来,张帆而渡,及于彼岸,乃采三山之神药,乞国医之金舟,然后扬帆而归,载宝而返。其责任所在,将令携来甘露,遍洒神州;海外灵芝,遍栽祖国;以他人之所长,补我所不足。庶令吾国古文明得新生机而益发扬光大,为神州造一新旧混合之新文明,此过

---

① 《胡适文集(9)》,第665页。

渡时代人物之天职也。①

他还批评那些昧于祖国历史文化而无爱国之心、一味惊羡西方现代文明的留学生说:

> 今吾国留学生,乃不知其国古代文化之发达、文学之优美、历史之光荣、民俗之敦厚,一入他国,目眩于其物质文明之进步,则惊叹颠倒,以为吾国视此真有天堂地狱之别。于是由惊叹而艳羡,由艳羡而鄙弃故国,而出主入奴之势成矣! 于是人之唾余,都成珠玉;人之瓦砾,都成琼瑶。及其归也,遂欲举吾国数千年之礼教文字风节俗尚,一扫而空之,以为不如是不足以言改革也!②

此言何等痛切! 却不料曾几何时,胡适自己竟成为他所批评的那种人物,而且有过之而无不及! 1917 年 3 月,追随杜威服膺实验主义的胡适即将结束七年留学生活回国,此时他在日记中抄录了荷马史诗《伊利亚特》里一段话的英译:You shall know the difference now that we are back again(如今我们已回来,你们请看分晓罢),并注记此语"可作吾辈留学生之先锋旗也"。③ 那么胡适想要国人所看的"分晓"是什么呢? 就是他所谓的"再造中国文明",④而这种"再造"是以不断激进的方式进行的,是在"新即是善,旧即是恶"的价值观指导下进行的,是基于"必破而后立"的认识进行的,⑤因此,胡适便对中国历史文化传统及其现实延续给予了完全、彻底、持续、激烈的否定,亦即全盘反传统。他对中国历史文化传统质疑道:

> (1) 对于习俗相传下来的制度风俗,要问:"这种制度现在还有存在的价值吗?"(2) 对于古代遗传下来的圣贤教训,要问:"这句话

---

① 《胡适文集(9)》,第 666 页。

② 《胡适文集(9)》,第 673 页。

③ 胡适 1917 年 3 月 8 日日记,转引自罗志田《再造文明之梦——胡适传》,第 148 页。胡适后来还多次引用这段话,见《胡适文集(11)》,第 611 页;《胡适文集(12)》,第 564 页。

④ 参见《胡适文集(2)》,第 551 页;《胡适文集(5)》,第 508 页。

⑤ 参见罗志田《再造文明之梦——胡适传》,第 174—194 页。

在今日还是不错吗?"(3) 对于社会上糊涂公认的行为与信仰,都要问:"大家公认的,就不会错了吗? 人家这样做,我也该这样做吗? 难道没有别样做法比这个更好,更有理,更有益的吗?"尼采说现今时代是一个"重新估定一切价值"(Transvaluation of all values)的时代。"重新估定一切价值"八个字便是评判的态度的最好解释。①

他并不是以客观求实的态度研究评价所怀疑的对象,而是采取实验主义的主观主义思想方法,以感觉揉捏事实,以假设规定证据,从而对中国历史文化传统作了过度的否定和过激的斥骂。他说:

> 在东周以前的历史,是没有一个字可以信的! 以后呢? 大部分也是不可靠的! ⋯⋯四部书里边的经、史、子三种,大多是不可靠的!②

> 我披肝沥胆地奉告人们:只为了我十分相信"烂纸堆"里有无数无数的老鬼,能吃人,能迷人,害人的厉害胜过柏斯德(Pasteur)发现的种种病菌。只为了我自己自信,虽然不能杀菌,却颇能"捉妖""打鬼"。⋯⋯这是整理国故的目的与功用。这是整理国故的好结果。⋯⋯这里面有绝好的结果。用精密的方法考出古文化的真相,用明白晓畅的文字报告出来,叫有眼的都可以看见,有脑筋的都可以明白。这是化黑暗为光明,化神奇为臭腐,化玄妙为平常,化神圣为凡庸:这才是"重新估定一切价值"。他的功用可以解放人心,可以保护人们不受鬼怪迷惑。③

除了以疆域太大这一条不成其为理由的理由猜测《禹贡》一篇不可靠,胡适再没有提出任何一条有说服力的证据表明东周以前的历史不可信;特别是他所谓"宁可疑而错,不可信而错"的疑古方针,④更是偏颇至

① 《胡适文集(2)》,第552页
② 《胡适文集(12)》,第92—93页。
③ 《胡适文集(4)》,第117页。
④ 《胡适文集(12)》,第92页。

极,荒谬绝伦!因此他自诩的"用精密的方法考出古文化的真相"就完全是自欺欺人!他一口骂尽中国历史文化传统为鬼怪,只能透露出他的文化心理已经完全扭曲!基于这种扭曲的文化心理,从 1920 年代前后至 1960 年代初的四十多年间,胡适对中国传统及现实进行了持续不断反反复复的丑诋,其代表性言论有谓:

> 梁先生难道不睁眼看看古往今来的多妻制度、娼妓制度,整千整万的提倡醉酒的诗,整千整万恭维婊子的诗,《金瓶梅》与《品花宝鉴》,壮阳酒与春官秘戏图。这种东西是不是代表一个知足安分寡欲摄生的民族的文化?[1]

> 我们试睁开眼看看:这遍地的乩坛道院,这遍地的仙方鬼照相,这样不发达的交通,这样不发达的实业——我们那里配排斥科学?至于"人生观",我们只有做官发财的人生观,只有靠天吃饭的人生观,只有求神问卜的人生观,只有《安士全书》的人生观,只有《太上感应篇》的人生观——中国人的人生观还不曾和科学行见面礼呢![2]

> 东方人在过去的时代,也曾制造器物,做出一点利用厚生的文明。但后世的懒惰子孙得过且过,不肯用手用脑去和物质抗争,并且编出"不以人易天"的懒人哲学,于是不久便被物质战胜了。天旱了,只会求雨;河决了,只会拜金龙大王;风浪大了,只会祷告观音菩萨或天后娘娘;荒年了,只好逃荒去;瘟疫来了,只好闭门等死;病上身了,只好求神许愿;树砍完了,只好烧茅草;山都精光了,只好对着叹气。这样又愚又懒的民族,不能征服物质,便完全被压死在物质环境之下,成了一分像人九分像鬼的不长进民族。[3]

> 我们的大病原,依我看来,是我们的老祖宗造孽太深了,祸延到我们今日。二三十年前人人都知道鸦片、小脚、八股为"三大害";前

---

①《胡适文集(3)》,第 190 页。胡适此言反驳梁漱溟《东西文化及其哲学》中的观点。
②《胡适文集(3)》,第 154 页。
③《胡适文集(5)》,第 514 页。

几年有人指出贫、病、愚昧、贪污、纷乱为中国的"五鬼";今年有人指出仪文主义、贯通主义、亲故主义为"三个亡国性的主义"。这些话,现在的青年人都看做老生常谈了,然而这些大病根的真实是绝对无可讳的。这些大毛病都不是一朝一夕发生的,都是千百年来老祖宗给我们留下的遗产。这些病痛,"有一于此,未或不亡",何况我们竟是兼而有之,种种亡国灭种的大病都丛集在一个民族国家的身上!向来所谓"东方病夫国",往往单指我们身体上的多病与软弱,其实我们身体上的病痛固然不轻,精神上的病痛更多,又更难治。即如"缠脚",岂但是残贼肢体而已!把半个民族的分子不当人看待,让她们做了牛马,还要砍折她们的两腿,这种精神上的风狂惨酷,是千百年不容易洗刷得干净的!又如"八股",岂但是一种文章格式而已!把全国的最优秀分子的聪明才力都用在变文字戏法上,这种精神上的病态养成的思想习惯也是千百年不容易改变的——这些老祖宗遗留下的孽障,是我们这个民族的根本病。在这个心身都病的民族遗传上,无论什么良法美意一到中国都成了"逾淮之橘",都变成四不像了。[1]

至于我们所独有的宝贝,骈文、律诗、八股、小脚、太监、姨太太、五世同居的大家庭、贞节牌坊、地狱活现的监狱、廷杖、板子夹棍的法庭……虽然"丰富",虽然"在这世界无不足以单独成一系统",究竟都是使我们抬不起头来的文物制度。即如寿生先生指出的"那更光辉万丈"的宋明理学,说起来也真正可怜!讲了七八百年的理学,没有一个理学圣贤起来指出裹小脚是不人道的野蛮行为,只见大家崇信"饿死事极小,失节事极大"的吃人礼教,请问那万丈光辉究竟照耀到那里去了?[2]

我认为我们东方这些老文明中没有多少精神成分。一个文明

---

[1]《胡适文集(5)》,第 380 页。
[2]《胡适文集(5)》,第 388 页。胡适此言反驳寿生《我们要有信心》中的观点。

容忍像妇女缠足那样惨无人道的习惯到一千年之久，而差不多没有一声抗议，还有什么精神文明可说？一个文明容忍"种姓制度"(the caste system)到好几千年之久，还有多大精神成分可说？一个文明把人生看做苦痛而不值得过的，把贫穷和行乞看做美德，把疾病看做天祸，又有些什么精神价值可说？试想像一个老叫化婆子死在极度贫困里，但临死还念着"南无阿弥陀佛"——临死还相信她的灵魂可以到阿弥陀佛所主宰的极乐世界去——试想像这个老叫化婆子有多大精神价值可说？现在，正是我们东方人应当开始承认那些老文明中很少精神价值或完全没有精神价值的时候了；那些老文明本来只属于人类衰老的时代——年老身衰了，心智也颓唐了，就觉得没法子对付大自然的力量了。的确，充分认识那些老文明中并没有多大精神成分，甚或已没有一点生活气力，似乎正是对科学和技术的近代文明要有充分了解所必需的一种智识上的准备；因为这个近代文明正是歌颂人生的文明，正是要利用人类智慧改善种种生活条件的文明。①

胡适还指斥中国传统价值说"试看一个'忠'字，一个'节'字，害死了多少中国人"！②并将孔子开创的儒家传统鄙薄为"孔渣孔滓"，叫喊"这

---

① 《胡适文集(12)》，第 704 页。这段言论出自胡适于 1961 年 11 月 16 日在美国国际开发总署于台北举办的"亚东区科学教育会议"上发表的演讲，该文稿刊于同年 12 月 1 日台北《文星》杂志第 9 卷第 2 期。徐复观旋即在同年同月《民主评论》第 12 卷第 24 期发表《中国人的耻辱 东方人的耻辱》一文痛斥道："他以一切下流的辞句来诬蔑中国文化，诬蔑东方文化，我应当向中国人，向东方人宣布出来，胡博士之担任中央研究院院长，是中国人的耻辱，是东方人的耻辱。我之所以如此说，并不是因为他不懂文学，不懂史学，不懂哲学，不懂中国的，更不懂西方的，不懂过去的，更不懂现代的。而是因为他过了七十之年，感到对人类任何学问都沾不到边，于是由过分的自卑心理，发而为狂悖的言论，想用诬蔑中国文化、东方文化的方法，以掩饰自己的无知，向西方人卖俏，因而得点残羹冷汁，来维持早经掉到厕所里去了的招牌，这未免太脸厚心黑了。"(见《徐复观文集》修订本第 1 卷，武汉：湖北人民出版社 2009 年第 2 版，第 325 页)由此引发与徐复观、胡秋原等传统派为一方，以居浩然、李敖等西化派为另一方的中西文化论战，迁延数年而以诉诸刑律告终。关于这场论战的过程情况，参见刘述先《文化论争的回顾与批评》(载氏著《文化与哲学的探索》，台北学生书局 1986 年版)。

② 《胡适文集(2)》，第 273 页。

块孔丘的招牌——无论是老店，是冒牌——不能不拿下来，捣碎，烧去"！① 又连带责备老子、庄子是"东方的懒惰圣人"。② 胡适认定秉承这种"恶劣"传统的中国人全都背负着原罪，唯一的救赎只有老老实实认罪！ 他在二十多年间喋喋不休地教训国人道：

> 我们必须承认我们自己百事不如人，不但物质上不如人，不但机械上不如人，并且政治社会道德都不如人。何以百事不如人呢？不要尽说是帝国主义者害了我们，那是我们自己欺骗自己的话！……今日的第一要务是要造成一种新的心理：要肯认错，要大彻大悟地承认我们自己百不如人。第二步便是死心塌地的去学人家。③

> 我们如果还想把这个国家整顿起来，如果还希望这个民族在世界上占一个地位，只有一条生路，就是我们自己要认错！ 我们必须承认我们自己百事不如人，不但物质机械上不如人，不但政治制度不如人，并且道德不如人，知识不如人，文学不如人，音乐不如人，艺术不如人，身体不如人！ 肯认错了，方才肯死心塌地的去学人家。④

> 我们的民族信心必须站在"反省"的唯一基础之上，反省就是要闭门思过，要诚心诚意的想，我们祖宗的罪孽深重，我们自己的罪孽深重，要认清了罪孽所在，然后我们可以用全副精力去消灾灭罪。……反省的结果应该使我们明白那五千年的精神文明，那"光辉万丈"的宋明理学，那并不太丰富的固有文化，都是无济于事的银样镴枪头。⑤

> 我十分诚挚的对全国人说：我们今日还要反省，还要闭门思过，还要认清祖宗和我们自己的罪孽深重，决不是这样浅薄的"与欧美

---

① 《胡适文集(2)》，第 608—610 页。
② 《胡适文集(4)》，第 6 页。
③ 《胡适文集(4)》，第 27—28 页。
④ 《胡适文集(5)》，第 515 页。
⑤ 《胡适文集(5)》，第 389—390 页。

文化接触"就可以脱胎换骨的。我们要认清那个容忍拥戴"小脚、八股、太监、姨太太、骈文、律诗、五世同居的大家庭、贞节牌坊、地狱的监牢、夹棍板子的法庭"到几千几百年之久的固有文化,是不足迷恋的,是不能引我们向上的。那里面浮沉着的几个圣贤豪杰,其中当然有值得我们崇敬的人,但那几十颗星儿终究照不亮那满天的黑暗。①

我们今日所受的苦痛,都是我们这个民族努力不够的当然结果。我们事事不如人:科学不如人,工业生产不如人,教育不如人,知识水准不如人,社会政治组织不如人。②

由上可见,自 1917 年回国直至 1962 年去世,胡适几十年间评论中国历史文化传统的基调就是怀疑、否定、诬蔑、丑化乃至消解。而在另一方面,对于在他看来"已经成为世界文明的现代西方文明",③胡适则极力赞美,实质上主张"全盘西化"。1929 年,在《文化的冲突》一文中,胡适将当时国人对待西方文化的态度区分为三种,"第一种态度是抗拒,第二种态度是全盘接受,第三种态度是有选择性的采纳"。④ 他认为,第一种抗拒的态度已经没有人坚持,故不必讨论。而第三种选择性的态度"似乎是最合乎理性的上策,因此,这不仅是国内的提倡者,也是自命为中国之友和中国文明的热爱者的一些外国作家所鼓吹的一种最有力的态度",⑤甚至他自己"曾经也是这种选择性过程的倡导者之一",⑥不过,胡适立刻声明:"现在我表示后悔,因为我认为谨慎选择的态度是不可能的,而且

---

① 《胡适文集(5)》,第 396 页。
② 《胡适文集(11)》,第 802 页。
③ 《胡适文集(11)》,第 167 页。胡适对西方文明的赞美例见《我们对于西洋近代文明的态度》(《胡适文集(4)》,第 3—14 页)、《论六经不够作领袖人才的来源》(《胡适文集(5)》,第 419—422 页)、《介绍我自己的思想》(《胡适文集(5)》,第 507—519 页)、《五十年来的美国》(《胡适文集(12)》,第 823—830 页)、《科学发展所需要的社会改革》(《胡适文集(12)》,第 703—707 页)。
④ 《胡适文集(11)》,第 167 页。
⑤ 《胡适文集(11)》,第 167 页。
⑥ 《胡适文集(11)》,第 169 页。

也实在不必要。"①这就明白无误地表明胡适的态度是"一心一意接受"或"全盘接受"现代西方文明,亦即全盘西化。② 1935 年,胡适进一步剖陈衷曲道:

> 在陈序经先生的长文里,他提起吴景超先生曾把我算作主张文化折衷的一个人,这一点大概是吴先生偶然的错误。但陈序经先生也说我"虽然不能列为全盘西化派,而乃折衷派中之一支流",这个看法也是错误的。我前几年曾在上海出版的 *Christian Year-book* 里发表过一篇 *The Cultural Conflict in China*(手头无此册,记不清是那一年的年鉴了),我很明白的指出文化折衷的不可能,我是主张全盘西化的。但我同时指出,文化自有一种"惰性",全盘西化的结果自然会有一种折衷的倾向。例如中国人接受了基督教的,久而久之,自然和欧洲的基督徒不同,他自成一个"中国基督徒"。又如陈独秀先生的接受共产主义,我总觉得他只是一个"中国的共产主义者",和莫斯科的共产党不同。现在的人说"折衷",说"中国本位",都是空谈。此时没有别的路可走,只有努力全盘接受这个新世界的新文明。全盘接受了,旧文化的"惰性"自然会使他成为一个折衷调和的中国本位新文化。若我们自命做领袖的人也空谈折衷选择,结果只要抱残守阙而已。古人说:"取法乎上,仅得其中;取法乎中,风斯下矣。"这是最可玩味的真理。我们不妨拼命走极端,文化的惰性自然会把我们拖向折衷调和上去的。关于这个问题,我将来也许作专文发表。此时我只借此声明我是完全赞成陈序经先生的全盘西化论的。③

胡适在此虽然预设了中西文化折衷的结局,但这种结局对他而言乃是迫不得已的,无可奈何的,而不是他的主观愿望;他的主观愿望就是

---

① 《胡适文集(11)》,第 169 页。
② 参见《胡适文集(11)》,第 167 页。
③ 《胡适文集(11)》,第 671 页。

"全盘西化"，"努力全盘接受这个新世界的新文明"，"拼命走极端"，正因此，他才指出吴景超、陈序经将他作为"主张文化折衷的一个人"或"折衷派中之一支流"都是错误的，而声明完全赞成全盘西化论者陈序经。其实，所谓通过"拼命走极端"而达到折衷结局的设想是非常荒诞的，有谁能够保证偏激与惰性之间的张力可以达致一个恰好的平衡点？事实只能是折衷未成而人心已乱，民气已隳，族群已散，国势已堕！所以，胡适此说根本就是全盘西化论的障眼法！此后不久，胡适又提出以"充分世界化"的口号取代"全盘西化"，但这并不意味着他放弃了全盘西化的立场，而只是为了使口号的含义稍具弹性，从而不仅避免遭受批评、引发争论，而且可能获取同情、包容论敌；也就是说，口号的转换只是一种策略，"这里面本来没有'折衷调和'的存心，只不过是为了应用上的便利而已"。① 综上所述，胡适的中西文化观可以概括为全盘反传统和全盘西化。

胡适的全盘反传统和全盘西化，应该具有以决绝手段挽救国族危亡乃至迅速实现富强的动机，例如他说："我们的问题是救国，救这衰病的民族，救这半死的文化。在这件大工作的历程里，无论什么文化，凡可以使我们起死回生、返老还童的，都可以充分采用，都应该充分收受。我们救国建国，正如大匠建屋，只求材料可以应用，不管他来自何方。"②他在外患深重时代所体现的民族立场，也表明他是一位爱国主义者，这一点，由《"协和外交"原来还是"焦土外交"》《今日的危机》《中华民国华北军第七军团第五十九军抗日战死将士公墓碑》《解决中日的任何悬案？》《沉默的忍受》《敬告日本国民》《华北问题》《敬告宋哲元先生》等文可资证明。③不过无论如何，全盘反传统和全盘西化的文化观，在思想认识上是片面的，在情感倾向上是偏颇的，在社会影响上是恶劣的。中国五千年传统

---

① 参见《胡适文集(5)》，第 453—455 页。另参见《胡适文集(11)》，第 607—608 页。
②《胡适文集(5)》，第 515 页。
③ 上列诸文见《胡适文集(11)》，第 437—442、447—450、451—453、454—456、604—606、640—644、654—655、717—719 页。

文化决不可能完全都是糟粕,西方文化也决不可能完全都是精华,中西文化必然都是精华与糟粕共存,必然都需要进行扬弃。而主体上对于自然、社会、人生一体关照的中国传统德性文化,虽然在近代以来骤遇西方强力文化而一时难以招架,甚至堕入悲惨境况,但德性文化毕竟是走出丛林告别野蛮的人类的理想归宿,是比强力文化更加可欲的人类文化,决不应该因西方文化暴发户式的勘天役物就被抛弃,而应该在充分吸收强力文化的同时,护持德性文化的精髓,最终以德性文化转化强力文化,从而实现生机盎然的自然宇宙和大同太平的人类社会。胡适以实用主义的狭隘短浅的眼光看待源远流长、博大精深的中国传统文化,以震慑惊羡的态度对待现代西方文化,以社会名流的身份持续发表大量全盘反传统和全盘西化的言论,对中华民族的价值观、认同感、自尊心和自信力造成极大破坏,对一波接一波的历史虚无主义、反传统和西化思潮起到推波助澜作用,这些都是必须予以认真清算和严肃批判的。

第五章　嘉纳西学并护持传统：现代哲学的含弘

全盘西化、全盘反传统观念在新文化运动时期大行其道，成为社会主流思潮，但同时也激起持续而强烈的反弹，孔教派、东方文化派、甲寅派、学衡派、国故派等文化保守主义派别先后与西化派展开思想斗争。文化保守主义方面的言说姑置不论，即从当时最为新进的《青年杂志》(即《新青年》)和《每周评论》所载张永言来信、"崇拜王敬轩先生者"来信以及陈独秀《答常乃悳(古文与孔教)》《再答常乃悳(古文与孔教)》《三答常乃悳(儒教与家庭)》《答俞颂华(宗教与孔子)》《答佩剑青年(孔教)》《再答俞颂华(孔教)》《质问〈东方杂志〉记者——〈东方杂志〉与复辟问题》《答张寿朋(文学改良与孔教)》《答爱真(五毒)》《关于北京大学的谣言》诸文所透露的常乃悳、俞颂华、佩剑青年、《东方杂志》记者、张寿朋、爱真、林琴南、张厚载等人的观点，①便可概见其时抵制"扬西抑东"②思潮的社会状况。在新文化运动时期所有与全盘西化、全盘反传统思潮交锋的人物中，理论更为完备、观点更具有说服力、影响也更为广大者当推梁漱溟和张君劢。

---

① 依次见《陈独秀著作选》第 1 卷，第 181—182、382—383、250—252、265—266、276、278—280、281—282、308—310、401—407、421、426、503—505 页。
② 见《陈独秀著作选》第 1 卷，第 182 页。

梁、张二人都对西方文化具有比较深入的了解和相当充分的肯定,但在终极认同上却都崇奉儒家。从终极认同来看,他们与传统儒家一脉相承。但从对西方文化的了解和肯定来看,他们又超越了传统儒家,而同属今人所谓的"现代新儒家"。梁、张的出场,也就标志着现代新儒家登上现代中国思想舞台,逐渐成为现代中国思想界的重要一翼。

第一节 梁漱溟基于意欲本体的文化哲学

一、生平著述

梁漱溟(1893—1988),中国哲学家、社会活动家。原名焕鼎,字寿铭,蒙古族,广西桂林人。早年加入同盟会。1916 年作《究元决疑论》。1917 年任北京大学印度哲学讲席,1924 年辞离北大后,从事乡村建设实践活动。曾任河南村治学院教务长并接办北平《村治月刊》。1931 年在邹平创办山东乡村建设研究院,任研究部主任、院长,倡导乡村建设运动。全国性抗战时期,主张团结抗日,参与发起组织统一建国同志会,后改组为中国民主政团同盟,任中央常委并为其机关报《光明报》社长。1946 年任民盟秘书长。中华人民共和国成立后,为第一、二、三、四届全国政协委员,第五、六届全国政协常委,并任中国孔子研究会顾问,中国文化书院院务委员会主席等职。一生致力于研究儒家学说和中国传统文化,被视为现代新儒学创始人之一。主要著作有《东西文化及其哲学》《乡村建设理论》《中国文化要义》《人心与人生》等。①

二、意欲本体论

梁漱溟是思想家、社会活动家,而并不以哲学作为志业,并不致思于

---

① 引自《辞海(第 7 版)》,上海:上海辞书出版社 2020 年版,第 2658 页。

哲学体系的建构，①他反复表明"人人都懂一点哲学最好，但无需在大学里办哲学系，培养以哲学为职业的人。一个人在大学里学哲学，等毕了业再教别人哲学，这是顶冤枉的"，②"就以人生问题之烦闷不解，令我不知不觉走向哲学，出入乎东西百家。然一旦于人生道理若有所会，则亦不复多求。假如视哲学为人人应该懂得一点的学问，则我正是这样懂得一点而已，这是与专门治哲学的人不同处"，③"我常说，我从无意讲哲学，我是不知不觉走入哲学之中，经人指明而后才恍然'原来这就叫哲学'。其所以无意讲哲学，就为当初把文学哲学那一类东西都认为无用而排斥之故。所谓不知不觉走入其中，即是从最初那种实用主义不知不觉慢慢加以深化，加以组织"。④ 这些表述都确是事实，一方面梁漱溟终究不以哲学家成就自己，另一方面他却不乏哲学思想。在1916年所著《究元决疑论》中，可见他对宇宙本体的把握，他说：

> 鲁滂所谓第一本体不可思议之以太者，略当佛之如来藏或阿赖耶。《起信论》云："不生不灭，与生灭和合，非一非异，能摄一切法生一切法"者是也。鲁君所获虽精，不能如佛穷了，此际亦未容细辨。以太涡动形成原子，而成此世界，此涡动即所谓忽然念起。何由而动，菩萨不能尽究，故鲁君亦莫能知莫能言也。世有问无明何自来者，此涡动便是无明，其何自则非所得言。涡动不离以太，无明不离真心。涡动形成世界，心生种种法生。然虽成世界，犹是以太。故《起信论》云："是心从本已来自性清净而有无明，为无明所染有其染心，虽有染心而常恒不变。"又云："众生本来常住涅槃，菩提之法非

---

① 梁先生说："所以'我无意乎学问''我不是学问家''以哲学家看我非知我者'……如此累次自白（见前出各书），在我绝非无昧的声明。我希望我的朋友遇到有人问起梁某究是怎样一个人，便为我回答说：'他是一个有思想的人。'或说：'他是一个有思想又且本着他的思想而行动的人。'这样便恰如其分，最好不过。如其说'他是一个思想家，同时又是一社会改造运动者'，那便是十分恭维了。"见《梁漱溟全集》第3卷，济南：山东人民出版社1990年版，第6页。
②《梁漱溟全集》第2卷，济南：山东人民出版社1990年版，第138页。
③《梁漱溟全集》第3卷，第5页。
④《梁漱溟全集》第6卷，济南：山东人民出版社1992年版，第1020页。

可修相,非可作相,毕竟无碍。"又云:"因无明风动,心与无明俱无形相,不相舍离,而心非动性,无明灭,相续则灭。"此相续即质力不灭之律。然涡动失则质力随灭;故无明灭,相续则灭也。"然所言灭者唯心相灭,非心体灭。如风依水而有动相,若水灭者则风相断绝,无所依止。以水不灭,风相相续;唯风灭故,动相随灭,非是水灭。"(《起信论》)盖灭者谓质力之相续灭,而消归于以太,非以太灭。①

又说:

> 不可思议义云何?谓所究元者以无性故,则百不是:非色非空,非自非他,非内非外,非能非所,非体非用,非一非异,非有非无,非生非灭,非断非常,非来非去,非因非果;以周遍法界故,则莫不是:即色即空乃至即因即果。夫莫不是而百不是,斯真绝对者。②

这是将西方的以太和佛教的如来藏或阿赖耶以及中国传统哲学中的元等范畴同视为宇宙本体,刻画本体无是无不是的体用两面一如性状,描述本体生成万物的机理及其与万物的关系,说明万物无常而本体永恒,凡此体现了对于本体的相当精深的理解。③ 在五年后出版的《东西文化及其哲学》中,梁漱溟通过对小乘佛教形而上学的评论,进一步表现了他的本体观,其曰:

---

① 《梁漱溟全集》第 1 卷,济南:山东人民出版社 1989 年版,第 6 页。按"此际亦来容细辨"之"来"当做"未"。
② 《梁漱溟全集》第 1 卷,第 9—10 页。
③ 1923 年,梁先生对《究元决疑论》表达的本体观进行了反思,他说:"此段以鲁滂的《物质新论》和佛家的《楞严经》《起信论》来比附,立论最是不当。且不论鲁滂的话可靠不可靠,亦不论自安斯坦(按即爱因斯坦)的发明以来物质的观念变更,从前科学上假定的'以太'取消,而此以'以太'立说者能否成立;根本上这种以相仿佛的话头来比附立论,是使人思想混沌的一条路,是学术上的大障,万要不得的。而且'以太涡动'附会'忽然念起'也实在可笑的。我们求知首当致谨于方法,而若鲁滂《物质新论》的主张,是否从谨严的方法求得来的,盖甚难言。至若《起信论》的宇宙缘起说,其方法更难言了。无方法而讲话,则只是乱讲的而已,其是非诚否,末从而辨也。所以这一全段话内中的是非非,直无可说,通体要不得。"(《梁漱溟全集》第 1 卷,第 21—22 页)这实际上只是受时代风气影响而检讨立论的方法,否定比附而强调实证,却并不意谓梁先生在传统的且为唯一可能的形而上学意义上对本体性状和功能的认识不当。

小乘色心并举，乍看上去亦可曰物心二元，但其实是不然。从他那色与心彼此不相属、亦无所共属去说，应为物心二元，却是色心都是所谓"有为法"，他们俱目为非真实的，那里能以他为本体呢？又印度人之求宇宙本体，都是要解脱了以契合本体的；小乘是要解脱到"无为法"的，他所要解脱以去者正在色心，那么色心不是他的本体是很明的。他既然解脱在"无为"，又说"无为"是真常，那么很象是本体喽。但他又不说"无为"为万有所自出，并且还说"无为"离色心而定有，那么"无为"又怎能算他本体呢？要晓得小乘的说话实在不是在那里答对什么宇宙本体的问题，他只是将宇宙万有分门别类来看，至于万有归总一个的观念，他并没有。①

从色与心既不相属又无共属而判定此二者皆非本体，可见梁漱溟认为本体是绝对一元的；从色与心俱为滞碍的实有而判定其皆非本体，可见他又认为本体是毕竟空无所有的；从真常"无为"非但不能生成宇宙万物，且超绝于宇宙万物而判定其非本体，可见他还认为本体是宇宙万物之源且与宇宙万物同在。这种以本体为极虚而极实、无在无不在的夐然绝对的一的认识，显然是对中西传统（特别是儒道两家）本体观的精深理解。

梁漱溟不仅对传统本体观具有精深的理解，而且平易晓畅地阐述了他自己的宇宙观和本体观，他说：

照我们的意思，尽宇宙是一生活，只是生活，初无宇宙。由生活相续，故尔宇宙似乎恒在，其实宇宙是多的相续，不似一的宛在。宇宙实成于生活之上，托乎生活而存者也。这样大的生活是生活的真象，生活的真解。……我们为我们的必需及省事起见，我们缩小了生活的范围，单就着生活的表层去说。那么，生活即是在某范围内的"事的相续"。这个"事"是什么？照我们的意思，一问一答即唯识

①《梁漱溟全集》第 1 卷，第 408 页。

家所谓一"见分"一"相分"是为一"事",一"事",一"事",又一"事",……如是涌出不已,是为"相续"。为什么这样连续的涌出不已?因为我们问之不已——追寻不已。一问即有一答——自己所为的答。问不已答不已,所以"事"之涌出不已,因此生活就成了无已的"相续"。这探问或追寻的工具其数有六,即眼、耳、鼻、舌、身、意。凡刹那间之一感觉或一念皆为一问一答的一"事"。在这些工具之后,则有为此等工具所自产出而操之以事寻问者,我们叫他大潜力或大要求或大意欲——没尽的意欲。当乎这些工具之前的,则有殆成定局,在一期内——人的一生——不变更,虽还是要相续而转,而貌似坚顽重滞之宇宙——"真异熟果"。现在所谓小范围的生活——表层生活——就是这"大意欲"对于这"殆成定局之宇宙"的努力,用这六样工具居间活动所连续而发一问一答的"事"是也。所以我们把生活叫作"事的相续"。这个差不多成定局的宇宙——真异熟果——是由我们前此的自己而成功这样的。这个东西可以叫作"前此的我"或"已成的我",而现在的意欲就是"现在的我"。所以我们所说小范围生活的解释即是"现在的我"对于"前此的我"之一种奋斗努力。所谓"前此的我"或"已成的我"就是物质世界能为我们所得到的,如白色、声响、坚硬等皆感觉对他现出来的影子呈露我们之前者。而这时有一种看不见、听不到、摸不着的非物质的东西,就是所谓"现在的我"。这个"现在的我",大家或谓之"心"或"精神",就是当下向前的一活动,是与"已成的我"——物质——相对待的。①

梁漱溟这段话的大意是,整个宇宙都由生活构成;而生活就是相续不断、永无止息的事;所谓"事"在根本上即刹那起灭的感觉或意念,其表著则为不已的探问或追寻;这种感觉或意念以及探问或追寻有赖于眼、耳、鼻、舌、身、意六识方得以实现;而六识又出自无始无终、无边无际、无穷无尽的意欲并受意欲的支配。据此可以作出的反向演绎是,意欲产出

①《梁漱溟全集》第1卷,第376—377页。

并支配六识,六识生发刹那起灭的感觉或意念以及不已的探问或追寻,刹那起灭的感觉或意念以及不已的探问或追寻造成相续不断、永无止息的事,相续不断、永无止息的事汇成生活的洪流,生活的洪流构成整个宇宙。显而易见,在这样一个宇宙论架构中,意欲为其根本,亦即本体。梁漱溟这段话还说明,已成的物质宇宙不过是秉具为意欲所支配的六识的人们以往生活的凝固,而当下的生活则是秉具为意欲所支配的六识的人们对于凝固的以往生活的奋斗,因此可以说,意欲乃是时空中的一切存有的始基和根因,也就是本体。

在梁漱溟的所有著述中,比较集中地表达他自己的本体观的大概仅此一处,寥寥数语,不成体系,但思想观点却是清楚的,可以概括为意欲本体论。虽然梁漱溟自承他的这些思想观点"只是一点佛家的意思","完全是出于佛家思想",[1]但应该还受到当时流行的叔本华唯意志论和柏格森生命哲学的影响。不过叔本华对生命意志的最终否定与梁漱溟对意欲的承认尚存抵牾;而柏格森的生命冲动、时间绵延、创造进化诸说则与梁漱溟的意欲本体、事的相续、探问追寻诸说甚相契合,由此推断梁漱溟至少有取于柏格森当不为过,这一点,从他在《究元决疑论》中所谓"此迁流相续者,鲁滂所谓变化无休息,达尔文、斯宾塞所谓进化,叔本华所谓求生之欲,柏格森所谓生活,所谓生成进化,莫不是此,而柏格森之所明尤极可惊可喜",[2]可资证明。

三、理性认识论

梁漱溟早年研究佛家量论(即认识论),对于形成认识的现量、比量、非量三者,特别重视非量的作用,他说:

> 知识是由于现量和比量构成的,这话本来不错。但是现量与比量之间还应当有一种作用,单靠现量和比量是不成功的。因为照唯

---

[1]《梁漱溟全集》第1卷,第376页。
[2]《梁漱溟全集》第1卷,第13页。

识家的说法,现量是无分别、无所得的——除去影象之外,都是全然无所得,毫没有一点意义。如是从头一次见黑无所得,则累若干次仍无所得,这时间比量智岂非无从施其简、综的作用? 所以在现量与比量中间,另外有一种作用,就是附于感觉——心王——之"受""想"二心所。"受""想"二心所是能得到一种不甚清楚而且说不出来的意味的。如此从第一次所得"黑"的意味积至许多次,经比量智之综合作用贯穿起来,同时即从白、黄、红、绿……种种意味简别清楚,如是比量得施其简、综的作用,然后才有抽象的意义出来。"受""想"二心所对于意味的认识就是直觉。故从现量的感觉到比量的抽象概念,中间还须有"直觉"之一阶段,单靠现量与比量是不成功的。……所以直觉就是"非量",因为现量对于本质是不增不减的,比量亦是将如此种种的感觉加以简综的作用而不增不减得出的抽象的意义,故此二者所得皆真,虽时有错,然非其本性;唯直觉横增于其实则本性既妄,故为非量。但是我们所以不用"非量"而用直觉者,因为唯识家所谓"非量"系包括"似现量"与"似比量"而言,乃是消极的名词,否定的名词,表示不出于现量比量之外的一种特殊心理作用,故不如用直觉为当。①

与此同时,梁漱溟谈到儒家认识论说:"这个知和能,也就是孟子所说的不虑而知的良知,不学而能的良能,在今日我们谓之直觉。这种求对求善的本能、直觉,是人人都有的。"②"此敏锐的直觉,就是孔子所谓仁。……儒家完全要听凭直觉,所以唯一重要的就在直觉敏锐明利,而唯一怕的就在直觉迟钝麻疲;所有的恶都由于直觉麻疲,更无别的原因。所以孔子教人就是'求仁'。人类所有的一切诸德本无不出自此直觉,即无不出自孔子所谓'仁',所以一个'仁'就将种种美德都可代表了。……'仁'就是本能、情感、直觉,是已竟说过的了。在直觉、情感作用盛的时

①《梁漱溟全集》第1卷,第399—401页。
②《梁漱溟全集》第1卷,第452页。

候,理智就退伏;理智起了的时候,总是直觉、情感平下去;所以二者很有相违的倾向。孔子说'刚毅木讷近仁',又说'巧言令色鲜矣仁'。我们都可以看出这'仁'与'不仁'的分别:一个是通身充满了真实情感,而理智少畅达的样子;一个是脸上嘴头露出了理智的慧巧伶俐,而情感不真实的样子。大约理智是给人作一个计算的工具,而计算实始于为我。所以理智虽然是无私的,静观的,并非坏的,却每随占有冲动而来。因这妨碍情感和连带自私之两点,所以孔家很排斥理智。"①由此可见,梁漱溟将佛家的非量、儒家的良知良能甚至仁都对应于现代心理学的直觉范畴,认定唯有直觉才可能成就认识以及作用于对象世界的德性,而对排抑情感、明分物(人)我、专注利害、工于算计的理智予以贬斥。

在1949年完成并出版的《中国文化要义》中,梁漱溟追述道:"二十七年前我亦还不认识理性,同意克鲁泡特金道德出于本能之说,而不同意罗素本能、理智、灵性三分法。及至有悟于理性、理智之必须分开,而后恍然罗素之三分法为不易之论——罗素所云灵性相当于我所谓理性。"②由此梁漱溟便以大致相当于罗素所谓"灵性"的理性取代了大致相当于克鲁泡特金所谓"本能"的直觉,而集中地以理性和理智两个范畴来处理认识论问题了。

那么理性和理智各自的涵义是什么? 其相互关系如何? 梁漱溟在漫长的生涯中对此作出了大量的、基本主旨一贯相承的论说,其荦荦大端有谓:

> 所谓理性,是指吾人所有平静通达的心理。吾人心里平平静静没有什么事,这个时候,彼此之间无论说什么话,顶容易说得通。这似乎很浅、很寻常,然而这实在是宇宙间顶可宝贵的东西,人之所以异于禽兽者就在这一点。③

---

① 《梁漱溟全集》第1卷,第453—455页。
② 《梁漱溟全集》第1卷,第306页。梁先生对罗素三分法的理解过程另见《梁漱溟全集》第3卷,第599页。
③ 《梁漱溟全集》第2卷,第181页。近似说法见于《梁漱溟全集》第3卷,第123页。

理性，一面是开明的——反乎愚蔽，一面是和平的——反乎强暴。故惟理性抬头，愚蔽与强暴可免。①

宇宙间的理，我们可以粗分为二：一种是情理，一种是物理。情理出于人情好恶，偏于主观；物理存于事物，经人考验得来，偏于客观。辨察物理靠理智，体认情理靠理性。理性、理智二词，通常混用不甚分，这里虽分亦非截然二物。大抵理智要冷静才得尽其用，就必须屏抑一切感情；而理性则离好恶无可见。……所谓理性，要无外父慈子孝的伦理情谊和好善改过的人生向上。②

中国人之所谓理性与西洋人之所谓理性不同。西洋人之所谓理性，当然也是平静通晓，但是只差"而有情"三个字；中国人的理性就是多"而有情"三个字。……理性主义有两种，一是法国的理性主义，是一个冷静分析的理智；一是中国人的理性主义，是平静通晓而有情的。"而有情"三个字最重要，因系指情理而言。③

理性、理智为心思作用之两面，知的一面曰理智，情的一面曰理性，二者本来密切相联不离。譬如计算数目，计算之心是理智，而求正确之心便是理性。数目算错了，不容自昧，就是一极有力的感情，这一感情是无私的，不是为了什么生活问题。分析、计算、假设、推理。……理智之用无穷，而独不作主张，作主张的是理性。理性之取舍不一，而要以无私的感情为中心。④

理智者，人心之妙用；理性者，人心之美德。后者为体，前者为用。虽体用不二，而为了认识人心，有必要分别指出之。……理智、理性各有其所认识之理。理智静以观物，其所得者可云"物理"，是夹杂一毫感情（主观好恶）不得的。理性反之，要以无私的感情为中

①《梁漱溟全集》第 2 卷，第 183 页。
②《梁漱溟全集》第 2 卷，第 185—186 页。按此段"体认情理靠理性"一句后有脱误，径予补正。
③《梁漱溟全集》第 2 卷，第 314 页。"平静通晓而有情"一语，实际上也正是梁先生使用的理性概念与通常理性概念的区别所在。
④《梁漱溟全集》第 3 卷，第 125—126 页。

心,即从不自欺其好恶而为判断焉,其所得者可云"情理"。例如正义感,即对于正义(某一具体事例)欣然接受拥护之情,而对于非正义者则嫌恶拒绝之也。离开此感情,求所谓正义,其可得乎?然一切情理虽必于情感上见之,似动而非静矣,却不是冲动,是一种不失清明自觉的感情。[1]

比如人当他作了不公平的事,他自己知道,其良心不容自昧。又如当他理曲而强辩时,未尝不知自己之非。这足以证明他心中有个不自私,这就是理性。理性是大公无我的,理性中无自私。[2]

所谓理者既有此不同,似当分别予以不同名称。前者为人情上的理,不妨简称"情理";后者为物理上的理,不妨简称"物理"。假如大家承认可以这样分开的话,我们再来看人类对此不同之两种理的认识,是否亦出自两种不同之认识力。我以为在认识上是有分别的,即后者的认识不容稍存主观爱憎迎拒,而前者则离却主观之爱好与憎恶便无从认识。现时流行有"正义感"的一句话,正义感是一种感情,对于正义便欣然接受,对于不合正义的便厌恶拒绝。正义感即是正义之认识力,离开这种感情,正义就不可得。一切是非善恶之理皆同此例。善就在乎崇敬悦服赞叹的心情上,恶就存乎嫌恶愤嫉不平的心情上。反之,我们若不为求善而意在求真,则非屏除一切感情、极其冷静不可。必须屏除感情而后其认识乃明切锐入者,我谓之理智。必须藉好恶之情以为判别者,我谓之理性。[3]

物理的认识出于理智对外思索之功;情理则发之自内,若不容已。前者要冷静,后者于静中有动(指当下好恶之情)。物理、情理

---

① 《梁漱溟全集》第 3 卷,第 603 页。梁先生以体用分指理性和理智的言论,还见于《梁漱溟全集》第 5 卷,济南:山东人民出版社 1992 年版,第 869 页;《梁漱溟全集》第 7 卷,济南:山东人民出版社 1993 年版,第 275 页。

② 《梁漱溟全集》第 5 卷,第 870 页。

③ 《梁漱溟全集》第 6 卷,第 405 页。

各有其所由认识的能力非一，前者称理智，后者宜别名为理性。如前云"反躬自问始逼真"者，即诉之理性自觉之谓也。①

综上可见，梁漱溟认为，理性主要以人情为认识对象，其认识方式为情智双运而以情主智，其情之主要内容为清明自觉、中正和平、大公无私，其指向在于求善成德；理智则以物理为认识对象，其认识方式为专任智性而杜绝情感，其指向在于求真成识；理性和理智是人类兼具的两种认识能力，但理性为体为主，理智为用为从。梁漱溟对理性（其早年所谓直觉）与理智在认识上的不同效果予以比较，他说：

> 事实象是圆的，若认定一点，拿理智往下去推，则为一条直线，不能圆，结果就是走不通。譬如以爱人爱物这个道理顺着往下推去，必至流于墨子兼爱、基督博爱的派头，再推就到了佛教的慈悲不杀，再推不但不杀动物，也要不杀害植物才对，乃至一石一木也要不毁坏他才对，那么那个路你怎么走呢？你如果不能做到最后尽头一步，那么你的推理何以无端中途不往下推？你要晓得不但后来不能推，从头原不应判定一理而推也！所以孔子主张"亲亲而仁民，仁民而爱物"，在我的直觉上对于亲族是情厚些，就厚些；对于旁人略差些，就差些；对于生物又差些，就又差些；对于木石更差了，就更差些。你若判定情厚多爱为定理，而以理智往下推寻，把他作成客观道理而秉持之，反倒成了形式，没有真情，谬戾可笑，何如完全听凭直觉！然而一般人总要推寻定理，若照他那意思看，孔家所谓"钓而不网，弋不射宿""君子远庖厨"未免不通，既要钓何如网，既不网也就莫钓；既要弋就射宿，既不射宿也就莫弋；既不忍食肉就不要杀生，既杀生又何必远庖厨。一般人是要讲理的，孔子是不讲理的；一般人是求其通的，孔子则简直不通！然而结果一般人之通却成不通，而孔子之不通则通之至。盖孔子总任他的直觉，没有自己打架；

---

① 《梁漱溟全集》第 7 卷，第 275 页。

而一般人念念讲理，事实上只讲一半，要用理智推理，结果仍得凭直觉。我们的行为动作实际上都是直觉支配我们的，理智支配他不动。一边自己要用理智，一边自己实不听他，临时直觉叫我们往那边去，我们就往那边去，这种自己矛盾打架，不过人自己不觉罢了，其实是无时无刻不这样的，留心细省就知道了。调和折衷是宇宙的法则，你不遵守，其实已竟无时不遵守了。极端的事，一偏的事，那里是极端？那里是一偏？他对于真的极端还是折衷，他对于真的一偏还是调和。其实无论何人自认为彻底往下推的，也都是不讲理——就是说没有一人不是不往下推的。所以一般人心里总是有许多道理、见解、主张的，而孔子则无成心，他是空洞无丝毫主张的。他因此就无常师，就述而不作。孔子的这种不认定，有似佛家的"不着有"，但全非一事。不过孔子这种空洞无主张，只是述而不作，则与佛陀一般一样。我只看见世上仅此两人是此态度，外此无有已。我只看见他两人仅此一点相同，外此无有已。盖愈是看得周全，愈是看得通，也必愈无主张；惟其那只见一隅的，东一点，西一点，倒有很多主张。①

这显然认为理性（直觉）是比理智更圆通、更中正、更涵容，从而也就是更高明的认识能力。相应地，梁漱溟对理智不乏批评，如谓"人之所以不同于其他动物者，也就是人类的最大长处，即在其头脑能冷静；头脑能冷静才能分别计算，这就是理智。但人类之最大危险亦正在此，即在其心理上易流于阴冷，在人情世故利害得失上易有许多计较，化一切生活为手段，不能当下得到满足"，"这时的人，理智的活动太强太盛，这是他一切成功之母，科学由此而开出，社会的组织性机械性由此而进入，西洋文化所以有其特异的征服世界的威力全在此，……西洋文化所以有其特

---

① 《梁漱溟全集》第 1 卷，第 450—451 页。按"亲亲而仁民，仁民而爱物"语出《孟子·尽心上》；"钓而不网"当做"钓而不纲"，语出《论语·述而》。

异的虎狼吞噬性盖在此"!①

由此又可见出,梁漱溟将理性和理智两种认识能力分属于中国与西方。他强调中国人富于理性:"如果有人问我:中国文化的特点或长处在那里?我便回答就在这里,就在能发挥人类的理性。我尝说中国文化是人类文化的早熟,现在更正确地指实来说,那就是人类理性开发的早。想明白中国过去的文化及中国本来的前途,都要先明白这个东西——理性。"②"此根于人类理性而发育的文化,任何人类遇着都象是寻到了自己的家,如水归壑,不求自至。尤其从理性来的'天下一家'的精神,不存狭隘的种族意识、国家意识,自一面说,也许是中国人失败的缘由,然而毕竟从这里不费力地融合进来许多外邦异族。因理性的伟大而中国民族伟大。"③他分判中西认识能力的差异说:"近代西洋发达了理智,中国古人则发达了理性。无论中国书、外国书,书里面总是讲了许多理,但持中国古书以与近代西洋书相较,一则讲的多是情理(忠、恕、信、义等),一则讲的多是物理(自然科学、社会科学),显然异趣。"④"西洋因工商业将人训练成一种喜欢分析解剖的脾气,将一切都看成是机械的、可以割裂的,这正是理智。中国农夫因其对付的是囫囵的、不可分的生物,所以引发了他的活趣,这正是理性,而不是理智。"⑤"西洋偏长于理智而短于理性,中国偏长于理性而短于理智。"⑥"中国人既理性早启,冷静不足,展转相引,乃愈来愈长于理性,愈短于理智。西洋人反此,他们恰是长于理智而短于理性。"⑦"理智在人类心理上属于知的一面,而理性则属于情的一面。近代西洋人发达了理智,而中国人早早发达了理性。"⑧"假如中国文

---

① 《梁漱溟全集》第 2 卷,第 120 页。
② 《梁漱溟全集》第 2 卷,第 181 页。按"中国本来的前途"之"本来"疑当做"未来"。
③ 《梁漱溟全集》第 2 卷,第 185 页。
④ 《梁漱溟全集》第 2 卷,第 186 页。近似说法见于《梁漱溟全集》第 3 卷,第 127 页。
⑤ 《梁漱溟全集》第 2 卷,第 314—315 页。
⑥ 《梁漱溟全集》第 3 卷,第 127 页。
⑦ 《梁漱溟全集》第 3 卷,第 276 页。梁先生于下文分五点论证了中国长于理性、西方长于理智的观点。
⑧ 《梁漱溟全集》第 6 卷,第 107 页。

化和西洋文化有分别的话,我以为就在中国长于理性而短于理智,西洋长于理智而短于理性。"①他的这些观点乃是引申自他对东西(中西)文化的研究。

四、三路向与三期重现的文化哲学

梁漱溟自述研究东西(以下主要集中于中西)文化的动因说:

> 这个问题自是世界的问题,欧美人、日本人、中国人都当研究解决的。而直逼得刀临头顶、火灼肌肤,呼吸之间就要身丧命倾的,却独在中国人。因为现在并不是两文化对垒的激战,实实在在是东方化存亡的问题。现在的世界,东方化不是已经临到绝地了么? 形势如此,是用不着讳言的。请放眼一看,世界上哪一块不是西方化的领土? 凡秉用东方化的国民,若日本、暹罗、印度、安南、缅甸、高丽之类,不是改从西方化,便为西方化所强据。改了可以图存,不改立就覆亡。东方化的唯一根据地的中国数十年来为这种大潮流所冲动,一天比一天紧迫,到现在已经撞进门来,而这为东方化浸润最深的国民,不同凡众,要他领纳西方化大是不易。逼得急了,只肯截取一二,总不肯整个的承受。起初的时候,惊于火炮铁甲之利,声光化电之妙,想着不得不学他的,大约咸丰末同治初以迄光绪二十几年,都是这个思想。大家试去检看那个时候的名臣奏议、通人著述、书院文课、试场闱墨及一切号为时务书的,无非是此。所以曾文正、李文忠的大施设就是上海制造局、马尾的船厂、北洋的海军,以为西洋所长、中国所短,不过这些东西而已,但把他学来便了。曾不晓得这些东西有他的来历(西方化),不是可以截蔓摘果就挪到自己家里来的,而实与自家遗传的教化(东方化)大有冲突之点,轻轻一改,已经失了故步。到甲午海军覆没,始又种下观念变更的动机,慢慢觉悟

---

① 《梁漱溟全集》第 6 卷,第 404 页。

得问题所争尚不在此,把眼光挪到学术、教育、种种实业与政治制度上去,而尤归本政治制度之改革,较前可以算得一大进步,大约光绪二十年以后到宣统末年民国初年都是这个思想。所以当时最盛的就是兴学论、立宪论与革命论,而所有的大成绩无过于废科举、办学堂、日本留学、师范法政之盈千累万,宣诏预备立宪,设资政院、咨议局,二十二省代表请开国会与辛亥革命成功。在大家心目中都以为但能如其所求,便不难接武日本,抗跻欧美,曾不留意这种制度(代议制度、民主制度)是什么样精神产生的,与这东方化夙养的国民是何等的凿枘不入;并且不待远求,就是他们那立宪家、革命家的头脑,试去解剖他,仍旧什九东方式,并未领会到西方化是什么东西(这种实例极多,容后细论)。八年以来闹得天翻地覆,乃看出这种活剥生吞的改革的无功又且贻祸,而后晓得既不是什么坚甲利兵的问题,也不是什么政治制度的问题,实实在在是两文化根本不同的问题,方始有人注意到改革思想,把西方化为根本的引入,这是最近一二年的新倾向。差不多六十年功夫才渐渐寻到这个根本上来,把六十年支支节节的问题一齐揭过,直向咽喉处着刀,逼问到东方化的应存应废。若以往事相例,六十年间西方化对于东方化已经是节节进逼、节节斩伐,到现在岂不是就要绝其根株了么?这种形势明明逼来,我们真无从闪避,要赶快谋应付之方。①

由此可见,正是中国文化遭受西方文化毁灭性打击而濒临生死存亡危急局面的情势,促使梁漱溟不能自已地投入中西文化研究,以期使国人清醒认识并明确抉择:"一、倘然东方化与西方化果真不并立又无可通,到今日是要绝根株了,那我们须要自觉的如何彻底的改革,赶快应付上去,不要与东方化同归于尽。二、倘然东方化为西方化的压迫不必虑,东方化却要翻身的,那与今日的局面如何求其通,也须有真实的解决,积

①《梁漱溟全集》第1卷,第255—256页。与这段话相近的意思另见于同卷第332—336页,但彼处阐述更加详细。

极的作去,不要作梦发呆卒致倾覆。三、倘然东方化与西方化果有调和融通之道,那也一定不是现在这种'参用西法'可以算数的,须要赶快有个清楚明白的解决,好打开一条活路。"①

何谓文化? 梁漱溟界定道:"所谓一家文化不过是一个民族生活的种种方面,总括起来,不外三方面:(一)精神生活方面,如宗教、哲学、科学、艺术等是。宗教、文艺是偏于感情的,哲学、科学是偏于理智的。(二)社会生活方面,我们对于周围的人——家族、朋友、社会、国家、世界——之间的生活方法都属于社会生活一方面,如社会组织、伦理习惯、政治制度及经济关系是。(三)物质生活方面,如饮食、起居种种享用,人类对于自然界求生存的各种是。我们人类的生活大致不外此三方面,所谓文化可从此三方面来下观察。"②这当然是采取广义的文化概念,梁漱溟说:"文化就是吾人生活所依靠之一切。……俗常以文字、文学、思想、学术、教育、出版等为文化,乃是狭义的。我今说文化就是吾人生活所依靠之一切,意在指示人们,文化是极其实在的东西。文化之本义,应在经济、政治乃至一切无所不包。"③梁漱溟还对文化与文明这两个概念作出区分,他说:"所谓文明是我们在生活中的成绩品——譬如中国所制造的器皿和中国的政治制度等都是中国文明的一部分。生活中呆实的制作品算是文明,生活上抽象的样法是文化。不过文化与文明也可以说是一个东西的两方面,如一种政治制度亦可说是一民族的制作品——文明,亦可以说一民族生活的样法——文化。"④

从广义文化的视野来看,中西文化何以如此强弱异势呢? 表层的解释可以说是因为中国文化历久如一,西方文化逐日翻新;⑤中国文化即古化,西方文化即新化;⑥中国文化是崇尚天才的艺术化,西方文化是要求

---

① 《梁漱溟全集》第 1 卷,第 256—257 页。
② 《梁漱溟全集》第 1 卷,第 339 页。
③ 《梁漱溟全集》第 3 卷,第 9 页。另参见《梁漱溟全集》第 1 卷,第 611 页。
④ 《梁漱溟全集》第 1 卷,第 380—381 页。
⑤ 《梁漱溟全集》第 1 卷,第 261 页。
⑥ 《梁漱溟全集》第 1 卷,第 340 页。

客观共认的确实知识的科学化；①中国文化散漫、消极、和平、无力，西方文化集中、积极、斗争、强力；②如此等等，但归根到底是由于中西文化的根本或源泉不同。梁漱溟说：

> 我以为我们去求一家文化的根本或源泉有个方法。你且看文化是什么东西呢？不过是那一民族生活的样法罢了。生活又是什么呢？生活就是没尽的意欲（Will）——此所谓"意欲"与叔本华所谓"意欲"略相近——和那不断的满足与不满足罢了。通是个民族，通是个生活，何以他那表现出来的生活样法成了两异的采色？不过是他那为生活样法最初本因的意欲分出两异的方向，所以发挥出来的便两样罢了。然则你要去求一家文化的根本或源泉，你只要去看文化的根原的意欲，这家的方向如何与他家的不同。你要去寻这方向怎样不同，你只要他已知的特异采色推他那原出发点，不难一目了然。③

又说：

> 生活的根本在意欲，而文化不过是生活之样法，那么，文化之所以不同，由于意欲之所向不同，是很明的。要求这个根本的方向，你只要从这一家文化的特异彩色，推求他的原出发点，自可一目了然。④

文化是生活的样法，生活是没尽的意欲，因此文化归根到底决定于意欲，从而梁漱溟的文化观与其本体观相贯通，而获具文化哲学的性质。作为本体的意欲固然是绝对的一，但落实于现象界则表现为繁复的多，因而由意欲所决定的文化也就异彩纷呈，在梁漱溟看来，其大别有三：

（一）本来的路向：就是奋力取得所要求的东西，设法满足他的

---

① 《梁漱溟全集》第1卷，第355页。
② 《梁漱溟全集》第2卷，第191页。
③ 《梁漱溟全集》第1卷，第352页。
④ 《梁漱溟全集》第1卷，第382页。

要求;换一句话说就是奋斗的态度。遇到问题都是对于前面去下手,这种下手的结果就是改造局面,使其可以满足我们的要求。这是生活本来的路向。(二)遇到问题不去要求解决,改造局面,就在这种境地上求我自己的满足。譬如屋小而漏,假使照本来的路向,一定要求另换一间房屋,而持第二种路向的遇到这种问题,他并不要求另换一间房屋,而就在此种境地之下变换自己的意思而满足,并且一般的有兴趣。这时下手的地方并不在前面,眼睛并不望前看,而向旁边看。他并不想奋斗的改造局面,而是回想的随遇而安。他所持应付问题的方法,只是自己意欲的调和罢了。(三)走这条路向的人,其解决问题的方法与前两条路向都不同,遇到问题他就想根本取销这种问题或要求。这时他既不象第一条路向的改造局面,也不象第三(按似当做二)条路向的变更自己的意思,只想根本上将此问题取销。这也是应付困难的一个方法,但是最违背生活本性,因为生活的本性是向前要求的。凡对于种种欲望都持禁欲态度的都归于这条路。所有人类的生活大约不出这三个路径样法:(一)向前面要求;(二)对于自己的意思变换、调和、持中;(三)转身向后去要求。这是三个不同的路向,这三个不同的路向非常重要,所有我们观察文化的说法都以此为根据。①

具体来说,西方(特指古希腊和近代)文化采取的是第一路向:

现在我们从第一步所求得的西方文化的三大特异彩色,去推看他所从来之意欲方向,即可一望而知他们所走是第一路向——向前的路向:(一)征服自然之异采。西方文化之物质生活方面现出征服自然之采色,不就是对于自然向前奋斗的态度吗?所谓灿烂的物质文明,不是对于环境要求改造的结果吗?(二)科学方法的异采。科学方法要变更现状,打碎、分析来观察,不又是向前面下手克服对面

---

① 《梁漱溟全集》第 1 卷,第 381—382 页。另参见《梁漱溟全集》第 2 卷,第 81—83 页。

的东西的态度吗？科学精神于种种观念、信仰之怀疑而打破扫荡，不是锐利迈往的结果吗？（三）德谟克拉西的异采。德谟克拉西不是对于种种威权势力反抗奋斗争持出来的吗？这不是由人们对人们持向前要求的态度吗？这西方化为向前的路向真是显明的很，我们在第二章里所下的西方化答案"西方化是以意欲向前要求为根本精神的"，就是由这样的观察得到的。①

中国文化采取的是第二路向：

中国文化是以意欲自为、调和、持中为其根本精神的。……质而言之，我观察的中国人是走第二条路向。②

中国人另有他的路向态度与西方人不同的，就是他所走并非第一条向前要求的路向态度。中国人的思想是安分、知足、寡欲、摄生，而绝没有提倡要求物质享乐的，却亦没有印度的禁欲思想（和尚道士的不娶妻、尚苦行是印度文化的摹仿，非中国原有的）。不论境遇如何他都可以满足安受，并不定要求改造一个局面，象我们第二章里所叙东西人士所观察，东方文化无征服自然态度而为与自然融洽游乐的，实在不差。这就是什么？即所谓人类生活的第二条路向态度是也。③

第三路向所对应的则是印度文化：

印度文化是以意欲反身向后要求为其根本精神的。……印度人是走第三条路向。④

原来印度人既不象西方人的要求幸福，也不象中国人的安遇知足，他是努力于解脱这个生活的，既非向前，又非持中，乃是翻转向

---

① 《梁漱溟全集》第 1 卷，第 382—383 页。另参见同卷第 353—370 页。
② 《梁漱溟全集》第 1 卷，第 383 页。
③ 《梁漱溟全集》第 1 卷，第 392—393 页。另参见同卷第 477—480 页。
④ 《梁漱溟全集》第 1 卷，第 383 页。

后，即我们所谓第三条路向。①

以向前的意欲结成团体、发明科技、征服自然的西方文化，无疑比意欲持中、随遇而安的中国文化和意欲向后、取销问题的印度文化更加强悍，这就是中国、印度等东方文化遭遇生死存亡危机的根本原因。

西方、中国、印度所代表的人类文化三路向乃是各走一路，若无外来刺激或自感途穷，则将永无改变。以中国为例来说："假使西方文化不同我们接触，中国是完全闭关与外间不通风的，就是再走三百年、五百年、一千年，亦断不会有这些轮船、火车、飞行艇、科学方法和德谟克拉西产生出来。中国不是尚未进于科学，而是已不能进于科学；中国不是尚未进于资本主义，而是已不能进于资本主义；中国不是尚未进于德谟克拉西，而是已不能进于德谟克拉西。……假使没有外力进门，环境不变，它会要长此终古。"②又如印度："其物质文明之无成就与社会生活之不进化，不但不及西方，且直不如中国。他的文化中具无甚可说，唯一独盛的只有宗教之一物，而哲学、文学、科学、艺术附属之，于生活三方面成了精神生活的畸形发展，而于精神生活各方面又为宗教的畸形发达，这实在特别古怪之至！所以他与西方人非一条线而自有其所趋之方向不待说，而与中国亦绝非一路。"③由此可见梁漱溟信持人类文化多元并进的观点（他称之为流派观），而与那种认为人类文化完全始终遵循同一条道路、不同地域族群文化之间的差异只是先进与落后之别的一元线性文化观（他称之为阶梯观）亦即以西方为圭臬的西化思潮针锋相对。④

梁漱溟不仅肯定以中西印为代表的人类文化多元并进，而且认为多元并进的人类文化并无分好坏，而只有合宜与否的问题，他说：

> 人类生活只有三大根本态度，如我在第三章中所说，由三大根

---

① 《梁漱溟全集》第 1 卷，第 394 页。

② 《梁漱溟全集》第 3 卷，第 47—48 页。另参见《梁漱溟全集》第 1 卷，第 391—393 页。

③ 《梁漱溟全集》第 1 卷，第 393 页。

④ 参见《梁漱溟全集》第 3 卷，第 47 页。

本态度演为各别不同的三大系文化,世界的三大系文化实出于此。论起来,这三态度都因人类生活中的三大项问题而各有其必要与不适用,如我前面历段所说,最妙是随问题的转移而变其态度——问题问到那里,就持那种态度。却人类自己在未尝试经验过时,无从看得这般清楚而警醒自己留心这个分际,于是古希腊人、古中国人、古印度人各以其种种关系因缘凑合,不觉就单自走上了一路,以其聪明才力成功三大派的文明——迥然不同的三样成绩。这自其成绩论,无所谓谁家的好坏,都是对人类有很伟大的贡献;却自其态度论,则有个合宜不合宜。希腊人态度要对些,因为人类原处在第一项问题之下;中国人态度和印度人态度就嫌拿出的太早了些,因为问题还不到。……西洋文化的胜利,只在其适应人类目前的问题;而中国文化、印度文化在今日的失败,也非其本身有什么好坏可言,不过就在不合时宜罢了。①

虽然承认中国文化和印度文化当前的失败,但在根本上将中西印三大文化置于平等地位,并且隐涵着中西印三大文化在历史的进程中可能发生主从异位的意思;这个意思由梁漱溟的世界文化三期重现说而明确表达出来。

如上所述,梁漱溟肯定西方文化是当时合宜的文化,因而也就是对于不合时宜的中国文化和印度文化取得胜利的文化;但他又指出西方文化的合宜正在转变为不合宜,"我们从客观的观察所得,看出为现在全世界向导的西方文化已经有表著的变迁"。② 首先,在经济方面,盲目生产、恶劣竞争以致破坏社会、戕贼人性的近代西方资本主义生产方式难以为继,"人当此际简直会要溃裂横决,断不会容他长久如此,因此而呼求经济制度的改正,真乃出乎不容已! ……以社会为本位、分配为本位是一定的,这样一来就致人类文化要有一根本变革,由第一路向改变为第二

---

① 《梁漱溟全集》第1卷,第525—526页。另参见同卷第529页。
② 《梁漱溟全集》第1卷,第488页。

路向,亦即由西洋态度改变为中国态度。……所谓这条路——就前面下手改造环境以求满足的路——已走到了尽头处,固谓改造到这一步无可更改造,亦谓到这一步将有新问题,这个办法不复适用。盖人类将从人对物质的问题之时代而转入人对人的问题之时代".[①]　其次,在心理方面,自古希腊以来西方人那种工于算计的意识发生变化,"于是西方人两眼睛的视线渐渐乃与孔子两眼视线所集相接近到一处。孔子是全力照注在人类情志方面的,孔子与墨子的不同处,孔子与西洋人的不同处,其根本所争只在这一点。西洋人向不留意到此,现在留意到了,乃稍稍望见孔子之门矣。我们所怕者,只怕西洋人始终看不到此耳,但得他看到此处,就不怕他不走孔子的路! 此话自非一言能尽,然亦不妨简单说两句。头一层,他既看到了人类生活本来是怎么一回事,则他将不能不顺从着生活本性而任听本能冲动的活泼流畅,一改那算账而统驭抑制冲动的态度;第二层,他既看到人类生活本来是怎么一回事而不能统驭抑制冲动了,则他不能不有一种先事的调理,俾冲动发出来就是好的、妥洽的、没毛病没危险的,那就不外乎要养得一种和乐恬静的心理才行,即这般活泼和乐的生活便是'仁的生活',便是孔子的生活。孔子的生活要去说明,只这么两层,初无他义。……这人生新路途不是别的,是我所谓第二条路。……因为自有所取得的态度、算计着走的路子,一改而为无目的、无所为、非算计着走,即不说为孔子的路,无论如何也是第二条路了".[②]　再次,在哲学思想方面,"此刻西洋哲学界的新风气竟是东方采色,此无论如何不能否认的。东方人讲哲学都是想求得一个生命,西方人只想求得知识,但此刻则无不走入求生命一路了。……现在的哲学采色不但是东方的,直接了当就是中国的——中国哲学的方法为直觉,所着眼研究者在'生'。……现今西方思想界已彰明的要求改变他们从来人生态度,而且他们要求趋向之所指就是中国的路,孔家的路。……理

---

① 《梁漱溟全集》第1卷,第493—494页。梁先生对近代西方资本主义生产方式的叙述和批评,见同卷第488—495页。
② 《梁漱溟全集》第1卷,第498页。

智与直觉的消长,西洋派与中国派之消长也"。① 梁漱溟总括道:"盖第一路走到今日,病痛百出,今世人都想抛弃他,而走这第二路,大有往者中世人要抛弃他所走的路而走第一路的神情。尤其是第一路走完,第二问题移进,不合时宜的中国态度遂达其真必要之会,于是照样也拣择批评的重新把中国人态度拿出来。"②他由此进一步预言人类文化的前景说:"而最近未来文化之兴,实足以引进了第三问题,所以中国化复兴之后,将继之以印度化复兴。于是古文明之希腊、中国、印度三派竟于三期间次第重现一遭。"③这就是梁漱溟在漫长生涯中反复阐述的世界文化三期重现说。④

关于人类文化三路向说与世界文化三期重现说的关系,梁漱溟以文艺复兴以后的西方文化路向为例,加以解释说:"第一要注意重新提出这态度的'重'字。这态度原来从前曾经走过的,现在又重新拿出来,实在与从前大有不同了。头一次是无意中走上去的,而这时——从黑暗觉醒时——是有意选择取舍而走的。他撇弃第三条路而取第一条路是经过批评判断的心理而来的。在头一次走上去的人因为未经批评判别,可以无意中得之,亦可以无意中失之。而重新采取这条路的人,他是要一直走下去不放手的,除非把这一条路走到尽头不能再走,才可以转弯。本来希腊人——第一次走这条路的人的理性方面就非常发达,头脑明睿清晰,而此刻重新有意走这条路的人于所谓批评、选择更看出他心理方面理智的活动。"⑤这是说,三路向是古代人类在意欲支配下不自觉地走上去的,而三期重现则是近代以来人类按照外界物质、内界生命、无生本体等切身问题的发生次序而作的自觉选择;共时性的三路向由此转换为历时性的三期重现。梁漱溟说:"我并非有意把他们弄得这般齐整好玩,无

---

① 《梁漱溟全集》第1卷,第503—505页。

② 《梁漱溟全集》第1卷,第526页。

③ 《梁漱溟全集》第1卷,第527页。

④ 主要参见《梁漱溟全集》第1卷,第504页;《梁漱溟全集》第3卷,第260页;《梁漱溟全集》第5卷,第74—75页;《梁漱溟全集》第7卷,第325—327、364页。

⑤ 《梁漱溟全集》第1卷,第390页。

奈人类生活中的问题实有这么三层次，其文化的路径就有这么三转折，而古人又恰好把这三路都已各别走过，所以事实上没法要他不重现一遭。"①

值得注意的是，尽管梁漱溟认定第一路向的西方文化已经千疮百孔、难以为继而必将转入第二路向，但他完全不认为第二路向的中国文化就已经脱离险境而可以安享其成。他提出自己"几经审慎而后决定"的关于中国文化振兴的思路说：

> 第一，要排斥印度的态度，丝毫不能容留；
> 第二，对于西方文化是全盘承受，而根本改过，就是对其态度要改一改；
> 第三，批评的把中国原来态度重新拿出来。②

这三条思路的提出，乃是基于梁漱溟认识到中国文化"步骤凌乱、成熟太早、不合时宜"的"致误所由"，在西方文化面前"节节失败、忍辱茹痛、听其蹂躏、仅得不死"以及"国内军阀之蹂躏""生计更穷得要死""天灾一来，全没对付，甘受其虐"的"所受病痛"，在现实社会中"怎样能让个人权利稳固、社会秩序安宁"的"眼前急需"，在世界范围内"如何要鉴于西洋化弊害而知所戒，并预备促进世界第二路文化之实现"的"四外情势"。③ 因此，他断然排斥比中国文化更加不合时宜的意欲向后的印度文化，而高度肯定虽然"于今日的西洋人为更益其痛苦，而于从来的中国人则适可以救其偏"④的意欲向前的西方文化，他说：

> 第三态度的提出，此刻还早的很，是极明显的。而我们以前只为一步走错，以致贻误到那个天地，此刻难道还要一误再误不知鉴戒吗？……我们因未走第一路便走第二路而受的病痛，从第三态度

---

① 《梁漱溟全集》第 1 卷，第 527 页。
② 《梁漱溟全集》第 1 卷，第 528 页。
③ 具见《梁漱溟全集》第 1 卷，第 529—531 页。
④ 《梁漱溟全集》第 1 卷，第 531 页。

将有所补救呢，还是要病上加病？我们没有抵抗天行的能力，甘受水旱天灾之虐，是将从学佛而得补救，还是将从学佛而益荒事功？我们学术思想的不清明，是将从学佛而得药治，还是将从学佛而益没有头绪？国际所受的欺凌，国内武人的横暴，以及生计的穷促等等我都不必再数。一言总括，这都是因不象西洋那样持向前图谋此世界生活之态度而吃的亏！你若再倡导印度那样不注意图谋此世界生活之态度，岂非要更把这般人害到底？……在此处只有赶紧参取西洋态度，那屈己让人的态度方且不合用，何况一味教人止息向前争求态度的佛教？我在《唯识述义》序文警告大家："假使佛化大兴，中国之乱便无已。"就是为此而发。①

而对西方文化的全盘承受，根本上就是承受其德谟克拉西（民主）精神和科学精神，"其实这两种精神完全是对的，只能为无条件的承认，即我所谓对西方化要'全盘承受'。怎样引进这两种精神实在是当今所急的，否则我们将永此不配谈人格，我们将永此不配谈学术"！② 至于对西方文化态度的根本改过，梁漱溟说："我们此刻无论为眼前急需的护持生命财产个人权利的安全而定乱入治，或促进未来世界文化之开辟而得合理生活，都非参取第一态度、大家奋往向前不可。但又如果不根本的把他含融到第二态度的人生里面，将不能防止他的危险，将不能避免他的错误，将不能适合于今世第一和第二路的过渡时代。我们最好是感觉着这局面的不可安而奋发，莫为要从前面有所取得而奔去。""我意不过提倡一种奋往向前的风气，而同时排斥那向外逐物的颓流。"③这当然是要从形式上仿效西方文化向前的态度，但剔除作为其核心的逐物贪欲。

在表达弃绝印度文化、析取西方文化的思路之后，梁漱溟落脚于"批评的把中国原来态度重新拿出来"的思路，其大意为：

---

① 《梁漱溟全集》第 1 卷，第 533—535 页。
② 《梁漱溟全集》第 1 卷，第 532—533 页。
③ 《梁漱溟全集》第 1 卷，第 537—538 页。

　　现在只有先根本启发一种人生，全超脱了个人的为我，物质的歆慕，处处的算账，有所为的而为，直从里面发出来活气——罗素所谓创造冲动——含融了向前的态度，随感而应，方有所谓情感的动作。情感的动作只能于此得之。只有这样向前的动作才真有力量，才继续有活气，不会沮丧，不生厌苦，并且从他自己的活动上得了他的乐趣。只有这样向前的动作可以弥补了中国人夙来缺短，解救了中国人现在的痛苦，又避免了西洋的弊害，应付了世界的需要，完全适合我们从上以来研究三文化之所审度。这就是我所谓刚的态度，我所谓适宜的第二路人生。本来中国人从前就是走这条路，却是一向总偏阴柔坤静一边，近于老子，而不是孔子阳刚乾动的态度。若如孔子之刚的态度，便为适宜的第二路人生。

这就是以中国固有的孔子儒家"无欲则刚"的精神为核心，而辅之以取代偏于阴柔坤静的中国末流人生观、剔除了物欲内容而保持了奋往向前形式的西方态度，构成新型的中国文化。从其以孔子阳刚乾动精神为根本而含融西方奋往向前态度来看，这种新型中国文化不出"中体西用"的范围；而在批评前提下对中国原来态度的重新拿出，则颇近"批判继承"的路数。可以说，梁漱溟的文化理想就是要以经过双向扬弃而呈显中西精华、主以孔子之刚健精神而辅以西方之奋往态度的新型中国文化来拯救现代中国的危亡，进而也为第一路向过渡到第二路向做出铺垫。

梁漱溟研究中西文化的动机在于探讨中国文化近代衰落的原因及其复兴之道；他提出的人类文化三路向说，将几乎濒临绝境的中国文化与世界主要文化、特别是如日中天的西方文化置于平等地位，体现了鲜明的文化自信；他更进一步提出世界文化三期重现说，预言作为第一期代表的西方文化行将转入作为第二期代表的中国文化，这在西化思潮汹涌横决的时代不啻力挽狂澜的中流砥柱；凡此均表明他是一位远见卓识、特立独行的文化民族主义者。而他对于孔子儒家的终极信仰以及对于西方文化的开放接纳,则贞定了他的现代新儒家思想归属。①

第二节　张君劢的自由意志人生观及其和会中西归宗儒家的文化观

一、生平著述

张君劢(1887—1969),江苏宝山(今属上海)人,原名嘉森,号立斋。清光绪秀才。1906 年(光绪三十二年)留学日本,在早稻田大学修习法律与政治学。回国后任翰林院庶吉士。1913 年入德国柏林大学,获政治学博士学位。回国后任上海《时事新报》总编辑、国际政务评议会书记长,北京大学、燕京大学教授。1923 年演讲人生观问题,引起思想界一场玄学与科学的论战。1932 年出版《再生》月刊。1934 年与张东荪等组织中国国家社会党,主张实行"国家社会主义"。抗日战争全面爆发后任国民参政会参政员、民族文化学院院长、民盟中央常委。1946 年参加中国政治协商会议。8 月将国社党改组为民社党。11 月,因同意民社党参加国民党包办的"国民大会",被民盟劝退。1947 年任民社党中央主席。1949 年去国外,后病故于美国圣弗朗西斯科。著有《立国之道》《新儒家思想

---

① 梁先生约于 1911 年至 1920 年间研修佛法,持戒甚谨;然 1921 年转向儒家,此后直至终年反复自承归属于儒,言论著述对儒家思想多所维护与阐扬,对于儒家传统在现当代中国的延续厥功至伟,因而将其定位为现代新儒家基本上不成问题。不过又当注意,梁先生曾于 1974 年明确表示"我与熊(十力)先生虽然同一倾心东方古人之学,以此相交游,共讲习者四十多年,踪迹之密少有其比,然彼此思想实不相同,熊先生应归属儒家,我则佛家也"(《梁漱溟全集》第 7 卷,第 271 页);他还在 1980 年对美国学者艾恺说"我虽然宣布放弃佛教,但实际上我并没有真正放弃它"([美]艾恺著,郑大华等译《梁漱溟传》,长沙:湖南出版社 1992 年版,第 348 页)。对于梁先生这种徙倚儒佛的思想状况,学者陈来的解释是:"在人的层面,即政治、社会、文化、伦理方面是儒家,是中国文化的价值;而在生死信仰和宗教经验上,则是服膺于佛家。……这并不是表层的并列,而彰示了他个人所特有的'双重性终极关怀'。由于他很少谈及内心对生死的信仰,所以在他的生命的大多场合的表现,是儒家的行动、信念、价值与人格。"(氏著《梁漱溟与密宗》,载《河北学刊》2009 年第 6 期)

史》等,为现代新儒家代表之一。①

二、"科玄论战"中的现代新儒家风貌

作为中国现代思想史上一个重要学术思想派别的现代新儒家,是在新文化运动时期开始产生的。此前已有章太炎、刘师培等为代表的"国粹派",痛陈"学亡则国亡,国亡则族亡",揭扬文化保守主义徽帜;而到新文化运动时期,杜亚泉、钱智修相继主编的《东方杂志》和章士钊主编主撰的《甲寅》周刊继之而起,以文化保守主义的思想观念与《新青年》自由主义西化派相拮抗。尤其是梁漱溟在新文化运动时期反孔教、反儒学达到高潮之时,毅然为孔子出头说话,他在 1922 年出版的《东西文化及其哲学》更以与新文化运动人物的主张截然有别的观点,揭开了现代新儒家形成发展的历史序幕。

张君劢对东西文化问题也十分重视,有着他自己的看法,如其留德回国后不久,在江苏中华教育改进社所作《欧洲文化之危机及中国新文化之趋向》讲演中,就提出了很系统的思想,并且对梁漱溟的文化哲学有所关注,虽然他不是很赞同梁漱溟的孔学观,但他对梁氏的文化哲学之类于黑格尔的理论贡献还是予以肯定性评价:"梁先生此书,虽名曰《东西文化及其哲学》,以吾人观之,非关于三方面文化及哲学之研究,乃梁先生对于三方文化之特点,自己拟定一个方式而贯串之。所谓三方面文化之特点,西洋向前要求,中国为调和持中,印度为转身向后要求。此种说法,可谓为梁先生自身之文化哲学,与黑格尔以一人自由说明亚洲文化,以少数人之自由说明希腊罗马文化,以全体人之自由说明现代欧洲历史,有相似之处。梁先生之贡献在此,而不在三方面文化之研究。"②更重要的是,张君劢在中国现代思想史上,从不同于梁漱溟侧重于文化哲学的视角,而是从人生观的角度,即以"科学与人生观"论战中"一造"之

---

① 引自《辞海(第 7 版)》,上海:上海辞书出版社 2020 年版,第 5545 页。
②《明日之中国文化》,长沙:岳麓书社 2012 年版,第 31 页。

主角的身份,①在客观上紧随梁氏之后拉开现代新儒家形成发展的历史序幕。②

张君劢年长于梁漱溟,很早就形成关于民族文化的自主意识、独立意识、本位意识、创造意识的思想,但他早年全身心地追随梁启超从事政治活动,并不很重视学术,加以一赴日本,数至欧洲,多年游学在外,中国学术文化界对他并不十分了解。直到"科玄论战"骤起,他才以现代新儒家风貌跃登中国哲坛。

1923 年 2 月 14 日,张君劢应吴文藻邀请,为一批即将赴美国学习科学的清华学生作了一场关于"人生观"的演讲。他依据倭伊铿《大思想家的人生观》一书中阐述的科学并非万能的思想来讲述他对人生观问题的看法,他说:

> 诸君平日所学,皆科学也。科学之中,有一定之原理原则,而此原理原则,皆有证据。譬如二加二等于四,三角形中三角之度数之和等于两直角;此数学上之原理原则也。……诸君久读教科书,必以为天下事皆有公例,皆为因果律所支配。实则使诸君闭目一思,则知大多数之问题,必不若是之明确。而此类问题,并非哲学上高尚之原理,而即在于人生日用之中。甲一说,乙一说,漫无是非真伪

---

① 1923 年展开的"科学与人生观"论战,亦称"科学与玄学"论战或"人生观论战",是 20 世纪 20 年代中国思想界著名的重要论战之一。先是张君劢在清华学校演讲,认为人生观有不同于科学的特点,其问题的解决"决非科学所能为力,恒赖诸人类之自身而已"。丁文江闻之而斥张君劢"玄学鬼附身",撰文公开批评,认为人生观也要受论理学的公例、定义和方法的支配,由此而展开论战。胡适、梁启超、王星拱、唐钺、张东荪、范寿康、吴稚晖、林宰平等纷纷撰文发表意见,渐渐形成以张君劢和梁启超为代表的"玄学派",以丁文江、胡适、吴稚晖为代表的"科学派";陈独秀、瞿秋白等马克思主义者后来也撰文参与论战而形成"唯物史观派"。通过这场论战,中国现代哲学的三大思潮即现代新儒学、自由主义、马克思主义初步展示了未来的发展方向,论战中提出的问题和一些观点也时常出现在其后各自的哲学思想中。

② 唯其如此,论者多喜梁、张并举,将他们归为一派,称之为现代新儒学的倡行者或基于文化保守主义而对现代化的批评者,梁、张二氏的比较研究亦因之而成为广泛关注的研究课题。他们二人的思想有一定程度的共同处,但如美国学者艾恺所说:"他的文化理论不像梁漱溟的,是比较粗略的;却因而比梁氏的理论,就其他中国知识分子们的文化哲学言,更有其代表性。"(《世界范围内的反现代化思潮·中国的文化守成主义者张君劢》,引见郑大华编《两栖奇才》,上海:东方出版中心 1999 年版,第 289 页)

之标准。此何物欤? 曰人生。同为人生,因彼此观察点不同,而意见各异,故天下古今之最不同一者,莫若人生观。①

接着,他进一步说明人生观没有公例可循:"人生观之中心点,是曰我。与我对待者,则非我也。而此非我之中,有种种区别。就其生育我者言之,则为父母;就其与我为配偶者言之,则为夫妇;就我所属之团体言之,则为社会为国家;就财产支配之方法言之,则有私有财产制公有财产制;就重物质或轻物质言之,则有精神文明与物质文明。凡此问题,东西古今,意见极不一致,决不如数学或物理化学问题之有一定公式。"②他又指出,我与亲族、我与异姓、我与财产、我对社会制度之激渐态度、我的内在心灵与外在物质、我与所属之全体、我与他我、我对于世界之希望、我对于世界背后有无造物主之信仰,"凡此九项皆以我为中心,或关于我以外之物,或关于我以外之人,东西万国,上下古今,无一定之解决者,则以此类问题,皆关于人生,而人生为活的,故不如死物质之易以一例相绳也"③。他由此进而将科学与人生观加以比较:第一,科学为客观的,而人生观则为主观的;第二,科学为论理学的,为方法论所支配,而人生观则起于直觉;第三,科学可以分析方法下手,而人生观则为综合的;第四,科学为因果律所支配,而人生观则为自由意志的;第五,科学起于对象相同之现象,而人生观则起于人格之单一性。"就以上所言观之,则人生观之特点所在,曰主观的,曰直觉的,曰综合的,曰自由意志的,曰单一性的。惟其有此五点,故科学无论如何发达,而人生观问题之解决,决非科学所能为力,惟赖诸人类之自身而已。"④"盖人生观,既无客观标准,故惟有追求之于己,而决不能以他人之现成之人生观,作为我之人生观者也。人生观虽非制成之品,然有关人生观之问题,可为诸君告者,有以下各项:

---

① 《人生观》,引见张君劢、丁文江编《科学与人生观》,济南:山东人民出版社1992年版,第33页。
② 《科学与人生观》,第33页。
③ 《科学与人生观》,第34—35页。
④ 《科学与人生观》,第38页。

曰精神与物质,曰男女之爱,曰个人与社会,曰国家与世界。"①他最后强调自己本次演讲的主旨道:"方今国中竞言新文化,而文化转移之枢纽,不外乎人生观。吾有吾之文化,西洋有西洋之文化。西洋之有益者如何采之,有害者如何革除之;凡此取舍之间,皆决之于观点。观点定,而后精神上之思潮,物质上之制度,乃可按图而索。此则人生观之关系于文化者所以若是其大也。诸君学于中国,不久即至美洲,将来沟通文化之责即在诸君双肩上。所以敢望诸君对此问题时时放在心头,不可于一场演说后便尔了事也。"②由此不难看出,张君劢发表这样一篇演讲,其目的显然是要对那些即将赴美留学而又会以科学为职业的中国学生进行一次"人生观"教育,试图使他们认识到科学不是世界上的一切,亦非万能;西方文明绝不是人类文明的唯一标准,中国固有文化自有其价值;人生观问题的解决并不能依靠科学而要依靠人自己,并且,人生观问题说到底是个文化问题。

张君劢的这篇演讲稿登在《清华周刊》第二七二期上,胡适读到后大为不快,丁文江亦勃然大怒而与张君劢面辩良久,并在《努力周刊》上发表了《玄学与科学——评张君劢的"人生观"》和《玄学与科学——答张君劢》两篇长文,着重指出"科学的材料是所有人类心理的内容,凡是真的概念推论,科学都可以研究,都要求研究。科学的目的是要摒除个人的主观成见——人生观最大的障碍,求人人所能共认的真理。科学的方法,是辨别事实的真伪,把真事实取出来详细的分类,然后求他们的秩序关系,想一种最简单明了的话来概括他。所以科学的万能,科学的普遍,科学的贯通,不在他的材料,在他的方法";③"科学不但无所谓向外,而且是教育同修养最好的工具,因为天天求真理,时时想破除成见,不但使学科学的人有求真理的能力,而且有爱真理的诚心。无论遇见什么事,都能平心静气去分析研究,从复杂中求简单,从紊乱中求秩序;拿论理来训

---

① 《科学与人生观》,第 39 页。
② 《科学与人生观》,第 40 页。
③ 丁文江:《玄学与科学——评张君劢的"人生观"》,《科学与人生观》,第 53 页。

练他的意想，而意想力愈增；用经验来指示他的直觉，而直觉力愈活。了然于宇宙生物心理种种的关系，才能够知道生活的乐趣"。① 这实际将张君劢演讲中提出的人生观能否同科学分家、能否在科学方法之外寻求人生观的是非真伪问题，转换成为科学的知识论及其分类原则如何处理人生观与科学以及精神科学与物质科学之关系的问题。

对此，张君劢也在《努力周刊》发表《再论人生观与科学并答丁在君》，进一步系统阐述他的思想；该文又为《晨报副刊》连载，引起更大反响。在这篇洋洋万言的文章中，他批评丁文江"中了迷信科学之毒"，并旁征博引地申论科学不能支配人生观，强调支配人生观的不是理智，而是情感和意志。他认为包括人生观在内的精神科学与数学、物理学、天文学等物质科学是不同的；物质科学是经过观察、比较与试验之后得出的一定的自然公例，这些自然公例一经成立便不可动摇，而一言及精神科学如政治与生计之类就根本没有什么公例可求，因为精神科学的客观规律只限于已经过去的事情，对于未来则是不可能进行推演的，故依严格的科学定义来说，精神科学已不可认为是科学，当然，属于精神科学范畴的人生观自然也不是科学。他说：

> 人生者，变也，活动也，自由也，创造也。惟如是，忽君主，忽民主，试问论理学上之三公例（曰同一，曰矛盾，曰排中），何者能证其合不合乎？论理学上之两大方法（曰内纳，曰外绎），何者能推定其前后之相生乎？忽而资本主义忽而社会主义，试问论理学上之三公例，何者能证其合不合乎？论理学上之两大方法，何者能推定其前后之相生乎？②

据此，他断言科学上之因果律只可用于物质科学，而人生观则因其"顷刻万变"，由良心所命而起，"决不为科学所支配"，科学上之因果律对人生观实无能为力。既然"科学决不能支配人生，乃不能不舍科学而别

---

① 《科学与人生观》，第53—54页。
② 《再论人生观与科学并答丁在君》，《科学与人生观》，第80页。

求一种解释于哲学或玄学中(或曰形上学)"。① 他十分看重 19 世纪末叶以来西方柏格森、倭伊铿、詹姆士等人的"新玄学",说:"此新玄学之特点,曰人生之自由自在,不受机械律之支配,曰自由意志说之阐发,曰人类行为可以参加宇宙实在。盖振拔人群于机械主义之苦海中,而鼓其努力前进之气,莫逾于此。"②他一再引用康德的"断言命令"、倭伊铿的"精神生活"、柏格森的"生命力"、詹姆士的"经验"、欧立克的"生活冲动"和"精神元素"以及直觉、自由意志等概念,为精神领域的自主性创造理论基础。并且他又反省中国传统的儒家人生观,尤其是宋明儒的心性之学,"所谓明明德,吾日三省,克己复礼之省修功夫,皆有至理存乎其中,不得以空谈目之"。③ 他认为以"国家主义""工商政策""自然界之智识"三者为主要特征的"现代欧洲文明"随着第一次世界大战的爆发及其结果已宣告破产,"现代欧洲文明"那三大特征已成"三重网罗",桎梏着人类社会和人类文化的进步与发展,"实为人类前途莫大之危险","循欧洲之道而不变,必循欧洲败亡之覆辙;不循欧洲之道,而采所谓寡均平安政策,恐不特大势所不许,抑亦目眩于欧美物质文明之成功者所不甘",④而"苟明人生之意义,此种急功之念自可消除"⑤,故他不仅"尤觉内生活修养之说不可不竭力提倡",⑥而且更加痛陈道:

> 当此人欲横流之际,号为服国民之公职者,不复知有主义,不复知有廉耻,不复知有出处进退之准则。其以事务为生者,相率于放弃责任;其以政治为生者,朝秦暮楚,苟图饱暖,甚且为一己之私,牺牲国家之命脉而不惜。若此人心风俗,……诚欲求发聋振聩之药,惟在新宋学之复活,所谓实际上之必要者此也。⑦

---

① 《科学与人生观》,第 102 页。
② 《科学与人生观》,第 100 页。
③ 《科学与人生观》,第 118 页。
④ 《科学与人生观》,第 112 页。
⑤ 《科学与人生观》,第 112—113 页。
⑥ 《科学与人生观》,第 113 页。
⑦ 《科学与人生观》,第 113 页。

他又针对丁文江引管仲所谓"衣食足而后知礼节,仓廪实而后知荣辱"反驳道:"若夫国事鼎沸纲纪凌夷之日,则治乱之真理,应将管子之言而颠倒之,曰:'知礼节而后衣食足,知荣辱而后仓廪实。'吾之所以欲提倡宋学者,其微意在此。"①张君劢的这些表述说明他反对科学支配人生观,提倡"玄学"或"新宋学",旨在为人类社会和世界文化,尤其是中国社会与中国文化寻找新的出路。唯其如此,他才说:"若固守科学的教育而不变,其最好之结果,则发明耳,工商致富耳;再进也,则为阶级斗争,为社会革命。此皆欧洲已往之覆辙,吾何苦循之而不变乎?"②并说:"物质文明之内容定矣,吾乃发问曰:苟今后吾国以西方文明四大特色为标准,从而步趋之,则其利害当如何? 以言乎思想上之唯心唯物与夫目的机械之争,今日欧美之迷信科学者,已不如十九世纪初年之甚,故欲以机械主义支配中国之思想界,此必不可得者矣。若夫深信富国强兵之政策者如国中尚不乏人,而国家前途最大之危险亦即在此。"③

稍后张君劢在中国大学所作《科学之评价》演讲中,再次阐述科学的目的在求一定之因果关系,此方法最成功的地方无过于物理界,而对于不受因果支配的心理学、生物学特别是社会、历史领域,如"文学之创作,思想之途径,乃至个人之意志与社会进化之关系,谓知可以一一测定,这是科学家的梦语了";④"科学家但说因果,但论官觉之所及,至于官觉之所不及"如"伦理学上善恶是非之标准,以及人类之美德如忠孝笃敬之类","则科学家所不管";⑤"若谓论理的推理由于习惯而来(经验派哲学之言),道德为环境所支配,这是科学欲以有形解释无形之故,乃将人类精神之独立一笔抹杀了"。⑥ 他指出科学能给人类带来物质文明,却不能带来精神文明,因此不可太重视科学而忽视人生观问题。人生在世,存

①《科学与人生观》,第 119 页。

②《科学与人生观》,第 108 页。

③《科学与人生观》,第 110 页。

④《科学之评价》,《科学与人生观》,第 223 页。

⑤《科学与人生观》,第 224 页。

⑥《科学与人生观》。

在着形上、审美、意志、理智、身体五大方面的问题,科学主义注重于身体和理智,却忽略了形上和情意(审美、意志),故而科学绝不是万能的。"人生原不能离开物质,然一国之文明,致令人以物质文明目之,则是有极大原因在。而其原因之可数者,利用科学之智识,专为营利之计,国家大政策,以拓地致富为目的,故人目之为物质文明";①科学在欧洲造就了巨大的物质文明,这"是科学上最大的成绩",但"专求向外发展,不求内部的安适,这种文明是绝对不能持久的"。② 所以他告诫"诸君认清今后发展之途径,不可蹈前人覆辙。什么国家主义、军阀主义、工商主义,都成过去;乃至思想方面,若专恃有益于实用之科学知识,而忘却形上方面,忘却精神方面,忘却艺术方面,是决非国家前途之福",③并据之而提出要正确处理好欧洲以往思潮与吾人今日思潮之关系,"若以欧洲以往之思潮为官觉主义,而以吾人之思潮作为超官觉主义,则其利害得失当如下表:第一,官觉主义之结果:实验科学发达,侧重理智,工商立国,国家主义。第二,超官觉主义之结果之预测:重精神(或内生活)之修养,侧重情意,物质生活外发达艺术,国际主义。今后吾国将何去何从,是文化发端之始的极大问题,望诸君再三注意"。④ 后来张君劢回忆并评论道:

> 回想当年"人生观"之论战,起于我一篇"人生观"演讲。吴君文藻为清华大学生时,约我演讲。时我方自欧洲返国,受柏格森与倭伊铿之影响,鼓吹"人类有思想有自由意志"之学说。此乃哲学层与玄学层上之立言,胡适之读之大为不快,某日晚在宴会席告我——"我们将对你宣战"。及驳论印出,乃出于丁在君起稿,于是论战交锋达一二年之久。我自身坦然处之,不以为意,因我内心乃知此为哲学上之悬案,无两造胜败是非定论之可言。

> 今日试将此一论战为之评价。我以为此乃吾国思想幼稚迷信

---

① 《科学与人生观》,第 225 页。
② 《科学与人生观》,第 225 页。
③ 《科学与人生观》,第 225—226 页。
④ 《科学与人生观》,第 226—227 页。

科学万能之表现。欧洲各国受科学洗礼之后,亦同有此现象。法国拉曼脱里(Lamettrie,1709—1751)著《人生机器》一书,费尔巴哈(Feuerbach,1804—1872)主张唯物主义、命定论与无神论。德国唯物主义思想较后于法国,至十九世纪乃始开展。其代表之者为伏格脱(Vogt,1817—1895)、蒲许纳(Buchner,1824—1899)、海克尔(Haeckel,1834—1919)等。此三人均主张世界构成之基本要素为物质,力与能,由物质生力,由力生热与运动。其实一也。此等学者之论调,以之与吴稚晖黑漆一团之宇宙观相比较,可谓为一鼻出气。丁在君有一枪打死后,人之精神安在之责问,其基本信仰与吴氏正同。我无以名之,名之曰唯物主义之先驱而已。此种唯物主义与中共之唯物辩证法大有异同,然其否认人类之精神与知识与伦理观念之起于彼此、黑白、是非之心灵作用,则异流而起于同源。试问宇宙之现象,有物质有生物人类,可谓复杂万端,岂"物质"一种元素所能解释? 奈简单头脑风靡一时,致陷全国于疯狂状态,吾人惟有努力于今后之澄清,而往事之谁负其责? 置之不问可矣。[1]

这场由《人生观》演讲而引发的"科玄论战",是以"玄学鬼"被人唾骂、广大知识青年同情、支持和接受科学派的思想而告终的。徐复观尝忆其"年少时在沪购一书曰《人生观之论战》,于京沪车中总读一过,内容多不甚了了,唯知有一派人士斥君劢、东荪两位先生为'玄学鬼'。玄学鬼即系反科学、反民主,罪在不赦。自此,'玄学鬼'三字,深入脑际,有人提及二张之姓名者,辄生不快之感"[2];杨允元也有类似的经历和感受:"中学时代读到'科学与玄学'的论战(这时候已在论战后好几年),才知道张君劢之名。大概当时一般青年像作者一样,都是充分赞同当日新文化运动领袖胡适和地质学家丁文江所倡导的'科学的人生观',尤其是为

---

[1]《文化与反思·我之哲学思想》,《中西印哲学文集》上册,台北:台湾学生书局 1981 年版,第 38—39 页。

[2] 引见《张君劢传记资料》(五),台湾天一出版社 1979 年版,第 140—141 页。

胡适所特别称道的吴稚老的嬉笑怒骂的文章所激动。对于张君劢呢,只知道他是讲什么莫测高深的倭伊铿柏格森的哲学的,我们好像觉得丁文江骂他为'玄学鬼',似乎是一点也不冤枉的。"①即使"内心对于张君劢先生以及梁任公确有一些同情"的当年"还是一个中学生"的劳榦,虽接受"自然科学不能完全解决人类的社会问题自是事实",却仍坚信"科学方法也是正确的方法,而且张君劢先生以生机主义来反对自然科学也并不能打动人的心弦。就当时中国的客观需要言,当国家受列强重重压制之下,科学确实是一个翻身的工具,讨论科学的弊害已落在第二义。科玄之争的胜负,已超过了理智的问题而落在一般青年人情感问题之上"。②

正因充分注意到"科学与人生观"论战后,"简单头脑风靡一时,致陷全国于疯狂状态",所以,1934 年和 1963 年,张君劢又两次发表《人生观论战之回顾》,1940 年还发表了《胡适思想界路线评论》,在全面批判胡适思想的同时,对他自己的人生观及哲学理论又作了进一步的阐述。他批评"极端地提倡科学研究"的胡适道:"中国经书以及某种范围的史书,表现了形成中国传统一部分的道德原理和价值判断。胡适认为经史只是发见事实的资料,而忽视其中的道德价值,并且还引记中国的怀疑主义精神,从这两方面看,他确是……在中国造成精神真空的人。"③由此可见他对于主要是胡适、丁文江、吴稚晖和他本人参加的"着重于道德价值和自由意志的人生观论战"④以及他在这场论战中提出的思想观念的看重,"科玄论战"确乎成为他毕生挥之不去的一个"情意结"。他虽坦承自己当年对于"人生自由"的提倡"不免过于充满了热与力",但他仍郑重指出到现在"仍丝毫没有变更"。⑤ 对于现代性和科学之流弊的反思、对于知识与道德关系的探求以及对于儒家思想特别是儒家义理心性之学的重

① 杨允元:《在印度讲学时的张君劢》,引见郑大华编《两栖奇才》,第 70 页。
② 劳榦:《记张君劢先生并述科学与人生观论战的影响》,引见郑大华编《两栖奇才》,第 64 页。
③ 《新儒家思想史》,北京:中国人民大学出版社 2006 年版,第 601 页。
④ 这是张君劢对"科玄论战"的提法,引见《新儒家思想史》,第 601 页。
⑤ 《人生观论战之回顾》,《中西印哲学文集》下册,第 1000 页。

视，成为贯穿张君劢思想的一条重要线索。

从现代新儒学思潮史的角度看，张君劢的《人生观》演讲犹如稍早梁漱溟的《东西文化及其哲学》，"实质上是对五四时期中西文化论战的深化"。① 尽管进路有所不同，但张君劢在《人生观》中明言："方今中国竞言新文化，而文化转移之枢纽，不外乎人生观。""思潮之变迁，即人生观之变迁也。"又说："盖人生观，既无客观标准，故惟有返求于己，而决不能以他人之现成之人生观，作为我之人生观者也。"其所提倡的"返求于己"正是儒家的基本精神，这与梁漱溟《东西文化及其哲学》断言中国文化的复兴就是中国人生态度的复兴、从这里动才是真动完全一致，都是明确为儒家人生观张目，"而张君劢所倡导的反求诸己的人生观无疑是接着梁漱溟《东西文化及其哲学》的话题讲的"。② 并且梁、张二氏都将西方人文主义思潮与他们所体认的儒学传统有机结合，认为这不仅是解决中国现实问题、而且是根治西方社会和文化危机的不二法门。他们就这样通过强调人之"理性"以弘扬民族文化意识，以热烈的理想高擎起道德人文主义精神巨帜，从而形塑了其后现代新儒学的发展方向和基本理路。因此，"张君劢的演讲以及他后来的论战文章，从某种意义来讲，形塑了现代新儒学的致思方向，张君劢本人也因此而成了现代新儒学的'开启者'之一"。③

三、和会中西归宗儒家的文化观

（一）文化保守主义立场的文化观

现代新儒家无不持守文化保守主义的基本立场，他们的文化思想都是基于这一立场提出来的，故而现代新儒学乃是中国近现代文化保守主义思潮的重要一翼。

---

① 颜炳罡：《当代新儒学引论》，北京：北京图书馆出版社 1996 年版，第 158 页。
②《当代新儒学引论》，第 158—159 页。
③ 郑大华：《张君劢传》，北京：商务印书馆 2012 年版，第 127 页。

中国近现代的文化保守主义,既受西方文化保守主义的影响,是世界范围内文化保守主义思潮组成部分之一;又有相对独立性,展露出自身的演进轨迹,存在着自身发展的内在理路。据美国学者艾恺的研究,"文化保守主义"(又称"文化守成主义")是伴随着西方现代化运动的产生和发展而最早在西方世界出现的,其代表者主要有德国的哈曼、谢林、赫德、斐希特、希洛克,英国的柏克、科柏特、柯尔雪基,法国的格斯特、托克维尔等。他们"都以各种传统形式(或理想化)的社会当做社会完善的试验",并都对个人的物质私利"有深刻的厌恶,唯恐它会毁坏所有建基于道德原则的人群关系。他们对工业化的结果不是心存疑惧,而是彻底仇恨,特别是现代都市生活及其病态与非人性化。他们强调社会重于个人,有机的群体关系高于法律关系及法定权利,……渴望共有的道德价值和对真理的共同认识与分享,……高度评价人类存在的非理性、非功利方面——艺术、宗教等等";此外,他们面对理性主义,"却常亟思建立一种认识论,为道德价值建立一个基础"。① 这种文化保守主义无疑是一种出现于现代化过程中、基于对"工业化的结果"的反思而生发出来的对西方现代化运动的批判思潮,其基本特征则是力图以价值理性来批判以工业化为主导的现代化进程中出现的工具理性的过分膨胀,并进而解决由之带来的人伦疏离、道德沦丧、意义迷失等一系列问题。

中国近现代的文化保守主义受到西方文化保守主义的影响或启迪。如被论者称为"生平长于西学而服膺古训"的辜鸿铭,②就是在 18 世纪末 19 世纪初西方浪漫主义思潮影响下走上文化保守之途的。这诚如 1928 年辜氏去世不久有人评曰:"其尊崇儒家,提倡中国礼教之道德精神,亦缘一己之思想见解确立以后,返而求之中国学术文明,见此中有与卡莱尔、罗斯金、爱默生之说相类似者,不禁爱不忍释,于是钻研之,启发之,

---

① [美]艾恺《世界范围内的反现代化思潮——论文化守成主义》,贵阳:贵州人民出版社 1991 年版,第 76—77 页。

② 刘成禺、马伯驹《洪宪纪事诗三种》,转引自黄兴涛《文化怪杰辜鸿铭》,北京:中华书局 1995 年版,第 5 页。

孜孜焉。举此吾国固有之宝藏,以炫示西人。"[1]而卡莱尔、罗斯金、爱默生正是当时西方文化保守主义的代表人物。又如张君劢本治西学,是实证主义和社会达尔文主义的信徒,但 1919 年以后他转变为坚守文化保守主义的现代新儒家,如此巨变的契机乃是倭伊铿、柏格森(亦为西方文化保守主义的代表)对其思想的影响。张氏曾自述:"我初窥哲学门径,从倭伊铿、柏格森入手。梁任公先生游欧,途经纳耶,与倭氏匆匆一晤,引起我研究倭氏哲学之兴趣。同时每年一度去巴黎,兼读柏氏著书。"[2]倭伊铿、柏格森对过度追求物质文明的西方现代化的批评及其对理想化的道德价值和精神生活的赞誉,确是张君劢新儒学思想体系的理论来源之一。

　　但是,中国近现代文化保守主义并不单纯是对西方文化保守主义的移植,而有着自身形成发展的源流。其源可上溯至清朝同治年间洋务派明确提出的"中体西用"论,此后有这种立场者不乏其人。总之,中国"'文化保守主义'是指那种立足于传统文化,力图融会古今,也有选择地吸纳外来文化,以适应时代需要的思想倾向或思想派别。他们在政治上可以很进步、很革命,甚至十分激进,但是对待民族文化传统很谨慎、很保守,温情脉脉,谨守先业,唯恐'弃我故常'。有这种思想的人,在中国近现代思想史上可谓屡见不鲜,章太炎是一个例子,曾经参加过辛亥革命的现代新儒家熊十力也是一个典型的例子",[3]张君劢当然也是其中具有典型性的一位。这显然与中国文化保守主义形成发展于近代以来中西撞击、民族危机日重的特定社会文化背景有关,这就使得张君劢自然在文化保守主义立场上来阐明其和会中西而以儒为宗的文化思想。

　　张君劢一生,始终持守着对以科学主义、知识主义、权力至上、物质主义、功利主义等为主要特征的西方文化进行批判的文化保守主义立

---

① 《悼辜鸿铭先生》,载 1928 年 5 月 7 日《大公报》。

② 《中西印哲学文集》上册,第 44 页。

③ 方克立:《现代新儒学与中国现代化》,引见《方克立集》,上海:上海辞书出版社 2005 年版,第 218 页。

场。他之所以如此,一方面是与近代以来中国急剧变革背景下所形成发展起来的文化保守主义思潮相吻合,另一方面又与他亲历了第一、二次世界大战,深切感受到以科学主义、知识主义、权力至上、物质主义、功利主义等为主要特征的西方文化给人类带来的惨痛灾难有重大关系,故其持守文化保守主义立场又是与世界范围内的文化保守主义思潮相吻合的。

在 20 世纪 20 年代发表的《欧洲文化之危机及中国新文化之趋向》演讲中,①张君劢就已指出欧洲文化已经发展到末路,欧洲人都在企盼政治、社会和文化变革;而陷欧洲文化于危机的原因有三,一是思想上的变动即反主智主义开始取代主智主义,二是社会组织的动摇即社会主义开始受到人们的普遍重视,三是欧战的结果给人类造成了极大的破坏。在《人生观》的讲演以及相关文章中,张君劢更对以科学主义、物质主义、功利主义和军国霸权主义等为主要特征的欧洲文化有十分明确的批判。1949 年,他又注意到始于第一次世界大战的"对于现代文化悲观的心理",经过二次大战以后"更为厉害"了,"有许多实际问题,出现于国际政治上,譬如原子弹问题,国家主权与世界政府问题,民主政治与独裁政治问题,资本主义、社会主义与共产主义问题",而在这些"实际问题的背后,另有几种更深刻更基本的问题"。一是"语言混乱",如"英美人说民主,说世界上最好的政治是民主,俄国共产党人则说我的民主比你的民主更好。英美方面所谓的民主,是言论自由,结社自由,反对党存在,等等;俄国共产党所谓的民主是为穷苦大众谋幸福,铲除资本阶级。两方面所用之'民主'名辞虽一样,但意义之差别如此。……因此在学术、语言、政治上名辞发生种种混乱与曲解之现象,在这情形下,人类精神上已没有交通的共同媒介如货币存在"。二是"人生价值标准不一",道德意识沦落,"为达到目的起见,可不择手段",如"朋友相交,为彼此互有益

---

① 这是张君劢 1922 年 2 月在中华教育改进社发表的演讲,是他从德国留学归来后发表的第一篇演讲和文章。该文原载《东方杂志》第 19 卷第 3 期,又见 1922 年 2 月 12 日《时事新报》副刊《学灯》,今收入翁贺凯编《张君劢卷》,北京:中国人民大学出版社 2014 年版。

处，现在在结交之始，即有出卖朋友之目的"。三是"理性的暗晦""尚力不尚理""权力政治""又复成为现代政治上的流行名辞"，"科学愈发达，权力政治愈流行，国家与国家间，理性的机会愈少"。可见，"危机实在是很大的，而且暂时不易把它融化或消灭掉"。而这种危机发展下去，无非有三条路可供选择："（一）求一个妥协，以讨论办交涉的方式觅一个妥协，但是这种方法在我看来很渺茫。（二）如欧洲经过几十年宗教战争之后，终于得到一个'容忍'的原则，即国家间如宗教之新旧教一般，相容并存。（三）大鱼吃小鱼。在权力政治之中小国的地位减低了，有造成我们战国时代的趋势，出了秦始皇，到那时候，一切自由、理性都没有了，人类也临到垂亡的时候。"①直到晚年，他仍强调"现在，我们生存于思想、文化、政治的矛盾斗争时代之中"，"西洋文明，经过了第一第二次世界大战之后，使我们发现了一种非常严重的问题，……所谓西洋文化，知识即力量，毕竟就是权力的思想，它的知识，最明白地表现于自然科学上面的，即是现代技术的完成。今天，那些西洋文明，已经到达了原子力的时代"，但致使世界不安的问题却不但没有因此而解决，反而陷于一种更加"没有把握的矛盾状态"。这就"必须对西洋文化加以批判了"。

张君劢认为"所谓西洋文明，如果探索它的源流，大概有以下四种：第一是希腊的学问，第二是基督教，第三是罗马的法律，第四是现代的科学技术。然而造成西洋文明的四种要素，竟是互相对立、冲突，而且矛盾的东西。譬如说：基督教和自然科学，竟然展开了斗争的历史，在欧洲一切的一切，都是这种对立斗争的状态。此外有似宗教和自然科学的对立斗争情形，还有阶级和个人，国民和国家的斗争等等"，而这反映出西方思想、知识在本质上存在着问题；"所谓西洋的思想、知识，如果我们加以考察一下，便可知道，从希腊时代到今天，它是一贯不变的。西洋的知识，重视逻辑，结果对于定义，争论不休，再从定义演进到概念。一方，西洋式的知识，采取抽象化的方向。第一性质和第二性质相合，从具体事

① 《世界文化之危机》《现代文化之危机》，参阅《中西印哲学文集》上册，第206—217页。

物的'真'字出发,它们的概念便离开了。并且一方被抽象化的逻辑杰作所造成的东西,反使人们发生错觉,认为这才算是'真'的东西。西洋式的知识,是有这种性质的";"还有一种,非常看重专门化,而流于个别的细目的讨论。经济是经济,政治是政治,把政治和经济分做两件事情。讨论社会的时候,忘掉了个人,讨论个人的时候,忘掉了社会。这是西洋式知识的一种特征"。在他看来,"下定义是必要的,……然而由此发生了困难的事情:定义就是知识。譬如对于道德下一定义。知识的世界所下道德的定义,竟然把道德的范围束缚起来。知识结果变成了能够左右道德的东西"。总之,"西洋文化的本质,在于知识。不过所谓知识,对于人是不要求义务的。然而东方的学问,最初是把知与德置于不可分离的境地,无论《大学》《中庸》《论语》《孟子》,它们都是把知与德的关系视为不可分离的东西"。由此,他指出"儒家的精神,可以解决现代的矛盾",儒家强调知与德不可分离,提倡"道并行而不悖","不但有形而下学的世界,并且还有形而上学的世界",这些都是贡献于世界而解决现代矛盾的。①

然而另一方面,这样一种强烈的批判,又并不意味着张君劢全面否定西方文化,相反地,他认为"中国旧文化腐败已极,应有外来的血清剂来注射他一番。故西方人生观如个人独立之精神,如政治上之民主主义,如科学上之实验方法,应该尽量输入。如不输入,则中国文化必无活力"②。他主张对中西文化都要有一种分析的态度:"文化有总根源,有条理,此后不可笼笼统统说西洋文化、东洋文化,应将西洋文化在物质上精神上应采取者,一一列举出来;中国文化应保存者,亦一一列举出来。"③

张君劢基于自由意志人生观应制衡科学及物质文明成果并为科学之指导的认识,不仅对于那种不同于科学主义、知识主义、权力至上、物质主义、功利主义等的西方思想文化予以高度评价,而且自觉认同和接

---

① 《现代世界的纷乱与儒家哲学的价值》,参阅《中西印哲学文集》下册,第814—819页。
② 《欧洲文化之危机及中国新文化之趋向》,《中西印哲学文集》上册,第225页。
③ 《欧洲文化之危机及中国新文化之趋向》,《中西印哲学文集》上册,第225页。

受。张君劢早年居德留学期间，即曾区分"近时之哲学潮流"有"生活哲学"与"思想哲学"两大派："生活哲学以生活（Leben，life）为哲学之出发点者也，思想哲学以思想（Denken，thinking）为哲学之出发点者也"；"思想哲学，以物理学、数学之观念，为基础观念者也"，"以思为出发点"，"以思为唯一根据，故重理性（Reason）、重概念（Idea）。以论理学上之思想规则与夫认识论为其独一无二之研究方法"；而由尼采发其端的生活哲学则"本生理、心理原素之分析，而有智识皆由生活起之说"，"以为思想不过生活之一部，欲求思想，舍自去生活（Erleben）而外无他法，故重本能（Instinct）、重直觉（Intuition）、重冲动（Impulse）、重行为（Action）。换言之，真理不在区区正名定义，而在实生活是矣"。[①] 他对"因反抗主智主义、自然主义而起""以精神生活为哲学系统之中心"的倭伊铿极为推崇，指出"倭氏著作之中，无在而无'生活'二字，如生活观（Iebensanschauung）、生活过程（Lebensproess）、生活秩序（Lebensordnunbg）、生活系统（Lebenssystem），为其书中习见之字，其各书尤好以生活为名，如《大思想家之生活观》（Die Lebensanschauungen der grossen Denker），如《生活之价值及意义》（Sinn und Wert des Lebens）、《认识与生活》（Erkennen und Leben）、《精神生活内容之奋斗》（Der Kampf um einen geistigen Lebensinhalt）皆是也"，[②] "倭氏哲学中，其原始要终之点，曰精神生活（Geistesieben）。精神生活者，就人言之，则人之所以为人；就世界之大言之，则为弥纶宇宙之真理，其义至广大而精微矣"，[③] "倭氏生于十九世纪之后半，此时期中最近著之现象，则主智主义也、自然主义也，学者本思想之原则，以求一名词之定义一事物之公例，为人生莫大天则。自孔德实证哲学行世，达尔文进化论行世，一若世界真理，即在自然世界现象之中，而以此二主义之影响，于是为科学发达，为物质文明。始焉以为科学宰制自然，终焉人生反为物质之奴隶，是

① 参阅《倭伊铿精神生活哲学大概》，《中西印哲学文集》下册，第 1095—1096 页。
②《中西印哲学文集》下册，第 1097 页。
③《中西印哲学文集》下册，第 1102 页。

始之所以制物者,而终为物之所制矣。于斯时也,倭氏起而大声疾呼曰:'人生目的,非徒正名定义也,非徒机器工厂也。'盖与十九世纪之文明,毅然表示不两立之态度者,莫若倭伊铿,而倭氏所以为先知先觉者在此矣"。① 他又认为"大抵西方哲学家不仅以解释人类行为为满足,必进求宇宙之真源,于是其终焉必归于神,如黑格尔以思想为出发点,而其所谓绝对知(Wissen)者即神也。柏格森之出发点,变也,生机也,而此所谓变所谓生机,亦即柏氏宗教论中之神也。惟倭氏亦然,人也,宇宙之真源也,二者同属于精神生活者也",②故对柏格森其人其学亦极推尊,称"康德以来之哲学家,其推倒众说,独辟径蹊者,柏格森殆一人而已"③,"昔之哲学家之根本义,曰常,曰不变,而柏氏之根本义则曰变曰动"④,柏格森宣称"生命冲动"就是"绵延"亦即"真正的时间",它是唯一的实在,"绵延"是自由的创造过程,而物质则是"绵延"停滞或削弱的结果。这样的生命哲学,在张君劢看来,"灿烂缤纷",令人"忽而惊疑,忽而神往",⑤它促进人们"有前进之勇气,有不断之努力"⑥。在《科学与人生观》中,张君劢又指出:

> 十九世纪末年以来,玄学运动之所以勃兴者,盖有数故。科学家以官觉达坦(Sense-data)为张本,苟其解释,能满足人心之要求,斯亦已矣。无如其所谓解释者,不外乎前后现象之相关,而宇宙之神秘初不之及。此其反动之因一也。科学家以理智(即论理公例)解释一切,而活社会之事实,非论理或定义所能限定。此其反动之因二也。科学家好以因果律为根据,然验之人事其出于因果外者,往往而有。心灵之顷刻万变,更非因果所能范围,于是哲学家起而

---

①《中西印哲学文集》下册,第 1099—1100 页。
②《中西印哲学文集》下册,第 1094—1095 页。
③《法国哲学家柏格森谈话记》,《中西印哲学文集》下册,第 1235 页。
④《法国哲学家柏格森谈话记》,《中西印哲学文集》下册,第 1235 页。
⑤《中西印哲学文集》下册,第 1237 页。
⑥《张东荪著〈思想与社会〉序》,《中西印哲学文集》上册,第 119 页。

大倡自由意志之说。此其反动之因三也。既不以形下为满意,乃求
所以达乎形上;而形上之中,其所慰安人心者,则曰宗教;于是有提
倡宗教改革者如倭伊铿,亦有自实用主义以明宗教之为用者,则曰
詹姆士。此其反动之因四也。要之,此二三十年之欧洲思潮,名曰
反机械主义可也,名曰反主智主义可也,名曰反定命主义可也,名曰
反非宗教论亦可也。若吾人略仿孔德时代三分之法,而求现时代之
特征之一,吾必名之曰新玄学时代。此新玄学之特点,曰人生之自
由自在,不受机械律之支配,曰自由意志说之阐发,曰人类行为可以
参加宇宙实在。①

在《张东荪著〈思想与社会〉序》中,张君劢则明确表示其所持者乃
"反智主义之论调",但"所谓反智主义,其大潮流虽一,而立言各异,如詹
氏之工具论,为倭氏所批评,如柏氏之生力超乎理智,为黎卡德氏所反
驳;而就其相同者言之,不外乎理智之范畴,不能举生者而能尽之。理智
为生之一部,故生之范围大于理智,惟有力返诸生,方足以去理智矫揉造
作之弊。此其所言,不论为柏氏,为倭氏,为詹氏,为杜氏,因无一而不同
意者也。彼等反对之目标,为黑格尔之逻辑统系,下自第一概念之无,上
达于绝对之上帝之所以演进者,无一不在于所列举范畴之中,在黑氏以
为哲学之大成,莫过于是,而在柏氏、倭氏、詹氏观之,则以为生之复杂,
决非理智所得而说明,或即有说明,而与生之真面目正相反也"。② 这就是
张君劢所认同和接受其影响的西方思想文化传统。而这又正是前述艾恺
所谓世界范围内文化保守主义思潮的先驱。正是对于这样一种西方思想
的认同和接受,使张君劢确认并终生持守文化保守主义的立场。他以现代
新儒家风貌登上中国哲坛而发表的第一篇演讲《人生观》即深受倭伊铿精
神生活哲学影响而又有所申发。他的这种思想更进而引领了现当代新儒
学乃至整个中国现当代文化保守主义思潮的发展路向,如他对柏格森主义

---

① 引见张君劢、丁文江编《科学与人生观》第 99—100 页。按"官党达坦"即感觉材料之意。
②《张东荪著〈思想与社会〉序》,《中西印哲学文集》上册,第 117—118 页。

的介绍与大力提倡，就扩大了中国哲学学者的知识视野。

（二）比较哲学视域下的文化观

作为现代新儒家，张君劢以儒为宗，将他所认同接受的西方思想与中国文化传统相融合，从而形成其文化思想。这使其虽然特别注意区分中西哲学的特质，①但另一方面又十分注重在中国哲学、尤其是儒家哲学思想中寻找那些与其所认同接受的西方思想相同或相近之处，相互诠释，相互融通和结合。如他早年即曾指出倭伊铿的精神生活哲学与孔子儒家"惟天下至诚为能尽其性，能尽其性则能尽人之性，能尽人之性则能尽物之性，能尽物之性则可以赞天地之化育"的思想"颇相类"："孔子之所谓诚，即奥氏所谓精神生活也；孔子之所谓以诚尽人性物性者，即奥氏所谓以精神生活贯彻心物二者也。奥氏之所谓克制奋斗，则又孔子克己复礼之说也。"两者所不同的只是在于孔子为"抽象之论"，而倭伊铿"则有科学根据"。② 张君劢将倭伊铿的精神生活哲学与孔子儒家"惟天下至诚为能尽其性"云云相互诠释、融通和结合，当然有一定道理，因为两者确实存在"颇相类"之处，"首先，它们都具有主观唯心主义和神秘主义的性质；其次，'精神生活'和'诚'都是第一性的东西，是一切事物的本质，是它们存在的基础和发展的动力；再次，两者所要达到的最高境界是'天人合一'或'与天地合一'"；但也应看到倭伊铿的精神生活哲学与孔子儒

---

① 如谓"中西哲学思想有根本上之异点：第一，中国哲学家意在于求善，其所祈向者为一种价值论。以吾国名辞言之，为是非善恶之所归。西方哲人所致力者为求真，为认识论。此其异一。第二，吾国哲人富于理性，少谭信仰。……因此养成吾国学者之传统，或重义理或事考证，而与印度、近东与欧洲承受耶教后之发挥宗教信仰者大不相同。……然在吾国哲学理论背后，亦有一种信念，如孔子云'朝闻道夕死可矣'，孟子云'天下无道，以身殉道'，宋儒云'为天地立心，为生民立命，为万世开太平'。此种议论，与宗教家之所谓信仰异，然不失其信心，可名之曰理性的信念（Rational Convention）。此其异二。第三，印度、近东与欧西习于信仰，乃有耶稣天国降临之说，……其在哲学上为绝对论，欲以一套范畴概括天下事理。吾国儒家亦有一种道统与殉道观念，以一己之躬行实践为主。及乎环境与己之信念两不相容，则以朝闻道夕死可矣态度出之。此即所谓成仁取义，以求社会之改善。其所以死者，为正义之所归。与欧西人与犹太人之迷信所谓弥赛亚降临者，迥乎不同。此其异三"，见《中华民族精神——气节》，《中西印哲学文集》上册，第597—598页。

② 《致林宰平学长函告倭氏晤谈及德国哲学思想要略》，《中西印哲学文集》下册，第1117页。

家"惟天下至诚为能尽其性"云云，"无论就其内涵还是范围而言都有所区别，如倭伊铿的'精神生活'是与物质生活相对立的一个概念，《中庸》的'诚'指的是道德修养所达到的高度自觉境界"。

张君劢认为"虽然东西哲学之间的鸿沟似乎很大，却也有某些共同的特质。哲学终究是期图对人生和宇宙的了悟。因此，途径上容有不同，目的却是一样的"①，中西哲学的目标是一样的，"都是追求永恒真理，无论是伦理方面或理论知识方面——这种永恒真理在感官上是无法发现的，只有从思想或心灵中才可发现"②，故其"一方面反对独立于世界一般哲学之外来研究中国哲学的做法，另一方面又主张要根据自己的需要来融通中西方哲学，以形成一种新的多元局面，所谓'自力更生中之多形结构'"，③这就使他每每通过比较的方法来论析中西思想。譬如张君劢注意到"像苏格拉底一样，孔子希望发现每一文字的特质，这样他能正确地为某一名称下定义。我们不能说，苏格拉底所求的是名词的定义，所谈的是逻辑，而孔子所谈的只是伦理。孔子的'正名'和苏格拉底的'定义'，虽然两人以不同方式用不同语言表达，可是所表达的东西实际上是相同的"。④ 他曾将孟子与柏拉图作比较研究，并列为其东西哲学比较研究开宗明义之第一篇，认为"孟子与柏氏不谋而合之点五。（一）曰以心官之思为出发点。（二）曰以知类为方法。（三）曰以正心为主身之本。（四）曰以德性为人所同具。（五）曰以道为归宿"，⑤"以上所举五项，非谓其字句之相同，乃指其思想之相同，大概人之所以为人（即理性动物之谓）之概念，与夫德性之由来，发出于心官之思，而无异于耳目之感觉，此乃两人所以由形下走入于形上，而各项相同之点自随之而来矣"；⑥又说

---

① 张君劢：《新儒家思想史》，北京：中国人民大学出版社 2006 年版，第 26 页。
② 《新儒家思想史》，第 30 页。
③ 郭齐勇：《张君劢的哲学系统》，引见郭氏《现当代新儒学思潮研究》，北京：人民出版社 2017 年版，第 158 页。
④ 《新儒家思想史》，第 27 页。
⑤ 《孟子与柏拉图》，《中西印哲学文集》下册，第 732 页。
⑥ 《孟子与柏拉图》，《中西印哲学文集》下册，第 759 页。

"孟子与柏氏所以相类,更可以孟子之言之有关于六律、规矩者明之。《离娄》篇曰:'离娄之明,公输子之巧,不以规矩,不能成方圆。师旷之聪,不以六律,不能正五音。尧舜之道,不以仁政,不能平治天下。……''圣人既竭目力焉,继之以规矩准绳,以为方圆平直,不可胜用焉。既竭耳力焉,继之以六律五音,不可胜用焉。既竭心思焉,继之以不忍人之政,而仁覆天下矣。''规矩,方圆之至也。圣人,人伦之至也。'孟子之言,与柏氏学院外墙上所悬通告曰不通数学者不必入内之言,自不相同,然孟子心中知以数学中之方圆与音乐中之六律为学问之极致,则与柏氏无异。柏氏共和国中所以训练其治国者自二十岁至三十岁十年间为治数学之年。对于数学中各科目,先说明其所以治学之方法。……柏氏学院治学之方法,不为实用,乃为发展思想。吾知二人晤对一堂之日,定有其心心相印之处也。"①他还称"孟子是儒学中将'思'置于哲学之主要地位的第一人",并认为孟子类于笛卡尔,"孟子以一种特殊的方式,修正孔子之说,而强调'心之官则思……',有如法国笛卡尔说法'我思故我在',以为现代哲学之出发点;谓两者同具重要性,盖不为过也",②"笛卡尔学说,反映西洋哲学之发展,可以想见其如何重要。而孟子之'心之官则思'的理论,在东方亦有其重要性,而能与笛卡尔之说相比拟。……如果追溯宋朝陆九渊的哲学,及明朝王阳明的哲学,便不能不认孟子'思'的学说,实为一种前驱与发源的著作"。③ 此外,他又比较康德与孟子道:"现代哲学中康德氏两大著作,其《实践理性》中之道德论与《纯粹理性》中之超验综合说,一则名之曰断言命令,一则出于心之自动。康氏此次学说使吾人恍然于西方现代哲学虽以近代所发明之科学知识为背景,然其基础不外乎儒家所谓心之所同然之义理。惟'心之所同然'实现于理论方面,乃有康氏之十二范畴,惟'心之所同然'实现于是非善恶之判断,乃有康氏

---

①《孟子与柏拉图》,《中西印哲学文集》下册,第 758—759 页。
②《孟子哲学》,《中西印哲学文集》下册,第 657 页。
③《孟子哲学》,《中西印哲学文集》下册,第 657 页。

所谓良心。"①由此可见，"在张氏看来，孟子虽然没有认识论，但是他在道德上的先验主义立场必会让他支持康德在认识论中的先验主义。即如果孟子要是在现代，必定会赞成先验主义的认识论"。②

此类比较性研究及论述，在张君劢的论著中在在有所体现，如他以比较哲学视域论道：

> 中国为位于亚洲之国家，然其思想方法乃近于西方而远于东方。中国不属于东方国家之创作宗教者，如印度、回教国与犹太等。中国所着重者为此世界之研究，尤重人伦与道德问题。罗杰氏《学生哲学史》中称，希腊人缺少宗教热忱，因此注重理性方面之追求与美术方面之表现。此乃希腊人所以为欧洲建立其哲学与科学之基础。中华民族富于常识，爱好学术，关于宇宙现象，一一为之记载，可以一部廿四史著作为其证明。然中华民族不长于新信仰之建立，尤不感觉有所谓上帝使者降临之默西亚观念。孔子一生之言行，最能代表中国人重视入世反对出世之心理。孔子对于子路事鬼神之问答之曰："不能事人，焉能事鬼？"子路又敢问死，孔子答曰："未知生，焉知死？"孔子又告子路曰："诲汝，知之乎？知之为知之，不知为不知。"孔子对于可知之事与不可知之事，划分一条界线，因此有人称孔子为怀疑主义者。然不论孔子对鬼神死后之态度如何，孔子一生用全力于此世界之上。孔子之影响，使数千年来之中国人从事于学术研究，缺少宗教狂热之表现。然亦正以孔子未尝与人以出世之信仰，乃有道教之建立与佛教自印度之传入，正所以满足国人关于宗教经验之要求。③

他的理学研究也是在比较哲学的视域下进行的，尝谓："新儒家哲学之开展，颇与希腊哲学史之开展相类似。周濂溪、张横渠于新儒家哲学

---

① 《儒家哲学之复兴》，《中西印哲学文集》上册，第485—486页。
② 郭齐勇：《张君劢的哲学系统》，引见郭氏《现当代新儒学思潮研究》，第160页。
③ 《中国哲学中之理性与直觉》，《中西印哲学文集》上册，第74—75页。

之初期,潜心于新宇宙观之造成,与希腊哲人亚纳克齐门达氏以'无限'为本,与亚纳克齐米纳司氏之以气为本之宇宙论绝相类似。濂溪名之曰太极,横渠名之曰太虚太和。其第二期为伦理的反省时期。其在希腊主其事者为苏格拉底为智者派,其在吾国则程明道程伊川,拾濂溪横渠之宇宙论,而求所谓理、道、识仁、涵养与致知之方。"①在其《新儒家思想史》中更有许多比较性论述,如他不仅"指出朱熹与亚里士多德相同之处",②而且从不同层面进行详尽比较研究后指出:"就研究现象世界而言,他是亚里士多德主义者;从他的唯心论而言,又是柏拉图主义者。"③或者说朱熹在自然哲学方面是亚里士多德主义者,而在道德价值哲学上则是柏拉图主义者,这是很深刻的观点。又如,张君劢尽管未深入展开,但十分敏锐地指出陆九渊否认形上、形下两层次的区分及其对"心"的特别重视,"使他接近菲希德(Fichte)那种唯心论者,陆九渊所谓的'心'代替了菲希德所谓的'自我'"。④再如张氏对王阳明的研究也是在比较哲学视域下进行的,他指出"王阳明不但是中国的伟大思想家,也是世界的伟大思想家,在东西方哲学史上都占有非常重要的地位",⑤他认为阳明"形上学与黑格尔的精神哲学很相似。自然为精神的自我表现提供可塑性的材料","先生从黑格尔式的形上学出发,根据黑格尔形上学,知人心的价值活动为实在之中心。可是,先生思想也接近柏克莱的观念论:存在即知觉。可是,我们不要将阳明先生的思想视为自我中心的知识论,因为先生认为,从本体上看,知是宇宙之本体,因此,知是普遍于一切主体的,并不限于人心","先生的哲学体系与康德'批判哲学'也有很大的不同。先生是彻底的存有论的唯心论者,因此,不承认康德所谓现象与本体之分,也不将知识分为所与(感觉)与组织作用(感性和悟性的形式)两个因素。

---

① 《中国哲学中之理性与直觉》,《中西印哲学文集》上册,第 77 页。
② 《新儒家思想史》,第 207、208 页。
③ 《新儒家思想史》,第 207 页。
④ 《新儒家思想史》,第 241 页。
⑤ 《新儒家思想史》,第 297 页。

先生认为知的活动或过程以及心之所知均为同一实在的一部分","虽然
这位中国哲学家的论调很像西方的理性主义者,同样的,柏克莱和康德
的一些说法在他思想体系也有重要的地位"。① 他又认为阳明"以'人心'
为私欲,'道心'为天理,并认为心的这两种情形是相互排斥的。他认为
私欲障蔽吾心,使吾心无知。这也是西哲笛卡尔的看法,笛卡尔认为人
陷于自我狭窄的范围内,摆脱私欲即是清洁吾心而达到道心"。② 张君劢
还指出:

> 在阳明先生的思想体系中,宇宙是个合理的整体。然而,他不
> 必诉诸柏拉图式的理型以作为人生的典范,相反的落实世界之合理
> 的东西则是他的理想。他赞成康德所谓思想形式内在吾心之说,他
> 称之为性或理。一般而言,他的思想与黑格尔绝对主义哲学毫无相
> 通之处,在黑格尔哲学中,理性是以辩证的形式展开的。不过,有一
> 点,他却很相似于黑格尔,即经验世界乃精神的逐渐具体表现。阳
> 明先生之重视行,预见了法国柏格森主义者及美国实用主义者,但
> 有一点不同,即阳明先生之要求行是基于理,而柏格森主义者及实
> 用主义者之要求行却是基于反智主义的。我们可以确定,在中国这
> 位伟大思想家的思想体系中,含有西方唯心论及实用主义哲学精
> 华。阳明先生在世界哲学家中将永远占有崇高的地位。③

由上述三例来看,张君劢"能尽量避免那种削足适履的做法,对西方
某家某派的哲学系统不做全盘地移植套用,而是能够做到同中见异、异
中见同。一方面,能够保持中国哲学的主体性,比他之前的中国哲学史
研究者如谢无量、胡适之与冯友兰都更加接地气,有本土哲学气息。另
一方面,张氏亦不忘以西方哲学中较接近的观点来诠释传统,对传统哲
学进行现代性的创造性转化。当然,在哲学史的梳理方面,他也没能像

---

① 《新儒家思想史》,第 308 页。
② 《新儒家思想史》,第 320 页。
③ 《新儒家思想史》,第 327 页。

后来的牟宗三那样,建立'量身定制'的、明确的核心概念来定位宋明理学;在哲学系统建造方面,亦未能像牟氏那样建立自己精密的认识论,对良知与认知的转化关系亦语焉不详"。① 诸如此类的研究,就不仅使张君劢重建的理学(新儒学),而且使他全部文化思想都具有极其显明的比较哲学意味。

(三)和会中西而归宗儒家

张君劢并不是为了对中西哲学作比较而进行比较性研究,而是自有其目的。这首先是为了通过比较来汇通中西以形成、提出他自己的文化思想,如他早年在"科玄论战"中认为中国学术史上的汉宋之争、理学中的朱陆之辩与"欧洲哲学史经验派或理性派,或曰唯心派唯物派之争"相类,②后来在《新儒家思想史》中说,在"心是否先天具足,或是否因外境而生"问题上,朱熹和陆九渊各执一端,"差异很大,尤其是阳明加入这个论争以后,更是如此。因此,到明末清初,这个问题已演变成全面性的争论";"这个争论相当于欧洲思想史上理性主义和经验主义之争"。③ 他做这样的比较性论析,目的乃是要指出东西传统"一重德性,一重智识,此自古昔已然,而今为尤甚。……重德性而轻知识,则为科学之不发达。重知识而轻德性,终必陷于转以智力为戕贼同胞同种之利器","儒家哲学以人生为目的,尤注重于知识与道德之并行不悖。至于西欧之注重自然界,注重逻辑,注重语义,可谓为吾国人注意力之所不及。惟其念念不忘众人公有之知识与道德,以求人生问题之解决,且前后各代继续本乎'行健不息'之旨以为之,此乃中国文化所以历久常存而不至于误入迷途者也。其所以推究知识道德者,不外乎众人之心同然,不外乎众人所公有之理性,不外乎此公有之理性之暂没而复现,此则儒家哲学之一般性

①《张君劢的哲学系统》,引见郭齐勇《现当代新儒学思潮研究》,第170—171页。
②《再论人生观与科学并答丁在君》,《科学与人生观》(一),沈阳:辽宁教育出版社1998年版,第104页。
③《新儒家思想史》,第233页。

也"①,故"吾侪今日之进德,不能但记识仁定性或致知主敬之言,而自谓已尽格致诚正之外事。同时亦不必步趋西方学术机关之后,但以宇宙现象之研究为事,而置身心问题于不顾。……盖德性与智识二者既为人类得之自天之能,使之平均发展而同等表现于人类社会之中,乃学术上不偏不倚之善德,而惜乎古今中外之未有能严格遵之者也"②。

张君劢曾就做中西哲学比较研究何以必从柏拉图与孟子入手讲道:"西方文化之要素三,曰希腊罗马,曰耶教,曰现代思想。此三者之中,希腊思想始终贯彻于古代中世,与现代为其骨干,如耶教之传至欧洲,初期依柏拉图,后期依亚历斯多德为其媒介,现代西方思想之复活,始于希腊古书由君士坦丁堡移至于意大利。至于近时英德人口中有哲学不外两派,一曰柏拉图派,二曰亚历斯多德派。此可以见西方文化,迄今犹在有形无形中为希腊学者势力所支配。吾人诚能从中、希思想之相同处,谋吾国思想界之复活与中西文化之接近,或者由流溯源,较诸移植西方现代科哲学者,或可变得其由本见末之一脉相沿,彼此贯通之处。"③就是说,要通过源头上的比较,寻找出中、希思想相同处而加以疏通,使中西思想合而为一,从而在赋予中国传统思想以新内容的同时,激活中国思想的生命力,复兴中华文化。

张氏晚年回视平生,以其亲历感受,指出在身处当今东西文化既相矛盾冲突、又相交流融合时代中的人们,应以开放心智,通过客观而理性的研究,会合东西而镕于一炉:

> 吾人今日所处为东西文化对峙之日,彼此优劣之势至为明显。名为近代化之大潮流中,实则伏有东西冲突之暗流。举其显著者言之:
> 第一,东方各国咸认现代化(即西化)之必要,然其内心隐藏东

①《儒家哲学处于西方哲学环境中之觉悟》,《中西印哲学文集》上册,第488页。
②《民族文化书院缘起》,《中西印哲学文集》下册,第1425页。
③《孟子与柏拉图》,《中西印哲学文集》下册,第730—731页。

方文化之复兴或遇事以东方文化之名为自己辩护,此为东西对立中矛盾之一。

第二,所谓现代化,实即西化。西化之范围如何,以工业技术为限乎,以政治为限乎,抑广及于治学方法与道德伦理乎?此界限如不先明白划定,则民族主义的想法,或曰东方文化特点之想法,随时起而作祟。此为东西对立中矛盾之二。

第三,既已名曰现代化,而其中又分小派别。其在学术方面或重科学而轻玄学,如胡适、丁文江;或重科学的社会主义,是为毛泽东与其同志。其在政治方面,或以为应遵民主政治路线,或以为应走暴力革命路线。此为东西对立中矛盾之三。

以上三种矛盾,为五四以来时起时伏之现象。倘国人不图谋所以矫正之法,而但知以力胜人,则政治与学术,永远混合一处,文化不能自由发展,而政治永无自致于清明之日矣。其所以矫正之法将如之何?曰廓大心胸,以求东西之会通而已。

吾人处此文化交流时代,应会合东西,镕铸于一炉之中,知自己之所长所短,而后就其长者而守之,就其短者而去之。知西方之所长所短,西方之所长所短,不论其为近代为古代为玄学为科学,一律平等视之,悉心研究之后,再定去取。此乃今后廓大自己闻见智识以求文化复兴之惟一办法也。倘不尽人之长,而先有成见,如玄学与科学之争,如民主政治与无产独裁之争,此皆先自狭小其心胸以自树藩篱于学术与政治之中也。①

他通过客观而理性的比较研究,肯认西方文化确有所长,如谓:“人生于宇宙之中,有其四周所遭值之事物,类聚而研究之。有日月星辰,是为天文;有山崎水流,是为地理;有一二三四及或断或续之量,是为数学;有花果草木,是为植物;有禽兽昆虫鱼鳖,是为动物。再推而广之,有元素之分合,是为化学;有物之质与能,是为物理。凡此诸学,自有天地以

---

① 《老当益壮之自白》,《中西印哲学文集》上册,第160—161页。

降,与之同时并起。然人之知而条理之首,因时因地而异,或起于古代如天文名数之学,或起于近代如化学物理。然此各种学问,超然于人世富贵功名之外,自成一天地。其中有恒常之真理,或为理论之当然,或有益于日用,可以供学者千百年之穷索,而成为理智或精神之宝藏。此东西之共知者也。然其孜孜矻矻以为之,而不为用舍行藏之环境所惑者,则西方之成就似乎远在东方之上。此乃学问为独立王国之义入于人心之深浅,有以致之也。"并坦承与西方文化相比较,在学问的"节目与详细之处",中国文化"远不如西方":"孔孟所指示之学问之大方向,曰博学、慎思、明辨、笃行;曰格物、致知、正心、诚意、修身、齐家、治国、平天下,即在今日言之,可谓为把握要点,概括一切者也。然其节目与详细之处,远不如西方。举例以明之:(第一)学问不离语言文字。每一种学问,有其概念、命题,一贯之理,与乎体系。营国学者凭其直觉,指示其要点,洞中肯綮,以云逻辑之学,虽由墨家名家发其端,然一部完整之逻辑学,吾国缺焉不具。因此各家学说独有发凡起例之言,少首尾完具之作。……(第二)东方所谓学问,由人事入手。西方所谓学问,由自然界现象入手。由人事入手者,不易见类之所以可分。由自然界现象入手者,物类之别,如以物为大共名,先有显然易见死物活物之分,其次为动物植物,再则动物之中又各有类,植物之中又各有类。然类之所以分,依逻辑言之,必先有其根本理由。……吾国二千年来之学问,如理学之性质;如训诂学之性质;如理学与佛道之辨;如孟荀之言性;如东林派与颜习斋之论性;如形上与形下之分;如太极与理与气之关系,所以此一是非,彼一是非者,何一不起于定义之不立,范围之不明,致朱子欲以一禅字摈斥象山,后来者和顾亭林、颜习斋、戴东原更以同一方法施之于理学乎。学问之主题何在不明,学问之分类无确定标准。以合全国之力,从事于分科研究,以造成建设性的发展,而不以彼此攻讦为破坏性的批评乎。"①因此,他力主东西文化会通:"在超自然(Super-natural)观念之下,孔子之尊天,谓为同有

①《文化核心问题——学问之独立王国论》,《中西印哲学文集》上册,第 167、171—174 页。

信仰则可,谓为所信重点之不同则可。孔子虽不信神,然形而上者谓之道,固儒家之言也,此可以会通者一。人伦为儒家思想之中心,以明德,止至善为旨归,希腊亦信足乎己而无待乎外之谓德,且谓德为最高之善,此可以相通者二。希腊重视智识,尤其于数学为求真之法门。亚里斯大德好分科之学,以生物学为其专长。吾国对于学问之分科,远不如西方精密,然对于西方学问智识之输入,勉力为之,惟恐不及。徐光启之译作与江南制造局中译书局所从事,足以证之,此可以相通者三。因此相同之故,吾人处于今日,唯有鼓励之扩张之,合之于一炉之中,以促成相通而不失其本色而已。"①

张君劢"以为吾人处于现世界,应知东西彼此之所以同,然后能不丧其所固有,而更求其发扬光大。同时不可不知东西彼此之所以异,然后能知己之短,而择人之长以补之"。② 择西方文化之长以补中国文化之短,方能更彰显中国文化固有的价值;"这样做的目的,是证明中国的土地是固厚而广阔的,足供建立新思想之用",③"足以增吾人儒家复兴之勇气"。④ 他正是通过对东西哲学的比较,揭示中国哲学有四点"独一无二的特性":

(一)中国人在哲学方面的兴趣集中在道德价值方面。中国人认为人是宇宙的中心,人与人之间的关系应是哲学家首先考虑的对象。孔子说"弟子入则孝,出则弟,谨而信,泛爱众而亲仁。行有余力,则以学文",这种情操运用到社会各分子身上,如君臣、父子、夫妇等,都必须具有不同的道德规范。中国人对于宇宙的看法,采取目的论观点。这是中国思想的基本态度,目的观使中国人的兴趣倾向道德价值方面,因此,对中国人而言,道德价值比逻辑、知识论或任何纯粹抽象知识具有更重要的功用。

---

① 《民主政治之开始·范畴与学问理论》,《中西印哲学文集》上册,第30—31页。
② 《孟子与柏拉图》,《中西印哲学文集》上册,第761页。
③ 《中国现代化与儒家思想复兴》,《中西印哲学文集》上册,第593页。
④ 《儒家哲学之复兴》,《中西印哲学文集》上册,第485页。

（二）中国人希望解释宇宙间一切现象，因此，他们想解决世界创造问题。他们认为天是道的根源，并以自然界阴阳二力或变化来解释这种关系。他们的形上学永远是理性主义的，不带超自然主义色彩。这种诉诸理性最有名的例子是老子的《道德经》、孟子的理性主义、周敦颐的宇宙论以及张载和朱熹等对理与气的讨论。显示抽象的理论分析，乃是宋代中国思想中最主要的部分。中国思想家认为上帝和自然之间没有关系。如果形而上与形而下之间有区别的话，也只是程度上的，不是根本的；凡是形而下的都可以归溯到形而上的，凡是形而上的都应该用这世界的现象来加以解释。

（三）中国人在哲学上最大的兴趣是对心灵的控制。中国人认为，由于心常为物欲和偏狭所蔽，所以，净心为得道的先决条件。一旦把自私的念头消灭，心便能不偏不倚，明朗和远见了。周敦颐的无欲、朱熹的致知和专心、王阳明的知行合一，这些便是达到真理标准的三条道路。

（四）重视自己所学的身体力行，甚至为了道可以牺牲生命。人若有志于道并愿献身于道，首先要做的便是将自己所信的原则付诸实行——自己身体力行，在自己的家庭生活以及对国家所尽的义务中具体地表现出来。朱熹和王阳明被认为是值得效法的最好榜样。明朝末年，东林党的许多哲人为了对皇帝忠言直谏而牺牲性命，这表示儒家或新儒家学者是准备为自己的信仰而牺牲的。宋末文天祥之死、明末刘宗周之死，便是这种殉道精神的典型。孔子说："志士仁人，无求生以害仁，有杀生以成仁。"①

他据此而认为中国哲学足可与西方学说相媲美，中国哲学家的创造性思维并不落人之后，中国哲学，尤其是儒学传统完全可以为现代中国思想提供"固厚而广阔的"精神土壤。他曾详尽比较研究中西形上学后说："吾先哲对于形上学之理论，虽为单辞片义，不如西方论此者之源源本本，系统秩然，然其理论中之大经大法，较之廿世纪之西方，固无愧色。

---

① 参阅《新儒家思想史》，第33—35页。

吾人何为自惭形秽而不昌言之乎？"①并且，张氏还进而指出"中国是儒家的天下。中国人的人生观极大部分是受孔子的影响；说得更正确一点，我们可以说，儒家的观点建筑在中国古代传统之上，因此，孔子和中国人的观点，都是从这个根源而来的"。② 这就犹如现代西方文化根源于希腊思想一样，"建筑在中国古代传统之上"的孔子儒家的思想成为渗入到中国人血液中的历史文化基因。所以，当他考虑现代中国思想文化建设必须顺应人类社会和人类文化发展潮流而和会中西问题时，就要申述"应以儒学为本，而沟通东西"道："为什么不说以中国的道学墨家为本？因为道家主清静无为，不看重知识，不重修齐治平之大道。墨家虽重逻辑，有天志非攻的道理，但太偏重实用，而亦不能据以融摄西方之关于自然社会的理论知识。惟儒家学说圆通广大，高明精微，确是中国思想的主流。"③

他更很郑重地说："在一般人的心目中，'儒家'一词代表的是一种旧学说或旧规范，而'现代化'一词所指的则是从旧到新的一种改变，或对新环境的一种适应。然而，如果人们深究儒家思想的根源，显然，儒家思想是基于一些原则的：如理智的自主，智慧的发展，思考与反省的活动，以及质疑与分析的方式。如果这一看法不错，则儒家思想的复兴适足以导致一种新的思想方法，这种新的思想方法将是中国现代化过程中的基础。我的看法是：儒家思想的复兴有助于或者是中国现代化的先驱。人们甚至可以说，在中国人心目中根深蒂固的儒家思想足可为导致中国现代化的基本方法。"④就是说，以儒学为核心的中国文化传统是中华民族的根与魂，是中华民族的精神命脉，中国的现代化应该并且必须立基于此。

张君劢的文化观既区别于盲目崇洋的"全盘西化"派，又有别于抱残

---

① 《中西形上学之所以异趋与现时之彼此同归》，《中西印哲学文集》上册，第411页。
② 《新儒家思想史》，第15页。
③ 《儒学之复兴》，《中西印哲学文集》上册，第574页。
④ 《中国现代化与儒家思想复兴》，《中西印哲学文集》上册，第579页。

守阙的"国粹派"。就前者而言，他从来没有像西化派那样把传统与现代化截然对立，而是认为"就作为哲学和道德标准而言，儒家是可以现代化的。儒家思想中并没有与现代社会所谓人性尊严或权利不合的地方"；①他更痛感西方哲学东来之后虽对中国思想界有很大影响，但置身于"思想、文化、政治矛盾斗争的时代"而洞察西方文化终有弊端，这终将"令国人走到儒家传统哲学万不可放弃之一途"。就后者而言，他在将近半个世纪致力于中国传统儒学的研究与弘扬的同时，对现代西方哲学也进行了广泛而深刻的探讨和积极传播。他对倭伊铿、柏格森、杜里舒、罗素、怀特海、萨特、康德等人哲学思想的研究最深，传播最早，并在中国学术界产生了很大影响。他曾系统介绍黑格尔哲学，使中国学者对黑格尔哲学有了更全面的了解。他又曾向中国学者们介绍现象学与存在主义哲学。他不仅以开放的心智对待西方文化，而且在《立国之道》中更明确指出：

> 一时代之社会，自有一时代之哲学为其背景。吾族今日所处之时代、所遇之邻国，既与昔异，除吾民族具有一种勇气另辟途径外，别无可以苟且偷生迁延度日之法。其政治上，当有卢棱、陆克辈之理，以辟政治上之途径；其在哲学上，当如笛卡尔及康德辈以立哲学之系统；其在科学上，当如加利雷、奈端、达尔文之勇于探求真理，与夫十九世纪初德国科学家于各方面之努力。诚能如是，则新文化之基础，自不难之于成立。有此新基础，国民对于祖宗之遗产，有增益而无浪费，其崇敬之心，亦有增无减。所谓于创新之中，以求保存之法者，即此义也。②

他晚年自我总结说："近年以来自己思想上起一种转变，曰与其对于西方某派左祖或右祖，反不如以吾国儒家哲学思想为本位，刷新条理，更采西方哲学中可以与儒家相通者，互为比较，互为衡量，互为引证。或者

---

① 《新儒家思想史》，第 602 页。
② 《立国之道》，桂林：商务印书馆 1938 年版，第 132 页。

儒家之说,得西方学者之助,更加明朗清晰。而西方哲学家言,因其移植吾国,更得所以发荣滋长。盖唯有采西方学说之长,而后吾国学说方能达于方法严谨,意义明确,分析精到,合于现代生活。亦唯有以吾国儒家哲学为本位,而后本大道并行万物并育之旨,可集合众家之说,以汇为一大洪流,兼可以发挥吾国慎思明辨而加上笃行之长。"①这种"但问吾人如何采人之长以补己之短"②的文化思想,与抱残守阙的"国粹派"显然有着重大区别。总之,张君劢在哲学思想史研究中自觉运用比较研究方法,既坚持中国哲学的主体性,又注重以西方哲学中比较接近的观点来解释传统,从而形成一种具有鲜明特色的研究范式,这就是他所谓"对于旧文化之特长,要宣扬并加以发挥;对于欧西文化,不仅学其表面,当求其深处,但此'借材异地'之心,并不动摇吾人对本国文化之信念"的基本文化策略。③

四、民族主义本位与自由精神

(一)民族主义与自由精神

张君劢的现代新儒学思想,以民族主义本位与自由精神为两大基本特色,而这两大基本特色在张君劢的现代新儒学思想体系中又是有机交融的。换言之,从政治文化角度看张君劢的现代新儒学思想,"一方面强调民族意识、民族精神和民族文化对于民族建国的作用;另一方面强调国家基本政治制度的改造或构设对于民族国家'一体化'和民族建国的关键意义",④这就呈现出自由民族主义的特质。

对于近现代中国人来说,民族主义观念是西风东渐的产物。西文nationalism 一词被中文译为"民族主义""国家主义""族国主义""国民主

---

① 《新儒家哲学之基本范畴》,《中西印哲学文集》下册,第 518 页。
② 《明日之中国文化》,第 49 页。
③ 《立国之道》,第 7 页。
④ 翁贺凯《现代中国的自由民族主义——张君劢民族建国思想评传》,北京:法律出版社 2010 年版,第 59 页。

义""国族主义"，等等，渐多取作"民族主义"。而民族主义本来甚有歧义，内容上可分为种族民族主义、政治民族主义、文化民族主义、经济民族主义，态度上可分为理性民族主义和狭隘民族主义，立场上则又有官方民族主义和民间民族主义的区分。尽管有如此之多的歧义性，但一般说来，民族主义是一种将民族（国家）作为忠诚的焦点，并赋予民族成员共同的认同与尊严的集体感情，这种集体感情成为特定社会共同体的意识，居于这意识核心的概念是民族（nation）。

近代现西方，围绕 nation 观念，英美式的建立在个人自由之上的国家观念与德意志以绝对精神为象征的国家哲学有着明显差异，而"以强调国家至上为特征的德国政治哲学"则成为现代民族主义的重要典型。"德国式的国家观念，对中国近代思想界影响深远"。[1]　在中国，尽管1874 年前后王韬就已使用过"民族"一词，[2]但要到 1895 年中国惨败于日本之后，"民族"才渐渐被普遍使用。戊戌变法失败后亡命日本的梁启超，是中国最早宣传民族主义的思想家，他说："民族主义者，世界最光明、正大、公平之主义也，不使他族侵我之自由，我亦毋侵他族之自由。其在于本国也，人之独立；其在于世界也，国之独立。使能率由此主义，各明其界限以及于未来永劫，岂非天地间一大快事！"[3]他反对当时盛极一时的"排满复仇"论，主张合满、汉各民族为一大中华民族，以相对于世界其他现代民族国家。他又极力推崇伯伦知理的国家学说，称卢梭立于18 世纪而为 19 世纪之母，伯伦知理立于 19 世纪而为 20 世纪之母，"自伯氏出，然后定国家之界说，知国家之性质、精神、作用为何物，于是国家主义乃大兴于世。前之所谓国家为人民而生者，今则转而云人民为国家而生，使国民皆以爱国为第一之义务，而盛强之国乃立，十九世纪末世界之政治则是也。而自今以往，此义愈益为各国之原力，无可疑也。伯伦

---

① 刘泽华总主编、邓丽兰本卷主编《中国政治思想通史·现代卷》，北京：中国人民大学出版社 2014 年版，第 8 页。

② 参阅彭英明《关于我国民族概念历史的初步考察》，载《民族研究》1985 年第 2 期。

③《国家思想变迁异同论》，《饮冰室合集·文集之六》，北京：中华书局 1989 年版，第 20 页。

知理之关系于世界何如也"。① 此时的民族主义宣传者同时又强烈向往
自由民主,在他们看来,反对清廷不仅仅因为其是异族统治,还因为其是
专制主义王朝,故而与他们鼓倡民族主义相伴随的,是对自由民主思想
的宣传:"民权之集,是为国权;民而无权,国权何有?"②由此看来,在中国
近代思想史上,民族主义与自由主义一开始就有着不解之缘。

就在梁启超等如此大力鼓倡民族主义的时候,张君劢东渡日本在早
稻田大学求学,并开始编译《穆勒约翰议院政治论》,他由此比较了专制
政体与立宪政体的优劣,指出专制政体下的国民由于"日夕惟刑宪之是
惧"而不敢放言高论,其思想活动毫无进步可期,这样习久成风,自然成
为一麻木不仁的世界,专制政体亦因此而不可能长治久安,必然沦落劣
败淘汰的命运,"故曰专制国之末路,惟坐以待毙耳"。③ 与之不同,立宪
政体下,"(一)凡宪法既定,人民权利之确保,各得安心活动之自由,以致
社会个人之进步。(二)人民既享有议政之权,自然热心于各般事业,即
一市一邑,亦迥非专制国之比,而其理乱之状态自异"。④ 正因为立宪政
体具有专制政体不可比拟的优越性,所以,"二十世纪之列国,其必尽趋
于立宪者"。⑤ 他还探讨了立宪与国族的关系问题,提出"国族者何物耶?
凡人类之一部相互间以共同之感情而同受治于自主的政府之下者也",⑥
认为凡有同国族之感情者,应结合其人民以立于同一政府之下,但这种
结合是在不同民族间真正同化基础上的自主结合。他据此而主张放弃
狭隘的民族复仇主义,汉满两族团结起来,"凡同族而异心术者,与异族
而异心术者,正可一律看待,而今日国民刀锋所向,所愿天下同心协力
者,即此专制腐败之政府耳,案之各国所以获得自由民权之先例,又安见

①《论学术之势力左右世界》,载《新民丛报》第一号,1902 年 2 月 8 日。
②《二十世纪之中国》,引见张枬、王忍之编《辛亥革命前十年间时论选集》第一卷上册,三联书
　店 1960 年版,第 69 页。
③ 翁贺凯编《张君劢卷》,第 4 页。
④《张君劢卷》,第 6 页。
⑤《张君劢卷》,第 5 页。
⑥《张君劢卷》,第 11 页。

我之果不可得耶！"①这样，在张君劢思想开始形成的早年求学时期，由于受到穆勒思想和梁启超所宣传的西方民族主义、国家主义学说的影响，民族主义与自由主义就有机结合在一起。尽管他的思想后来不断发展以臻成熟，但民族主义本位与自由精神，尤其是这二者的有机结合始终是他坚持的基本原则。换言之，《穆勒约翰议院政治论》不仅为张君劢毕生的政治思想奠定了一个基调，而且更为他的全部现代新儒家思想打下了底色。唯其如此，他后来才会在《明日之中国文化》中既称颂"民族国家实为各民族之最高组织；有之则存，无之则亡"，又赞许"就民主政治百余年之成绩言之，不能不谓为人类历史中之伟大成功也"，并指出："民主政治之内容，不外乎承认各人之自由平等，如生命、财产、出版、信教等等自由之保护，如各人均享有公民参政之权。"②

以宪政谋求民族建国，这是张君劢思想中最主要的内容，也是他一生追求的最重要的目标。这思想呼应了如何构建国家与个人之关系这样一个近代政治学主题，同时也反映了近代以来中国社会的现实发展需要，是 20 世纪时代精神的反映。这里要说的是，他这方面的思想充分体现了民族主义本位与自由精神，尤其是这二者有机结合的基本特色。张君劢在居德访学期间深受魏玛宪法之父柏吕斯的影响，对柏氏提出的"法治国"思想极为倾心，曾专撰《德国新宪起草者柏吕斯之国家观念及其在德国政治学说上之地位》③予以评价。他后来进一步指出："所谓法治国者，是以法律治国，不是以人治国。但这还是表面上的话，法治国云者，尚有其特别意义。"

所谓"法治国"的"特别意义"，就在于认定国家须合于人民之意志，承认人民有自由权利，"欧洲十七、十八世纪的思想，认定国家是合于人民之意志。卢骚的《民约论》便是要以一般人民之意志即所谓总意来治理国家的，所以人民在国内，应该参与国是。……既承认人民的意志，既

---

① 《张君劢卷》，第 12—13 页。
② 《明日之中国文化》，第 43、45、44 页。
③ 该文原载《东方杂志》第 27 卷第 24 号，1930 年 12 月 25 日。今收入翁贺凯编《张君劢卷》。

承认人民有参政权,便非承认人民有权利不可,如果不承认人民本身的权利,法治国的精神,还是无从实现"。就是说,"所谓法治国,不仅是以法律来治国,而是看重人民的权利。在专制时代不承认人民有人格,更不承认人格上有权利,所以专制的国家,是不配成为法治国的"。① 到 20世纪 40 年代,经历过两次世界大战与政局的风云变幻,张君劢更进一步明确指出:"鸦片战争后,欧洲国家踏进我们国土,我们最初所认识的是船坚炮利,最后乃知道近代国家的基础在立宪政治,在民主政治,在以人权为基础的政治。"②又说:"人身自由,⋯⋯人权保障,实在是民主政治的基础。"③张君劢实际上揭示了"宪法旨在维护尊严和价值的自我(Self)","宪法的功能可以被阐释为规定和维护人权"的道理。④

那么,作为"民主政治最重要的基础"或宪政之基的人权是什么呢?人权又何以会成为"法治国基础"呢? 张君劢说:

> 人权就是一个人所以为人之必要权利,不是因债务关系而发生之债权,也不是因亲属关系而发生之继承权,而是一种基本权利,没有这种基本权利,便不能算是人。法国人叫这样权利为主观权,主是自己的意思。从前国家要怎样便怎样,人民不能自主,现在承认人权即是说人之所以为人者,自有其本身之权利。但国家何以会给人民以权利呢? 因为人民的力量,便是国家的力量,如果不拿人民当着一国的主人看待,则国家的政治一定不能清明,非先承认人民是人,是有人格的,然后才谈到治国。⋯⋯国家看人民太无价值,一国国民如果没有居住,不能生活,那里还谈得到人权? 既没有人权,国家那能会有力量? 所以人民的生活、居住等等的权利,应该在宪

---

① 《法治与独裁——在广州法学院演讲》,载《再生》第 2 卷第 10 期,1934 年 7 月 1 日。引见翁贺凯编《张君劢卷》第 343—344 页。
② 《中华民国民主宪法十讲》,《宪政之道》,北京:清华大学出版社 2006 年版,第 136 页。
③ 《宪政之道》,第 156 页。
④ [美]卡尔·J.弗里德里希:《超验正义:宪政的宗教之维》,北京:生活·读书·新知三联书店1997 年版,第15 页。

法上有保障，应该受到国家的保护，国家怠于这种责任，便是不承认人民有权利，便是看轻人民的价值，国家对待人民如此，于是人民也感觉不到国家的可贵了。欧洲又承认人民有人格，承认人民有权利，所以欧洲法治国的基础才能确立。①

他又自问自答道："到底所谓'人权'，其意义何在？既称为国家，大权操之于国家之手，人民对于政府，不能不服从其命令。但国家无论何种命令，是不是人民都应该服从呢？……孟子尝云：'君之视臣如草芥，则臣视君如寇仇。'……可见国家对于人民，无论权力怎么强大，总要划定一个范围，说这是你的命，这是你的财产，这是你的思想和你的行动范围。在这个范围内，便是各个人民天生的与不能移让的权利。在这范围内，国家是不能随便干涉强制的。在这范围内，各个人所享有的权利，便叫人权。"②这样，张君劢就揭示了生命、生存、财产和思想等基本"人权"的先天性、不可让渡性，并进而赋予其哲学基础——"人权就是一个人所以为人之必要权利"——"所谓人权的意义，在哲学上看即是康德所谓拿人当目的，不拿人当手段、工具，也就是说人类有其独立的人格，政府应待其人民为有人格之人民，不待之如奴隶"③。

张君劢的思想既呼应了如何构建国家与个人之关系这样一个近代政治学的主题，④则自然会对政府权力与个人自由关系问题予以格外关注。如果说20世纪20年代，他主持起草的《国是会议宪草》对于人民的

① 《法治与独裁——在广州法学院演讲》，翁贺凯编《张君劢卷》，第343页。
② 《中华民国民主宪法十讲》，《宪政之道》，第156—157页。
③ 《民主政治的哲学基础》，《中西印哲学文集》上册，第247页。
④ 在"如何构建国家与个人的关系"这一"政治学的主题"上，"近代西方思想中，英美思想与欧陆思想"存在着明显差异，并形成了两种不同的传统。现代中国的国家观念来自西方，"英美自由主义的国家观虽然在五四前后及抗战胜利前后流行一时，但在中国思想界占主流地位的仍是德国式的国家至上的国家哲学。"（参阅刘泽华总主编《中国政治思想通史·现代卷》第7、8页）而据我们的分析，承受了英美思想与欧陆思想两种传统影响的张君劢，在如何构建国家与个人的关系问题上，实际是试图寻求英美思想与欧陆思想的平衡或调和，或者说是在探寻一条英美思想与欧陆思想之间的中和之路。

自由权利采取的是法律限制主义(或间接保障主义),在人民所享有的人身、住宅、通讯、言论、著作、集会、结社等种种自由权的后面都写有"非依法律不得侵犯(或限制)之"的字样,①那么,中经译述拉斯基(张氏译作"赖斯几")的《政治典范》以及在《新路》第一期《发刊辞》中提出"立国原则,在乎两党或多党政治;各出心思,以待判决于国民,则人人有所贡献;彼此互相监督,立朝之党,有所惮而不敢为恶,在野之党,有所待而展其怀抱,诚各方心思才力有所发挥之良制也",到30年代,他"紧扣自由与权力的矛盾,反思自由主义与极权主义颉颃递嬗的历史逻辑以及中国现代化的现实困境"②而提出的"修正的民主政治",则试图在国家权力与人民自由之间寻找更好的平衡点。他认为对于一个国家来说,自由和权力"仿佛人之两足、车之两轮,缺其一即不能运用自如";③"权力与自由,权力是一架敏活机器之运转力,这是属于物的一方面。自由是人类前进的动力,这是属于心的方面";④"权力是计划,是系统,是轨道,自由是意志,是机动,是精神","没有系统与轨道,将无以端其方向,结果不免于乱;若无机动与精神,将无以促其向上,结果不免于死亡"。⑤ 关键在于要使自由与权力、国家(民族)与个人有机协调,形成平衡,"权力者,所以便行政之执行,自由者,所以保障社会文化和个人思想";⑥"一方得便捷之政府,

---

① 郑大华评曰:"各国宪法关于人民权利自由的规定,主要有两种形式,一为宪法保障主义(或直接保障主义),一为法律限制主义(或间接保障主义)。前者由宪法规定各种自由权利的范围,宪法一旦实行,人民随即享有宪法规定的各种自由权利,一切与宪法精神相抵触的法律都无效;后者虽然也把人民所应享有的种种自由权利写入了宪法,但在各种自由权利后面又加有'非依法律不得侵犯或限制之'的规定,亦即普通法律可以限制人民的自由权利。因此,两者比较,宪法保障主义比法律限制主义更有利于对人民各种权利的保障。张君劢在草拟《国是会议宪草》时,对人民权利自由不采取宪法保障主义,而采取法律限制主义,这不能不说是他对国家蓝图设计的一大失误,也因此而受到了社会舆论的广泛批评。"(《张君劢传》,第90页)
② 高力克:《一个超越左右的现代性方案——张君劢的"立国之道"》,载《华东师范大学学报》2012年第2期。
③《立国之道》,第95页。
④《立国之道》,第372页。
⑤《立国之道》,第370页。
⑥《立国之道》,第25页。

他方得自由发展之个人",①从而实现国家的正常运作。这也就是他所提出的"政治制度之纯粹意义":"(1)国家行政贵乎统一与敏捷,尤须有继续性,故权力为不可缺乏之要素。(2)一国之健全与否,视其各分子能否自由发展,而自由发展中最精密部分,则为思想和创造之能力。所以自由发展亦为立国不可缺之要素。"②而当民族处于危机的"生死关头"更应认识到:"大家如不能再一致对外,但知各之门户,则国家灭亡即在眼前,从何有民众自由可言? 总而言之,个人自由寄托于国家身上,国家全体亦赖个人自由而得其巩固之道。此即今后立国之要义。从这个观点来说,中国民主政治之一线光明,即在自由与权力平衡之中。"③

因此,张君劢的"修正的民主政治",其所谓"修正"并不是要舍弃自由精神走向极权或独裁,而是为了更好地保护民主政治的稳定性与质量,故而并未背离其宪政民主的一贯立场。他"虽然名义上提出了一个折中方案,希望将民主与独裁各取其长,然仍以民主为精神"。④"从现实需要来看,这是鉴于国内国外的形势,即抗战的需要、政府效率之提升,使政府与人民互不妨碍。……从历史经验来看,这是鉴于苏俄与意、德左右两种新集团主义(Noe-totalitarianism)之大反动,而欲'求一两得其平之法,即政府不因议会而动摇,议会不因其权力过度而自取灭亡'","而从学理上看,这种修正主张则未尝不是调和英美与欧陆传统的表现。张氏比较欧陆理性主义的国家观(主要是黑格尔的国家观)与英国经验主义的国家观,即一体的国家观与作为人民对立面而需要监督的国家观,认为不必附和英美人的观点,即不能将世界大战的责任归咎于黑格尔,而应该考虑到 19 世纪德国建国的背景"。⑤

----

① 《立国之道》,第 99 页。
② 《立国之道》,第 149 页。
③ 《立国之道》,第 99 页。
④ 翁贺凯:《现代中国的自由民族主义——张君劢民族建国思想评传》,第 113 页。
⑤ 郭齐勇:《张君劢的哲学系统》,引见郭氏《现当代新儒学思潮研究》,第 152—153 页。

（二）与国家主义派的异同

民族主义本位与自由精神，尤其是这二者有机结合的基本特色，在张君劢的民族建国思想中也有充分体现。他在疏解"民族主义"一词时，特别强调"民族建国"四个字应"将重点摆在'国家'二字上"，他说：

> 民族主义这个名词，在中国流行很久。有的以民族一词与国家一词合在一起，名曰民族国家，或曰民族建国。有的以为民族一词与国家一词意义相同。其误会盖由于外国 Nation（内兴）一词之歧异意义而生；因内兴一字既可以做民族解，又可以做国家解。国家的内容与民族的要件是不同的，可以说纯然是两事。现在所风行的"民族自决""民族团结"等口号，不过表示语言、风俗、历史之相同，使民族有所自觉，构成一体而已。民族本身的种种条件虽已具备，然不一定构成国家组织。所以谈到民族建国四个字，我们应该将重点摆在国家二字上。知道国家的内容是什么？其基础又是什么？然后方可达到民族建国的目的。只知道民族团结、民族自决，而忽略了国家基础，民族建国是不可能的。①

为了更加明晰地将民族主义、民族建国思想的侧重点放在"国"上，他虽引德国学者伯伦知理关于民族是自然概念、国家是价值概念以及英国学者霍尔关于民族是种族概念、国家是法律—政治概念的区分来证明民族与国家在概念内涵上完全不同，但又指出自古以来，国家与民族本就是互为因果的，正因有此因果关联才会很容易地演变而成为现代民族国家，"民族性之共同以期达乎国家之完善组织，自为势顺理明之学说"。② 他如此强调"国家"的重要性，似与曾琦、李璜等国家主义派的思想主张颇为接近，如曾、李等倡言："人类之有今日，均由'国家主义'御外治内之功。""国家主义者，合国情而顺潮流之主义也。国家主义者，救中国惟一之良方也。欲中国政治上轨道，外交占优势，社会得安宁，当以

---

① 《立国之道》，第 28 页。
② 《立国之道》，第 43 页。

'国家主义'为宗旨，以全民革命为手段，合四万万人之力，内除国贼，外抗强权，立定大计，以实践国民天职，贯彻民主精神。"①并且也正因为有接近的政治主张，张君劢创立的国家社会党才与曾、李等创立的中国青年党合并为民主社会党。但张氏与国家主义派的思想主张又有所不同，他曾就为什么要在中国特别强调将"民族建国"四个字的"重点摆在'国家'二字上"说道：

> 须知民族主义，不过建国之一方面，其余有待于政治组织之完善。欧洲民族建国运动开始时，早有一种新的政治运动，如民约论、国民主权论、个人应该享有自由权利、政府应该得被统治者同意等等议论，皆为此新运动之各种条目，求其在个人自由独立之中能得一种完善的政治组织。……集合各个自由平等者，以成为国家之总汇，此即国民主权所在。简单地说，以民主运动当做政治改善之基础。所谓宪法、议会政治、地方自治、立法权之规定等等，就是从民主运动中产生出来的。②

中华民族在民族之要件上，如风俗、语言、文字等，早经具备。但举国之劳苦大众生活何以不能改善？对外何以丧失主权和土地？其中缘故不在民族条件之具备与否，而在乎国家组织之不健全。③ 与欧洲民族建国运动先有鼓倡"个人自由独立"的文化思潮，并在这思潮激荡下养成人们自由、独立、民主、平等的自觉意识，形成"完善的政治组织"，然后"集合各个自由平等者以成为国家之总汇"相比较，中国问题的关键显然"不在民族条件之具备与否，而在乎国家组织之不健全"。这样的认识使得张君劢至少在下列三点上与国家主义派有所不同：

其一，国家主义派虽然也说要"贯彻民主精神"，但更强调所谓"中心

---

① 曾琦：《曾慕韩先生遗著国家主义者的四大论据》，引见沈云龙主编《近代中国史料丛刊》第 68辑，台北：文海出版社 1982 年版，第 133—135 页。
②《立国之道》，第 32—33 页。
③《立国之道》，第 31 页。

思想与中心人物"的极端重要性,认为"夫一国之有'中心思想',则国是所由以定者也。一国之有'中心人物',则国民所望而趋也";反之,"夫一国无中心思想,则众论纷纭,而莫衷一是。一国无中心人物,则民心惶惑,而靡所造人人。古今中外,罔不如是"。中国国事之所以扰攘不已,其根本原因就在于没有"中心思想与中心人物",故今日之中国"惟有先努力于中心思想之制造。有中心思想,然后中心人物可得而出"。① 而张氏虽然也强调社会精英尤其是政治精英的重要作用,认为"盖一国之存亡,在乎政治家之深识远见,懂得世界潮流之趋向与夫本国人情风俗邪正之故,自可使国家由衰而盛,由亡而存。不然,仅仅靠知识阶级鼓吹大炮飞机之购买与民主政治等之重要,则此国家如轮船在海上乱航,依然不能得一定方向之所在";②"一个个的政治家的善良操守,构成其集体的道德——或曰国家道德",③但他更十分注重"精神自由"在民族建国中的极端重要性。他所谓"精神自由",表现于政治上,就是要改变几千年来专制政体下形成的那种"命令式之政治,命令式之道德,与夫社会类此之风尚",使国民能"于自己工作,于参与政治,于对外时之举国一致,皆能一切出自于行动,不以他人之干涉而后然"。④ 同时,国家切实保障人民的生命、财产、言论、结社以及参政议政之自由权力,一切政治上的设施都要以民意为前提和基础,努力铲除"几千年来人民受统治于帝王,政治上之工作,等于一己之功名,故有意于致身显要者,争权夺利,无所不至"的现象。⑤ 他还说:"我认为欧战以前欧洲立国之大宗旨,如下层民众之解放,个人人格之尊重,与夫思想自由之保护,这是十九世纪以前之成绩,大家不要以为过去后不适用。至于现时欧洲之潮流,如民族意识之加强,如政府权力之集中,如民众行动之团体化、纪律化,如行政之有一

---

① 参阅曾琦:《论中心思想与中心人物》,见少年中国学会编《国家主义论文集》第一集,上海:中华书局1925年版,第83—85页。
②《立国之道》,第282页。
③《政制与法制》,北京:清华大学出版社2008年版,第24页。
④《明日之中国文化》,第124页。
⑤《明日之中国文化》,第125页。

定计划,这都值得我们采用。但是在这两方面,各采所长,是不容易的事。因为注意于领袖之权力,便忽略民意之尊重。反过来说,注意于人民之自由,可以缩小政府权力,尊重民意表现,可以减少行政效率。这两方面的调和虽不容易,但是不是不可能。"①基于这种认识,张氏一方面把"造成以精神自由为基础之民族文化"作为民族建国运动中文化建设的"总纲领",②把批评的矛头指向了当政者即国民党政府的领袖:"凡为政治家者,但知民族立国之可贵,至于国家组织之是否完善,则略而不问,不可谓为善学德相俾斯麦与意之志士马志尼者矣。"③

其二,国家主义派十分强调社会道德在建立和治理民族国家中的重要性,认为"一国之社会能秩然有序而日趋进步,全赖有最高道德以维系之";"在昔君主国家以忠为教,忠君即其最高道德也。民主国家之最高道德在爱国,实则爱国即爱己","爱国为人之良能,合乎人心,顺乎自然"。④ 张氏当然毫无疑问是坚定的爱国主义者,毕生致力探求民族复兴之道,为提高民族自信力而出版《民族复兴之学术基础》等著作,并且他也很重视道德在民族建国中的重要性,认为"无集体的道德"是绝不可能立足于世界民族之林的。⑤ 但他在强调要"从教养入手,俾三万万九千万人民咸认识甘为中华民族之人民"、⑥即形成高度自觉统一之民族意识的同时,又指出一个国家的兴亡强弱关键在于是否有健全的国民,要教育国民以"养成民众为国家主人之资格",为政者要"爱"民即解放民众,使他们真正成为国家的主人,而不再把他们当做牛马对待;要"养"民即发展经济,改善并提高人民的生活水平,使他们"暖衣、饱食与安居";要"教"民即对民众进行启蒙,使他们具有健全的知识,懂得公民的权利和

---

①《中国教育哲学之方向》,《中西印哲学文集》上册,第303—304页。

②《明日之中国文化》,第121页。

③《立国之道》,第42页。

④ 曾琦:《曾慕韩先生遗著国家主义者的四大论据》。

⑤ 参阅《立国之道》,第38页。

⑥《中华民族复兴之精神的基础》,《民族复兴之学术基础》,北平再生杂志社1935年版,第74页;引见翁贺凯编《张君劢卷》第324页。

义务,并能判断政治上的是非得失,从而能够真正发挥起作为国家主人的作用。① 他还指出传统的忠君爱国存在着致使学者不可能依凭其自由精神而追求学问之"独立王国"的弊端:"吾国文人学士,不论其为在野党或在朝党,念念不忘效忠于国家。泾阳'君父'二字,其明证也。其在野之身如顾亭林氏者,有天下兴亡匹夫有责之言。则学者以追求独立王国为事,殆不可得矣。"②此外,众所周知,张氏又最为重视法律建设,指出"从国家本身看来,没有法律,国家便无从维持其秩序;从人民全体看来,没有法律,也不能保持其安宁"。③ 法律乃是"民族建国之最高原则",故中国要想完成民族建国而成为一个近代国家,就必须养成法治习惯,养成真诚的守法精神。张氏还把道德建设、民族意识之自觉与法律建设有机结合,在评论黑格尔的国家观时说:"黑氏持国家一体与有机体之说,故于宪法之出于人为而不出于自然长成者,以为必不能持久。盖各民族有其民族精神与民族历史,斯宪法应之而生。若视宪法为可以一朝制就者,则其法之宜否,实为一大问题。……宪法之保障,在于民族之总精神,即民族能自知自觉此宪法之必要者,则宪法乃能推行。可知宪法之为物,非若机器之可以一朝采办,实与民族之知识与道德,有不可离之关系矣。"④

其三,国家主义派强调国家之所以能成立的要素"不特在经济所需的实质,特别在历史所付的灵魂",故"一个民族的'国性'的成立是基于他对过去的回忆;这种回忆并且是全民族,无分阶级,都一样具有的"。⑤"既生在一个国家里,便无法逃脱这个民族性,则一个国民的精神在在都含有他祖国所积累,同族所共有的那种精神。因此我们所以在理论与事实方面都能够证得祖国的灵魂便是国民的灵魂"。⑥ 张氏认为一个民族

---

① 参阅《立国之道》,第368页。
②《文化核心问题——学问之独立王国论》,《中西印哲学文集》上册,第179页。
③《法治与独裁》,引见翁贺凯编《张君劢卷》,第342页。
④《黑格尔之哲学系统及其国家哲学历史哲学》,《民族复兴之学术基础》,第158页。
⑤ 李璜:《释国家主义》,见少年中国学会编《国家主义论文集》第一集,第8页。
⑥《国家主义论文集》第一集,第14页。

"总得先有自尊心和自信心,然后才可以立国",①故其强调民族复兴和民族建国的关键在于提高民族的自信力,而要提高民族自信力就须尊重本国的历史文化,否则,"便等于自己不相信自己;自己不相信自己,则不能为人,岂有一国人民不尊重自己文化而可以立国的?"②他据之而对当时思想界出现的数典忘祖、全面否定中国历史文化传统、"视吾国所固有者皆陈规朽败"的现象批评道:

> 吾国人近来注重外国科学政治社会,视吾国旧文化为一文不值,然试思四千年之旧国,生存于今日,岂无多少精华可供子孙之保存者乎? 吾民族究由西方而来,抑为本来土著,此问题即在西方考古家历史家尚无定论,然而中国文化具有独立性(即离西方独自创造者),为西方学者多数人之见察,此非吾民族之光荣而足以骄人者乎? 此民族中所表现之思想行为,如儒家哲学之注重身心,如佛学之博大精微,此思想史中之可表彰者也。如民本之精神,如乡约之制,如寓兵于农,此古代制度之可表彰者也。如吾国建筑,简易朴实,气象伟大,如云冈佛像之雕刻,如石涛之写意画,西人尤称道之不绝于口,此美术之可表彰者也。既为四千年之民族,必有其能生存之理由。从此点以下观察,则中华民族之成绩,定有可以垂后世者也,奈何吾国人并此自信力而无之乎?③

当民族危机深重,处于生死危亡之际,张氏甚至在《民族复兴之学术基础》的"绪言"中呼吁"民族之大彻大悟",即使每一国民"事事以民族为念,而忘个人之荣辱得失,以民族之痛苦为痛苦,以民族之利害为利害"。但是,他又认为历史上的中国,与其说是一个"国家",不如说是一个"天下";古代中国所代表的是整个文明开化的世界,它赖以立国的不是血统或武力,而是文化,任何一个异族只要心悦诚服地接受了我们的文化,我

---

① 《中华新民族性之养成》,《民族复兴之学术基础》,第37页
② 《思想的自主权》,《民族复兴之学术基础》,第151页。
③ 《中外思想之沟通》,《民族复兴之学术基础》,第175页。

们便把其视若同类。由此,"吾国人民脑袋中充满者,乃'天下'思想,而非民族思想。反之,欧洲之国家,到处皆见平等之民族"。① 他更反思历史,检讨传统,指出"秦后之两千年来,其政体为君主专制,养成大多奴颜婢膝之国民。子弟受大家族之庇荫,依赖父母,久成习惯。学术上既受文字束缚之苦,又标'受用''默识'之旨,故缺少论理学上之训练,而理智极不发达。此乃吾族受病处,而应有以补救之者"。② 他还指出"中国自秦以后,君王统一之局完全确定,人民不能享有政治上权力;思想上自汉武以后,罢黜百家,表彰六经,换言之,以孔教为信仰之中心;社会上奉三纲五常,为不易之社会组织。读书人除掉四书五经之外,几乎不知别有所谓学术,至于医药降而与卜筮星相相同科,工业技术委之于不识字之平民,国防则有所谓好人不当兵之说。总而言之,一切政治宗教学术与夫生活蹈常习故,毫无振兴气象,各个人散漫、因循、依赖,不知有自身之责任。此为中西交通以前之大略情形也。"③因此,显然不是基于对历史的回忆而形成现代民族国家的"国性",而"必须经一番新努力,以求新政治之基础之确立",如此,"旧传统反可因新努力而保存,而不至动摇。否则新者不能创造,而旧亦无由保存"。④ 他说:

> 若谓今后全部文化之基础,可取之于古昔典籍之中,则吾人期期以为不可。自孔孟以至宋明儒者之所提倡者,皆偏于道德论。以民主为精神,非可求之古代典籍中也。言乎学术,则有演绎归纳之法,非可取之于古代典籍中也。与其今后徘徊于古人之墓前,反不如坦白承认今后文化之应出于新创。⑤

他所要"经一番新努力"而"新创"的,就是"以精神自由为基础之民族文化":"各个人发挥其精神自由,因而形成其政治道德法律艺术;在个

---

① 《中华民族复兴之精神的基础》,引见翁贺凯编《张君劢卷》,第321页。
② 《明日之中国文化》,第74页。
③ 《中国教育哲学之方向》,《中西印哲学文集》上册,第300页。
④ 《明日之中国文化》,第75页。
⑤ 《明日之中国文化》,第81页。

人为自由之发展，在全体为民族文化之成绩。个人精神上之自由，各本其自觉自动之知能，以求在学术上政治上艺术上有所表现；而此精神自由之发现，在日积月累中，以形成政治道德法律，以维持其民族之生存。故因个人自由之发展，而民族之生存得以巩固。此之谓民族文化。"①历史所付之灵魂并不足以为现代之政治、社会、学术奠定精神基础，"一时代之社会，自有一时代之哲学为其背景"，②作为现代中国民族国家背景和基础的应该并且必须是以精神自由为基础的新的民族文化。在他看来，做到了这一点，就必然会树立民族自信心。而有了民族自信心，虽目前有不如人处，但必可徐图补救；然若失此民族自信心，即使能成功于一时，却必会因缺失根基而终归于衰亡。

由以上所述可见，民族主义本位与自由精神，尤其是这二者的有机结合，确是张君劢思想的基本特色。有着这种特色的张氏思想体系，不仅在中国现代新儒学思潮史上独树一帜，而且即使置诸21世纪的今日，亦不难看出其理论价值和现实意义。另一方面，作为思想家的张君劢，难能可贵地提出了这样一种现代新儒学思想体系，这自然会使处于"学问之独立王国"的他感到内在精神的愉悦；而作为政治活动家的他，在其努力将这思想付诸行动的政治实践中却又总是失败的，这又必然会使处于现实生活中的他感到深沉的矛盾和悲苦。如1948年11月16日，原本明言国民党若不先行停战、改组政府就不提交参加"国大"名单的张君劢，主观上认为只有在"国大"的母体中才能孕育出国家的宪政前景，且只有在"国大"的神坛上在野党派才有可能使自己的合法身份得以确认，客观上则是受到其弟公权的极力催促，因而拟就致蒋介石的函件，下定"有条件参加'国大'"的决心。19日，民社党在南京开会通过了他的提议，当晚，蒋介石设盛宴嘉奖其对"国家"的贡献，但面色苍白的他内心极其痛苦，正如公权日记所述："吾知君劢有无限痛苦，以为中共不解决，即

①《明日之中国文化》，第75页。
②《明日之中国文化》，第81页。

开'国大'会议,亦无补于国家统一与政治安定。但彼一生迷信立宪政治,总觉有法胜于无法,以致矛盾环绕于胸中。"结果,23 日他与蒋介石正式交换函件,民社党交出了参加"国大"的代表名单,他个人则声明既不参加"国大",也不加入政府,仅愿以在野之身贡献于宪草的讨论。他这种被郭沫若讥为"犹抱琵琶半遮面"的举动,使他无颜面对江东父老,27日只能偷偷由南京返回上海,躲进深宅,拒绝见客,闭门读书了。①

（三）宪政思想与儒学传统

作为现代新儒家的张君劢,其宪政思想与中国儒学传统究竟有何关联？兹从以下几个方面略予探析。

首先,被张君劢视为"民主政治的基础"之人权,以对人的尊严的确认为原则前提。"人的尊严"是现代人权意识的核心观念。所谓对人的尊严的确认,乃源于普遍意义上对人的固有价值的认知。在这里,"人的尊严"意味着对尊贵卑贱等级秩序的彻底否定,因为人的尊严绝非贵族阶层或其他尊贵者独享,而是生活在社会实际生活中的每一个人都具有的。换言之,"人的尊严"必然包含着"一切人都是平等的"意义。这种思想在西方产生得较晚,直到 18 世纪启蒙运动时,"人的尊严"一语才在欧洲语言中被广泛运用。而中国儒学传统中有关人的尊严的思想则产生得很早,大约成书于西周初年的《周易·蛊卦》说:"上九,不事王侯,高尚其志。"嗣后,类此思想不绝如缕,对塑造中国人的人格,对中国人的思想、生活都有深远影响。

张君劢没有系统、集中地阐析儒学传统中有关人格尊严的观念,他是透过康德来赋予人权以哲学意义:"所谓人权的意义,在哲学上看即是康德所谓拿人当目的,不拿人当手段、工具,也就是说人类有独立的人格,政府应待其人民为有人格之人民,不待之如奴隶。"②但他坚信"儒家是可以现代化的。儒家思想中并没有与现代所谓人性尊严或权利不合

---

① 参阅许纪霖:《无穷的困惑——黄炎培、张君劢与现代中国》,北京:三联书店 2018 年版,第233—234 页。

② 《民主政治的哲学基础》,《中西印哲学文集》上册,第247 页。

的地方",①故其不仅注意到孟子所谓"君之视臣如土芥,则臣视君如寇雠"的人权意义,②而且还评论黄宗羲道:

> 黄宗羲为孟子信徒,当然认为政治的主要目标应是维护人格尊严及公众福利。……人性尊严的观念是儒家基本原则,也是黄宗羲哲学的基本原则,他从这个观念出发,展开了对人权、良心自由、言论自由、法律之前人人平等的观念。中国人所谓道的观念很可能是欧洲人所谓自然法观念的滥觞,如果给予适当环境的话,黄宗羲虽为儒者,也可能成为共和理性的最早倡导者。③

他指出:"儒家学说,(一) 尊重人民,(二) 限制君权。此二者为民宪国家之保护人权也,议会也,责任内阁也,固无一而非同条共贯者矣。"④张氏尤为重视含有人格平等之义的儒家"推己及人"思想,将之作为儒家哲学应该复兴的理由之一,指出"儒家认定己与人之间,可名曰精神感召,或心心相印。因此有语言有学术有社会构造。我之所言,可以喻他人;我之所知,可以达诸他人;我之所行,可以责人共行,尤其注意于人类同知义理同有德性。孟子曰:'无恻隐之心非人也,无羞恶之心非人也,无辞让之心非人也。……人之有是四端也,……犹具有四体也。……知皆扩而充之而已。'《中庸》引孔子之言曰:'道不远人,人之为道而远人,不可以为道。'此即言道之所以为道,出于人心之同然,乃举忠恕之德以为之例证,更以父子君臣兄弟朋友之对待关系以明之。其言曰:'君子之道四,丘未能一焉。所求乎子以事父,未能焉。所求乎臣以事君,未能焉。所求乎弟以事兄,未能焉。所求乎朋友,先施之未能焉。'此乃孔子谦逊之词,不如谓其表示人类精神所同可也。人与人心思之相同,为中国所认为当然者,而西方学者竟有与之相反者。……近年以来,西方学

---

① 《新儒家思想史》,第 602 页。
② 参阅《中华民国宪法十讲》,《宪政之道》,第 156—157 页。
③ 《新儒家思想史》,第 471—472 页。
④ 《义理学十讲纲要》,北京:清华大学出版社 2006 年版,第 54 页。

者亦自语言与学术可以上下观察,见其相通,乃恍然于人类彼此之间,自有共通者在。"①这表明张君劢有关人权的思想绝非仅仅来自于西学,而自有其儒学传统之渊源;他不仅"基本上已经自觉到,传统儒家在价值方面是认同人权、民主宪政的",②而且更认为西方人权学说其实渊源于中国的儒家传统:

> 现代各国宪法中均有各人基本权利之条文,……国人亦知此学说何自而来乎?西方近年经专家研究后,乃知其来自儒家。自天主教之十字会中人来华传教,读孔孟之书,以腊丁文之译本寄欧洲,其在吾国,但发见天理说,人性说,而不闻有神示说,于是理性说大行于欧洲,乃有华尔甫氏康德氏凭理性以批评宗教者,亦有以理性立伦理学说之基础者,继而以理性说推广于政治组织者,乃有天赋人权说。曰人群所以为治安计,乃组织政府,此政府所以为人民服务者,应守一定界限,不可使用暴力,不许人民使用累力,而人民自身为此团体之主人翁,应以平等自由之地位,制成法律,为政府为人民所共守,如是乃有治,乃有安全,乃有平等,乃有自由之可言。其说之由来,得之于《孟子·告子上篇》之语:"《诗》曰'天生蒸民,有物有则。民之秉彝也,故好是懿德'。孔子曰:'为此《诗》者,其知道乎?'故有物必有则,民之秉彝也,故好是懿德。"西方人读此文者解之为万事万物,既有定则,而此定则出于人之秉赋,此为道德,此为理性。由是而推广之,乃有理性宗教论,乃有理性政治论,即天赋人权,乃有学术中之自然定律论。而杰佛逊留法时,知有此文,及其归也,乃著之于《独立宣言》之中。可知天赋人权,自为吾家旧物,遗留于海外二三百年之久,今可如游子之还乡矣。彼西方既可采儒家言以建立其民主,吾何不可以西方民主还之于儒家乎?③

---

① 《儒家哲学处于西方哲学环境中之觉悟》,《中西印哲学文集》上册,第 490—491 页。
② 郭齐勇:《张君劢的哲学系统》,引见郭氏《现当代新儒学思潮研究》,第 164 页。
③ 参阅《新儒家政治哲学》,《中西印哲学文集》上册,第 384—386 页。

来华的耶教会士将以儒学为核心的中国文化传到西方,对十七、十八世纪西方启蒙学者产生思想影响,这是事实,但现代西方的人权学说是否就真的源于中国儒学,这显然还是个有待考究的问题,姑置不论。中国儒学传统中确实含有近现代的人权思想要素,或者说至少儒学传统绝不排拒现代人权,这应是不易之论。惜乎张氏没有能够将中西人权思想会合而一之,从而未能真正构建起现代新儒家的人权理论并以之夯实其宪政思想的哲学基础。

其次,自由,特别是精神自由,在张君劢思想体系中占有十分重要的地位。精神自由的基本内容是理性自主和意志自由,而理性自主"是现代的真正动力,这从不同领域的不同方式中都看得出来。在宗教方面,它叫作良心自由;在哲学和科学方面,它叫作理性论(Rationalism)与经验论(Empiricism);在政治和经济方面,它叫做人权与自由竞争。虽然在不同领域中有各种不同的表现,但它们却出于同一个来源,那便是人心或思想的合理性"。① 张氏痛感于专制君主时代,"学者但以科举为利禄之途,而其涉及心灵深处之事,如良心自由与新学问之创立,无一不听诸帝王之蹂躏,而莫可如何。试问三武一宗之难,吾国曾有提出信仰自由为解决之方法者乎? 宋代理学之创造,由于不事科举者舍弃功名而专以行其心之所安,乃有此下传之绝学。然自程颐于北宋,朱子于南宋提倡道学,海外皆师归之。遭秦桧之忌,乃目为伪学,于是南北宋皆有道学之禁。此可见科举之制既行,一切学问之事,皆隶属于政权之下,而讲学自由之风为之堵塞矣",②因而将精神自由视为救国和立国之道。他有关精神自由的思想,学术脉络上当然是由承受倭伊铿、柏格森、康德等西方哲学思想影响而来,但同时也植根于中国儒学的固有传统。他明确肯定中国传统中"有超于政治以外之另一境界":"昔人云'凿井而饮,耕田而食,帝力何有于我哉?'此为有此境界之第一证。又曰'不事王侯,高尚其

①《中国现代化与儒家思想复兴》,《中西印哲学文集》上册,第581页。
②《专制君主时代政制之绪论》,引见《中西印哲学文集》上册,第8页。

志',此为有此境界之第二证。孟子非忘情政治之人,然其言曰:'居天下之广居,立天下之正位,行天下之大道。'即言道理之正,是非之准,乃处于实际政治以外之义理也,此为有此境界之第三证。宋明以来之理学家,不论其为程朱派、陆王派或东林派,所以不屈于权力,杀身成仁者,即信权力以上有义理有是非在焉,此为有此境界之第四证。庄子告楚使请其为相之言曰:'千金,重利也;卿相,尊位也。子不见郊祭之牺牛乎?养之食数岁,衣以文绣,以入太庙。当时欲为孤豚,岂可得乎?子亟去,勿误我!我宁戏污渎之中,勿为有国者所羁。'此为有此境界之第五证。庄子之言与孟子所谓正位大道之义,自不相同,然其谓政治权力以外,另有一境也。此一境之承认由来久矣。"①在今日就须激活具有此种境界的传统,弘扬光大,使精神自由或自由精神成为立国之道。正是基于这样的认识,张君劢十分重视儒学传统中具有精神自由意义的思想,对之给予高度评价,如称孟子的良知学说"与康德所谓'意志中之是方是善'之断言命令,是可以同日而语的"。② 而承继了孟子学说的王阳明,其"心目中的世界是个意识或道德主体与草木禽兽(与道德主体之人有密切关系)共生的世界。这个宇宙是有目的的,因为支配这个宇宙的是明觉(意识),在这个宇宙占主要地位的是道德价值",③"阳明先生思想体系的重点在意与良知之间的密切关系——这种哲学观点除了在以实践理性为意志的康德哲学中以外,其他哲学体系是找不到的"。④

最后,牟宗三曾称张君劢"能保持西方理想主义之正音,他能毅然肯定宋明理学之价值。……其论民主政治决不囿于政治学教授之立场,而能通着历史文化以及哲学上之理想主义。此实为一实践的谋国以忠的民主政体建国之政治家的立场"。⑤ 张氏自然充分注意到"东西政治思想

---

① 《文化核心问题——学问之独立王国论》,《中西印哲学文集》上册,第 179—180 页。
② 《孟子哲学》,《中西印哲学文集》下册,第 661 页。
③ 《新儒家思想史》,第 310 页。
④ 《新儒家思想史》,第 315—316 页。
⑤ 牟宗三:《中国数十年的政治意识——寿张君劢先生七十大庆》,《生命的学问》,台北三民书局 2013 年,第 50 页。

之异同,可以一语别之:曰东方无国家团体观念而西方有国家团体观念是矣。惟以团体观念为本,然后知国家之为一体,其全体之表示曰总意(general will),全团体号令所自出曰主权,更有政权活动之方式曰政体,与夫本于团体目的之施为曰行政;反之,其无团体观念者,但知有国中之各种因素,如所谓土地、人民、政治,所谓君君臣臣、父父子子是矣。东方唯无团体观念故,故数千年来儒道法墨各家政治思想之内容,不外二点:曰治术,所以治民之方术也;曰行政、兵刑、铨选、赋税之条例而已"。① 他说:"一民族之中,其本体曰国家,其活动曰政治,因政治之目的而有所施设,是曰行政。秦以后之中国,但有行政制度之讨论,无所谓政治,更无所谓国家。"②后来牟宗三在《政道与治道》中关于传统中国"但有治道而无政道"的断语,就是受他这看法的影响而作出的。但张氏更认为"先秦儒家之政治哲学,自表面言之,似乎与今日西方相去甚远,然上溯至于希腊,则孔孟之言与柏拉图氏与亚历斯大德氏在根本上可谓出于同根",③并详尽比较析论道:

　　第一,希腊柏氏与亚氏,同以为政治为伦理之一部分,政治应以道德为根据。……此与孔子所言"政者正也,子率以正,孰敢不正",又曰"道之以德,齐之以礼",与"其身正,不令而行;其身不正,虽令不从"云云,与孟子所云"有不忍人之心,斯有不忍人之政。君正莫不正,一正君而国家矣"云云,何以异乎? 西方之政治理论,自麦几维里氏,将政治学与伦理学分离,一若对内法制与对外和战,只以利害为前提。然今日西方立国之要素,曰人权,曰自由,曰平等,曰社会福利。此等等皆以道德之是非善恶为根据,非麦几维里氏学派所能范围矣。

　　第二,希腊人既以道德为立国之本,对于强者利益说,竭力驳

①《东西政治思想之比较》,《民族复兴之学术基础》,第115页。
②《民族复兴之学术基础》,第119页。
③《新儒家政治哲学》,《中西印哲学文集》上册,第376页。

斥。……此与孟子先问梁惠王曰:"杀人以梃与刃,有以异乎?"曰:"无以异也。""以刃与政,有以异乎?"曰:"无以异也。"梁惠王知政之杀人同于刃之杀人,于是孟子乃进言曰:"为民父母行政,不免于率兽而食人,恶在其为民父母。"此与苏氏强者利益说之不成立,而应以弱者利益或全民利益代之之意同。

第三,一人之身,有内外之分,内而心灵,外而教育。孟子曰:"仁义礼智四端,非外铄我也,我固有之也。"此言乎四端之内在也。孟子又言:"苟得其义,无物不长,苟失其养,无物不消。"则四端之应由外加以培养而扩充也。柏氏书中有"道德为知识"之言,其意谓道德应由智识以开发之,应由教育以完成之,然同时又言道德之在有德者身上,一乃天之所赐。……若就政治范围言之,则内外二者不可同时兼顾,良以一国人民幸福之种类,曰衣食情欲,此有赖于外者也。然苟无德性以立其本,则安知真幸福之安在乎? 孟子曰:"有天爵者,有人爵者。仁义忠信,乐善不倦,此天爵也;公卿大夫,此人爵也。……今之人,修其天爵以要人爵,既得人爵,而弃其天爵,则惑之甚者也,终亦必亡而已矣。"亚氏曰:"真正幸福由于有智有德而来,不由外物之占有而来。然德性生活,必须备有外物。"此言内外二者之兼备,就其先后轻重言之,则德性之在外物之上矣。

第四,人既有德性,乃应以教育扩充之。孔子答冉有之问既庶既富之后何者为先,子曰:"教之。"孟子曰:"逸居而无教,则近于禽兽。"……柏氏之注重教育,……犹孔氏礼乐射御书数之意也。亚氏曰:"教育应顺人之发展之自然次序,第一为体,第二为欲,第三为智识。"又曰:"年幼时应教以服从(即长幼之序),年长时应教以治人。治人为最高之职。善治者应为善人。吾人之教育,必须以造成善人为目的。人之各种能力,应使之发展,所以使其能为生活中之各种活动,达于最高之能力与最高之目的,为教育之所以应有事。……"此与吾国孔孟之教育宗旨若合符节者也。

第五,孟子曰:"规矩,方圆之至也;圣人,人伦之至也。欲为君,

尽君道;欲为臣,尽臣道。二者皆法尧舜而已矣。不以舜之所以事
尧事君,不敬君者也。不以尧之所以治民治民,贼其民者也。"是儒
家以尧舜为人之标准,为君之标准,必得如尧舜之智与仁,方能负起
天下之责任。柏氏《共和国》中论治者之教育,自年二十起,使之学
习科学(数学与几何),使之远离变动现象,而达于抽象的真理。年
三十,应使之超脱物欲、免受人哀怜,所以养其独立不倚之精神。年
三十五,使之入于人群之中以试验之。年五十心中识所谓"善"观
念,而身体力行之,且使之从事于国。此等善人之治,方能使国内一
切人民同受平等幸福。吾国儒家以尧为治者模范,希腊以哲人之治
者(Philosopher-King)为人极,此又非二者之一致乎?[1]

张氏既以希腊思想为西方文化之本源,又以先秦思想为中国文化之
本源,故而他由上述"儒家与希腊哲人一致之论点,推而及于今日西方之
政治善恶,不离于道德",[2]这就不仅使他的政治思想立基于深厚的儒学
传统之根,而且也表明他很自觉地以儒家传统资源来接引西方民主宪政
思想,使后者能够在中国本土生根发芽。这样的做法及其所形成的思想
理论成果,不仅是前于他的康有为、梁启超等辈所没有的,而且在整个现
当代新儒学思想史上都是罕见的。

---

[1]《中西印哲学文集》上册,第376—379页。
[2]《中西印哲学文集》上册,第379页。

第六章　从低潮到巨澜：现代哲学的主流

在近代西学东渐的潮流中,马克思主义曾与形形色色的西方学说一样被引进中国,梁启超、廖仲恺、胡汉民、马君武、宋教仁、朱执信、戴季陶、陈溥贤、范寿康等人都零散地介绍过马克思学说,但或为猎奇炫博,或为借石他山,或为叶公好龙,或为一时冲动,故其社会影响都不大。然而,马克思主义作为一种完备的宇宙观和社会历史观,作为一种抨击古今一切社会不公而指明社会公正的前景,并且提供了达至公正社会的手段的学说,以其宏大的理论性、崇高的道义性及其强烈的实践品格,必然引发怀抱着救民水火、改造中国之志向的仁人志士的服膺。俄国十月社会主义革命的胜利,更加促使真正将马克思列宁主义作为信仰并且付诸实践的中国最初的马列主义者的形成,李大钊就是他们当中的杰出代表。在后来马列主义艰苦卓绝的发展历程中,李达在系统化方面,毛泽东和艾思奇在中国化和大众化方面,都做出了非凡贡献,从而使马列主义随着在社会领域的不断成功而成为现代中国思想主流。

第一节　李大钊的传统哲学思想和唯物史观

一、生平著述

李大钊(1889—1927)，中国无产阶级革命家，中国最早的马克思主义者，中国共产党的主要创始人和早期领导人。原名耆年，字寿昌，后改名大钊，字守常，直隶乐亭(今属河北)人。1913 年毕业于天津北洋法政专门学校。1914 年入日本早稻田大学政治本科学习，组织神州学会，参加留日学生反袁(世凯)斗争。后又发起甲寅学社，接触各种社会思潮，开始研究马克思主义。1916 年 5 月回国，任北京《晨钟报》总编辑、《甲寅》日刊编辑，参加新文化运动。1918 年任北京大学图书馆主任兼经济学教授，并参加《新青年》杂志编辑部工作；6 月参加发起组织少年中国学会，任《少年中国》月刊编辑主任。俄国十月革命胜利后，迅即成为中国接受和传播马列主义的先驱，发表《法俄革命之比较观》《庶民的胜利》《布尔什维主义的胜利》等文，同陈独秀创办《每周评论》，协助北大学生创办《国民》和《新潮》杂志，积极领导五四运动，并与改良主义思潮作斗争，就"问题与主义"与胡适进行论战。1920 年春与陈独秀开始酝酿组建中国共产党，3 月组织北京大学马克思学说研究会，会见共产国际代表维经斯基，商讨筹建中国共产党。是年 10 月领导建立北京的中国共产党早期组织，11 月领导建立北京社会主义青年团，并派人到天津、唐山、济南等地建立党团组织。1921 年 6 月与共产国际代表马林会晤，8 月介绍马林赴桂林与孙中山会谈，后任中共北京地方委员会书记兼中国劳动组合书记部北方区分部主任，负责领导党在北方地区的全面工作。1922 年参加中共中央杭州西湖特别会议，赞成国共合作政策，会后赴沪与孙中山会谈国共合作和国民党改组问题。1923 年被孙中山委任为国民党改组委员，协助国民党改组，确定联俄、联共、扶助农工的三大政策。1924 年 1 月出席中国国民党第一次全国代表大会，参与审定大会宣言和国民党章程草案,当选国民党中执委委员,并负责国民党中央北京执行部工作。会后即返京建立北京、天津、直隶省国民党党部。同年6月,率中共代表团赴莫斯科参加共产国际第五次代表大会。回国后,主持中共北方区委工作,组织反对帝国主义和军阀的群众革命运动。是中共第二至四届中执委委员。1927年4月6日被奉系军阀逮捕,28日在北京就义。主要著作收入《李大钊文集》。①

二、传统哲学思想

作为传统社会耕读传家环境中成长起来的读书人,李大钊熟稔中国传统哲学。在中西文化激荡的时代影响下,他也敏锐感受到传统哲学需要创造性转化与创新性发展。因此,李大钊以融汇中西、新旧的视角提出"真调和"理念,并以之对传统哲学思想进行了继承与创新。

(一)"真调和"理念:继承创新传统哲学的基础

李大钊论述"调和"理念与当时的政局有关。在他看来,面对当时纷扰混乱的状况,政治当局所主张的"调和"是一种"伪调和",他则针锋相对提出了"真调和"思想,以明辨是非。通过对"真调和"思想的阐发,李大钊实际上奠定了继承创新传统哲学的理论基础。

首先,李大钊从宏观上界定了真正"调和"的本义,即是尊崇中国传统文化中之"和"之意味。在他看来,正是由于宇宙间多种多样、状态殊异的种种事物互相"调和"而共存,方才造就了"宇宙间美尚之品性,美满之境遇",②无论"美味""美音""美色",概莫能外。

其次,在此理论界定之下,李大钊详细分析了他所认可的"调和"理念的四重含义。

第一重含义明确"调和"之最终目的是推动双方的生存发展。李大钊指出:"言调和者,须知调和之机,虽肇于两让,而调和之境,则保于两

---

① 引自《辞海(第7版)》,上海:上海辞书出版社2020年版,第2571页。
②《李大钊全集》(二),北京:人民出版社2006年版,第26页。

存也。"①遗憾的是,当时许多人却完全不知道这一含义,以为"调和"只是要平息纷争,遇到涉及发展的"竞进之事",就以为会妨碍"调和",不敢再去推动,失去了自主精神。在这种状况下,整个人群丧失"进化之机能,活泼之组织",②所剩下的只是不断下降以至于颓废,并养成"腐化之性"。③ 更甚者,在不敢进步发展的情况下,"调和"已然成为一种"敷衍粉饰之事",④主张"调和"的人也都堕落成为"以争取宠媚于强力者之前"⑤的阿谀之徒,他们完全失去了地位与尊严,整日里揣摩强力者的心思,一旦稍有迟疑,就会被反应更快的阿谀者抢去各种"调和美事",沦为被鄙弃的行列。对于这种调和,李大钊忧虑地指出,"数年而后,中国人之精神性灵,虽欲不索于枯鱼之市不可得矣"。⑥ 从这层意义上,李大钊所言的"调和"之目的是宽容而又有进步性的,"在存我而不在媚人,亦在容人而不在毁我"。⑦

第二重含义论述新旧之间的"调和"是前后相继,而非一刀两断。李大钊指出,"言调和者,须知新旧之质性本非绝异也"。⑧ 这种认为新旧事物之间不是绝对分裂的观点,与中国传统讲求"生生不息"的论断相契合,也反映了他所接受的西方近代进化论思想。在李大钊看来,在"调和新旧"之时,要看到"新""旧"之间的相互交融,"隶于新者未必无旧,隶于旧者亦未必无新也"。⑨ 同时,不可简单地以年龄大小、派别差异来判断新旧,而应该从事物发展历程与前途来辨别。他说明"世所称为新者,必其所企关于进步者较多之人也。世所目为旧者,必其所企关于秩序与安

---

① 《李大钊全集》(二),第 27 页。
② 《李大钊全集》(二),第 27 页。
③ 《李大钊全集》(二),第 27 页。
④ 《李大钊全集》(二),第 27 页。
⑤ 《李大钊全集》(二),第 27 页。
⑥ 《李大钊全集》(二),第 27 页。
⑦ 《李大钊全集》(二),第 27 页。
⑧ 《李大钊全集》(二),第 27 页。
⑨ 《李大钊全集》(二),第 28 页。

固者较多之人也"，①也即"新""旧"都围绕事物发展来展开，只是偏重不同。所谓"旧"，偏重维护原有秩序的稳定；所谓"新"，偏重促进事物的前进。但是，当时许多人论"新""旧"则过于简单，"动口某派也新，某派也旧，某人也新，某人也旧，似其间有绝明之界域，俨若鸿沟者然"，②这种动辄"划清界限"的武断做法，既无益于人们了解"新""旧"之分别，更无益于促进事物的发展。

第三重含义认定"调和"应客观理性，"对事不对人"。李大钊指出，"夫调和者，乃思想对思想之事，非个人对个人之事"。③ 以此而言，"调和"就不可混淆"个人"与"思想"。"个人"与"个人"之间的冲突，或情感或意见，的确可以找到"和事佬"来调解。但是"思想与思想，若有冲突，则非任诸思想之自为调和不可"，④甚至同一个人的思想也存在新旧冲突的状况。"新""旧"思想发生冲突，必须要让其充分的交锋、交流，人们也要按照理论发展自身逻辑来寻求解决与突破。尤其要杜绝由于思想冲突而对思想者进行打击，所谓"不专己以排人，不挟同以强异"，⑤只有这样的"调和"，才能对个人、社会产生积极的影响，"在个人能于其思想得相当之分以相安，在社会即能成为势力而获相当之分以自处，而冲突轧轹之象可免，分崩决裂之祸无虞矣"，⑥避免因思想冲突导致分崩离析。

第四重含义申明"调和"者必须要有明确立场，不能有犹豫、游弋的态度。李大钊指出，"言调和者，当知即以调和自任者，亦不必超然于局外，尽可加担（袒）于一方，亦惟必加担（袒）于一方，其调和之感化，乃有权威也"。⑦ 这里呼应前文，着重申明思想上的"调和"不要等同于人际关系的"调解"，不是要在对立双方找到中立点，而是要有相对坚定的立场。

---

① 《李大钊全集》（二），第 28 页。
② 《李大钊全集》（二），第 28 页。
③ 《李大钊全集》（二），第 28 页。
④ 《李大钊全集》（二），第 28 页。
⑤ 《李大钊全集》（二），第 29 页。
⑥ 《李大钊全集》（二），第 29 页。
⑦ 《李大钊全集》（二），第 29 页。

这一含义尤其适用于"新""旧"之间。如若不然,在"新""旧"之间寻求某种平衡,则会两边不到岸,"惟若自别于新,而又自别于旧,不甘于旧而又不敢居新,宅不新不旧之地位,挟非新非旧之势力,以夷犹容与乎二者之间,则新者将不视之为新,而以疑忌临之;旧者将不认之为旧,而以敌异遇之,进退失据,无所归依,人且弃之而不顾,调和之效,抑将安著"?[①] 这样的立场是思想上的大忌,不仅无法在"新""旧"两种思想上获得立足点,更关键的是,这样的"调和"已然没有实质意义了。甚至某种情况下这样做还有适得其反的后果,因为作为"调和"者不能在"新""旧"两方中明确选择一方,则双方反而都会对之怀疑,有投机、挑拨等嫌疑,"既自立于超然之地位,又启两方之猜嫌,为自保计,亦必谋其自身势力之巩固,对于两方,时有操纵之迹焉。于此而言调和,不近于投机,则邻于挑拨",最终结果是愈调和愈混乱,"将调和之声愈高,轧轹之象愈烈,调和之人愈众,轧轹之机愈多,其去调和之境,正犹南辕而北适"。[②] 事实上,真正的思想"调和"并不用担忧偏重"新""旧"的立场差异,因为思想上之"和"本就应当兼容并包,"盖虽自居于一方,若为新者,而能容旧势力之存在;若为旧者,而能容新势力之存在,究于调和何害者"?[③]

正是在如此明晰的"真调和论"思想基础上,李大钊对于中国传统哲学思想内容进行了颇具启发的继承与创新。

(二)继承创新儒学思想

儒学是中国传统文化的主干,李大钊也对之最为关注。他以"真调和论"视角积极肯定了儒学在新、旧转换之间包含的辩证联系,对其利弊进行了合乎时代需求的分析,表现出三个特点。

第一,李大钊论述儒学的立场为"新"而非"旧",其着眼点是推动儒学在现代之发展,而不是维持固有秩序之稳定。就所谓"旧"而言,李大钊认为传统儒学的基础是中国的农业经济组织,所维持的乃是一种大家

---

① 《李大钊全集》(二),第 29 页。
② 《李大钊全集》(二),第 29 页。
③ 《李大钊全集》(二),第 29 页。

族制度的秩序，"中国的大家族制度，就是中国的农业经济组织，就是中国二千年来社会的基础构造。一切政治、法度、伦理、道德、学术、思想、风俗、习惯，都建筑在大家族制度上作他的表层构造"。[①] 这种大家族制度主要依赖"父权中心"来维持君主的绝对统治秩序，一切道德礼义都指向这一目标，"看那二千余年来支配中国人精神的孔门伦理，所谓纲常，所谓名教，所谓道德，所谓礼义，那一样不是损卑下以奉尊长？那一样不是牺牲被治者的个性以事治者？那一样不是本着大家族制下子弟对于亲长的精神？"[②]这种伦常道德对人的个性伤害极大。李大钊认为，孔子所重视的"修身齐家治国平天下""以修身为本"，都是对人的个性的忽略，"不是使人完成他的个性，乃是使人牺牲他的个性"。[③] 所以，臣下对于君主之"忠"，子女对于父母之"孝"，妻子对于丈夫之"顺"，都是以牺牲自己的个性来承担单方面的道德义务。就传统儒学所谓"新"而言，李大钊认为就要使儒学适应彼时工商经济的发展大势，他斥言："时代变了！西洋动的文明打进来了！西洋的工业经济来压迫东洋的农业经济了！孔门伦理的基础就根本动摇了！因为西洋文明是建立在工商经济上的构造，具有一种动的精神，常求以人为克制自然，时时进步，时时创造！"[④]顺应这种时代大潮，当时中国社会对大家族制度为基础的"孔子主义"的反抗与突破主要概括为三个方面。一是政治运动的突破，其目标是推翻父权的君主专制制度，当然也要"推翻孔子的忠君主义"，[⑤]包括联治主义、自治主义在内的政治运动与思想主张，李大钊认为都是民主主义精神的表现。二是社会上种种解放运动，其目标是打破大家族制度，具体针对"父权（家长）专制""夫权（家长）专制""男子专制"等，李大钊列举了数十种问题，"如家庭问题中的亲子关系问题、短丧问题，社会问题中的

---

① 《李大钊全集》（三），第 144 页。
② 《李大钊全集》（三），第 144 页。
③ 《李大钊全集》（三），第 144 页。
④ 《李大钊全集》（三），第 145 页。
⑤ 《李大钊全集》（三），第 147 页。

私生子问题、儿童公育问题，妇女问题中的贞操问题、节烈问题、女子教育问题、女子职业问题、女子参政问题，法律上男女权利平等问题（如承继遗产权利问题等）、婚姻问题——自由结婚、离婚、再嫁、一夫一妻制乃至自由恋爱、婚姻废止"，[①]这些问题有大有小，而从思想上都是要"推翻孔子的孝父主义、顺夫主义、贱女主义"[②]的运动。三是劳工运动，其目标是打破阶级压迫，李大钊认为孔子存在"阶级主义"思想，儒家学说中有"无君子莫治野人，无野人莫养君子""劳心者治人，劳力者治于人"之类言论，说明他们有"贱视劳工"的心理，将劳动阶级置于被统治的地位，而现代的经济组织正是要"促起劳工阶级的自觉，应合社会的新要求，就发生了'劳工神圣'的新伦理"。[③] 在李大钊看来，以上这些方向才是传统儒学在现代社会发展需要顺应的"新"的方向。必须指出的是，李大钊对儒家文化的许多批评，如认为儒家文化局限于农业文明，儒家伦理具有单向宰制、轻视劳工的特征，乃至界定孔子为"忠君主义"等等，都带有彼时新文化运动过度贬低传统文化的缺陷。我们在认可李大钊哲学思想的前提下，对其存在的类似的时代局限性也毋庸讳言。

　　第二，李大钊论述儒学的思路为前后相继而非前后断裂，其注重儒学原有内容的挖掘与阐发，而不是简单的批判。李大钊虽然指出了儒学存在的问题，但是并未简单地否定儒学的价值。他指出，"圣人之权威于中国最大者，厥为孔子。以孔子为吾国过去之一伟人而敬之，吾人亦不让尊崇孔教之诸公。即孔子之说，今日有其真价值，吾人亦绝不敢蔑视"。[④] 李大钊充分肯定孔子作为中华伟人之历史地位，并表明其对孔子之尊敬并不在主张"孔教"众人之下。他更在意的是如何发扬儒学之价值，"惟取孔子之说以助益其自我之修养，俾孔子为我之孔子可也；奉其自我以贡献于孔子偶像之前，使其自我为孔子之我不可也；使孔子为青

---

①《李大钊全集》（三），第148页。
②《李大钊全集》（三），第148页。
③《李大钊全集》（三），第149页。
④《李大钊全集》（一），第230页。

年之孔子可也,使青年尽为孔子之青年不可也"。这些论述表现出李大钊理性、辩证的态度。李大钊还例举在日本留学时听闻的一个比喻说:"孔子与牛肉,释迦与鸡肉,基督与虾,乃至穆罕默德与蟹,其为吾人之资养品等也。吾人食牛肉、鸡肉,在使之变为我之肉也;食虾蟹等物,在使之变为我之物也。吾人食孔子、释迦、基督、穆罕默德,亦欲使其精神性灵,代为我之精神性灵而已。"①孔子代表之儒家哲学,正是现代人之重要精神食粮,不可缺少,但人们终归要将其营养吸收消化,变为自身精神中之成分才能真正有用。一味盲目膜拜或囫囵吞枣,既不可能也无意义。同时,释迦、基督等所代表的外来文化也具有不同的营养,同样不应该简单地拒绝,而要择己所需地采用。具体来看,他重视儒学中的"个性自由""人格权利""民族精神"等内容,例如他引用孔孟名言强调"我"之尊严:"孔子云:'舜何人也,予何人也,有为者亦若是。'是孔子尝示人以有我矣。孟子云:'当今之世,舍我其谁。'是孟子亦示人以有我矣。"②李大钊认为,孔孟所讲的"我"包含了"自我人格"、自作主宰品质,是儒学真精神,"真能学孔孟者,真能遵孔孟之言者,但学其有我,遵其自重之精神,以行己立身、问学从政而已足。孔孟亦何尝责人以必牺牲其自我之权威,而低首下心甘为其傀儡也哉"!③ 李大钊对待儒学的这种态度在当代中国依然具有启发意义。

第三,李大钊论述儒学的方法为"人言分开"而非"以言废人",即理性客观看待儒学中重要人物及其思想的价值。前文所言李大钊"新旧调和"主张特别注意要将"人"与"思想"分开,这一特征也充分体现在他对儒学的探讨中,尤其表现在他对孔子的大量论述之中。李大钊指出,人们实际上面对着几个不同的"孔子"形象。一个形象是孔子时代的孔子,李大钊给予了极高的赞扬,"孔子于其生存时代之社会,确足为其社会之中枢,确足为其时代之圣哲,其说亦确足以代表其社会其时代之道德。

---

① 《李大钊全集》(一),第 230 页。
② 《李大钊全集》(一),第 153 页。
③ 《李大钊全集》(一),第 153 页。

使孔子而生于今日,或更创一新学说以适应今之社会,亦未可知",①"使孔子而生于今日,或且倡民权自由之大义,亦未可知",②表现出李大钊不同时人的眼光。另一种形象则是历代帝王专制护符的孔子,这一形象同样来自历史的塑造,"孔生于专制之社会,专制之时代,自不能不就当时之政治制度而立说。故其说确足以代表专制社会之道德,亦确足为专制君主所利用资以为护符也。历代君主,莫不尊之祀之,奉为先师,崇为至圣。而孔子云者,遂非复个人之名称,而为保护君主政治之偶像矣"。③与其他古代人一样,生长于古代社会之中,孔子的思想不能超出时代。而其身后被历代朝廷所利用就更不是孔子所能左右的了,李大钊也循此为自己的批判立场进行解释,"故余之掊击孔子,非掊击孔子之本身,乃掊击孔子为历代君主所雕塑之偶像的权威也;非掊击孔子,乃掊击专制政治之灵魂也"。④ 可见李大钊批判的是作为文化符号的"孔子"所承载的历史糟粕。将这些糟粕与孔子乃至儒家的本质和精华区分开来,恰恰是批判中需要分清的关键。李大钊坚决反对那种揪住孔子、孟子本人加以鞭挞甚至抹黑的"批判",他这种思想水平远远高于当时乃至当今的某些"反传统"论者。第三种形象则是自然的形象,从这个角度,孔子被李大钊称为"数千年前之残骸枯骨"。⑤ 李大钊这是要针对古代乃至当时孔教会将孔子神化的做法,强调孔子作为有血有肉的普通人身份,他指出,"余谓孔子为数千年前之残骸枯骨,闻者骇然,虽然,无骇也。……孔子又一死而不可使之复生于今日,以应乎今日之社会而变易其说也。则孔子之于今日之吾人,非残骸枯骨而何也"?⑥ 应该说,这种说法虽稍显激烈,但对于淡化孔子神秘色彩是很必要的。

---

① 《李大钊全集》(一),第 153 页。
② 《李大钊全集》(一),第 247 页。
③ 《李大钊全集》(一),第 247 页。
④ 《李大钊全集》(一),第 247 页。
⑤ 《李大钊全集》(一),第 247 页。
⑥ 《李大钊全集》(一),第 247 页。

（三）继承创新"民彝"思想

"民彝"也是中国传统哲学中的重要范畴，李大钊以"新旧调和"视角对之进行重新研究，探讨了"民彝"概念的固有含义、引申含义及在新的时代背景下的发展可能。

第一，阐述"民彝"思想蕴含着由"旧"至"新"的丰富内涵。"民彝"是中国古代传统概念，李大钊重视这一概念本有的含义，他引用《诗经》阐述这一点："'天生烝民，有物有则。民之秉彝，好是懿德。'言天生众民，有形下之器，必有形上之道。道即理也，斯民之生，即本此理以为性，趋于至善而止焉。爰取斯义，锡名民彝，以颜本志。"①《诗经》所言"民之秉彝"所指的是人人都具有"善"之本性，李大钊在承认这一古义之上，更从新时代视角出发，申述"民彝"所潜藏着的"自由"含义，他指出，古代统治者只看到"民彝"包含有"性善"含义，便代民做主，实施各种对人民有利的政策措施，但是由于他们忘却了"民彝"所包含的"自由"之义，往往适得其反，"极其越俎之害，必将侵及民彝自由之域，荒却民彝自然之能，较量轻重，正不足与其所被之福制相消，则毋宁于墉育之余，守其无为之旨，听民之自器其材，自踏其常，自择其宜，自观其成，坦然以趋于至当之途之为愈也"。② 李大钊在此使用了"自然之能""自器其材"等词汇，着重凸显"民彝"所应包含的"自由"内涵。具体来说，李大钊分别从"器""常""法"三个层面来强化这一论证。就"器"而言，李大钊阐释了"宗彝者宗庙之常器"的古义，言明其代表着国家神明尊严。由古及今，此含义发生变化，"古者政治上之神器在于宗彝，今者政治上之神器在于民彝。宗彝可窃，而民彝不可窃也；宗彝可迁，而民彝不可迁也"。③ 也即古代"宗器"所包含的国家政治神圣尊严，转移到百姓人民的"民彝自由"上了。就"常"而言，李大钊阐述了古代"彝伦攸叙"所言的"伦常"含义，从为政而言，其代表"为治之道不尚振奇幽远之理，但求平易近人；以布帛菽粟之

---

① 《李大钊全集》（一），第 145 页。
② 《李大钊全集》（一），第 145—146 页。按"福制"当做"福利"。
③ 《李大钊全集》（一），第 146—147 页。

常，与众共由"①的治国之方。进而近现代的"民彝之常"应当注重对人民生计需求之满足，李大钊指出，"盖人生有欲，政治亦达其欲之一术耳。民之罹于辟者原自多端，不因性以为法，而立法以禁欲，则是辟自我立，不因乎人。但求其同，不容其异，专制之源而立宪之反，其结果必至法网日密，民命日残，比户可诛，沿门可僇也"。② 上述论证直指彼时政治压抑人们的正常欲望，严刑峻法以禁欲，其结果只能是专制横行，与全体人民为敌。就"法"而言，李大钊阐述了《尚书》中"永弼乃后于彝宪"的古义，并由"宪"之字眼延伸到了近现代"民主立宪"的含义，他指出"民彝者，民宪之基础也"，③进而他引用英国法学家阿尔伯特·戴雪的观点说："英伦宪法，吾人自束发受书，即稔闻之。匪制造而成者，乃发育而成者也；非空玄理论之果，乃英人固有本能之果也。此固有本能，乃以致英人建此基础巩固之制度，不必经建筑术之研究，正如蜂之构巢，何种技艺不足拟其良巧焉"，④李大钊以此说明宪法来自人民"固有本能"之含义，而这一"固有本能"正是"民彝"自由之性。

第二，阐述"民彝"思想应该打破"旧"秩序压抑的必然要求。李大钊通过中西对比明确指出，西方发达国家充分发扬"民彝"思想推动了社会前进，但中国人民之"民彝"则久被压抑不得伸张，"吾民彝之屈而不信、郁而不彰于宪典也久矣"，⑤这一历程十分漫长，"而吾民族思想之固执，终以沿承因袭，蹈故习常，不识不知，安之若命。言必称尧、舜、禹、汤、文、武、周、孔，义必取于《诗》《礼》《春秋》；即其身体力行之际，确见形格势禁，心尝有所未安，究因一群风习之气压，一国历史之尘积，为势绝重，为力綦宏"。⑥ 李大钊认为，中国"民彝"被压抑，根子在于人们固执的民族思想，致使几千年来国人言论与精神完全局限在传统儒学的"道统"之

①《李大钊全集》（一），第 147 页。
②《李大钊全集》（一），第 148 页。
③《李大钊全集》（一），第 148 页。
④《李大钊全集》（一），第 148 页。
⑤《李大钊全集》（一），第 149 页。
⑥《李大钊全集》（一），第 152 页。

中。在漫长的实践中，偶尔会出现部分人有所怀疑，但最终还是被强大的历史惯性、旧有风气所压抑而归于服从，这就造成"乡愿"和"大盗"相伴而生的恶果。一方面，全体国人变成"萎缩而勿振，决无活泼之机、崭新之象"①的愚民，学问上只剩代表"乡愿"的"李斯之学"；另一方面，大盗豪强趁机崛起，窃据国家统治地位，"取之以盗术，胁之以淫威，绳之以往圣前贤之经训，迟之以宗国先君之制度"，②"民彝"无从得以发挥，以致国贫民弱。因之，"吾民于此，其当鼓勇奋力，以趋从此时代之精神，而求此适宜之政治也，亦奚容疑"，③"民彝"精神之发挥，必须冲破各种历史与现实的压抑。

第三，阐述"民彝"思想之发展应注重其"自由"理念，激发国人之创造力。李大钊指出，"此类意念自由，既为生民之秉彝，则其活动之范围，不至轶越乎本分，而加妨害于他人之自由以上"，④这里所说的"各人自由不妨碍他人自由"，正是李大钊反复申述的"民彝"之精华。将此精华充分发展就能为当时中国的政治发展提供标准，"盖政治者，一群民彝之结晶，民彝者，凡事真理之权衡也。民彝苟能得其用以应于事物之实，而如量以彰于政，则于纷纭错综之间，得斯以为平衡，而一一权其畸轻畸重之度，寻一至当之境而止"。⑤ 一旦能以此"民彝"自由为政治之权衡标准，便可最大限度激发中华民族本有之创造力，而这创造力正为人类生存发展之核心能力，"文明云者，即人类本其民彝改易环境，而能战胜自然之度也。文明之人，务使其环境听命于我，不使其我奴隶于环境，次改造，其次顺应而已矣。国家之存立，何莫不然太上创造，国民全体，有其大生命焉于小己之求生，其与环境相战，所需之秉彝之能"。⑥ 大至人类、国家、民族，小至个体生命，莫不以激发"民彝"中创造力为本。中国历史上

---

①《李大钊全集》(一)，第153页。

②《李大钊全集》(一)，第153页。

③《李大钊全集》(一)，第149页。

④《李大钊全集》(一)，第155页。

⑤《李大钊全集》(一)，第155页。

⑥《李大钊全集》(一)，第163页。

诸多先贤之功,殊不在其已创造之政治制度,而在于其创造力本身,"吾人生千百年后,俯仰今昔,惟有秘契先民创造之灵,而以创造新国民之新历史,庶以无愧于先民。若徒震于先民之功德,局于古人之成规,堕其自我之本能,蔽其秉彝之资性,是又尧、舜、禹、汤、文、武、周、孔之罪人也矣"。① 凡此表明,我们今天要批判古圣先贤的某些具体制度,不是背叛他们,而是从精神实质上对他们的思想继承与创新。

三、人生哲学思想

李大钊不仅是思想家,更是革命实践家,有着磅礴而壮烈的革命实践经历。其革命实践的动力,就在于卓越的人生哲学思想。

(一)宇宙与人生的"青春之问"

李大钊的人生哲学思想围绕一个核心问题——"青春之问",这个问题在《青春》一文中提出,他问道,"块然一躯,渺乎微矣;于此广大悠久之宇宙,殆一粟耳。其得永享青春之幸福与否,当问宇宙自然之青春是否为无尽"。② 李大钊的问题通过矛盾反差展现出深刻哲学意味。就一般人直观感受而言,宇宙极为广袤,人生则极为渺小,二者反差强烈,似乎宇宙面前人生不值一提,但经李大钊提问则发现,人生在"永享青春"的问题上与宇宙全然同步,看似渺小人生的地位陡然上升,至与宇宙并列。那么,李大钊所谓"青春"究竟谓何? 人生又如何能与宇宙同列? 这些问题的解释就构成了李大钊人生哲学思想的核心内容。

首先,究竟何谓"青春"? 李大钊的回答颇有兴味,采取了由感性到理性、从文学到哲学的丰富思路。"青春"一词的本义与青葱之春天相关,本身就充满文学诗意。李大钊的阐释也正是从对观察大自然之春天开始的,"当兹春雨梨花,重门深掩,诗人憔悴,独倚栏杆之际,登楼四瞩,

---

① 《李大钊全集》(一),第 155 页。
② 《李大钊全集》(一),第 182 页。

则见千条垂柳,未半才黄,十里铺青,遥看有色",①即自然景象而言,"青春"对李大钊之吸引首要在于盎然气象。由此气象引申到"青春"蕴含有"无限希望""无限兴趣"之义,"彼幽闲贞静之青春,携来无限之希望,无限之兴趣,飘然贡其柔丽之姿于吾前途辽远之青年之前"。② 这一引申,便从自然现象转向宇宙本质、人生命运,也从感性直观转向理性思维,从文学转向哲学。按其所言大致从"绝对无限性"和"相对有限性"展开。从"绝对"的角度,李大钊采纳宇宙无限说,他指出,"宇宙之果否为无尽,当问宇宙之有无初终。宇宙果有初乎? 曰:初乎无也。果有终乎? 曰:终乎无也。初乎无者,等于无初;终乎无者,等于无终。无初无终,是于空间为无限,于时间为无极。质言之,无而已矣,此绝对之说也"。③ 李大钊认为宇宙在时间上"无初无终",在空间上"无限",亦是数理上之"无"。从"相对"的角度,李大钊分析了宇宙中个体之"有限",他指出,"个体之积,如何其广大,而终于有限。一生之命,如何其悠久,而终于有涯。于是有生即有死,有盛即有衰,有阴即有阳,有否即有泰,有剥即有复,有屈即有信,有消即有长,有盈即有虚,有吉即有凶,有祸即有福,有青春即有白首,有健壮即有颓老,质言之有而已矣"。④ 相对于无限之宇宙整体,存在于其中的事物皆为"个体","个体"之时空皆为有限。这种"有限"能说明世间生死、盛衰、阴阳、吉凶、否泰等各种变化,亦是数理上之"有"。"绝对无限"与"相对有限"也可化约为"变"与"不变"、"同"与"异"、"周易之周"与"周易之易"、"佛教之空"与"佛教之色"等等。这一系列相对立而存在的范畴都包含在"青春"之中,李大钊指出,"东坡曰:'自其变者而观之,则天地曾不能以一瞬;自其不变者而观之,则物与我皆无尽也。'此变不变之殊也。其变者青春之进程,其不变者无尽之青春也。其异者青春之进程,其同者无尽之青春也。其易者青春之进程,其周者无尽之青

---

① 《李大钊全集》(一),第183页。
② 《李大钊全集》(一),第182页。
③ 《李大钊全集》(一),第183页。
④ 《李大钊全集》(一),第183页。

春也。其有者青春之进程。其无者无尽之青春也。其相对者青春之进程,其绝对者无尽之青春也。其色者差别者青春之进程,其空者平等者无尽之青春也。推而言之,乃至生死、盛衰、阴阳、否泰、剥复、屈信、消长、盈虚、吉凶、祸福、青春白首、健壮颓老之轮回反复,连续流转,无非青春之进程"。① 概言之,宇宙之"青春"必须要由两层次来表现,其"绝对无限存在"所代表的"青春"是本体层面的,其"相对有限变动"所代表的"青春"是现象层面的,二者相辅相成。

其次,关于人生究竟如何"永享青春"乃至与宇宙同列,李大钊也有深刻而具启发意义的阐释,他的阐释体现了对世界客观性与人的主观能动性的理解。从世界客观性角度而言,"宇宙"之无尽青春就是指其无限性,这种"青春"是人无法企及的。"人生"在客观上不可能如"宇宙"一般拥有那种绝对性的"无尽之青春"。所以,人生拥有"无尽青春"只能从主观能动性上讲,其所指的是青年所应有的那种激发自身主体意志与创造性的精神。李大钊指出,"青年锐进之子,尘尘刹刹,立于旋转簸扬循环无端之大洪流中。宜有江流不转之精神,屹然独立之气魄,冲荡其潮流,抵拒其势力,以其不变应其变,以其同操其异,以其周执其易,以其无持其有,以其绝对统其相对,以其空驭其色,以其平等律其差别,故能以宇宙之生涯为自我之生涯,以宇宙之青春为自我之青春"。② 人之生命有限,青年时光更有限,但青年当利用有限之客观生命,激发起精神生命巨大的主体性、创造性去面对无限变化之宇宙。这种人所独有的主体性、创造性足以不断发掘宇宙种种真理、规律,为人类绵延生息而造福,这就是所谓"以宇宙之青春为自我之青春"。李大钊还指出,"宇宙无尽,即青春无尽,即自我无尽。此之精神,即生死肉骨、回天再造之精神也。此之气魄,即慷慨悲壮、拔山盖世之气魄也。惟真知爱青春者,乃能识宇宙有无尽之青春。惟真能识宇宙有无尽之青春者,乃能具此种精神与气魄。

---

①《李大钊全集》(一),第 184 页。
②《李大钊全集》(一),第 184 页。

惟真有此种精神与气魄者,乃能永享宇宙无尽之青春".① 宇宙客观上的"无尽青春"乃为主观能动性上的"无尽青春"奠定坚实基础,有此基础,有识之士方可大胆去开拓、创造,凸显人生之"无尽青春"。另一面,也激励所有青年转变认识,在窥见宇宙"无尽青春"之真相后,激发自己应有的开拓创造精神,才是真正地享有"无尽青春",也才是真正与宇宙同列。从李大钊的论述可以发现,他所说的"永享青春之幸福",绝非一些人所认为的那种不劳而获、坐享其成的状态,而是一种永不懈怠的奋斗创造状态。从自然意义上讲,"青春"所代表的也正是萌发与奋力生长之义,不是轻松收获之义。

（二）论"人生创造"

李大钊引用彼时科学家之言,认为人类全部实践皆与大自然背道而驰,因而忧虑人类之命运前途,"生物学者之言曰:人类之生活,反乎自然之生活也",②人类从直立行走开始,日益脱离大自然,穿衣就失去原本的毛发,吃熟食就失去原本的肠胃消化能力。随着人类社会之进步,这一趋势愈加明显,"其趋文明也日进,其背自然也日遐,浸假有舟车电汽,而人类丧其手足矣。有望远镜、德律风等,而人类丧其耳目矣。他如有书报传译之速,文明利器之普,而人类亡其脑力。有机关枪四十二珊之炮,而人类弱其战能。有分工合作之都市生活,歌舞楼台之繁华景象,而人类增其新病。凡此种种,人类所以日向灭种之途者".③ 从手足、耳目这些感官能力到大脑的思考能力,从显示体质的战斗能力到显示健康的抗疾病能力,人类无一不处在危险的退化乃至"灭种"途中。

对此严重的难题,李大钊以其"青春宇宙观"为基础,大声疾呼"人生创造"来积极应对。李大钊指出,"人于此,宜如宗教信士之信仰上帝者信人类有无尽之青春,更宜惊然于生物学者之旨,以深自警惕,力图于背逆自然生活之中,而能依人为之工夫,致其背逆自然之生活,无异于顺适

---

① 《李大钊全集》(一),第 184 页。
② 《李大钊全集》(一),第 186 页。
③ 《李大钊全集》(一),第 186—187 页。

自然之生活"。① 李大钊在哲学立场上是不赞同宗教信仰的,但他从人类前途命运出发,却能由衷欣赏宗教人士所具有的意志,并以之要求人们以这种意志去信仰"青春宇宙",作为人类积极创造的思想基础。一旦将此创造精神发挥出来,则能推动背离自然之实践在更高水平上达致与自然之和谐,"斯则人类之寿,虽在耄耋之年,而吾人苟奋自我之欲能,又何不可返于无尽青春之域,而奏起死回生之功也"?② 认定人能将"背离自然"与"顺应自然"二者统一起来,归根结底仍以"青春宇宙"所包含的"人生奋斗创造"意义为根本依据。

李大钊推崇"人生创造"并非只是着眼对人类历史的一般性讨论,而是要落实到中华民族的命运前途上来。"人类之成一民族一国家者,亦各有其生命焉。有青春之民族,斯有白首之民族。有青春之国家,斯有白首之国家。……异族之觇吾国者,辄曰:支那者,老大之邦也。支那之民族,濒灭之民族也。支那之国家,待亡之国家也。"③李大钊按照"人生青春"之含义审视国家民族,亦能观察到其如人生一样的生命变化。尤其落实到中华民族身上时则更发现,鉴于漫长历史与异族入侵,中华存在"白首""濒灭"之危险。"由历史考之,新兴之国族与陈腐之国族遇,陈腐者必败;朝气横溢之生命力与死灰沈滞之生命力遇,死灰沈滞者必败;青春之国民与白首之国民遇,白首者必败。此殆天演公例,莫或能逃者也。"④处于世界民族林立之时代,如若真为"白首"民族,则不但自身之发展趋于式微,更要面对来自"青春"民族的强力挑战与打击。即此形势而言,"人生创造"之要求对于中华民族至关紧迫,"吾族青年所当信誓旦旦以昭示于世者,不在龈龈辩证白首中国之不死,乃在汲汲孕育青春中国之再生。吾族今后之能否立足于世界,不在白首中国之苟延残喘,而在

---

① 《李大钊全集》(一),第 186 页。
② 《李大钊全集》(一),第 186 页。
③ 《李大钊全集》(一),第 187 页。
④ 《李大钊全集》(一),第 187 页。

青春中国之投胎复活"。① 自近代中国被西方列强打败,国内哀怨之声、极端反传统之声日益鼎沸,李大钊则针锋相对地指出,中华之"白首"衰弱固然有其客观原因,但更要紧者则在于"孕育青春中国之再生"。

李大钊充分论证"青春宇宙"客观存在,"青春人生"必然可欲,"青春中国"之可能性毋庸置疑。这一可能性在理论上可由辩证逻辑来论证,"青春中华者,白首中华托以再生之华也。白首中华者,渐即废落之中华也。青春中华者,方复开敷之中华也。有渐即废落之中华,所以有方复开敷之中华。有前之废落以供今之开敷,斯有后之开敷以续今之废落。即废落,即开敷,即开敷,即废落,终竟如是废落,终竟如是开敷"。② 其所言"白首"与"青春"、"废落"与"开敷",皆为相反相成之辩证矛盾,双方实质上相互依存,在条件具备时会相互转化。这一可能性在实践上更有"人生创造性"予以保证,特别是每一代中华青年之"人生创造"责任。李大钊指出,"宇宙有无尽之青春,斯宇宙有不落之华,而栽之、培之、灌之、溉之、赏玩之、享爱之者,舍青春中华之青年,更谁与归矣"?③ 从正面说,培育"青春中华"寄望于青年之创造;"以冲决历史之桎梏,涤荡历史之积秽,新造民族之生命,挽回民族之青春者,固莫不惟其青年是望矣",④从反面说,涤荡"白首中华"之尘秽也在于青年之创造。

李大钊在人生哲学层面所论述之"青年"概念,并非纯从自然年龄着眼,也即他所说的"青年"并非仅指现实中的"年轻人",而是那种永不停息的奋斗创造精神状态。广义地讲,他所说的"青年"涵盖所有人。在这个问题上,他通过对"过去之我""现在之我"和"未来之我"的综合论述进行了精准表达。他指出,"青年之自觉,一在冲决过去历史之网罗,破坏陈腐学说之囹圄,勿令僵尸枯骨束缚现在活泼泼地之我,进而纵现在青春之我扑杀过去青春之我,促今日青春之我禅让明日青春之我。一在脱

---

① 《李大钊全集》(一),第187页。
② 《李大钊全集》(一),第188页。
③ 《李大钊全集》(一),第188页。
④ 《李大钊全集》(一),第188页。

绝浮世虚伪之机械生活，以特立独行之我，立于行健不息之大机轴。祖祧裸裎，去来无罣，全其优美高尚之天，不仅以今日青春之我追杀今日白首之我，并宜以今日青春之我豫杀来日白首之我，此固人生唯一之薪向，青年唯一之责任也矣"。[1] 这里所说的"扑杀""追杀""豫杀"，含义略通于"自我否定"，即通过反思，去掉自我之弊端，保留并发扬自我之优势。稍有不同的是，"扑杀过去青春之我"所指在于"青春之我"形成之前的状态，强调"我"所需要的自觉与勇气；"追杀今日白首之我""豫杀来日白首之我"所指则是"青春之我"形成之后的状态，强调"我"所需要的坚定信念与意志。总之，李大钊指出，"吾愿吾亲爱之青年，生于青春死于青春，生于少年死于少年也"。[2] 显然，"生于少年死于少年"绝不是让中国人都在少年时期死去，而是让大家始终保持"少年"所应具备的那种奋斗不息、创造不止的"青春"状态。此核心理念是李大钊人生哲学的基本底色与最终目标。

上述李大钊的"传统哲学思想""人生哲学思想"大致属于其早期思想，带有浓厚的民主主义色彩。可以看出，早年李大钊对欧洲启蒙主义、自由主义、进化论等都有较多研究与认可，并努力将其与中国本土哲学结合，形成具有其特点的哲学思想。随着中国近现代形势的变化及李大钊思想认识的发展，中后期李大钊逐渐接受马克思主义，转变为马克思主义者。

四、唯物史观思想

李大钊在日本留学期间，通过阅读河上肇等人的翻译著作而开始接触马克思主义，但他真正转变为马克思主义者则是在 1916—1918 年之间。在此期间，他经历新文化运动的洗礼，受到俄国十月革命胜利的影响，最终完成思想转变。

---

① 《李大钊全集》（一），第 191 页。
② 《李大钊全集》（一），第 191 页。

（一）转向马克思主义的思想历程

李大钊转向马克思主义的原动力是探寻中华民族的解放道路,以此为目标,他在思想立场上大致经历了一个从比较东西文明优劣到寻找"第三条道路",从"第三条道路"到关注俄国十月革命,再由分析肯定俄国十月革命到学习、研究乃至信仰马克思主义。

1916年李大钊加入《新青年》编辑部,与新文化运动主将陈独秀、钱玄同、刘半农、胡适、鲁迅等会聚一堂。在思想交流中,李大钊对陈独秀、胡适等人极力贬低东方文化而抬高西方文化的"全盘西化"主张不甚满意,进而发表《东西方文明根本之异点》,主张客观分析东西方文明的优劣。他认为,"东西文明有根本不同之点,即东洋文明主静,西洋文明主动是也。溯诸人类生活史,而求其原因,殆可谓为基于自然之影响"。① 李大钊进一步指出,对两种文明不可存有偏见,"东西民族因文明之不同,往往挟种族之僻见,以自高而卑人。近世政家学者,颇引为莫大之遗憾。平情论之,就东洋文明而论,东西文明,互有长短,不宜妄为轩轾于其间"。② 东方文明的缺点,李大钊总结为厌世而不适于宇宙进化的人生观、惰性太重、注重权威缺乏对个性的尊重、注重整体缺乏对个人的尊重、缺乏同情心、偏重神权、偏重专制主义和歧视女性等内容。李大钊并不因这些缺点而全盘反对东方文化,而是再三强调东西方文明共存之价值。他指出,"以余言之,宇宙大化之进行,全赖有二种之世界观,鼓驭而前,即静的与动的、保守与进步是也。东洋文明与西洋文明,实为世界进步之二大机轴,正如车之两轮、鸟之双翼,缺一不可"。③ 东方文明固然问题严重,西方文明也不遑多让,"由今言之,东洋文明既衰颓于静止之中,而西洋文明又疲命于物质之下,为救世界之危机,非有第三新文明之崛起,不足以渡此危崖"。④ 在这种情况下,他注意到了俄国文明的价值,

---

① 《李大钊全集》(二),第211页。
② 《李大钊全集》(二),第211页。
③ 《李大钊全集》(二),第212页。
④ 《李大钊全集》(二),第212页。

"俄罗斯之文明,诚足以当媒介东西之任,而东西文明真正之调和,则终
非二种文明本身之觉醒,万不为功"。①

　　1917年俄国十月革命胜利后,中国思想界对之有一种悲观性评价,
李大钊于是写了《法俄革命之比较观》为之辩护,他指出,"俄国今日之革
命,诚与昔者法兰西革命同为影响于未来世纪文明之绝大变动。在法兰
西当日之象,何尝不起世人之恐怖、惊骇而为之深抱悲观。尔后法人之
自由幸福,即奠基于此役。岂惟法人,十九世纪全世界之文明,如政治或
社会之组织等,罔不胚胎于法兰西革命血潮之中。二十世纪初叶以后之
文明,必将起绝大之变动,其萌芽即茁发于今日俄国革命血潮之中,一如
十八世纪末叶之法兰西亦未可知"。② 在这里,李大钊通过比较指出,俄
国革命虽采取暴力,但最终会带来社会文明的重大革新,如同当年法国
大革命通过暴力为后来的社会自由幸福开辟道路一样。不仅如此,发生
于20世纪的俄国革命在本质上更为进步,"俄罗斯之革命是二十世纪初
期之革命,是立于社会主义上之革命,是社会的革命而并著世界的革命
之采色者也"。③ 其之所以成功并受到人们热烈欢呼,就在于其革命中包
含有广泛深刻的人道主义之精神,李大钊指出,"且其人道主义之精神,
入人之深,世无伦比。……不过法人当日之精神,为爱国的精神,俄人之
今日精神,为爱人的精神。前者根于国家主义,后者倾于世界主义。前
者恒为战争之泉源,后者足为和平之曙光,此其所异者耳"。④ 李大钊分
析Bolshevism(布尔什维主义)的内涵说,"他们的主义,就是革命的社会
主义;他们的党,就是革命的社会党;他们是奉德国社会主义经济学家马
客士(Marx)为宗主的;他们的目的,在把现在为社会主义的障碍的国家
界限打破,把资本家独占利益的生产制度打破"。⑤ 李大钊转向马克思主

①《李大钊全集》(二),第212页。
②《李大钊全集》(二),第225页。
③《李大钊全集》(二),第226页。
④《李大钊全集》(二),第226页。
⑤《李大钊全集》(二),第260页。

义,就是为了寻求中华民族解放的道路。

（二）对唯物史观的历史考察

李大钊对唯物史观的阐释基于一种宏阔的历史视野,他认为,唯物史观并不是马克思的独创,而是马克思生活时代的一种极有影响力的社会学上的运动,"这种运动既经指出那内部最深的构造,比外部明显的建造,若何重要,唯物史观就站起来反抗那些历史家与历史哲学家,把他们多年所推崇为非常重要的外部的社会构造,都列于第二的次序;而那久经历史家辈蔑视,认为卑微暧昧的现象的,历史的唯物论者却认为于研究这很复杂的社会生活全部的构造与进化,有莫大的价值"。① 在他看来,唯物史观主要特征有二:一是挖掘历史运动内部深层结构,二是重视看似卑微的历史现象。循此,李大钊对唯物史观的发展历程进行了扼要梳理,他认为唯物史观最基本的特征就是人们将历史当做科学进行研究,并用带有普遍性的力量来解释众多历史现象。因此李大钊将孔道西的思想列为唯物史观的开始,他指出,"孔道西(Condorcet)依着器械论的典型,想把历史作成一科学,而期发见出一普遍的力,把那变幻无极的历史现象,一以贯之,已经开了唯物史观的端绪"。② 从孔道西开始,桑西门(Saint-Simon)、Thierry、Mignet 和 Guizot 等人都是唯物史观的传承者。李大钊尤其看重桑西门的贡献,因为是桑西门首先在研究历史时把经济的要素看得比精神要素更重要。这种观点极具解释力,"谓一时代的理想、教义、宪法等,毕竟不外当时经济情形的反映。关于所有权的法制,是尤其重要的"。③

在这一观点基础上,李大钊也尝试用历史上唯物史观论者的观点对经济现象的地位进行典型分析,为理解马克思主义的唯物史观奠定了坚实的思想基础。他指出,"历史上物质的要件中,变化发达最甚的,算是

---

① 《李大钊全集》(三),第 19 页。
② 《李大钊全集》(三),第 20 页。
③ 《李大钊全集》(三),第 20 页。

经济现象。故经济的要件是历史上唯一的物质的要件"，[1]至于人口、地理等因素属于经济以外的条件，这些条件对于人类社会有意义，但是影响较小且伴随着人类进化而日益减少，就被当做"经济的要件的支流"。[2]他列举了生活中地位很重要的法律与经济现象地位对比的例子，指出经济现象地位之重要，"我们晓得有许多法律，在经济现象的面前，暴露出来他的无能"。[3] 从历史事实来看，欧洲中世纪曾经有过严格"禁抑暴利的法律"，但是在当时利润高企的经济现象面前毫无作用。后来由于经济自身发展导致利润率自然下跌，这一法律事实上已经没有必要存在，但也没有废除。欧洲在十七、十八世纪曾经立法废除了来自古罗马时代的奴隶制度，但是由于后来殖民掠夺的经济需要，英国等国仍然干起了贩卖黑奴并事实上在美洲大陆恢复奴隶制度的事情。李大钊总结指出，"这类的事例不胜枚举，要皆足以证明法律现象只能随着经济现象走，不能越过他，不能加他以限制，不能与他以影响。而欲与法律现象奖励或禁遏一种经济现象的，都没有一点效果。那社会的表面构造中最重要的法律，尚且如此，其他综合的理想等等，更不能与经济现象抗衡"。[4] 正是在这种认识的基础上，李大钊指出，"有许多人主张改称唯物史观为经济史观"。[5]

进一步，李大钊从比较三种相关的"经济学"入手来认识马克思主义的唯物史观，这三种经济学就是"个人主义经济学、社会主义经济学与人道主义经济学"。[6] 所谓个人主义经济学即资本主义经济学，以当时负有盛名的亚当·斯密、若马查士、李嘉图、杰慕士·穆勒等为代表。李大钊认为这种经济学有两个要点："其一是承认现在的经济组织为是；其二是

---

[1]《李大钊全集》(三)，第20页。
[2]《李大钊全集》(三)，第20页。
[3]《李大钊全集》(三)，第20页。
[4]《李大钊全集》(三)，第22页。
[5]《李大钊全集》(三)，第20页。
[6]《李大钊全集》(三)，第16页。

承认在这经济组织内,各个人利己的活动为是。"①但是现实的状况对个人主义经济学的要点提出了挑战,人心贪得无厌,社会组织冷漠无情,压迫严重。所以另外两种经济学就从社会改造的角度对个人主义经济学提出反对,社会主义经济学反对其第一要点,人道主义经济学反对第二要点。在这种基础上,社会主义经济学和人道主义经济学又阐述了自身的目标主张。社会主义经济学不承认"现在的经济组织为是",他们从种种负面社会现象出发,指出"现代经济上、社会上发生了种种弊害,都是现在经济组织不良的缘故,经济组织一经改造,一切精神上的现象都跟着改造,于是否认现在的经济组织,而主张根本改造"。② 人道主义经济学不承认"各个人的利己的活动为是",他们同样从种种负面社会现象出发,但认为造成原因主要还是人心的问题:"无论经济组织改造到怎么好的地步,人心不改造仍是现在这样的贪私无厌,社会仍是没有改造的希望",③所以主张"欲以爱他的动机代那利己的动机"。④ 当然,李大钊也从总体上指出,社会主义的主张包容更广,可以包含人道主义的主张。

(三)阐释唯物史观的主要内涵

李大钊指出,马克思的唯物史观继承了之前唯物史观的基本观点,"认经济的构造对于其他社会学上的现象,是最重要的;更认经济现象的进路,是有不可抗性的"。⑤ 而其思想相对于之前的唯物史观,最大的功绩在于解释了"从前历史的唯物论者不能解释的地方",⑥形成了其独具特色的唯物史观。

李大钊对马克思的唯物史观的阐释有两个大的层面。第一个层面是从宏观的"要点"角度来讲。他认为,马克思唯物史观要点有两个:"其

---

①《李大钊全集》(三),第17页。
②《李大钊全集》(三),第17页。
③《李大钊全集》(三),第17页。
④《李大钊全集》(三),第17页。
⑤《李大钊全集》(三),第20页。
⑥《李大钊全集》(三),第21页。

一是关于人类文化的经验的说明；其二即社会组织进化论。"①就第一个要点而言，李大钊认为，马克思从人类文化经验中进行总结，发现了"人类社会生产关系的总和"这一内容，这就是每一社会的基础构造。社会的其他构成要素都以此为基础，"一切社会上政治的、法制的、伦理的、哲学的，简单说，凡是精神上的构造，都是随着经济的构造变化而变化"。②这些属于精神构造的要素在地位上也归属于"表面构造"，其变化以基础构造为转移。而生产关系这一基础构造之变化又有更深层的动因，就是生产力，这是人类社会变化之最主动因素。这种主动最突出之表现就在于其对于人类意识的决定性作用，"属于人类意识的东西，丝毫不能加他以影响；他却可以决定人类的精神、意识、主义、思想，使他们必须适应他的行程"。③ 就第二个要点而言，李大钊对马克思十分重视的生产力与生产关系的矛盾运动进行了准确而深刻地阐释。从概念内涵角度，李大钊首先准确把握了马克思所论述的"社会组织"就是"生产关系"。其次，李大钊扼要解释了生产力决定生产关系的内容，"生产力一有变动，社会组织必须随着他变动；社会组织即生产关系，也是与布帛菽粟一样，是人类依生产力产出的产物。手臼产出封建诸侯的社会，蒸气制粉机产出产业的资本家的社会"。④ 再次，李大钊按照自己的理解，用"生产关系反作用于生产力"的原理解释了"社会革命"的本质。一方面，他看到了生产关系具有促进生产力发展的作用；另一方面，他更注意生产关系对生产力的阻碍作用，以此厘清了社会革命的本质，"后来发展的力量到那社会组织不能适应的程度，那社会组织不但不能助他，反倒束缚他、妨碍他了。而这生产力虽在那束缚他、妨碍他的社会组织中，仍是向前发展不已。发展的力量愈大，与那不能适应他的组织间冲突愈迫，结局这旧社会组

---

① 《李大钊全集》（三），第 27 页。
② 《李大钊全集》（三），第 27 页。
③ 《李大钊全集》（三），第 27 页。
④ 《李大钊全集》（三），第 27 页。

织非至崩坏不可。这就是社会革命"。① 李大钊在阐释马克思唯物史观时，准确理解了马克思所说的"两个决不会"之含义。马克思在《〈政治经济学批判〉序言》中曾这样描述生产力与生产关系矛盾运动之于社会变革的意义："无论哪一个社会形态，在它所能容纳的全部生产力发挥出来以前，是决不会灭亡的；而新的更高的生产关系，在它的物质存在条件在旧社会的胎胞里成熟以前，是决不会出现的。"②这说明了历史发展必然受到生产力与生产关系这一对矛盾运动的制约，衡量任何一个社会形态、任何一种生产关系的生死存亡的最终标准只能是生产力的发展要求。李大钊用自己的语言对马克思所说的"两个决不会"进行了阐述："可是这个生产力，非到在他所活动的社会组织里，发展到无可再容的程度，那社会组织是万万不能打破。而这在旧社会组织内，长成他那生存条件的新社会组织，非到自然脱离母胎，有了独立生存的运命，也是万万不能发生。"③他还根据这一原理进一步指出，"恰如孵卵的情形一样，人为的助长，打破卵壳的行动，是万万无效的，是万万不可能的"，④同样用朴素的比喻讲清了深刻道理——人类发挥对历史的主观能动性作用也必须遵守规律，超出生产力与生产关系矛盾运动规律的行为是一种任意妄为，一定会失败。

第二个层面是从阶级斗争学说上来讲。李大钊对马克思唯物史观中的阶级斗争学说的考察大致分为三个方面。一是对"阶级"概念界定的考察。李大钊依据马克思唯物史观对"经济"因素的重视，指出"阶级"概念之本质正与经济利益相关："历史的唯物论者，既把种种社会现象不同的原因，总约为经济的原因，更依社会学上竞争的法则，认许多组成历史明显的社会事实，只是那直接、间接、或多、或少，各殊异阶级间团体竞争所表现的结果。他们所以牵入这竞争中的缘故，全由于他们自己特殊

---

① 《李大钊全集》（三），第 27 页。
② 《马克思恩格斯全集》（第十三卷），北京：人民出版社 2005 年版，第 1 页。
③ 《李大钊全集》（三），第 27 页。
④ 《李大钊全集》（三），第 28 页。

经济上的动机。"①各个团体由于不同经济利益在现实中发生利害冲突,进而形成阶级,因此阶级之出现正与经济利害对立有关:"马氏所说的阶级,就是经济上利害相反的阶级。"②这种"利害相反"在实践中就展现为压迫与被压迫,"就是土地或资本家等生产手段的有产阶级,与没有土地或资本等生产手段的无产阶级的区别:一方是压服他人,掠夺他人的,一方是受人压服,被人掠夺的"。③　换句话说,讲到"阶级",必然就涉及压迫、奴役和对抗的问题。这一问题在人类历史上存在久远,"在种种时代,以种种形式表现出来。亚西亚的、古代的、封建的、现代资本家的,这些生产方法出现的次第,可作经济组织进化的阶段,而这资本家的生产方法,是社会的生产方法中采敌对形式的最后"。④　在这样的认识基础上,李大钊也指出了马克思、恩格斯界定"阶级"的原理相比斯宾塞"本于个人的利己心"的界定方法和德国科学家威罕·儒斯(Wilhelm Roux)用生物学的进化之界定要更为深刻。二是对阶级斗争历史作用的考察。李大钊从《共产党宣言》和《政治经济学批判》序文中都找到了马克思、恩格斯对"阶级斗争"的历史作用的高度评价:"从来的历史都是阶级竞争的历史","从来的历史尽是在阶级对立——固然在种种时代呈种种形式——中进行的。"⑤同时,李大钊也对这种斗争历程之演变进行了清晰描述:"初只是经济的竞争,争经济上的利益,后来更进而为政治的竞争,争政治上的权力,直至那建在阶级对立上的经济的构造自己进化,发生了一种新变化为止。"⑥他更以一系列历史事件对此进行印证。首先是中世纪的十字军东征、宗教改革等事件,李大钊指出,十字军东征是为了维护当时威尼斯等西欧国家统治阶级的地位及繁盛的经济利益;宗教改革主要也是为了免除当时"无产阶级"的种种重税;基督教中心转移到拜占

---

① 《李大钊全集》(三),第29页。
② 《李大钊全集》(三),第28页。
③ 《李大钊全集》(三),第29页。
④ 《李大钊全集》(三),第29页。
⑤ 《李大钊全集》(三),第29页。
⑥ 《李大钊全集》(三),第30页。

庭,也是源自当时东罗马帝国富有财势的商贾阶级,他们藉此与"基督教的无产阶级"相结合,以对抗原先西欧罗马帝国的寄生贵族。[①] 其次对法国大革命进行解读,李大钊指出,这一革命之爆发,正是因为当时资本家阶级势力日渐强盛,逐渐可以挑战原先掌握土地的旧贵族阶级,终于爆发激烈的革命,由这场大革命所带来的一系列个人或集团势力,包括拿破仑、布尔康家正统派、欧尔林家派、共和党、平民直接执政等等,背后也都是复杂的经济利益。需要指出的是,李大钊虽然重视阶级斗争在历史中的作用,但也注意到马克思关于阶级斗争只是人类历史某一阶段的现象的论述:"马氏并非承认这阶级竞争是与人类历史相终始的,他只把他的阶级竞争说应用于人类历史的前史,不是通用于过去、现在、未来的全部。"[②]三是对阶级斗争在资本主义社会中的状况的考察。既然阶级斗争不是贯穿人类社会全部的现象,那么就必然有一个结束期,李大钊指出,"阶级竞争也将与这资本家的生产方法同时告终"。[③] 在资本主义社会中,这种阶级之间的对抗表现为资本家对他人"余工余值"(即剩余价值)的掠夺。同时,这种对抗还存在着一种从自在到自觉的发展历程。李大钊指出,"但这两种阶级,最初不过对于他一阶级,可称一个阶级,实则阶级的本身还没有成个阶级,还没有阶级的自觉。后来属于一阶级的,知道他们对于别的阶级,到底是立于不相容的地位,阶级竞争是他们不能避的命运,就是有了阶级的自觉,阶级间就起了竞争"。[④] 很明显,李大钊所说的"自觉"是指工人阶级的"自觉",工人阶级从原先不知自己受掠夺的状态到逐渐觉醒,终于成为反抗资本主义社会的革命力量。

(四)评析唯物史观

李大钊研究马克思的唯物史观,不仅在于阐释与传播,也重视对之进行评论与辨析。一方面,他注意搜集时人对马克思唯物史观的负面评

①《李大钊全集》(三),第28页。
②《李大钊全集》(三),第30页。
③《李大钊全集》(三),第30页。
④《李大钊全集》(三),第30页。

价,并对之进行辨析,另一方面,他还通过自己的体会,对马克思唯物史观的优缺点进行评论。

从第一方面来说,李大钊指出"马氏学说受人非难的地方很多,这唯物史观与阶级竞争说的矛盾冲突,算是一个最重要的点。盖马氏一方既确认历史——马氏主张无变化即无历史——的原动为生产力;一方又说从来的历史都是阶级竞争的历史,就是说阶级竞争是历史的终极法则,造成历史的就是阶级竞争",①这里转述的是对马克思唯物史观最典型和最普遍的质疑论点,其认为马克思为历史的发展树立了两个"根本性"的终极动力——"生产力发展"和"阶级斗争",那么马克思究竟是将"阶级斗争"还是将"生产力发展"作为终极动力呢? 例如 Eugenio Rignano 质疑道:"既认各阶级间有为保其最大经济利益的竞争存在,因之经济现象亦自可以随这个或那个阶级的优越,在一方面或他一方面受些限制,又说经济的行程像那天体中行星的轨道一样的不变,从着他那不能免的进路前进,人类的什么影响都不能相加。那么那主要目的在变更经济行程的阶级竞争,因为没有什么可争,好久就不能存在了。在太阳常行的轨道上,有了一定的变更,一定可以贡献很大的经济利益于北方民族,而大不利于南方民族。但我想在历史纪录中,寻找一种族或一阶级的竞争,把改变太阳使他离了常轨作目的的,是一件无益的事。"②这种观点集中反映了非马克思主义者对马克思唯物史观的多重误解和歪曲。第一重误解在于将马克思所说的阶级斗争会"影响"经济发展当做了可以"决定"经济发展的进程。如按照这样理解,当然就会和马克思所说的生产力(或者说"经济")发展有其客观不变的规律相冲突了。但事实上,马克思的思想中,生产力的发展是最根本的规律,任何人不可能改变规律;阶级斗争也只是生产力发展规律的一种表现,在一定条件下,它可以对生产力发展规律有促进或者阻碍的反作用,但绝非决定性作用,况且阶级

①《李大钊全集》(三),第 30 页。
②《李大钊全集》(三),第 31 页。

斗争究竟是起促进作用还是起阻碍作用,仍然由其是否适应生产力发展规律决定的。第二重误解在于将自然规律和社会规律混同。马克思主义唯物史观认为,自然规律与社会规律都是客观存在的,不受人的主观意识所左右,所谓"经济的行程像那天体中行星的轨道一样的不变",指的正是社会规律与自然规律都具有客观性这一特点。但是并不能由此认为二者完全没有区别。二者最明显的区别就在于自然规律发挥作用背后没有目的和意图,而社会规律发挥作用则必须要依靠有目的有意图的人们之努力来达到。以此来衡量,则 Eugenio Rignano 所说的"那么那主要目的在变更经济行程的阶级竞争,因为没有什么可争,好久就不能存在了"之类的话就明显为错误。他所说的"阶级竞争"是人们为实现社会规律所进行的努力,绝非"没什么可争"。这种努力也并未违背社会规律自身发展的客观性,所以其目的不是要"变更经济行程"。Eugenio Rignano 还用太阳轨道变更可以给人们带来经济利益的例子来说明人们应该去改变太阳轨道,想用这种荒谬的结论来讽刺马克思主义的唯物史观,但这种讽刺却再次显示了 Eugenio Rignano 的误解,其表现就是将自然规律与社会规律不加区别地等同。由于自然规律背后并没有什么意志与意图,所以不管自然规律对人们有多大的利益,人们都不可能像对社会规律那样去作用于自然规律。李大钊对 Eugenio Rignano 的错误洞若观火,他为马克思辩解道,"这个明显的矛盾,在马氏学说中,也有自圆的说法。他说自从土地共有一制崩坏以来,经济的构造都建立在阶级对立之上。生产力一有变动。这社会关系也跟着变动。可是社会关系的变动,就有赖于当时在经济上占不利地位的阶级的活动。这样看来。马氏实把阶级的活动归在经济行程自然的变化以内"。[①] 李大钊在这里所说的"马氏实把阶级的活动归在经济行程自然的变化以内",讲清楚了阶级斗争对于社会规律("经济行程自然的变化")而言所具有的"有影响但非决定性"的地位。

---

① 《李大钊全集》(三),第 31 页。

还有人认为,资本主义社会劳工阶级联合起来反抗资本家并在一定程度上改变了当时压迫工人的法律进而改变了部分的社会经济结构,这是阶级斗争"居然能够屈服经济行程的趋势",或者说"法律现象变更了经济现象"。① 李大钊牢牢把握马克思唯物史观的基本原理,指出劳工阶级的各种活动乃至法律的变化,并未超出经济发展规律之外,"仍是在那可以容他发生的经济构造以上的现象,仍是随着经济的趋势走的,不是反着经济的趋势走的"。② 他认为,绝不能将经济发展规律看成是单一的发展轨迹,而要看其综合性的特征,在现代资本主义的发展规律中,"一方面劳工阶级的生活境遇日趋于困难;一方面益以促其阶级的自觉,益增其阶级活动的必要,益使其活动的效果足以自卫。这都是现在资本主义制下自然的趋势"。③ 李大钊这一论述深得马克思唯物史观真意,即任何社会尤其是阶级社会的发展,都包含有两方面的内容,一方面固然有压迫阶级不断加重压迫的趋势,但另一方面,被压迫阶级反抗的趋势也是同步增强的。这样看来,马克思时代乃至现代资本主义社会劳工阶级的反抗日益鼎盛并取得成功,这本身也是资本主义社会规律的题中应有之义,"与其说是团体行动或法律遏抑经济趋势的结果,毋宁说是经济本身变化的行程"。④

从第二方面来说,李大钊根据自己的体会,对马克思唯物史观优缺点进行评论,不但肯定马克思唯物史观的优点,也毫不避讳地对"终觉有些牵强矛盾的地方"⑤进行说明。

从优点来看,李大钊主要有两个极力肯定。一是阐述马克思唯物史观对社会科学的巨大贡献。李大钊明确指出:"他能造出一种有一定排列的组织,能把那从前各自发展不相为谋的三个学科,就是经济、法律、

---

① 《李大钊全集》(三),第 32 页。
② 《李大钊全集》(三),第 34 页。
③ 《李大钊全集》(三),第 34 页。
④ 《李大钊全集》(三),第 34 页。
⑤ 《李大钊全集》(三),第 31 页。

历史,联为一体,使他现在真值得起那社会学的名称。因为他发见那阶级竞争的根本法则,因为他指出那从前全被误解或蔑视的经济现象,在社会学的现象中是顶重要的;因为他把于决定法律现象有力的部分归于经济现象,因而知道用法律现象去决定经济现象是逆势的行为;因为他借助于这些根本的原则,努力以图说明过去、现在全体社会学上的现象。就是这个,已足以认他在人类思想有效果的概念中,占优尚的位置,于学术界思想界有相当的影响。小小的瑕疵,不能掩了他那莫大的功绩。"[1]二是推崇马克思唯物史观对于"劳工阶级"力量的凝聚。李大钊指出,虽然马克思唯物史观由于不被人理解,造成了许多"马克思派的社会党"完全不作为,只是"等着集产制自然成熟",[2]但是,马克思、恩格斯合著的《共产党宣言》却并不主张如此无所作为,而是大声疾呼,要求全世界劳工阶级联合起来去行动,才可能改变现状,推翻资本主义。这一点史无前例地重视了人民的力量,"大家才知道社会主义的实现,离开人民本身,是万万作不到的。这是马克思主义一个绝大的功绩。无论赞否马氏别的学说的人对于此点,都该首肯"。[3]

从缺点方面来看,李大钊主要指出了时代环境给予马克思唯物史观的局限。他先提出问题,"马氏的唯物史观,何以不产生于十八世纪以前,也不产生于今日,而独产生于马氏时代呢? 因为当时他的环境,有使他创立这种学说的必要和机会"。[4] 接着,他从人类历史发展来分析原因,认为 18 世纪以前的社会,由于经济大部分是自给自足,特别是南美土人,甚可以专靠"面包树""咖啡树"的自然馈赠生活,所以人类彼时完全没有经济竞争的条件,也没有那样的意识,基本上都认同社会政治和宗教的势力。但是,工业革命和资本主义的发展改变了这一切,"人类脱离自然而独立,达到自营自给的经济生活,社会情形为之一变,宗教政

---

① 《李大钊全集》(三),第 32 页。
② 《李大钊全集》(三),第 32 页。
③ 《李大钊全集》(三),第 32 页。
④ 《李大钊全集》(三),第 36 页。

治的势力全然扫地,经济势力异军特起支配当时的社会了。有了这种环境,才造成了马氏的唯物史观",①亦即马克思的唯物史观,特别是他认为经济基础决定上层建筑的观点,更多要运用于分析工业革命以来的现代社会。李大钊强调,"平心而论马氏的学说,实在是一个时代的产物;在马氏时代实在是一个最大的发见。我们现在固然不可拿这一个时代一种环境造成的学说,去解释一切历史"。② 必须指出,李大钊这里的解释比较谨慎,也抓住了重点,但由于太过于谨慎,恰恰显露出他自己不太彻底的唯物史观。虽然马克思的唯物史观诞生于工业革命之后的时代,但并不只适用于这一时代。马克思所发现的历史社会规律,是贯穿整个人类历史的规律。

五、社会哲学思想

作为马克思主义的信奉者,李大钊研究哲学与马克思的目标相同,即不满足于单纯"解释世界",而更注重"改造世界"。李大钊的这种关注以其对社会主义的思考为主要内容,形成深刻的社会哲学思想。

（一）社会主义的性质与内涵

马克思主张的社会主义究竟何种性质? 有何种内涵? 这是李大钊社会哲学研究的首要问题。关于马克思社会主义的性质,李大钊的诠释具有较高的站位和视野,如上所述,他是通过对比个人主义、人道主义和社会主义三种当时流行的经济学思想来展开的。通过对比,李大钊从总体上指出,社会主义的主张最科学,可以克服个人主义的弊端,也可包含人道主义的正确要求。

从对马克思主义社会主义理想的理解出发,李大钊对当时社会人们的普遍误解进行了说明,通过这种说明进一步阐明了社会主义的内涵。李大钊指出,"许多人所以深病'马克思主义'的原故,都因为他的学说全

---

① 《李大钊全集》（三）,第 35 页。
② 《李大钊全集》（三）,第 35 页。

把伦理的观念抹煞一切，他那阶级竞争说尤足以使人头痛"，①很明显，人们最大的误解在于认为社会主义不讲伦理，只讲阶级斗争。针对此观点，李大钊从三个方面进行辩解。一是分析指出社会主义是从功能角度来看待个人伦理道德，并非排斥个人伦理道德，"他不过认定单是全体分子最普通的伦理特质的平均所反映的道德态度，不能加影响于那经济上利害相同自觉的团体行动"，②也即社会主义之所以不太重视个人伦理道德问题，是因为单独个人伦理道德再好，无助于从根本解决源自经济结构不平等所造成的社会不平等。二是分析阐明社会主义亦有包含人道、互助的伦理观念。李大钊指出，"我们看在这建立于阶级对立的经济构造的社会，那社会主义伦理的观念，就是互助、博爱的理想，实在一天也没有消灭，只因有阶级竞争的经济现象，天天在那里破坏，所以总不能实现"。③ 这一段论述具有澄清误解的效果。仅从语句上看，"自由""人道""博爱"这些词汇的确受到马克思、恩格斯的大量批判，列宁指出，"马克思把他一生的很大一部分时间、很大一部分著作和很大一部分科学研究用来嘲笑自由、平等、多数人的意志，嘲笑把这一切说得天花乱坠的各种边沁分子，用来证明这些词句掩盖着被用来压迫劳动群众的商品所有者的自由、资本的自由"，④这就在很大程度上造成人们的误解，以为马克思社会主义是不讲自由、人道、博爱的。但实际上，马克思、恩格斯的批判只是针对这些词汇在当时所包含的资产阶级的虚伪性和欺骗性，并非是从根本上反对这些词汇的内涵，他们是在批判资本主义类似概念的虚假性基础上，指出共产主义的博爱的真实性，"径直是现实的和直接追求实效的"。⑤ 李大钊的论述则明确抓住了问题的本质，不是社会主义不讲"人道""博爱"，而是历史乃至现实的阶级社会中，这一切美好伦理都受

---

① 《李大钊全集》(三)，第 35 页。
② 《李大钊全集》(三)，第 35 页。
③ 《李大钊全集》(三)，第 35 页。
④ 《列宁选集》第三卷，北京：人民出版社 1995 年版，第 81 页。
⑤ 《马克思恩格斯文集》(第一卷)，北京：人民出版社 2009 年版，第 187 页。

制于阶级压迫和斗争的限制,无法真正实现。马克思的说法不过是揭露了这一真相,并在这种基础上阐述了只有通过社会主义才能真正实现"人道""博爱"这些美好伦理,"但这一段历史,马氏已把他划入人类历史的前史,断定他将与这最后的敌对形式的生产方法,并那最后的阶级竞争一齐告终。而马氏所理想的人类真正历史,也就从此开始。马氏所谓真正历史,就是互助的历史,没有阶级竞争的历史"。① 三是承认注重伦理的思想有助于完善马克思的社会主义。李大钊提到,"近来哲学上有一种新理想主义出现,可以修正马氏的唯物论,而救其偏蔽"。② 同时,现实中的社会主义者也都开始有这种注重伦理、注重人道的自觉倾向,"这也未必不是社会改造的曙光,人类真正历史的前兆"。③ 尤其是在将要实现却还未实现真正的社会主义的"过渡时代"中,"伦理的感化,人道的运动,应该倍加努力,以图划除人类在前史中所受的恶习染,所养的恶性质,不可单靠物质的变更。这是马氏学说应加救正的地方"。④ 严格地讲,如果考虑到当时社会主义的实践效果,李大钊提出要重视"伦理""人道"的精神方面的要求并不为过,当时各国的社会主义实践确实有偏重"经济改造""阶级斗争"而不太注重精神层面改造的问题。但是,如果这种建议是针对马克思社会主义理论本身而言,则存在认识偏差。李大钊指出,"我们主张以人道主义改造人类精神。同时以社会主义改造经济组织。不改造经济组织,单求改造人类精神,必致没有效果。不改造人类精神,单等改造经济组织,也怕不能成功。我们主张物心两面的改造,灵肉一致的改造",⑤这是他所提出的著名的"物心两面改造"理念,本身值得肯定。但他的论述在字里行间却透露出认为马克思社会主义本身不讲究"精神改造"的态度,这就颇待商榷,因为马克思社会主义理想注

① 《李大钊全集》(三),第35页。
② 《李大钊全集》(三),第35页。
③ 《李大钊全集》(三),第35页。
④ 《李大钊全集》(三),第35页。
⑤ 《李大钊全集》(三),第35页。

重提高精神境界,绝非不讲究"精神改造"。同时,这也与李大钊本人思想存在逻辑矛盾,他在分析"三种经济学"时,已经明确说过了"社会主义包含了人道主义"这一观点,此处却又认为社会主义缺乏"人道主义",逻辑上不能自洽。

(二) 社会主义的意义与实践可能

李大钊阐述马克思的社会主义不仅限于从理论上分析其性质与内涵,也注重分析其对改造社会可以发挥的作用和可以实践的方案。

首先,在李大钊看来,社会主义对于改造社会有两方面作用值得重视。一是凝聚社会共识。他指出,任何社会问题的彻底解决,必须依靠社会上多数人共同的活动,因此,如果想要从社会层面真正解决一个问题,就应该设法使这个问题成为社会上多数人共同的问题,这就需要理想或主义。李大钊指出,"要想使一个社会问题,成了社会上多数人共同的问题,应该使这社会上可以共同解决这个那个社会问题的多数人,先有一个共同趋向的理想、主义,作他们实验自己生活上满意不满意的尺度(即是一种工具)"。[1] 这里所说的找到那个"共同趋向的理想、主义",正是指将社会上多数人的思想意识凝结起来,成为社会共识。这种由众人所形成的社会共识,才可以成为众人衡量自己现实生活满意度的尺度。共识一旦形成,其影响力巨大,甚至可以超越时空而存在。从这个角度而言,社会主义正有这一功效。李大钊用 19 世纪影响较大的空想社会主义为例说明这一点,"Owen 派与 Fourier 派在美洲的运动,虽然因为离开了多数人民去传播他们的理想,就像在那没有深厚土壤的地方撒布种子的一样,归于失败了,……在人都把他们忘了。可是社会主义的精神,永远存留在国民生命之中"。[2] 严格地讲,李大钊在这里列举的欧文、傅里叶等的空想社会主义思想在科学性质上与马克思的社会主义思想有根本差别,但是从凝聚社会共识角度而言,二者是可以类比的。空

---

[1]《李大钊全集》(三),第 1 页。
[2]《李大钊全集》(三),第 2 页。

想社会主义者们在现实中的努力归于失败,但其在社会上凝聚的共识却永存并真正对后世产生了巨大影响,一定程度上,他们也深刻地影响了马克思。二是为社会问题提供根本性的解决方案。李大钊认为,只有大多数人对于要解决的问题达成充分的共识,以这种共识来衡量问题,这些问题才有根本性的解决可能。否则,研究问题的人只注意一个一个具体的问题,但是每一个问题却无法和大多数人产生实质联系,大多数人就无法关心他所说的问题,"那个社会问题,是仍然永没有解决的希望;那个社会问题的研究,也仍然是不能影响于实际"。① 李大钊运用马克思唯物史观指出解决问题的根本途径,"依马克思的唯物史观,社会上法律、政治、伦理等精神的构造,都是表面的构造。他的下面,有经济的构造作他们一切的基础。经济组织一有变动,他们都跟着变动。换一句话说,就是经济问题的解决,是根本解决。经济问题一旦解决,什么政治问题、法律问题、家族制度问题、女子解放问题、工人解放问题,都可以解决"。② 在此基础上,李大钊也讨论了其中潜存的弊端,这就是许多人在信服了"根本解决"的道理之后,就藉此不再作主观努力,专门在原地等着社会主义来自动解决问题。结合当时世界各国社会主义运动现状来看,这一问题确实不容等闲视之,李大钊指出,"有许多马克思派的社会主义者,很吃了这个观念的亏,天下(天)只是在群家(众)里传布那集产制必然的降临的福音,结果除去等着集产制必然的成熟以外,一点的预备也没有作,这实在是现在各国社会党遭了很大危机的主要原因"。③ 因此,李大钊也从马克思主义哲学注重客观规律与主观能动性的统一关系出发,提出了解决方案,"我们应该承认:遇着时机,因着情形,或须取一个根本解决的方法。而在根本解决以前,还须有相当的准备活动才是"。④ 即使社会主义提供"根本解决"方案,仍然需要人们付出艰苦努力

---

① 《李大钊全集》(三),第1页。
② 《李大钊全集》(三),第7页。
③ 《李大钊全集》(三),第7页。
④ 《李大钊全集》(三),第7页。

与准备,反映了李大钊对马克思主义社会主义本质的深刻认知。

其次,李大钊论述了社会主义推动"社会改造"的实践可能性。一方面他指出这是所有科学的"主义"都必然具备的特性,"大凡一个主义,都有理想与实用两面",①即使是一些被人们高谈阔论的理想,只要信奉者们不是仅仅把它当做空谈,而是能够将其找一个地方进行实验,都一定能够对于整个的人类社会产生价值,发生一些效用。因此,"不论高揭什么主义,只要你肯竭力向实际运动的方面努力去作,都是对的,都是有效果的"。② 可见问题不在于"主义"该不该谈,而是以怎样的方式去谈,去努力。另一方面,李大钊也具体针对社会主义者提出了可行性要求。③社会主义所包含的核心精神,可与各种不同类型人群结合,适应不同的环境变化,形成不同的实际行动,因此,"一个社会主义者,为使他的主义在世界上发生一些影响,必须要研究怎么可以把他的理想尽量应用于环绕着他的实境"。④ 在此处,李大钊已然明确了要将社会主义理论与不同的环境相结合,形成适合自己需要、独具特色的社会主义的道理。

再次,李大钊敏锐地发现,这些人反对马克思主义的理由,就是认为马克思主义过于"空谈"、不切实际,他对这种观点进行了驳斥。从根本上讲,李大钊认为究竟是否"空谈",不是取决于"主义"本身,而是取决于去推行"主义"的人。通过前文论述,可以发现社会主义本身当然具有适应社会现实的可能性,但是却被一些"专事空谈"者利用,这才变成了"空"的东西。所以,质疑社会主义的胡适等人所担心的"危险"就并没有那么可怕,"只怕不是主义的本身带来的,是空谈他的人给他的"。⑤ 为什么社会主义会被空谈者利用呢? 李大钊分析了其中存在的所谓"招牌"问题。就像一般做生意的人一样,"既然带着招牌的性质,就难免招假冒

①《李大钊全集》(三),第 3 页。
②《李大钊全集》(三),第 3 页。
③《李大钊全集》(三),第 3 页。
④《李大钊全集》(三),第 3 页。
⑤《李大钊全集》(三),第 3 页。

牌号的危险。王麻子的刀剪得了群众的赞许,就有旺麻子等来混他的招牌;王正大的茶叶得了群众的照顾,就有汪正大等来混他的招牌"。① 以此类推,社会主义在当时已然远近知名,当然就会被一些投机分子利用,因此给真实的社会主义传播造成了巨大障碍,并且牵连到真正的社会主义一并遭受批评打击。李大钊认为,在这种状况下,我们所需要的是分辨真假,去伪存真。

综上所述,李大钊一生虽然短暂,却拥有丰富精深的思想与波澜壮阔的人生。由于生命之短暂与时局之紧张,李大钊的许多思想观点还未能充分展开,但他已有的思想成果对于后人在创造性转化传统哲学思想、激发人生奋斗精神、深入理解唯物史观和社会主义内涵等方面,都具有长远的启发意义。

第二节 李达对马克思主义的深入研究与全面阐述

一、生平著述

李达(1890—1966)。中国哲学家,马克思主义传播的先驱者。号鹤鸣,湖南零陵(今永州)人。1913 年留学日本。在国内出版译著,介绍马克思主义。1920 年与陈独秀共同发起成立上海的中国共产党早期组织,主编《共产党》月刊。建党前夕,发表文章,批判反马克思主义思潮,较准确地阐明了无产阶级专政等一系列重大问题。1921 年出席中国共产党第一次全国代表大会,被选为中央局委员,任宣传部主任。后任湖南自修大学学长,主编《新时代》杂志。1923 年与陈独秀在国共合作的方针上激烈争论,随后离开党组织。北伐战争时任国民革命军总政治部编审委员会主席等职,并出版《现代社会学》一书。大革命失败后,在白区长期担任大学教授,坚持宣传、研究马克思主义。1949 年 12 月重新加入中国共产党。历任湖南大学校长、武汉大学校长。中国科学院哲学社会科学

---

① 《李大钊全集》(三),第 3 页。

部委员。首届中国哲学学会会长。第一至三届全国人大代表、第三届全国人大常委会委员。在马克思主义哲学理论研究、马克思主义哲学中国化和宣传毛泽东的哲学思想方面,作出了卓越贡献。在经济学、货币学、法学、史学理论等领域中也做了重要的开拓性工作。著有《社会学大纲》《〈实践论〉解说》《〈矛盾论〉解说》,主编《唯物辩证法大纲》等。其重要论著编入《李达文集》。①

二、《现代社会学》对唯物史观的系统表达

中国早期马克思主义者大都具有非常紧迫的救国救民的现实关切,正因此,他们基本上甚至根本上不关注马克思主义的辩证唯物主义宇宙观、认识论和方法论,而特别究心于有关社会发展规律及其实现手段的理论,这也就是马克思主义的唯物史观、政治经济学和科学社会主义。作为中国早期马克思主义者在理论领域的代表人物,李达于 1926 年 6 月出版的《现代社会学》一书就十分鲜明地表现出上述特点,观其序言可以为证,其曰:

> 马克思固未尝著述社会学,亦未尝以社会学者自称,然其所创之唯物史观学说,其在社会学上之价值,实可谓空前绝后。彼不仅发现社会组织之核心,且能明示社会进化之方向,提供社会改造之方针,其贡献之功实有不可磨灭者。细察现代社会学之趋势,实已由唯物论而进至唯心论,盖采取所谓社会心理学之方向者也。反因为果,倒果为因,推其极致,殆将愈使社会学趋于空化灵化而愈无补于国计民生也。予为此惧,特采唯物史观学说为根据,编著此书,虽取材不宏、择焉不精之弊殆所不免,然对于斯学之体系,自信已略具规模,学者苟循此以求之,必了然于国计民生之根本,洞悉其症结之所在,更进而改造之不难也。②

---

① 引自《辞海(第 7 版)》,上海:上海辞书出版社 2020 年版,第 2571 页。
② 《李达文集》第 1 卷,北京:人民出版社 1988 年版,第 237 页。

此所谓"社会组织之核心"当指生产力与生产关系、经济基础与上层建筑，所谓"社会进化之方向"则当指依次递进的原始、奴隶、封建、资本主义和社会主义五种社会形态，所谓"社会改造之方针"不外乎阶级斗争、无产阶级专政学说，这些都是唯物史观和科学社会主义之要义，李达"特采"这些内容编著成书，目的就在于有补于国计民生，"改造"当时积贫积弱的中国社会。

在以下各章节中，李达分别论述了社会的构造、社会的意识、社会的形成、社会的演进、社会的前途及其实现方式以及中国社会运动的特点和途径等问题。

（一）社会的构造

关于社会的构造，亦即一切社会共同具有的基本构件及其结构关系，李达紧扣经济基础与上层建筑、生产力与生产关系两对范畴加以阐明，他说：

> 物质关系即经济关系，精神关系即政治、法律、科学、艺术、道德、宗教、哲学等关系。此等根本关系之错综复合，构成社会生活之全部。故社会如建筑物然，此等关系皆为建筑社会之材料。就其本末轻重言，则经济关系为构成社会之基础，政治、法律、科学、艺术、道德、宗教、哲学等为社会之上层建筑。①

这里说明了物质的经济关系为社会的基础构件，而制度的、观念的精神关系则构成为立于基础之上的社会上层建筑；经济关系为本，精神关系为末。那么为什么经济关系可以成为社会之本呢？李达解释说：

> 盖人之生存及活动，以一定物质之存在为前提，为条件，故人于营政治、法律、科学、艺术、道德、宗教、哲学等生活之前，必先获得衣食住之物质资料。且人之生存，不仅衣食住为必要，即在从事精神活动时，亦必需种种物质条件之充实。故经济之为社会基础，其理

---

① 《李达文集》第1卷，第244—245页。

至浅,无俟多赘。①

作为社会基础的经济关系还可以进一步厘定或分析为生产关系和生产力两个方面,一方面,"经济关系即生产关系。吾人欲取得生活资料必从事生产,生产须就自然物加工,又必须互相工作,故各个人必依一定之方法,被分配于劳动历程中,使用一定之劳动器具,共同操作,并互相交换其劳动。因此,各个人遂互相联络而发生一定之关系。惟其有此联络与关系,然后生产物始能完成,始能借交通机关分配于社会,供给社会消费。故生产关系实包含交通交换分配等一切经济关系";②另一方面,生产关系赖以成立的根本在于生产力,若无生产力当然也就不会有任何生产关系存在,"生产关系之成立,必与社会的生产力(以下仅云生产力)相适应。两者互有密切之关系,如气候之于吾人体温者然。生产关系与生产力相适应,则生产力能在生产关系中发展,倘生产力继续发展至一定程度以上,而生产关系阻碍其发展时,当时之生产关系势必改造,生产力始有发展之余地。故两者之关系可分为两种形态:其一为两者互相调和之系统,其二为两者不相调和之形态。两者互相调和,则社会之基础安定;两者不相调和,则社会之基础动摇"。③ 由此可见,生产力更是社会基础之基础,"一旦获得新生产力,则必改造生产关系。生产关系改造,即社会基础之改造,则社会之全部建筑随而根本改造"。④ 当然,社会的上层建筑也并不是完全消极被动的,"社会之政治的、法律的上层建筑及其意识形态,皆依据经济关系而成立,复有维持经济关系之作用",⑤"上层建筑又能影响于生产力与生产关系,此不可不知也";⑥只不过"唯吾人应当注意者,社会之构造,恒受生产力之状态所规定,而其形式之变化,

---

① 《李达文集》第1卷,第245页。
② 《李达文集》第1卷,第245页。
③ 《李达文集》第1卷,第245—246页。
④ 《李达文集》第1卷,第246页。
⑤ 《李达文集》第1卷,第246页。
⑥ 《李达文集》第1卷,第249页。

又受生产力之变化所规定,故上层建筑仅能成为经济之量的变化之动因,而不能成为经济之质的变化之动因"。[1]　这种将无限纷繁复杂的社会组织归纳为生产力与生产关系、经济基础与上层建筑两对范畴,以经济基础决定上层建筑、复以生产力决定作为经济基础之表现的生产关系,同时肯定上层建筑对经济基础的反作用的观点,正是唯物史观的精髓。而对生产力与生产关系矛盾运动的揭示,则在静态的社会构造的说明中指点出动态的社会演进的根由。

（二）社会的意识

关于社会的意识,也就是与社会的物质或经济关系相对的社会的精神关系之总体,其地位和作用与上文说明的政治、法律等上层建筑或意识形态的各种特殊形态具有一致性。[2]　李达说:

> 各个人因谋取得生存资料,不能不与他人发生经济关系,与他人发生经济关系之时,同时不得不发生一种相应之意识活动。各种经济关系之错综复合,构成社会之基础;各种意识活动之错综复合,构成社会意识。个人生而不能不加入社会,则同时即不能不服从社会意识之支配。故欲维持社会之存在,必先维持此种经济关系之存在,社会意识苟能维持经济关系之存在,则此社会意识必与此经济关系相适合,始能发生维持社会之作用,始能成为社会意识。[3]

这即是说,社会意识发生于经济基础,适合于经济基础,并且维护经济基础。李达进而指出了社会意识在阶级社会中的吊诡性,即社会意识并不是整个社会的意识,而只是统治阶级的意识,是强制被统治阶级接受的意识,他反复说:

> 自私有制度发生,社会裂成阶级以后,已无能代表全社会人员

---

[1]《李达文集》第1卷,第249页。
[2] 李达在下文中正是以法律、宗教、道德以及习惯、舆论等等作为社会意识的例证。见《李达文集》第1卷,第289—291页。
[3]《李达文集》第1卷,第288页。

之社会意识，所有者唯阶级意识耳。农奴阶级之意识与贵族阶级之意识殊乏共通之点，封建社会赖以维持于不敝者，贵族阶级之意识而已。劳动阶级之意识与资本阶级之意识亦然。资本社会所赖以维持于不敝者，资本阶级之意识而已。然吾人决不能即谓农奴与贵族、劳动者与资本家两两之间有何种共通之意识内容也。其所以如此者，实因奴隶欲度其奴隶之生活，不能不听命于主人；劳动者欲度其劳动者之生活，不能不听命于资本家，此其中实含有一种强制作用，决非出于自动。①

社会裂成阶级以后，则惟有经济上强有力阶级之要求包含于社会意识之中，他阶级之要求概受社会意识之压迫。②

故阶级的社会中之社会意识，实则为特殊阶级之意识。特殊阶级利用优越势力，以自己阶级之意识演成社会意识，直接维持于本阶级有利之社会组织，间接维持本阶级优越势力继续存在，此考之社会之历史而可知者也。封建社会为封建贵族阶级与农民奴隶阶级对立之社会，其社会意识即为封建贵族阶级之意识。资本社会为资本阶级与劳动阶级对立之社会，其社会意识即为资本阶级之意识。③

这显然是对马克思、恩格斯在《德意志意识形态》一书中所作的"统治阶级的思想在每一时代都是占统治地位的思想"这一历史唯物主义经典论断的阐发。④ 当然，社会意识也并不是永恒不变的，"社会意识既适

---

① 《李达文集》第 1 卷，第 289 页。
② 《李达文集》第 1 卷，第 291 页。
③ 《李达文集》第 1 卷，第 292 页。
④ 见《马克思恩格斯选集》（第 1 卷），北京：人民出版社 1972 年版，第 52 页。马恩这段论述的全文为："统治阶级的思想在每一时代都是占统治地位的思想。这就是说，一个阶级是社会上占统治地位的物质力量，同时也是社会上占统治地位的精神力量。支配着物质生产资料的阶级，同时也支配着精神生产的资料，因此，那些没有精神生产资料的人的思想，一般地是受统治阶级支配的。占统治地位的思想不过是占统治地位的物质关系在观念上的表现，不过是以思想的形式表现出来的占统治地位的物质关系；因而，这就是那些使某一个阶级成为统治阶级的各种关系的表现，因而这也就是这个阶级的统治的思想。"

应于经济组织而成立,亦必随经济组织而变革",[①]"苟经济组织一旦发生变化,社会意识之作用亦有时而穷,其内容亦不能不随而发生变化者",[②]"经济组织安定,则社会意识得以完全发挥其支配社会人心之作用;经济组织动摇,则社会意识之内容逐渐发生变化,终至化成性质相反之新社会意识"。[③] 无论是社会意识在阶级社会中只是统治阶级的意识,或是社会意识随着经济组织的变革而转化,总之社会意识发生并且适应于经济基础则是确定无疑的。发生并适应于经济基础的社会意识,与生产力和生产关系构成的经济基础,以及建立在经济基础之上的上层建筑,是为一切时代一切无限纷繁复杂的社会的基本构件,这些基本构件的矛盾作用,就导致了社会的动态发展。

（三）社会的形成

关于社会的形成,李达说:

> 社会非由契约而成,非由心性相感作用而起,亦非如有机体之受自然法则所支配,乃由加入生产关系中之各个人结合而成。……
>
> ……故人生而欲获得生活资料,势不能不参加社会的生产,互相为而工作,因而结成社会。
>
> ……
>
> 是故人类为生活计,不能不取得生活资料。欲获得生活资料,斯不能不参加社会的生产,纯出于生活之驱策,与本人之意志无关。人既受生活之驱策,加入社会的生产,共同生产生活资料,则在此生产历程中,必不能不共同劳动或互相工作,而直接间接发生种种生产关系。此等生产关系之错综复合,形成社会之经济的构造。加入此等生产关系中之一切个人遂构成一社会。
>
> ……总括以上所述,吾人可得一社会之简括的定义于下:

---

① 《李达文集》第 1 卷,第 293 页。
② 《李达文集》第 1 卷,第 291 页。
③ 《李达文集》第 1 卷,第 291 页。

各个人为谋满足欲望而加入生产关系之结合,谓之社会。①

这就将无限纷繁复杂的人类社会的形成原因归于人们为着获取生活资料而结成的生产关系,李达反复申明这一观点,如谓"社会者,各个人为满足经济欲望而直接间接加入生产关系之结合也",②"社会者,人类为满足欲望而直接间接加入生产关系之结合也"。③ 更进一步说,在发生的意义上,"人惟知制造器具,故能脱出动物界,以建设其自身之新世界。此新世界为人类社会独有之领域,非动物所可比伦,人类之发达进化,虽谓托始于此焉可也",④乃以制造器具亦即发展生产力作为人类社会形成的始因。如此将社会的发生和形成归因于生产力与生产关系,当然也是唯物史观的基本观点。

(四) 社会的演进

关于社会的演进,李达指出:"人类于天赋器官之外,更有无限之人工器械,故各个体所能优为之事无限,各个体间所能行之分业亦无限。惟其如此,人类之分业乃愈有进步。分业愈进步,则为求觅衣食及维持生活方法所使用之器具愈增加,必要之器具愈增加,则各个人所使用之器具愈不能独立。故社会对于自然界之力量愈增大,而个人离社会后之能力愈减少,愈不能不倚赖于社会。于是组成社会之各个人互相为而工作,而社会遂愈有进步。"⑤他又说:"人惟能制造器具,改造器具,选择器具,始能善于应付环境,而增加其思考力。因思考力之增加,而器具愈亦发明,愈亦改善,社会亦随而愈益进步。"⑥凡此所谓发明器具、制造器具、增加器具、改善器具、选择器具等等,也就是生产力的发展,李达说:"劳动手段云者,即广义之器具之谓。……劳动手段与分工相须并进,而各

①《李达文集》第1卷,第241—243页。
②《李达文集》第1卷,第288页。
③《李达文集》第1卷,第322页。
④《李达文集》第1卷,第252页。
⑤《李达文集》第1卷,第254页。
⑥《李达文集》第1卷,第257页。

个人之劳动遂生无数之差异，生产力遂因而发达。此器具能增高生产力之原因也。"①因此，社会演进的一般动因主要地便可归结为生产力。②

社会演进的具体形态有原始社会、奴隶社会、封建社会、资本主义社会、社会主义社会五种(若加上理想的未来共产主义社会则为六种)。李达说：

> 概自古代公有土地制度崩坏以来，古代无阶级之社会一变而为有阶级之社会，所谓自由民与奴隶，贵族与平民之阶级社会是也。自由民或贵族之阶级，利用其经济上之优越势力，掌握政治上之权势，树立奴隶经济，以剥削奴隶或平民之阶级，而初期封建社会以成，此社会第一次大革命也。初期封建社会小土地私有制度崩坏以后，而大土地私有制度成立，大地主贵族之封建阶级，利用其经济上之优越势力，取得政治上之权势，树立农奴经济，以剥削工商农奴之阶级，而高级封建社会以成，此社会第二次大革命也。农奴解放，新式大规模工商业发达以后，新兴资本阶级利用其经济上之优越势力，推翻封建阶级，掌握政治上之权势，树立工银奴隶经济，以剥削工农无产阶级，而资本主义社会以成，此社会第三次大革命也。资本主义发展过度之结果，社会裂成有产及无产两大阶级，形成最后之阶级对抗，无产阶级利用其生产上之优越势力，企图推翻有产阶级，树立社会主义经济，以期实现无产阶级之社会，此社会第四次大革命也。③

此所谓"古代无阶级之社会"即原始社会，"初期封建社会"即奴隶社会，"高级封建社会"即通常所谓封建社会，资本主义社会无异词，"无产阶级社会"即社会主义社会，由此而五种社会形态厘然可见。李达还曾说"社会之形式，就生产技术进步之程序言，可别为原始社会，初期封建

---

① 《李达文集》第 1 卷，第 261 页。
② 李达还以人群之战争、交换范围之扩大作为社会发达的原因，但这些原因当属生产力所派生的次要原因。参见《李达文集》第 1 卷，第 263—266 页。
③ 《李达文集》第 1 卷，第 267—268 页。李达在"初期封建社会"一词之下加注曰"即指奴隶社会。下同"。

社会,高级封建社会,资本主义社会,社会主义社会,共产主义社会六种范畴",①这是将理想社会形态纳入社会演进的序列之中了。在社会形态演进的脉络中,李达还展开论述了家族、氏族、宗族、种族、国家等社会组织的源流及其性质,涉及婚制、世系、血统、称谓、图腾、财产、继承、阶级等诸多社会历史现象。② 无论是社会形态的演进,还是在社会形态演进过程中兴替的种种社会组织和现象,其所有原因归根到底仍然在于社会经济基础。李达多处申说道:

> 社会之所以变革,由于社会组织阻碍生产力之发达。方生产力发展至于一定程度时,遂与从来所借以活动之现存生产关系,或仅表现于法律上之财产关系发生冲突。此等生产关系或财产关系,向之助长生产力发达者,今则转变而阻碍生产力之发达矣,于是社会革命之时代以至。故社会之变革,仅能由当时社会之物质的变革加以判断,而不能以当时之社会意识判断之。③

> 家族制度由杂婚以进至偶婚,其原动力为血族禁婚,盖经历自然变迁而来;至由偶婚而进至所谓一夫一妻之文明婚制,则另有一种新原动力在,即财产是也。社会自有财产,始发生个人私产制度,同时偶婚亦一变而为一夫一妻制,遂逐渐进至文明时代。故欲说明由偶婚进至一夫一妻制之变迁,宜先说明财产之由来。④

> 牧畜农耕及家内手工业相继发明,生产增加,人类之劳动力渐有余裕,各个人一日所分担之劳动量遂以增高,于是发生新劳动力之需要。供给此项新劳动力者厥为战争,战争所获之俘虏遂成为生产之奴隶。劳动之生产率增高,财富之分量增加,生产之范围扩大,而奴隶制度之发生遂成为历史的条件。⑤

---

① 《李达文集》第 1 卷,第 322 页。
② 参见《李达文集》第 1 卷,第 295—342 页。
③ 《李达文集》第 1 卷,第 269 页。
④ 《李达文集》第 1 卷,第 302 页。
⑤ 《李达文集》第 1 卷,第 311 页。

是故阶级由历史的特定原因而生,而此特定原因存于经济的构造,实与生产历程之种类与生产物分配之种类有直接关系。而决定阶级关系者实生产力也。[1]

盖国家之成立,以阶级之对抗为前提;而阶级之发生,又以经济的进化为前提。[2]

李达总括社会进化的原理说:

综观人类之历史,各时代有各时代之政教风俗及思想,各时代有各时代之经济制度及特殊之社会与国家形式,又各有其接触战争及迁徙之事变,人类此种纷纠错杂之思想及行为果何自而来乎? 换言之,此种精神的社会的现象内容及形式之变化,果何自而来乎? 此其中盖有一种原动力在也。人类感觉思想及意识之所以发生变化,社会制度及社会冲突之所以异其形式者,皆此原动力之作用也。此原动力非由思想观念理性和精神而生,乃由物质生活关系发出者也。人为社会的动物,借自然环境及自身肉体的精神的助力,经营其物质生活,提供其生活资料,又生产生活必须之财物而交换之,此即物质的生活关系也。物质生活之一切范畴中,最重要者为生产生活必需之资料,而此生活必需资料之生产,恒由生产力决定之。故社会进化之原动力即此生产力是也。

各个人利用自然环境所供给之材料,以生产种种物财,而发生种种相互之关系;同时反射生产力于精神之上,创造一定之社会的政治的法律的制度及宗教伦理哲学之体系。故人类从事生产的劳动时,即造出一定之社会形态及国家哲学与科学。物质的生产关系构成社会之基础,与此基础相适应之精神文化之体系,构成社会之上层建筑。而此上层建筑又有维持其基础之力,并促进其发展。故

---

[1]《李达文集》第1卷,第315页。
[2]《李达文集》第1卷,第330页。

基础为物质的,上层建筑为其精神上之反映,又为精神之结果。①

至此,李达便将无限纷繁复杂的社会演进过程的根本原因归于生产力,确立了唯物史观在人类社会历史中的基础地位。在此基础上,李达进一步阐述了社会演进得以实现的另一种必要动因,此即阶级斗争。他说:

> 生产力之发达为撼动生产关系之根本条件,同时阶级斗争又为变革社会之唯一动力,自古代社会土地共有制度崩坏以来,一切过去社会之经济的构造,悉建筑于阶级对立之上。阶级云者,即经济上利害相反之经济的阶级之谓,如握有土地或资本等生产手段者与一无所有者,如经济上压迫他人、掠夺他人者与被他人所压迫、所掠夺者是也。阶级对立之形式虽因时代而有不同,而社会之经济的构造既建筑于阶级对立之上,则谓一切过去之历史为阶级斗争之历史亦无不可也。

> 社会组织随生产力变动。而一切社会组织,概由其社会中之各个人相依相集而构成之,维持之,故社会组织虽随生产力变动,然欲谋社会组织之改造,则非假手于现社会内之多数人不可。故一定之社会组织变革时,必有一群之主动者担当改革之事业,从事一定之运动;而此运动之中心势力,又必为现社会组织下处于不利益地位之阶级。现社会组织下处于不利益地位之阶级,其主张改造现社会也,乃人情之所当然。然同时现社会组织下处于优良地位之阶级,除少数有志者外,其反对改造现社会也,亦人情之所当然。于是乎社会组织之改造,不能不借阶级斗争之形式以行之。此人类无对立斯无进步一语,所以成为支配过去文明社会之法则,而现存之生产力亦即所以借阶级对立之基础发达而来也。②

---

① 《李达文集》第1卷,第343—344页。
② 《李达文集》第1卷,第276—277页。在1928年修订版中,李达删除了"同时阶级斗争又为变革社会之唯一动力"一语中的"唯一"二字。

李达又说：

> 社会之革命的进化，依据二种现象而成。其一为物质的现象，由生产力之发达而成；其二为精神的现象，系受前者之影响，由社会的阶级斗争而成，两者同出一源，而其任务则分途并进。盖生产力发达，则社会物质的基础势必发生变化，旧生产关系不能增进生产之利益，而成为生产力发达之障碍。政治法制等上层建筑，已不适合于经济的基础，于是生产力与生产关系遂至互相冲突，同时经济上被压迫之阶级亦与经济上占势力之阶级，发生阶级的利害之争斗。此时生产关系苟不改造，则生产力不能继续发达，社会即无进化。而改造此生产关系之人工的发动力则为阶级斗争。阶级斗争之结果，社会之物质的基础改造，因而政治法制等上层建筑亦适应此基础而改造，如此产生之新社会遂超出旧社会之上，是谓社会之进化。[①]

一言以蔽之，即是说，生产力与生产关系的矛盾运动，在原始共产社会解体之后的阶级社会中自然且必然具体表现为阶级斗争，"阶级的政治的斗争之极致，社会非至于根本改造不止也"。[②] 在宽泛的意义上，人类历史上发生的阶级斗争主要有新兴奴隶主阶级与原始社会长老的斗争、奴隶阶级和新兴封建阶级与奴隶主阶级的斗争、农奴阶级和新兴资产阶级与封建阶级的斗争以及无产阶级与资产阶级的斗争，[③]李达的关注点实际上在于最后这一场阶级斗争，由此展开了他对于社会的前途及其实现方式的论述。

（五）社会的前途及其实现方式

李达说："资本主义社会革命，实由于封建社会组织阻碍新生产力之发达而起，故资本阶级企图政治革命，掌握国家权力，促进经济革命，以完成社会革命，确立资本主义之社会组织。虽然，资本主义社会组织确

---

① 《李达文集》第 1 卷，第 344 页。
② 《李达文集》第 1 卷，第 280 页。
③ 参见《李达文集》第 1 卷，第 267—268、313、337—340、373 页。

立不过百年,复自陷于崩坏之命运,而生产力与社会组织之冲突又再演于今日矣。"①他剖析了资本主义条件下生产的社会化与生产资料及产品的私有性、各个企业生产的有组织性与全社会生产的无政府状态、贫富两极加剧分化以及两极大小规模的极度反比例发展、因生产过剩导致经济危机周期性爆发、争夺市场的国际冲突和战争连绵不断、垄断资本取代自由竞争等诸多膏肓痼疾,②从而说明"现代资本社会中,日增进步之生产力,已为现代生产关系阻碍而不能充分发展。现代生产关系苟不改造,则社会进步停滞,非举全世界最大多数人陷于奴隶境遇而不止。夫生产力犹电气力也,暴风烈雨中之电气力则有破坏之性质,发电机中之电气力则有无穷之妙用。生产力犹火力也,大火灾中之火力则于人为有害,蒸汽锅下之火力则于人为有利。故生产力置之资本社会之生产关系中则受阻碍不克发展,遂化为食人之恶魔;若置之合理之生产关系中,则遂其畅发之性,即成为顺从人类之忠仆。然则改变生产关系以发展生产力,实社会进化所必经之程序,亦即现代社会革命之所由来也"。③

李达指出,现代社会革命的前途是"无产阶级终至于推翻资本阶级,掌握国家权力,将一切生产手段收归国有。此时之国家为大多数无产阶级之国家,为促成真正全民政治之国家,为社会主义国家,与历史上之国家,性质大异,要不外于统治形式中实现社会主义,而剥削的支配则已归于消灭矣。此时无产阶级亦失其所以为无产阶级。阶级及阶级对立既归消灭,则国家亦失其所以为国家。以前阶级对立之社会需要国家,阶级对立消灭,则国家亦归于无用,故国家自归于消灭,代之而起者惟有共同幸福之社会而已",④"最大多数之无产阶级终必至推倒最少数之资本阶级,建设社会主义之经济组织,同时成立社会主义之社会意识,而阶级亦化归乌有"。⑤

---

① 《李达文集》第 1 卷,第 272 页。
② 参见《李达文集》第 1 卷,第 272—276、345 页。
③ 《李达文集》第 1 卷,第 276 页。
④ 《李达文集》第 1 卷,第 342 页。
⑤ 《李达文集》第 1 卷,第 294 页。

至于实现现代社会革命的方式,李达指出有阶级斗争、劳工专政(或劳动阶级专政,即无产阶级专政)等手段以及共产主义过渡期、半熟期、完成期等阶段。① 他还特别强调了现代社会革命的条件问题,他不厌其详地说:

> 一种社会组织,非至一切生产力在其组织内绝无发展余地以后,决不颠覆;而新而较高之生产关系,当其物质的存在条件未于旧社会胎内孕成以前,亦不实现。……

> ……社会组织与生产力发展之程度相适应,生产力发展则社会组织亦随而变动。然而生产力在旧社会组织内,若未发展至于一定程度以上,则旧社会组织决不灭亡,新社会组织决不实现。例如共产主义经济组织以充分发展生产力为前提。苟一定社会之生产力若果能充分发展而超过吾人之想象以上,则社会组织自然进于共产主义,苟其生产力之发展未臻此境,则人类无论如何提倡共产主义,而共产主义决不实现。由此观之,可知能使社会组织发生变动者实生产力发展之物质的技术的原因,非人类之意志所能左右也。

> 假如一定社会组织内之生产力尚有发展之余地,而人类必欲以一己意志企图颠覆,则生产力不但不能增进,反有衰减之虞。盖生产力之继续发展为社会进步之主要条件,苟时机未至,遽欲谋社会组织之改造,适足以促该社会之退步。譬之现代资本主义社会组织,弊害固多,但生产力在其组织内如有发展之余地,则吾人无论如何努力欲企图颠覆资本主义,亦终于无成效而止。至于资本主义社会内生产力发展之极限若何,此则非吾人之智识所能精确豫断。但就过去社会观察之结果,社会变革之迟早,恒视该时期内生产力之消长如何以为断。苟生产力尚能继续发展,即为该社会尚能维持之明证;苟其生产力久在停滞之状态,即为该社会已无进步之明证。惟就今日而论,今日之资本社会果达于已无进步之境与否,甚难言也。……

> 故物质条件苟不具备,遽欲企图社会之变革,即幸而不至于失败,而

---

① 参见《李达文集》第 1 卷,第 372—375、380—382、383—387 页。

其结果亦仅能成就政治革命而止耳。被治阶级纵能一举而夺取政权,取旧支配者而代之,而于社会之经济组织,终不能完全改造。何则? 物质条件不具备,经济组织非权力者之意志所能一蹴而几也。……

工钱劳动制度,即资本社会之奴隶制度也。工业后进国之无产阶级,欲图社会革命,以废除工钱劳动制度,即幸而成功,亦仅至政治革命而止,无产阶级虽能代资本阶级起而执政,而其所施行之经济政策,仍不能超出资本主义范围。所不同者,资本略受限制,劳动者之生活可得保证,较胜于资本阶级国家中劳动者受资本家过度剥削而已。苟时机未至,而遽欲强制的实行共产主义,则生产力必骤见衰减。社会革命本在于促进生产力之发展,今乃促使生产力之衰减,行见社会亦归于退化也。何也? 物质条件未备,生产力在旧社会内尚有充分发达之余地也。[①]

这一大段话实际上表达了两个意思,也就是包括中国在内的现代世界社会革命的两种条件,其一是只有在生产力完全充分发展的前提下才可能进入共产主义社会,这应该是针对发达资本主义国家而言;其二是只有在生产力久处停滞状态、绝无发展余地的情况下才可能进行政治革命,颠覆当时完全束缚生产力的社会组织,然后在改善劳动者生存境遇的同时发展资本主义,大力促进生产力,为实现共产主义社会创造条件,而决不能在政治革命成功之后仓促勉强实行共产主义,这当是针对工业后进国、主要应该是针对当时中国状况而言的。

(六) 中国社会运动的特点和途径

当时中国作为"国际的半殖民地",遭受帝国主义列强的政治和经济两种侵略,政治上,"自鸦片战役而中日战役而庚子战役,自江宁条约而马关条约而辛丑条约而二十一条款,中国在事实上已为国际帝国主义者所征服,丧失其抵抗之能力,列强乃利用不平等条约,行使政治上之优越势力,以宰制中国矣。如赔款之勒索,九龙台湾琉球之割让,广州湾威海

---

① 《李达文集》第 1 卷,第 281—284 页。

卫胶州湾旅顺大连等租借地之划分，上海沙面天津汉口等租界之开辟，各处商埠之开放，外国之领事裁判权，租借地租界及其他中国境内之外国行政权，协定关税制及其他保护外国商品与外人经营产业之规定，外人之中国财政管理权，外国之内地驻兵权及内河航行权，外人在内地之传教权及文化之施设等项，不一而足"；经济上，"据一九二三年之对外贸易统计观之，输入额在十亿元以上，输出额在八亿元以上，而输入额中十分之七为工业制造品，输出额中十分之八为原料品，帝国主义列强之利用金融资本使中国化为彼等之商品市场与原料产地，即此已可概见。至列强对于中国之投资，则可分为直接投资、间接投资及中外合办事业之三种。……此项国际投资之数目，无虑数十百亿，其中之大部分则皆掠自中国而复投入中国，更以掠夺吾民者也"，总而言之，"帝国主义之为祸于中国，至今日而极矣，金铁奴我以物质，宗教奴我以文明，教育奴我以服从，勾结我国贼，制造我内乱，涂炭我人民，迹其用意，直欲永远陷中国于分崩离析万劫不复之境，以继续其掠夺宰割之政策而已"！① 在这种状况之下，中国的生产力绝无发展余地，必须进行政治革命，"中国年来之国民革命运动，其殆为帝国主义侵略之反响也欤"！②

当时中国的政治革命，由于其主要对象为国际帝国主义以及国内为虎作伥的封建阶级和帝国主义代表，故其性质为民族革命或国民革命。在由资产阶级、小资产阶级、工农无产阶级等所组成的全体国民中，革命的中坚力量和领导阶级为工农无产阶级。③ 在革命成功之后，"以弱小民族产业之幼稚，有尚在封建状态者，有尚在半封建状态者，即使民族革命实现，亦仅能开始实行资本主义"。④ 在私人资本主义与国家资本主义两种制度之间，"私人资本主义乃帝国主义之前身，即今各先进国所盛行者也；国家资本主义乃社会主义之过渡，即今俄国所采行者也。两者之性质不

①《李达文集》第1卷，第350—352页。
②《李达文集》第1卷，第352页。
③ 参见《李达文集》第1卷，第358—360页。
④《李达文集》第1卷，第360页。

同,而其能促进产业之发达则一。故民族革命成功时,小资产阶级得势,则必采用私人资本主义;无产阶级得势,则必采用国家资本主义。若采用国家资本主义,则将来可以和平达于社会主义;若采用私人资本主义,则在进化途程中,必更经历一度激烈的阶级斗争也。……与其采用私人资本主义以引起将来之阶级斗争,不如径行采用国家资本主义之为愈也。且无产阶级既能成为民族革命之中坚,则在成功之后,对于经济上之建设,必不赞成私人资本主义而采用国家资本主义可知。国家资本主义乃社会主义之过渡,非即社会主义,列宁已先言之矣。故民族革命而苟能成功,必归于国家资本主义也"。① 而革命的终极目的则在于实现社会主义和共产主义,"由唯物史观说得推知资本主义社会必然变革而进于社会主义社会,由剩余价值说得推知资本主义经济组织必然崩坏而达于社会主义经济组织,由阶级斗争说得推知资本家的生产方法为阶级最后之敌抗形式,而阶级与阶级斗争之必归于消灭"。② 凡此就是李达基于对现代世界社会革命第二种条件的认识而为当时中国社会运动及其前途所作的规划和预设,也就是《现代社会学》这部以阐述马克思主义唯物史观为主、穿插阐述了政治经济学、并结穴于科学社会主义的著作的实际旨归。

三、《社会学大纲》对马克思主义的全面阐述

马克思主义不止是历史哲学、经济学说和社会发展理论,还是宇宙观、认识论和方法论,是揭示自然、社会和人类思维运动规律的整体性的哲学体系。毋宁说,马克思主义的历史哲学、经济学说和社会发展理论乃是在其哲学体系的基础上生发的分支学说,而宇宙观、认识论和方法论才是马克思主义的基石。随着对马克思主义研究的深入,中国的马克思主义者日益清楚地认识到这一点,李达于 1937 年完成的《社会学大纲》就是这

---

① 《李达文集》第 1 卷,第 360—361 页。
② 《李达文集》第 1 卷,第 380 页。

种认识的集中体现,他说:"科学的社会学是科学的现代世界观的一个分枝。"①"自然领域中的唯物辩证法的理解,是唯物辩证法的基础。唯物辩证法,必须从历史—社会的领域贯彻于历史—社会的基础之自然领域,它才成为统一的世界观,成为一般的方法论。"②"辩证唯物论与历史唯物论之间,具有极密切的关联。历史唯物论如没有辩证唯物论,它本身就不能成立;辩证唯物论如没有历史唯物论,也不能成为统一的世界观。"③

《社会学大纲》分为"唯物辩证法""当做科学看的历史唯物论""社会的经济构造""社会的政治建筑""社会的意识形态"五篇;④后四篇与《现代社会学》一样系统阐述马克思主义唯物史观、政治经济学和科学社会主义,只是内容更加详尽,或许是就这一点而言,李达自承本书内容"没有新的创见";但是占全书近半篇幅的第一篇的内容却是《现代社会学》完全没有的,正是在这一篇中,李达全面深入地阐述了辩证唯物论的宇宙观、方法论和认识论,可能是就这一点来说,李达又宣称"本书是前著《现代社会学》绝版以后的新著,内容完全不同了"。⑤《社会学大纲》既全面深入地阐述了辩证唯物论的宇宙观、方法论和认识论,又系统阐述了

----

① 《李达文集》第 2 卷,北京:人民出版社 1981 年版,第 10 页。

② 《李达文集》第 2 卷,第 59 页。

③ 《李达文集》第 2 卷,第 283 页。

④ 李达说:"全书分为六篇,已经写成的,只有前五篇,并且第五篇分量较少,稍欠充实。第六篇未曾着手,而我的研究工作重心,已移到经济学货币学方面,因而预定的第六篇,最近实无暇编写,我无时不在惦记着。"这表明《社会学大纲》只是一部未完成的著作。他又说:"关于第六篇中国社会的研究大纲及材料,都已有了准备,只是无暇整理。但研究所得的结论,也不妨在这里略提几句。本书前五篇,是研讨世界社会的一般及特殊发展法则的。至于中国社会,却自有其特殊的形相和固有的特征,决不是一般原理之单纯的例证。我认为中国社会,不是资本主义社会,也不是封建社会,而是帝国主义殖民地化过程中的社会。现阶段的中国人,必先认清自己的历史使命,就是要使中国从这种过程中解放出来。为要完成这种使命,必须实现民主的统一,发展国民经济,改良农工生活。"这进一步印证了他在《现代社会学》中为中国社会运动及其前途所作的规划和预设,即争取民族革命或国民革命的成功,进而在改善劳动者境况的同时发展国家资本主义,最终达到社会主义。引文见《社会学大纲·第一版序》,《李达文集》第 2 卷,第 5 页。

⑤ 两处引文均见《社会学大纲·第一版序》,《李达文集》第 2 卷,第 5—6 页。由于《社会学大纲》后四篇的基本内容与《现代社会学》无异,故本节不拟对之重复论列,唯集中表述其第一篇的内容。

马克思主义唯物史观、政治经济学和科学社会主义,可以说此书是对马克思主义的全面阐述。

（一）辩证唯物论的宇宙观

在阐述辩证唯物论的内容之前,李达首先说明辩证唯物论的基础,他说:"辩证唯物论继承哲学上的唯物论的方向,首先解决关于物质与意识的关系的哲学上的根本问题,主张世界先有物质,后有意识;物质是本源,意识从物质产生。所以物质规定意识这个论纲,是辩证唯物论的基础。"①

那么物质是什么呢? 李达说:

> 人们在其社会的实践的过程中,每日无数亿次接触于自然界的千差万别的物质的物体。这些物质的物体,在其质的构造上各具有其特殊性,但在这些千差万别的物质的物体中,我们可以发见一个极普遍的规定,即它们都是离开我们的意识而独立存在的,同时它们又都是我们感觉的源泉。我们从一切物质的物体中,单把这一方面的"属性"抽象出来,把其他一切质与量的区别抽象出去,由此就可以到达于关于这一切物质的物体的最单纯最一般的规定。这最一般的观点,就是:物体的总体,客观现实性全体,都离开我们的意识而独立存在,同时又是我们感觉的源泉。辩证唯物论把这种属性,叫做物质。若用一个定义来说:
>
> "物质是表明离开我们感觉独立存在,并在感觉上给与我们而为感觉所摄取所反映的客观实在性的哲学的范畴。"
>
> 更明了的说来,物质是哲学的概念,表明物质是客观的实在,即是在意识以外,并离意识独立存在而为意识所反映的东西。②

这是将宇宙间一切离开意识而独立存在的东西全部归入物质的范畴,如此似乎有将意识与物质并立的意思,但李达紧接着申说道:

---

① 《李达文集》第2卷,第84页。
② 《李达文集》第2卷,第84页。

哲学上的物质概念，是物质之最一般的规定。在这个物质概念中，包括了最高组织的物质的属性即意识。即是说，意识也是物质的，有意识的人类本身也是物质的一种显现。所谓意识与物质的对立，是有条件的，即只是在认识论上提起这问题时，才有意义。换句话说，意识被统一于物质之中，我们在认识论上把意识和物质对立，就是把认识的物质与被认识的物质对立。如果超过认识论的范围，而由自然科学的见地去分离精神与物质并使两者互相对立，就会陷入于二元论的立场。[①]

这就将整个宇宙完全统一于物质，清除了二元论的地盘。李达还辨析了哲学上的物质概念与自然科学上的物质概念的区别，后者随着自然科学的发展而不断改变其内涵，"例如在十八世纪时代，物理学把物质的构造规定为它的分子的构造，因而分子在当时是物质的可分性的最后的界限。往后，人们知道分子是由原子组成的，于是从来关于物质的分子构造的物理学说，虽是客观的真理，却只有相对的意义了。现在，物理学更显著的深入自然的深处，发见了物质之电子的构造，知道原子又能分解为电子了。电子说的出现，当然并不是意味着自然的认识就停顿不前。因为物质本身是无限的，同样电子也是无限的。所以物理学在其种种发展阶段上，关于物质的规定，只是相对的规定，而这种相对的规定，常是与物质构造的各种性质相结合，常是注重物质的可分性的界限"；而"至于哲学上对于物质的规定，却是不同，它只是'在认识论上说明离人类感觉独立存在而为感觉所反映的客观实在性'。关于物质的这种规定，是决不能变动的"。[②] 至此，李达便在哲学意义上确立了完全的物质

①《李达文集》第2卷，第85页。李达还说："世界是物质的统一体。……至于生命，也是物质，意识也和能力相似，只是物质的一种性质。归结起来，宇宙万物，都是由物质构成的。"见同卷第106—107页。
②《李达文集》第2卷，第85—86页。

宇宙观。①

辩证唯物论的宇宙观不止于肯定宇宙统一于物质，而且强调宇宙间一切物质的根本存在形式为运动，"物质与运动，是不可分离的结合着的。'无运动的物质，和无物质的运动一样，同是不能想象的。'这个命题，指示了世界的客观实在性的运动，是运动的物质或物质的运动。这个命题表明了，绝对不运动的物质或绝对静止的物质，都是没有的"。② 当然并不是肯定运动就绝对排斥静止，实际上，"辩证唯物论承认静止是运动的一个要因，一个特殊的形态。物体的静止只是相对的静止，相对的均衡，而物质的运动却是绝对的。所以辩证唯物论承认：'物体的相对静止的可能性，暂时的均衡状态的可能性，是物质以迄于生命分化之根本条件'"。③ 绝对运动的物质呈现出无限复杂的形态，"'物质的运动，不能单只还原于机械的运动，单纯的移动；物质的运动，同样是热与光，电气及电磁气的张力，化学的化合及分解，生命，最后是意识。'（恩格斯《自然辩证法》）物质在其运动上，展开种种性质，呈现复杂的形态。又如社会，也是物质的运动形态的一种，在其运动上也展开其固有的本质，呈现其不同的形态。所以哲学上说及物质的运动时，必考虑物质及运动的各种具体形态，考虑物质及运动的一般形态与特殊形态的正确关系"。④ 而表现为无限复杂的运动形态的一切物质的根本动因，无不在于其内在矛盾性；"物质的运动，是物质的自动。物质自动的源泉，是物质的内的矛盾，对立物的斗争。这种见解，排除了物质运动由于外力的作用，由于超自然力（或神力）的作用的一切谬见"！⑤

时间和空间也是物质存在的根本形式，"时间和空间，与运动一样，同是物质的根本的存在形式。离开时间和空间，不能有物质，也不能有

---

① 李达叙述了由分子、原子、电子构成包括太阳系、地球乃至生命、意识和社会在内的整个世界的机理，由此确立了世界的物质统一性。见《李达文集》第 2 卷，第 106—114 页。
② 《李达文集》第 2 卷，第 87 页。
③ 《李达文集》第 2 卷，第 88 页。
④ 《李达文集》第 2 卷，第 88 页。
⑤ 《李达文集》第 2 卷，第 87 页。

物质的运动。'世界除运动的物质之外，没有别的东西。而运动的物质，在时间和空间以外，不能运动'"。① 时间和空间并不是如通常想象的那种离开物质而独立存在的格套，"人们通常把空间想做贮满物质的空虚的箱子，而物体是在这空虚的箱子中运动的；同样，又把时间想做空虚的长度，可以用钟表的分秒来测量，因而在思惟上把物体放在这空虚的长度中，说物体是在时间上变化的。关于时间和空间的这种错误的表象，也是过去唯物论哲学所支持的。但辩证唯物论却说明这种从外部把物体装进去的绝对空虚的时间和空间，是绝对没有的。时间和空间是物质存在的形式。物质的运动是时间，物质的延长是空间。如没有物质，不能说起运动；同样，如没有物质，也不能说起时间和空间"。② 由于离开时间和空间便没有运动的物质，而离开运动的物质也没有时间和空间，因此，物质、运动、时间和空间乃是密不可分的整体，这个整体也就是辩证唯物论的宇宙观。

（二）唯物辩证法的方法论

李达反复说："唯物论的世界观本身，即是唯物论的辩证法。""唯物辩证法是世界观，同时又是方法论。"③之所以说辩证唯物论的世界观或宇宙观就是方法论，乃是因为这种宇宙观所呈露的客观世界物质存在和运动的普遍法则，也正是人类得以认识或作用于客观世界物质存在和运动的基本方法，因此李达说："认识所依以发展的思惟法则，即是自然与社会的发展之正确的反映。主观辩证法即是客观辩证法的映像，是客观世界的发展在意识上的映像。在这里，唯物辩证法是世界观。但这个世界观之论理的构成，既是个别科学的结论的概括，它必然能够成为个别科学的方法。即是说，唯物辩证法是世界观，同时又是方法论。因为唯物辩证法，在其起源上，在其内容上，都是客观世界的一般映像，所以它

---

① 《李达文集》第2卷，第89页。

② 《李达文集》第2卷，第89页。

③ 《李达文集》第2卷，第93、95页。按前条所谓"辩证法"，乃与方法论同义，观其所云"辩证法是人类认识自然、社会及思惟的一般方法论"（见同卷第95页）可证。

能指导研究各个具体对象的方法,使我们能够容易的正确的把握在感觉上给与着的对象之客观的真理。"①他又说:"物质世界的这个客观的辩证法,反映于人类的思想上,就成为主观的辩证法,成为概念的辩证法。必然与偶然、绝对与相对、抽象与具体、一般与个别等一切概念的矛盾,都是物质世界的客观的矛盾之反映。由概念的矛盾,促进概念的运动,而概念的运动是适应于客观对象的运动的。"②这就说明了唯物辩证法的方法论根本上形成于客观物质世界,而又成为人类认识并合目的地作用于客观物质世界的基本方法。

根本上形成于客观物质世界的唯物辩证法的方法论,可以归纳为对立统一、质量互变、否定之否定、本质与现象、内容与形式、必然性与偶然性、现实性与可能性、因果性诸法则(即规律)。③ 从总体上看,"辩证法的发展观的特征,就是承认世界的运动性与可变性。辩证法承认:世界是永远运动的,永远变化的;一切运动形态都是转变的;一切存在物互相联系,世界各部分之间有极其复杂的相互作用。……辩证法把任何事物或现象的发展,当做由其内的特殊性所规定的、从一种形态到他种形态的转变去考察的。换句话说,辩证法把事物的发展当做事物本身的自发的发展去考察,当做事物本身中所固有的必然的运动去考察,当做事物本身的自己运动去考察"。④ 那么,"事物的自己运动或自发的发展,究竟怎样构成的呢? 换句话说,事物的自己运动源泉是什么?"由此便导出了对立统一亦即矛盾法则:

---

① 《李达文集》第 2 卷,第 95 页。按"所以它能指导研究各个具体对象的方法"一语似不通,疑当做"所以它是指导研究各个具体对象的方法"。

② 《李达文集》第 2 卷,第 126 页。

③ 李达将这八项都作为"唯物辩证法的诸法则",当然他也指出前三项是唯物辩证法的根本法则,且对立统一更是唯物辩证法的核心,但他毕竟是将其余各项也都作为唯物辩证法的法则。(见《李达文集》第 2 卷,第 163—164 页)而后来的教科书则多将前三项作为唯物辩证法的诸规律(即三大规律),将后五项作为唯物辩证法的诸范畴(即五大范畴),例见李秀林等主编《辩证唯物主义和历史唯物主义原理》,北京:中国人民大学出版社 1982 年版;袁贵仁主编《马克思主义哲学原理》(修订版),北京:北京出版社 2003 年第 3 版。

④ 《李达文集》第 2 卷,第 124—125 页。

　　唯物辩证法主张自己运动的源泉,是一切存在物的内在的矛盾
性。从原子起,到人类社会生活的最复杂的现象,到人类思惟为止,
一切事物或现象,都各具有其内在的矛盾。世界任何事物,都没有
不具有内在的矛盾的。任何事物的内部,都具有种种对立的要素,
这些对立的要素,是创造事物的矛盾性的东西。统一物之被分解为
对立物以及充满着矛盾的构成分之认识——这是辩证法的精髓。

　　　一切事物或现象,都是包含着对立的部分、方面、倾向等的复杂
　　的全体。一切都是对立物的统一;一切东西的自己运动的源泉,都
　　是内的矛盾。①

　　在一切事物和现象所具有的对立统一形态中,"对立物的统一、同一
或互相渗透,是有条件的、暂时的、相对的矛盾;成为发展源泉的对立物
的互相排斥及互相否定,是无条件的、永久的、绝对的矛盾。唯物辩证法
要在相对的东西中认识绝对的东西,即是要在对立物的互相渗透之中,
认识对立物的斗争,才能认识现象由一种形态到他种形态的转变"。②

　　对立统一是唯物辩证法的精髓、核心或根本法则,"这个根本法则,
包摄着辩证法的其余的法则——由质到量及由量到质的转变法则、否定
之否定的法则、因果性的法则、形式与内容的法则等。这个根本法则,是
理解其他一切法则的关键。因为在对立物的统一发展过程中,所谓'飞
跃''连续性的断绝''向反对物的转变''质量间的转变''旧物死灭与新
物发生',都是必然的形态,都是对立物的斗争的发展,都是由对立物的
转变而显现,都是由对立物的统一去说明","这个法则是辩证法的本质,
至于其他一切辩证法的法则,都是这个根本法则的显现形态"。③

　　质量互变法则,就是"对立统一法则的一种显现形态"。④　此所谓质,
即是"区别事物、现象或过程并把它作为现存着东西的那样的规定性",

---

①《李达文集》第 2 卷,第 125 页。
②《李达文集》第 2 卷,第 129 页。
③《李达文集》第 2 卷,第 132、133 页。
④《李达文集》第 2 卷,第 135 页。

"是构成它的基础的运动种类的规定性";①此所谓量,则是"事物的外的规定性"。② 就质与量对于事物各具的意义来说,质为主导,量为从属,"我们认识事物时,先要把握它的质的规定性,然后才能发见它的量的规定性。只有在质的认识的一定阶段上,具体事物之量的研究才有可能";反过来说,"我们要认识事物之量的规定性,首先要知道它的质的规定性(否则事物之量的比较是无意义的)"。③ 但是在事物中处于从属地位的量对于质又具有反作用,"量的变化一旦超出一定的界限,就引起质的变化",④"根据对立统一法则的发展,在逐渐的量的变化的形式中显现这种变化,结果引起飞跃的质的转变。质的转变显现之后,更依据于新质而再回到逐渐的量的变化",⑤这也就是质量互变法则的作用机理。当然,实际上,"在客观世界中,没有纯粹的质,也没有纯粹的量,一切的东西,都是具有质的规定性与量的规定性的事物。质与量的统一,即是质量。质量是种种对立的规定性的统一,即是对立的统一"。⑥

否定之否定法则,是"对立统一法则的更进一层的具体的显现形态"。⑦ 之所以这样说,是因为否定之否定揭示了对立统一乃是客观物质世界永无止境的展开过程。李达说:

> 一种对立到他种对立的推移,一种质到他种质的转变,事实上即是后者否定前者。但是发展的进行,有一定的继起性,通过种种阶段而运动,从新发生出来的质(新阶段),同样由于其自身的矛盾而转变为它自身的对立物(更新的阶段)。于是否定又由第二个否定所扬弃了。所以事物的发展的进行,是螺旋线的,不是直线的;发展所通过的前后各阶段,并不是演着同一的反复或循环,后起的阶

---

① 《李达文集》第 2 卷,第 135、136 页。
② 《李达文集》第 2 卷,第 142 页。
③ 《李达文集》第 2 卷,第 142 页。
④ 《李达文集》第 2 卷,第 142 页。
⑤ 《李达文集》第 2 卷,第 135 页。
⑥ 《李达文集》第 2 卷,第 144 页。
⑦ 《李达文集》第 2 卷,第 152 页。

段在较高的基础上描画螺旋线而发展。①

他又说：

> 否定之否定的阶段,在它当做一个循环的终结点而成为新的发展阶段的出发点之时,它又成为一个契机而包含于新的肯定之中。所以肯定、否定及否定之否定,必须当做现实过程的矛盾的发展及其解决的形态与阶段去考察,第一阶段是事物的本质的矛盾设定的阶段,是肯定中孕育着否定的萌芽的阶段;第二阶段是事物的矛盾的发展的阶段,是否定肯定而又孕育再否定的阶段;第三阶段是再扬弃否定的阶段,是由先行诸阶段的发展所准备的矛盾之相对的解决的阶段,是新事物的出现而又成为新事物发展的出发点的阶段。所以各阶段之间,具有有机的联系。任何阶段,都显现为推进力的矛盾的特别形态,分裂为肯定与否定,由否定之否定而完成自己的发展。所以否定之否定的法则,就是说明事物经过先行阶段的发展而转生为新事物的法则。②

总括而言,"否定之否定的法则,如恩格斯所说,是自然、社会及人类思惟的最普遍最广泛的起作用的法则,是发展的各个过程所固有的法则"。③

至于现象与本质,"都是离我们意识独立而为意识所反映的客观的实在","是被我们的感觉和思惟所反映的东西,并不是感觉和思惟所固有的东西"。④ 所谓现象,"是在感觉上给与着的客观事物之运动的联结形态或联结的运动形态,它是非常错综复杂的混沌的东西";而本质则是"在那种极其错综复杂的混沌现象之中"的"一般的、主要的、统一的东

---

① 《李达文集》第 2 卷,第 152—153 页。
② 《李达文集》第 2 卷,第 159—160 页。
③ 《李达文集》第 2 卷,第 153 页。
④ 《李达文集》第 2 卷,第 167 页。

西、必然的合法则的联结"。① 现象与本质的表现方式或被把握方式及其相互关系是,"现象是在感觉上直接的被反映出来的契机;本质是隐藏于现象背后而要靠思惟能力才能发见、才能反映的契机。……现象和本质这两个契机,并不是直接的同一的东西。但现象与本质互相推移,互相媒介。现象以本质为媒介而存在,本质通过现象而存在。没有离开现象的本质,也不能有不具本质的现象。现象是本质的现象,是具有一定的本质的现象;本质是现象的本质,是现象之内的源泉。这两者相互作用的基础,是在现象一方面。现象代表事物之绝对的运动,本质代表事物的安定。所以,现象的本质,就是现象之内的、相对安定的侧面",②"总括起来说,本质与现象的关系,是对立的统一。但两者之间的矛盾,并不意味着两者的拮抗。现象与本质,也有是调和的、一致的;也能是非调和的、敌对的。现象与本质同一,又不同一。现象与本质相适应,又不相适应。现象能完全的显出本质,也不能完全的显出本质。但穷其究竟,现象是由本质所规定的"。③ 把握现象与本质的程序和意义是"从外的联结推进于内的联结,从比较不深刻的本质推进于比较深刻的本质,渗入于过程的深处,比较其同一性与差别性,从中取出本质的诸矛盾、本质的诸联结。这样的去分析事物之内的联结,抽取其本质的矛盾,同时就发见事物的自己运动的源泉,发见其发展的法则"。④

内容与形式也是"对立统一法则的具体化的另一形态"。⑤ 这对法则"是客观的实在的内容与形式的关系在我们认识中的反映。任何事物,都具有一定的内容与形式"。⑥ 内容与形式的相互关系为"内容常是一定形式的内容,离开了这形式就不存在。形式常是一定内容的形式,离开了这内容就不存在。形式由内容产生,它是内容的某种外面的东西,又

① 《李达文集》第 2 卷,第 164 页。
② 《李达文集》第 2 卷,第 167 页。
③ 《李达文集》第 2 卷,第 171 页。
④ 《李达文集》第 2 卷,第 164 页。
⑤ 《李达文集》第 2 卷,第 177 页。
⑥ 《李达文集》第 2 卷,第 178 页。

是内容的诸契机。内容向形式的推移是形式,形式向内容的推移是内容。所以内容与形式,虽是对立的,却是统一的,而两者形成为统一的基础是内容";不过,"形式虽从内容产生,但在发展过程中,形式决不是受动的。形式成为内容之本质的契机,对于内容的发展,具有能动的作用";但是归根到底,"形式由内容产生,由内容所规定,所以内容对于形式具有优越性。当形式的独立发展到了障碍内容之更一层的发展时,内容与形式的斗争,就引起'形式的逸脱与内容的改造'。内容之不断的向前发展的优越性,终于要冲破那成为障碍物的旧形式。在内容对于形式这种斗争中,内容克服形式的抵抗,并且废弃它,而要求适合于自己的发展的新形式"。① 从现实意义来看,"形式与内容的矛盾,在任何事物或过程的分析上,都具有重要的意义",②"当我们认识任何现象的内容时,首先要比较各种现象的形式,然后才能追求其内容的发展所通过的各种不同的形式,才能暴露其特殊的运动法则,由低级形式到高级形式的转变的法则。所以形式对于物质运动的规定性,是认识现实的重要的契机。所以科学的分类,必须确立物质运动的低级形式与高级形式的区别与联系,并且要在各种错杂混淆的形式中,抽出其具有特殊的独有的内容的特殊运动形式,作为每种科学的研究对象。如果忽视了各种运动形式的特殊性,而把形式还原于内容,或把形式与内容看做抽象的同一,就不能理解现象的矛盾,因而不能理解本质的发展中的形式与内容的发展的辩证法"。③

　　"对立统一法则的具体化的其他形态"还有必然性与偶然性、现实性与可能性以及因果性。④ 所谓必然性,"是由事物或过程的发展的根据而合法则的发生的东西,即是对于过程全体的发展所必然发生而不可避免

①《李达文集》第 2 卷,第 178—179 页。关于内容与形式辩证关系的论述,另见同卷第 389—390 页。
②《李达文集》第 2 卷,第 179 页。
③《李达文集》第 2 卷,第 180—181 页。
④《李达文集》第 2 卷,第 183 页。

的东西";所谓偶然性,"是必然性的发现的形式及其补充,即是对于过程全体的发展不是不可避免的,并且也能是在过程之外的东西"。① 两者的相互关系是"任何事物或过程,都具有其内的必然性,但这种必然性的显现形式,却是偶然性。可以说,一切的现象,个别的都是偶然。……这些偶然性,都是必然性所由显现的形式,都是必然性发展过程中的一部分。并且,偶然性即使遮断了必然性的发展过程,它仍然构成了必然性的发展过程的一部分(即偶然的东西是必然的)",②"所以必然性是偶然性的合成,而偶然性是隐藏着必然性的形式"。③ 与现象与本质一样,偶然性与必然性的表现方式或被把握方式也是"现实的必然性与偶然性,都在我们感觉上给与着,但我们感性的认识,只能把捉其偶然性,而潜藏于偶然性之中的必然性,却要靠我们的思惟能力,才能发见它,并不是用思惟的能力创造出必然性而把它嵌入于偶然性之中的东西。我们的思惟能力,只是发见在偶然性之中客观的给与着必然性而已"。④ 把握必然性与偶然性的现实意义在于"我们对于过程的认识,必须把现实的必然性与偶然性的辩证法反映于概念之中,阐明两者的统一、转变与差别,并且指出必然性如何通过偶然性而实现,因而暴露过程的法则"。⑤

因果性的含义是,"一切的现象,都由先行现象而发生,又转变为后续的现象。一切的现象都有其发生的原因,它自身是那种原因的结果,同时又是后续现象的原因。原因和结果的这样的关系,叫做因果性"。⑥ 因果关系最终存在于客观物质世界之中,"人类的实践,证明了因果性的客观性,而反映着客观的因果关系的因果性的表象及概念,也是人类在实践的基础上构成的"。⑦ 因果性的现实意义在于,"我们在实践上观察

---

① 《李达文集》第 2 卷,第 185 页。
② 《李达文集》第 2 卷,第 185—186 页。
③ 《李达文集》第 2 卷,第 187 页。
④ 《李达文集》第 2 卷,第 185 页。
⑤ 《李达文集》第 2 卷,第 188 页。
⑥ 《李达文集》第 2 卷,第 195—196 页。
⑦ 《李达文集》第 2 卷,第 199 页。

对象时,看到诸现象的相互作用,探求对象由于什么原因,在什么条件之下,由一种形态转变为别种形态(即结果)。这样的因果关系的发见,使我们能够预见对象的发展的倾向,而得到合目的的实践的行动的可能性。我们知道了对象的某种运动所由发生的条件,就能够在实践上造出那种条件,因而再造对象。这种实践的认识与认识的实践,在自然现象的认识领域中,在社会现象的认识领域中,都是必然的基础",[①]"人类在其实践上,发见了现实的现象的因果关系,就能够从事于合目的的实践的行动,而再造那种现象,因而改造世界。这种合目的的实践的行动,是人类认识客观世界的因果性的结果"。[②]

　　最后,"可能性与现实性的范畴,是对立统一法则的更进一层的具体化的形态,反映着客观世界的更深刻的多面的联结"。[③] 所谓现实性,"意指着当做由先行的发展全体所准备的合法则的必然性而在实际上给与着的存在,它不仅是各个事物的事实上的存在,并且是比较外的存在还更深刻的东西。现实性的范畴,反映客观世界的全部联结,暴露客观世界的合法则性。现实性之中,包括着本质与现象、根据与条件、内容与形式、必然性与偶然性等等";而"可能性也是客观的实在。某种事物的存在条件虽然存在着,而它的存在不能当做必然性主张的东西,叫做可能性"。[④] 现实性与可能性的区别及联系是,"现实性与必然性密切的结合着,它由必然性发生,并表现必然的过程。'现实性在其展开上出现为必然性。'但必然通过偶然性的形态而显现,所以现实性之出现为必然性,常因偶然性的情形不同,有采取不同的姿态的可能性。但是可能性仍是受限制的。特定的现实性,表现特定的必然的过程。这必然的过程的内的本质、根据的发展倾向,决定着在这过程的适应的阶段上发生的可能性。所以可能性也是实在的,它仍受根据的发展所决定,不过不能当做

---

①《李达文集》第2卷,第198页。
②《李达文集》第2卷,第199页。
③《李达文集》第2卷,第201页。
④《李达文集》第2卷,第201—202页。

必然性主张而已","可能性即是存在于现实性之中而往后能够展开为现实性的东西"。① 可能性分为抽象的或形式的可能性与实在的可能性,"抽象的或形式的可能性,是想象上的可能性,是形式论理的、排除了思惟上的矛盾的意义上的可能性。譬如说,太阳明天能与地球碰撞,桃树上能长出梨子,低能儿能变成哲学家,劳动阶级能变成资产阶级——这一切都是想象上的可能性。但这样的可能性是不能转变为现实性的,因为这些都不是基于现实性的诸条件的空想的可能性";与之相反,"实在的可能性,是在特定过程的适应的阶段上发生的东西,是在特定过程的根据的发展倾向中存在着的东西。……所以可能性虽能转变为现实性,而能够转变为现实性的东西,却只是实在的可能性"。② 实在的可能性也蕴含着两种实现趋向,"因为如上面所说,实在的可能性是在特定过程的适应阶段上发生的东西,并受根据的发展倾向所决定,所以实在的可能性,是表现根据的发展的可能性。但任何根据,都包含矛盾的两方面,因而表现根据的发展的可能性,也分为两个种类(各种类之中,也不一定是一个)。例如,生物有机体,因其内的根据(即根本矛盾,如生与死)的发展,由于种种的条件的不同,或者生长,或者死亡,这是两种实在的可能性"。③ 实在的可能性的实现,必须具备对象、条件、运动三个契机,"可能性之转变为现实性,是在一定条件之下实现的。当我们考察可能性转变为现实性之时,必须观察一定的对象与它转变为他种形态时的一定的条件。对象与条件,都是现实的存在着的东西,它们的本身是现实性,并且是不断的变化着的东西。由于对象与条件的联结的运动及变化,可能性便转变为现实性"。④ 对于实在可能性向不同现实性的转变的选择,"是促速或延迟过程的发展的枢纽,是成功或失败的关头";"进步的社会集团,只有分析客观情势,去发见并选择实在的可能性,尽量的把捉并利用

---

① 《李达文集》第 2 卷,第 202、203 页。
② 《李达文集》第 2 卷,第 202 页。
③ 《李达文集》第 2 卷,第 203 页。
④ 《李达文集》第 2 卷,第 204 页。

客观的条件,努力的促进主观条件的成熟,使这可能性与客观的及主观的条件相结合,有意识、有目的、有计划的避免一切的迂路,努力促进所选择的可能性的实现",①这也正是把握可能性与现实性这对范畴的现实意义之所在。

上述对立统一、质量互变、否定之否定、现象与本质、内容与形式、必然性与偶然性、因果性、可能性与现实性诸法则,都是客观物质世界所固有的性质或存在方式。这些法则为人类所认识,就成为人类把握并合目的地作用于客观物质世界的思想和行为方法。"反映客观世界的认识,不是'单纯的、直接的、全体的反映,而是一列的抽象与概念、法则等的定式化及形成的过程。这样的概念、法则等(思惟、科学——'论理的理念'),正是有条件的,近似的把捉永远运动、永远发展的自然之普遍的规律性的东西'",②"自然界的各种联系,不断的进到自己的感觉和表象之中,因此人类能够知道自然界的发展法则,而更加有效的积极的改造自然界。同样,人类在其社会的实践中,也是这样的理解社会发展的法则,去积极的变化社会"。③　方法论问题因此与认识论问题联系起来。

(三) 辩证唯物论的认识论

李达反复阐明客观物质世界是人类认识的终极来源这一辩证唯物论的认识论的基本原理,他说:

> 人类的认识,是客观世界的法则的反映过程。并且这种反映是不断的随着客观世界的发展而发展,决不是固定的东西。我们的思惟形式(概念),是人类数千年来实践的发展的总和。
>
> 我们在进行认识世界之时,不能不使用概念,否则我们便不能思惟。但是概念的构成,是就外部世界所得的感觉和经验实行论理的加工的结果,是感觉和经验的普遍化的结果。概念的本身,即是

---

① 《李达文集》第 2 卷,第 206 页。
② 《李达文集》第 2 卷,第 246 页。近似的表述又见同卷第 209 页。
③ 《李达文集》第 2 卷,第 265 页。

现实的客观世界的反映,是客观与主观的统一。如果在使用概念去
进行思惟之时而蔑视概念与现实的正确关系,那就会曲解现实,掩
蔽真理。①

这就是说,包括感觉、经验以至概念在内的人类全部认识都是客观
世界的反映,并且随着客观世界的发展而发展。这一意思,李达在其他
地方也多有表达,如谓"思惟和感觉,同是客观的实在在人类意识中的反
映。感觉是直观的认识阶段上的反映,思惟是论理的认识阶段上的反
映",②"人类对于世界的认识,是一个发展过程,是逐渐由低级阶段推进
到高级阶段的过程。人类的认识的发展,表现于论理的概念或范畴之
中。唯物辩证法说明概念的联结和发展,反映着客观世界的联结和发
展,说明概念随着现实的发展法则而发展,说明概念'在根本上反映现实
与认识之历史的发展及过程'",③"判断以概念为前提,而概念的形成,是
从反映客观事物的感觉、经验出发,经过思惟的活动,而在论理的形式上
反映出客观事物的合法则性的关联的东西。所以判断之暴露概念的内
在契机及概念的联结和关系,必须以一定的科学的认识和人类的实践为
前提",④"从唯物辩证法的见地说来,推理也和概念与判断一样,同是客
观世界的合法则的联结的反映",⑤这就更将判断、推理等高级思维形式
也同感觉、概念一样归于客观世界的反映。李达还在多处重申:

> 在唯物论方面,认识的历史,是人类在其物质的实践上认识的
> 客观世界发展史在人类头脑中的历史的反映。⑥

> 依据唯物辩证法的反映论,认识是外界在人类思惟上的反映,

---

① 《李达文集》第 2 卷,第 78—79 页。
② 《李达文集》第 2 卷,第 234 页。
③ 《李达文集》第 2 卷,第 246—247 页。
④ 《李达文集》第 2 卷,第 255 页。
⑤ 《李达文集》第 2 卷,第 258 页。
⑥ 《李达文集》第 2 卷,第 99 页。

因而认识的发展法则,即是外界发展法则的反映,即是思惟发展法则。①

　　大体上物质世界发展的顺序,是从最低级最单纯的运动形态进到比较高级比较复杂的运动形态去的过程。人类对于世界的认识,从科学发达的历史考察起来,也是由最低级最单纯的运动形态的研究进到比较高级比较复杂的运动形态的研究去的过程。在这一点上看来,物质从低级形态到高级形态的前进运动过程,决定着与它相适应的科学的认识之前进的发展过程。②

　　认识过程的自己运动,反映着客观世界的自己运动。认识过程的诸契机(如感觉、表象、概念等),原是客观世界的诸契机在思惟上的反映。所以认识的发展,反映着客观世界的发展。③

凡此皆确凿无疑地立定了客观物质世界作为人类认识终极来源的地位。然则人类认识究竟何以可能由客观物质世界生成呢?这便涉及认识主体的生理构造和心理机制等问题。李达根据现代生理学及心理学的研究成果,讨论了中枢神经系统、末梢神经系统、脑髓、脊髓、神经细胞、神经细胞枝、神经纤维、神经纤维束、神经网、脑灰白质、脑半球、前头叶、颅顶叶、后头叶、颞颥叶、知觉神经、运动神经、交感神经、外分泌腺、内分泌腺等人类神经系统的构造及功能,以及无条件反射、条件反射以至精神活动的运作机制或形成方式,④从而指出:"人类的意识,以人类的神经系统之存在为前提。人类的精神活动,与神经系统有不可分离的关系。"⑤唯有具备了神经系统这种"动物的最高神经组织的物质","才能知觉在它内外发生的过程,才具有内的反映、知觉的能力",由此,"辩证唯物论承认物质组织的高级种类与低级种类的差别,却不否定思惟本体的

---

① 《李达文集》第 2 卷,第 104 页。
② 《李达文集》第 2 卷,第 115 页。
③ 《李达文集》第 2 卷,第 209—210 页。
④ 参见《李达文集》第 2 卷,第 212—220 页。
⑤ 《李达文集》第 2 卷,第 212 页。

意识与特殊性"。① 然而无论如何，人类神经系统以及意识归根到底属于物质范畴，"物质世界，在其发展过程中，出现了意识的人类。依据科学的证明，地球从前只有无机界的物质存在形态，往后才出现有机界的新的物质存在形态，再后才发生意识——用特殊方法组织了的物质的性质。所以意识不是存在于物质之外的东西，不是与物质平行的第二个本源。意识依存于物质，并从物质发生。意识是具有复杂神经组织的有机界最高代表所具有的属性。神经组织是意识活动的必然条件。社会的人类是意识的最高形态的担当者，这种最高形态，与人类在其社会的实践中发展了的意识，是物质的一定发展阶段中物质生命的一种发现"，②这就在肯定意识特殊性的前提下，坚持了认识领域中的辩证唯物主义原则。

接下来的问题是，具有特殊生理构造和心理机制的认识主体，通过何种方式或手段从客观物质世界获得认识，由此便导出了对于辩证唯物论的认识论而言具有至关重要意义的、作为认识主体与客观物质世界之间不可或缺的中介的实践范畴。李达反复阐述道：

> 当做劳动、物质的生产和社会斗争看的实践，规定着表象、概念等等之精神的生产。在这种见解之下，实践不单是社会科学的范畴，并且是哲学的认识论的范畴。要懂得实践优于理论的见解，就必须理解实践是认识的出发点和源泉，是认识的真理性的规准。③

> 认识只有实践的直接作用于客体，才能取得认识的材料，发见客体的法则；并且认识的真理性，也只有实践的直接作用于客体，才能证明。④

> 认识由实践而生，为实践所证明，而又指导实践。⑤

---

① 《李达文集》第 2 卷，第 223 页。
② 《李达文集》第 2 卷，第 222 页。
③ 《李达文集》第 2 卷，第 60 页。
④ 《李达文集》第 2 卷，第 91 页。
⑤ 《李达文集》第 2 卷，第 95 页。

认识的过程,由实践出发,而复归于实践,其中包括着由物质到感觉及由感觉到思惟的认识的发展过程。①

认识主体与认识客体的统一,是在社会历史的实践上实现的。所以,要理解人类的认识过程,必须在其与社会历史的实践的统一上去考察。②

由感觉到思惟的推移的认识能力之发展,在其根据中存有人类的实践,这是要特别说明的命题。③

认识的深化的运动,也是在实践的基础上显现的。在实践的过程中,人们看到各种现象的反复,各种现象在实践上的再现,一种现象的消灭与别种现象的继起,物质的再生产过程中许多对象的综合,等等——这一切都是普遍化的进行,认识运动的基础。④

社会历史的实践,是人类认识运动的最深的源泉,决定的基础。⑤

由感觉到表象的推移,是在实践的基础上显现的。人类在其实践过程中,不但观察事物的变化,并且观察事物变化的方向;不但看到一种现象之后有他种现象随着发生,并且能动的影响于事物,人工的再生产出某种现象所由发生的诸条件,诱发另一种现象。由于现象的反复以及实践上的各种现象的再生产,人们的头脑的创造力便发挥出来,就能够得到关于事物的内的联系的表象了。⑥

推理从实践出发而复归于实践。……由推理过程中所得的结论的真理性,也只有由实践所证明,并推移于实践。⑦

————————————

① 《李达文集》第 2 卷,第 209 页。
② 《李达文集》第 2 卷,第 211 页。
③ 《李达文集》第 2 卷,第 234 页。
④ 《李达文集》第 2 卷,第 235 页。
⑤ 《李达文集》第 2 卷,第 236 页。
⑥ 《李达文集》第 2 卷,第 240 页。
⑦ 《李达文集》第 2 卷,第 260 页。

人类的认识,从实践发生,并与实践相统一。①

实践,比较认识是高级的东西。关于客观世界及其过程的认识,虽然阐明客观世界的历史的发展的法则和倾向,而这种认识的正确与否,只有实践才能给以最后的证明,只有实践才能把握对象之历史的具体性。但实践与认识是不可分离的统一着。实践是认识的基础,认识是实践的动因。实践不但证明认识的真理性,并且依据认识的真理性,而积极的变革客观世界。②

所有这些论述可以归结为实践是认识主体与客观世界相统一的契机,是认识的起点,是认识发展的动力,是检验认识正确与否的标准,也是认识的目的,因此可以说辩证唯物论的认识论是实践的唯物论,而"实践的唯物论,由于把实践的契机导入于唯物论,使从来的哲学的内容起了本质的变革"。③

以客观物质世界为终极来源、以根本上属于物质范畴的人类生理构造和心理机制为主体条件、以实践为中介的认识的形成过程大体上表现为从感觉到表象、从表象到思维亦即概念、判断、推理的阶段性递进。④关于感觉,李达说:

就认识过程的诸契机、诸形态发生的顺序说来,最初的契机、最初的形态,是在感官上反映客观现实性的感觉。人类的一切的认识,都是由感觉出发的,所以当考察认识过程时,首先要研究感觉。⑤

"感觉是外物刺激于人体外部器官的结果,它依存于外物,也依存于人体器官的构造。外物形态的多样性与人体器官的多样性(因而又是脑髓的分化的活动),产生出感觉的多样性。"外物的各种方面是互相联系着,人体的各种感官,在其外的与内的方面,也是互相

---

① 《李达文集》第2卷,第265页。
② 《李达文集》第2卷,第266页。
③ 《李达文集》第2卷,第60—61页。
④ 参见《李达文集》第2卷,第239、241页。
⑤ 《李达文集》第2卷,第223—224页。

联系着，所以外物作用于感官，就发生出反映外物的内的联系的感觉。所以感觉是在认识上把我们和外物联络起来的东西，它是我们的认识的最初的形态，最初的契机。①

人类的认识过程，是在实践基础上由感觉起到思惟为止的统一的认识过程。客观世界之合法则的统一，都在感觉上给与我们。我们的思惟，把感觉作为材料，抽象出客观世界的发展法则。最初以某种程度在感觉上给与着的东西，就是思惟的全部内容。即是说，在感觉中未曾给与着的东西，在思惟中也是没有的。所以我们在世界的具体的认识上，都必须由感觉出发。从古以来，一切的科学，都是从反映外物的感觉出发的。思惟的高级认识形式，是从感觉的初级认识形式发生，两者具有不可分离的联系。"人类的认识，在怎样的形式上，经过怎样的途径，依从怎样的法则而发展——这件事情的严密的科学的分析，在理论上，在历史上，都必须由感觉开始。"所以说，"感觉是认识的源泉"。②

这就说明了感觉是主体通过实践而从客观物质世界获得的认识素材，也是整个认识形成过程的起点。关于表象，李达说：

许多感觉合流在一起之时，就成为知觉。例如关于蔷薇的知觉，是形成为蔷薇的心象（知觉）的诸感觉（视觉、触觉、嗅觉）之结合。所以，当我们的身体接受外界对象的作用时，就得到这对象的知觉。就是在离开这对象之后，那种知觉的记忆，仍留存于脑海之中。关于这个感性的知觉的记忆，就是所谓对象的表象。③

表象可说是感觉与概念之间的中间的阶段，中间的契机。表象是关于对象的感觉的普遍化的最初特殊形式。前面已经简单的说起，对象的表象，首先是关于各个感性的知觉的记忆。我们的认识

---

① 《李达文集》第 2 卷，第 225 页。
② 《李达文集》第 2 卷，第 228—229 页。
③ 《李达文集》第 2 卷，第 225 页。

能力,把在知觉的记忆上残留着的各个属性、方面和特征等,放在一个形象上统一起来,这种统一的形象,就叫作表象。表象比较感觉,形式上虽然距离客观的对象较远,而在本质上却与客观的对象相接近。……所以表象比较感觉,更能深刻的反映外界事物。①

认识的运动并不停顿在表象的阶段上。对象的表象,只是感觉的最初的普遍化,它虽能反映出对象的统一的形象,却不能把握对象的发展过程及发展法则。……"表象是从感觉到思惟去的认识的推移、联结、运动,是由前者到后者的转变的过程。"②

这是说,表象是对得自客观物质世界的感觉的合成与忆持,是感觉的初步提升,是比感觉较为全面但尚不如概念那样深刻的对于对象的把握,因而是从感觉发展到概念的中间环节,"因此认识的运动,必须由表象的阶段推移到概念的阶段"。③ 至于概念,李达说:

思惟是把感觉和表象造成更高级的普遍化的东西,它把在感觉和表象上给与着的"对象之具体的单独的存在形式,抽象出来,给以最一般的规定。人们只有把反映着客观现实性的感觉和表象实行普遍化,才能得到关于客观对象的概念(例如物质运动的概念,有机体成长的概念,社会发展的概念等)"。所以概念比较感觉和表象,在形式上虽然更加远离于客观对象,而在本质上却更接近于客观对象,更接近于客观事物总体性的合法则的联系之概括。

概念是认识的契机,是思惟的形式,是反映客观实在的形式。……在论理的概念反映客观现实性这一点说来,它是从这个反映过程分离出来的东西,是抽象的概念,因而它是主观的东西。但辩证法的抽象,能够比较深刻、比较忠实、比较完全的反映客观实在性。在这一点,概念是客观的。所以,辩证法的概念,包含着主观与

---

① 《李达文集》第 2 卷,第 239—240 页。
② 《李达文集》第 2 卷,第 241 页。
③ 《李达文集》第 2 卷,第 241 页。

客观,思惟与存在之对立的统一。

……

一切事物都是联结着,这是概念的全体性、联结性的源泉。在思惟领域中,任何概念都与其他一切概念发生关系,发生相互作用,形成对立的统一。……

同时,一切事物又都是运动着,这是概念的运动性、"柔软性"的源泉。在思惟领域中,任何概念都是运动的,发展的。任何概念,都依据对立统一的法则而运动,而发展。人类的思惟,对于客观现实性的认识,必须"在运动的永远过程中,在矛盾的发生及其解决的永远过程中去理解"。①

他又说:

就人类的认识的历史与实践的历史考察起来,人类对于世界的认识,是一个发展过程,是逐渐由低级阶段推进到高级阶段的过程。人类的认识的发展,表现于论理的概念或范畴之中。唯物辩证法说明概念的联结和发展,反映着客观世界的联结和发展,说明概念随着现实的发展法则而发展,说明概念"在根本上反映现实与认识之历史的发展及过程"。所以,反映一切事物的联结及发展的概念本身,也是联结着,发展着。……

……概念的自己运动,"不是概念自身的纯论理的运动",而是客观事物的联结及运动之反映,是客观世界与人类实践的客观运动之反映,是主观与客观、思惟与存在的对立统一过程的反映。并且,这种反映本身,也是一个发展过程。

客观事物的一切运动及联结的法则,不能够一次的、完全的、正确的、无条件的都反映于概念之中。概念中的这种反映,正和相对真理到达绝对真理的过程一样,是顺次由一个阶段进到高级阶段而

---

① 《李达文集》第 2 卷,第 242—244 页。

到达于完全的反映的。所以概念之反映客观世界的发展法则,只是有条件的,相对的,近似的。①

由此可见,概念的形成与发展根本上依赖于客观物质世界的运动变化,概念是比感觉和表象都更为高级的对于客观物质世界的普遍、抽象、深刻的把握,是"客观世界的最高认识形态之论理的认识"。② 认识过程到达概念形成阶段之后,就可能进而运用同样是"客观世界的最高认识形态之论理的认识"甚至是"客观世界的合法则的联结之更深刻更高级的反映"③的判断与推理,"判断反映物质世界的事物和对象的合法则性的联结",④"反映从个别的东西到普遍的东西的运动,在大量的丰富的个别的具体性之中发见其运动法则与一般倾向",⑤即是说,以概念为前提而运用判断对客观对象的性质作出结论,运用推理对客观对象的趋势作出预见。

总的来说,辩证唯物论的认识论的基本观点是,"认识只有实践的直接作用于客体,才能取得认识的材料,发见客体的法则;并且认识的真理性,也只有实践的直接作用于客体,才能证明",⑥"认识的过程,由实践出发,而复归于实践,其中包括着由物质到感觉及由感觉到思惟的认识的发展过程。……认识过程的运动,是自己运动,是内的矛盾与对立物的斗争。认识过程的自己运动,反映着客观世界的自己运动。认识过程的诸契机(如感觉、表象、概念等),原是客观世界的诸契机在思惟上的反映。所以认识的发展,反映着客观世界的发展",⑦"认识主体与认识客体的统一,是在社会历史的实践上实现的。所以,要理解人类的认识过程,

---

① 《李达文集》第 2 卷,第 246—247 页。
② 《李达文集》第 2 卷,第 241 页。
③ 《李达文集》第 2 卷,第 258 页。
④ 《李达文集》第 2 卷,第 253 页。
⑤ 《李达文集》第 2 卷,第 259 页。
⑥ 《李达文集》第 2 卷,第 91 页。
⑦ 《李达文集》第 2 卷,第 209—210 页。

必须在其与社会历史的实践的统一上去考察"，[①]"实践，比较认识是高级的东西。关于客观世界及其过程的认识，虽然阐明客观世界的历史的发展的法则和倾向，而这种认识的正确与否，只有实践才能给以最后的证明，只有实践才能把握对象之历史的具体性。……实践不但证明认识的真理性，并且依据认识的真理性，而积极的变革客观世界"，[②]凡此均表明，认识是客观世界的反映；认识通过实践与客观世界相联系；联系于客观世界的实践是认识的来源、认识发展的动力、检验认识的真理性的标准以及认识的目的。

李达最后提出了一个认识之圆运动发展的公式并加以阐释，他说：

> 所以关于客观世界的认识，是采取如下的过程：即："实践→直接的具体→抽象的思惟→媒介的具体→实践"——这是采取圆形运动而发展的。由直接的具体到媒介的具体——这是出发点与到着点之间的辩证法的统一。媒介的具体，是在思惟上正确的反映出来的直接的具体。所以这个统一，是思惟与存在、主观与客观的统一。这个统一，是在实践的基础上完成的。换句话说，媒介的具体与直接的具体之结合点，就是实践。可以说，认识的运动是圆运动。这个圆运动，不是形而上学的循环，而是辩证法的发展。认识随着客观世界的发展而发展，随着社会的实践的发展而发展。在社会的实践之历史的过程中，不断的暴露出客观世界的新矛盾、新关联、新属性和新侧面。这些新的矛盾、关联、属性和侧面，不断的闯进于人类的意识中，形成客观与主观的新矛盾，促进认识的新运动，使认识进到反映客观世界发展的新阶段，更深刻的更完全的更具体的把捉客观世界，因而社会的实践更进一步的积极的能动的变革客观世界。所以认识的这种圆运动是一个历史的发展过程，是由相对真理到绝

---

① 《李达文集》第 2 卷，第 211 页。
② 《李达文集》第 2 卷，第 266 页。

对真理去的发展过程。①

这就进一步阐明了在客观世界的基础上，以实践为起点，经过直接的具体、抽象的思惟和媒介的具体，又回到实践环节的螺旋上升、永无止境的认识运动规律，揭示了辩证唯物论的认识论的要义。

毫无疑问，无论是《现代社会学》对唯物史观、剩余价值学说和科学社会主义的阐发，还是《社会学大纲》对辩证唯物主义的宇宙观、方法论和认识论的论述，基本上都不是李达的独创新见，而多为他对马克思主义经典作家的学说以及一些马克思主义学者的研究成果的转介，他自己对此也直认不讳，如《现代社会学》序言说"此书之作，聊欲应用唯物史观作改造社会科学之一尝试而已，非敢谓于社会学上自标新帜也"，②《民族问题》小引称"这本小册子的内容，都是根据一般大实践者的指导原理写下来的，我自己并没有参加什么意见"，③在《社会学大纲》中也数见"以下所述，主要的根据了卢卡捷夫斯基的《无神论教程》第二章""本节的研究，完全根据苏俄共产党人的著作作客观的说明，我自己并不夹杂主观的见解"之类的表白。④ 不过这并不影响李达作为中国第一位全面系统深入阐述马克思主义内涵的理论权威的地位。秉具着真诚的信仰，李达对马克思主义的基本原理当然不可能随意取舍轩轾，而只会力求全面、系统、深入、准确、清晰地传达。而恰恰是这种全面、系统、深入、准确、清晰的传达，使马克思主义在中国得以开创性地完整地呈现，这正是李达的历史性贡献。也正是有见于此，毛泽东才赞许李达的《社会学大纲》是"中国人自己写的第一本马克思主义哲学教科书"。⑤

---

① 《李达文集》第 2 卷，第 266—267 页。

② 《李达文集》第 1 卷，第 237 页。

③ 《李达文集》第 1 卷，第 560 页。"一般大实践者"指马克思、恩格斯、列宁等共产主义运动领导人。

④ 《李达文集》第 2 卷，第 212、545—546 页。

⑤ 引语见陈晋《毛泽东想读常读的书籍》，载《北京日报》2017 年 1 月 16 日第 16 版。

第三节　毛泽东哲学思想的发展及其《实践论》和《矛盾论》

一、生平著述

毛泽东(1893—1976)，字润之，湖南湘潭韶山冲(今属韶山市)人。马克思主义者，中国无产阶级革命家、战略家、理论家、军事家，马克思主义中国化的伟大开拓者，中国共产党、中国人民解放军、中华人民共和国的主要缔造者和领袖，近代以来中国伟大的爱国者和民族英雄，中国共产党第一代中央领导集体的核心，毛泽东思想的主要创立者。1893年12月26日出生。1914年至1918年就读于湖南第一师范学校。早期即开始参与革命活动，接受并传播马克思列宁主义，组织新民学会，创办《湘江评论》，发起组织俄罗斯研究会和文化书社，建立长沙地区的社会主义青年团和共产党早期组织。1921年7月出席中国共产党第一次全国代表大会，参加创建中国共产党。后任中共湘区委员会书记、中国劳动组合书记部湖南分部主任。1923年6月出席中共三大，当选为中央执行委员，会后被选为中央局成员并任中央局秘书，进入中央领导核心。1923年下半年参与中国共产党帮助孙中山改组国民党的活动，后在国民党第一、第二次全国代表大会上被选为中央候补执行委员，曾任宣传部代理部长。1926年5月至9月主持第六届广州农民运动讲习所。同年11月任中共中央农民运动委员会书记。1927年任全国农民协会临时执行委员会常委兼组织部长，4月在武汉主持中央农民运动讲习所。1925年12月和1927年3月先后发表《中国社会各阶级的分析》和《湖南农民运动考察报告》，提出坚持无产阶级对民主革命的领导权和依靠农民同盟军进行革命斗争的主张，批判右倾机会主义错误。

1927年8月7日出席中共中央在汉口召开的紧急会议，提出"政权是由枪杆子中取得的"著名论断(后又表述为"枪杆子里面出政权")，当选为中央临时政治局候补委员。会后被委任中央特派员，随后又任中共湖南省委前敌委员会书记,领导湘赣边界秋收起义,创建工农革命军第一师,在井冈山创立中国第一个农村革命根据地。1928 年 4 月同朱德、陈毅率领的部队会师,合编为工农革命军(不久改称中国工农红军)第四军,毛泽东任党代表(后被选为该军军委书记),朱德任军长。1928 年 10 月至 1930 年 1 月,撰写《中国的红色政权为什么能够存在》《井冈山的斗争》《星星之火,可以燎原》等著作,创造性地阐述农村根据地的重要性和存在的条件,明确提出了"工农武装割据"的思想,得出中国红色政权能够继续存在和发展的结论,基本上形成了"农村包围城市、武装夺取政权"的中国革命道路的理论。1930 年 5 月写的《反对本本主义》,强调调查研究的重要性,初步提出实事求是、群众路线、独立自主的思想原则,奠定了毛泽东思想活的灵魂的三个基本点。8 月任红军第一方面军总政治委员、总前委书记。1931 年 11 月被选为中华苏维埃共和国临时中央政府主席。1934 年 1 月被选为中共中央政治局委员。在毛泽东、朱德、周恩来等的领导下,红军从 1930 年 11 月至 1933 年 3 月连续粉碎了国民党军队对中央革命根据地的四次军事"围剿"。由于"左"倾教条主义的错误,红军第五次反"围剿"遭到失败。1934 年 10 月参加红一方面军长征。1935 年 1 月中共中央在贵州遵义召开政治局扩大会议,增选毛泽东为中央政治局常委,随后又成立由毛泽东、周恩来、王稼祥组成的三人团全权指挥军事,从而确立了毛泽东在中共中央和红军的领导地位,开始确立以毛泽东为主要代表的马克思主义正确路线在中共中央的领导地位,在极端危急的历史关头,挽救了党,挽救了红军,挽救了中国革命。此后,中共中央和红一方面军摆脱国民党军队的围追堵截,战胜张国焘的分裂主义,胜利完成长征,于 1935 年 10 月到达陕北。同年 12 月毛泽东作《论反对日本帝国主义的策略》的报告,阐明抗日民族统一战线的理论、路线和政策。1936 年 12 月任中共中央军委主席,担任这一职务直至逝世。1937 年 7 月、8 月先后撰写完成《实践论》和《矛盾论》,丰富和发展了马克思列宁主义的认识论和辩证法,为中国共产党解决思想路线问题奠定了理论基础。抗日战争全面爆发后,撰写了《论持久战》等著作,批判亡国论和速胜论，提出中国共产党关于抗日战争的路线、方针、政策。1938 年 10 月、11 月在中共六届六中全会上作政治报告和结论，提出马克思主义中国化，对从农村到城市的中国革命道路在理论上作了概括，阐述了统一战线中的独立自主原则。1940 年 1 月撰写《新民主主义论》，系统阐述新民主主义革命和新民主主义社会的理论。1942 年春至 1945 年春领导开展全党范围的整风运动，使中国共产党在思想上、政治上、组织上达到空前的统一。1943 年 3 月在中共中央政治局会议上被选为中央政治局主席、中央书记处主席。以后在历届中央全会一次会议上都被选为中央委员会主席，直至逝世。1945 年 4 月主持召开中共七大，作《论联合政府》的政治报告，提出了建设新民主主义新中国的路线、方针、政策。整风运动和中共七大，为抗日战争和解放战争的胜利，奠定了坚实的基础。

抗日战争胜利后，针对蒋介石企图从人民手中夺取抗战胜利果实的阴谋，提出"针锋相对，寸土必争"的方针。1945 年 8 月 28 日和周恩来等赴重庆同蒋介石等谈判。1946 年夏在蒋介石发动全面内战后，号召和领导全国人民以革命战争反对反革命战争。1947 年 3 月至 1948 年 3 月转战陕北，指挥全国解放战争。1948 年 9 月至 1949 年 1 月指挥辽沈、淮海、平津三大战役，取得了战略决战的胜利。1949 年 3 月主持召开中共七届二中全会，提出全国胜利以后党的工作重心必须由乡村转到城市，指出中国由农业国转变为工业国、由新民主主义社会转变为社会主义社会的发展方向。6 月 30 日撰写《论人民民主专政》，阐述了人民共和国政权的性质和对内对外的基本政策，是创建中华人民共和国的纲领性文献。

1949 年 9 月在全国政协第一届全体会议上主持制定《中国人民政治协商会议共同纲领》，并当选为中华人民共和国中央人民政府主席。10 月 1 日在北京天安门庄严宣告中华人民共和国成立。从中华人民共和国成立到 1952 年，领导中国共产党胜利完成繁重的社会改革任务和进行抗美援朝战争，并迅速恢复了遭到严重破坏的国民经济。1953 年 6 月根据毛泽东的建议,中共中央提出过渡时期总路线,并逐步制定了社会主义工业化和对农业、手工业、资本主义工商业进行社会主义改造的路线、方针、政策。1954 年 9 月第一届全国人大第一次会议通过了毛泽东主持制定的《中华人民共和国宪法》,并选举他为中华人民共和国主席。1956 年 4 月作《论十大关系》讲话,对适合中国情况的社会主义建设道路进行了初步的探索。1957 年 2 月作《关于正确处理人民内部矛盾的问题》讲话,提出必须正确区分和处理社会主义社会两类不同性质的矛盾,把正确处理人民内部矛盾作为国家政治生活的主题。接着,他提出要"造成一个又有集中又有民主,又有纪律又有自由,又有统一意志、又有个人心情舒畅、生动活泼,那样一种政治局面"的要求。

1958 年发动"大跃进"和人民公社化运动。1959 年主持召开庐山会议,在会议后期发动对彭德怀的批判,会后在全党开展"反右倾"斗争。从 1961 年 1 月至 1965 年,在以他为核心的中共中央领导下,对国民经济实行"调整、巩固、充实、提高"的方针,使国民经济得到比较迅速的恢复和发展。在 1962 年 9 月召开的中共八届十中全会上,重提阶级斗争,把社会主义社会中一定范围内存在的阶级斗争扩大化和绝对化。1963 年发动社会主义教育运动,在后期提出运动的重点是整所谓"党内走资本主义道路的当权派"。从 20 世纪 50 年代后期开始,领导中共同苏共领导人奉行的大国沙文主义等进行了坚决的斗争。

1966 年发动"文化大革命"运动,这个运动又被林彪、江青两个反革命集团所利用,延续十年之久,使中国共产党、国家和人民遭受到中华人民共和国成立以来最为严重的挫折和损失。在"文化大革命"中,毛泽东也曾制止和纠正过一些具体错误。他还领导粉碎林彪反革命集团的斗争,阻止江青、张春桥等夺取党和国家最高领导权。在对外政策方面,提出"三个世界"划分的战略和中国永远不称霸的重要思想,并且开始打开对外工作的新局面。1976 年 9 月 9 日在北京逝世。1981 年 6 月中共中央通过的《关于建国以来党的若干历史问题的决议》,对毛泽东一生的全部活动和思想作出全面评价,指出:就毛泽东的一生来看,他对中国革命的功绩远远大于他的过失,他的功绩是第一位的,错误是第二位的。他的主要著作编入《毛泽东选集》和《毛泽东文集》、《毛泽东军事文集》等。[①]

二、早期哲学思想

在接触马克思主义以前,毛泽东主要接受传统教育以及近代西方自然科学和社会科学的影响,其时他的哲学思想是相当驳杂的。

(一) 客观存在与主观唯我的本体观

首先,对于哲学本体论,早年毛泽东给予了相当的关注,可以说,他具有明确的追索宇宙终极根据的求体意识,这也恰恰体现出他的哲学凤慧。不过,其时他的本体观尚在客观自在的存有与主观唯我的意识之间游移,而大体上终于趋向后者。例如他说:"发显即本体,本体即发显,合无量数发显而为一大本体,由一大本体分为无量数发显。人类者与本体有直接关系,而为其一部分,人类之意识,亦即与本体之意识相贯通,本体或名之曰神。"[②]此语虽然不无体用不二、性相一如的意思,似可见佛教华严宗一多相即思想的影响,但从所谓"由一大本体分为无量数发显"以及将人类及其意识作为派生并且对蹠于本体的存在来看,其以本体作为客观自在的存有这种涵义也是可以把握的。本体的这种涵义在毛泽东当时的文著中还可得到证据,他说:"夫本源者,宇宙之真理。天下之生民,各为宇宙之一体,即宇宙之真理,各具于人人之心中,虽有偏全之不同,而总有几分之存在。"[③]"凡宇宙一切之差别,皆不过其发显之方面不同,与吾人观察及适应之方面有异而已,其本质只一个形状也,如阴阳、上下、大小、高卑、彼此、人己、好恶、正反、洁污、美丑、明暗、胜负之类皆是。"[④]这样的本体观,无疑接近于作为程朱理学之集大成者的朱熹所谓

---

① 引自《辞海(第 7 版)》,上海:上海辞书出版社 2020 年版,第 2956—2958 页。
② 《毛泽东早期文稿》,中共中央文献研究室、中共湖南省委《毛泽东早期文稿》编辑组编,长沙:湖南出版社 1990 年版,第 229—230 页。该书注释道:"发显,表现、显现、现象之意,为当时一些学者在哲学、伦理学上常用的翻译用语。"见同书第 284 页。
③ 《毛泽东早期文稿》,第 85 页。
④ 《毛泽东早期文稿》,第 245 页。

"万一山河大地都陷了,毕竟理却只在这里"的看法。①

但是与此同时,毛泽东又说过:"吾从前固主无我论,以为只有宇宙而无我,今知其不然。盖我即宇宙也。各除去我,即无宇宙。各我集合,即成宇宙。而各我又以我而存,苟无我,何有各我哉?是故宇宙间可尊者惟我也,可畏者惟我也,可服从者惟我也。我以外无可尊,有之亦由我推之;我以外无可畏,有之亦由我推之;我以外无可服从,有之亦由我推之也。"②这是以独一无二的自我为一切他我乃至整个宇宙的根本,显然是主观唯我论的本体论,与孟子"万物皆备于我"以及陆象山"吾心即是宇宙"的思想若合符契。③ 他又说:"世界固有人有物,然皆因我而有,我眼一闭,固不见物也。"④这与王阳明南镇看花之论也是如出一辙,⑤既是极端的主观唯我论的认识论,也是极端的主观唯我论的本体论。而从毛泽东所谓"吾从前固主无我论,以为只有宇宙而无我,今知其不然"来看,他是从先前的客观自在的本体观趋归于后来的主观唯我的本体观的。正是主观唯我的本体观,对于毛泽东一生事功发生了或显或隐的重要作用。

与现代中国许多思想家一样,毛泽东也不以哲学研究与建构作为平生职志,他对宇宙根本的探寻,落实到对于社会现实问题的解决。他说:"天下亦大矣,社会之组织极复杂,而又有数千年之历史,民智污塞,开通为难。欲动天下者,当动天下之心,而不徒在显见之迹。动其心者,当具有大本大源。今日变法,俱从枝节入手,如议会、宪法、总统、内阁、军事、实业、教育,一切皆枝节也。枝节亦不可少,惟此等枝节,必有本源。本

---

① 《朱子全书》第十四册,上海:上海古籍出版社、合肥:安徽教育出版社2002年版,第116页。

② 《毛泽东早期文稿》,第230—231页。

③ 孟子语,见《四书集注》,长沙:岳麓书社1998年版,第501页;陆象山语,《陆九渊集》,北京:中华书局1980年版,第483页。

④ 《毛泽东早期文稿》,第148页。

⑤ 《传习录下》载:"先生遊南镇,一友指岩中花树问曰:'天下无心外之物,如此花树,在深山中自开自落,于我心亦何相关?'先生曰:'你未看此花时,此花与汝心同归于寂。你来看此花时,则此花颜色一时明白起来。便知此花不在你的心外。'"见《王阳明全集》,上海:上海古籍出版社1992年版,第107—108页。

源未得,则此等枝节为赘疣,为不贯气,为支离灭裂。幸则与本源略近,不幸则背道而驰。夫以与本源背道而驰者而以之为临民之具,几何不谬种流传,陷一世一国于败亡哉?而岂有毫末之富强幸福可言哉?"①由此可见,毛泽东的哲学本体论关照实际上是要为其改造中国社会的关切设定由本及末、系统全面的思想方法。

(二) 物质运动与终极静止的宇宙观

在宇宙观方面,毛泽东早年认为大千世界无非变动不居的物质。他一言以蔽之曰:"天地盖惟有动而已。"②具体到人身、国家、民族乃至人类来说:"一人生死之言,本精神不灭、物质不灭为基础(精神物质非绝对相离之二物,其实即一物也,二者乃共存者也)。世上各种现象只有变化,并无生灭成毁也,生死也皆变化也。既无生灭,而只有变化,且必有变化,则成于此必毁于彼,毁于彼者必成于此,成非生,毁非灭也。生于此者,必死于彼;死于彼者,必生于此。生非生,死非死也。国家有灭亡,乃国家现象之变化,土地未灭亡,人民未灭亡也。国家有变化,乃国家日新之机,社会进化所必要也。今之德意志即从前之日耳曼,土地犹是也,人民犹是也。吾尝虑吾中国之将亡,今乃知不然。改建政体,变化民质,改良社会,是亦日耳曼而变为德意志也,无忧也。惟改变之事如何进行,乃是问题。吾意必须再造之,使其如物质之由毁而成,如孩儿之从母腹胎生也。国家如此,民族亦然,人类亦然。各世纪中,各民族起各种之大革命,时时涤旧染而新之,皆生死成毁之大变化也。宇宙之毁也亦然。宇宙之毁决不终毁也,其毁于此者必成于彼无疑也。吾人甚盼望其毁,盖毁旧宇宙而得新宇宙,岂不愈于旧宇宙耶!"③此处言及人身虽然似持神物二元论观点,但参以毛泽东于他处所谓"人类者,自然物之一也,受自然法则之支配,有生必有死,即自然物有成必有毁之法则"④,可见毛泽东

---

① 《毛泽东早期文稿》,第85页。
② 《毛泽东早期文稿》,第69页。
③ 《毛泽东早期文稿》,第199—202页。
④ 《毛泽东早期文稿》,第194页。

基本上是认为充斥于广宇悠宙者不过运动的物质或物质的运动而已。

至于物质运动的原因,毛泽东归之于"差别陈迭之状况",[1]亦即事物的矛盾性。以自然现象为例,"河出潼关,因有太华抵抗,而水力益增其奔猛。风回三峡,因有巫山为隔,而风力益增其怒号",[2]即是说,矛盾越是尖锐激烈,运动就越是显著迅猛。从人类社会来看,"然则不平等、不自由、大战争亦当与天地终古,永不能绝,世岂有纯粹之平等自由博爱者乎?有之,其惟仙境。然则唱大同之说者,岂非谬误之理想乎?人现处于不大同时代,而想望大同,亦犹人处于困难之时,而想望平安。然长久之平安,毫无抵抗纯粹之平安,非人生之所堪,而不得不于平安之境又生出波澜来。然大同亦岂人生之所堪乎?吾知一入大同之境,亦必生出许多竞争抵抗之波澜来,而不能安处于大同之境矣。是故老庄绝圣弃智、老死不相来之社会,徒为理想之社会而已。陶渊明桃花源之境遇,徒为理想之境遇而已。即此又可证明人类理想之实在性少,而谬误性多也。是故治乱迭乘,平和与战伐相寻者,自然之例也。伊古以来,一治即有一乱,吾人恒厌乱而望治,殊不知乱亦历史生活之一过程,自亦有实际生活之价值。吾人览史时,恒赞叹战国之时,刘项相争之时,汉武与匈奴竞争之时,三国竞争之时,事态百变,人才辈出,令人喜读。至若承平之代,则殊厌弃之。非好乱也,安逸宁静之境,不能长处,非人生之所堪,而变化倏忽,乃人性之所喜也。吾尝梦想人智平等,人类皆为圣人,则一切法治均可弃去,今亦知其决无此境矣"![3] 这则是说,人类社会永远处在矛盾运动之中,而无矛盾的平和状态只不过是幻想而已。

早年毛泽东还注意到事物的矛盾运动存在着由量变到质变及其自我否定与转化诸现象。在《讲堂录》中,他记道:"夫善,积而成者也。是故万里之程,一步所积;千尺之帛,一丝所积。差一步,不能谓之万里;差一丝,不能谓之千尺。朱子学问,铢积寸累而得之,苟为不蓄,则终生不

---

① 《毛泽东早期文稿》,第 245 页。
② 《毛泽东早期文稿》,第 180—181 页。
③ 《毛泽东早期文稿》,第 184—187 页。

得矣。"①表述了由量变到质变的观点。也是在《讲堂录》中,他记道:"《老子》:天下莫柔弱于水,而攻坚强者莫之能先。""杀人以生人。""恩生于害,害生于恩。"②在《体育之研究》中,他指出:"盖生而强者滥用其强,不戒于种种嗜欲,以渐戕贼其身,自谓天生好身手,得此已足,尚待锻炼?故至强者或终转为至弱。至于弱者,则恒自闵其身之不全,而惧其生之不永,兢业自持;于消极方面则深戒嗜欲,不敢使有损失;于积极方面则勤自锻炼,增益其所不能,久之遂变而为强者矣。故生而强者不必自喜也,生而弱者不必自悲也。"③由此阐明了事物自我否定与转化的观点。

应该指出,早年毛泽东的事物运动转化观还杂有相对主义成分,如其所谓"观念即实在,有限即无限,时间感官者即超绝时间感官者,想象即思维,形式即实质,我即宇宙,生即死,死即生,现在即过去及未来,过去及未来即现在,小即大,阴即阳,上即下,秽即清,男即女,厚即薄。质而言之,万即一,变即常。我是极高之人,又是极卑之人",④这就抹煞了事物的质的规定性及其转化的条件性。另外,早年毛泽东还将事物的运动转化限定在终极静止的宇宙框架之内,亦即认为现象界虽然千变万化,但宇宙在根本上却是一成不变的,他说:"即宇宙亦终古在同状之中,无创作之力。精神不灭,物质不灭,即精神不生,物质不生,既不灭何有生乎,但有变化而已。吾人之心灵限于观念,观念限于现象,现象限于实体。吾人之心灵有变化而已,安能丝毫之创作哉?"可见其时毛泽东尚未将事物运动转化观贯彻到底。但无论如何,早年毛泽东对于事物的矛盾运动与转化的认识,为他后来接受辩证唯物主义世界观奠定了思想基础。

(三)唯物辩证与知觉类化的认识论

早年毛泽东的认识论基本上属于唯物主义范畴。关于认识的来源,

---

① 《毛泽东早期文稿》,第 601 页。
② 《毛泽东早期文稿》,第 595—596 页。
③ 《毛泽东早期文稿》,第 70 页。
④ 《毛泽东早期文稿》,第 269—270 页。

他说:"凡宇宙一切之差别,皆不过其发显之方面不同。……吾人各种之精神生活即以此差别相构成之,无此差别相即不能构成历史生活。进化者,差别陈迭之状况也。有差别而后有言语,有思虑,无差别即不能有之。"①这显然是以客观存在作为第一性者,而以认识作为客观存在的产物。他又说:"美学未成立以前,早已有美。伦理学未成立以前,早已人人有道德,人人皆得其正鹄矣。种种著述皆不过钩画其实际之情状,叙述其自然之条理。无论何种之书,皆是述而不作。"②这则是认为事实先于理论,而在宽泛的意义上,事实也就是客观存在。他还说:"闭门求学,其学无用。欲从天下国家万事万物而学之,则汗漫九垓,遍游四宇尚已。"③这不仅仍然表明客观存在是认识的来源,而且强调直接知识比间接知识更重要,体现了对于实践的重视。尤有进者,在将客观存在置于第一性地位的前提下,毛泽东还指出了认识必须依赖于体质这一物质基础,他说:"夫知识之事,认识世间之事物而判断其理也,于此有须于体者焉。直观则赖乎耳目,思索则赖乎脑筋,耳目脑筋之谓体,体全而知识之事以全,故可谓间接从体育以得知识。"④由此便将认识的产生限定于客观存在与主体体质的双重物质条件之下。

对于所谓"良能""先天直觉"之类的具有神秘性的心理现象,毛泽东也作了唯物主义的解释,他说:"此良能乃祖先以来多代相传之经验,其始固有意识存乎其间,及其行之以已久,成为社会之习惯,在个人之脑筋中成为一种不假思索脱然而出之反射运动,乃所谓良能也。"⑤"此种言语在其起原确已合于客观界之事实,乃由种种之经验而来者也。由一人而论,从幼少之时,即童而习之,似为构成于先天者。从历史观之,则纯成乎经验,而非所谓先天直觉也。"⑥即是说,所谓"良能"和"先天直觉"都不

---

① 《毛泽东早期文稿》,第 245 页。
② 《毛泽东早期文稿》,第 216—217 页。
③ 《毛泽东早期文稿》,第 587 页。
④ 《毛泽东早期文稿》,第 71 页。
⑤ 《毛泽东早期文稿》,第 157 页。
⑥ 《毛泽东早期文稿》,第 221 页。

过是漫长岁月中代复一代积累的经验的遗传性内化。

早年毛泽东还看到了认识对于客观存在的反作用,他说:"知识固大有影响于人心者也。人心循感情冲动及良心而动作者半,循新得之知识而动作者亦半。人类之有进步、有革命、有改过之精神,则全为依靠新知之指导而活动者也。……夫知者信之先,有一种之知识,即建为一种之信仰;既建一种信仰,即发为一种之行为。知也,信也,行也,为吾人精神活动之三步骤。"①此所谓动作、革命、行为云云,当然都是主体见之于客观对象的活动,而这类活动都是基于认识亦即知识而发生的,这也就是形成于客观对象的认识或知识对于客观对象的反作用。另外,毛泽东虽然肯定客观存在和直接经验在认识活动中的优先地位,但也相当重视理性的抽象、推理和概括功能,他说:"解甲物而有通乎乙,思此理而有会乎彼。及其至也,大宇之内,万象之众,息息而相通,是谓知觉类化。"②对理性的推重可谓情见乎辞。不过,早年毛泽东对理性的推重却不免产生偏至,以至于认为"差别之所以生,生于有界限。为界域生活之人类,其思想有限,其能力有限,其活动有限,对于客观界,遂以其思想能力活动所及之域,而种种划分之,于是差别之世界成矣",③从语面看,这是批评人类理性的局限性,但此语同时也表达了人类理性可能为客观存在立法的意思,从而不无唯心主义认识论之嫌。然而,尽管存在着思想驳杂的情况,早年毛泽东毕竟更加倾向于客观存在和直接经验的优先性,所以说他的认识论基本上属于唯物主义范畴,这也是他后来接受辩证唯物主义认识论的契机。

(四)主观唯心主义的利己主义、个人主义和个性自由伦理观

早年毛泽东研读近代德国学者泡尔生(Friedrich Paulsen,1846—1908)所著《伦理学原理》,引生了大量伦理道德思想。其时他的伦理观基本上是主观唯心主义的。他说:"道德非必待人而有。待人而有者,客观之道德律;独立所有者,主观之道德律也。吾人欲自尽其性,自完其

———————————

① 《毛泽东早期文稿》,第 227—228 页。
② 《毛泽东早期文稿》,第 587 页。
③ 《毛泽东早期文稿》,第 246 页。

心,自有最可宝贵之道德律。世界固有人有物,然皆因我而有,我眼一闭,固不见物也。故客观之道德律亦系主观之道德律。且即使世界上止有我一人,亦不能因无损于人而不尽吾之性、完吾之心,仍必尽之完之。此等处非以为人也,乃以为己也。"①这是说,道德律自具于本心,与客观世界的人物并无关系。他又说:"或人之说,必以道德律为出于神之命令,而后能实行而不唾弃,此奴隶之心理也。服从神何不服从己?己即神也,神以外尚有所谓神乎?吾研究良心之起原而知之,此问题已得于己矣,即当举其所得于己者而服从之。一切时空内百般之事物,其应服从,价值无有过于此所得于己者之大。吾人一生之活动,服从自我之活动而已;宇宙间各物之活动,各物从服自我之活动而已。"②这更是否定了道德神授的观念,而将道德根蒂仅仅植于人心之中。

其时毛泽东的伦理观的显著特点是主张利己主义、个人主义和个性自由。他肯定真诚的、以自我为起点而终于推扩至宇宙万物的最大的利己主义,相应地否定虚伪的、声称利他而实际上利己的所谓利他主义,其曰:"真者,善也;伪者,恶也。实行利己主义者,念虽小犹真也。借利他之名而行利己之实者,则大伪也。由利己而放开之至于利人类之大己,利生类之大己,利宇宙之大己,系由小真而大真,人类智力进步可得达到也。人己并举则次序不明,易致假利他之名而行利己之实,无由而达到最大之利己也。予思吾儒家之说,乃是以利己主义为基础,如'天地之道造端乎夫妇'之言,'先修身而后平天下','先亲亲而后仁民爱物'可以见之。兼爱之说非利他主义也,言兼爱则有我在内,以爱我者而普爱天下之人云耳。以我立说,乃有起点,有本位;人我并称,无起点,失却本位。"③他进一步说明利他行为实乃主体之不容已的自我实现,有谓"一切之生活动作所以成全个人,一切之道德所以成全个人。表同情于他人,

---

① 《毛泽东早期文稿》,第147—148页。
② 《毛泽东早期文稿》,第230页。本书编者在"神以外尚有所谓神乎"一语的前一"神"字后面加注:"神,原文如此,疑为'己'字。"见同书第284页。
③ 《毛泽东早期文稿》,第143—144页。

为他人谋幸福,非以为人,乃以为己。吾有此种爱人之心,即须完成之;如不完成,即是于具足生活有缺,即是未达正鹄"①。这是一种吊诡的利己主义观点,亦即无论怎样的利他动机与行为,归根到底都是利己;或者说,客观上即使是大公无私的表现,实质上也只是为了满足一己之私心。这就在肯定的意义上将一切道德现象全都收摄到私己范畴之中了。

与对于私己的注重相关联,毛泽东又标举个人主义。他说:"个人有无上之价值,百般之价值依个人而存,使无个人(或个体)则无宇宙,故谓个人之价值大于宇宙之价值可也。故凡有压抑个人、违背个性者,罪莫大焉。故吾国之三纲在所必去,而教会、资本家、君主、国家四者,同为天下之恶魔也。或曰个人依团体而存,与团体之因个人而存其事相等,盖互相依存不可偏重也。是不然。事固先有个人而后有团体,个人离团体固不能独存,然团体无意思,其有意思仍系集合个人之意思也。个人有叛团体之事,团体无叛个人之事,以团体无意思也。且团体者仍个人,乃大个人也。人一身乃集许多小个体而成,社会乃集许多个人而成,国家乃集许多社会而成。当其散则多,及其成则一。故个人、社会、国家皆个人也,宇宙亦一个人也。故谓世无团体,只有个人,亦无不可。"②又说:"先有各人而后有国民,非各人由国民而发生也。国民之生命即各人之总生命,乃合各人之生命而成,非各人之生命由国民之生命所派生也。至国家社会之组织既成,各人住于其中,不可离解,徒观其现在之状况,遂不免有国民大、各人小、国民重、各人轻之势。细研之,实不如此。"③这是以个人作为构成社会乃至宇宙的基点,强调个人绝对先于并且重于社会乃至宇宙,无疑是一种极端的个人主义。

复与极端个人主义相关联,毛泽东还推尊个性自由,这一点,从上引"故凡有压抑个人、违背个性者,罪莫大焉"一语已可窥见,而他更有精彩论述曰:"豪杰之士发展其所得于天之本性,伸张其本性中至伟至大之

---

① 《毛泽东早期文稿》,第 203 页。另参见同书第 241 页。
② 《毛泽东早期文稿》,第 151—153 页。
③ 《毛泽东早期文稿》,第 241—242 页。

力,因以成其为豪杰焉。本性以外之一切外铄之事,如制裁束缚之类,彼者以其本性中至大之动力以排除之。此种之动力,乃至坚至真之实体,为成全其人格之源,即此书所谓自然之冲动,所谓性癖也。彼但计此动力发出之适宜与否,得当与否。适宜也,得当也,则保持之;否则变更之,以迁于适宜与得当焉。此纯出其自计,决非服从外来之道德律,与夫所谓义务感情也。大凡英雄豪杰之行其自己也,发其动力,奋发蹈厉,摧陷廓清,一往无前,其强如大风之发于长谷,如好色者之性欲发动而寻其情人,决无有能阻回之者,亦决不可有阻回者。"①这是高度肯定并由衷赞美无所羁绊、率性而行、期于必成的自由个性,毛泽东自谓"吾之意与孟子所论浩然之气及大丈夫两章之意,大略相同"。②

早年毛泽东伦理观中的利己主义、个人主义和个性自由思想,与新文化运动时期的社会思潮以及作为新文化运动的理论基础的近代西方启蒙理念甚为契合,由此体现出他的思想观念的时代性,可以说他也是当时挣脱传统羁绊的新派人物,是广义的五四之子。当然,在他转变为马克思列宁主义者之后,他的早年伦理观基本上逐渐被扬弃了,例如以为人民服务克服了利己主义,以阶级观点克服了个人主义,以民主集中制克服了自由主义。

三、成熟期哲学思想

1921年初,毛泽东先后在新民学会长沙会员大会上的发言以及致蔡和森的信中明确表示:"激烈方法的共产主义,即所谓劳农主义,用阶级专政的方法,是可以预计效果的,故最宜采用",③"唯物史观是吾党哲学的根据,这是事实,不像唯理观之不能证实而容易被人摇动",④这表明他已经从革命民主主义者转变为马克思列宁主义者。此后 16 年

---

① 《毛泽东早期文稿》,第 218—219 页。
② 《毛泽东早期文稿》,第 220 页。
③ 《毛泽东文集》第 1 卷,北京:人民出版社 1993 年版,第 2 页。
④ 《毛泽东文集》第 1 卷,第 4 页。

间，毛泽东几乎一直置身于急风暴雨式的革命斗争中，虽然写作了大量政治军事论著，从中也可以发现他将马克思主义哲学与中国革命具体实践相结合的思想，但真正进行哲学理论创造，则还是在长征到达陕北、特别是于1937年初迁驻延安以后。《实践论》和《矛盾论》作为他在抗日军政大学授课提纲《辩证法唯物论》中的两节，就是在这一年首次发表的。

（一）《实践论》：辩证唯物论的认识论

在长征到达陕北终于有了一块安身之地以后，毛泽东随即在物资匮乏且军政倥偬的环境中如饥似渴地读书学习。1936年10月22日，他致信叶剑英和刘鼎说："要买一批通俗的社会科学自然科学及哲学书，大约共买十种至十五种左右，要经过选择真正是通俗的而又有价值的（例如艾思奇的《大众哲学》，柳湜的《街头讲话》之类），每种买五十部，共价不过一百元至三百元，请剑兄经手选择，鼎兄经手购买。"①自1936年11月至次年7月，毛泽东研读了苏联西洛可夫和爱森堡等著、李达和雷仲坚翻译的《辩证法唯物论教程》，苏联米丁等著、沈志远翻译的《辩证唯物论与历史唯物论》（上册），这两部译著无疑就是毛泽东撰写《实践论》和《矛盾论》的主要借鉴，这一点，从《毛泽东哲学批注集》中收集的毛泽东研读这两部译著时所写的大量读书心得可以证明。②

---

① 《毛泽东文集》第1卷，第453页。就在这封信中，毛泽东还谆谆告诫道："经济甚紧，外面用费须节省又节省，千万不可过费。无论何时不要丧失我们的立场，不要接受别人的馈赠。只有到了万不得已时，才允许向别人借一点钱用，日后如数归还。一切用费均须报账。因近日接连发生几件浪费事，故向二兄指出此点。并请向雪枫、理治及其他做统一战线工作的同志随时提出对此问题的警觉。苦久了的人难免见风华而把握不住，故应作为一个问题，对同志做教育与警戒的工作。"

② 参见《毛泽东哲学批注集》，北京：中央文献出版社1988年版，第1—189页。坊间有传言指毛泽东的《实践论》和《矛盾论》抄袭了李达的《社会学大纲》，此乃车前马后的颠倒之论！《实践论》和《矛盾论》发表于1937年4月至8月间，而毛泽东读到李达的《社会学大纲》乃在1938年1月，故毛泽东不可能抄袭李达。且对于马克思列宁主义基本原理的阐发不可能别出心裁，因此相关著作的内容即使存在相近之处，主要地也应该是作者们对原著的理解达到了相近或一致，而不足以表明谁抄袭了谁。关于《实践论》和《矛盾论》的写作情况，可参见《毛泽东年谱1893—1949》上卷，北京：人民出版社、中央文献出版社1993年版，第615—617、671—672、685页；另可参见《毛泽东文集》第8卷，北京：人民出版社1999年版，第405—406页。

《实践论》篇幅短小，不过万字左右，不分节，其副标题为"论认识和实践的关系——知和行的关系"。认识和实践是近代以来的哲学术语；而知、行则是中国传统哲学范畴，其母题大概可以追溯到《尚书·商书·说命中》所谓"非知之艰，行之惟艰"。由此可见，毛泽东在写作《实践论》这篇马克思列宁主义认识论文献时，头脑中是存在着中国传统哲学这一背景的；可以说他是要以马克思列宁主义为中国传统哲学的认识论注入新的时代内容，也可以说他是要以中国传统哲学为马克思列宁主义认识论提供本土的理论框架和思想资源。他的这种思想背景，与他写作这篇文献的动机，即批判当时中国共产党内那些"长期拒绝中国革命的经验，否认'马克思主义不是教条而是行动的指南'这个真理，而只生吞活剥马克思主义书籍中的只言片语，去吓唬人们"[1]的教条主义者，也是基本一致的。

《实践论》开篇乃至通篇反复强调人的认识对于社会实践的依赖性，亦即社会实践是认识的来源。毛泽东说：

> 马克思主义者认为人类的生产活动是最基本的实践活动，是决定其他一切活动的东西。人的认识，主要地依赖于物质的生产活动，逐渐地了解自然的现象、自然的性质、自然的规律性、人和自然的关系；而且经过生产活动，也在各种不同程度上逐渐地认识了人和人的一定的相互关系。一切这些知识，离开生产活动是不能得到的。在没有阶级的社会中，每个人以社会一员的资格，同其他社会成员协力，结成一定的生产关系，从事生产活动，以解决人类物质生活问题。在各种阶级的社会中，各阶级的社会成员，则又以各种不同的方式，结成一定的生产关系，从事生产活动，以解决人类物质生活问题。这是人的认识发展的基本来源。
>
> 人的社会实践，不限于生产活动一种形式，还有多种其他的形式，阶级斗争，政治生活，科学和艺术的活动，总之社会实际生活的

---

[1]《毛泽东选集》第1卷，北京：人民出版社1991年版，第282页题解。

一切领域都是社会的人所参加的。因此,人的认识,在物质生活以外,还从政治生活文化生活中(与物质生活密切联系),在各种不同程度上,知道人和人的各种关系。其中,尤以各种形式的阶级斗争,给予人的认识发展以深刻的影响。①

他又说:

辩证唯物论的认识论把实践提到第一的地位,认为人的认识一点也不能离开实践,排斥一切否认实践重要性、使认识离开实践的错误理论。列宁这样说过:"实践高于(理论的)认识,因为它不但有普遍性的品格,而且还有直接现实性的品格。"马克思主义的哲学辩证唯物论有两个最显著的特点:一个是它的阶级性,公然申明辩证唯物论是为无产阶级服务的;再一个是它的实践性,强调理论对于实践的依赖关系,理论的基础是实践,又转过来为实践服务。……实践的观点是辩证唯物论的认识论之第一的和基本的观点。②

他还说:

无论何人要认识什么事物,除了同那个事物接触,即生活于(实践于)那个事物的环境中,是没有法子解决的。……如果要直接地认识某种或某些事物,便只有亲身参加于变革现实、变革某种或某些事物的实践的斗争中,才能触到那种或那些事物的现象,也只有在亲身参加变革现实的实践的斗争中,才能暴露那种或那些事物的本质而理解它们。……你要有知识,你就得参加变革现实的实践。你要知道梨子的滋味,你就得变革梨子,亲口吃一吃。你要知道原子的组织同性质,你就得实行物理学和化学的实验,变革原子的情况。你要知道革命的理论和方法,你就得参加革命。……一个人的知识,不外直接经验的和间接经验的两部分。而且在我为间接经验

①《毛泽东选集》第1卷,第282—283页。
②《毛泽东选集》第1卷,第284页。

者,在人则仍为直接经验。因此,就知识的总体说来,无论何种知识都是不能离开直接经验的。任何知识的来源,在于人的肉体感官对客观外界的感觉,否认了这个感觉,否认了直接经验,否认亲自参加变革现实的实践,他就不是唯物论者。"知识里手"之所以可笑,原因就是在这个地方。中国人有一句老话:"不入虎穴,焉得虎子。"这句话对于人们的实践是真理,对于认识论也是真理。离开实践的认识是不可能的。①

在肯定实践第一的前提下,毛泽东进而阐述了认识发展形成的机制,他说:

> 原来人在实践过程中,开始只是看到过程中各个事物的现象方面,看到各个事物的片面,看到各个事物之间的外部联系。……这是认识的第一个阶段。在这个阶段中,人们还不能造成深刻的概念,作出合乎论理(即合乎逻辑)的结论。

> 社会实践的继续,使人们在实践中引起感觉和印象的东西反复了多次,于是在人们的脑子里生起了一个认识过程中的突变(即飞跃),产生了概念。概念这种东西已经不是事物的现象,不是事物的各个片面,不是它们的外部联系,而是抓着了事物的本质,事物的全体,事物的内部联系了。概念同感觉,不但是数量上的差别,而且有了性质上的差别。循此继进,使用判断和推理的方法,就可产生出合乎论理的结论来。《三国演义》上所谓"眉头一皱计上心来",我们普通说话所谓"让我想一想",就是人在脑子中运用概念以作判断和推理的工夫。这是认识的第二个阶段。……这个概念、判断和推理的阶段,在人们对于一个事物的整个认识过程中是更重要的阶段,也就是理性认识的阶段。认识的真正任务在于经过感觉而到达于思维,到达于逐步了解客观事物的内部矛盾,了解它的规律性,了解

---

① 《毛泽东选集》第1卷,第286—288页。

这一过程和那一过程间的内部联系，即到达于论理的认识。重复地说，论理的认识所以和感性的认识不同，是因为感性的认识是属于事物之片面的、现象的、外部联系的东西，论理的认识则推进了一大步，到达了事物的全体的、本质的、内部联系的东西，到达了暴露周围世界的内在的矛盾，因而能在周围世界的总体上，在周围世界一切方面的内部联系上去把握周围世界的发展。①

也是在强调实践之重要性的意义上，毛泽东深入论析了作为认识的第一个阶段的感性认识与作为认识的第二个阶段的理性认识的关系，他说：

这里有两个要点必须着重指明。第一个，在前面已经说过的，这里再重复说一说，就是理性认识依赖于感性认识的问题。如果以为理性认识可以不从感性认识得来，他就是一个唯心论者。哲学史上有所谓"唯理论"一派，就是只承认理性的实在性，不承认经验的实在性，以为只有理性靠得住，而感觉的经验是靠不住的，这一派的错误在于颠倒了事实。理性的东西所以靠得住，正是由于它来源于感性，否则理性的东西就成了无源之水，无本之木，而只是主观自生的靠不住的东西了。从认识过程的秩序说来，感觉经验是第一的东西，我们强调社会实践在认识过程中的意义，就在于只有社会实践才能使人的认识开始发生，开始从客观外界得到感觉经验。一个闭目塞听、同客观外界根本绝缘的人，是无所谓认识的。认识开始于经验——这就是认识论的唯物论。

第二是认识有待于深化，认识的感性阶段有待于发展到理性阶段——这就是认识论的辩证法。如果以为认识可以停顿在低级的感性阶段，以为只有感性认识可靠，而理性认识是靠不住的，这便是重复了历史上的"经验论"的错误。这种理论的错误，在于不知道感觉材料固然是客观外界某些真实性的反映（我这里不来说经验只是

---

① 《毛泽东选集》第 1 卷，第 284—286 页。

所谓内省体验的那种唯心的经验论），但它们仅是片面的和表面的东西，这种反映是不完全的，是没有反映事物本质的。要完全地反映整个的事物，反映事物的本质，反映事物的内部规律性，就必须经过思考作用，将丰富的感觉材料加以去粗取精、去伪存真、由此及彼、由表及里的改造制作工夫，造成概念和理论的系统；就必须从感性认识跃进到理性认识。这种改造过的认识，不是更空虚了更不可靠了的认识，相反，只要是在认识过程中根据于实践基础而科学地改造过的东西，正如列宁所说乃是更深刻、更正确、更完全地反映客观事物的东西。①

而认识的目的同样归趋于实践，毛泽东说：

> 辩证唯物论的认识运动，如果只到理性认识为止，那末还只说到问题的一半。而且对于马克思主义的哲学说来，还只说到非十分重要的那一半。马克思主义的哲学认为十分重要的问题，不在于懂得了客观世界的规律性，因而能够解释世界，而在于拿了这种对于客观规律性的认识去能动地改造世界。在马克思主义看来，理论是重要的，它的重要性充分地表现在列宁说过的一句话："没有革命的理论，就不会有革命的运动。"然而马克思主义看重理论，正是，也仅仅是，因为它能够指导行动。如果有了正确的理论，只是把它空谈一阵，束之高阁，并不实行，那末，这种理论再好也是没有意义的。认识从实践始，经过实践得到了理论的认识，还须再回到实践去。认识的能动作用，不但表现于从感性的认识到理性的认识之能动的飞跃，更重要的还须表现于从理性的认识到革命的实践这一个飞跃。抓着了世界的规律性的认识，必须把它再回到改造世界的实践中去，再用到生产的实践、革命的阶级斗争和民族斗争的实践以及科学实验的实践中去。②

---

① 《毛泽东选集》第 1 卷，第 290—291 页。
② 《毛泽东选集》第 1 卷，第 292 页。

至于认识是正确的或是错误的，或者说认识是真理还是谬误，其判断的标准仍然在于实践，毛泽东说：

> 马克思主义者认为，只有人们的社会实践，才是人们对于外界认识的真理性的标准。实际的情形是这样的，只有在社会实践过程中（物质生产过程中，阶级斗争过程中，科学实验过程中），人们达到了思想中所预想的结果时，人们的认识才被证实了。人们要想得到工作的胜利即得到预想的结果，一定要使自己的思想合于客观外界的规律性，如果不合，就会在实践中失败。人们经过失败之后，也就从失败取得教训，改正自己的思想使之适合于外界的规律性，人们就能变失败为胜利，所谓"失败者成功之母"，"吃一堑长一智"，就是这个道理。……判定认识或理论之是否真理，不是依主观上觉得如何而定，而是依客观上社会实践的结果如何而定。真理的标准只能是社会的实践。①

他又说：

> 理论的东西之是否符合于客观真理性这个问题，在前面说的由感性到理性之认识运动中是没有完全解决的，也不能完全解决的。要完全地解决这个问题，只有把理性的认识再回到社会实践中去，应用理论于实践，看它是否能够达到预想的目的。……人类认识的历史告诉我们，许多理论的真理性是不完全的，经过实践的检验而纠正了它们的不完全性。许多理论是错误的，经过实践的检验而纠正其错误。所谓实践是真理的标准，所谓"生活、实践底观点，应该是认识论底首先的和基本的观点"，理由就在这个地方。②

最后，认识的无限发展，由相对真理趋近于绝对真理的过程，也是追随着实践的发展而实现的，毛泽东说：

---

① 《毛泽东选集》第 1 卷，第 284 页。
② 《毛泽东选集》第 1 卷，第 292—293 页。

　　马克思主义者承认,在绝对的总的宇宙发展过程中,各个具体过程的发展都是相对的,因而在绝对真理的长河中,人们对于在各个一定发展阶段上的具体过程的认识只具有相对的真理性。无数相对的真理之总和,就是绝对的真理。客观过程的发展是充满着矛盾和斗争的发展,人的认识运动的发展也是充满着矛盾和斗争的发展。一切客观世界的辩证法的运动,都或先或后地能够反映到人的认识中来。社会实践中的发生、发展和消灭的过程是无穷的,人的认识的发生、发展和消灭的过程也是无穷的。根据于一定的思想、理论、计划、方案以从事于变革客观现实的实践,一次又一次地向前,人们对于客观现实的认识也就一次又一次地深化。客观现实世界的变化运动永远没有完结,人们在实践中对于真理的认识也就永远没有完结。①

归纳起来,毛泽东在《实践论》中阐明了实践是认识的来源、是认识发展的动因、是认识的目的、是判断认识正误的标准,也是认识在历史长河中无限深化而由相对真理趋近于绝对真理的导引,由此凸显了辩证唯物论的认识论之实践第一的观点。毛泽东总结道:

　　通过实践而发现真理,又通过实践而证实真理和发展真理。从感性认识而能动地发展到理性认识,又从理性认识而能动地指导革命实践,改造主观世界和客观世界。实践、认识、再实践、再认识,这种形式,循环往复以至无穷,而实践和认识之每一循环的内容,都比较地进到了高一级的程度。这就是辩证唯物论的全部认识论,这就是辩证唯物论的知行统一观。②

《实践论》的主要内容当然在于全面准确阐述辩证唯物论的认识论的基本观点,但是毛泽东并不只是教科书式地照本宣科,而是在行文中

---

① 《毛泽东选集》第1卷,第295—296页。
② 《毛泽东选集》第1卷,第296—297页。

穿插了许多具有现实针对性的事例和观点以及深入浅出的中国成语。例如在论述感性认识和理性认识的不同特点时,毛泽东说:

> 例如有些外面的人们到延安来考察,头一二天,他们看到了延安的地形、街道、屋宇,接触了许多的人,参加了宴会、晚会和群众大会,听到了各种说话,看到了各种文件,这些就是事物的现象,事物的各个片面以及这些事物的外部联系。这叫做认识的感性阶段,就是感觉和印象的阶段。也就是延安这些各别的事物作用于考察团先生们的感官,在他们的脑子中生起了许多的印象,以及这些印象间的大概的外部的联系,这是认识的第一个阶段。……
>
> ……外来的考察团先生们在他们集合了各种材料,加上他们"想了一想"之后,他们就能够作出"共产党的抗日民族统一战线的政策是彻底的、诚恳的和真实的"这样一个判断了。在他们作出这个判断之后,如果他们对于团结救国也是真实的话,那末他们就能够进一步作出这样的结论:"抗日民族统一战线是能够成功的。"这个概念、判断和推理的阶段,在人们对于一个事物的整个认识过程中是更重要的阶段,也就是理性认识的阶段。①

又如在批评认识与实践相脱离的倾向时,毛泽东说:

> 只有那些主观地、片面地和表面地看问题的人,跑到一个地方,不问环境的情况,不看事情的全体(事情的历史和全部现状),也不触到事情的本质(事情的性质及此一事情和其他事情的内部联系),就自以为是地发号施令起来,这样的人是没有不跌交子的。②
>
> 我们反对革命队伍中的顽固派,他们的思想不能随变化了的客观情况而前进,在历史上表现为右倾机会主义。这些人看不出矛盾的斗争已将客观过程推向前进了,而他们的认识仍然停止在旧阶

---

① 《毛泽东选集》第1卷,第285—286页。
② 《毛泽东选集》第1卷,第290页。

段。一切顽固党的思想都有这样的特征。他们的思想离开了社会的实践,他们不能站在社会车轮的前头充任向导的工作,他们只知跟在车子后面怨恨车子走得太快了,企图把它向后拉,开倒车。

我们也反对"左"翼空谈主义。他们的思想超过客观过程的一定发展阶段,有些把幻想看做真理,有些则把仅在将来有现实可能的理想,勉强地放在现时来做,离开了当前大多数人的实践,离开了当前的现实性,在行动上表现为冒险主义。①

所有这些,或是宣传了当前正确的方针政策,或是指出了党内实际存在的主观主义和"左"右倾机会主义错误,体现了马克思主义基本原理现实化的取向。至于以"失败者成功之母""吃一堑长一智""眉头一皱计上心来""秀才不出门全知天下事""不入虎穴焉得虎子"等中国人耳熟能详的成语,深入浅出地阐明辩证唯物论的认识论的若干观点,则体现了马克思主义基本原理中国化的取向。而马克思主义基本原理的现实化和中国化,正是马克思主义基本原理与中国革命具体实践相结合的毛泽东思想的精髓。

(二)《矛盾论》:唯物辩证法的方法论

《矛盾论》约两万五千字,分"两种宇宙观""矛盾的普遍性""矛盾的特殊性""主要的矛盾和主要的矛盾方面""矛盾诸方面的同一性和斗争性""对抗在矛盾中的地位"和"结论"七节。在这篇集中论述"唯物辩证法的最根本的法则"也就是"事物的矛盾法则,即对立统一的法则"的著作中,②毛泽东首先展示了与作为一种关于宇宙发展法则的见解的唯物辩证法相对立的形而上学宇宙观,以此作为阐论唯物辩证法之张本。他说:

> 所谓形而上学的或庸俗进化论的宇宙观,就是用孤立的、静止的和片面的观点去看世界。这种宇宙观把世界一切事物、一切事物

---

① 《毛泽东选集》第1卷,第295页。
② 《毛泽东选集》第1卷,第299页。

的形态和种类,都看成是永远彼此孤立和永远不变化的。如果说有变化,也只是数量的增减和场所的变更。而这种增减和变更的原因,不在事物的内部而在事物的外部,即是由于外力的推动。形而上学家认为,世界上各种不同事物和事物的特性,从它们一开始存在的时候就是如此。后来的变化,不过是数量上的扩大或缩小。他们认为一种事物永远只能反复地产生为同样的事物,而不能变化为另一种不同的事物。①

在与形而上学宇宙观相对照的意义上,毛泽东揭橥了唯物辩证法的要义,其曰:

> 和形而上学的宇宙观相反,唯物辩证法的宇宙观主张从事物的内部、从一事物对他事物的关系去研究事物的发展,即把事物的发展看做是事物内部的必然的自己的运动,而每一事物的运动都和它的周围其他事物互相联系着和互相影响着。事物发展的根本原因,不是在事物的外部而是在事物的内部,在于事物内部的矛盾性。任何事物内部都有这种矛盾性,因此引起了事物的运动和发展。事物内部的这种矛盾性是事物发展的根本原因,一事物和他事物的互相联系和互相影响则是事物发展的第二位的原因。……按照唯物辩证法的观点,自然界的变化,主要地是由于自然界内部矛盾的发展。社会的变化,主要地是由于社会内部矛盾的发展,即生产力和生产关系的矛盾,阶级之间的矛盾,新旧之间的矛盾,由于这些矛盾的发展,推动了社会的前进,推动了新旧社会的代谢。唯物辩证法是否排除外部的原因呢?并不排斥。唯物辩证法认为外因是变化的条件,内因是变化的根据,外因通过内因而起作用。②

毛泽东接下来阐述了唯物辩证法的最根本法则即矛盾法则的诸特

---

①《毛泽东选集》第1卷,第300—301页。
②《毛泽东选集》第1卷,第301—302页。

性,首先是矛盾的普遍性(绝对性、共性)。他说:

> 矛盾的普遍性或绝对性这个问题有两方面的意义。其一是说,
> 矛盾存在于一切事物的发展过程中;其二是说,每一事物的发展过
> 程中存在着自始至终的矛盾运动。
>
> ……一切事物中包含的矛盾方面的相互依赖和相互斗争,决定
> 一切事物的生命,推动一切事物的发展。没有什么事物是不包含矛
> 盾的,没有矛盾就没有世界。
>
> 矛盾是简单的运动形式(例如机械性的运动)的基础,更是复杂
> 的运动形式的基础。
>
> 矛盾是普遍的、绝对的,存在于事物发展的一切过程中,又贯串
> 于一切过程的始终。①

由于"矛盾的普遍性已经被很多人所承认,因此,关于这个问题只需
要很少的话就可以说明白;而关于矛盾的特殊性的问题,则还有很多的
同志,特别是教条主义者,弄不清楚。……因此,关于矛盾的特殊性的问
题应当着重地加以研究,并用足够的篇幅加以说明"。② 有见于此,毛泽
东对矛盾的特殊性(相对性、个性)作了更为全面深入的阐述。

首先,矛盾的特殊性是包括自然、社会和思想在内的世界上所有事
物相互区别的根本原因。毛泽东说:

> 除了运动的物质以外,世界上什么也没有,而物质的运动则必
> 取一定的形式。……任何运动形式,其内部都包含着本身特殊的矛
> 盾。这种特殊的矛盾,就构成一事物区别于他事物的特殊的本质。
> 这就是世界上诸种事物所以有千差万别的内在的原因,或者叫做根
> 据。……每一物质的运动形式所具有的特殊的本质,为它自己的特
> 殊的矛盾所规定。这种情形,不但在自然界中存在着,在社会现象

---

① 《毛泽东选集》第1卷,第305、307页。
② 《毛泽东选集》第1卷,第304页。

和思想现象中也是同样地存在着。每一种社会形式和思想形式,都有它的特殊的矛盾和特殊的本质。①

其次,矛盾的特殊性是人类认识的起点和归宿。毛泽东说:

> 就人类认识运动的秩序说来,总是由认识个别的和特殊的事物,逐步地扩大到认识一般的事物。人们总是首先认识了许多不同事物的特殊的本质,然后才有可能更进一步地进行概括工作,认识诸种事物的共同点本质。当着人们已经认识了这种共同的本质之后,就以这种共同的认识为指导,继续地向着尚未研究过的或者尚未深入地研究过的各种具体的事物进行研究,找出其特殊的本质,这样才可以补充、丰富和发展这种共同的本质的认识,而使这种共同的本质的认识不致变成枯槁的和僵死的东西。这是两个认识的过程:一个是由特殊到一般,一个是由一般到特殊。人类的认识总是这样循环往复地进行的,而每一次的循环(只要是严格地按照科学的方法)都可能使人类的认识提高一步,使人类的认识不断地深化。②

其三,矛盾的特殊性是把握一切事物或每一事物及其运动发展各阶段的不同本质并且解决不同矛盾问题的根据。毛泽东说:

> 不但要研究每一个大系统的物质运动形式的特殊的矛盾性及其所规定的本质,而且要研究每一个物质运动形式在其发展长途中的每一个过程的特殊的矛盾及其本质。一切运动形式的每一个实在的非臆造的发展过程内,都是不同质的。我们的研究工作必须着重这一点,而且必须从这一点开始。
>
> 不同质的矛盾,只有用不同质的方法才能解决。……过程变化,旧过程和旧矛盾消灭,新过程和新矛盾发生,解决矛盾的方法也因之而不同。……

---

① 《毛泽东选集》第 1 卷,第 308—309 页。
② 《毛泽东选集》第 1 卷,第 309—310 页。

为要暴露事物发展过程中的矛盾在其总体上、在其相互联结上的特殊性,就是说暴露事物发展过程的本质,就必须暴露过程中矛盾各方面的特殊性,否则暴露过程的本质成为不可能,这也是我们作研究工作时必须十分注意的。①

其四,矛盾的特殊性是相对的,并且是与矛盾的普遍性相互依存的。毛泽东说:

由于事物范围的极其广大,发展的无限性,所以,在一定场合为普遍性的东西,而在另一一定场合则变为特殊性。反之,在一定场合为特殊性的东西,而在另一一定场合则变为普遍性。……

由于特殊的事物是和普遍的事物联结的,由于每一个事物内部不但包含了矛盾的特殊性,而且包含了矛盾的普遍性,普遍性即存在于特殊性之中,所以,当着我们研究一定事物的时候,就应当去发现这两方面及其互相联结,发现一事物内部的特殊性和普遍性的两方面及其互相联结,发现一事物和它以外的许多事物的互相联结。②

在矛盾的特殊性这一论域中,还有一个需要特别阐明的问题,即主要的矛盾和主要的矛盾方面。毛泽东说:

在矛盾特殊性的问题中,还有两种情形必须特别地提出来加以分析,这就是主要的矛盾和主要的矛盾方面。

在复杂的事物的发展过程中,有许多的矛盾存在,其中必有一种是主要的矛盾,由于它的存在和发展规定或影响着其他矛盾的存在和发展。

……

由此可知,任何过程如果有多数矛盾存在的话,其中必定有一种是主要的,起着领导的、决定的作用,其他则处于次要和服从的地

---

① 《毛泽东选集》第1卷,第310—311页。
② 《毛泽东选集》第1卷,第318页。

位。因此,研究任何过程,如果是存在着两个以上矛盾的复杂过程的话,就要用全力找出它的主要矛盾。捉住了这个主要矛盾,一切问题就迎刃而解了。①

以上是关于主要的矛盾的观点。而关于主要的矛盾方面,毛泽东说:

> 但是在各种矛盾之中,不论是主要的或次要的,矛盾着的两个方面,又是否可以平均看待呢? 也是不可以的。无论什么矛盾,矛盾的诸方面,其发展是不平衡的。有时候似乎势均力敌,然而这只是暂时的和相对的情形,基本的形态则是不平衡。矛盾着的两方面中,必有一方面是主要的,他方面是次要的。其主要的方面,即所谓矛盾起主导作用的方面。事物的性质,主要地是由取得支配地位的矛盾的主要方面所规定的。

> 然而这种情形不是固定的,矛盾的主要和非主要的方面互相转化着,事物的性质也就随着起变化。在矛盾发展的一定过程或一定阶段上,主要方面属于甲方,非主要方面属于乙方;到了另一发展阶段或另一发展过程时,就互易其位置,这是依靠事物发展中矛盾双方斗争的力量的增减程度来决定的。②

毛泽东归结矛盾的普遍性与矛盾的特殊性的关系说:

> 如果不认识矛盾的普遍性,就无从发现事物运动发展的普遍的原因或普遍的根据;但是,如果不研究矛盾的特殊性,就无从确定一事物不同于他事物的特殊的本质,就无从发现事物运动发展的特殊的原因,或特殊的根据,也就无从辨别事物,无从区分科学研究的领域。③

---

① 《毛泽东选集》第1卷,第320—322页。
② 《毛泽东选集》第1卷,第322—323页。
③ 《毛泽东选集》第1卷,第309页。

> 矛盾的普遍性和矛盾的特殊性的关系,就是矛盾的共性和个性的关系。其共性是矛盾存在于一切过程中,并贯串于一切过程的始终,矛盾即是运动,即是事物,即是过程,也即是思想。否认事物的矛盾就是否认了一切。这是共通的道理,古今中外,概莫能外。所以它是共性,是绝对性。然而这种共性,即包含于一切个性之中,无个性即无共性。假如除去一切个性,还有什么共性呢?因为矛盾的各各特殊,所以造成了个性。一切个性都是有条件地暂时地存在的,所以是相对的。①

按照毛泽东对他这篇论著的结构安排,即"先来分析矛盾的普遍性的问题,然后再着重地分析矛盾的特殊性的问题,最后仍归到矛盾的普遍性的问题"这样一种思路,②在依次论述矛盾的普遍性、矛盾的特殊性以及主要的矛盾和主要的矛盾方面诸问题之后,毛泽东通过继续论述具有特殊性的矛盾的同一性,而结穴于具有普遍性的矛盾的斗争性。关于矛盾的同一性,他反复解说道:

> 同一性、统一性、一致性、互相渗透、互相贯通、互相依赖(或依存)、互相联结或互相合作,这些不同的名词都是一个意思,说的是如下两种情形:第一,事物发展过程中的每一种矛盾的两个方面,各以和它对立着的方面为自己存在的前提,双方共处于一个统一体中;第二,矛盾着的双方,依据一定的条件,各向着其相反的方面转化。这些就是所谓同一性。③

> 原来矛盾着的各方面,不能孤立地存在。假如没有和它作对的矛盾的一方,它自己这一方就失去了存在的条件。试想一切矛盾着的事物或人们心中矛盾着的概念,任何一方面能够独立地存在吗?没有生,死就不见;没有死,生也不见。没有上,无所谓下;没有下,

---

① 《毛泽东选集》第 1 卷,第 319—320 页。
② 《毛泽东选集》第 1 卷,第 304—305 页。
③ 《毛泽东选集》第 1 卷,第 327 页。

也无所谓上。没有祸,无所谓福;没有福,也无所谓祸。没有顺利,无所谓困难;没有困难,也无所谓顺利。没有地主,就没有佃农;没有佃农,也就没有地主。没有资产阶级,就没有无产阶级;没有无产阶级,也就没有资产阶级。没有帝国主义的民族压迫,就没有殖民地和半殖民地;没有殖民地和半殖民地,也就没有帝国主义的民族压迫。一切对立的成分都是这样,因一定的条件,一面互相对立,一面又互相联结、互相贯通、互相渗透、互相依赖,这种性质,叫做同一性。一切矛盾着的方面都因一定条件具备着不同一性,所以称为矛盾。然而又具备着同一性,所以互相联结。列宁所谓辩证法研究"对立怎样能够是同一的",就是说的这种情形。怎样能够呢? 因为互为存在的条件。这是同一性的第一种意义。

然而单说了矛盾双方互为存在的条件,双方之间有同一性,因而能够共处于一个统一体中,这样就够了吗? 还不够。事情不是矛盾双方互相依存就完了,更重要的,还在于矛盾着的事物的互相转化。这就是说,事物内部矛盾着的两方面,因为一定的条件而各向着和自己相反的方面转化了去,向着它的对立方面所处的地位转化了去。这就是矛盾的同一性的第二种意义。①

一切矛盾着的东西,互相联系着,不但在一定条件之下共处于一个统一体中,而且在一定条件之下互相转化,这就是矛盾的同一性的全部意义。②

所谓矛盾在一定条件下的同一性,就是说,我们所说的矛盾乃是现实的矛盾,具体的矛盾,而矛盾的互相转化也是现实的、具体的。……

……缺乏一定的必要的条件,就没有任何的同一性。

……一定的必要的条件具备了,事物发展的过程就发生一定的

---

① 《毛泽东选集》第1卷,第328页。
② 《毛泽东选集》第1卷,第330页。

矛盾,而且这种或这些矛盾互相依存,又互相转化,否则,一切都不可能。①

关于矛盾的斗争性,毛泽东也反复解说道:

一切过程中矛盾着的各方面,本来是互相排斥、互相斗争、互相对立的。世界上一切事物的过程里和人们的思想里,都包含着这样带矛盾性的方面,无一例外。②

无论什么事物的运动都采取两种状态,相对地静止的状态和显著地变动的状态。两种状态的运动都是由事物内部包含的两个矛盾着的因素互相斗争所引起的。当着事物的运动在第一种状态的时候,它只有数量的变化,没有性质的变化,所以显出好似静止的面貌。当着事物的运动在第二种状态的时候,它已由第一种状态中的数量的变化达到了某一个最高点,引起了统一物的分解,发生了性质的变化,所以显出显著地变化的面貌。我们在日常生活中所看见的统一、团结、联合、调和、均势、相持、僵局、静止、有常、平衡、凝聚、吸引等等,都是事物处在量变状态中所显现的面貌。而统一物的分解,团结、联合、调和、均势、相持、僵局、静止、有常、平衡、凝聚、吸引等等状态的破坏,变到相反的状态,便都是事物在质变状态中,在一种过程过渡到他种过程的变化中所显现的面貌。事物总是不断地由第一种状态转化为第二种状态,而矛盾的斗争则存在于两种状态中,并经过第二种状态而达到矛盾的解决。③

矛盾的斗争贯串于过程的始终,并使一过程向着他过程转化,矛盾的斗争无所不在,所以说矛盾的斗争性是无条件的、绝对的。④

至于矛盾的同一性和斗争性的关系,毛泽东指出:

---

① 《毛泽东选集》第1卷,第330—332页。
② 《毛泽东选集》第1卷,第327页。
③ 《毛泽东选集》第1卷,第332—333页。
④ 《毛泽东选集》第1卷,第333页。

斗争性即寓于同一性之中,没有斗争性就没有同一性。

在同一性中存在着斗争性,在特殊性中存在着普遍性,在个性中存在着共性。拿列宁的话来说,叫做"在相对的东西里面有着绝对的东西"。①

总而言之,"有条件的相对的同一性和无条件的绝对的斗争性相结合,构成了一切事物的矛盾运动"。② 而绝对的斗争性尚有可作分梳之处,"在矛盾的斗争性的问题中,包含着对抗是什么的问题。我们回答道:对抗是矛盾斗争的一种形式,而不是矛盾斗争的一切形式","矛盾和斗争是普遍的、绝对的,但是解决矛盾的方法,即斗争的形式,则因矛盾的性质不同而不相同。有些矛盾具有公开的对抗性,有些矛盾则不是这样。根据事物的具体发展,有些矛盾是由原来还非对抗性的,而发展成为对抗性的;也有些矛盾则由原来是对抗性的,而发展成非对抗性的",③这显然包含着两种不同性质矛盾思想的萌芽。

毛泽东写作《矛盾论》,显然不仅仅是为了进行理论建树,甚至可以说主要的不是为了进行理论建树。作为中国共产党的领袖,毛泽东写作这篇论著主要是为了教导全党同志学会预见问题、认识问题、分析问题乃至解决问题的正确的思想方法。他说:"这个辩证法的宇宙观,主要地就是教导人们要善于去观察和分析各种事物的矛盾的运动,并根据这种分析,指出解决矛盾的方法。因此,具体地了解事物矛盾这一个法则,对于我们是非常重要的。"④又说:"对于矛盾的各种不平衡情况的研究,对于主要的矛盾和非主要的矛盾、主要的矛盾方面和非主要的矛盾方面的研究,成为革命政党正确地决定其政治上和军事上的战略战术方针的重要方法之一,是一切共产党人都应当注意的。"⑤基于这种写作动机及其

---

① 《毛泽东选集》第 1 卷,第 333 页。

② 《毛泽东选集》第 1 卷,第 333 页。

③ 《毛泽东选集》第 1 卷,第 334—335 页。

④ 《毛泽东选集》第 1 卷,第 304 页。

⑤ 《毛泽东选集》第 1 卷,第 326—327 页。

特定受众,毛泽东在这篇论著中大量联系中国共产党革命斗争的历史实际,反复批评机会主义、冒险主义、教条主义、经验主义、主观主义等各种曾经发生过或当时仍然存在着的错误思想,从而使得这篇论著在阐述唯物辩证法的基本法则的同时,还具有十分强烈的现实针对性和鲜明的路线指导性。而为了深入浅出地阐明马克思列宁主义的基本原理,毛泽东更是引用了许多中国成语和中国故事,诸如"知彼知己,百战不殆""兼听则明,偏信则暗""相反相成"以及《水浒传》中的三打祝家庄、《山海经》中的夸父追日、《淮南子》中的羿射九日、《西游记》中的孙悟空七十二变、《聊斋志异》中的鬼狐变人等等,由此赋予马克思列宁主义基本原理以浓郁的中国作风和中国气派。综上所述,可以说,与《实践论》一样,毛泽东的《矛盾论》为马克思主义的中国化和现实化树立了光辉的典范。

第四节　艾思奇与马克思主义哲学的大众化、中国化和时代化

一、生平著述

艾思奇(1910—1966),原名李生萱,先祖为蒙古族,1910 年 3 月 2 日生于云南省腾冲县和顺乡水碓村。早年接受国学和民主革命思想的影响。1927 年后两度赴日本求学,入福冈高等工业学校,专注于西方哲学和马克思主义哲学的研究。1931 年九一八事件后弃学回国。1932 年在上海加入"上海反帝大同盟"和"社会科学家联盟",开始发表哲学论文。1935 年加入中国共产党。1935 年至 1936 年任上海《读书生活》杂志编辑,出版了颇具影响的《大众哲学》。1937 年调往延安,历任中国人民抗日军政大学主任教员、马列学院哲学研究室主任、延安中央研究院中国文化思想研究室主任、中宣部文化工作委员会秘书长、中央文委秘书长、延安大学社会科学院院长、《解放日报》副总编辑和总编辑、新华通讯社副总编辑等职。中华人民共和国成立后,任中共中央高级党校哲学教研室主任、副校长,中国科学院哲学社会科学部学部委员,北京大学文学院

兼任教授。除翻译《新哲学大纲》《德国——一个冬天的童话》《马克思恩格斯关于历史唯物主义的信》以外,出版《大众哲学》《思想方法论》《哲学与生活》《历史唯物主义——社会发展史》《辩证唯物主义讲课提纲》等著作,主编《辩证唯物主义历史唯物主义》教科书,结集《艾思奇文集》(2卷)、《艾思奇哲学全书》(8卷)。

艾思奇父亲李曰垓,字子畅(1881—1943)。1908年毕业于京师大学堂,同盟会会员,资产阶级民主革命家。1910年任云南沿边学务中书,创办土民学堂128所,是最早的少数民族教育事业的开拓者。辛亥革命期间曾参与领导了滇南临安起义,胜利后任云南都督府军政部次长、秘书长、民政司长、司法司长、滇南观察使和西藏宣慰使等职。1915年为云南护国讨袁运动的主要发起者和组织者之一,《讨袁檄文》主笔,曾任蔡锷为总司令的护国第一军秘书长,直接参与作战策划,与蔡锷谊如手足。护国战争结束后,曾任孙中山大元帅驻香港代表。孙中山病逝后,李去职流寓上海、苏州,与李根源、章太炎研究国学,著有《汗漫录》《天地一庵诗钞》《客问》《滇缅界务说略》《文牍篇》等。曾被章太炎誉为"天南一枝笔"。1929年被国民政府任命为云南第一殖边督办,在开发滇西过程中有诸多贡献,深得民众好评。李曰垓性耿直,富才学,有正义感。在辅导子女学习古代典籍时,常向他们讲述历代仁人志士舍生取义、兴邦救国的故事。他对先秦诸子百家的哲学有深入研究,尤受墨家"兼爱""崇义"思想影响。他常对子女说,我们穿衣吃饭,全靠工农,不可轻视他们。又告诫子女"今世变已极,方法之弊,流于空虚。做人须有一技之长,要学一种科学,于国于己都有益处,但哲学是一切学术的概括,欲穷事物之致理,应学一些哲学为宜"。论及写作,常谓为文不要陈意太高、选言太辟或用词太奇,应学白居易力求通俗,务使人人能懂,妇孺皆知。这些教言对艾思奇深有影响,使他在青少年时代就萌发了追求真理、报国为民的志向,"先天下之忧而忧,后天下之乐而乐"成为他的人生信念。

1925年秋,艾思奇考入云南省立第一中学。该校是云南学生运动的策源地之一,校内刊物《滇潮》宣传反帝反封建思想,对艾思奇产生最初的影响。后来他又参加了云南第一位共产党员李国柱组织的"青年努力会"，开始阅读《新青年》《向导》等进步刊物和《共产党宣言》《反杜林论》等马列著作，深受革命思潮的鼓舞。他积极参加学生会活动，成为学艺部的负责人、《滇潮》的编辑，发起组织"读书会"，并在昆明学联的演讲会上做了《什么是唯物史观》的演讲，引起师生们的惊异。这一年，上海发生了五卅惨案，第二年，北京又发生了三一八惨案，全国工人、学生运动高涨，昆明各界的一系列革命活动艾思奇总是积极参加。由于是李曰垓之子，他的行为引起了云南都督唐继尧的注意，下令逮捕，后经友人通报逃脱，前往南京大哥处。

艾思奇的大哥李生庄是云南早期中共地下党员、云南五四学运领导人之一，1927 年在南京东南大学攻读西洋哲学，并师从章太炎研习中国古代经史，时任学生会主席，对马克思主义理论有相当造诣。常将西方哲学名著和马克思主义书籍送给艾思奇，叮嘱他"要学新哲学，还必须懂得西洋哲学，才能有功底"，因此李生庄实为艾思奇的启蒙老师。当时面对北伐和风起云涌的学运，军阀孙传芳大肆搜捕共产党，李生庄上了黑名单。在得知消息后，李生庄立即逃往上海，行前来不及通知弟弟，艾思奇不幸被捕入狱，并被判死刑，后经父亲托国民党元老李根源营救出狱转赴苏州。当时父亲在苏州寄居，除继续让他研读中国古典哲学外，认为唯有工业救国是正途。

1927 年春艾思奇东渡日本求学。他参加了中共东京支部廖承志组织的"社会主义学习小组"，广泛涉猎西方思想家、科学家著作，尤其是马列经典。由于学习刻苦，他患了严重的胃病。1928 年 5 月，国内发生济南惨案，中共东京支部发起留学生归国抗议活动，艾思奇随"留日各界反日大同盟"回国。此时，他一边养病，一边大量阅读从日本秘密带回的马列经典著作，同时在大哥李生庄任副刊主编的云南《民众日报》撰写文章。其中他与李生庄就中国古代"白马非马"命题和关于《费尔巴哈论》的讨论引起了广泛的关注。

1930 年艾思奇再度赴日留学，在父亲工业救国思想的影响下，他考入福冈高等工业学校冶金系，但他仍将大量时间用于研读东西方哲学和马克思主义理论，一本黑格尔的《逻辑学》几乎被他翻烂了。他还积极参加中共东京支部组织的中国青年会的学习，在努力学习和思考中，他的世界观发生了根本的转变，对工业救国思想也有了根本不同的看法。他在给父亲的信中说："在帝国主义侵略和封建势力的桎梏之下，单讲建设工业能达到救国的目的吗？"

1931年九一八事变后，基于爱国义愤，他和许多留日学生再度一起弃学回国。在上海，他先在地下党领导的泉漳中学教书，并开始在《中华日报》等刊物上发表哲学评论和杂文。他参加了上海反帝大同盟，并在左翼文化总同盟（简称"文总"）主办的《正路》杂志创刊号上发表了第一篇哲学论文《抽象作用与辩证法》。不久，经上海党的左翼文化运动领导人杜国庠和中国社会科学家联盟（简称"社联"）领导许涤新介绍，艾思奇加入"社联"，并担任"社联"研究部长，从此走上了"用马克思主义哲学做武器，批判旧世界，开创新时代的道路，并在这条道路上奋斗了终身"。[1]

艾思奇弃工从文，走上传播马克思主义哲学之路，从客观上说是时代的感召、父兄的影响和独特的经历所决定的；从主观上说，则是他面对黑暗的社会现实和民众的苦难，经过多年刻苦钻研，独立思考的自觉选择。这是一条马克思指出的能够根本改造世界的实践哲学之路。他坚信，马克思主义哲学与以往一切旧哲学的根本区别就在于它是真正能够改造世界的哲学。为在中国宣传、捍卫和实践这一哲学，艾思奇一生践履笃行，从未动摇。

当然，要让这一哲学在中国生根，真正变为民众手中的锐利武器，还必须对这一理论加以改造，使之真正中国化（其中内在地包含着使之大众化、时代化）。而艾思奇一生的经历，则大体上是这一探索过程的写照。

艾思奇哲学思想的发展可分为三个阶段：

第一阶段为上海时期（1933年至1937年），以探索马克思主义哲学大众化为主要特点。

---

[1] 周扬《艾思奇文集·序》第1卷，北京：人民出版社1981年版。

第二阶段为延安时期(1937 年至 1949 年),以阐发马克思主义哲学中国化为主要标志。

第三阶段为新中国成立以后(1949 年至 1966 年),着重于践行马克思主义哲学时代化的要求。

二、对马克思主义哲学大众化的成功探索及其影响

(一)最早致力于辩证唯物主义大众化传播的主要代表

马克思主义中国化的历程是从五四运动时期马克思主义在中国的传播开始的。那时,灾难深重的中华民族面临着艰难的历史抉择——中国向何处去?"走俄国人的路",用马克思主义改造社会,成为中国先进知识分子历尽艰辛后的最终答案。但是,由于当时的历史环境以及早期马克思主义者理论素养等方面的原因,这一时期的马克思主义传播工作存在着明显的不足。一是当时被介绍到中国的主要是唯物史观,人们对马克思主义哲学的整体还知之甚少。二是这个时期被介绍的唯物史观,大多来自二手材料的日文翻译,而那时的日本译者对马克思主义哲学的理解和翻译往往有许多肤浅、粗疏和不准确之处。三是这一时期马克思主义哲学的传播还主要限于结论性的介绍,而对马克思主义哲学体系还不可能全面准确地把握。

大革命的失败使中国共产党人不得不认真总结经验教训,他们逐渐认识到,要引导中国革命走向胜利,必须要有系统、完整的科学理论,以它为指导才能对中国社会的特殊性、诸多矛盾及其运动变化规律做出科学的分析,从而找到正确道路。显然,仅停留在对唯物史观的一般理解上是远远不够的,这就必须借助于唯物辩证法,而艾思奇则是最早宣传唯物辩证法的马克思主义理论家之一。

1927 年以前,关于唯物辩证法的宣传除了在个别大学的课堂之外,社会上还少有所闻。1933 年 5 月,艾思奇在"文总"主办的《正路》杂志创刊号上发表了他的第一篇哲学论文《抽象作用与辩证法》,详细论证了马克思在《资本论》中所运用的辩证思维方法。他从两千年前中国公孙龙

"白马非马"的论辩出发，运用丰富的中西哲学史料，分析批判了唯心主义否认一般与个别客观实在性的错误，详细论述了一般与个别、抽象与具体的辩证统一关系，证明了科学的抽象在辩证法应用中的重要地位，引起了人们的关注。

在同年发表于《中华月报》第一卷的《理知和直观之矛盾》一文中，艾思奇批判了当时流行的柏格森生命哲学的直观主义，阐述了马克思主义的认识论，并特别指出："实践是辩证法唯物论的理论之核心。""辩证法唯物论是这样地看重实践，而别的哲学者所最不能了解的也就是实践。"①由此出发，艾思奇详细剖析了洛克、康德和费尔巴哈离开实践对理性直观的错误认识，阐述了辩证唯物主义的基本观点。在《从新哲学所见的人生观》一文中，艾思奇在主观与客观的统一和差别问题上，再次运用科学的实践观点，深刻论述了认识的主观能动性的重大作用。他指出所谓历史的活动，就其基础的性质来说，是物质的生产活动，一般地说来，也就是加尔所谓的"有对象性的活动"或实践。在社会条件之下，加劳动于一定的对象，以改变对象、克服对象，这就是人类的历史活动。主观与客观的差别，在"有对象性活动"中具体地显现着，人类不仅仅是从内的自觉上看的主观，作为与对象对立地活动着的主体，这才是现实的主观。主客的统一中，不仅是抽象地有差别，而且是在实际上有对立、有矛盾、有斗争。主观对于客观是能动地作用着的，是能于将客观施以加工改造的。② 也就是说，实践是改造对象的具体的历史的活动。人首先是"与对象对立地活动着的主体"，然后才是有意识（有内的自觉）的主体。旧唯物论把主客的差别看做是内的意识与外的客体的差别，那是"静态的，抽象的"。③ 其实，在实践中，主客体的对立统一是动态的、具体的主客交互作用的过程。当然，唯物论者都肯定"思想是客观世界的反映"，但辩证唯物论者认为，也不能忽视主观能动性。艾思奇说："如果没

---

① 《艾思奇全书》第 1 卷，北京：人民出版社 2006 年版，第 99 页。
② 参见《艾思奇全书》第 1 卷，第 230 页。
③ 《艾思奇全书》第 1 卷，第 229—230 页。

有客观世界,当然没有我们的思想。在这一点,客观是重要的。但同时,如果没有实践的活动,如果主观不能自动地去改变客观,思想也不会有的,即使有思想,也不会进步的。在这一点,我们又看见主观也同样重要。对于一件事,我们要真正知道它的性质,必须要去改变它,要知道胡桃里有没有肉,只有打破它的壳,才能证实。对于社会,我们要知道它的真正法则,也必须站在真正改造社会的立场上。"①艾思奇认为,这种客观与主观、存在与意识关系的观点,不仅是辩证唯物主义的认识论,也是马克思主义的历史观。这就是辩证唯物主义和历史唯物主义的统一。冯契认为,这是艾思奇促进马克思主义哲学中国化的新见解,是对马克思主义哲学的发挥。②

这期间,艾思奇还撰写和发表了大量研究、宣传马克思主义新哲学的理论文章和投枪与匕首式的文艺杂文、科普小品;并与郑易里合译了反映苏联哲学最新成果的米丁主编的《新哲学大纲》;撰写了《二十二年来之中国哲学思潮》一文,用马克思主义哲学观点总结了自辛亥革命以来中国哲学发展的历史,引起了学术界的广泛关注。

(二)《大众哲学》开辟马克思主义哲学大众化的成功之路

这一时期,唯物辩证法的传播虽然取得了成绩,但不能否认,此时的宣传和介绍还多限于对马克思主义哲学基本原理、概念的较为专业的理论阐述和解释,其对象也主要局限于革命的知识分子,并没有普及到民众中去。而要使一种理论在中国生根开花、真正发挥作用并付诸实践,就应该被广大民众所了解和接受,否则将毫无用处。而且,无产阶级和广大劳动人民也不可能自发地接受和掌握这一理论,尤其是在半封建半殖民地的旧中国,劳动人民几乎没有多少机会接受系统的文化教育,这就决定了在传播马克思主义的同时,必须做好通俗化、大众化的工作。当时,以艾思奇为代表的一批革命的马克思主义者提出了"哲学大众化"

①《艾思奇全书》第1卷,第286页。
②《冯契文集》(增订版)第7卷,上海:华东师范大学出版社2016年版,第470—471页。

的口号，开始兴起哲学通俗化、大众化运动。但如何使源自西方、高度抽象的哲学通俗化、大众化，如何使一种陌生的哲学被中国广大民众理解和接受，这在当时还是一个少有人尝试的课题。

1934 年 5 月 6 日，艾思奇在上海《中华日报》发表了《连环画还大有可为》一文，谈到连环画的大众性不能忽视，指出关键是必须要"触到大众真正的切身问题"。五天之后，鲁迅便在同一刊物上发表了《连环图画琐谈》，表明了赞同的观点："艾思奇先生说，'若能够触到大众真正的切身问题，那恐怕愈是新的，才愈能流行'。这话也并不错。不过要商量的是怎样才能够处触到，触到之法，'懂'是最要紧的，而且能懂的图画，也可以仍然是艺术。"[1]这无疑给了艾思奇以极大的启发，要大众化就必须通俗化，首先让广大人民群众懂。这就必须摒弃西方思维传统的、"纯粹的"书斋里的思辨语言，抛弃抽象的哲学议论，紧紧把握"哲学对于社会生活的关系"，从老百姓日常生活里追寻"哲学的踪迹"。也就是要用适合中国人思维方式的、普通民众都能听得懂的言语，以人们身边的日常生活举例，联系人们思想上关切的问题，深入浅出地阐述马克思主义哲学的基本原理。于是，借着在李公朴任馆长的申报流通图书馆读书指导部解答读者提问和在《读书生活》杂志撰写《哲学讲话》的机会，艾思奇发表了一系列"新哲学"论文，结果一篇篇既可以独立成文、联结起来又是完整体系的《哲学讲话》诞生了。一个个浅显易懂又生动隽永的小故事引出的深刻哲理呈现给大众，这就是 1935 年结集出版的《哲学讲话》，后因国民党查禁改名《大众哲学》。全书由四章组成。第一章"绪论"以"哲学并不神秘""哲学的真面目"为题，说明哲学与日常生活的关系，用通俗的例子讲述了哲学的对象、任务和学习方法。第二章"本体论"，着重讲了两种世界观，唯物论、唯心论和二元论的特点以及产生的根源。第三章"认识论"，以"用照相做比喻""讲抬杠的意义""由胡桃说起"等大白话阐述唯物主义的反映论、感性认识和理性认识、认识和实践、真理论等问

---

① 鲁迅《且介亭杂文》，北京：人民文学出版社 1973 年版，第 20 页。

题。第四章"方法论",讲辩证法,以"天晓得""不是变戏法""追论雷峰塔的倒塌"等故事讲述事物的普遍联系和发展,讲唯物辩证法的三大基本规律,并用"七十二变""笑里藏刀""在劫难逃"和"猫是为吃老鼠而生的"等比喻,介绍辩证法现象和本质、形式和内容、必然与偶然、目的性、可能性和现实性等基本范畴。通篇用亲切生动的语言,明白晓畅的实例,引人入胜的生活故事,深入浅出的分析和比较,全面介绍了唯物辩证法的体系框架和基本内容。读起来使人兴趣盎然,耳目一新。正如李公朴在"编者序"中指出的:"这本书是用最通俗的笔法,日常谈话的体裁,融化专门的理论,使大众的读者不必费很大的气力就能够接受。"①艾思奇一扫书斋哲学艰深晦涩、枯燥玄奥、令人生畏的缺陷,使新哲学的基本原理轻松地走到人民大众中去。

《大众哲学》的理论贡献主要体现在三个方面。

第一,紧密联系、把握时代脉搏,开辟了一条面向普通民众的大众化哲学之路。马克思为了给无产阶级锻造理论武器,曾先后几次"返回书斋",但他却从来不是一位"书斋哲学家"。他认为"哲学家们只是用不同的方式解释世界,问题在于改变世界"。② 正是由于坚定地站在实践哲学的立场,主张用哲学改造世界,马克思才深刻地批判了以往一切只在精神领域漫游的旧哲学,把哲学从云端拉到地上,从而引起了一场哲学革命。艾思奇深深理解这一点,他同样也不是一位"书斋哲学家"。面对民族危机、生活艰难、精神困厄中的广大民众,他不仅仅寄予深深的同情,更有启蒙与救赎的强烈使命感。在《哲学讲话四版代序》中他写道:"我写这本书的时候,自始至终就没有想到要走到大学校的课堂里去。我只希望这本书在都市街头,在店铺内,在乡村里,给那些失学者们解一解智识的饥荒。却不敢妄想一定要到尊贵的大学生们的手里,因为它不是装潢美丽的西点,只是一块干烧的大饼。这样的大饼,在吃草根树皮的广

---

① 李公朴《〈哲学讲话〉编者序》,《艾思奇全书》第 1 卷,第 589 页。
② 《马克思恩格斯选集》第 1 卷,北京:人民出版社 1995 年版,第 57 页。

大中国灾民,虽然已经没有能力享受",①但"我所感到安慰的是,因为《大众哲学》的出现,因为读者诸君对于这本书的热烈的爱好,研究专门学问的人(连我自己也在内)也许会因此深切地明白了中国大众在智识上需要些什么,因此也才知道自己为了他们应该写些什么"。② 这就是《大众哲学》开辟的面向人民大众,唤起民众自觉改造命运、改造社会的哲学之路。

第二,揭掉哲学的神秘面纱,创立一种中国人能懂的真正通俗化、大众化的新哲学。黑格尔曾在《致 J. H. 沃斯的信》中说:"路德让圣经说德语,您让荷马说德语,这是对一个民族所做的最大的贡献,因为,一个民族除非用自己的语言来习知那最优秀的东西,那么这东西就不会真正成为它的财富。"③也就是说,要学习和掌握外来的优秀文化,必须首先把它转换为"自己的语言",否则它就不会真正成为自己的东西;而完成了这个转换,将是对一个民族的最大贡献。当然,这绝不仅仅是一个纯粹语言学的问题,"用自己的语言"包括用本民族的文化心理、语言习惯、思维方式来解读一种外来哲学的含义。艾思奇在《大众哲学》中对语言和叙述方式的创新和探索,实际上就是一种"让哲学说中文"的成功尝试。其一是通俗,用白话让普通中国人能懂。他的第一篇哲学论文《抽象作用和辩证法》就是用白话文和中国古代"白马非马"的故事,阐释了西方哲学中晦涩的黑格尔哲学及其辩证法。其二是举实例。在《大众哲学》中,针对人们对哲学高深莫测、神秘难懂的顾虑,艾思奇将哲学与生活联系起来,处处用日常生活中人们极易明了的生活事例来解释和论证抽象的哲学道理,说明"哲学并不是从天上掉下来的东西,而是从人类社会中产生出来的",并揭示"万物皆流转""一切事物离不了运动"的哲学理念。因而打破了人们对哲学神秘的敬畏。其三是深入浅出。比如用从不同方向而来的两人看到招牌不同颜色的固执己见,深入浅出地说明认识的

---

① 《艾思奇全书》第 1 卷,第 592—593 页。
② 《艾思奇全书》第 1 卷,第 605 页。
③ 《黑格尔通信百封》,苗力田译编,上海:上海人民出版社 1981 年版,第 202 页。

片面性及其种种危害。其四是语言生动。论述中尽量不用抽象的定义和枯燥的概念,而是用浅显易懂、老百姓喜闻乐见、生动活泼的方式来表述,仿佛朋友间促膝谈心。其五是联系现实,循循善诱,启发读者举一反三,深入思考。比如,人是否应该相信命运?既然新旧交替、永恒变化是历史的必然,那"我们就可以坐着不动地来等待"吗?什么是"真正的可能性一定要能够转变成现实性"?等等。

第三,丰富和发展了马克思主义认识论。列宁曾经指出:"最高限度的马克思主义=最高限度的通俗和简单明了。"[1]艾思奇也早在《通俗文的真义》一文中指出:"通俗文作者只要能把理论应用到细微的生活的琐末事实中去,为理论开辟广大的天地,这也就是深化、具体化,也就是发展。在他们的手上虽然没有飞跃,然而他们的工作却是达到飞跃所必经的步骤。"[2]在《大众哲学》中这样的议论很多,如李公朴在为《大众哲学》所做的"编者序"中就曾指出:"作者对于新哲学中的许多问题,有时解释得比一切其他的著作更明确。虽然是通俗化的著作,但也有许多深化的地方。尤其是在认识论方面的解释。"首先,《大众哲学》作为相对完整的哲学体系有自己的独到之处。以往国内外的马克思主义哲学讲认识论,大多是讲感觉、表象、概念、推理、分析和综合、归纳和演绎的次序(如艾思奇翻译的苏联米丁的《新哲学大纲》的认识论结构就是如此)。其缺点是只讲由感性到理性的飞跃,而没有讲到从理性再回到实践这一更重要的飞跃及其意义。《大众哲学》则没有专门讲那些具体的认识形式和思维方法,而是重点阐述感性认识和理性认识的矛盾、认识和实践的关系,并明确论述了实践在认识过程中的重要意义。其次,《大众哲学》十分突出马克思主义的实践观点,指出:"实践就是去改变事物,这是最重要的一点,我们常把实践称作'变革的事件'或'批判的实践'就是这个意思。实践是主观和客观的对立统一,只有它能使理论更接近客观的真理,我

---

① 《列宁全集》第 36 卷,北京:人民出版社 1959 年版,第 467 页。
② 《艾思奇全书》第 1 卷,第 365 页。

们要把实践看得比理论更重要,更高级,就是为着这一原因","最后的真理始终不能不由实践来验证"。总之,在《大众哲学》里,实践是认识的来源、认识的基础、认识的动力和检验的标准的观点,都得到了不同角度的阐释。再次,《大众哲学》精辟论述了认识的过程,概括了人类认识的总规律。对此,马恩从未有过专门的论述。列宁在《哲学笔记》中曾讲到:"从生动的直观到抽象的思维,并从抽象的思维到实践,这就是认识真理、认识客观世界的辩证过程。"艾思奇在《大众哲学》里,对此作了集中的概括与发挥。他在第十节中指出:"从感性到理性,从理性到实践,又由实践得到新的感性,走向新的理性,这种过程,是无穷地连续下去,循环下去,但循环一次,我们的认识也就愈更丰富,所以这种循环是螺旋式的循环,而不是圆圈式的循环,它永远在发展,进步,决不会停滞在原来的圈子里。"在第十三节中又进一步指出:"认识的过程是由感性认识到理性认识,再由理性的认识走向实践,在实践中,又再开始新的进一步的认识,这样不断地像螺旋一般的循环下去,每循环一次,我们所晓得的东西就进步一次。这就是认识的运动过程。"可以看出,艾思奇对人类认识过程的概括具有创造性意义,同时这一被视为认识总过程的概括,也在某种程度上影响到毛泽东《实践论》的写作,这也被许多毛泽东思想研究学者所认同。

当然,作为艾思奇的早期著作,《大众哲学》还存在着某些缺点、瑕疵和不足,艾思奇本人在《关于〈哲学讲话四版代序〉》和后来的多次申明中,始终直言不讳地谈到其中的缺点和错误,如对感性认识和理性认识"抬杠"的比喻容易使人产生误会,对论理学的定义不准确,对形式逻辑(形式论理学)作用和意义所作的错误的批评和否定等,他都十分诚恳地进行了检讨,并在以后的再版中做了改正。

瑕不掩瑜。《大众哲学》在中国马克思主义传播史上的成功和影响是十分深远的,在某种程度上影响了一代人,仅在新中国成立前就发行了32版。艾思奇在20世纪30年代阶级矛盾、民族矛盾空前严重的情况下,面对大众,勇于探索,以通俗化、大众化的形式阐释和宣传辩证唯物主义的基本原理,把哲学从书斋和神秘状态之中解放出来,变为人民大众的思想武器,极大地促进了马克思主义在中国的传播和中国化马克思主义哲学的形成,因而具有划时代的意义。正如李公朴在《哲学讲话》编者序中所说的:"这一本通俗的哲学著作,我敢说是可以普遍的做我们全国大众读者们的指南针,拿它去认识世界和改造世界。"韩树英指出:"从抗战前直到解放前,在这本书的影响下一批又一批青年走上了革命的道路。一些人就是由此入门,登堂入室,深入到更广阔的马克思主义理论宝库的。""这本书对当时求知若渴的青年的思想解放和理论启蒙作用,一似围困于广袤无垠的沙漠之中突然遇到清冽无比的甘泉,那种茅塞顿开,醍醐灌顶地接触到真理的喜悦,不是亲身经历过的人是很难想象的。"①就连蒋介石的高级幕僚马壁也指出,蒋介石退败台湾以后,曾不止一次在台湾高层人士会议上总结经验教训,多次说"我们同共产党的较量,不仅是输在军事上,乃是人心上的失败。一本《大众哲学》,搞垮了我们的思想战线","蒋介石不仅自己看过这本书,还要求部下也读,我看到蒋介石和蒋经国都曾把此书放在案头"。马壁还赋七言绝句一首,书赠艾思奇纪念馆,诗云:"一卷书雄百万兵,攻心为上胜攻城,蒋军一败如山倒,哲学犹输仰令名。"并题注"1949 年蒋介石检讨战败原因,自认为非输于中共之军队,乃败于艾思奇先生之《大众哲学》。1957 年时蒋经国尚提到《大众哲学》之威力"。②

（三）在"唯物辩证法论战"中推进马克思主义哲学大众化

马克思主义的发展和传播不会一帆风顺。在 20 世纪 30 年代国民党的文化"围剿"中,马克思主义者不但没有屈服,反而把对反马克思主义思想的批判当成了进一步捍卫和宣传马克思主义的重要途径。在 1930 年至 1937 年中国哲学界就哲学消灭与否、本体论与认识论的关系

---

① 韩树英《哲学要走向大众走向实践》,载《人民的哲学家——艾思奇纪念文集》,昆明:云南人民出版社 1997 年版,第 83 页。

② 王丹一《我的点滴回忆》,载《怀念与思考——艾思奇与马克思主义哲学中国化》,北京:中共中央党校出版社 2008 年版,第 10 页。

和唯物辩证法的实质等问题的论战(即"唯物辩证法论战")中,张东荪以新康德主义为武器,[1]率先发起对马克思主义哲学的进攻。而表面上打着马克思主义旗号批判张东荪的叶青则是"披着唯物主义的外装的另一种唯心论"。[2] 他们的共同特点是从不同角度反对和歪曲辩证唯物主义和历史唯物主义。艾思奇、邓云特(邓拓)、沈志远等人对他们进行了针锋相对的批判,在斗争中划清了马克思主义哲学与其他哲学的界限,使马克思主义哲学大众化运动得到进一步深化和拓展。

艾思奇在论战中着重于对叶青的批判,因为叶青所谓的"新哲学的立场"似是而非,更容易迷惑人。

一是关于黑格尔哲学的"颠倒"。马克思主义哲学的诞生涉及与黑格尔哲学的关系。叶青认为马克思"只是辩证法的检证者,创立者是黑格尔"。[3] 二者的方法论"无不相同,并且完全是一个",[4]言外之意是马克思的辩证法完全是从黑格尔那里抄袭过来的。艾思奇在《论黑格尔哲学的颠倒》一文的开篇就指出:"凡懂得一点西洋哲学的人,没有不知道黑格尔哲学和新唯物论的关系的。新唯物论紧接着黑格尔之后而建立起来,它从黑格尔取得了很重要的遗产,加以批判改作,才成功一个划时代的新哲学。"[5]首先,这种批判和改作决不是简单地照搬。其次,"使新唯物论成立的更根本的基础,是当时欧洲社会里新的现实条件和要求;没有新的条件和要求,新哲学决不会从黑格尔的旧卵壳里孵化出来。显然,新的社会条件产生的必是新的哲学"。[6] 再次,"由黑格尔到新唯物

---

[1] 张东荪(1886—1973),浙江杭县人,毕业于日本东京帝国大学,曾在中国公学、北京大学任教。为研究系、中国国家社会党、中国民主社会党领袖之一。五四时期宣传基尔特社会主义,与马克思主义者进行论战,反对马克思主义理论。

[2] 叶青(1896—1990),原名任卓宣,四川南充人,曾赴法国勤工俭学,加入中共旅欧支部,又去莫斯科中山大学学习。1926年回国后在广东、湖南做中共宣传工作,次年在长沙被捕叛变。后极力反对共产主义,宣扬法西斯主义,曾任国民党中央宣传部副部长。

[3] 叶青《〈黑格尔——其生平其哲学及其影响〉序言》,上海:辛垦书店1935年版,第20页。

[4] 叶青《〈黑格尔——其生平其哲学及其影响〉序言》,第10页。

[5]《艾思奇全书》第1卷,第403页。

[6]《艾思奇全书》第1卷,第403页。

论，是不但要破壳，连内容也得经过一番成熟的改造才行。单单去了壳，没有内容的改造，那卵还是卵，决不会有新生命"。① 而这种成熟的改造，关键在于"真正批判地接受黑格尔的人，决不要黑格尔辩证法的'纯逻辑的把握'，而是要将观念论的辩证法改造为唯物的辩证法"，即将黑格尔漫游在云端里的思辨哲学拉到地上，从而使"这唯物论的方法论和观念论的方法论才有了实质上的区别"。②

二是关于"哲学消灭论"。为了否定马克思主义哲学，叶青还制造了"哲学消灭"的怪论。为此他杜撰了从"方法的决定""历史的必然""事实的证明"和"文献的印证"四个方面证明哲学消灭了的理论。其实，马恩只是说过黑格尔哲学的解体标志着德国古典哲学的终结，叶青却曲解和夸大为一切哲学的消灭。艾思奇深入批驳后指出："要像从前一样，想保持一种超乎科学之上的哲学或玄学，是不正当的，但同时，要把哲学这一门学问，完全消灭掉，使它没有一个自己特有的领域和对象，也是机械论的错误。"③因为哲学从来没有被消灭，而是"仍保持着独立的领域和对象，即对象就是世界发展的最普遍最一般的法则，也就是自然、社会、人类思维的运动变化的总法则（即辩证法）"。④ 由此，艾思奇彻底批驳了叶青歪曲和否定马克思主义哲学的观点，并论证了马克思主义哲学产生的划时代意义。

三是对所谓"外铄论"的批判。在关于内因与外因的关系问题上，叶青鼓吹夸大外因、抹杀内因的"外铄论"。他认为，中国历史的发展全然是由外来原因造成的，"因为我们所有的哲学、科学、文化堆满了书店和流于学校的，都从外因来，纯属采用性质"，"中国历史底发展在这里，显然是外铄的"。⑤ 其政治用心在于以此说明中国革命缺乏内在根据，不符

---

① 《艾思奇全书》第 1 卷，第 403 页。
② 《艾思奇全书》第 1 卷，第 409 页。
③ 见《艾思奇全书》第 1 卷，第 397 页。
④ 见《艾思奇全书》第 1 卷，第 398 页。
⑤ 《全国专家对于读经问题的意见》，《教育杂志》1935 年第 25 卷第 5 期。

合中国国情。中国社会的发展既然由外力决定，因此只能走向由帝国主义、资本主义外因所决定的由大地主、大资产阶级统治的社会。他还诬蔑说："辩证论者往往一味主张内因，排斥外因。这可以辩证论通俗化者艾思奇为例"，"他只主张内因，排斥外因；重视内因，轻视外因"。① 艾思奇指出："叶青口口声声说艾思奇'排斥外因''否定外因'，这完全是瞎说栽诬。我自己已经指出来过：'谈到事物的必然性，若忽视了外因，是不对的'，外因对事物的发展，有很重要的作用。"②"辩证法是把内因看做一切事物发展的根本动力的。辩证法对于外因虽然并不忽视，但认为内因是基础，是本质，是发展的必然性的决定的原因。如果他至少要在表面上标榜辩证法的话，他就不能不承认这一点。"③而叶青玩弄折衷主义手法，在对内因与外因作用的关系上不分主次，将二者等量齐观，甚至以外因为决定的力量是完全错误的。艾思奇还进一步批判了叶青关于内因外因交互作用的折衷主义。指出："在内因和外因的交互作用里，辩证法是要强调内因的第一义的决定作用。所谓'内部作用的原因才算作必然的原因'就是在这种意义上说的。"④这就从根本上讲清了对于事物发展来说，内因是必然的、起决定作用的因素，而外因虽然必不可少，却不是决定事物发展必然趋势的因素。

　　四是关于唯物辩证法规律和范畴的争论。叶青对马克思主义者阐述的唯物辩证法进行了全面歪曲。首先是对立统一规律。艾思奇在《大众哲学》中为了说明对立统一规律的普遍性，曾举过"这个青年是一个店员"的例子。叶青大加挞伐，说："我要批评艾思奇对于矛盾统一律的应用。他以'这个青年是一个店员'为矛盾统一律，因为'青年不一定是店员，店员也不一定是青年，店员和青年是矛盾的，然而，我们却可以毫不怀疑地把这个青年和店员连到一起'，所以那个命题是矛盾统一律底应

---

① 叶青《外因论与内因论》，《研究与批判》1936 年第 2 卷第 2 期。
②《艾思奇全书》第 2 卷，第 324 页。
③《艾思奇全书》第 1 卷，第 328—329 页。
④《艾思奇全书》第 2 卷，第 324 页。

用。因此那个命题'是在动的逻辑底管辖之下的'。这实在错误已极！"①
其实，叶青只是从形式逻辑的视角看问题，当然就认为是荒谬的。而从
辩证法的角度说，"这个青年"是一个别，而"店员"则是一般的概念，说
"这个青年是一个店员"当然就把个别和一般联系在一起了。艾思奇剖
析后指出，伊里奇在《哲学笔记》里也说："就是一个简单的判断，也是矛
盾的统一。例如'伊万是人'这一命题里就有着'特殊等于一般'的意
味。"这一点不知道叶青"懂得"否？

关于"差别的东西在一定的条件下也可以转化为矛盾"的观点。叶
青认为，有差别的东西不能构成矛盾，否则，那些真正对立的东西就不好
称呼了。因此，他诋毁"艾思奇简直不懂得'矛盾'二字作何解，因而不懂
得矛盾统一律是何意义"。② 艾思奇指出，差别的东西当然不是矛盾，但
如果是真"懂得"辩证法，"懂得"推移和变化的原理的话，"就应该知道差
别的东西在一定的条件下也可以转化为矛盾，倘若这两件差别的东西是
同时同地在一起而且发生互相排斥的作用的话"，③并举店员和作家为
例，指出："如果一个身为店员的，对于写作很有兴趣，不满于店员的现状
生活而努力想成为作家时，这时作家和店员两个东西就在统一体里互相
排斥了。你能说这不是矛盾吗？"④这无疑是对叶青形式主义僵化矛盾观
的有力批判。

关于运动和静止的辩证关系。叶青提出了"运动是静止的积累，静
止是运动的停留，两者相生相成，互为规定"的怪论。⑤ 艾思奇深刻地指
出，这是在运动与静止关系问题上陷入了折中主义、诡辩论。说运动是
静止的积累、静止是运动的停留，"不但是把静止和运动折中地结合，甚
至于把运动消解在静止里"。⑥ 叶青虽然口头上也承认运动的绝对性和

---

① 叶青《形式逻辑与辩证逻辑》，《研究与批判》1936 年第 2 卷第 2 期，第 79 页。
② 叶青《形式逻辑与辩证逻辑》，《研究与批判》1936 年第 2 卷第 2 期，第 80 页。
③《艾思奇全书》第 2 卷，第 323 页。
④《艾思奇全书》第 2 卷，第 316 页。
⑤《艾思奇全书》第 2 卷，第 320 页。
⑥《艾思奇全书》第 2 卷，第 322 页。

静止的相对性,而在实质上已经把运动和静止同等看待,他全然不懂得绝对是什么意义,相对又是什么意义,因为"静止只是运动的特殊形态,静止的东西,本质上仍然是运动的"。① 而叶青的立论既否定了运动,又否定了静止,终于成为一种诡辩。所以艾思奇批判道:"这种理论,两千年前希腊的诡辩论者早已发过了。他们把运动看做空间中的无数停留点的总合,于是就结论说只有无数停留点,而没有运动,这种诡辩论,不料竟在'二十世纪'的叶青嘴里还魂,真令人要'叹观止'了。"②

此后,艾思奇还针对叶青和张东荪等人的"物质论与观念论底统一","思维决定存在或精神产生物质","思想者事实之母","实践来源于理论","实践和理论必然分离","认识就是实践,实践就是认识"等故弄玄虚、似是而非的谬论进行了剖析与批判,从而揭穿了叶青之流假"马克思主义者"的丑恶面目,批判了以叶青哲学为代表的大地主、大资产阶级哲学,进一步捍卫和宣传了唯物辩证法的基本原理,扩大了其影响,使马克思主义哲学大众化运动得到进一步深化。

三、对马克思主义哲学中国化的深入研究与宣传

(一)与毛泽东的哲学交往及其相互影响

艾思奇于 1937 年 9 月奉调至延安,被任命为抗日军政大学主任教员、陕甘宁边区抗敌后援会宣传部长,从此开始了与毛泽东近十年的学术交往。1938 年 9 月,在毛泽东的提议下,延安成立了"新哲学会",由艾思奇和何思敬主持,负责研究、传播马克思主义新哲学。1939 年初,毛泽东自己专门组织了一个哲学小组,艾思奇是小组成员之一。

与艾思奇的交往对毛泽东哲学思想的形成与完善具有一定的影响,以《大众哲学》来说,首先,《大众哲学》非常重视实践的观点,反复论述了实践在新哲学中的突出地位及其在认识和改造客观世界中的重要地位

---

① 《艾思奇全书》第 2 卷,第 320 页。
② 《艾思奇全书》第 2 卷,第 322 页。

和作用。马克思主义哲学与以往哲学的根本不同就在于它是一种实践哲学,认为哲学的目的不仅仅是认识和解释理论,更重要的是改造世界。在这一点上,艾思奇与毛泽东是心心相通的。《大众哲学》在开篇第一章关于如何打破哲学神秘的论述中,就首先提出"一面在日常生活的实践中努力清除神秘的要素,同时对于最进步最正确的哲学系统也得加以研究","哲学本身也是从日常生活的基础里发生的,所以我们不能把所研究的看作凝固了的死的规范,还应该随时随地应用到生活的实践中,与生活中的一切相互印证"。① 结论是"哲学的主要任务是要能够真正解决人类生活上事实上的问题,要能真正解决这些问题,才足以证明他是事实上的真理","哲学不能单只是说的好听的东西,还要能指导我们做事",它的"重要的问题是在于要改变世界"。② 这就开宗明义地指出了马克思主义新哲学本质上就是一种来源于生活并且必须应用于生活的实践哲学,只有在解决人们生活中的问题的实践中,才能证明这种哲学的真理性。学习新哲学的目的只能是为了改变世界。在下文中,艾思奇进一步运用大量生活事实和例证,从不同的意义和角度反复论述了实践和认识的关系,比如在讲到认识与"抬杠"时说:"世界既然不会自己走进人的头脑中来向人证明他的错误,那有什么方法使世界来做证人呢? ……这就是我们常说的'实践',所谓实践,简单地说,就是改变世界改变环境的活动。只有在改变世界的活动中,才能和世界上的一切事物密切的相互接触,我们对于世界一切的认识是否真实,是否不落在空想里,也才可以在这里得到证明,得到矫正。"③

其次,《大众哲学》重点论述了实践是人类认识的基础,并突出强调了人的认识的能动作用,指出:"最真实最具体的知识,是由实践得来的。而新的知识,也是在实践中发生的。人的认识和照像机大不相同的地方,也就在这一点。照像机的本身是死的,它只能够把事物的外形死板

---

① 《艾思奇全书》第 1 卷,第 445—446 页。
② 《艾思奇全书》第 1 卷,第 450 页。
③ 《艾思奇全书》第 1 卷,第 494 页。

板的反映下来,事物的外形不变,照像机也不会变。但人是活人,人在实践的活动中能够自动地将事物的外形改变,自动地去剥出内部隐藏着的东西,自动地去反映出更深刻的映象。实践是人类认识的基础。没有实践的活动,我们所晓得的东西就不会加多,不会进步。"①这一点对毛泽东是具有启发意义的。

再次,《大众哲学》比较全面地概括了人类认识发展的总规律,这一点对毛泽东也颇有启发。《大众哲学》指出:"从感性到理性,从理性到实践,又由实践得到新的感性,走向新的理性,这种过程是无穷地连续下去,循环下去。但循环一次,我们的认识也就愈更丰富,所以这种循环,是螺旋式的循环,而不是圆圈式的循环,它永远在发展、进步,绝不会停滞在原来的圈子里。"②"我们指出认识的过程是由感性认识到理性认识,又再由理性的认识走向实践,在实践中,又再开始新的进一步的认识,这样不断的像螺旋一般的循环下去,每循环一次,我们所晓得的东西就进步一次。这就是认识的运动过程。"③这些论述与毛泽东的《实践论》对辩证唯物论的认识论的概括具有明显的直接关系,不过《实践论》对辩证唯物论的认识论的概括又更高于《大众哲学》。

艾思奇的《大众哲学》的另一特点是强调方法论,即辩证法,特别是关于联系和发展的法则以及矛盾统一规律,其中论述内因和外因辩证关系的合理思想,几乎大部分为《矛盾论》所吸收。《矛盾论》第一节"两种宇宙观"论述内因和外因辩证关系的章节,不仅观点与《大众哲学》相似,连举例"鸡蛋因得适当的温度而变化为鸡子,但温度不能使石头变为鸡子"的例子也与《大众哲学》举的例子完全相似。

另外,《大众哲学》关于对立统一规律在唯物辩证法中的核心地位的阐述对列宁的思想作了较好的说明和发挥。艾思奇指出:"矛盾的统一,是动的逻辑的第一条法则。人类的思想的变动和发展,以及思想所反映

---

① 《艾思奇全书》第1卷,第510页。
② 《艾思奇全书》第1卷,第495页。
③ 《艾思奇全书》第1卷,第510—511页。

的世界上一切的变动和发展，都只有这条法则才能给予最根本的说明。所谓辩证法（即动的逻辑），就本来的意义讲，就是要研究对象本身内部的矛盾"，①毛泽东的《矛盾论》开篇也写道："事物的矛盾法则，即对立统一的法则，是唯物辩证法的最根本的法则。列宁说'就本来的意义讲，辩证法是研究对象的本质自身中的矛盾'。列宁常称这个法则为辩证法的本质，又称之为辩证法的核心。"这显然也是与《大众哲学》的论述一致的。此外在谋篇布局上艾思奇有意识地先讲对立统一规律，再讲唯物辩证法的另外两个规律及诸范畴，强调"第一条法则就是前次讲述的矛盾统一律"，"第一条法则是更根本的法则"，"三个定律仍是以矛盾统一律为最根本，否定之否定律和质量互变律同样都是由矛盾统一律展开而成的"。② 对此，毛泽东也是完全赞同和采纳的。③

此外，毛泽东对艾思奇《哲学与生活》一书也做了 3000 余字的摘录，其内容几乎涵盖了关于唯物辩证法的主要方面，如：差别和矛盾、一般和特殊、量变和质变、内因和外因、运动和静止、绝对和相对、形式逻辑和辩证逻辑、归纳和演绎、辩证法唯物论的特征等等。对以上内容，毛泽东既有赞同、吸收与借鉴，也有分析、选择和评述，并结合中国革命具体实践加以分析研究，最终在《矛盾论》等著作中达到了一个崭新的高度。

对 1937 年 5 月艾思奇编著的《哲学逻辑》，毛泽东曾批读了三遍，分别用铅笔、毛笔和红蓝铅笔批划得十分详细，仅批注就有 3200 余字，其中大多集中在艾思奇写的《研究提纲》部分，如"一切大的政治错误没有不是离开辩证唯物论的"，"坟墓都是自己掘的"，"战争辩证法＝和平—战争—和平"，"社会主义经济与资本主义经济在现象上是没有区别的，只是本质上有区别，这就是内部区别"，"认识能力在各个阶段是有限的，在全历史上是无限的，方能逐渐地把握绝对真理。不承认这个认识能力的历史无限性，就要陷入不可知论"，等等，这些都从不同方面反映了艾

---

①《艾思奇全书》第 1 卷，第 518 页。
②《艾思奇全书》第 1 卷，第 522—523 页。
③ 卢冀宁《建国前毛泽东与艾思奇的学术交往》，载《常青的大众哲学》，第 170—172 页。

思奇著作对毛泽东多方面的启示。

毫无疑问,毛泽东对艾思奇哲学活动的影响也具有深刻的、导向性的意义。在与毛泽东多次促膝谈心、并阅读了他总结中国革命正反两方面历史经验的大量论著之后,艾思奇深刻领会了毛泽东思想的精神实质——马克思列宁主义与中国革命具体实践相结合。其实,在实践哲学的意义上,艾思奇与毛泽东哲学思想是相通的,他们都认为实践是马克思主义哲学最根本的观点,都反对把理论当作某种"公式"套用的"书斋哲学",都坚持认为理论是行动的指南,都认为中国朴素的辩证法与马克思主义辩证法有着内在的统一性。从此,艾思奇的哲学研究从通俗化、大众化走向了中国化、现实化,由注重普及宣传转为深入研究与提高,由解释抽象理论转向对中国革命具体实践的现实问题的分析与研讨,从而使艾思奇的哲学活动上升到了一个崭新的阶段。

(二)率先提出和阐发马克思主义哲学中国化理论

通过与毛泽东的哲学交往,以及对大革命以来中国革命艰难曲折历史经验的总结,艾思奇深深体会到由于理论素养不足给中国共产党带来的教条主义、本本主义的巨大危害,促使他对中国革命的性质、任务、道路和正反两方面的经验教训进行了深入的哲学思考,重新审视了马克思主义哲学中国化的经验与不足,率先提出了马克思主义中国化的倡议和主张。

早在 20 世纪 30 年代初期,艾思奇参加关于唯物辩证法论战时,就提出了必须坚持"马克思主义的中国化"问题。1938 年 4 月 1 日,他在武汉《自由中国》创刊号上发表的《哲学的现状和任务》一文中,更加明确地提出了"哲学的中国化和现实化"观点,指出,"现在需要来一个哲学研究的中国化、现实化的运动","哲学的中国化和现实化! 现在我们要来这样一个号召"。[①] 艾思奇认为,首先,马克思主义哲学中国化是马克思主义哲学通俗化的继续和深入,他说:"过去的哲学只做了一个通俗化的运

[①]《艾思奇全书》第 1 卷,第 491 页。

动,把高深的哲学用通俗的词句加以解释,这在打破从来哲学的神秘观点上,在使哲学和人们的日常生活接近,在使日常生活中的人们也知道注意哲学思想的修养上,是有极大意义的,而且这也就是中国化现实化的初步。因为如果没有几分(虽然很少)做到了中国化现实化,是不能够获得相当成果的。然而在基本上,整个的通俗化并不等于中国化现实化。"①其次,他指出马克思主义哲学的中国化"不是少数人书斋课堂里的运动,不是滥用公式的运动",而是全国性的、进步的、对于哲学理论有兴趣的战士都应该共同努力完成的运动,"是要从各部门的抗战动员的经验中吸取哲学的养料,发展哲学的理论,然后才把这发展的哲学理论拿来应用,指示我们的思想行动,我们要根据每一时期的经验,不断地来丰富和发展我们的理论,而不是要把固定了的哲学理论,当做支配一切的死公式"。② 再次,艾思奇指出,马克思主义哲学中国化的核心问题,"就是对新哲学、辩证法唯物论的研究",舍此就谈不上马克思主义哲学的中国化,"因为辩证法唯物论是人类哲学史最高的总结,一切哲学对于它都有相互的贡献,对于其他的哲学,它并不采取绝对否定的态度,它会以它的极大的包含性吸取一切哲学的精华",同时,"最重要的还是实践,辩证唯物论是最和实践一致的哲学","在今日的中国,它是一切以抗战的实践为依归,而绝对排斥学院式的空洞的争论"。③ 因此,无论从理论还是从实践上说,对辩证法唯物论的深入研究都是马克思主义哲学中国化问题的中心。

此后,他还针对叶青之流对马克思主义中国化的曲解,在《论中国的特殊性》一文中进一步揭示了马克思主义哲学中国化的内涵,这就是:"在中国应用马克思主义,使马克思主义中国化,就是要坚决地站在马克思主义的观点上,在马克思主义基本原则和基本精神上,用马克思、恩格斯所奠定了的辩证法唯物论的和政治经济学的科学方法,来具体地客观

---

① 《艾思奇全书》第 1 卷,第 492 页。
② 《艾思奇全书》第 2 卷,第 491 页。
③ 《艾思奇全书》第 2 卷,第 492 页。

地研究中国社会经济关系,来决定中国无产阶级在中国民族革命斗争中的具体任务及战略策略。"①这就把马克思主义哲学中国化置于整个中国革命的大局,从而揭示其深刻的实质。

那么,如何使马克思主义哲学中国化呢?他认为,"在原则上不外两点:第一要控制中国传统的哲学思想,熟悉其表现方式;第二要消化今天的抗战实践的经验与教训"。② 也就是说,要结合中国传统哲学思想并运用马克思主义哲学来总结中国革命的经验,去指导中国革命实践。显然,艾思奇对马克思主义哲学中国化的定义更加明确了,这就是,一方面要将马克思主义哲学与中国革命的具体实践相结合;另一方面要将马克思主义哲学与中国传统哲学相结合,借鉴其表现方式,使之具有中国作风、中国气派。同时,他还进一步论述了马克思主义之所以能够中国化的内在机制,指出:"因为马克思主义有一般的正确性——倘若它没有这一般的正确性,倘若它仅仅是特殊的东西,那就完全谈不到'化'的问题了。"③这里所说的马克思主义有一般的正确性,就是指马克思主义揭示出的社会发展一般规律的普遍真理。正因为有"一般的"正确性,我们才能把它中国化,用以作为我们行动的指南。另一方面,他还指出:"马克思主义之所以能够中国化,是由于中国自己本身早就产生了马克思主义实际运动,中国的马克思主义是在中国自己的社会经济发展中有它的基础,是在自己内部有着根源。"④艾思奇最先从什么是马克思主义哲学的中国化、马克思主义哲学为什么能够中国化以及马克思主义哲学怎样中国化等方面,全面、系统地论述了马克思主义哲学中国化的理论,这一思想后来得到了毛泽东的肯定和更加深刻、全面的发挥。

(三)将马克思主义哲学中国化转化为辩证的思想方法和工作方法

马克思主义哲学是改变世界的实践哲学,而改变世界的哲学绝不仅

---

① 《艾思奇全书》第2卷,第774页。
② 《艾思奇全书》第2卷,第623页。
③ 《艾思奇全书》第2卷,第775页。
④ 《艾思奇全书》第2卷,第778页。

仅是抽象的理论,其必不可少的中间环节就是必须将理论转化为思想方法和工作方法,这当然也是马克思主义哲学中国化的最根本的要求。对此,艾思奇始终注意深入探索和思考,他就此发表的许多相关论著和深邃见解构成了马克思主义哲学中国化的重要组成部分。

比如他在《怎样研究辩证法唯物论》一文中率先揭示了唯物辩证法的根本特点,指出:"辩证法唯物论是无产阶级的世界观,因此,它就是最彻底的革命的世界观。这就是说,它不是空理论,而是与无产阶级及广大人民的革命实践行动有分不开的联系。无产阶级的任务(一般地说)是改革世界,而辩证法唯物论哲学的'重要问题'也正是'在于改变世界'。哲学要能够担负起改革世界的任务,就必须与革命的实际行动结合,成为指导革命行动的观点,必须'把握大众,成为物质的力量'。"①从方法论上说,要把握这一哲学的实质,就绝不能从书斋里找答案,而必须诉诸革命的实践,"因此,真正的辩证法唯物论不存在于名词的琢磨、公式的引用、'纯逻辑'的空'理论'里,而存在于无产阶级与广大人民的革命行动的正确指导中,如果脱离了实际问题的解决,那末,无论说千百万个辩证法唯物论的名词,也不能成为真正的辩证法唯物论"②。那么,怎样才算是把握了辩证法唯物论呢?艾思奇认为:"要评判辩证法唯物论的研究是否有成就,并不在于(至少是不完全在于)纯理论本身讲的有多么熟练,而要看这研究的人在遇到革命的实际问题(或与革命有联系的问题)的时候,能否在辩证法唯物论观点上给予正确的解决。能够常常正确解决问题时,才算是达到了研究的目标,才算是把握了辩证法唯物论。"③这就十分明确地指出真正把握马克思主义哲学的标准——必须理论联系实际,通过实践解决实际问题。那么,怎样才能真正贯彻联系实际的原则、指导具体实践呢?艾思奇提出了把握辩证唯物论的三个步骤,"第一步,要把握辩证法唯物论本身的基本观点,这只是研究的开始

---

① 《艾思奇全书》第 2 卷,第 720 页。
② 《艾思奇全书》第 2 卷,第 720 页。
③ 《艾思奇全书》第 2 卷,第 721—722 页。

和准备。第二步，就要暂时丢开哲学公式，把所遇到的现实事物的本身作具体的考察。第三步，在辩证法唯物论的引导下，分析事实材料的各方面，并把握这一切方面的联系，这就是要把握辩证法唯物论法则的具体表现"。① 当然，艾思奇从未否认理论本身的重要意义，但始终认为读书和搞清书本上的理论观点只是把握辩证法唯物论的必要准备，而他更重视和强调的是另一个方面，即必须切实地了解全部实际情况，然后才能进入具体分析的环节。艾思奇因此提出了必须把握的两个要点：第一是要把握"考察的客观性（不是引例，不是片面地把握，而要事物本身）"，如果这步做到了才会有第二步，用唯物辩证法的法则去分析问题并把握问题的各方面关联，从而解决问题。艾思奇深刻认识到："辩证法唯物论的研究，不是在它的哲学本身上完成，而是在它引导我们解决了事实问题之后，在具体的结论中间，才可以看出我们对于它是否有正确的了解和把握。"这里，艾思奇进一步突出了把握马克思主义哲学的方法论原则：将唯物辩证法运用于实际，以期"能具体解决实际问题"，这应该是艾思奇致力于马克思主义哲学中国化的一个突出贡献。

在深入研究辩证的思维方法和工作方法过程中，艾思奇还力求使认识不断深化。首先，他主张将理论联系实际的辩证唯物论的研究方法扩展为唯物史观和整个马克思主义理论的研究方法。他认为"辩证法唯物论的研究，首先就不能离开唯物史观"，因为"辩证法唯物论之所以和其他任何唯物论不同，也正在于它的唯物史观"，"辩证法唯物论的彻底性和革命性就在于它和唯物史观分不开，要真正把握辩证法唯物论，就首先要同时研究唯物史观"。② 显然，从整体上认识辩证法唯物论的思想是深刻的。他还进一步指出："然而我们必须尽可能的力量去把握马克思主义的全部理论，尽可能地使我们所研究的辩证法唯物论具体化，以避免公式主义的错误。换一句话说，努力去精通马克思主义，才可能精通

---

① 《艾思奇全书》第 2 卷，第 724 页。
② 《艾思奇全书》第 2 卷，第 727 页。

辩证法唯物论。"①可以说"离开辩证法唯物论的哲学就没有马克思主义的整个革命理论,离开整个的革命理论,也不会有真正完全的辩证法唯物论",因为"辩证法唯物论是马克思主义列宁主义政党的宇宙观","要正确把握辩证法唯物论,必须努力研习马克思主义的全部理论,把它具体表现于革命的理论和实践。同样,要在马克思主义的理论和实践上不走错路,也必须正确地把握辩证法唯物论的哲学"。②

其次,艾思奇把"联系实际"上升为对"客观事物的发展规律的全面认识"。他指出:"唯物论者所要依据的,就不是琐屑的偶然日常事实,而必须是对客观事物的发展规律的全面认识。因为只有认识客观事物的发展规律,我们才能够领导全盘工作并展望将来的前途,才能够指示行动的目标,才能够知道要依据什么样的路线走向我们的目的。"并且进一步重申:"要成为一个真正彻底的唯物论者,那末,就要学习在决定一切问题的时候,不仅是从简单的事实出发,而必须从事实发展的各方面的规律出发。这就是说,要学习从自己工作环境的一切日常事实里,找出它的发展规律,依据这些规律来决定我们行动斗争的方法。"③显然,艾思奇所说的"联系实际"决不仅仅限于从简单的事实出发与一般事实对号,而是强调必须找出事物发展的规律来作为实事求是的依据,这无疑对辩证唯物主义的思想方法提出了更高的要求。

再次,不仅要研究事物发展的一般规律,还要研究事物发展的特殊规律,以及一般规律和特殊规律的联系,"这种一般规律知识,它本身原也是从社会历史发展的事实中概括出来的,所以也是客观真理的认识。这些规律,对于我们的行动指导上,是非常有用的,而且也是绝对必要的。它指示我们社会发展的总的方向,对于我们的行动,给予一般的指导原则。然而仅仅只有这些原则,并不能成为真正的马克思主义者或唯物论者。因为要做一个唯物论者,就必须注意到,每一个具体的社会和

①《艾思奇全书》第 2 卷,第 728 页。
②《艾思奇全书》第 2 卷,第 729 页。
③《艾思奇全书》第 3 卷,第 235 页。

具体的工作环境,又有它特殊的规律,必须要能够发现这些具体环境中的特殊的规律,必须要能了解特殊的规律与一般的规律的联系,必须要在应用一般的原则的时候,依据特殊的规律来加以补充,加以具体化,才能够对于革命的斗争行动给予正确的指导,必须学习马、恩、列、斯与毛泽东同志如何从具体事物中引申出一般规律,以及如何把一般规律具体运用的模范"。① 显然,这充分体现了规律问题上的辩证法。他明确地指出:"要成为一个真正的唯物主义者,又必须同时要做一个辩证法者。这就是说,在研究客观事物规律的时候,必须能够使用辩证法的方法。这就是说,不要把事物的发展规律,孤立起来研究,不要把原则看做僵化孤立的东西。一般的规律总是在特殊的情况下表现的,原则是要具体地灵活地应用的,公式主义就是把原则僵化,把它看做孤立的东西,这是唯心论,也是形而上学。"②

艾思奇指出:"要做一个辩证法唯物论者,概括来说,就是要能够在研究实际问题的时候,在革命的行动中,能够努力表现出这样的一些事实:第一,一切要从具体的客观事实出发;第二,要能够善于找出客观事实发展的规律;第三,要能够善于使一般的规律与特殊的规律联系起来,善于把一般的指导原则具体化起来。"③

最后,艾思奇将对思想方法、思想路线的不同表述统一于毛泽东提出的"有的放矢"和"实事求是",核心思想仍是马克思主义普遍真理和中国革命具体实践相结合。为此,他写了《不要误解"实事求是"》和《"有的放矢"及其他》等一系列文章,深入阐述毛泽东的概括。如"为什么用'有的放矢'来说明理论与实际的结合? 这就是说,理论与实际的结合,不只是要以中国的事例来解释理论原则,而且必须是依理论原则为指南,来解决中国革命问题。不能解决革命问题的理论,即使用极其丰富的例子

---

① 《艾思奇全书》第3卷,第235—236页。
② 《艾思奇全书》第3卷,第235—236页。
③ 《艾思奇全书》第3卷,第236—237页。

来说明,仍然是死教条"。① 在关于实事求是的展开论述中,他指出:"真正的'实事求是',不仅仅在于理解事实和认识事实,而且要从这理解和认识中求得指导行动,推动工作的方法。……我们是马克思主义者,是革命的行动家,我们的认识,是为着实践,为着改变世界的,我们不需要为认识而认识,单单揭发事实,并不是我们的目的。并且就认识本身来说,如果不能指导我们考察出一些正确的工作方法,也就不能证明它是正确的认识。"②艾思奇对党的思想路线、思想方法还有许多独到的见解,都对深化马克思主义哲学中国化有所助益。

四、对马克思主义哲学时代化的践行与局限

马克思主义哲学大众化、中国化、时代化是一个有机的整体,又是一个随时代发展而不断发展的过程。艾思奇的哲学活动早期致力于让马克思主义哲学走到人民大众中去,中期着重于马克思主义哲学中国化的阐释与开拓,并做出了突出贡献,新中国成立后他在没有放松大众化、中国化这两个方面努力的同时,更多地从事哲学的时代化工作。

新中国成立后,马克思主义成为主导思想,马克思主义哲学中国化也进入了一个新的时期。这一时期"是作为马克思主义哲学家的艾思奇的哲学思想进一步发展的时期,他在把马克思主义哲学的通俗化与系统化、战斗性与科学性、普及与提高、坚持与发展结合起来上做出了重要的贡献"。③ 他先后担任马列学院教员、北大和清华的兼职教授、中央党校哲学教研室主任、中央党校副校长等职,长期呕心沥血地从事马克思主义理论的研究、宣传与教育,不遗余力地推动着马克思主义哲学时代化的工作,直到生命的最后一息。这一阶段艾思奇对马克思主义哲学时代化的推动和贡献主要在以下几个方面。

---

① 《艾思奇全书》第 3 卷,第 312 页。
② 《艾思奇全书》第 3 卷,第 298 页。
③ 黄楠森《序言》,载《哲学大众化第一人——艾思奇哲学思想研究》,马汉儒主编,昆明:云南人民出版社 2002 年版,第 2 页。

（一）大力宣传社会发展史,普及唯物史观

新中国成立后,国家百废待兴,社会上思想混乱。为尽快提高广大干部群众的政治觉悟,使他们树立正确的世界观、人生观,中国共产党决定在全国开展学习社会发展史的活动。艾思奇结合时代要求率先撰写文章,全力投入这项工作。他首先在《学习》杂志创刊号上发表了《从头学起——学习马列主义的初步方法》一文,强调:"为掌握马列主义的基本的立场、观点、方法来读书,理论联系实际,解决问题,这是真正马列主义的学习态度。"①针对干部和群众在学习中出现的问题,他撰写了《评关于社会发展史问题的若干非历史观点》《反驳唯心论》《学习马列主义的国家学说》《学习——思想领域的解放战争》等文章,出版了《历史唯物论——社会发展史》一书,并以此书为蓝本在 1951 年 3 月中央人民广播电台举办的《社会发展史讲座》中进行系列讲授,连播 23 场,听众在 50 万人以上。这对新中国成立初期广大干部群众进一步掌握马列主义的基本原理,树立无产阶级世界观,提高建设社会主义自觉性,起到了重要作用。

（二）在新形势下,自觉地将马克思主义哲学的理论教育与研究宣传毛泽东思想结合起来

艾思奇在长期致力于马克思主义哲学中国化的研究过程中深刻认识到,马克思主义中国化的理论结晶,就是在中国革命实践中产生和不断走向胜利的毛泽东思想,这不仅是中国共产党几十年革命斗争历史实践的证明,也是他自己在多年从事马克思主义中国化研究过程中的切身体会。② 从延安时期起,艾思奇就开始切实地研究毛泽东思想的形成和发展过程,阐发毛泽东思想的精髓、实质和多方面的具体运用。除了在党政军机关和部队演讲、做报告以外,他还发表了大量研究文章和学习毛主席著作的辅导材料,如《毛泽东同志发展了真理论》《关于〈实践论〉

---

① 艾思奇《从头学起——学习马列主义的初步方法》,《学习》1949 年第 1 期。
② 李青《艾思奇与马克思主义哲学的中国化、时代化、大众化》,《东岳论丛》2010 年第 2 期。

和学习方法的一些问题》《读〈关于纠正党内的错误思想〉》《〈实践论〉与关于哲学史的研究》《〈矛盾论〉问题解答》《从〈矛盾论〉看辩证法的理解和运用》《人类认识的总规律》等等。他始终认为学习毛泽东著作,其意义并不仅仅是学习毛泽东个人的思想和著作中的个别词句,而是要学习毛泽东一贯坚持的马克思主义立场、观点和方法,即把马克思主义的一般原理和中国革命的具体实践紧密结合起来,创造性地运用和解决中国革命的实际问题,这是毛泽东思想不断取得成功的关键。[1] 他认为:"马列主义、毛泽东思想的具体结论并非是僵死的不变的。我们应该充分肯定毛泽东思想对马克思列宁主义的发展,同时也反对在没有弄清一般原理时"就"任意用贴标签的方式说毛主席对它的发展,而认为必须结合中国革命和社会主义建设的实际,从理论和实践的结合上,给予充分的论证和说明"。[2] 他反复强调只有努力"运用马克思主义普遍真理对革命工作和科学研究的实际问题进行分析,作出结论,找出指导工作和斗争的方针、计划、方法,以此推动工作和斗争取得胜利",才能真正掌握毛泽东思想的精神实质。而对于那种鄙薄中国革命的具体经验,一味强调学马列就只能照本宣科、逐章逐节、逐段逐句地读马列原著,似乎只有啃几本"大部头"才叫学习马列主义"不走样",才算保留了"原汁原味"的教条主义态度,他历来不赞成。他始终站在实践哲学的立场上认为:"马克思主义者所谓的精通马克思主义不仅是指马克思主义的理论研究,而同时是指要能在一定的具体环境之下实践马克思主义,在一定国家的特殊条件之下来进行创造马克思主义的事业。"[3]

(三) 把宣传、普及马克思主义哲学与批判唯心主义哲学结合起来,以确立和巩固马克思主义的主导地位

1955 年初,针对资产阶级唯心主义思想普遍存在,并在学术领域仍

---

[1] 李青《艾思奇与马克思主义哲学的中国化、时代化、大众化》,《东岳论丛》2010 年第 2 期。
[2] 李青《艾思奇与马克思主义哲学的中国化、时代化、大众化》,《东岳论丛》2010 年第 2 期。
[3] 艾思奇《论中国的特殊性》,载《从"西化"到现代化》,北京:北京大学出版社 1990 年版,第 601 页。

有相当广泛影响的情况,中共中央开展了一场对胡适、梁漱溟哲学思想的批判。艾思奇和李达作为哲学界的领军人物,不可避免地参与其中。胡适作为新文化运动中的风云人物曾经名噪一时,五四运动后,他同李大钊、陈独秀等马克思主义知识分子分道扬镳。他反对革命,主张改良,成为宣扬"全盘西化"和美国实用主义在中国的最大代表。也许是机缘巧合,早在 22 年前艾思奇就在《二十二年之中国思潮》一文中批判过胡适的"实验主义",认为那是一种打着科学旗号的资本主义思想,"是一种错误的思想方法,它能一变而成唯心论哲学"。[①] 但在当时,它作为与传统迷信抗衡的武器,也还有另一面的进步意义。22 年后,艾思奇又撰写了《实用主义还是唯心主义》的 5 万字长文,从六个方面对胡适的唯心主义进行了全面批判。通过批判,划清了马克思主义哲学与实用主义的界限,清除了胡适哲学思想中错误方面的影响,进一步普及了马克思主义。从总体上看,艾思奇对胡适实用主义观点的批判是有的放矢、言之成理、持之有据的,坚持了马克思主义的基本立场,对马克思主义意识形态在新中国指导地位的确立起了积极作用,但是在批判中也存在着对胡适思想上纲过高和评价偏颇之处。

紧随而来的对梁漱溟哲学思想的批判也同对胡适的批判一样,艾思奇和李达领受了同样的任务。他于 1955 年底写了《批判梁漱溟哲学思想》一文,其中第二节在《哲学研究》上刊载。尽管艾思奇对梁漱溟的批判总体上实事求是,有理有据,持之有故,基本准确地把握了对方思想,但把梁漱溟哲学说成是"五四运动中封建主义逆流",以及对他的哲学思想、文化观采取全盘否定的态度,把学术和思想问题说成是政治立场问题,对其学术思想中可资借鉴的因素完全抹煞,却是不对的。尽管有当时诸多客观因素的限制,但艾思奇主观上的责任与缺失也不能否认。

[①]《艾思奇全书》第 1 卷,第 111—116 页。

（四）适应马克思主义哲学时代化的理论需求，主编真正意义上的中国第一部马克思主义哲学教科书

社会主义改造完成以后，能否使广大干部、群众和知识分子在思想上逐步接受辩证唯物主义的世界观和马克思主义理论的指导地位，直接关系到社会主义革命和建设的成败。而新中国成立后我们引进的苏联教材基本上是依据斯大林 20 世纪 30 年代的"本本"编写的。因此，编写一本有中国特色的马克思主义哲学教科书，对高校学生和各级领导干部进行系统化的马克思主义理论教育，就显得十分必要。1960 年，在中共中央书记处的要求和指导下，由艾思奇主持编写了适合中国特点的第一部马克思主义哲学教科书《辩证唯物主义历史唯物主义》，他为此付出了大量心血。

在主持编写过程中，他除了提出稳定性、准确性、全面性和适度原则、理论联系实际原则以外，还特别强调突出毛泽东思想在马克思主义哲学体系中的地位。他要求"力求比较准确、简练地阐明马克思列宁主义哲学的一般原理；同时又在阐明马克思列宁主义的一般原理的基础上，说明毛泽东同志对马克思列宁主义哲学的发展。把阐明马克思列宁主义的一般哲学原理和说明毛泽东同志对马克思列宁主义哲学的发展，两方面结合起来。我们要反对两种偏向：一种是只注重谈马克思列宁主义的一般原理，而忽视毛泽东同志对马克思列宁主义哲学的贡献。另一种是，脱离马克思列宁主义哲学的一般原理，或对马克思列宁主义的一般原理还没有搞清楚，就任意用贴标签的方式，空谈毛泽东同志对它的发展。这两种偏向我们都要反对"。[1]

在应该怎样使用教科书的问题上，他特别强调"要努力做到掌握理论联系实际的原则"，并指出"联系实际有各种各样的方法，但它的总原则是要用理论原则作为方法指导，来解决一定的实际问题"。[2] 而那种原

---

①《艾思奇全书》第 8 卷，第 100—101 页。
②《艾思奇全书》第 8 卷，第 103 页。

则加例子的方法"还不能算是真正把理论和实际联系起来。真正要做到理论联系实际,需要采用更高的方法。最高的方法是运用马克思主义普遍真理,对革命工作和科学研究中的实际问题进行分析,做出结论,提出指导工作和斗争的方针、计划、办法,以此来推动工作和斗争取得胜利"。① 他反复提醒"联系实际要注意避免对具体问题不加分析,任意抓住一点,贴上标签",认为那种随便戴帽子、贴标签是简单化、庸俗化,完全与联系实际的方法背道而驰。

他对全书通篇审查、反复修改,有些段落改得面目全非,几乎重写,倾注了大量心血。在他主持下,大家集思广益、几易其稿,终于写出了具有中国特色、注重联系实际、突出毛泽东哲学思想地位的国内第一本马克思主义哲学教科书,全面系统地阐发了马克思主义哲学的基本原理。可以说《辩证唯物主义历史唯物主义》作为中国式的马克思主义哲学教科书,影响甚大,培育了新中国成千上万的青年人和知识分子,在几十年的使用中得到了广泛的好评。其主要贡献在于:第一,为宣传和普及马克思主义哲学,确立马克思主义指导地位,反对各种唯心主义、形而上学等错误思想做出了重要贡献。第二,对形成有中国特色的马克思主义哲学教科书体系作了有益的尝试,首先是该书的内容与结构与苏联教材相比有了重大调整,绝不是其简单翻版;其次是突出了毛泽东哲学思想在马克思主义哲学体系中的重要地位;再次是紧密联系中国革命和建设的实际,并进行了哲学概括。第三,突出了马克思主义哲学原理的方法论功能,为培养理论联系实际、实事求是的马克思主义学风做出了表率。正如黄枬森先生指出的,这一体系"尽管有这样那样的问题,但仍不失为马克思主义哲学第一个比较完整、严密的科学体系。……40多年来作为马克思主义哲学大学教材体系的主要根据,发挥了巨大的作用。我们要构建更加完整更加严密的科学的哲学体系,必须对它继承与发展,只有

---

① 《艾思奇全书》第 8 卷,第 103 页。

这样才能超越它,而绝不能绕开它"。①

而对于"艾思奇本"教科书的局限与缺失,随着时间的流逝和学术界最新理论研究的进展,我们也看得越来越清楚了:它对唯物主义自然观过于依赖和推崇,导致对人和主体内在能动性的忽视。它在马克思主义哲学出发点和终极关怀等问题上的视野差距,也使它对现当代许多新事物和现象的解释力不从心。毕竟作为脱胎于苏联本体论模式的哲学体系已经落后于今天的时代。

(五)关于社会主义建设时期经验教训的哲学总结

从新中国成立后到"文化大革命"前艾思奇逝世,正是社会主义建设在实践探索中曲折前进的时期。艾思奇的认识也随着实践的发展不断地深化。

1958 年 6 月,艾思奇带队到河南许昌地区挂职工作,担任开封地委副书记兼登封县委第二书记,当时正值中共八届二次会议召开,会议通过了"鼓足干劲,力争上游,多快好省地建设社会主义"的总路线,随后全国出现了"大跃进"热潮,农村兴起了人民公社化运动。艾思奇曾经热情地赞扬过群众的积极性,但随着运动的发展,逐渐出现了高指标、瞎指挥、虚报风、浮夸风和"共产风"等一系列不正常现象。艾思奇深感忧虑。为了不给干部和群众的热情"泼冷水""唱反调",又必须反对高指标、瞎指挥的错误,他写了《无限和有限的辩证法》一文,发表在 1959 年 2 月的《红旗》杂志第 4 期上。文章指出:我们常说人民群众的力量是无穷无尽的,是无限的,"但是,这个无限,仍然和有限联系着。在一定时间,一定地点,一定条件下,人民群众的力量的发挥,总有其一定的最大限度,而不是无穷无尽的","一个人用两条腿走路,一点钟只能走十里左右,你不能希望他一点钟走一百里。用旧式农具种地,一个农民只能种几亩,不能希望他一个人耕种百亩千亩。组织起来,力量比单干大得多,但在一

---

① 黄枬森《关于马克思主义哲学 1961 年体系的一些想法》,载《缅怀与探索:纪念艾思奇文选(1981—2008)》,李今山主编,北京:中共中央党校出版社 2010 年版,第 92 页。

定技术条件下仍有其最高限度"。在这里,他明确地表露出对片面夸大人民群众力量与积极性的不满。他认为:"既要深信人民群众力量的无穷无尽,又要注意到人民力量的有穷有尽方面。能够这样,就是对辩证法的客观规律有了一个正确的认识,因此也就掌握了一种正确的思想方法,正确的工作方法,正确地指导斗争、走向胜利的方法。"[1]在文章中,他反复强调仅仅一般地相信人民力量的无穷无尽,而看不见在一定的具体工作中人民力量的有穷有尽方面,或者把这些有穷有尽的力量误认为无穷无尽,这种片面观点也会造成工作中的错误。最后他语重心长地写道:"必须认真学会掌握辩证法,把有限和无限的对立统一规律应用到我们的生产和一切社会主义建设工作中,一方面要有藐视一切困难的冲天干劲,一方面又要有实事求是地根据客观现实可能性来正确地规定工作任务,正确地组织和应用人民力量的科学精神。任何一种片面思想都会使我们的工作陷入少慢差费的泥泞。只有辩证法的全面观点才能指导我们多快好省地向前跃进。"[2]对"实事求是"和"科学精神",他特意加上了着重号,希望进一步引起人们的重视。这篇文章明确批评了不顾群众实际困难的"超过现实可能性的过高的指标",实质上就是在批判"大跃进"中出现的高指标、瞎指挥等不正之风。

1959 年 1 月 31 日,艾思奇在《人民日报》上发表了《认识客观规律,鼓足革命干劲》的文章,用辩证唯物主义的观点,分析了在贯彻总路线中尊重客观规律和鼓足干劲之间的辩证关系,提出发挥主观能动性必须建立在稳固的客观物质的基础上。他写道:"我们是唯物论者,必须坚持客观第一性,主观第二性。一个唯物认识论的最根本的原则,在我们的一切工作和行动中,必须通过对周围情况的调查研究,使我们的思想能够符合于客观事物的规律性,使我们所规定的任务、方针、计划、办法能够

---

①《艾思奇全书》第 7 卷,第 193 页。

②《艾思奇全书》第 7 卷,第 195 页。原文在"藐视一切困难""实事求是""科学"之下加了着重号。

在周围事物中找到现实可靠的根据。"①他特别指出：说到发挥人的主观能动性，说到要批判"见物不见人""唯条件论"等等错误观点，这绝不等于说，人们的行动可以任意违背客观事物的规律，可以不顾任何事物条件的约束！我们所要批判的，只是这些错误观点对于客观规律和物质条件的机械的、形而上学的了解，而不是要否定认识客观规律和掌握物质条件的必要性。应该肯定，对于客观规律的认识，是人的主观能动性的基础。愈是正确地深刻地认识了事物的客观规律性，就愈善于为推进各种工作创设必要的物质条件，也就更有可能高度地发挥人的主观能动性。所以，反对"见物不见人"，并不等于可以容许"见人不见物"。"我们强调把上述两方面正确地结合起来，这就是说，无论哪一方都是不可偏废的。既然客观规律的认识和一定的物质条件是人的主观能动性的基础，所以我们做任何工作，决不能离开前者，而单纯强调后者；离开了前者，后者就没有根据，而人的努力必然落空。"②

艾思奇在河南下放期间所写的文章中，一方面赞扬了群众的革命劲，批判了右倾保守主义思想，但另一方面又严肃地指出"作为科学的共产主义者，是不应该仅仅凭着空想和热情来指导行动的"。据中央党校哲学教研室吴秉元教授回忆："1959 年 5 月 25 日，艾思奇同志曾应禹县县委的邀请，向禹县干部做过一次关于思想方法问题的讲话。这篇讲话，集中地反对了'大跃进'中的主观主义。他指出，在'大跃进'中，有些干部'非常主观地看问题，非常主观地解决问题'，'不实事求是，头脑不冷静，头脑太热'。把干劲'浪费了'。如果我们提出超过经过努力可以达到的指标，'那就是空想，就是主观主义'。他尖锐地指出，'大跃进'中所以发生缺点错误，'首先就是违背了唯物主义的原则，冲天干劲没有跟具体的分析、科学的精神结合起来'。他批评了'人有多大胆，地有多大产'等错误口号，指出不能凭胆量解决问题，马克思主义不能不讲条件。

①《艾思奇全书》第 7 卷，第 187 页。
②《艾思奇全书》第 7 卷，第 190—191 页。

他说:'唯物论的基本原则、冲天的干劲和科学分析结合起来,就是要使主观能够反映客观,不要使人的主观脱离客观,这个又叫客观第一,主观第二。凡是做事情,要把客观的情况摆在第一位,主观服从客观。'……当时,有些干部怕被戴上右倾帽子,不敢说实话,对此,艾思奇同志非常恳切地说:'做工作的时候,真正要实事求是解决问题,自己经过研究,的的确确应该这样工作,按照唯物论来办事情,别人如何说你右倾保守,那你不要怕,要敢于顶住。'"[①]

1959年7月9日,艾思奇应晋北地委邀请到大同给机关干部做了"关于思想方法,工作方法的问题"的报告,其中明确批评了"人有多大胆,地有多大产"的错误口号,他说:这样的口号是违背客观规律的。是不是人希望麦子产一百万斤,它就一定可以产一百万斤?事实上不可能嘛!没有这个规律嘛!"哲学的规律是思想反映物质,人的主观要反映客观,不是客观反映主观。'人有多大胆,地有多大产',那就是说,客观要反映主观了,人想怎么样就怎么样,这种口号是不正确的。"

1959年6月,艾思奇和韩树英等结束下放。据韩树英回忆:"经过一段工作,我们一些人都感到基层工作中发生的一些问题,比如浮夸风等问题,都不是仅从基层工作方面能彻底解决的。在下放结束时,有一次他对我说:他给省的主要领导人写过一封信,其中提到,根据实际情况看,过高的生产指标并不能真正调动群众的积极性,回信承认了他的意见是对的。""在最后总结下放工作、回顾认识的变化时,他深有感触地讲到:我们的唯物主义是不彻底的。他的话当时给我的印象也很深。"[②]

中央党校哲学教员马清健回忆说:"1959年夏天,下放河南回来,在教研室一次经验交流会上,他一方面歌颂广大干部和群众的革命干劲,肯定总路线,同时又严肃地指出:下面刮'五风'问题很严重,如果不认真

① 吴秉元《和艾教员相处的日子里》,载《一个哲学家的道路——回忆艾思奇同志》,昆明:云南人民出版社1985年第2版,第217—218页。
② 韩树英《艾思奇同志在河南》,载《一个哲学家的道路——回忆艾思奇同志》,第230页。

纠正,农民就要打扁担。"①

从 1958 年艾思奇下放到河南登封的言行看来,他并不盲从,而是有自己的独立思考的。他对"大跃进"和"人民公社化"运动中的"五风"错误,对于主观主义、形而上学的问题,提出过理论上和实际工作中的严肃批评。他所说的"我们的唯物主义是不彻底的",显然是把自己包括在内的。

总结艾思奇的一生,正如《艾思奇全书》序文所作的概括:"艾思奇是一位马克思主义哲学家和教育家,又是一位无产阶级革命家、实践家,他的学术生涯和革命生涯是交织在一起的。他一生学习刻苦,写作勤奋,给我们留下了六百多万字的丰硕成果。他写的文章和著作,立场坚定,鲜明生动,有血有肉,既体现了马克思主义哲学家的智慧,又饱含了革命家的激情。和艾思奇一样著作等身的学者,在他的同时代人中并不少见,但像他这样自觉地为祖国和人民大众的利益而写作、为革命和建设而战斗、集学者和战士于一身的哲学家,却是屈指可数。艾思奇同志是名副其实的人民哲学家。"

---

① 马清健《怀念艾教员》,载《一个哲学家的道路——回忆艾思奇同志》,第 250 页。

第七章　返本与开新：现代哲学的建树

20世纪三四十年代,正当中华民族忧患深重之时,中国涌现出数位建构本体论体系的哲学大家,洵为一时之盛! 这些哲学大家都对西方文化与哲学具有精当的把握、中肯的评价和平允的态度,但他们在中西比较的前提下毕竟都归宗于东方的、中国的、根本上是儒家的文化传统。他们都以东方的、中国的、根本上是儒家的古老范畴架构全新的天人大系统,将宇宙、社会、人生乃至超越的蕲向囊括无馀;且在存有的论证中贯穿价值的神髓,以真显善,以善导真,体现出儒家道德形上学的特色。他们的本体论体系代表了现代中国哲学的最高成就,不仅无愧于现代世界任何一家哲学,甚至乃有驾乎其上者! 他们的伟大建树,在中华民族最为艰难的时代,从精神层面预示了这个具有伟大哲学思想的民族必将复兴的前景! 这些哲学大家就是如同梁漱溟、张君劢一样也被今人归于现代新儒家的熊十力、冯友兰以及方东美、贺麟。

第一节　熊十力的"新唯识论"

一、生平著述

熊十力(1885—1968),湖北黄冈人,初名继智、升恒,字子真,一作子贞,晚号逸翁、漆园老人、空不空老人,一度自称病翁,早年因参加反清革命活动遭通缉,曾化名周定中。出生于一个贫寒的耕读之家,少时为乡邻牧牛,十岁方入父亲掌教的乡校读书,但不到两年便因父亲病逝而失学,遂跟从长兄耕读于田畔。十五岁时由长兄送至父亲友人何柽处受教,因不堪约束,仅半年便弃学而归,其毕生学历遂尽于此。尔后在无所羁绊的生活环境中泛观博览,奠定了厚实的学术功底,锻炼了穷玄极奥的思维能力,并养成了孤傲狂放甚至叛逆的性格。

1901 年前后,熊十力"阅当时维新派论文与章奏,知世变日剧",复"稍读船山、亭林诸老先生书,已有革命之志"。[①] 此时他结识了同县何自新以及邻县蕲水王汉等反清革命志士,日聚高谈,以志气相砥砺,乃尽弃旧学,不事科举。越明年,熊十力赴武昌,入新军当兵,不久考入陆军特别学堂,"潜通诸悍卒",以图"默运行伍,不数年可行大事",[②]并与何自新一道力辟革命阵营内部流传的武昌不易发动起义之说,此间结识宋教仁、吕大森、刘敬庵、张难先、胡瑛、梁耀汉等革命者。1905 年,王汉于河南彰德刺杀清朝大臣铁良不果而自尽,噩耗传回武昌,刘敬庵即愤而发起成立革命团体日知会,熊十力与焉。不久,同盟会成立,日知会员多加入同盟会,熊十力亦在其中。1906 年,熊十力与诸同志创设黄冈军学界讲习社,名为黄冈旅省人士联谊组织,实际上广泛联络各军营兵士及各学堂学生,以积蓄革命力量。他的行动被湖北提督兼第八镇统制张彪侦知,幸得同志通风报信而逃脱缉捕,遂与因受萍浏醴起义牵连而遭通缉的何自新一道亡命江西,何自新忧愤以死,熊十力则潜归黄冈,以周定中之名在乡间教书度日。

辛亥革命爆发后,熊十力参与黄冈光复,不久重返武昌,任湖北都督府参谋。1912 年,他受中华民国副总统兼湖北都督黎元洪指派,任都督府特设武昌日知会调查记录所编辑,参与编纂《日知会志》,大力表彰为反清革命而献身的密友王汉、刘敬庵、余仲勉、何自新、朱元成等,但亦于此时对民国政界及社会因道德堕落而导致的乱象产生强烈反感。1913 年,熊十力

---

① 《熊十力全集》第 4 卷,第 424—425 页。
② 《熊十力全集》第 4 卷,第 155、159 页。

在《庸言》杂志发表《证人学会启》《健庵随笔》《翊经录绪言》等文章,痛斥时弊,倡导修身立本,大力阐扬传统学术特别是儒家经典,表现出对旧学的回归。这一年,熊十力辞去所任职务,携黎元洪发给的遣散费近三千元,回到兄弟迁居的江西德安,将遣散费悉数交予长兄购置田产,与兄弟一道躬耕垄亩,农作之暇则读书为文。次年,熊十力与傅既光成婚。熊十力此次辞职归田却并未绝意政事,1917 年护法运动爆发后,他由武昌赴荆襄,旋入湖南,参加抗击北洋军阀的民军;1918 年春至广州,入孙中山幕为僚佐,居半年,"赖天之诱,忽而发觉","于是始决志学术一途"。① 此后五十年间,熊十力再未参与任何政事,而以学术终其一生。②

1918 年,熊十力将两三年来的笔札汇编为《心书》,自印行世。前一年,蔡元培在北京大学创立进德会,熊十力曾致信响应,由此结缘,故《心书》付梓前,蔡元培亦为之作序,盛赞该书"富哉言乎! 遵斯道也以行,本淡泊明志之操,收宁静致远之效,庶几横流可挽,而大道亦无事乎他求矣"。③ 1919 年,熊十力赴天津南开学校任教,这年暑期结识梁漱溟,经梁漱溟介绍,他于 1920 年下半年转赴南京支那内学院,从欧阳竟无研习佛教唯识学,直至 1922 年冬才离开内学院,应蔡元培之聘,任北京大学特约讲师,主讲唯识学,其时与林宰平结交。1923 年,熊十力授课的讲义以《唯识学概论》为名,由北京大学印行,这部讲义遵循唯识学本义,基本上是对唯识学义理的转述和阐发。但讲义印出不久,熊十力"忽盛疑旧学,于所宗信极不自安",④由此成为他创构"新唯识论"哲学体系的契机。

1924 年夏至 1925 年秋,熊十力曾暂离北大,随梁漱溟到山东创办曹州高中;又应武昌大学校长石瑛之邀,前往该校执教。返回北大后,他据窥基《因明入正理论》撰成《因明大疏删注》,作为讲授因明学的教材,于1926 年由北大印出;同年,他的第二种《唯识学概论》也由北大印出,其中

---

① 《熊十力全集》第 4 卷,第 425 页。另见第 2 卷,第 410 页。
② 熊十力于 1956 年被增选为全国政协委员,多次参加全国政协会议,但实际上只是备员而已,并未参与政事。
③ 《熊十力全集》第 1 卷,第 3 页。
④ 《熊十力全集》第 2 卷,第 9 页。

批评了无著、世亲的理论,成为熊十力改造唯识旧学而自创新论的一个里程碑。1927年春至1932年冬,熊十力因患严重的神经衰弱症,移居南方养病,主要住在杭州,与张难先、石瑛、严重、梁漱溟、陈铭枢等游处,并与马一浮结交;此间曾应汤用彤之邀去南京中央大学讲学,唐君毅于其时成为弟子,又到武昌亲戚家小住,并于"一・二八事变"后赴上海慰问十九路军将士。也在这一期间,熊十力语录及笔札由弟子高赞非整理成《尊闻录》,于1930年自印行世;他的唯识学讲义第三稿以《唯识论》为名,也于这一年由公孚印刷所印行,此书与1923年的印本有了根本改变,与1926年的印本亦易十之三四,预示着"新唯识论"哲学体系即将形成。

1932年10月,《新唯识论》文言文本在杭州印出,标志着熊十力苦心经营上十年的哲学体系正式形成,这一融摄佛教大乘空有学理而归本儒家《大易》,以体用、翕辟、心物、本心、习心、工夫、性智、量智诸范畴为间架,从本体宇宙论入手而结穴于人生德性论的哲学体系,不仅是现代新儒家的第一个哲学体系,而且是整个中国现代哲学史上的第一个哲学体系,也是人类哲学思维的杰作,熊十力因此无可争辩地成为中国现代哲学大家。由于《新唯识论》对唯识旧学进行了深刻批判,引发刘定权、太虚、燃犀、周叔迦、欧阳竟无、吕澂、王恩洋、印顺等僧人或居士与熊十力师弟绵延十六七年的辩难,熊十力(或以其弟子名义)在这一辩难中的重要著述有《破破新唯识论》(1933年)、《申述新论旨要平章儒佛摧惑显宗记》(1948年,署名黄艮庸)。1932年底,熊十力重回北大授课,牟宗三于此时成为其弟子,平常交游的则有钱穆、蒙文通、张尔田、张东荪、张申府、张岱年、冯友兰、贺麟、金岳霖、沈有鼎、冯文炳等。1935年出版《十力论学语辑略》。1937年出版《佛家名相通释》。

"七七事变"爆发后,熊十力在弟子陪伴下逃离北平,先回湖北,后入四川,居川东璧山县中学,于忧患中为诸生讲授中华民族源流和中国通史,意在以历史文化传统提振民族精神,鼓舞抗日意志,讲授记录被整理成《中国历史讲话》一书,于1938年由中央陆军军官学校印行。这一年,熊十力指导弟子着手将《新唯识论》文言文本译成语体文本,弟子陆续离去后，熊氏又自任译事，翻译过程中亦对原著多有增补删改，历时五六年才全部译改完毕，于 1944 年由中国哲学会交重庆商务印书馆出版。《新唯识论》语体文本的出版，宣告熊十力哲学体系最终完成。[①] 在此阶段，熊十力曾于 1939 年应马一浮之邀，前往位于乐山的复性书院主持特设讲座。在乐山期间遭遇日机轰炸，寓所夷为平地，许多文稿毁于炸弹引发的大火，熊十力幸免于难，但左膝受伤。1940 年移居梁漱溟设立于重庆北碚的勉仁书院，与居正、陶希圣、郭沫若、钱穆、贺麟、方东美、蒙文通等人交往。1943 年收徐复观为弟子。

1945 年，熊十力又一部重要著作《读经示要》由重庆南方印书馆印行，此书首先申言中国六经为常道，其次提出治经态度，最后略讲六经大义，意在反拨民初以来毁弃传统经典的风气，徐复观赞之曰"挥鲁阳之戈，以反慧日，负太行之石，用截横流，岂曰小补之哉"！[②] 1946 年春，熊十力由重庆抵武汉小住，初夏再次入川至乐山，应黄海化学工业研究社社长孙学悟之邀，主持该社附设的哲学研究部，作《中国哲学与西洋科学》长篇讲词，对中西文化进行分析比较，提出中西互补的主张。因不耐乐山潮湿，次年春遂离去，经重庆、武汉抵北平，重回北大授课，旋于秋季至上海再返武汉。是年冬，《十力语要》全四卷（包括作为卷一的 1935 年出版的《十力论学语辑略》、1941 年出版的卷二、1946 年编定的卷三以及作为卷四的 1930 年出版的《尊闻录》）由湖北省及武汉市政府出资，作为"十力丛书"之一出版。这一年，熊十力作《读智论钞》，连载于《世间解》杂志，此著是对《大智度论》的摘抄，并加按语评论儒佛高下。

1948 年春，熊十力应张其昀、谢幼伟之邀，赴浙江大学讲学，在杭州

[①] 熊十力在《新唯识论》语体文本"全部印行记"中回答"此书非佛家本旨也，而以《新唯识论》名之，何耶"的质疑说："夫新之云者，明异于旧义也。异旧义者，冥探真极，而参验之此土儒宗及诸巨子，抉择得失，辨异观同，所谓观会通而握玄珠者也。破门户之私执，契玄同而无碍，此所以异旧义而立新名也。识者，心之异名。唯者，显其殊特。即万化之原而名以本心，是最殊特。言其胜用，则宰物而不为物役，亦足征殊特。《新论》究万殊而归一本，要在反之此心，是故以唯识彰名。"见《熊十力全集》第 3 卷，第 3—4 页。

[②]《熊十力全集》第 3 卷，第 553 页。

期间,与马一浮等相聚于由乐山迁来的复性书院。当年秋末,熊十力离开杭州前往广东番禺,入住弟子黄艮庸家,此间编定《十力语要初续》,改定后学胡哲敷根据熊十力讲授内容所撰《正韩》为《韩非子评论》,这两种著述均于1949年底在香港出版。其时中共夺取政权已成定局,熊十力在留粤、赴川、回鄂、转台甚至远走美国或印度诸种打算之间反复计议,最终因接到郭沫若、董必武于1949年10月25日发来欢迎北上的电文,方决定留在大陆,并于1950年初回武汉,3月到北京,仍回北大哲学系任教。这一年撰成《与友人论张江陵》,自印行世,对张居正的人品学问政绩予以高度评价。此后至1954年均居北京,期间撰成《论六经》(1951年),高扬以六经为核心的中国传统文化,建议政府设立中国哲学研究所,培养研究并传承中国传统文化的人才,并呼吁学术自由和独立创造。

因难耐北京冬季干冷气候,1954年秋,熊十力移居上海,从此以迄1968年去世便定居于上海。这十四五年间,熊十力笔耕不辍。1955年出版《原儒》上卷;1956年出版《原儒》下卷,并将《原儒》上下卷合编出版,此书阐发了儒家内圣外王的知行观。1958年出版《体用论》,以浓缩方式表达"新唯识论"的基本思想。1959年出版《明心篇》,讨论心性论与认识论问题。1961年出版《乾坤衍》,自许为衰年定论。1963年完成《存斋随笔》,疏释佛家十二缘生说而基于儒家立场加以评论,但格于形势未能出版,仅以手抄本留存。1965年作《先世述要》,以未完成稿成为熊十力的绝笔。居沪期间,熊十力与周予同、周谷城、李平心、任鸿隽、刘佛年、陈子展、刘静窗、王元化等学人交往,与刘静窗过从尤密。1966年"文化大革命"爆发,熊十力受到冲击,被抄家、批斗,心境悲凉。1968年5月23日因患肺炎去世,终年八十四岁。

熊十力学问堂庑宽广,于哲学、经学、佛学、子学、史学乃至西学均有造诣,①其著述之单行本大都有多种版本行世,而将其所有著述以及已刊或未刊文札汇集整理者,乃萧萐父主编、郭齐勇副主编的《熊十力全集》

---

① 限于本书内容范围,本章只涉及熊十力的哲学思想。

九卷十册,由湖北教育出版社于 2001 年出版。

二、体用不二的本体—宇宙论

熊十力的哲学思想,散见于他的诸多著述和文札之中,但最为集中全面地表达其"新唯识论"哲学体系的,则是《新唯识论》语体文本,故熊十力说"平生心事,寄之此书"。[①] 该书开篇即指出:"今造此论,为欲悟诸究玄学者,令知一切物的本体,非是离自心外在境界,及非知识所行境界,唯是反求实证相应故。"[②]此语虽在说明把握本体的途径或方式,却也指出了"新唯识论"首先是关于本体论的哲学。[③]

在熊十力看来,历来哲学家多未能证见本体。他说:"哲学家谈本体者,大抵把本体当做是离我的心而外在的物事,因凭理智作用,向外界去寻求。由此之故,哲学家各用思考去构画一种境界,而建立为本体,纷纷不一其说。不论是唯心唯物、非心非物,种种之论要皆以向外找东西的态度来猜度,各自虚妄安立一种本体。这个固然错误。更有否认本体,而专讲知识论者。这种主张,可谓脱离了哲学的立场。因为哲学所以站脚得住者,只以本体论是科学所夺不去的。我们正以未得证体,才研究知识论。今乃立意不承有本体,而只在知识论上钻来钻去,终无结果,如何不是脱离哲学的立场?凡此种种妄见,如前哲所谓'道在迩而求诸远,事在易而求诸难'。此其谬误,实由不务反识本心。易言之,即不了万物本原与吾人真性,本非有二。遂至妄臆宇宙本体为离自心而外在,故乃

---

① 《熊十力全集》第 3 卷,第 3 页。熊十力在 1949 年以后又对《新唯识论》进行删改,成《新唯识论》删定本》(1953)、《体用论》(1958)、《明心篇》(1959)诸书,其《体用论·赘语》有谓"此书既成,《新论》两本俱毁弃,无保存之必要"(见《熊十力全集》第 7 卷,第 7 页。《新论》两本指《新唯识论》文言文本和语体文本)。熊氏此语多多少少与时势有关,而非纯粹的学术判断。实际上,删改诸书在系统性和深刻性等方面难以比肩于《新唯识论》语体文本,故刘述先论之曰"衰年之作,质素已不如前"(见氏著《儒家思想的转型与展望》,石家庄:河北人民出版社 2010 年版,第 87 页)。且删改诸书均已属于当代中国哲学范畴,本卷限于体例可不涉论,故此仍以《新唯识论》语体文本作为熊十力在中国现代哲学史上的代表作。

② 《熊十力全集》第 3 卷,第 13 页。

③ 熊十力说:"今在此论,唯欲略显体故。"自注"本体亦省言体"。见《熊十力全集》第 3 卷,第 17 页。

凭量智以向外求索，及其求索不可得，犹复不已于求索，则且以意想而有所安立。学者各凭意想，聚讼不休，则又相戒勿谈本体，于是盘旋知识窠臼，而正智之途塞，人顾自迷其所以生之理。古德有骑驴觅驴之喻，盖言其不悟自所本有，而妄向外求也。慨斯人之颠倒，可奈何哉？"①这主要是批评西方思辨哲学传统以及作为其反动的由现代西方逻辑实证主义引发的"拒斥形而上学"思潮，观熊十力所谓"印度外道以及西洋的哲学家，大都是把本体当做外在的物事来猜度。这样一来，诚无法见真理""西洋谈形而上学者，要皆凭量智或知识去构画""西洋哲学家谈实体及现象，为不可融一之二界"及其对于"厌闻本体"的哲学家的意思的撮述与反驳，可以证明。②熊十力也直接或间接地批评了神本论，他说："许多哲学家谈本体，常常把本体和现象对立起来，即是一方面，把现象看做实有的；一方面，把本体看做是立于现象的背后，或超越于现象界之上而为现象的根源的。这种错误，似是由宗教的观念沿袭得来，因为宗教是承认有世界或一切物的，同时，又承认有超越世界或一切物的上帝。哲学家谈本体者，很多未离宗教观念的圈套"，"实则本体不可视同宗教家所拟为具有人格的神"，"或以为本体是超越于宇宙之上，而能宰制万有的一个造物主，遂名主宰，这等见解，便是大错而特错了"，"若离群动而求有所谓体，便与宗教家臆想有个超越万有的上帝，同其迷妄了"，③此所谓"宗教"显然是指目亚伯拉罕三大一神教、特别是基督教而言。熊十力还批评了叔本华以盲目意志为宇宙本体、柏格森以绵延或持续的生力之流为宇宙生化之源以及哲学上的二元论、多元论乃至"建立一法为万物所由始"的一元论。④

对于佛教大乘空有二宗的本体论，熊十力也作出了分析和批评。他指出，有宗将本来遮拨法相的缘生说改变为一种构造论，乃是肯定现象

---

① 《熊十力全集》第 3 卷，第 17—18 页。
② 参见《熊十力全集》第 3 卷，第 177、200、274、91—93 页。
③ 《熊十力全集》第 3 卷，第 74、95、105、240 页。
④ 参见《熊十力全集》第 3 卷，第 192—193、305 页。熊十力说："一元论者，若只建立一法为万物所由始，则所谓一元者与本论的意思要自判以霄壤。"自注："本论亦不妨说为一元。然一即含多，多即是一。此义渊微，应如理思。"见同卷第 305 页。

为实有；建立无量种子为心物诸行之因缘，乃是多元论；以诸识所涵相、见二分以及有漏、无漏二性为各有其种子，颇有二元论的意义；将种子与现行截为二片，则为两重世界观；既建立种子为诸行之因，又要遵守佛家一贯相承的真如本体论而以真如为万法实体，以至种子自为种子、真如自为真如，实乃二重本体论；又谓人人各具阿赖耶识，含藏一切种子，生起心物诸行，则与外道神我论同其根底，且为极端的多我论；职是之故，"可见有宗实不曾证体，即不悟体必成用，遂堕入戏论"，因此熊十力说"我于旧师的种子论，根本要斥破的"。① 至于空宗本体论，熊十力一方面高度肯定道："空宗密意唯在显示一切法的本性。所以，空宗要遮拨一切法相，或宇宙万象，方乃豁然彻悟，即于一一法相，而见其莫非真如。空宗这种破相显性的说法，我是甚为赞同的。古今谈本体者，只有空宗能极力远离戏论。空宗把外道，乃至一切哲学家，各各凭臆想或情见所组成的宇宙论，直用快刀斩乱丝的手段，断尽纠纷，而令人当下悟入一真法界。这是何等神睿、何等稀奇的大业！"② 另一方面他也表明"于空宗还有不能赞同的地方"，他说："空宗诠说性体，大概以真实、不可变易及清净诸德而显示之。极真极实，无虚妄故，说之为真。恒如其性，毋变易故，说之为如。一极湛然，寂静圆明，说为清净。如上诸德，尤以寂静提揭独重。……本来，性体不能不说是寂静的。然至寂即是神化，化而不造，故说为寂，岂舍神化而别有寂耶？至静即是谲变，变而非动，故说为静，岂离谲变而别有静耶？夫至静而变，至寂而化者，唯其寂非枯寂而健德与之俱也，静非枯静而仁德与之俱也。……谈至此，空宗是否领会性德之全，总觉不能无疑问。空宗于寂静的方面，领会得很深切，这是无疑义的。但如稍有滞寂溺静的意思，便把生生不息真机遏绝了。其结果，必至陷于恶取空，至少亦有此倾向。……吾尝言，空宗见到性体是寂静的，

---

① 参见《熊十力全集》第 3 卷，第 73—75、80—83、147—150、217—234、283 页，引文见第 232、54 页。熊十力对有宗学说的理解是否正确，一直是有争议的问题，兹不涉论，有关情况可参见《熊十力全集》附卷（上）第一部分"儒佛之争或唯识华严之争"。
② 《熊十力全集》第 3 卷，第 170 页，另参见同卷第 147—150、163—165、217—234 页。

不可谓之不知性。性体上不容起一毫执着,空宗种种破斥,无非此个意思。我于此,亦何尝乖异?然而,寂静之中即是生机流行,生机流行毕竟寂静。此乃真宗微妙,迥绝言诠。若见此者,方乃识性德之大全。空宗只见性体是寂静的,却不知性体亦是流行的。吾疑其不识性德之全者,以此。"①由此指出了空宗本体论的偏失。

相比于佛教大乘空宗,熊十力认为,儒家本体观更为如实应理,其曰:"佛家证到本体是空寂的,他似乎是特别着重在这种空寂的意义上。易言之,不免有耽空滞寂之病。……夫滞寂则不悟生生之盛,耽空则不识化化之妙。此佛家者流,所以谈体而遗用也。儒者便不如是。夫空者无碍义。无碍故神,神者言乎化之不测也。寂者无滞义,无滞故仁,仁者言乎生之不竭也。故善观空者,于空而知化,以其不耽空故。妙悟寂者,于寂而识仁,以其不滞寂故。我们于儒家所宗主的《大易》一书,便知他们儒家特别在生生化化不息真几处发挥。他们确实见到空寂,如曰'神无方,易无体',曰'寂然不动'。寂义,既有明文,无方、无体,正彰空相。我们须知,不空则有碍,而何化之有?不寂则成滞,而何生之有?惟空寂始具生化,而生化仍自空寂。《大易》只从生化处显空寂,此其妙也。佛家不免耽空滞寂,故乃违逆生化,而不自知。"②又曰:"孔子尝曰:'仁者静','仁者寿'。又曰:'仁者乐山。'孔子所谓仁,即斥指心体而目之也。(自注:心体,即性体之别名。)仁者,即谓证得仁体的人。静者,远离昏沉、嚣动等相。寿者,恒久义。山者,澄然定止貌。是则性体寂静,孔子非不同证。然而,孔子不止说个寂静,亦尝曰:'天何言哉?四时行焉,百物生焉,天何言哉?'夫孔氏所言天者,乃性体之别名。无言者,形容其寂也。至寂而时行物生,时行物生而复至寂,是天之所以为天也。谈无为空者,何其异是耶?"③由此基本肯定儒家识得性德之全。不过熊十力又认为,儒家本体论也有不足之处,"其谈本体,毕竟于仁或生化的方面提

---

① 《熊十力全集》第 3 卷,第 171—175 页。
② 《熊十力全集》第 3 卷,第 187—188 页。
③ 《熊十力全集》第 3 卷,第 176 页。

揭独重。《大易》《论语》,可以参证。……偏言仁,却恐末流之弊只见到生机,而不知生生无息的真体本自冲寂也"。①　所以,熊十力强调"儒佛二家,通之则两全,离之则各病",②需要"会通佛之寂与孔之仁,而后本体之全德可见",③他自承"因以会通空宗与《大易》之旨。吾知生焉,吾见元德焉,此本论所由作也",④又说"本论会佛之寂与孔之仁,以言本体",⑤这就点明了"新唯识论"本体论的思想资源和理论内容。

需要特别说明的是,熊十力坚决否认他的本体论只是"援儒入佛"或"糅杂儒佛"的结果,他说:"一般人说我是援儒入佛者,这等论调是全不知道学问的意义和甘苦。须知,此理不是可以随便援这家入那家来说的。"⑥"时人识得学问的意义者已甚少,其于《新论》妄以糅杂儒佛相攻诋,固无足怪。"⑦他声明他的哲学体系是在出入百家、观其会通的基础上,反己自求、自家体认所得,是"自观,自喻,而后参证各家之旨,得其会通"。⑧　他断然宣称:"吾始治佛家唯识论,尝有撰述矣。后来忽不以旧师持义为然也,自毁前稿。久之,始造《新论》。吾惟以真理为归,本不拘家派,但《新论》实从佛家演变出来,如谓吾为新的佛家,亦无所不可耳。然吾毕竟游乎佛与儒之间,亦佛亦儒,非佛非儒,吾亦只是吾而已。"⑨

在《新唯识论》以及其他一些著述中,熊十力给予本体以诸多不同称谓,诸如本、本原、本源、本真、本明、本性、本心、本来的心、本来面目、道、道体、独、独体、大本、大全、大总相法门、法身、法性、法界、功能、恒转、究极义、绝对的真实、空理、空寂海、理、理体、良知、命、明德、能变、涅槃、乾、乾元、清净本然、清净法界、仁、仁体、如、如来藏、神、生命、实体、实

---

① 《熊十力全集》第 3 卷,第 406 页。
② 《熊十力全集》第 3 卷,第 202 页。
③ 《熊十力全集》第 3 卷,第 406 页。
④ 《熊十力全集》第 3 卷,第 173 页。
⑤ 《熊十力全集》第 3 卷,第 412 页。
⑥ 《熊十力全集》第 3 卷,第 136 页。
⑦ 《熊十力全集》第 3 卷,第 200 页。
⑧ 《熊十力全集》第 3 卷,第 173 页。另参见同卷第 135—137 页。
⑨ 《熊十力全集》第 3 卷,第 203 页。

相、实性、实理、实际、实际理地、胜义、体、天、天性、天命、天理之心、太极、太易、无穷、无为、万化之源、万善之宗、心、心源、心体、性、性体、性海、性真、性智、一真、一极、圆成、圆成实性、知、智、真、真体、真源、真极、真际、真相、真宰、真宗、真如、真实、真性、真理、真己、真的自己、至诚、至道、主宰、自性等等。① 这当然不是随意玩弄概念，而是力图从多层面揭

---

① 上列本体诸异名，本见《熊十力全集》第 3 卷第 135 页；本原见同卷第 164、247、628 页；本源见同卷第 735 页；本真见同卷第 215、405 页；本明见第 4 卷第 14 页、第 8 卷第 341 页；本性见第 3 卷第 168、344、375、376、382、427 页；本心见同卷第 189、263、346、374、396、397、528、632 页；本来的心见同卷第 51 页；本来面目见同卷第 795 页；道见同卷第 278、298、393、521、528、543、555、569、570、575、581、624、636、729 页；道体见同卷第 329 页；独见同卷第 405、649、780 页；独体见同卷第 380、384 页；大本见同卷第 404 页；大全见同卷第 13 页；大总相法门见第 4 卷第 326 页；法身见第 3 卷第 370 页；法性见同卷第 152、233、235、374、468、482 页；法界见同卷第 74、170、196、211、301、393、410、469、492 页；功能见同卷第 151、240、247、260、261、270 页；恒转见同卷第 7、95、98、99、113、150、151、240、285、370、372、377 页；究极义见同卷第 735 页；绝对的真实见同卷第 82 页；空理见同卷第 148、156、159 页；空寂海见同卷第 332 页；理见同卷第 77、333、365、367、487、636 页；理体见同卷第 362 页；良知见同卷第 658 页；命见同卷第 369、636 页；明德见同卷第 636 页；能变见同卷第 95、98、240 页；涅槃见同卷第 174 页；乾见同卷第 19 页；乾元见同卷第 657 页；清净本然见同卷第 159 页；清净法界见同卷第 211 页；仁见同卷第 178、397、398、399、401、404、407、581、636 页；仁体见同卷第 399、402、1031 页；如见同卷第 301 页；如来藏见同卷第 385 页；神见同卷第 418 页；生命见同卷第 346、358 页；实体见同卷第 510、635 页；实相见同卷第 160、161、179、218、243、244 页；实性见同卷第 163、510、511 页；实理见同卷第 280 页；实际见同卷第 135、156 页；实际理地见第 4 卷第 376 页；胜义见第 3 卷第 174 页；体见同卷第 17 页；天见同卷第 146、172、176、259、279、299、358、406、412、418、488、543、561、572、636 页；天性见同卷第 488 页；天命见同卷第 400、419、488 页；天理之心见同卷第 416 页；太极见同卷第 520 页；太易见同卷第 135 页；无穷见同卷第 751 页；无为见同卷第 174 页；万化之源见同卷第 734 页；万善之宗见同卷第 734 页；心见同卷第 306、343、377、388、390、393、636、729 页；心源见同卷第 405 页；心体见同卷第 407 页；性见同卷第 385、392、429、487、488、492、510、636、673、729 页；性体见同卷第 173、189 页；性海见同卷第 396、486 页；性真见同卷第 199、586 页；性智见同卷第 56、146、189、528 页；一真见同卷第 135 页；一极见同卷第 135、333、348 页；圆成见第 5 卷第 536 页；圆成实性见第 3 卷第 218 页；知见同卷第 636 页；智见同卷第 398 页；真见同卷第 395、418、492 页；真体见同卷第 666 页；真源见同卷第 378 页；真极见同卷第 21、729 页；真际见同卷第 285 页；真相见同卷第 735 页；真宰见同卷第 175、729 页；真宗见同卷第 175 页；真如见同卷第 82、148、156、185、209、211、233、278、285、338、361、370、469、491、530、543 页；真实见同卷第 74、75、80、82、107、150、346、367、371 页；真性见同卷第 184、506、561 页；真理见同卷第 90、148、236、280、394、440、628 页；真己见同卷第 15、546 页；真的自己见同卷第 15 页；至诚见同卷第 135 页；至道见同卷第 584 页；主宰见同卷第 105 页；自性见同卷第 362、417、419 页。各名称后面所标页码不一定包举该名称在《熊十力全集》中作为本体之异名出现的情况。

示本体的性质、功能及其存在方式,凸显本体无在而无不在、无能而无不能、无为而无不为、无形无相而举体显现为无量无边的功用,要之,即体用不二。熊十力说:"体用二词,只是约义分言之,实则不可析为二片的物事。……余尝默然息虑,游心无始,而知体用毕竟不可分为二片。使其可分,则用既别于体而独存,即是用有自体,不应于用之外更觅一物说为本体。又体若离于用而独存,则体为无用之体,不独是死物,亦是闲物。往复推征,体用毕竟不可分,是事无疑。今当以二义明不可分:一曰,即体而言用在体。夫体至寂而善动也,至无而妙有也。寂无者,是其德恒常而不可易也。动有者,是其化至神而不守故也。非恒德,将焉有神化? 无神化,何以显恒德? 唯具神化与恒德,故称为体。体者,绝对的真实义。其德恒,其化神,所以为真实之极也。然而,寂无则说为体之本然,动有亦名为体之妙用,本然不可致诘,妙用有可形容,是故显体必于其用。诚知动有,元无留迹,则于动有而知其本自寂无矣。故夫即用而显体者,正以即用即体故也。(自注:两即字吃紧,正显体用不二。)所以说用在体者,在字须活看,意云此用即是体之显现,非有别异于体而独在的用故。二曰,即用而言体在用。此与前义本一贯,特反复以尽其蕴耳。前就体言,本唯一真而含万化,故用不异体。今就用言,于兹万化皆是一真,故体不异用。由体不异用故,故能变与恒转及功能等词,是大用之殊称,亦得为本体或真如之异名。以体不异用故,遂从用立名。综上二义,可知体用虽若不一而实不二。摄动有归寂无,泊然无对;会寂无归动有,宛尔万殊。故若不一。然寂无未尝不动有,全体成大用故;动有未尝不寂无,大用即全体故。故知体用毕竟不二。"①又说"是故用外无体,体外无用,体用只是随义异名,二之则不是","故曰即体即用,即用即体,不可析而二之也","本论意思,只是体用不二"。②

　　在实存状态中,体用本来是一而不二的;但在理论上,为了呈现体用

---

① 《熊十力全集》第 3 卷,第 238—240 页。
② 《熊十力全集》第 3 卷,第 274、378、406 页。

之性相,却又不得不析体用而言之。熊十力说:"本体是必现为大用,是即体即用,而不可分体用为二的。但是,我们为讲说的方便计,姑且把体别离开用来说";"吾平生谈本体,原主体用不二。但既立体用二词,即其义不能无辨";"体用本不可分。但既说体用二词,则体用毕竟有辨"。①那么从体用相分的角度来看,本体的性相如何呢?熊十力对此作了大量论述,撮其要者,有谓:"若乃玄学上所谓一切物的本体,是至大无外的(自注:此大不和小对),是虚无的(自注:所谓虚无,不是空洞的意义,不是没有的意义,只是恒久的存在,而无迹象可见的意义),是周遍一切处,无欠缺的,是具有至极微妙、无穷无尽的功用的。"②"体以其至无(自注:无形相、无方所、无造作,故说为无,实非空无)而显现万有,以其至寂(自注:寂者,寂静无扰乱相故)而流行无有滞碍。"③"真理是无有定在的而亦是无所不在的(自注:此中真理,即本体之别名)。真理虽复本无形相,而是赅备万德、具足众理的,是其举体显现为无量无边的功用,即所谓一切有的(自注:举体之举字吃紧,谓真理悉举其全体而显现为功用,即用外无体)。"④"本体所以成其为本体者,略说具有如下诸义:一、本体是备万理、含万德、肇万化、法尔清净本然。法尔一词,其含义有无所待而成的意思。清净者,没有染污,即没有所谓恶之谓。本然者,本谓本来,然谓如此。当知,本体不是本无今有的,更不是由意想安立的,故说本来。他是永远不会有改变的,故以如此一词形容之。二、本体是绝对的,若有所待,便不名为一切行的本体了。三、本体是幽隐的,无形相的,即是没有空间性的。四、本体是恒久的,无始无终的,即是没有时间性的。五、本体是全的,圆满无缺的,不可剖割的。六、若说本体是不变易的,便已涵着变易了,若说本体是变易的,便已涵着不变易了,他是很难说的。本体是显现为无量无边的功用,即所谓一切行的,所以说是变易的;然而本体

---

① 《熊十力全集》第 3 卷,第 359、416、491 页。
② 《熊十力全集》第 3 卷,第 41 页。
③ 《熊十力全集》第 3 卷,第 83 页。
④ 《熊十力全集》第 3 卷,第 90 页。

虽显现为万殊的功用或一切行,毕竟不曾改移他的自性。他的自性,恒是清净的、刚健的、无滞碍的,所以说是不变易的。"①"本体只是无能而无所不能。他显现为万殊的功用或一切行,所以说是无所不能。他不是超脱于万殊的功用或一切行之上而为创造者,所以说无能。故假说为能变。上来把本体说为能变。我们从能变这方面看,他是非常非断的。因此,遂为本体安立一个名字,叫做恒转。恒字是非断的意思,转字是非常的意思。非常非断,故名恒转。我们从本体显现为大用的方面来说,则以他是变动不居的缘故,才说非常,若是恒常,便无变动了,便不成为用了。又以他是变动不居的缘故,才说非断,如或断灭,也没有变动了,也不成为用了。不常亦不断,才是能变,才成为大用流行,所以把他叫做恒转。"②"至真至实,无为而无不为者,是谓体。无为者,此体非有形故,非有相故,非有意想造作故。无不为者,此体非空无故,法尔生生化化、流行不息故。……无形者,空寂也。(自注:空者,以无形无染名空,非以空无名空)无相者,亦空寂也。无想者,亦空寂也。空寂复空寂,离诸滞碍,含藏万有,具备万德或万理,无可称美而赞之以至神。"③"本体是实有,不可视同假法。……既是实体,所以不须别找材质。理体渊然空寂,空故神,寂故化。神化者,翕辟相互而呈材。生灭流行不已,而造化之情可见。是故材质者,理之流行所必有之势也,其情之至盛而不匮故也。材呈,故谓之相。故曰理之现相,不待别立材质而与之合。以其为至实而非无故也。"④"是故会寂与仁,而后见天德之全。(自注:天者,本体之代词,非谓神帝也)……夫寂者,真实之极也,清净之极也,幽深之极也,微妙之极也。无形无相,无杂染,无滞碍,非戏论安足处所。默然无可形容,而强命之曰寂也。仁者,生生不容已也,神化不可测也,太和而无所

---

①《熊十力全集》第 3 卷,第 94 页。

②《熊十力全集》第 3 卷,第 95—96 页。

③《熊十力全集》第 3 卷,第 274 页。

④《熊十力全集》第 3 卷,第 365—366 页。熊十力说:"本论乃直指本体而名之以理。"见同卷第365 页。

违逆也,至柔而无不包通也。本体具备万德,难以称举。唯仁与寂,可赅万德。……夫真实、清净,生生所以不容已也;幽深、微妙,神化所以不可测也。无方相乃至无滞碍,而实不空无者,唯其仁也。故寂与仁,皆以言乎本体之德。寂故仁,仁亦无不寂。则本体不可执一德以言之也明矣。"①概括而言,本体是本来自在、绝对无待、圆满无缺、无始无终、无形无相、无所不在、至寂至仁、清净刚健、赅备万德、具足众理、极虚而实、极静而动、含藏万有、肇生万化、无所不能、举体成用而永葆自性的。

不过,即使对本体作再多的描述,也很难用名言来确切说明本体的性相,"因为一切名言的缘起,是吾人在实际生活方面,要应用一一的实物。因此,对于一切物,不能不有名言,以资诠召。……我们用表物的名言来表超物的理,这是多么困难的事",②所以,"我们要谈本体,实在没有法子可以一直说出。……我以为所谓体,固然是不可直揭的,但不妨即用显体。(自注:用者,具云功用)因为体是要显现为无量无边的功用的(自注:桌子哪、椅子哪、人哪、鸟哪,思想等等精神现象哪,乃至一切的物事,都不是一一固定的相状,都只是功用),用是有相状诈现的(自注:相状不实,故云诈现),是千差万别的。所以,体不可说(自注:言说所表示,是有封畛的。体无封畛,故非言说所可及),而用却可说(自注:上来已云,用是有相状的,是千差万别的,故可说)。用,就是体的显现。(译者按:如大海水,显现为众沤,……大海水,可以喻体。众沤,可以喻用)体,就是用的体。(译者按:仍举前喻,如一一的沤,各各以大海水为体。大海水,即遍与众沤为体,非超脱于众沤之外而独在)无体即无用,离用元无体。所以,从用上解析明白,即可以显示用的本体。简单言之,我们剋就大用流行,诈现千差万别的法相上,来作精密的解析,便见得大用流行不住,都无实物,即于此知道他只是真实的显现。(自注:此中真实一词即谓本体,后准知)易言之,我们即于无量的分殊的功用上,直见为一一

---

① 《熊十力全集》第 3 卷,第 405—406 页。
② 《熊十力全集》第 3 卷,第 78 页。熊十力解释说:"此中超物的理,即谓至一的理。"(见同页)又说:"这至一的理,是遍为万有的实体。"(见第 77 页)可知此所谓"理"即本体之异名。

都是真实的显发而不容已"。① 这就又回到体用不二的前提,指明了在这一前提下通过大用流行把握本体的门径,所谓"离流行,不可觅至寂的,故必于流行而识至寂。离显现万有,不可觅至无的,故必于万有而识至无"。②

吊诡的是,要通过大用流行把握本体,却又必须首先了解本体是如何显现为大用流行的,亦即只有明瞭大用流行的生成及其性相,才能够即用显体。那么本体是如何显现为大用流行的呢? 熊十力对此作了系统的阐述,由此构成其宇宙论。他说:"我以为物质宇宙是本来无有,而不妨随俗建立。我要说明这个意思,又非从宇宙真际说起不可。(自注:中译佛籍以真际为真如异名。真如又即本体之异名)真际者,恒转也。(自注:恒转即本体之异名)恒转是至无而健动的。无者,无形,非是空无。无形故绝待,绝待故至真至实,真实故健。无形而健,故生化无穷,亦名为动。"③这个至无健动、生化无穷的本体,既是浑一的整体功能,又含有无量的互相融摄的分殊功能,熊十力说:"恒转亦名功能。又复说言,功能是浑一的全体,但不是一合相,而是有分殊的。(自注:即全中有分)虽是分殊的,而亦不是如各别的粒子然,却是互相融摄,成为一体的。(自注:即分中见全)……功能既有分殊,即不妨于全体中假析言之,而说为一个一个的,或许许多多的功能。换句话说,即是一为无量。亦复应知,无量功能互相即,互相涉,而为浑一的全体,非一一功能各各成独立而不相涉不相即之小粒子。应复说言,无量为一。"④这无量的互相融摄的分殊功能,就是物质宇宙的基本单位,熊十力在同一意义上名之为形

---

① 《熊十力全集》第 3 卷,第 79—80 页。此段中作按语的译者乃为熊十力弟子钱学熙,1938 年冬,钱在熊的指导下,将《新唯识论》文言文本的《明宗》章、《唯识》上下章以及《转变》章的首节译成语体文,参见同卷第 5 页。

② 《熊十力全集》第 3 卷,第 83 页。熊十力自注:"至寂是体,流行是体成为用","至无是体,显现是体成为用",见同页。

③ 《熊十力全集》第 3 卷,第 285 页。

④ 《熊十力全集》第 3 卷,第 286—287 页。另参见本卷第 137—138、249—250、252—254、301 页。

向、积、动圈、小、凝势、小一、势速、微势、刹那等等；①其小至极，无复更有小于此者，故不可再加剖析，相比现代科学所发现的所谓基本粒子来说，"科学家所谓元子、电子等等，不过图摹多数小一所比合而成的系群之迹象，实无从测定小一也"，②即是说，原子、电子之类的所谓基本粒子，根本不是物质宇宙的基本单位，而已经是粗显的物质了。

在无量的分殊功能中，各各包含着翕辟两种动势，翕的动势是收摄凝聚，辟的动势是刚健开发，两种动势都处于刹那生灭、无常无断的变化之中。③ 当翕之刹那，物质宇宙之基本单位亦即所谓动圈于是形成，"这种动圈的形成，就因为翕的势用，是尽量收凝。我们可以把每个收凝的动势，均当做一单位。⋯⋯实则功能所以有分殊，而可说为一个一个的者，只以翕之故，才有分殊耳"。④ 由于翕是刹那生灭的，所以由翕凝成的基本单位并无瞬间暂住，"一切小一，都是顿现。（自注：一刹那顷，才起即灭，不暂住故。故云顿现）前不至后，后不承前。此不至彼，彼不因此。所以一切小一，各各均是刹那顿现"，⑤"如实而谈，凡诸小一，都是刹那诈现。一刹那顷，才起即灭，本来无有丝微的物事可容暂住，故云诈现。本无自性。（自注：犹云没有独立存在的自体）原其所自，盖乃寂然真体，确尔显现。（自注：小一非有质也，只是一种凝敛的势用而已。此即真体之显现也）"⑥但是，翕虽刹那生灭，以至其所凝成的基本单位并无瞬间暂住，却不可因此沦于空见，"剋约一刹言，恍惚不可把捉。通多刹言，前刹才灭，若有迹象，似未全消（自注：迹象者，譬如音乐才止，尚有余音绕梁。若有之言，显不可执为实物故。似未之言，显非不消灭，但幻迹耳），后刹

---

① 参见《熊十力全集》第3卷，第98、111、290、296、307页。熊十力说："每一动圈，即一单位。这些单位，就是物质宇宙的基本。"见同卷第289—290页。

②《熊十力全集》第3卷，第307页；另参见第290、302—303页。

③ 参见《熊十力全集》第3卷，第98—135、250—252页。

④《熊十力全集》第3卷，第287—288页。熊十力又说："就功能之收凝的方面而言，便谓之翕。翕故成为动圈。动圈一词即表示每个收凝的动势，可当做一单位。"见同卷第288页。

⑤《熊十力全集》第3卷，第294—295页。

⑥《熊十力全集》第3卷，第292页。

新生,与前俱有。(自注:后刹正生时,值前迹象未即灭时,是俱有也)准此而谈,前后刹间,未可沦空。虽前后都不住,却也不是空洞无物。譬如电光的一闪一闪,本经多刹,曾无一刹得住。但其前后之间,俨然是前刹之一闪,与后刹之一闪,分明俱有的,何可说空?以此类况,前刹后刹小一,其相邻者,可言俱有。又复无量小一,同时现者,不妨假说彼此。(自注:注意假说二字。若计有实时间,及计小一为个别的实物可分彼此者,便大谬)由诸小一,可假说前后及彼此各各别有故"。① 因此,"今所谓小一,虽复各别顿现,无一小一得有自类生灭相续,犹如幻化。然诸小一,亦非如空华无体。每一小一,其体即是真如妙性故。故知小一,非无体法"。② 亦因此,由翕之凝,至无之本体始将显现为有,"夫翕者,于至无而动之中,始凝而兆乎有者也。至无者,言乎体也。至无而动,则体之显现而为万殊的妙用也。妙用之行,必有其收凝的一方面。此收凝即有之几兆,所谓翕是也。动势之始凝,本无形也,而已凝焉,则有之几也。形物著见,名之为有。收凝之势,虽未成乎形,而已为形物所自始,故曰始凝而兆有也"。③

由翕势之凝成物质宇宙的基本单位,以至于包括人身在内的宇宙万物的生成,其间机理为:"无量小一,相摩荡故,有迹象散著,命曰万物。(自注:摩者,两相近也,即是相比合的意思。荡者,交相激也,即是相乖违的意思)所以者何?小一虽未成乎形,然每一小一,是一刹那顿起而极凝的势用。此等势用,既多至无量,则彼此之间,有以时与位之相值适当而互相亲比者,乃成为一系。(自注:此中时与位,原是假设。因为说到小一并起而相值,便不能不假说时位以形容之。若究其原,便无时位)亦自有不当其值而相乖违者。此所以不唯混成一系,而各得以其相亲比者互别而成众系。……无量小一,有相摩以比合而成一系。有相荡以离异,因别有所合,得成多系。此玄化之秘也,凡系与系之间,亦有相摩相

① 《熊十力全集》第 3 卷,第 308 页。
② 《熊十力全集》第 3 卷,第 297 页。
③ 《熊十力全集》第 3 卷,第 288 页。

荡。如各小一间之有相摩荡者然。系与系合,说名系群。二个系以上相比合之系群,渐有迹象,而或不显著。及大多数的系群相比合,则象乃粗显。如吾当前书案,即由许许多多的系群,互相摩而成象,乃名以书案也。日星大地。靡不如是。及吾形躯,亦复如是。故知万物,非离小一有别自体。"①至此,熊十力解释了通常所谓物质宇宙的生成及其性相。这个以刹那不住的翕势所凝聚的物质宇宙,从根本上说是幻有的,"实则所谓物者,并非实在的东西,只是依着大用流行中之一种收凝的势用所诈现之迹象,而假说名物。若离开收凝的势用,又有什么叫做物呢?……物者,只是我所谓收凝的势用所诈现之迹象而已。收凝的势用,名为翕,翕即成物。(自注:翕便诈现一种迹象,即名为物)所以,物之名依翕而立",②"夫大用流行中,不得不有所凝敛以为健进之具。然依凝敛,乃有万物可言,不凝敛,即无物矣。但所云物者,幻迹耳,非有实物也",③在这一观点上,熊十力申明他"与空宗密意有相通处"。④ 但是另一方面,物质宇宙却又是无可呵毁的,"因为我们纯从宇宙论的观点来看,便见得一切行,都无自体。实际上这一切行,只是在那极生动的、极活泼的、不断的变化的过程中。这种不断的变化,我们说为大用流行,这是无可呵毁的。我们依据这种宇宙观,来决定我们的人生态度,只有精进和向上。其于诸行,无所厌舍,亦无所谓染着了",所以,熊十力又说"本书的意义,毕竟有和旧学天壤悬隔的地方,就是旧师于一切行而说无常,隐存呵毁,本书却绝无这种意思"。⑤ 在真谛与俗谛二分的前提下,熊十力认为"我们还可以假施设一外在世界或经验界,不属玄学领域,在这里对于情见或知识,不妨承认其有相当的价值","如此便有宇宙论可讲,

---

① 《熊十力全集》第 3 卷,第 306—307 页。
② 《熊十力全集》第 3 卷,第 111—112 页。
③ 《熊十力全集》第 3 卷,第 294 页。
④ 《熊十力全集》第 3 卷,第 150 页。熊十力又说:"本书谈转变,即于一切行,都不看做为实有的东西。就这点意思说,便和旧说诸行无常的旨趣是很相通的了。"见同卷第 86 页。
⑤ 《熊十力全集》第 3 卷,第 86—87 页。另参见第 170—178 页。

亦可予科学知识以安足处"，"俗情于此，庶几无怖也欤"。[1]

但若仅仅到此为止，还只是表现了大用流行的一个方面，由这一方面并不能即用显体，因为，翕虽亦属用，且为即用显体所必需的资具，但根本上却是近于物化而背反本体自性的。熊十力说："翕自是用，此何待言？但是本体之现为功用时，必起一种反的作用，即所谓辟者。以有此翕，乃得为辟的势用所依据以显发焉，于是而翕乃物化，疑于不成为用矣。我们只好于辟上识得大用。易言之，即唯辟可正名为用，而翕虽亦是用，但从其物化之一点而言，几可不名为用矣。……必有辟故方见大用流行，亦即于流行而识得主宰。"[2]这就在遮拨翕的同时，点明了即用显体唯有通过大用流行之另一方面亦即辟的势用才可达成。熊十力阐释体、翕、辟的关系说："依恒转故，而有所谓翕，才有翕，便有辟。唯其有对，所以成变，否则无变化可说了。恒转是一，恒转之现为翕，而几至不守自性，此翕便是二，所谓一生二是也。然恒转毕竟常如其性，决不会物化的。所以，当其翕时，即有辟的势用俱起，这一辟，就名为三，所谓二生三是也。……一只是表示体之将现为用的符号，二和三都是表示用的符号，则以翕和辟，均是剋就用上而目之故也。就一言之，于此尚不足以识全体大用，因为说个一，只是虚拟体之将现为用。就二言之，于此亦不足以识全体大用，因为说个二，只是表示大用之流行，不能没有内在的矛盾，决不是单纯的。因此，有个近于物化的翕。这个翕，似是大用的流行，须自现为似物的式样，来作自己运转的工具，才有这一翕，所以就翕上看，便近于物化，难得于此而识全体大用了。只有三（自注：即是辟的势用），既是依据一而有的，却又与二相反，而即以反乎二之故，乃能显发

---

[1]《熊十力全集》第3卷，第163、242、367—368页。熊十力说："实则，物界本依俗谛施设。（自注：世俗共许为实者，曰俗谛。亦云世谛。随情安立故）于真谛中，本无有物。（自注：超越世间情计，契应真理者，曰真谛）……我们谈到小一，却是依据真谛以假设俗谛。故乃权宜方便，显示真体成用，其健进也，必有所凝敛，而始资之以显健德，不凝敛则大用之行亦浮游无据，无以成其健进矣。唯凝敛，乃成为无量的小一，而群有遂兆于兹。此俗谛所以不妨施设。"见同卷第295—296页。

[2]《熊十力全集》第3卷，第104页。

三的力用,得以转二使之从己。据此说来,三是包含一和二的。只于此,才识大用流行,也只于此,可以即用而识体。申言之,就是于三而识全体大用。我们即于三而说之为体,也是可以的。假若离了三,便无可见体。我们即于三之不可物化处,便识得这种势用虽是变动的,而其本体元是不变的。三之不可物化,就因为他底本体是如此的。换句话说,恒转之常如其性,即可于此而知了。"①这就清楚表达了体辟一如、即辟显体的意思。

那么即辟显体是如何实现的呢?此中蕴奥在于,依据本体而起的、为本体自性之显现的辟因与翕共同包含于每一个分殊的功能之中,且自为主宰而转翕从己,②所以,由这种功能所凝成的宇宙万物以及人本身便无不具有辟的势用,从而无不表现出合乎本体的倾向,由物与人之辟发方面所显之大用流行也就无非本体的朗现了。熊十力说:"自然或一切物并非真个是拘碍的东西。他们(自注:一切物)内部确有一种向上而不物化的势用即所谓辟潜存着",③"所谓物者,只是收凝的势用即翕之所诈现,并非有实在的物质,但因其现似质碍的东西,却又不妨名之为物。然复须知,所谓物,也就如其所现的样子。至于包涵此物与渗透和运行此物之中者,别有所谓刚健的、开发的、不物化的一种势用,即所谓辟,这个,决定不是从物的自身中产生出来的,而是与现似物相的收凝的势用即所谓翕,同时俱显而不可剖分的。……须知,刚健的不物化的势用即辟,是遍涵一切而无所不包,是遍在一切物而无所不入。这种势用,虽与翕而成形的物同为恒转的显现,而辟确是不失恒转的自性。所以,于此而识得本体,亦即于此而可说为本原的",④"即于生生不息,而见为至诚(自注:至诚,亦实体之别名。此非超越生生不息的万象而独在,故于

---

① 《熊十力全集》第3卷,第99—100页。
② 关于辟依据本体而起、为本体自性之显现,参见《熊十力全集》第3卷,第99、100、104、114页;关于辟自为主宰而转翕从己,参见同卷第99、101、104、112—113页。
③ 《熊十力全集》第3卷,第109页。
④ 《熊十力全集》第3卷,第113—114页。

生生不息的万象,直作至诚观,便于相对中见绝对),于流行而识得主宰。……灭故所以生新,大化无有穷尽,森然万象,皆一真的显现也。(自注:一真即谓本体)"①

需要说明的是,辟与翕虽然共同包含于每一个分殊的功能之中,但由于辟乃如本体自性之呈显,因而辟在实际上乃是浑全的、无对的、无封畛的、无差别的。熊十力说:"每一个翕既似形成一极小圈子,若有粒子性者然。(自注:注意似字,及若有等字,非实成粒子故)因此,则运于翕中之辟的势用,也就和此翕同一小圈子,而这个圈子其实也只是一个动圈。如此一翕一辟之和合而成一圈者,假说为一个功能,亦得谓之一单位。无量的功能,每个都是如上所说。我们应知,功能所以非一合相者,其妙就存乎翕。有翕便有分化,才不是一合相。假使没有所谓翕就无从显出对待,无有万殊可言。据此,则翕是分化的,每一个翕,是自成一极小圈子。今试剋就辟言,此辟是否真个随翕而分成各个的圈呢? 应知,辟的势用虽运于一切翕之中,恒随各个的翕而分成各圈,但辟的本身确是浑一的。可分与不可分,于此都不妨说。(自注:辟的势用,既不同实物,不妨说不可分。他是随一切翕,而皆运乎其间的,亦不妨说可分)……统一的辟即是随各个翕而成为各圈的辟;各圈的辟,也即是统一的辟。岂其有二?"②之所以如此,乃是"因为小一,即是大一之凝以成多。而大一本来力用,周流遍运于其所内含的无量小一中者,虽随小一成多,即于全中有分。然大一自身毕竟无有封畛,无有限量。故全不碍分,而分即是全。一不碍多,而多即是一"。③ 因此,辟既殊异于分化的相对的翕,又有别于整全的绝对的体,而为翕与体之中介,以其刚健的力用转翕从己以至复归于体。

─────────

① 《熊十力全集》第 3 卷,第 135 页。熊十力释"大化"曰"犹言大用"。见同卷第 300 页。
② 《熊十力全集》第 3 卷,第 255—256 页。另参见同卷第 373 页。
③ 《熊十力全集》第 3 卷,第 305 页。小一即物质宇宙基本单位的别名之一,已见上文;大一即辟,观熊十力在相同意义上使用"至健至神的力用""健进""辟""大用""浑全""大一"等词语可证,参见同卷第 304 页。

熊十力又将辟称为心，他说："恒转现为动的势用，是一翕一辟的，并不是单纯的。翕的势用是凝聚的，是有成为形质的趋势的，即依翕故，假说为物，亦云物行。辟的势用是刚健的，是运行于翕之中，而能转翕从己的，即依辟故，假说为心，亦云心行。"[1]"实则所谓心者，确是依着向上的、开发的、不肯物化的、刚健的一种势用即所谓辟，而说名为心。若离开这种势用，还有什么叫做心呢？……我以为流行无碍而不可剖析的和刚健的与向上的势用，即所谓辟，这才可说名心。"[2]包括人身在内的一切物都具有辟的势用，因而也都具有心，所以辟可谓"宇宙的心"。[3] 熊十力说："辟或心是到有机物发展的阶段才日益显著，却不能因此便怀疑有机物未出现以前，就没有辟或心这种势用的潜存。一颗电子的振动，并不是循一定的规律的。电子总是在许多轨道中跳来跳去，他一忽儿在此一轨道上消失，一忽儿在另一轨道又产生，也不是有外力使之然的，这就是由他内部具有辟或心这种势用为之主宰。不过，这种势用潜存乎一切物之中，而不易察见耳。……应知，辟或心的势用，当其潜存的时候，如于有机物未出现，我们无从甄明他辟或心的时候，他确实普遍周浃于翕而将形的一切物，而无所不在。只是他的表现之资具如有机体尚未构成，所以不曾显发出来，因此，说名宇宙的心。……一一物各具之心，即是宇宙的心；宇宙的心，即是一一物各具之心。"[4]"无机物非无心灵。……无机物资于翕故，凝为形体。亦资于辟故，含有精英。（自注：此中精英一词，即谓心灵。然不直曰心灵者，盖在无机物中，心数未得光显发皇，只是可说为一种微妙的力用，故名以精英而已）故谓其无心灵者，甚不应理。"[5]

---

① 《熊十力全集》第 3 卷，第 101 页。
② 《熊十力全集》第 3 卷，第 110 页。
③ 参见《熊十力全集》第 3 卷，第 109、110、112 页。
④ 《熊十力全集》第 3 卷，第 109—110 页。按前句"一一物各具之心"之"各"误作"名"，径改。顺便指出，由熊十力所举的电子运动的例子，可知他对测不准定律是有所了解的。《新唯识论》以及熊十力的其他著述中还涉及不少现代科学问题，表明他对现代科学的关注。当然，他对现代科学的解释则是基于他的哲学观而作出的。
⑤ 《熊十力全集》第 3 卷，第 346—347 页。

无机物如此,有机物更不待言,"不要说动物,就是在植物中已可甄明这种势用,如倾向日光及吸收养料等等,都可据以测验植物具有暧昧的心理状态。植物的心,实隐然主宰其形干,而营适当的生活,这是无可否认的",①概括地说,"如生物的发展,由低等生物而至高尚的人类,我们可以见到辟的势用逐渐伸张,而能宰制乎翕的一切物了。"②

当然,如上可见,辟的势用或曰宇宙的心在宇宙万物以及人那里的表现又是有差等的,"这种势用,要显发他自己,是要经过相当的困难。当有机物如动物和人类尚未出现以前,这种势用,好似潜伏在万仞的深渊里,是隐而未现的,好像没有他了。及到有机物发展的阶段,这种势用便盛显起来,才见他是主宰乎物的";③"无机物之结构,未免钝浊。极简单而无精微灵巧之组织,曰钝。粗笨而不足为心灵发抒之具,曰浊。故虽本具心灵,终亦不得显发,而疑于无";④"夫自无机物而至有机物与人类,始显心灵,乃不容已之真所必至者";⑤"唯人类心灵特著,充其智,扩其量,毕竟足以官天地,府万物。……故人类之在天地万物中也,殆犹大脑之在人体内,独为神明之司,感应无穷之总会焉。自然之发展,至人类而益精粹,心灵于是乎昭现"。⑥ 即是说,辟的势用或宇宙的心在无机物和有机物中的植物以及除人以外的动物那里,或是潜存的、不曾显发的、不易察见的,或是隐然、暧昧的,总之都是不能完全主宰物的方面因而不免陷于物化的;唯有人类心灵能够完全彰显辟的势用亦即宇宙的心,从而能够主宰包括自身形躯在内的由翕势凝成的一切物,而免于物化之虞。正因为人类心灵能够完全彰显辟的势用,而辟乃如本体自性之呈显,故作为即用显体之集中体现的即辟显体,又可进一步归结为即人心而呈显本体,熊十力说:"夫心者,以宰物为功,此固是用。而即于用识

---

①《熊十力全集》第 3 卷,第 109 页。
②《熊十力全集》第 3 卷,第 104 页。
③《熊十力全集》第 3 卷,第 109 页。
④《熊十力全集》第 3 卷,第 347 页。
⑤《熊十力全集》第 3 卷,第 344 页。
⑥《熊十力全集》第 3 卷,第 345—346 页。

体,以离用不可得体故。是故剋就吾人而显示其浑然与宇宙万有同具之本体,则确然直指本心。人人可以反求自识,而无事乎向外追索矣。"①亦因此,所谓体用不二,极而言之也就是本体与人心无二无别,②正是在这一意义上,熊十力《新唯识论》才开宗明义即曰:"今造此论,为欲悟诸究玄学者,令知一切物的本体,非是离自心外在境界,及非知识所行境界,唯是反求实证相应故。"③由此,熊十力便将把握难以言表的本体的门径最终落实于人心之中,"新唯识论"的本体—宇宙论也就由此转入了心性论。

三、尽人合天的心性工夫论

虽然本体与人心无二无别,即用显体或即辟显体可以归结为即人心而呈显本体,但是,呈显本体的人心却并不是常人惯习之心。常人惯习之心非但不能呈显本体,反而恰恰障蔽本体。呈显本体之心乃是人的真心或曰本心,而障蔽本体之心则为人之妄心或曰习心。熊十力说:"提到一心字,应知有本心习心之分。唯吾人的本心,才是吾身与天地万物所同具的本体,不可认识心作真宰也。(自注:真宰者,本心之异名)"④

关于习心的性质,熊十力指出:"故习心,物化者也,与凡物皆相待相需,非能超物而为御物之主也,此后起之妄也。""一切坏的惯习的势力现起,名为习心。""有取之心,谓习心也。习心常有所追求,常有所执着,故云。"⑤习心又与习气相关联,"习心,则习气之现起者也。其潜伏而不现起时,但名习气";"习心,即染污习气之现起者是"。⑥此染污习气亦即染

---

① 《熊十力全集》第 3 卷,第 378 页。
② 熊十力说:"吾心与万物本体,无二无别,其又奚疑?"见《熊十力全集》第 3 卷,第 20 页。在《新唯识论》中,熊十力多处强调人心与本体的同一性,略见同卷第 18、21、181、344、377、410、416、417、418、427、429 页。
③ 《熊十力全集》第 3 卷,第 13 页。熊十力又说:"设有问言:'既体非外在,当于何求?'应答彼言:求诸己而已矣。求诸己者,反之于心而即是。岂远乎哉?"见同卷第 18 页。
④ 《熊十力全集》第 3 卷,第 18 页。
⑤ 《熊十力全集》第 3 卷,第 20、72、195 页;另见第 382、428 页。
⑥ 《熊十力全集》第 3 卷,第 374、426 页;另见第 376 页。

习"恒有使吾人生活日究乎污下的倾向",①其主要表现为贪、嗔、痴,"贪者,染着相,谓于自身及一切所追求境,皆深染着,不能荡然无系故。嗔者,憎恚相,谓于他有情不能容受故,每怀憎恶故。痴者,迷闇相,谓于真理无证解故,即于宇宙本原或人生真性曾不自识故,于一切事不明析故,于诸所作任倒见故。此三本惑(自注:三者又通名为惑,是一切惑之根本,故云本惑),一切染业,依之得起。……要之,此三都非本来清净性海中所固有,只因拘于形骸而始有的。易言之,即吾人的生命,缠锢于物质中,而吾人只是顽然一物,所以无端而起种种惑相。物交物,故染着生;(自注:吾人拘于形,故自成为一物,以此物与他物交,则有染着,如颜料之于丝然,欲免于染不得也)物相排拒,故憎恚生;物本拘碍,故迷闇生。总之,吾人受拘形骸,或沦溺物质生活中(自注:物质生活无可归咎,只沦溺便成大咎),才有一切惑业,成为惑习(自注:即染习)。惑习潜存,复乘机现起而为新的业,则惑益增盛。此人生所以陷于物化之惨,无由复其性也"。② 当然,习气也有净习,"如儒者所谓操存涵养,或居敬思诚种种工夫,皆是净习。生命之显发,必由乎是";"如操存涵养等工夫,此类作业所成习气(自注:操存涵养等工夫,好是吾人自己努力向上的一种作业,其萌于意与发于身语者,无非清净。这种作业的余势潜存者,是为净习),无障染性故,其潜力恒使吾人生活日益向上故,吾人本来的生命,恒赖有此净习而后得显发"。③ 但是,即使净习也依然不是本心,而对本心的呈显仍有所障碍,熊十力说:"然凡习(自注:凡者,通染净言之)要皆于生命为资具,染习只是不良的资具而已。但人生的通患,常是把资具当做了本来的生命,不独染习乘权,是取生命而代之的,即净习用事,亦是以人力来妨碍天机(自注:人力,谓净习。天机,谓生命),以后起的东西(自注:谓净习)误认为本来面目(自注:谓生命),人生之丧其真也久矣。

---

① 《熊十力全集》第 3 卷,第 263 页。
② 《熊十力全集》第 3 卷,第 266—267 页;另参见第 445—452 页,该处更列出无明(即痴)、贪、嗔、慢、恶见五者为染习的主要表现。
③ 《熊十力全集》第 3 卷,第 259、262 页。

所以前哲用功,染习固克治务净,即净习亦终归浑化。程子说:'明得尽时,渣滓便浑化。'此间极深微。净习者,所仗以达于本体呈露之地也。本体呈露方是明,必使本体毫无蔽障方是明得尽。至此,则净习亦浑融无迹,即习乃转化而成性也。程子所谓渣滓,即指习言。习虽净,若未浑化,犹是渣滓也。"①更何况人们连这种净习也很难获得,"不幸人生恒与坏习为缘,当陷入可悲之境","众生只任有漏习气作主,故习气便成为生命,而本来的生命反被侵蚀了","一般人大抵都为无量无边的习气所缠缚固结,而习气直成为吾人的生命。易言之,即纯任习心趣境,而不自识何者为其自家宝藏或本来的心",②可见实际生活中的常人惯习之心,无非由习气现起之习心而已。

那么人的本心为什么会转变为习气或习心呢?熊十力解释其机理说:"习心亦云量智,此心虽依本心的力用故有(自注:习心非本心,而依本心之作用故有,譬如浮云非太空,要依太空故有),而不即是本心,毕竟自成为一种东西。原夫此心虽以固有的灵明为自动因(自注:固有的灵明,犹言本心的力用),但因依根取境,而易乖其本。根者,即佛家所谓眼等五根是也。此根乃心所凭以发现之具,而不即是心,亦不即是顽钝的物质。今推演其旨,盖即有机物所持有之最微妙的生活机能。其发现于眼处,谓之眼根;发现于耳处,谓之耳根;乃至发现于身处,谓之身根。身处,略当今云神经系。故根者,非即是眼等官体或神经系,但为运于眼等官体或神经系中最微妙的机能而已。此种机能,科学家无可质测。然以理推之,应说为有。此心必凭借乎

---

① 《熊十力全集》第 3 卷,第 263 页。熊十力另有数处谈及净习,或曰"一旦功行纯熟,则业或习乃浑化而与性为一矣"(同卷第 268 页);或曰"习气毕竟与功能不似也,功能则决不可计为断故",而"习气者,非定不断,亦非定断"(同卷第 273 页);或曰"净习毕竟不可断。不断故,恒与根同行,与心相应。故未有心得孤起而无习与俱者也"(同卷第 392 页);或曰"盖人生本来之性,必资后起净法,始得显现"(同卷第 462 页);或曰"人能自创净习,以显发天性"(同卷第 465 页),云云,似乎在净习浑化或断灭从而本心方能完全呈露与本心呈露必待净习之资方能实现这两种观点之间游移。

② 《熊十力全集》第 3 卷,第 259、272、379 页。

根而始发现,故云依根。取者,追求与构画等义。境者,具云境界。凡为心之所追求与所思构,通名为境。原夫本心之发现,既不能不依借乎根,则根便自有其权能,即假心之力用,而自逞以迷逐于物。故本心之流行乎根门,每失其本然之明。是心借根为资具,乃反为资具所用也。而吾人亦因此不易反识自心,或且以心灵为物理的作用而已。心理学家每从生理的基础如神经系等来说明心,或径以心理作物理观,亦自有故。夫根既假本心力用为己有,而迷以逐物。即此逐物之心,习久日深,已成为根之用,确与其固有灵明不相似。而人顾皆认此为心,实则此非本心,乃已物化者也。此心既成为一物,而其所交接之一切境,又莫非物也。故孟子有物交物之言,是其反观深彻至极,非大乘菩萨不堪了此。然是物也,势用特殊。虽才起即灭,而有余势流转,如瀑流然,不常亦不断。不常不断者,谓其为物,是个生灭灭生相续不绝的。如前刹那方灭,后刹那即紧相接续而生。刹那刹那,前前灭尽故不常,后后相续生故不断。此不常不断的物事,实为潜在于吾人生活的内部之千条万绪互相结合之丛聚体,是故喻如瀑流。此纷纭复杂,各不相乱,而又交相涉入,以形成浩大势用的瀑流。当其潜伏于吾人内在的深渊里,如千波万涛鼓涌冥壑者,则谓之习气。即此无量习气有乘机现起者,乃名习心。……习心既异本心,因此其在生活方面,常有追逐外物而不得餍足之苦。"[1]于是人的本心乃物化,人因而成为私意、私欲、惑障、染污的存在,[2]"只狗形骸之私,便成乎恶,王阳明先生所谓'随顺躯壳起念'是也",[3]人类社会也就充斥着非道德、反道德或无道德现象,心之本体当然也被完全障蔽了。

---

① 《熊十力全集》第 3 卷,第 375—376 页。另参见同卷第 20、25、56、385—389、392、426—428 页,其中第 385—387 页对佛家关于根或根身之说作了比较详细的解说,第 426—427 页表明熊十力对根的理解不同于佛家本义。

② 参见《熊十力全集》第 3 卷,第 383 页。

③ 《熊十力全集》第 3 卷,第 266 页。

不过，虽然人类从无始时来，个体则自形生神发开始，便往往为无量无边的习气所缠缚固结，[1]但是，"从人生的本性来说，毕竟是不堕于形气的，是复然超脱的。因为本性上毫无障染（自注：譬如太阳，虽有云雾起为障染，而其赫然光明之体，恒自若也。云雾何曾障碍得他，染污得他。本性无障染，义亦犹是），毫无滞碍，毫无亏欠，所以可形容之，而说为吾人固有的活力。这种活力是精刚勇悍能主宰形气，而不拘于形气的。吾人具大有的无尽藏，而无待求足于外者，就是这种活力"；[2]"妄缘虽障碍心性，而心性恒自如故，不可变易，即是不随妄缘迁改，所谓无染是也。譬如客尘，障于明镜，而明镜自体，恒自如故，不受客尘污玷。故拂拭客尘，还复朗鉴。心性亦尔，但舍离妄缘，即还复本来明觉"。[3] 只是人的本来心性或固有活力尽管恒常自在，却并不能于习气习心之中轻易显发，"人生梏于形气，缚于习染，欲其涤除情见，此极难能，矧欲涤除尽净，谈何容易哉？（自注：情见，即缘形气与习染而始有）"[4]所以，人若要于习气习心之中显发本来心性或固有活力，"一视其有无涤除情见工夫，及其用功纯一与否以为断"，[5]由此，熊十力将心性论导入工夫论。

熊十力说："夫神明冲寂（自注：神明，谓本心），而惑染每为之障（自注：惑染无本根，而足以障碍本心。如浮云无根，而能障日）。真宰无为（自注：真宰，谓本心），而显发恒资保任。严矣哉保任也！真宰不为惑染所障而得以显发者，则以吾人自有保任一段工夫故耳。保者保持，任者任持。保任约有三义：一、保任此本心，而不使惑染

---

① 熊十力解释"由生化而有的附赘物"说："附赘物，谓众生从无始来所有迷执的习气。"见《熊十力全集》第3卷，第189页；又说"习气无论为好为坏，都是自形生神发而始起的"，见同卷第261页；又说"吾人生活内容，莫非习气。吾人日常宇宙，亦莫非习气，则谓习气即生命可也"，见同卷第272页。
② 《熊十力全集》第3卷，第260—261页。另参见同卷第453页。
③ 《熊十力全集》第3卷，第383页，熊十力自注曰："习气者，妄缘也。"另参见同卷第273、389页。
④ 《熊十力全集》第3卷，第197页。
⑤ 《熊十力全集》第3卷，第197页。

得障之也。二、保任的工夫,只是随顺本心而存养之。即日常生活,一切任本心作主,却非别用一心来保任此本心也。三、保任的工夫,既是随顺本心,即任此心自然之运,不可更起意来把捉此心。程子所谓未尝致纤毫之力是也。若起意,则是妄念或习心窃发,而本心已放失矣。善夫阳明学派之言曰:'即工夫即本体。'一言而抉天人之蕴。东土诸哲(自注:如儒与佛及老聃派),传心之要皆不外此旨也。工夫则万行之都称。行者,修行,亦云进修。吾人日常生活中,不论闲静时,或动作万端时,总期念念之间,恒由本心为主,毋任惑染起而间之。然欲致此者,要当有不断的努力,非废然放纵而可至也。此云不断的努力者,即修行或进修之谓。行而曰万者,修行非一端而已。人各因其所偏失而期以自克焉。故修行不泥于一轨也。如佛家有六度,乃至十地等无量行。儒者于人伦日用之地,或以居敬为要,或以主忠信为先,乃至种种,亦非孤尚一行以为法程也。工夫诚至,即本体呈露。若日用间工夫全不得力,则染习炽,邪妄作,斯以障碍本体而丧其真矣(自注:真谓本体)。故曰'即工夫即本体',此尽人合天之极则也。工夫只是保任(自注:无量的工夫,无非保任此本心而已),原非于本体有所增益。但勿为染习所缚,勿顺躯壳起念(自注:人只为染习所缚,即顺躯壳起念,而本心乃梏亡矣。王阳明教学者,每于此处提醒),而使本心恒为主于中(自注:恒字吃紧。有不恒时,即本心放失,便无主人公也),则大明朗乎无极,性海渊兮绝待(自注:本心即是吾人与万物同具的本体,故说为性海)。斯以静涵万理(自注:静谓泯绝外感时),动应万变(自注:动谓事物纷然交感时)。动应则神不可测,静涵则虚而不屈,是为动静一原。(自注:吾人日用间,不论静时动时,通是本体浑然流行。故静涵万理者,静时是本体实现故。动应万变者,动时是本体实现故。此缘一向工夫没有松懈,所以本体呈露,有动静一原之妙。若工夫不得力,即染习乘机而起,静时便昏沉,无从发现涵万理的本体;动时便浮乱,无从发现应万变的本体。

467

王学末流，或高谈本体，而忽略工夫，却成巨谬。)"①这就将工夫对于转习（习气习心）归本（本心本体）的作用、工夫的方法、工夫与本体的关系、废弃工夫的危害以及工夫诚至所达到的境界等等一概揭示出来了。

熊十力反对以轻率的态度对待心性工夫，他引述明儒史玉池之言曰："今时讲学者，率以当下指点学人，此是最亲切语。及叩其所以，却说饥来吃饭困来眠，都是很自然的，全不费工夫。见学者用工夫，便说本体原不如此，却一味任其自然，纵情纵欲去了。是当下反是陷人的深坑。不知本体、工夫是分不开的。有本体自有工夫，无工夫即无本体。试看樊迟问仁，是未识自家仁体而兴问。夫子却教他做工夫，曰：'居处恭，执事敬，与人忠。'凡是人，于日用间总不外居处、执事、与人这些生活情况。居处时便恭，执事时便敬，与人时便忠。此本体即工夫。学者求仁，居处而恭，仁就在居处。执事而敬，仁就在执事。与人而忠，仁就在与人。此工夫即本体。仁体与恭、敬、忠，分析不开。此方是真当下，方是真自然。若饥食、困眠，禽兽都是这等的，以此为当下，便同于禽兽，岂不是陷人的深坑。且当下全要在关头上得力。今人当居常处顺时，也能恭敬自持，也能推诚相与。及到利害的关头，荣辱的关头，毁誉的关头，生死的关头，便都差了。则平常恭、敬、忠，都不是真工夫。不用真工夫，却没有真本体。故夫子指点不处不去的仁体，却从富贵贫贱关头。孟子指点不受不屑的本心，却从得生失死关头。故富贵不淫，贫贱不移，威武不屈，造次颠沛必于是，舍生取义，杀身成仁，都是关头时的当下。此时能不走

---

① 《熊十力全集》第3卷，第395—396页。此段主要标举保任方法；熊氏言及保任方法者还见于同卷第9、195、264、303、380、389、392、397、404、415、417、460页。另外熊氏还言及存养（例如同卷第56页），破除见网（例如同卷第189页），克治情见（例如同卷第199页），克己、断惑、破执（例如同卷第259页），收心（例如同卷第380页），存持（例如同卷第385页），守护根门、不走作（例如同卷第389页），深造自得、居安资深、左右逢原（例如同卷第393页），反身而诚（例如同卷第413页），强恕而行（例如同卷第414页）等工夫方法，这些工夫方法归根到底也都是保任本心。保任也就是孟子所谓"勿忘勿助长"，"孟子云勿忘勿助长者，谓吾人涵养的工夫，必于本心念念保任之，勿令放失，故云勿忘。又保任之功，须随顺本心昭灵自在之用，不可着意把持，而欲助其长盛。如欲助长，则是自家习气用事，斯时本心已被障碍，而不得显发矣"，见同卷第263—264页。

作,才是真工夫,才是真本体,才是真自然,才是真当下。"①熊十力赞道:
"玉池这段话,确极真切,……皆不失孔孟精神也。玉池谓有本体自有工
夫,无工夫即无本体,此是的然见道语。"②

在熊十力看来,心性工夫必须精进以求,"精进数者,对治诸惑故,令
心勇悍故,故名精进。由如理作意力故,有勇悍势用俱起,而叶合于心同
所行转。凡人不精进者,即役于形,锢于惑,而无所堪任。是放其心以亡
其生理者也。精进者,自强不息。体至刚而涵万有(自注:人性本来刚
大,而役于形,锢于惑者,则失其性。故必发起精进,以体合乎本来刚大
之性。夫性惟刚大,故为万化之原),立至诚以宰百为(自注:诚者,真实
无妄,亦言乎性也。立诚即尽性也。百为一主乎诚,即所为无不顺性,一
切真实而无虚伪。故是精进)。日新而不用其故(自注:唯其刚健诚实,
故恒创新而不守故),进进而无所于止。故在心为勇悍之相焉。……孔
子曰:'我学不厌,而诲不倦也。'又曰:'发愤忘食,乐以忘忧,不知老之将
至'云尔。又曰:'忘身之老也,不知年数之不足也。俛焉日有孳孳,毙而
后已。'此皆自道其精进之概。总之,人生唯于精进见生命,一息不精进,
即成乎死物。故精进终无足也"。③ 所谓"精进终无足",乃是针对"学者
或以悟入冥寂自性(自注:即本体),便安于寂,而为止境"的陷身惰性、故
步自封、停滞不前状况而言,熊十力痛斥这种状况说:"孰谓一旦悟入自
性,便可安享现成,无所事事哉! 明季王学末流之弊,甚可戒也。(自注:
一旦有悟,便安享现成,流入猖狂一路。晚明王学,全失阳明本旨,为世
诟病。夫阳明自龙场悟后,用功日益严密,擒宸濠时,兵事危急,绝不动
心。此是何等本领,然及其临殁,犹曰:'吾学问才做得几分。'后学空谈
本体,非阳明之罪人哉!)"④与这种状况相反,熊十力认为心性工夫应是

---

① 《熊十力全集》第3卷,第402—404页。按:熊十力所引与《明儒学案·东林学案·太常史玉
　池先生孟鳞》原文颇有差异,但大意无违。
② 《熊十力全集》第3卷,第404页。
③ 《熊十力全集》第3卷,第459—460页。
④ 《熊十力全集》第3卷,第419—420页。

人生终生不辍的事业,其曰:"至神无相者,虽主乎吾之一身,而吾不能日反求而得其至足者,更无所事事也。识得本体已,不可便安于寂。要须恒不违真(自注:恒字吃紧。真谓本心或本体),勇悍精进,如箭射空,箭箭相承,上达穹霄,终无殒退,如是精进不已,是谓创新不已。如是创新不已,实即本体呈露,其德用流出,无有穷极。故修为进进(自注:进而不已,曰进进,即精进义),即是本体显发无穷。妙用自然,不涉为作,又乌有不寂者乎?是故返本之学,初则以人顺天而自强(自注:人,谓修为的工夫。天者,本体之代词。工夫实即本体德用之显发。自强,谓吾人精进不息也。吾人不息的工夫,实即本体德用显发无穷。人能皆本天性故),久则即人而天,纯亦不已(自注:初时工夫犹未纯,久则纯熟,天理全显,斯是即人即天。纯亦不已者,天德至纯、无杂染故。不已者,天之德用,无穷尽故,无止境故)。不已者,彰其刚健。纯者,显其寂寂。然则吾人以知本而创新,创新而返本。到得返本,亦刚健,亦寂寂。何至有陷身惰性之事乎!其陷于惰,必未真证本体者也。"[1]只有通过终生不辍的精进工夫,人生才可能转习归本、尽人合天,以虚寂明觉的本心呈显至无妙有、至寂神化、赅备万德、具足众理的本体;[2]同时也才可能主宰翕聚的形躯,控驭逐物的官能,止息利害的计较,超脱外物的拘牵,突破生命的险陷,"染污不得为碍,戏论于兹永熄,是盛德之至也",成为熊十力所称的"无寄真人"或"大自在者"。[3]实际上,将人生导向这种盛德之至的境界,正是熊十力"新唯识论"哲学体系的旨归,其《新论》九章,由《明宗》、《唯识》上下、《转变》、《功能》上下、《成物》而结穴于《明心》二章,可以为证;其自谓"三十左右,因奔走西南,念党人竞权夺利,革命终无善果,又目击万里朱殷,时或独自登高,苍茫望天,泪盈盈雨下,以为祸乱起于众昏无

---

[1]《熊十力全集》第3卷,第418—419页。"至神无相者"谓本体,熊十力说"夫本体至神而无相",见同页。熊十力《复吕澂》(一九四三年四月十八日)一函中有大致相同的文字,见《熊十力全集》第8卷,第442—443页。《尊闻录》有一段记述熊十力关于自创人能的工夫论,极好言语,可与此处相参发明,见《熊十力全集》第1卷,第605—608页。

[2] 关于本心义相,参见《熊十力全集》第3卷,第18页。关于本体性德,参见本节第二小节。

[3] 参见《熊十力全集》第3卷,第370页。

知,欲专力于学术,导人群以正见",①更是明证。

四、尊崇性智而不遗量智的认识论

熊十力说:"本心亦云性智(自注:从人生论与心理学的观点而言,则名以本心。从量论的观点而言,则名为性智),是吾人与天地万物所同具之本性。……习心亦云量智",②即是说,从心性工夫论方面而言的本心习心,从量论(亦即认识论③)方面来说则为性智量智,这两个论域的共同旨归都是要将人生导致冥应本体,④但前者主要论述人生冥应本体的修为工夫,后者则主要论述人生冥应本体的认识途径;前者重在行,后者重在知,知行合一,庶几乎得之。

至迟从1923年起,熊十力就有心写作《量论》,在当年出版的《唯识学概论》书首弁言中,他说:"此书区为二部:部甲,《境论》。法相法性目之为境,是所知故。部乙,《量论》。量者量度,知之异名,虽谈所知,知义未详,故《量论》次焉。"⑤但实际上该书内容唯有"部甲境论"之"识相篇",并无"部乙量论",熊十力在此只是为作为《唯识学概论》之组成部分的《量论》预留位置而已。在1926年出版的第二种《唯识学概论》绪言中,熊十力又说:"此书凡为二论:曰境论、量论。境论有二:一、法相篇,二、法性篇。量论有二:一、分别篇,二、正智篇。(自注:俗言理智,略当分别。正智者,证体之智)观境诚妄,率视其量。故此二论,绮互作焉。"⑥但

---

① 《熊十力全集》第1卷,第659页。关于熊十力"新唯识论"哲学体系的旨归,参见胡治洪《辛亥革命与熊十力的哲学创构》,《深圳大学学报》(人文社会科学版)2012年第3期。

② 《熊十力全集》第3卷,第374—375页;另参见同卷第12、16、454、490、528页,第8卷第415页。

③ 熊十力说:"量论,相当俗云知识论或认识论。量者,知之异名。佛家有证量及比量等,即关于知识之辨析也。"见《熊十力全集》第3卷,第6页;另参见第4卷第397页,第5卷第512、661页。

④ 关于心性工夫论旨在将人生导致冥应本体,具见本节第三小节。关于量论旨归,熊十力说:"我们正以未得证体,才研究知识论。"(见《熊十力全集》第3卷,第17页)可见量论亦是冥应本体的手段。

⑤ 《熊十力全集》第1卷,第45页。

⑥ 《熊十力全集》第1卷,第413页。

此书内容也只有"境论一"之"法相篇",既无"法性篇",更无"量论"。1930年出版的《唯识论》导言,基本上重复第二种《唯识学概论》绪言的说法,①而该书内容同样只有"境论一"之"法相篇",而无"法性篇"和"量论"。至1932年熊十力完成彻底超脱唯识旧学的《新唯识论》(文言文本),其结构却仍然承续以往各著,"拟为二部,部甲曰《境论》。……部乙曰《量论》",只不过"本书才成《境论》,而《量论》尚付阙如"。②但此后熊十力对《量论》的安排有了新的考虑,在1934—1935年间的一篇书札中,他说:"病躯如得渐添生意,将来起草《新论》部乙之《量论》,即当试用新文体。惟文体既变更,则其书成,当离《新论》而别为单行本,即书之题名,亦俟届时拟定。此意经多番审虑而后决。"③1942年《新唯识论》(语体文本)之《初印上中卷序言》进一步表达了《量论》独立成书的意思,其曰:"原本拟为二部:曰《境论》,曰《量论》。只成《境论》一部分,《量论》犹未及作。今本则不欲承原本之规画,如将来得成《量论》时,即别为单行本,故今本亦不存《境论》之目。以《境》《量》二论相待立名,今《量论》既不属本书组织之内,则《境论》之名亦不容孤立故。"④在熊十力关于唯识旧学和新论的一系列著作中,至此不再以"境论""量论"两个部分来设置全书结构,而专属"境论"的《新唯识论》(语体文本)已自成一部完整的著作。由此体现的熊十力的隐衷似乎是,《量论》能够完成当然更好,即或不然,亦不致影响《新唯识论》的完整性,其中透露出熊十力对于写作《量论》的诸多无奈,观其慨叹"不卜将有作者起而弥吾缺憾否耶""来者悠悠,将有成吾愿者乎"云云可知。⑤在《新唯识论》(语体文本,1944)以及后来的《读经示要》(1945)、《十力语要》(1947)、《读智论钞》(1947—1948)、《十力语要初续》(1949)、《摧惑显宗记》(1950)、《论六经》(1951)

---

① 参见《熊十力全集》第1卷,第497页。

② 《熊十力全集》第2卷,第8—9页。

③ 《熊十力全集》第2卷,第273页。此札收入《十力论学语辑略》之"甲乙录(甲戌、乙亥合编)",甲戌、乙亥当1934—1935年。

④ 《熊十力全集》第3卷,第6页。

⑤ 《熊十力全集》第3卷,第528、798页。

等著作以及一些函札中,熊十力反反复复表达了写作《量论》的志愿,不胜枚举,但这一绵延了近三十年的志愿却并未实现,熊十力最终也没有写出《量论》。

熊十力为什么未能写出《量论》? 他自己反反复复道出了诸多原因,如谓"世变日亟,疾病交摧。(自注:十年来,患脑病、胃坠,常漏髓,背脊苦虚,近方有转机)《量论》欲赓续成之,亦大不易",①"吾欲《量论》中详谈理。老当昏世,恐未能也",②"颇欲于《量论》中详认理智,老来精力乏,未知能否执笔耳",③"吾三十年来含蓄许多意思,欲俟《量论》畅发。而以神经衰弱,为漏髓病所苦,一旦凝思构文,此病辄发,便不可支,此苦非旁人可喻。……《量论》之所以难以写出者,自度精气只如此,欲本不苟之心作去,乃大不易耳",④"然以暮境而际明夷,《量论》且未知能作否",⑤"余拟于《新论》外,更作《量论》,与《新论》相辅而行。老当衰乱,竟未得执笔",⑥"《新论》刊行之一部分只是谈体,但此书孤行,读者总多隔阂,诚如来函,须完成《量论》为佳。然衰世百艰,又且忽焉老至,精力实不堪用,此诚无可如何",⑦"诚欲别写一部《量论》,恐环境益厄,精力日差,终是难写出也",⑧"超知与反知截然不相似,余本欲于为《量论》时畅发之,惜遭时昏乱,不暇及也",⑨"世乱方殷,老怀愁惨,《量论》未能作,又何堪及此乎",⑩"余尝欲通究华梵洋三方思想,别异同,衡得失,以衷诸至当而造《量论》一书。抗战入川,不遑从事,今衰矣,恐难果此愿也",⑪"因二十年

---

① 《熊十力全集》第 2 卷,第 9 页。
② 《熊十力全集》第 3 卷,第 280 页。
③ 《熊十力全集》第 3 卷,第 429 页。
④ 《熊十力全集》第 3 卷,第 526—528 页。
⑤ 《熊十力全集》第 3 卷,第 760 页。
⑥ 《熊十力全集》第 4 卷,第 12 页。
⑦ 《熊十力全集》第 4 卷,第 195 页。
⑧ 《熊十力全集》第 4 卷,第 295 页。
⑨ 《熊十力全集》第 4 卷,第 377 页。
⑩ 《熊十力全集》第 5 卷,第 57 页。
⑪ 《熊十力全集》第 5 卷,第 545 页。

来，每思为《量论》，将取西洋知识论与佛氏《大般若》、儒家《大易》参研并究，而会归通衢。此业极艰巨，未可粗疏着手。从前大病十余年，继以国难十年，民劳国瘁之感，碍吾昭旷深密之思，《量论》竟不获作，何能别有所事"，①"吾欲出入华梵西洋而为《量论》，胸中已有一规模，然非精神饱满、兴会时发，断不能提笔。人或劝余急写一纲要，其实纲要二字谈何容易。真正著述确是不堪苟且，老而愈不敢苟也。纲要如能作，亦决不同于西洋知识论之内容与体式，自别是一种作意，然暮年意兴消沮，恐终不能作也"，②凡此均将不能写作《量论》的原因归诸世道乱离、疾病折磨以及年老神衰，这些当然都是不能写作《量论》的原因，但似乎并非主要原因，因为在完成《新唯识论》之后，同样是在世道乱离、疾病折磨以及年老神衰的条件下，熊十力却也写出了《佛家名相通释》《中国历史讲话》《读经示要》《中国哲学与西洋科学》《读智论钞》等著作，其中不乏鸿篇巨制；且1949年以后，在社会环境相对安定但疾病更甚、年事愈高的情况下，他还完成了《论六经》《原儒》《体用论》《明心篇》《乾坤衍》等著作，因此，不能写作《量论》的主要原因就不应在于世道、疾病和年岁方面。

熊十力还有一段话涉及不能写作《量论》的原因，他说："弟常欲别为一书，以相辅翼，总苦精力不给。大抵此等处最感困难者，为科学知识之缺乏。吾侪不幸少年无治科学机缘，今已老大，夫复何言？每有思维所及，自惊神解，却未能搜检各种科学上之材料以为推证之助。即令笔述所怀，反惧单词奥义，无以取信于人，故提笔而又辍者屡然也。"③此所谓"科学知识"或"科学"，大致就是西方学术文化之代称，观其所谓"西洋之

---

① 《熊十力全集》第5卷，第660页。
② 《熊十力全集》第5卷，第662页。刘虎生等撰《印行十力丛书记》曰："先生原拟为《量论》（自注：即知识论），以西洋尚理智思辨，印度佛家虽任思辨，而要归禅定止观，中国则以实践中体现真理。三方各有其特到之精神，当析其异，而会其通，毋拘一隅之见。此书若成，则于未来新哲学之发生，所关极巨。先生辄叹老当衰乱，未遑执笔。吾侪犹望杖履余暇，略提纲领。"（见《熊十力全集》第4卷，第24页）此或即熊十力所谓"人或劝余急写一纲要"的原由。
③ 《熊十力全集》第4卷，第182页。此段话为熊十力与满莘畲讨论《新唯识论》所发，熊氏所谓"常欲别为一书，以相辅翼"，虽未点明书名，但当指《量论》无疑。

学科学为主",①及其自陈"我相信,我如生在西洋,或少时喝了洋水,我有科学上的许多材料,哲学上有许多问题和理论,我敢断言,我出入百家,一定要本诸优厚的凭借,而发出万丈的光芒",②"我所以常恨少年时未得出洋,我所差的是科学。若得出洋,我自信要开一道光明",③都是将"西洋"与"科学"相挂搭,可以为证。熊十力对中国传统知行论及印度佛家量论都有极高造诣,这两方面的学思准备,对于写作《量论》是不成问题的。对于西方认识论,他借助于译著,也确实达到了相当精深的解悟。④不过,如果要撰写一部"通究华梵洋三方思想,别异同,衡得失,以衷诸至当"的体系性的《量论》,仅靠对于西方认识论的这种解悟,而没有对于西方认识论的直接、全面、系统、深入的研究,无疑还是难以完成的。熊十力所缺乏的正是对于西方认识论的直接、全面、系统、深入的研究,这应该是他不能写作《量论》的主要原因。

体系性的《量论》诚然没有写出,但熊十力关于量论的论说却大量散见于他的多种著作之中,如其所说:"《量论》虽未及作,而吾之意思于《新论》及《语要》中时有散见,若细心人自可看出。"⑤其实不止《新唯识论》和《十力语要》,在《佛家名相通释》《读经示要》《中国哲学与西洋科学》《十力语要初续》《摧惑显宗记》《论六经》等著作中也都有关于量论的论说,这些论说主要包括量智论和性智论。

量智亦即理智、思量、思辨、思议、知识、知见、情见、情识、推度等等,熊十力说:"量智,是思量和推度,或明辨事物之理则,及于所行所历,简择得失等等的作用故,故说名量智,亦名理智。……宗门所谓情见或情识与知见等者,皆属量智","思议是发自量智","此中量智,谓理智作用,

---

① 《熊十力全集》第 8 卷,第 753 页。
② 《熊十力全集》第 8 卷,第 759 页。
③ 《熊十力全集》第 8 卷,第 765 页。
④ 熊十力说:"西洋知识论,吾未能直阅外籍,然佛氏有言'于一毫端见三千大千世界',吾就译本而穷其所据,察其所持,推其论之所必至,亦可以控其要而知其所抵之域矣。"见《熊十力全集》第 5 卷,第 662 页。
⑤ 《熊十力全集》第 5 卷,第 205 页。

或知识,亦即是情见","凡吾所云理智者,即克就思辨或推度的作用而目之。《新论》亦谓之量智,他只是作用,而不是体"。① 由于量智亦即习心,故其来源也就如同习心源自本心一样,乃是等同于本心的性智之发用,熊十力说:"吾人承认有本来固具的性智,则说理智亦是性智的发用,但他是流行于官体中而易为官能假之以自逞,又有习染之杂。他毕竟不即是性智,这是不可混淆的。……须知,妄识亦依性智故有,譬如浮云虽无根底,亦依太空故有,所谓依真起妄者是也。""此智,元是性智的发用,而卒别于性智者,因为性智作用,依官能而发现,即官能得假之以自用。易言之,官能可假性智作用以成为官能之作用,迷以逐物,而妄见有外,由此成习。而习之既成,则且潜伏不测之渊,常乘机现起,益以障碍性用,而使其成为官能作用。则习与官能作用,恒叶合为一,以追逐境物,极虚妄分别之能事,外驰而不反,是则谓之量智。故量智者,虽原本性智,而终自成为一种势用,迥异其本。"②量智之根源虽然在于性智的发用,但其发展以至盛大,却是由于物质世界的经验所得,熊十力说:"元来吾人底理智,虽一方面是依着固有的东西而起之作用(自注:此中固有的东西,即谓心体,亦即《新论》所谓智),但其发展,确是从实际生活里面滋长出来的。他虽有迹先的根据,而毕竟是迹后的东西(自注:迹先迹后,犹云先天后天),所以可与知识一例看,而不能说他即是《新论》所谓智。"③又说:"所谓量智者,本是从向外看物而发展的。因为吾人在日常生活的宇宙里,把官能所感摄的都看做自心以外的实在境物,从而辨识他、处理他。量智就是如此而发展来。所以量智,只是一种向外求理的工具。"④

熊十力对量智的作用做了充分的肯定,他说:"然玄学要不可遮拨量智者,见体以后大有事在。若谓直透本原便已千了百当,以此为学,终是沦空滞寂,隳废大用,毕竟与本体不相应。譬之游断航绝港而薪至于海,

①《熊十力全集》第3卷,第16,144、188、548页。
②《熊十力全集》第3卷,第12、16页。
③《熊十力全集》第2卷,第337页。
④《熊十力全集》第3卷,第22页;另参见同卷第144、163、164、294页。

何其谬耶? 大人之学,由修养以几于见道(自注:见道,即见体之谓),唯保任固有性智,而无以染习障之,无以私意乱之,使真宰恒时昭然于中,不昏不昧,只此是万化根原,通物我为一,阳明咏良知诗:'无声无臭独知时,此是乾坤万有基。'实了义语也。此种境地,岂可由量智入手得来?然到此境地却又不可废量智。须知:量智云者,一切行乎日用,辨物析理,极思察推征之能事,而不容废绝者也。……然若谓见体便游乎绝待,可以废绝量智;抑或看轻量智,以格物致知之学为俗学,无与于大道,此则前贤所常蹈其弊,而吾侪不可复以之自误而误人也。"①又说:"极万有之散殊,而尽异可以观同;察众理之通贯,而执简可以御繁;研天下之几微,而测其将巨;穷天下之幽深,而推其将著。思议的能事,是不可胜言的。并且思议之术日益求精。稽证验以观设臆之然否,求轨范以定抉择之顺违,其错误亦将逐渐减少,我们如何可废思议?"②对于量智所成就的科学知识,熊十力评价甚高,其曰:"自科学发明以来,其方法与结论,使人类智识日益增进,即人类对于生命之价值,亦大有新意义。略言之:如古代人类对于自然势力之控制与危害吾人者,唯有仰其崇伟,而莫敢谁何。科学精,而后人有勘天之胜能,可以控制自然,解其危害,而利用之以厚吾生者,犹日进未已。人类知识之权能日高,遂得昂首于大自然之表,取精多,用物宏,其生命力得以发舒,无复窘束之患。此科学之厚惠一也。古代社会,有治人者,治于人者,及贫富与男女间,种种之大不平。几视为定分而不可易。自科学兴,而注重分观宇宙(自注:即于宇宙万象,而分析研究之),与实事求是之精神。于是对于社会上种种大不平,能析观,以周知各方之利害;综核,以确定改造之方针。向之大不平者,渐有以除其偏敝,而纳之均平。人道变动光明,已远过古昔。此科学之厚惠二也。古代人类常屈伏于神权之下,如蚕作茧自缚。科学进步,已不限于实用,而常为纯理之探求。见理明,而迷信自熄。人生得解脱神

①《熊十力全集》第 3 卷,第 529—530 页。
②《熊十力全集》第 3 卷,第 146 页。

权之束缚,而自任其优越之理性。此科学之厚惠三也。略说此三,而科学之重要已可知。"①基于对量智的这种认识,故当有人怀疑熊十力轻视量智时,他断然反驳道"若疑吾有轻量智之嫌,则或于吾书有未子细看也"。②

熊十力诚然充分肯定量智的作用和成就,但这种肯定却是有限度的。量智的限度就在于不可能把握本体,"本体唯是实证相应,不是用量智可以推求得到的。因为量智起时,总是要当做外在的物事去推度,如此,便已离异了本体而无可冥然自证矣","所以我们主张量智的效用是有限的。量智只能行于物质的宇宙,而不可以实证本体","量智只是推度。推度作用起时,便与所推度为二,而已离自本体矣。量智之效能,自有限度。未可以此证得本体也"。③ 若以量智构画本体,必然导致将本体视为寻常物事,从而"着物",因为量智"是从历练于事物方面而发展的。因此,本量智以穷究道理时,总不免依据物理界的经验去推索。而于理之极至,本不可当做一物事以推之者,彼亦以物推观。此之谓着物",④如此构画的所谓"本体"无一不是荒谬的,熊十力斥之为"戏论",嘲之以"如蛛结网""盲人摸象""贫子说金",其曰:"因为吾人的理智作用,是从日常实际生活里面,习于向外找东西的缘故,而渐渐的发展得来。因此,理智便成了一种病态的发展,常有向外取物的执着相。于是对于真理的探求,也使用他的惯技,把真理当做外在的物事而猜度之。结果便生出种种戏论。(自注:古今哲学家,一人一义,十人十义,百人百义,其不为戏论者有几?)"⑤"哲学家谈本体者,皆任理智去构画。易言之,即皆以思维,造作如彼如彼义相,说为本体。其实,此等皆是戏论。本体离一切

---

① 《熊十力全集》第 3 卷,第 724—725 页;另参见第 1 卷第 600 页,第 2 卷第 313 页。
② 《熊十力全集》第 3 卷,第 526 页。熊十力肯定量智的言论所在多有,参见第 1 卷第 596—600、604—605,第 2 卷 314 页,第 3 卷第 200、242、526、580、673 页,第 4 卷第 12、150、200—201、336—337、377、439 页,第 5 卷第 10 页,第 8 卷第 164 页。
③ 《熊十力全集》第 3 卷,第 21,22—23,752 页。另参见同卷第 200 页。
④ 《熊十力全集》第 3 卷,第 294 页。此所谓"理之极至"即本体之异名。
⑤ 《熊十力全集》第 3 卷,第 78—79 页。此所谓"真理"即本体之异名。

相,意想所构相,决不与实体相应。故非破相,无以显体。"①"世之言哲学者,不求自明,不知反己,唯任理智思构,或知见卜度,只是向外寻求,寻求愈深,去真理愈远。构画愈精,迷谬愈甚。(自注:哲学家各有一套理论,如蛛结网,自缚其中而不悟)"②"若夫恃理智或知识,而期有以见体者,此如盲人摸象,只是误猜。贫子说金,不可得饱。古今堕此陷阱者不少,而终不一悟何耶?"③正因为量智不可能把握本体,所以量智虽然能够得到现象界的真实,却不可能获具本体之真善全德,熊十力说:"(由量智成就的)科学所求者,即日常经验的宇宙或现象界之真。易言之,即一切事物相互间之法则。凡物皆下坠,凡人皆有生必有死,地球绕日而转,此等法则,即事物之真,即现象界的实在。但此所谓真,只对吾人分辨事物底知识的错误而言。发见事物间必然的或概然的法则,即得事物底真相,没有以己意造作,变乱事物底真相,即没有错误,故谓之真。是所谓真底意义,本无所谓善不善。此真既不含有善的意义,故可与善分别而说。"然而"哲学所求之真,乃即日常经验的宇宙所以形成的原理,或实相之真(自注:实相犹言实体)。此所谓真,是绝待的,是无垢的,是从本已来自性清净,故即真即善。……绝对的真实故,无有不善;绝对的纯善故,无有不真。真善如何分得开? 真正见到宇宙人生底实相的哲学家,必不同科学家一般见地把真和善分作两片说去"。④ 总之,量智终究只能缠缚于物质世界而不得超脱,如此,"若性智障蔽不显,则所有量智唯是迷妄逐物,纵或偶有一隙之明,要不足恃。人生唯沦溺于现实生活中,丧其神明以成乎顽然一物,是可哀可惨之极也","夫人生不得超脱有限,以离系,而冥于真极。此人生之至惨也"!⑤ "人生毕竟在迷妄中过活,始终不见自性,始终向外狂驰,由此等人生态度而发展其知识技能,外驰不

---

① 《熊十力全集》第 3 卷,第 797 页。
② 《熊十力全集》第 3 卷,第 633 页。另参见同卷第 548 页。
③ 《熊十力全集》第 3 卷,第 729 页。另参见第 2 卷第 309 页,第 4 卷第 361、574 页。
④ 《熊十力全集》第 2 卷,第 307—308 页。
⑤ 《熊十力全集》第 3 卷,第 529、729 页。

反,欲人类毋自相残杀而何可得耶"![1]

至于性智,则与量智既有关联,但又迥然不同。二者的关联在于,性智并不弃绝感官经验,因而性智也包具量智的作用,或者说量智就是性智的发用,熊十力说:"《新论》以量智为性智之发用,此义深微。……应知性智者,斥体立名,是克就其超物的意义上说;量智是作用之名,而作用虽云即是本智流行,但其发现也,不能不以形躯或五根为工具,因此便有为工具所累赘。又此作用之发,恒有无量习气乘机跃现与之缘附若一,故此作用依五根、缘习气而发,乃易违其本体,可以成为另一物事,而不即是性智也。但若以之与性智截离,如佛氏所谓后得对根本,似无融会处者,则期期以为不可。只要性智得恒为主于中,其发而为量智也,虽依根而不随根转,能断染习而不受杂染,则量智即是性智之流行,体用异故,称名不一(自注:依本体而名以性智,依本体之发用而缘虑于事物,乃名以量智),而实非二物也。"[2]又说:"性智者,即是真的自己底觉悟。……此具足圆满的明净的觉悟的真的自己,本来是独立无匹的。以故这种觉悟虽不离感官经验,要是不滞于感官经验而恒自在离系的。他元是自明自觉,虚灵无碍,圆满无缺,虽寂寞无形,而秩然众理已毕具,能为一切知识底根源的。"[3]又说:"性智,即仁体也;证量,即由不违仁,而后得此也;思辨,即性智之发用,周通乎万事万物,万理昭著。"[4]而二者的迥异之处则在于,性智能够把握量智所绝不可能把握的本体,熊十力说:"我们须知道,真理唯在反求。我们只要保任着固有的性智,即由性智的自明自识,而发见吾人生活的源泉。这个在我底生活的源泉,至广无际,至大无外,至深不测所底,至寂而无昏扰,含藏万有,无所亏欠,也就是生天生地和发生无量事物的根源。因为我人的生命,与宇宙的大生命原来

---

① 《熊十力全集》第 4 卷,第 353—354 页。

② 《熊十力全集》第 5 卷,第 37—38 页。

③ 《熊十力全集》第 3 卷,第 15—16 页。

④ 《熊十力全集》第 4 卷,第 12 页。熊十力还说:"经学毕竟可以融摄科学,元不相忤。"此所谓"经学"即指性智,"科学"即指量智,其意乃谓性智"虽以涵养本体为宗极",但却包具量智的作用,"而于发展人类之理性或知识,固未尝忽视也"(见《熊十力全集》第 3 卷第 673 页)。

不二,所以,我们凭着性智的自明自识才能实证本体,才自信真理不待外求,才自觉生活有无穷无尽的宝藏。若是不求诸自家本有的自明自识的性智,而只任量智,把本体当做外在的物事去猜度,或则凭臆想建立某种本体,或则任妄见否认了本体,这都是自绝于真理的。"①又说:"故玄学见体,唯是性智,不兼量智,是义决定,不应狐疑。"②从根本上说,性智就是本体,熊十力说:"性智者,即是真的自己底觉悟。此中真的自己一词,即谓本体。在宇宙论中,赅万有而言其本原,则云本体。即此本体,以其为吾人所以生之理而言,则亦名真的自己。即此真己,在量论中说名觉悟,即所谓性智。"③又说:"《新论》却破除能所对待观念,乃即吾人与天地万物所共有之性海而言,则曰真如;克就其在己而言,亦曰自性;更就其主乎己之身而言,复曰本心。即此本心,元是圆明昭澈、无有倒妄,又曰性智。……故智即是如,如即是智,非可以智为能、如为所,而判之为二也。"④至所谓"性智是本心之异名,亦即是本体之异名","本体在人,亦云性智,纯净圆明,而备万理,是为一切知识之源","性智,即本体之名",⑤此类论说在熊十力著述中所在多有。⑥ 一旦克尽己私或障染,使心灵得以净化,性智也就能够显发出来,"非克己或断障至尽,则性智不显,不得有体认也";⑦一旦性智显发,人生便与本体合一,臻于至真至善的境界,熊十力说:"本体就是吾人固有的性智。吾人必须内部生活净化和发展时,这个智才显发的。到了性智显发的时候,自然内外浑融,冥冥自证,无对待相,即依靠着这个智的作用去察别事物,也觉得现前一切物莫非

---

① 《熊十力全集》第 3 卷,第 22 页。
② 《熊十力全集》第 3 卷,第 528—529 页。熊十力还说:"夫冥极实体,廓然无物,此盖明智之极诣,决非知识所臻。"(见《熊十力全集》第 1 卷,第 597 页)此所谓"明智"即性智之义,而"知识"亦即量智之义。
③ 《熊十力全集》第 3 卷,第 15 页。
④ 《熊十力全集》第 3 卷,第 490 页。
⑤ 《熊十力全集》第 3 卷,第 528 页,另参见第 4 卷第 7 页、第 15 页。
⑥ 如谓"原来所谓明智,就是个证体之智,换句话说,智即本体",见《熊十力全集》第 1 卷,第 597 页。
⑦ 《熊十力全集》第 4 卷,第 15 页。

至真至善。"①

熊十力肯定量智和性智皆为人类所共同具有,其曰:"量智云者,一切行乎日用,辨物析理,极思察推征之能事,而不容废绝者也。"②又曰:"性智是人人本来同具的。虽情见锢蔽,要不无智光微露时。"③此即其所谓"人类思想大致不甚相远,所贵察其异而能会其通也"。④ 不过他又认为,从主导方面来看,西方人毕竟偏重于量智,而以儒佛为代表的东方人(主要落实于中国人)则既不废量智(但或不免有所轻视量智)而又归本于性智,由此形成东西(中西)文化的基本差异。他说:"哲学,大别有两个路向:一个是知识的,一个是超知识的。……西洋哲学,大概属于前者。中国与印度哲学,大概属于后者。前者从科学出发,他所发见的真实,只是物理世界底真实,而本体世界底真实,他毕竟无从证会或体认得到。后者寻着哲学本身底出发点而努力,他于科学知识亦自有相当的基础。(自注:如此土先哲于物理人事亦有相当甄验)而他所以证会或体认到本体世界底真实,是直接本诸他底明智之灯,易言之,这个是自明理,不倚感官的经验而得,亦不由推论而得,所以是超知识的。"⑤又说:"中学以发明心地为一大事(自注:借用宗门语,心地谓性智),西学大概是量智的发展,……若肯承认吾前文所说之不谬,即中学归极见体,易言之,唯任性智,从修养而入,则西学是否同此蹊径,似不待申辩而知其判然矣。夫体认之境,至难言也。由修养深纯,涤除情识而得到之体认,此天人合一之境地(自注:实则即人即天,合一犹是费词),中土哲人所为至卓绝也。西学一向尚思维,其所任之量智,非必为性智显发而后起之量智也。何者? 反求本心,吾似未闻西哲有以此为学者也。夫思想之用,推至其极,不眩则穷。穷与眩异者,眩则思之多端,杂乱而成惑;穷者,思能循律

①《熊十力全集》第 3 卷,第 23 页。
②《熊十力全集》第 3 卷,第 529 页。
③《熊十力全集》第 3 卷,第 198 页。
④《熊十力全集》第 5 卷,第 11 页。
⑤《熊十力全集》第 1 卷,第 601 页。

而极明利,然终止乎其不可思,故穷也。思至于穷,则休乎无思,而若于
理道有遇焉。此任量智之学者所自以为体认之候也,西哲所有者当不外
此,而格以吾先哲之体认,则似之而非也。非从修养入手,则情识未净。
乘思之穷,而瞥尔似有默遇焉,非果与真理为一也。要之,此事难言,必
其从事于儒道佛诸氏之学,而非但以见闻知解或考核为务者,有以真知
前哲之用心,然后知西哲自有不得同乎此者。……如贤者所说:西哲自
昔即有言体认者,然此必非西洋哲学界中主要潮流。犹如晚周名家,似
亦偏尚量智,然在中土哲学界终不生影响,可以存而不论。"①东西(中西)
文化的这种差异各有其长短,"中国人在哲学上,是真能证见实相。所
以,他总在人伦日用间致力,即由实践以得到真理的实现。如此,则理
性、知能、真理、实相、生命,直是同一物事而异其名。中人在这方面有特
别成功。因此,却偏于留神践履之间,如吾兄所谓本身底修养,便不能发
展科学",②而"西洋哲学,其发源即富于科学精神。故能基实测以游玄,
庶无空幻之患。由解析而会通,方免粗疏之失。西学之长不可掩,吾人
尽量吸收,犹恐不及,孰谓可一切拒之以自安固陋哉",③但"西洋哲学,辨
物析理极多精辟。然本原莫究,逞臆割裂宇宙,唯心唯物各执一端,余未
敢苟同也",④总之,"如上所说,可见中西学问底不同,只是一方在知识上
偏着重一点,就成功了科学,一方在修养上偏着重一点,就成功了哲学。
中人得其浑全,故修之于身而万物备。真理元无内外。西人长于分析,
故承认有外界,即理在外物,而穷理必用纯客观的方法",⑤因此熊十力主
张东西(中西)会通,他说:"中国哲学,于实践中体现真理,故不尚思辨。
西洋哲学,唯任理智思维,而能本之征验,避免空幻。但其探求本体,则
亦以向外找东西的态度去穷索,乃自远于真理而终不悟也。印度佛家,

①《熊十力全集》第3卷,第530—531页。
②《熊十力全集》第2卷,第308页。按"吾兄"指张东荪。
③《熊十力全集》第3卷,第725页。
④《熊十力全集》第2卷,第608页。另参见第2卷第297页。
⑤《熊十力全集》第2卷,第310页。

其功修吃紧,只是止观。其极乎空脱,而造乎幽玄,终以般若为至。盖止观双运,至般若观空,而后穷于赞叹矣。今后言哲学,必于上述三方,互融其长,而去其短。"①"今谓中西人生态度须及时予以调和,始得免于缺憾。中土圣哲反己之学,足以尽性至命,斯道如日月经天,何容轻议?至于物理世界,则格物之学,西人所发皇者,正吾人今日所当抱取,又何可忽乎?今日文化上最大问题,即在中西之辨。能观异以会其通,庶几内外交养而人道亨、治道具矣。吾人于西学,当虚怀容纳,以详其得失,于先哲之典,尤须布之遐陬,使得息其臆测,睹其本然,融会之业,此为首基。"②

　　东西(中西)会通当然是人类文化的理想取向,但克就这两种各有长短的文化比较而言,熊十力认为东方或中国的性智文化要优越于西方的量智文化,这是因为性智能够把握量智所绝不可能把握的本体,从而提升人生道德境界而避免量智所导致的人生因逐物而堕于物化的后果,他说:"西洋人大抵向外发展之念重,努力于物质与社会等方面生活资具之创新,其神明全外驰。夫人之神明,炯然不昧,卓尔无倚,儒者所谓独体是也。今一意向外驰求,而不务凝然内敛,默然自识,以泯绝外驰之纷,则神明恒与物对,而不获伸。即失其卓尔无倚之独体。是则驰外之所获者虽多(自注:如自然界之所发见,及一切创造),而神明毕竟物化。(自注:神明亦成为一物也)人生不得离有对而入无待,故曰其失也物,此西洋人所不自知其失者也。……然必有象山所谓'先立乎其大'一段工夫,使独体呈露,自尔随机通感,智周万物,毕竟左右逢源。如此,乃为极则。"③"若性智障蔽不显,则所有量智唯是迷妄逐物,纵或偶有一隙之明,要不足恃。人生唯沦溺于现实生活中,丧其神明以成乎顽然一物,是可哀可惨之极也。若修养不懈,性智显发,则日用间一任性智流行于万物

---

①《熊十力全集》第 3 卷,第 798 页。

②《熊十力全集》第 4 卷,第 439 页。另参见第 2 卷第 310 页,第 3 卷第 530、629、729—730、735—736、857 页,第 4 卷第 356、361、566、584 页,第 8 卷第 648 页。

③《熊十力全集》第 3 卷,第 579—580 页。

交错、万感纷纶之际,而无遗物以耽空、屏事以溺寂。至静之中,神思渊然,于物无遗,而于物无滞,是所谓性智流行者,亦即是量智。但此云量智,乃性智之发用,与前云性智障蔽不显时之量智,绝非同物。从上圣哲为一大事因缘出世,兢兢于明体立极之学,岂无故哉! 得此学者,方成乎人,方善其生;否则丧其生而不人矣。"① "中夏圣贤之学与西学判天壤者,即圣学是从大体之学,而西洋哲学虽谈宇宙论,亦只是各弄一套空理论,与自家履践处无丝毫关系。从大体之意义,西洋学人根本梦想不到。"② 因此,熊十力所主张的东西(中西)会通,就不是双方对等拼合,而是有主有从的,其曰:"今日言哲学,宜向西洋理智、思辨路数多用功夫,然后荡之以佛老,严之以宋明儒,要归于乾元行健、富有日新、扩充无已之盛。"③ "西哲之学终须更进,而会吾大《易》忘象忘言之旨。即二氏于此之所获,其足为西学对治锢蔽者,正不浅耳。"④ 即是说,西方文化固然有其可取之处,但必须提升至以儒道佛为核心的东方文化精神,而归极于儒家大《易》,才是人类文化的正道。

然而与熊十力的期望相反,近现代以来人类文化的趋向不是西方文化向着东方文化的提升,而是东方文化向着西方文化的沉沦,西方量智文化极度扩张,"发展小体到极大极高,无有已至。因为自恃小体之知能可以征服大自然,操纵大自然,改造大自然。知能即是权力。小体有此无限的权力,纵横于宇宙中,此西洋自希腊而后,到近四百余年来小体发展之运会也",⑤ 受此影响,"归本躬行"的东方学术因"欧风东渐"而不免于"此意荡然",⑥ 克就中国而言,"自西洋科学思想输入中国以后,中国人皆倾向科学,一切信赖客观方法,只知向外求理而不知吾生与天地万物所本具之理元来无外。中国哲学究极的意思,今日之中国人已完全忽视

---

① 《熊十力全集》第 3 卷,第 529—530 页。

② 《熊十力全集》第 8 卷,第 752 页。

③ 《熊十力全集》第 4 卷,第 150 页。

④ 《熊十力全集》第 4 卷,第 574 页。

⑤ 《熊十力全集》第 8 卷,第 753 页。

⑥ 参见《熊十力全集》第 2 卷,第 222 页。

而不求了解"，①"吾国后生，习于西学，亦早丧失固有精神，无可与言矣"，②"今后生谈哲学者，崇西洋而贱其所固有，苟以稗贩知识资玩弄，至将学问与生活分离，仁学绝而人道灭矣"！③ 这种席卷全球的量智文化已经造成极其严重的弊害，对于人生来说，"近世学术，重客观而黜反观，虽于物理多所甄明，而于宇宙真理、人生真性之体验，恐日益疏隔而陷于迷离状态矣"，④"人类由科学之道，终不能穷极性命宝藏，即不能潜发与含养其德慧，不能有天地万物一体之量，不悟性分自足，无待于外之乐。如是，则人类终困于嗜欲无餍之狂驰，其祸或较抑遏嗜欲而尤烈"，⑤"人生毕竟在迷妄中过活，始终不见自性，始终向外狂驰，由此等人生态度而发展其知识技能，外驰不反，欲人类毋自相残杀而何可得耶"；⑥对于社会来说，"西洋自科学发达以来，社会与政治上之各种组织日益严密。……然组织不可过分严密，至流于机械化，使个人在社会中思想与言论等一切无自由分。个人失其思想等自由，即个人全被毁坏。此于社会亦至不利。个人之在社会，如四肢之在全身。四肢有一部失其活动力而全身不利。个人不得自由发展，而社会又何利之有？尤复当知，集团之组织如过分严密，则将有枭桀之富于野心者出于其间，且利用此等组织，视群众如机械而唯其所驱动。将以侵略之雄图扰乱天下，毁灭人类，而不虑自身与族类亦必与之俱殉。若希特勒之所为是其征也"，⑦"西学精神唯在向外追求，其人生态度即如此。……由向外追求，而其生命完全殉没于财富与权力之中，国内则剥削贫民，国外则侵略弱小，狼贪虎噬犹不足喻其残酷，使人兴天地不仁之感。受压迫者一旦反抗，则其报之亦有加无

---

①《熊十力全集》第 4 卷，第 202 页。
②《熊十力全集》第 8 卷，第 752 页。
③《熊十力全集》第 4 卷，第 576—577 页。
④《熊十力全集》第 4 卷，第 167 页。
⑤《熊十力全集》第 3 卷，第 735 页。
⑥《熊十力全集》第 4 卷，第 353—354 页。
⑦《熊十力全集》第 4 卷，第 577 页。

已",①"若夫西人之治,奖欲尚斗,长此不变,人道其绝矣",②"近世科学技术发展,人类驱于欲望,而机械大备,又不得不用之以求一逞。于是相率趋于争斗,而兵器之穷凶极惨,且未知所底",③"大战之一再爆发,而犹未知所底,是其征也";④对于自然界来说,"西洋人承希腊哲人之精神,努力向外追求,如猎者强力奔逐,不有所猎获不止。其精神常猛厉辟发,如炸弹爆裂,其威势甚大。于其所及之处,固有洞穿堡垒之效。……然西洋人虽有洞穿大自然堡垒之伟绩,而其全副精神外驰,不务反己收敛以体认天道不言而时行物生之妙,不能超越形限而直与造化者遊,其生命毕竟有物化之伤。西洋人固自演悲剧而犹不悟也",⑤总之,量智文化片面地极度发展,已将人类导入断潢绝港,"今日人类渐入自毁之途,此为科学文明一意向外追逐、不知反本求己、不知自适天性所必有之结果",⑥这就是近现代以来人类的深刻危机。

熊十力认为,当今之世,"欲救人类,非昌明东方学术不可",⑦进而认为"非讲明经学,何以挽物竞之横流哉",⑧"人生如欲超脱有限,离系,而冥真极,则舍六经所云德行修养之功,终无他术",⑨最终将救世的希望寄托于儒家教旨。针对作为量智文化之集中表现的科学,他说:"科学自身元是知能的。而运用此知能者,必须有更高之一种学术。此更高之学术似非求之儒家《大易》不可。略言其故。《大易》双阐变易不易二义。自变易言,宇宙万有皆变动不居,科学所究者固在此方面。自不易言,则太极为变易之实体。而吾夫子于《乾》卦,即用显体,直令人反求自得者,曰仁而已矣。仁,本心也。其视天地万物,皆吾一体。……吾人必须识得

---

①《熊十力全集》第 4 卷,第 574 页。
②《熊十力全集》第 3 卷,第 629 页。
③《熊十力全集》第 3 卷,第 733 页。
④《熊十力全集》第 3 卷,第 735 页。
⑤《熊十力全集》第 4 卷,第 570—571 页。
⑥《熊十力全集》第 4 卷,第 294 页。
⑦《熊十力全集》第 4 卷,第 294 页。
⑧《熊十力全集》第 3 卷,第 629 页。
⑨《熊十力全集》第 3 卷,第 729 页。

仁体,好自保任此真源,不使见役于形气。易言之,吾人日常生活能自超脱于小己躯壳之拘碍,而使吾之性分得以通畅,自然与天下群生同其忧乐,生心动念,举手下足,总不离天地万物一体之爱。人类必到此境地,而后能运用科学知能以增进群生福利,不至向自毁之途妄造业也。夫求仁之学,源出《大易》。《论语》全部,苟得其意,不外言仁。宋明诸师犹承此心传。老持慈宝,佛蓄大悲。真理所在,千圣同归,非独儒家以此为学也。"①"科学虽于人道,多所发明,然终不涉及本体。其所任者理智,其方法为外求。至于反求诸己,而自得其万化之源,万善之宗,真实弥满,而发以不容已者,此则经学之所发明,而非科学之所过问。"②"孔子《大易》之道,强于智周万物,备物致用,而必归于继善成性,反本立极,辨小而究于物则,默说而全其天性,科学知能与哲学智慧之修养二者并进,本末兼赅,源流共贯。此易道之所以大中至正而无弊也。"③"颇闻人言,科学似不当向人类自毁之方向努力,此意甚善。然如何转移方向,则非识仁不可。非通隐不可。今后世界学术当本《易》学之隐,以融西学推显之长,而益发挥本隐之显之妙。"④这显然是在肯定科学亦即量智地位、主张东西(中西)会通的基础上,强调东方,特别是中国,又特别是儒家性智文化的正当性、至上性和主导性,观熊十力所谓"吾以儒学为哲学之极旨,天下有识,当不河汉斯言。……西洋哲学,纷无定论,当折衷于吾儒。此可百世以俟而不惑也",⑤可以为证。也正是由于熊十力对于儒家文化之正当性、至上性和主导性的信念,从而贞定了他的现代新儒家立场。

---

① 《熊十力全集》第 4 卷,第 575—576 页。
② 《熊十力全集》第 3 卷,第 734—735 页。
③ 《熊十力全集》第 4 卷,第 571 页。
④ 《熊十力全集》第 4 卷,第 584 页。
⑤ 《熊十力全集》第 3 卷,第 752—753 页。

第二节　冯友兰的"新理学"

一、生平著述

冯友兰(1895—1990),字芝生,祖籍山西高平县,六世祖以经商迁居河南唐河县祁仪镇,后世遂居于此。七岁入家塾读"四书"。十岁时,父亲台异公任湖北方言学堂会计庶务委员(相当于总务长),举家移居武昌,由母亲吴太夫人讳清芝课读儒经。三年后,父亲授湖北崇阳县知县,全家又迁至崇阳,仍然主要由母亲督促读书,并开始泛观博览。越明年,父亲逝于任所,是冬随家扶柩北归唐河故里,由母亲延师在家继续学业。十六岁时考入唐河县立高等小学,次年又考取开封中州公学中学班;同年暑期与表妹吴淑贞结婚,三年后夫人病逝。1912 年先是转学到武昌中华学校,后又考入上海中国公学,此时对逻辑产生兴趣,由此发心研究哲学。1915 年从中国公学毕业,随即考取北京大学,主动放弃热门的法科,自愿进入文科哲学门,本想学习西方哲学,但因西方哲学无任课教师,于是改习中国哲学。1918 年从北京大学哲学门毕业,任河南第一工业学校语文教员,暑期在开封与同年毕业于北京女子师范学校的任载坤结婚。1919 年考取公费留学美国,同年底进入哥伦比亚大学研究院哲学系做研究生。1923 年夏,以《天人损益论》(*The Way of Decrease and Increase with Interpretations and Illustrations from the Philosophy of the East and West*)通过博士论文答辩,即经加拿大回国,就任开封中州大学教授兼哲学系主任等职。1925 年 9 月转任广东大学教授,同年底离职,辗转至北京,次年 2 月就任燕京大学哲学教授,1928 年再转入清华大学任哲学系教授,并先后兼任校秘书长、哲学系主任、文学院院长、校务会议主席等职,承担了大量教学行政管理工作。1931 年,所著《中国哲学史》上卷作为"大学丛书"之一,由上海神州国光社出版。1933 年 9 月,利用一年休假期赴欧洲考察,此间所著《中国哲学小史》由商务印书馆作为"百科小丛书"之一出版,《中国哲学史》上下卷也由商务印书馆作为"大学丛书"之一出版。1934 年 10 月回国,11 月因言论"失当"被北平公安局羁押于保定行营,旋即释放。1936 年 4 月中国哲学会在北平正式成立,当选为理事、编辑委员会主任及学会刊物《哲学评论》主编。1937 年 1 月在南京举行的中国哲学会第二届理事会上当选为常务理事,续任编辑委员会主任。同年 7 月底,北平沦陷于日寇之手;9 月奉教育部令,北京大学、清华大学、南开大学合并为长沙临时大学,三校教职员工自行南迁,遂经天津、济南、郑州、汉口至长沙,复因长沙校舍不敷用度,文学院再迁南岳,于颠沛流离中开始构撰建立其本体宇宙论哲学体系的《新理学》,历两月而成初稿。1938 年初,因战火逼近湘中,长沙临时大学辗转再迁昆明,改名西南联合大学,文学院一度设于蒙自。1939 年,《新理学》由商务印书馆在长沙出版。1940 年 5 月,《新事论》由商务印书馆在上海出版;7月,《新世训》由上海开明书店出版,此书《自序》云:"承百代之流,而会乎当今之变,好学深思之士,心知其故,乌能已于言哉? 事变以来,已写三书,曰《新理学》,讲纯粹哲学;曰《新事论》,谈文化社会问题;曰《新世训》,论生活方法,即此是也。书虽三分,义则一贯,所谓'天人之际''内圣外王之道'也,合名之曰'贞元三书'。贞元者,纪时也。当我国家民族复兴之际,所谓贞下起元之时也。我国家民族方建震古烁今之大业,譬之筑室,此三书者,或能为其壁间一砖一石欤? 是所望也。"①8 月在昆明召开的中国哲学会年会上被选举为中国哲学研究委员会主任,并任由贺麟为主任的西洋哲学名著编译委员会委员。同年《新理学》在教育部学术审议会上被评为一等奖。1945 年 1 月,母亲吴太夫人病故,与同在西南联大任地质学教授的弟弟景兰辗转经重庆、三斗坪、老河口、南阳、唐河回到祁仪镇老家,"只见一枢在堂,一灯荧然,母亲再也不能相见了"!安葬母亲之后,又与景兰取道南阳、丹水、武关、西安、重庆返回昆明。本年在重庆商务印书馆出版《新原道》,为"中国哲学丛书"乙集之二,其自

---

① 蔡仲德《冯友兰先生年谱初编》,郑州:河南人民出版社 1994 年版,第 235—236 页。

评此书"非惟为《新理学》之羽翼,亦旧作《中国哲学史》之补编也。书凡十章,新统居一,敝帚自珍,或贻讥焉。然孔子曰:'文王既没,文不在兹乎!'孟子曰:'圣人复起,必从吾言。'其自信若是",①可见期许甚高。1946年8月应邀赴美国宾夕法尼亚大学任客座教授,讲授中国哲学史;年底由上海商务印书馆出版《新原人》《新知言》。"贞元六书"(即《新理学》《新事论》《新世训》《新原道》《新原人》《新知言》)至此出齐。1948年3月谢绝各方挽留,在国共内战激烈期间毅然从美国回到国内,表示决不当"白华"。② 12月,因清华大学校长梅贻琦离校,遂接任校务委员会临时主席,处置护校等特别事项。1949年初,中共北平区军事管制委员会文化接管委员会接收清华大学,被指定为校务委员会主任委员,仍兼文学院院长、哲学系主任;秋9月,华北高教委批示冯友兰仅以教授名义任职,接受其辞去一切教学行政职务,此后多年进行自我批判和思想改造,撰写并发表了大量此类文章,同时也撰写并发表了一系列中国哲学史研究论文。1950年在京郊参加土改运动。1951秋至1952年初参加中国文化代表团访问印度、缅甸。1952年6月全国高校院系调整之后,转入北京大学哲学系,任中国哲学教研室主任,后任北大校务委员会委员,一级教授;本年申请加入中国民主同盟,后在民盟第二、三次全国代表大会上当选为中央委员。1955年6月,中国科学院哲学社会科学部成立,被聘为学部委员,并任哲学研究所兼职研究员、哲学史组组长。1956年9、10月间应邀赴瑞士日内瓦参加"国际会晤"第11次大会,转至意大利威尼斯出席欧洲文化协会会员大会;11月又参加中国佛教代表团赴印度新

---

① 《冯友兰先生年谱初编》,第283页。

② 冯先生说:"我在国外讲些中国的旧东西,自己也成了博物馆里面的陈列品了,心里很不是滋味。当时我想,还是得把自己的国家搞好。我常想王粲《登楼赋》里的两句话:'虽信美而非吾土兮,夫胡可以久留。'到1947年,人民解放军节节胜利,南京政权摇摇欲坠,眼看全国就要解放了,有些朋友劝我在美国长期住下去,我说:'俄国革命以后,有些俄国人跑到中国居留,称为"白俄"。我决不当"白华"!解放军越是胜利,我越是要赶回去,怕的是全中国解放了,中美交通断绝'!"直到晚年,冯先生还重申"当年不肯留在国外当白华"。《冯友兰先生年谱初编》,第321—322、687页。

德里，出席一系列关于佛教的座谈会。1957 年 1 月 8 日在《光明日报》发表《中国哲学遗产底继承问题》，提出对待传统文化的态度方法，其观点被他人概括为所谓"抽象继承法"，引起争论并受到持续大量的批判。7 月赴波兰华沙出席国际哲学研究所华沙会议，作《中国哲学史中的知行问题》发言，回国途中经莫斯科顺访苏联科学院。1958 年被国务院科学规划委员会聘为下属哲学专业组成员和古籍整理出版小组成员；年初《中国哲学史论文集》由上海人民出版社出版，收入 1950 年至 1957 年所写论文 7 篇(1962 年重版时改书名为《中国哲学史论文初集》，以区别于二集，增入论文 5 篇)。1962 年 6 月,《中国哲学史论文二集》由上海人民出版社出版，收入 1958 年以来所写论文 25 篇；9 月《中国哲学史新编》第一册(先秦部分)由人民出版社出版(1964 年 9 月又由上海人民出版社二版),《自序》称这是"一部以马克思列宁主义毛泽东思想为指南的中国哲学史"，"所讲的是哲学战线上的唯物主义与唯心主义的斗争、辩证法观与形而上学观的斗争"；[1]12 月《中国哲学史史料学初稿》由上海人民出版社出版。1964 年 6 月,《中国哲学史新编》第二册(秦汉部分)由上海人民出版社出版(1965 年 10 月又由人民出版社二版)；被中国科学院聘为哲学研究所学术委员会委员。1966 年 6 月"文化大革命"爆发，被加上"资产阶级反动学术权威""反共老手"等罪名，受到批斗，被抄家，书籍资料封存，在校园内从事扫地等体力劳动，奉命写了大量自我批判交代揭发材料，几度被隔离审查。1977 年 10 月，相伴近六十载的任夫人去世，手书挽联："在昔相追随，同荣辱，共安危，出入相扶持，黄泉碧落君先去；从今无牵挂，断名缰，破利锁，俯仰无愧怍，海阔天空我自飞。"1979 年中国哲学史学会成立，被聘为顾问。1982 年初,《中国哲学史新编》第一册由人民出版社出版；7 月初由女儿钟璞陪护赴美国夏威夷大学参加国际朱熹学术会议，会后至美国多地游历，抵哥伦比亚大学接受名誉文学博士学位，赋诗："一别贞江六十春，问江可认再来人。智山慧海传真火，愿

---

① 《冯友兰先生年谱初编》，第 464 页。

随前薪作后薪。"9月底回国。1983年6月全国政协六届一次大会当选为常务委员。1984年10月,《中国哲学史新编》第二册由人民出版社出版。12月,《三松堂学术文集》由北京大学出版社出版,收入1949年以前的哲学论文75篇,其序云:"我从一九一五年到北京大学中国哲学门当学生以后,一直到现在,六十多年间,写了几部书和不少文章,所讨论的问题,笼统一点说,就是以哲学史为中心的东西文化问题。……我在这六十多年中,有的时候独创己见,有的时候随波逐流;独创己见则有得有失,随波逐流则忽左忽右。这个集子中所收集的文章,都是我走过的痕迹,……这些都是'迹',还有'所以迹'。……中国处在现在这个世界,有几千年的历史,可以说是一个'旧邦'。这个旧邦要适应新的环境,它就有一个新的任务,即在新的历史条件下,在这块古老的土地上建设新的物质文明和精神文明,这就是'新命'。……我上面所说的那些问题,都是围绕着这个主题而发生的。怎样实现'旧邦新命',我要作自己的贡献,这就是我的'所以迹'。有了这个'所以迹'作为精神上的支持,所以在'迹'上虽然有时路滑摔倒,但总还能爬起来继续前进。六十多年的路程就是这样走过来了。"①这些话表达了一位爱国知识分子的心声。本年还由三联书店出版了《三松堂自序》。1985年初,《中国哲学简史》(*A Short History of Chinese Philosophy*)中译本由北京大学出版社出版,此书为冯友兰1947年在美国宾夕法尼亚大学授课的讲义,曾于1948年由美国麦克米伦公司出版,此后又有法文、意大利文、南斯拉夫文等多种译本,在欧美颇有影响。3月,《中国哲学史新编》第三册由人民出版社出版。6月,中华孔子研究所成立,任名誉所长。11月受聘为中国孔子基金会名誉顾问。自是年起,《三松堂全集》开始由河南人民出版社陆续出版,至1994年共出13卷(2000至2001年河南人民出版社推出第二版全14卷)。1986年2月受聘为中国老年历史研究会孔子研究所名誉所长。9月,《中国哲学史新编》第四册由人民出版社出版。1988年初,《中国哲

---

①《冯友兰先生年谱初编》,第639页。

学史新编》第五册由人民出版社出版。3 月全国政协七届一次大会仍当选为常务委员。6 月,《冯友兰学术精华录》作为"中国当代社会科学名家自选学术精华丛书"第一辑第一种,由北京师范学院出版社出版,其《自序》云:"我的学术活动有两个方面,一是哲学,二是中国哲学史。我是以哲学为主,以中国哲学史为辅。这个集子所选的作品也是以哲学为限。……这个集子的头两篇是《哥伦比亚答词》和《康有为"公车上书"书后》。按其写作年代说,这两篇应该列在最后。所以列在最前面,因为在这两篇中,可以看出我一生中学术活动的经过及其方向,特别是第二篇的最后一句'阐旧邦以辅新命',尤为概括。我又把这一句话作为一副对联的上联,下联是'极高明而道中庸'。上联说的是我的学术活动的方向,下联说的是我所希望达到的精神境界。"[①]1989 年 1 月,《中国哲学史新编》第六册由人民出版社出版。1990 年,在完成《中国哲学史新编》第七册也是最后一册的书稿后,于 11 月 26 日逝世。此前曾于同年 3 月撰联"二史释今古,六书纪贞元",[②]对自己一生学思成就作了精到的概括。

二、无极而太极的本体宇宙论

如果把 20 世纪 20 年代以来,以接续儒家"道统"为己任、以服膺宋明儒学为主要特征、用儒家学说融合会通西学、以谋求中国文化现代化的思想学术流派称为"新儒家"的话,冯友兰当是这一流派中的重要代表人物之一。冯友兰为追求对中西文化矛盾的理解,探寻解决中西文化矛盾的道路,从 20 年代初叶即开始比较中西文化的工作,在其后数十年的中西文化比较工作中,形成了颇为系统的文化理论。这种文化理论的根据,即是他基于自己对事物的共相与殊相关系的理解而建构的形上学。这种形上学他谓之"新理学"。这种新理学也可谓"共相说"。剖析冯友兰的共相说,是探讨冯友兰关于中西文化理论的一个基本前提。

---

① 《冯友兰先生年谱初编》,第 704 页。
② 《冯友兰先生年谱初编》,第 736 页。

（一）事物、类、大全

冯友兰对事物共相的探讨以及对事物共相和殊相关系的辨析,是从考察事物的类别、规定和推导"类"这一范畴开始的。

在冯友兰看来,哲学,特别是"最哲学底哲学",即"有永久存在之价值"的形上学,与一般自然科学有别。自然科学以实验的方法和手段研究具体的、部分的事物,追求对于事物实际的肯定;而"哲学所讲,则系关于宇宙全体者"。① 哲学所注重的不是对事物的实际肯定,而是对经验的"理智底分析"或"形式底释义",追求的是对于事物的一般理解,对事物共相的把握。但哲学与科学,作为人的认识又有其共同之处,这就是两者都以实际存在的事物作为自己考察认识的起点。这样的观念使冯友兰一方面强调哲学"不切实际,不管事实",另一方面又肯定"就我们之所以得到哲学之程序说,我们仍是以事实或实际底事物为出发点"。② 冯友兰认为,当人们的哲学活动立足于这种现实的出发点时,映入人们眼帘的总是形态万殊的实际事物。人们关于事物的类的观念正是通过考察实际事物而开始形成的。因为,在人们的经验中,现实事物总是"各如其是"的,"山如山的是,水如水的是,这座山如这座山的是,这条水如这条水的是"。③ 人们对"如是"的事物进行"理智底分析"或"形式底释义"的时候,可以看到山是山而不是水、水是水而不是山、方的不是圆的等等。由此人们可以得到一个最基本的认识:事物总是这样的事物或那样的事物。冯友兰把这种认识表述为"凡事物必都是甚么事物。是甚么事物,必都是某种事物"。④ 同时在人们经验中的事物,不论山还是水,又是由许多具体的实际的分子组成的,山总是这山那山,大山小山;水总是这水那水,或滔滔江河,或涓涓溪流。细析同一事物的具体分子,又有许多特点、差别,但不论大山小山都是山,大河小溪总是水,同一事物的具体

① 冯友兰《新理学》,商务印书馆1939年版,第3页。
② 冯友兰《新理学》,第2页。
③ 冯友兰《新知言》,商务印书馆1948年版,第58页。
④ 冯友兰《新知言》,第59页。

分子之间又有其同。当人们在理性中对事物的相同之性进行总括的思考时，即可得到关于事物的类的观念。

冯友兰关于事物共相的理论中，类是一个重要的范畴。在传统中国哲学中，类本来即是一个表示事物之间普遍联系的形式的概念。冯友兰实际上也是沿袭《墨经》中"有以同，类同也"的观点讲类。在冯友兰看来，在现实事物中，凡"有以同"者即为一类。大山小山属山类，这水那水为水类。事物是甚么事物，必都是某种事物，实即是某类事物。现实中事物之类的数量是无尽的，哲学的活动，不可能知道事物之类的多少，也不追求对事物之类的实际肯定，但是在理性中推导类范畴却是极其重要的，因为类是人们对事物最基本的哲学抽象，是人们把握事物共相的起点。人们对事物之类进行具体规定时，实际上已开始离开了对于某类事物的某一具体分子的实际肯定。按冯友兰自己的讲法是："于有类之观念后，我们又可见，我们可思及某类，或说及某类时，并不必肯定某类即有实际底分子。如果我们只思及某类或说及某类，而并不肯定其中有实际底分子，则我们所思，即不是某种实际底物之类，而是某之类。例如我们如不肯定实际上果有方底物而但思及'方'类，则我们所思，即不是实际底方底物之类，而是方之类。"①冯友兰所说的哲学对于经验进行"理智底分析"或"形式底释义"，正是要对这种"某之类"进行理性的思考。某种实际的物之类，是人们在对于某类事物的实际分子的分析、总括中得到的认识，某之类则是对某种实际的物之类的进一步抽象。冯友兰所说的"凡事物必都是甚么事物"，这种认识首先即浓缩、凝集在类这一范畴中。类范畴不论从哪一个层面的内容和意义上看，都表明了事物的一般，反映了事物的共相。

类即事物之间的"有以同"。事物之间的"有以同"是多层次、多侧面的。依据不同侧面、不同层次的"有以同"，任一具体事物都可以归属于不同的类。冯友兰对类的层面进行过比较细密的考察，这种考察是以逻

---

① 《新理学》，第 31 页。

辑的方法进行的。因为冯友兰认为,对于一类事物是否有具体的实际分子存在,若有实际分子存在、又存在多少这样的问题,虽不是哲学所能了解和回答的,但对于事物之类的区别则是可以依据逻辑了解的。冯友兰把从不同层面上表现事物共相的类区别为共类、别类、高类、低类,并认为依外延说,共类涵括别类,为高类;依内涵说,别类蕴涵共类,为高类。因此"动物类,对于猫类或狗类,是共类;……猫类或狗类,对于动物类,是别类"。[①] 不论从哪一个层面上看共类与别类、高类与低类都存在一种涵蕴关系。

从最高的层面讲,事物之类即是大共类。冯友兰用以表示最高层面的共相的范畴,如物、有、真际等都是基于这种大共类的观念规定和确立的。在他看来,从类的观念来看物这一范畴的话,物当有广、狭两义。狭义的物是指具体实在的事物;广义的物则可以无所不包:动物是物,植物也是物,道家还讲"道之为物",这种无所不包的物即是作为大共类的物。作为大共类的物亦即是有。有并不等于具体的实际存在的事物,实际存在的具体事物是有,不以实际的具体的形式存在但又不是无者也是有。这种涵括万有的有也是一大共类。冯友兰认为,这种凡可称为有的有,也可以称为真际。当人们将真际作为认识对象进行思考的时候,即可以得到宇宙或大全的观念。他说:"我们将真际作一整个而思之,此整个即所谓全或大全。我们将一切凡可称为有者作为一整个而思之,则即得到西洋哲学中所谓宇宙之观念。"[②]从这种论述中,我们可以看到,冯友兰依据类的观念推导出宇宙、大全等观念,辨析物、有、真际等范畴,从一个最高的层面形成了自己的共相概念。

当冯友兰从类观念的形成讲到类之共、别、高、低的时候,实际上已经从两个层面对事物的共相及其与殊相的关系进行了探讨。人们在对于具体事物的考察中抽象出类的观念,这种抽象反映了人们对于个别事

[①]《新理学》,第 32—33 页。
[②]《新理学》,第 37 页。

物与事物之类的联系的认识,即这山那山同山的联系、这水那水同水的联系的认识。山涵盖所有的这山那山,水涵盖所有的这水那水;反之,这山那山才构成山,这水那水才构成水。作为类的山或者水又存在于构成其类的具体的山、水之中。换言之,山或水总是通过实际的这山那山、这水那水而得以存在。这种个别的具体的事物同事物的类之间的涵蕴关系,所反映的正是事物的共相与殊相的关系。不过这种共殊关系是就事物之类与构成该类的具体分子的关系而言,在事物的共殊关系中还是一个较低的层面。

当冯友兰对事物之类区别出共类、别类、高类、低类,肯定共类寓于别类,所有的别类构成共类,高类蕴涵低类,低类通过高类而得以成立和存在时,就触及了事物共殊关系中的一个较高的层面。别类相较于该类所涵盖的实际分子是共相,相较于共类则又是殊相;就像猫类狗类相较于具体的猫或狗是共相,相较于动物类则是殊相一样。别类与别类的实际分子之间的蕴涵关系反映了事物的共殊关系,别类与共类之间的蕴涵关系也反映了事物的共殊关系。在冯友兰看来,依照类的观点从最高的层面上描述事物的共殊关系时,这种关系即表现为有与万有的关系,或者说有与大全的关系。大全是群有,是万有。因此,大全是人们无法思议言说的。因为,思议言说中的大全即不是本来的真正的大全。但作为大全的共相有或真际,则是可以认识和把握的。总之,类是冯友兰用来辨析事物共相与殊相关系的一个基本范畴。

(二)性、理、太极、气、无极

现实存在的事物为什么"各如其是"、必然地都是某类事物呢?对此,冯友兰是用他的"理"范畴来解释和回答的。在冯友兰的共相说中,理范畴实际上是对类范畴的进一步展开。冯友兰认为,某类事物亦即是某种事物,而"某种事物是某种事物,必有某种事物之所以为某种事物者"。[①] 这种"某种事物之所以为某种事物者"即是冯友兰所讲的"理"。

---

① 《新知言》,第59页。

以方之理而言,"所谓方之理,即方之所以为方者,亦即一切方底物之所以然之理也"。① 方之理为方的物所必有,方的物之所以是方的物,是因为依照了方之理。或者说方的物只有依照方之理,才能够成为方的物。推而言之,事物之理即是事物之所以成其为事物的当然之则,所以然之故。

冯友兰把事物能够成其为事物的根据看做事物之理,对事物之理也进行了多侧面的规定。他认为事物之理是客观的。人们在对于构成事物之类的深层原因的探讨中得到关于理的知识,形成理的概念,但人们对于理的知识并不等于理本身。人们可以借助于方的概念把握方之所以为方者,但方之所以为方者并非方的概念,而是客观上也有与方之概念相当的方。这种客观的方之所以为方者是方的物所必须依照的,这是人们的主观意志无法改变的。同时,理的存在也是普遍的。一事物之所以为该事物,有该事物所依照之理;一类事物之所以为该类事物,有该类事物之理;事有事之理,物有物之理。在事物之间存在各种关系,关系也有其之所以成为关系者,即关系之理。在现实中,事物总是表现为一定的类,即是因为一类事物必有其依照之理,有某物必有某物之理。反之,有某理才有某物之类,无某理必无某物之类。因此,冯友兰认为"某之类,究极言之,即是某之理"。②

为什么某之类即是某之理呢?冯友兰用"性"范畴作出了说明。在冯友兰看来,事物之所以有类,是因为一类事物的分子有相同之性。他说:"凡依照某所以然之理而成为某种事物之某,即实现某理,即有某性,理之实现于物者为性。"③性是理之实现,实亦即是理。不过照冯友兰的说法,理是离物之性,性乃物内之理。或者说,理可以离物而有,性却是理实现于物者,理与性并不尽相同。一事物之性是多层面的,冯友兰将其区别为正性、辅性、无干性。正性是一事物之所以为此事物之性,辅性

① 《新理学》,第 42 页。
② 《新理学》,第 31 页。
③ 《新理学》,第 42 页。

是正性蕴涵之性,无干性是与正性、辅性无干之性,这种区分肯定了事物的主要属性决定事物的本质。

冯友兰认为,理实现于物者为性,但理并不一定实现于物而表现为事物之性。理作为事物的当然之则,所以然之故,是事物所必须依照的。就事物必依照其理才成其为事物而言,理是物的依照,也是物的标准,标准或依照都可以说是极。"方之理是方底物之标准,亦是其极限。方底物必须至此标准,始是完全底方。但若至此标准,亦即至方之极限"。① 理作为标准,是说方的物须依照方之理始成为方的物;理作为极限,是说方的物依照方之理,即是完全的方,无可再方;两者既相联系又有区别。冯友兰认为人们对于无穷的事物之类无法实际的了解,对于事物之理也不可能一一尽知,但是理作为事物之极,可以作为全体和统一的认识对象被人们所思考。当理作为全体被思考的时候,"所有众理之全,即是所有众极之全,总括众极,故曰太极"。② 冯友兰正是通过对理的这种分析,引申出极的概念,在对理或极的总括中确立了自己的太极范畴。太极即众理之全,故太极中百理具备。这样的太极范畴是在一个最高层面上对本来即有、本然而然的事物之理的总的概括。

如果说冯友兰讲某种事物之所以为某种事物者,是从类的角度揭示事物的共相,那么他确立太极范畴,则是要进一步从大共类的角度来描述事物的共相。因此,冯友兰没有简单直接地将太极作为一个本体范畴。在冯友兰看来,理或者太极作为事物的共相,虽然客观存在,但其存在实为不存在的存在,或者说只是一种真际的有,而不是实际的有。因此,并没有一个什么理或太极光辉辉地存在在那里。事物对于理可以依照,但不能具有。理对于事物可以规定,又不像事物一样具体存在。一事物之所以成为该事物,是因为依照了该事物之理,并不是理创造了该事物。冯友兰明确肯定太极并不具备生物的功能,也不赞成宋明道学家

---

① 《新理学》,第54页。
② 《新理学》,第54页。

们"太极动而生阳,静而生阴"即其自身生物的观点。对于朱熹"人人有一太极,物物有一太极"的讲法,冯友兰也持否定态度,他认为朱熹关于事物和个人都具备众理之全的观念,受佛教因陀罗网境界的影响太深,有神秘主义倾向。在冯友兰看来,一事物有许多性,依其性可以归属于不同的类。之所以如此,是因为一事物要依照许多理,依照一理而成的事物实际上是不存在的。事物依照许多理,并不等于依照一切理。太极是众理之全,故不能说人人、物物都有一太极。这种观点表明冯友兰意识到了事物的共相有层面的不同,辨析事物的共相与殊相的关系应当将两者置于同一层面上。

太极作为众理之全,是最丰富之有;与这种最丰富之有相对的即是无,这种无,冯友兰称之为无极,又称之为气。冯友兰所讲的气是他通过对事物何以实际存在的考察推导出来的一个范畴。冯友兰认为,"凡实际底存在底物,皆有其两方面,即其'是甚么',及其所依据以存在,即所依据以成为实际底'是甚么'者"。① 所谓"是甚么"是指事物之理;所谓"所依据以存在"者则是事物实际存在的依据,亦即理据以实现自身的材料,这种材料即是气。气有相对绝对的分别。冯友兰把作为绝对的料,即绝对无性的料谓之真元之气。因为真元之气绝对无性,冯友兰认为不论从依照的标准还是依照的极限来看,气都可以说是无极。气是无极,本身不依照任何理,所以能依照任何理;本身无任何名,所以能成为任何物,能具有任何名。这样冯友兰就把作为无极的气也看做事物存在的一个条件,认为任何事物要得以实际存在,既需要依照其理,又需要依据其气。理为依照,气为依据,两者构成事物实际存在的基本要素。总括所有的理为太极,而作为一切物存在的材料的气即是无极。于是冯友兰以太极和无极作为宇宙的两极,以两极关系来说明整个世界的形成。他说:"我们的系统所讲之宇宙,有两个相反底极,一个是太极,一个是无极。一个是极端地清晰,一个是极端地混沌。一个是有名,一个是无

---

① 《新理学》,第 64 页。

名。……太极是所有之理，所以所有之名，无论事实上已有或未有，皆为太极所涵蕴。所以太极是有名而无极是无名，由无极至太极中间之过程，即我们的事实底实际底世界。此过程我们名之曰'无极而太极'。"①在冯友兰看来，宇宙是从无至有，由混沌趋于清晰，这一过程是无限的，因此由混沌趋于清晰，又永远不能十分清晰，现实的实际世界不过是宇宙"无极而太极"的中间过程。冯友兰对于宇宙存在的这种思辨是颇具特色的。他所谓"无极而太极"只是说宇宙由混沌至于清晰，事物由无名而为有名，并不是说清晰决定于混沌，有名源于无名。恰恰相反，冯友兰强调的倒是宇宙之所以由混沌而清晰，由无名而为有名，是由于太极极端清晰，是有名；无极极端混沌，是无名或可以有名。太极虽不是宇宙的源头，无极也不是事物的本体，但从事物的共殊关系来看，"无极而太极"中无极与太极的关系，太极仍然是最根本的。对于这种认识或理解，冯友兰通过说明理与气的关系进一步作出了论释。

关于理气关系，冯友兰一方面肯定朱熹"人物之生，必禀此理，然后有性；必禀此气，然后有形"的讲法，认为这种讲法同自己事物存在必须有其所依照和有其所依据的讲法是一致的，这种理气关系是就理与气对于事物得以实际存在的功用而言的，在这种关系中，理与气无所谓根本与不根本的区别。就理与气自身之间的关系而言，冯友兰认为也无所谓先后，过去理学家们讨论理气先后问题，是由于不了解理与气都是超越时空的而以时间观念辨析理气关系的结果。冯友兰这种讲法仅仅是从本体论的意义上讲的，而要辨析事物的共相与殊相的关系，实不能不对理气先后问题作出评断，因为冯友兰所讲的理气关系本质上仍是事物的共相与殊相的关系。

在冯友兰的共相说中，气虽被规定为绝对无性之料，但并不是真正的无，而仍是一种存在。作为存在，即有存在之性。因为"气若无存在之

----

① 《新理学》，第 74 页。

性，它根本即不存在。气若不存在，则一切实际底物，俱无有矣"。[1] 气有存在之性，即需依照存在之理；不依照存在之理，气即不能存在；这是冯友兰的"理学"所必然得出的结论，也是冯友兰自己认可的结论。这样理解理气关系，理之有不依待于气，气之有则必依待于理。实际上冯友兰是肯定理先气后，理比气更根本的。正是由于这样的观念，冯友兰肯定朱熹"未有无理之气"的讲法，而对于朱熹"未有无气之理"的讲法则持保留态度。在冯友兰看来，如果肯定"未有无气之理"，便不可能有"有真而无实之理"了。而把握这种"有真而无实之理"，正是冯友兰哲学的理论追求。对理、气关系的这种理解，表明了冯友兰对事物共相的进一步肯定。这种肯定更集中地体现在他通过真际与实际两个范畴对理世界与实际世界的关系的辨析中。

（三）实际、真际

冯友兰所讲的真际与实际同他所理解的真与实的观念是联系在一起的。冯友兰虽曾说"照我所了解者，所谓真实的意义就是存在"，[2]但是冯友兰常常将真与实分别开来，依其不同的涵义来辨析有。在冯友兰看来，有并不等于存在。如前所述，有作为一大共类，涵盖万有；而作为别类之有，其形式并不一样。依其形式，有可以区分为实际和实在，实际是有事实的存在者，实在则指凡可称为有者。实际的有表现为有事实的存在，实在则并不一定都表现为有事实的存在。这样有就有两种情况，一是既真又实，一是只真不实。既真又实者即是实际事物；只真不实者虽属于有，但不是实际，冯友兰称之为真际，以区别于实际。从这种认识出发，冯友兰对真与实分别作出了具体规定："真者，言其无妄；实者，言其不虚。"[3]真与实虽然都可以对有而言，意义并不完全相同。

冯友兰认为，就真与实的关系说，是实者必然是真，是真者则不一定是实。他说"有实者必有真，但有真者不必有实；是实者必是无妄，但是

---

① 《新理学》，第 75 页。

② 冯友兰《三松堂学术文集》，北京：北京大学出版社 1984 年版，第 489 页。

③ 《新理学》，第 10 页。

真者未必不虚"。① 冯友兰这种断定实际上肯定了有离实之真,这种离实之真本质上即是离物之理。冯友兰曾以三为例论述自己的观点。他说:"凡可称为有者,即是实在。然若仅有三,而无实际的三,则'三'即为实在,即真而不实。有实际的三,必有实在的三;但仅有实在的三,不必即有实际的三。换言之,有实的三,必有真的三;有真的三,不必有实的三。"② 三可以无实是真,方可以是真而不实。冯友兰曾把这种仅是实在而不是实际者,即是真而非实者称为纯实在,又谓之纯真际。他说:"属于真际中而不属于实际中者,即只是无妄而不是不虚者,我们说它是属于纯真际中,或是纯真际底。"③

冯友兰讲的实在即是真际。前面讲到从类的观念看,真际也是一大共类(冯友兰在新理学讨论中曾改变这一看法,认为真际不应为一类,但其真际观念的形成实是与其类观念联结在一起的)。如果真际也是一大共类,那么凡有者都可以属于真际。理是有底,故理属于此类;实际底事物是有底,故实际底事物也属于此类。若实际底事物也属于真际,真际似乎不能等于太极;真际虽为高类,但此类实为有类,故真际也不等于宇宙,宇宙当是大全。

但是冯友兰在自己的共相说中,常常从真的意义上使用真际,即用真际表示虽不存在而又不能说是无者,称事物之理为真际的有。偏重于这种意义的真际实即是理世界。冯友兰曾明确表示,往日的道学家将宇宙一分为二,一为形而上的理世界,一为形而下的器世界,而自己的"新理学也是这样说的,只是换了两个名称。它称理世界为'真际',器世界为'实际'"。④ 就真际作为理世界的意义来讲,真际亦即是太极,因为"总所有底理,新理学中,名之曰太极,亦曰理世界"。⑤ 太极作为理世界,其

---

① 《新理学》,第11页。
② 《三松堂学术文集》,第417页。
③ 《新理学》,第11页。
④ 冯友兰《三松堂自序》,北京:生活·读书·新知三联书店1984年版,第233页。
⑤ 冯友兰《新原道》,北京:商务印书馆1946年版,第115页。

中万理毕备。从这种角度考察太极,"则太极是'冲膜无朕','万象森
然'。'冲膜无朕'以言其非实际底,'万象森然'以言其万理具备"。①"冲
膜无朕,万象森然"同样可以用来描述真际。真际作为一类,即是有。
"有之类的分子涵蕴有之理并合乎有之理。有有之理。有之理既有,则
有之理亦在有之类中"。②万有之理即在作为理世界的真际中,而理世界
里面的共相都是无形的,所以说"冲膜无朕";所有的共相都在其中,所以
说"万象森然"。当冯友兰把真际看做理世界时,实际则成了与理世界相
对的实际的世界,或说器世界。

冯友兰依据自己"有实者必有真,但有真者不必有实"的观念,对真
际与实际的关系进行了具体的考察。在冯友兰看来,真际比实际广阔。
凡有都属于真际,但不一定都属于实际。实际的事物涵蕴实际,实际涵
蕴真际。但属于实际中必属于真际中,属于真际中不必属于实际中。如
同有实际不必有某一实际底事物一样,有真际亦不必有实际,真际可以
离开实际。不仅如此,真际也比实际更根本。真际作为理世界,其中万
理具备;实际中存在的事物不过是真际中事物之理的显现和例证而已。
真际之中之理,本来即有,本然而然,既不因实际中有依照某理而有的事
物而有,也不因实际中无依照某理无某种事物而无。反之,实际的存在
却有待于真际。实际即实际事物的总名。如果没有真际中的事物之理,
实际中的事物无所依照,便不能存在;没有实际存在的事物,也无所谓实
际。对真际与实际关系的这种理解,使冯友兰作出了两个重要的结论:
一是就理世界与实际的世界的内容说,理世界的内容在"数量"上多于实
际的世界;一是"理世界在逻辑上先于实际底世界"。③

当冯友兰作出这种结论的时候,我们对于他理解事物共殊关系的主
要观点和大体思路可清理如下:当他肯定凡事物必都是甚么事物,"有某
种事物,涵蕴有某种事物之所以为某种事物者",并由此推断,"某种事物

①《新理学》,第 56 页。
②《三松堂学术文集》,第 488 页。
③《新原道》,第 115 页。

之所以为某种事物者,可以无某种事物而有",以及"某种事物之所以为某事物者,在逻辑上可以先某种事物而有"时,是就一类事物与一类事物之理的关系来肯定共相可以独立于殊相,论证共相的实在性。当他提出"无极而太极",肯定气之存在需先依照存在之理,进而认为作为太极的真际比实际更为根本,则是就理世界与实际世界的关系来立论的。这种"理世界在逻辑上先于实际底世界"的观点,从一个最高的层面上表明了冯友兰对于事物共相与殊相关系的理解。

事物的共殊关系是一个古老的哲学问题。由于冯友兰运用逻辑分析的方法考察事物的共殊关系,他对事物共殊关系的理解中也包含了一些有价值的认识成分。他提出"有某种事物,涵蕴有某种事物之所以为某种事物者",实际的东西蕴涵实际,实际涵蕴实在,这在一定程度上肯定了共相蕴涵于殊相之中。在对事物的类的考察中,他肯定依外延说共类高于别类,看到了共相的普遍性、一般性;肯定依内涵说别类高于共类,则意识到了殊相的丰富性;他关于事物的类、共类、大共类的相互联系和区别的认识,实际上也意识到了事物的共相和殊相的区分并不是绝对不变的,两者之间没有不可逾越的鸿沟和界限。而他从类范畴开始,对理、太极、气、无极、真际、实际等范畴的语义规定及其相互关系的逻辑推导,肯定理与物的关系,或者说共相与殊相的关系,是隐显的关系,是本末的关系,是体用的关系,则既指出了共相作为一般的特征,又肯定了共相的客观性及其对于事物本质的规定作用。但是,当冯友兰肯定理先于实际的物而存在,理世界先于实际的世界时,又依逻辑的方法将事物的共相从事物中游离出来,成了独立于具体事物之外的东西,这使得他对于事物的共相及其与殊相关系的理解在总体上变成了一种非科学的认识。

三、以理化情的社会道德论

"五四"以来,不少中国知识分子主张在吸纳西方近代自然科学与人文学的同时,维系和弘扬中国文化固有的伦理传统,建构民族的新文化,以图国家强盛和民族复兴,冯友兰即是这类代表人物之一。冯友兰曾参照西方文化观念阐释中国传统的伦理道德,以"生活方法新论"表达自己对社会生活的理解和人生意义的追求。

(一)人的社会生活必须遵循道德规律

冯友兰一生中论及人生伦理的著述十分丰富。就著作而言,冯友兰曾经先后写成过《人生哲学》《新世训》《新原人》三书。"生活方法新论"即是《新世训》一书的别名。《人生哲学》是冯友兰早年对人生问题的思考,《新原人》是冯友兰从哲学的层面思考人的特质与人生价值的总论性著作,《新世训》一书则是冯友兰在抗日战争期间应《中学生》杂志之约所写关于青年修养问题文章的结集。在《新世训·自序》中冯友兰曾说:"承百代之流,而会乎当今之变,好学深思之士,心知其故,乌能已于言哉? 事变以来,已写三书。曰《新理学》,讲纯粹哲学;曰《新事论》,谈文化社会问题;曰《新世训》,论生活方法,即此是也。书虽三分,义则一贯。所谓'天人之际','内圣外王之道'也。"依冯友兰的"内圣外王"理念,其言及人生伦理的著述,大体上都可视为其"内圣"之学。冯友兰在不同的历史时期、不同的著作之中对人生问题的思考,视角并不完全相同,但作为冯友兰的"内圣"之学,又可说"义则一贯"。

冯友兰认为人生即人生活的全部。一个人的人生是一件大事。同任何事物的成立和存在须依照一定的规律一样,人的生活也必须遵循一种规律。因为"人的生活也有其本然底规律,任何人都必须依照它,方能够生活"。[1] 冯友兰探讨人的"生活方法",主要是探讨人的精神生活和社会生活,而不是人的物质生活。因此,冯友兰将人们在生活中必须遵循的规律理解为"道德规律"。冯友兰这样理解,有两个认识根据,其一是冯友兰肯定人的生活的社会性特征。在冯友兰看来,考察人的生活方法,首先必须肯定人的生活只能在社会中进行;要维系社会的稳定和秩序,一要依靠法律,一要凭借道德。以法律维系社会的存在和稳定,带有强制性,对个人生活而言,是他律;用道德维系社会的秩序和稳定,以人

---

[1] 冯友兰《三松堂全集》第 4 卷,郑州:河南人民出版社 1985 年版,第 371 页。

们理解社会道德准则,自觉地使自己的行为符合这些行为准则为前提,是人们自身约束自己的行为,是自律。人们在社会生活中的自律,是十分重要的。因为人的社会生活,是在与他人的交往中进行的。人们如果不能依照"道德规律",将自己的行为限定在社会道德准许的范围内,人与人即无法正常交往,或者说无法在社会中生活。无法在社会中生活,亦即是无法生活。因为人无法脱离社会而遗世独立。冯友兰正是由人生活的社会性特征而强调道德对于人生的重要性。他认为中国传统文化是十分重视"道德规律"的。《中庸》所论释的"道",在某种意义上即是在论释人生中的当行之路。《中庸》所谓"道也者,不可须臾离也,可离非道也",表达的正是古人对于人生遵循"道德规律"的极端重要性的理解。

冯友兰将人生必须遵循的规律理解为"道德规律",另一个认识根据是他肯定人自身的理性特征。在冯友兰看来,思考人生方法,思考人生依照"道德规律",除了应思考人的生活特性之外,还应当思考人自身的特征,即"人之所以为人者"。《孟子》认为"人之所以异于禽兽者几希",但肯定人有"异于禽兽者"。"人之所以异于禽兽者"实即是"人之所以为人者"。对"人之所以为人者",人们理解不尽相同。有人以为人是"政治底动物",有人以为人是"理性底动物"。在冯友兰看来,这两者大体上是可以统一的。因为,人们通常所谓理性,实际上包涵理智的理性与道德的理性。在中西文化中,人们大都将与欲望相对应的理性视为道德的理性,与情感相对应的理性则大体上被视为理智的理性。在西方,亚里士多德较早提出了"人是政治的动物"的主张,但亚氏并不是仅从政治层面去规定和理解人的特质。亚氏认为人只有在国家组织中才能够实现人的"形式",这种国家组织既有政治的意义,也有伦理的意义。亚氏的"人是政治的动物"这一观念与中国的儒家从伦理的角度理解人的特质有相通的地方。因此,说人是理性的动物,是对"人之所以为人者"的一种较为全面的表述。在冯友兰看来,人的理性是由人的文化活动来体现的。他说:"人之所以异于禽兽者,即在于其是理性底。因其是理性底,所以他能有文化,有了文化,人的生活才不只是天然界中的事实。……文化出于人的理性底活动。如社会底组织,道德底规律等,出于人的道德底理性。科学技术等出于人的理智底理性。人之有文化,证明人是理性底动物。"①冯友兰强调人是理性的动物,强调人的文化活动出于人的理性,是要论证人在社会生活中依照"道德规律",有其主体方面的条件和可能。因为人有道德的理性,所以人在社会生活中能依照"道德规律",有道德的生活。

冯友兰所说的"生活方法",即是依照"道德规律"的生活方式。这种生活方法必要的前提是不违背"道德规律"。冯友兰所认定的"道德规律",实即是社会的道德规范。在中国传统文化中,"道"是人们的当行之路,其引申义即是事物变化的律则,在社会生活中则为人们行为的准则;"德"即得。道德的本义是得道,是对道的理解和遵循。这种对道的理解和遵循即是"德"。当人们将"道""德"联用时,则主要是指调整人们相互关系的行为规范。道德作为一种社会文化现象,是由一定社会的经济条件决定的。冯友兰强调人们的生活方法,须不违背"道德规律",同时也认定,人的生活方法,"一部分可以随其社会所行底道德之变而变。一种社会内底人的生活方法与别种社会内底人的,可以不尽相同"。② 但是,冯友兰认为,有些道德规律是随着社会的形成而形成的,有些道德规律则是因为某种社会的形成而形成的。譬如仁、义、礼、智、信五伦,即是随社会存在而存在的。因此,人们的生活方法,一部分可以因社会的不同而不尽相同,而作为随社会之有而有的道德,则在任何社会生活中都不能违背。冯友兰区别道德的普遍与特殊,肯定生活方法不尽相同,都在于肯定人们的社会生活须遵循道德规律,强调违背了道德规律,人即不能在社会中生活。

冯友兰认为人的生活方法须以遵循道德规律为前提,人们在社会中生活,离开了社会允许的行为规范的约束,其生活会走向无序;无序不仅

---

① 《三松堂全集》第 4 卷,第 387—388 页。
② 《三松堂全集》第 4 卷,第 373—374 页。

会导致社会的混乱,危及社会的稳定存续,影响社会群体的生活,也会危及社会个体的生存。因为在社会生活中,个体行为离开了社会道德的准则,即会失去人生的价值目标和评判尺度,导致社会角色的失范。社会个体也就无法维持自己正常的社会生活。因此,在社会生活中,强化人们的道德意识,将人们的行为纳入社会行为规范,是十分重要的。

(二)行忠恕

在冯友兰提倡的生活方法中,一个重要内容是主张人在社会生活中"尽己"与"推己"。他用传统的伦理观念,将这种生活方法表述为"行忠恕"。"忠恕"的观念源于儒家。冯友兰沿用儒家这种观念,却并未照搬儒家特别是宋明儒家对这种观念的诠释。朱熹在《论语集注》中注解"忠恕"时曾认为:"尽己之谓忠,推己之谓恕。或曰'中心为忠,如心为恕'。夫子之一理浑然而泛应曲当,譬则天地之至诚无息,而万物各得其所也。自此之外,固无馀法,而亦无待于推也。曾子有见于此而难言之,故借学者尽己、推己以著明之,欲人之易晓也。盖至诚无息者,道之体也,万殊之所以一本也;万物各得其所者,道之用也,一本之所以万殊也。由此观之,'一以贯之'之实可见矣。"朱熹这种对儒家忠恕观念的解说在历史上影响很大。但在冯友兰看来,朱熹这种解释虽不全失"忠恕"观念的本义,但宋儒强调道德理性,将宇宙伦理化,主张"有天地的忠恕",用道德范畴论释形上学,把道德理论与形上学观念混在一起,并不可取。因此,冯友兰在其"生活方法新论"中不探讨"天地的忠恕",把"忠恕"仅理解为人们实行道德的一种方法,一种人们在社会生活中待人接物的方法。同时,冯友兰认为宋儒所理解的"忠恕"也不完全正确。朱熹论及人的生活时,以推己及人为"恕",以尽己之心为人为"忠",这是以"恕"居主导的地位;论及"天地的忠恕"时,以尽己诚实无妄为"忠",认为有诚实无妄之"忠",方有推己及人之"恕",似又是肯定"忠"的主导地位。冯友兰认为,这种理解并不完全符合原始儒家"忠恕"观念的本义。这种观念,使冯友兰着眼于个人在社会生活中与他人的关系,论释自己对"忠恕"的理解。

在冯友兰看来,无论"忠"还是"恕",都关涉社会生活中人与人的关系,离开人在社会生活中与他人的交往,则无法论及"忠恕"。一个人在生活中谋求个人利益,不论尽己还是没有尽己,都无所谓"忠"的问题。"忠"这一观念只能体现在个人为社会、为国家、为他人的工作中。一个人为了国家、民族的利益,在自己的工作岗位上克尽职守是"忠";一个人为了他人的利益尽到自己的力量也可谓"忠"。前者是忠于国家,后者是忠于他人。因此"忠"应当是"尽己为人"。"尽己"而不"为人"不是"忠","为人"而不"尽己",也不是"忠"。"尽己为人",是说为他人工作应当和为自己工作一样尽心尽力。一件事,为自己能做到什么程度,为别人也做到什么程度。这样的"忠"是"己之所欲,亦施于人"。"恕"是"推己及人"。《论语》中说"己所不欲,勿施于人"是"恕"的本义。这种"推己及人",是要求人们在社会生活中处理与他人的关系时,设身处地为他人着想,不把自己所不愿意者强加于人。依冯友兰的理解,"忠""恕"都是"推己及人",只不过"推己及人"的形式有其差别而已。他说:"己之所欲,亦施于人,是忠;己所不欲,勿施于人,是恕。忠恕都是推己及人,不过忠是就推己及人的积极方面说;恕是就推己及人的消极方面说。"[1]因此,不论"忠""恕",都可以作为实行道德的方法。《论语》中将"忠恕"视为"仁之方",即是肯定"忠恕"为实行道德的方法。因为"仁"为"五常"之首。这种实行道德的方法,就总体来说是"推己及人",分别而言,则一方面是"己所不欲,勿施于人",另一方面是"己之所欲,亦施于人"。前者为"恕",后者是"忠"。依这种方法处理人们在社会生活中的交往,实际上为人们确立了一个待人接物的标准。这种标准以自己的欲或不欲作为处理与他人关系的尺度。"一个人有某欲,他因此可推知别人亦有某欲。……他知别人亦有某欲,则于满足他自己的某欲时,他亦设法使别人亦满足某欲,至少亦不妨碍别人满足某欲。"[2]人们这样在社会生活中"善推其所为",其行为当是符合"道德规律"的行为,至少是不违背"道德

---

① 《三松堂全集》第 4 卷,第 396 页。
② 《三松堂全集》第 4 卷,第 398 页。

规律"的行为,但不会是非道德的行为。同时,"忠恕"的观念作为人们社会生活中待人接物的标准,即存在于人们的心中,这种标准使人能自觉地在日常生活中处理好人与人之间的关系。从对人们行为的约束来看,较之于其他的伦理观念更切实际,更易实行,因此冯友兰认定儒家的"忠恕之道"是一种最普通的待人接物的方法。

儒家的"忠恕"观念曾长期被视为封建教条而遭到批判,但是从改造传统文化的角度来看,"忠恕"观念并不是不能赋予新的社会历史内容的。冯友兰当年把"行忠恕"当做一种重要的生活方法,实际上已在这方面做了一些有益的尝试。在这样的尝试中,冯友兰没有简单地宣扬照搬儒家的"忠恕"观念,而是以区别社会与某种社会、社会的道德与某种社会的道德为前提,对"忠恕"的观念进行了具体的历史的分析和诠释。在他看来,一般而言,人们都在社会中生活,人们的欲或不欲,有其相同的一面。因此,"忠恕之道"作为一个待人接物的方法和实行道德的方法,总体上是可行的。但是,这并不意味着可以否定在不同的社会形态中,在不同的历史阶段里,人们的忠恕观念的内容有所不同,人们的欲、恶的内容有所不同。因为,传统的"忠恕"观念源于以家庭为本位的社会制度,"在以家为本位底社会中,兄之所希望于弟者,或弟之所希望于兄者,比在以社会为本位底社会中,兄弟所互相希望者要大得多。在以家为本位底社会中,父之所希望于子,及子之所希望于父者,比在以社会为本位底社会中,父子所互相希望者,亦要大得多"。① 因此,人们应当在认同"行忠恕"这种生活方法的一般意义和普遍价值的同时,意识到这种方法在不同的社会中,其内容和运用会存在不同的情况。当一种社会形态向另一种社会形态转变或过渡的时候,人们的新旧道德观念往往交织在一起。如果不理解旧的道德观念在新的时代条件下必须改造更新,方能适用于新的社会生活,人们会感到"人心不古,世风日下",误解传统道德观念的真实价值。

①《三松堂全集》第 4 卷,第 407—408 页。

从冯友兰的这些观念来看，过去人们将冯友兰的《新世训》一类著作一概谓之宣扬封建伦理道德，是有欠公允的。像冯友兰这类知识分子，在经历过"五四"时期人们对传统文化的激烈批判之后，重新认同中国文化传统，已经意识到传统文化观念的普遍意义的同时，须对这些观念作历史的具体的诠释，使其具有新的内容，才能达到继承和改造民族传统文化的目的。对于冯友兰所主张的"行忠恕"这种生活方法，我们也应作如是观。

（三）调情理

冯友兰"生活方法新论"另一个重要内容是主张"以理化情"或"以情从理"。冯友兰所讲"以理化情"之情是指人们的情感，理则是事理，或人们对事理的了解。"以理化情"或"以情从理"，实际上是主张人们在生活中，通过对事理的了解来调适自己的情感，以求"安心立命"。因此，冯友兰将这种生活方法谓之"调情理"。

在人生中追求"安心立命"，向往理想的精神生活，本是中国文化的一个重要传统。冯友兰"调情理"的主张，实际上也是力图通过辨析这一传统，求得对这一传统的继承和运用。"以理化情"本是道家的主张，但儒家实际上也主张"以情从理"。可以说儒、道二家都主张"调情理"，只不过二者的理解有所不同。道家认为，人们对事物有情，根源于人们对事物的不了解，当人们对宇宙事物有了完全的了解之后，即可以达到"无情"的精神境界。"无情"是情为理所化，是"忘情"，是对情感的超越，并非说人没有情感。"无情"只是主张人们在生活中不为情所累。道家这种"无情"的主张，是要人们在生活中以理遣累，求取一种精神自由。譬如人生中，生死是一件大事。在道家看来，如果人们能够懂得一个人从生到死，是一个自然过程，即可以做到生而不乐，死而不哀。在生死问题上"哀乐不入"，即可以不为哀乐所苦，求得一种思想的自由和解放。冯友兰十分欣赏郭象"未明而慨，已达而止"这种观念。人们对死亡问题"未明"时会感到十分悲哀，"已达"时则会停止这种精神上的自我折磨。"明""达"都是对事理的了解。"对于理有了解者，则对于事不起情感，对于事不起情感,则不为事所累"。① 从生活方法的角度来看,道家主张"以理化情",即是要人们在生活中"明至理以遣累"。

冯友兰认为,依道家"以理化情"的主张,可以使人们在生活中循理而动。这使得人们在待人接物或处理其他事情时,不为个人情感所左右,经常生活在一种稳沉、宽容、平和的心境之中。道家讲"知常容,容乃公""报怨以德""俯仰万机,淡然自若",都以人们理解事理、遵循事理为基础和前提,是人们"以理化情"的结果。但是,道家主张圣人可以完全无情,圣人这种境界在实际上是否可能,却是一个问题。因此,道家的"以理化情"主张尚不如儒家"以理化情"的主张贴近人们的生活实际。

儒家也讲圣人无情,但儒家对圣人无情的理解与道家并不相同。儒家不是主张圣人完全"无情",而是将圣人"无情"理解为圣人有情而不为情所累。冯友兰认为程颢讲的"天地之常,以其心普照万物而无心;圣人之常,以其情顺应万物而无情",是对儒家圣人"无情"说最好的解释。这种"无情"是说圣人有情无"我"。这样的"无情"并不是真的"无情",而是说人的情感没有个人主观好恶,其情是"情顺万物"。儒家所谓"不迁怒,不贰过",正是"情顺万物"的一种体现。儒家以人们可有情而无"我"来论证人们在现实生活中可不为情所累的主张。儒家的"以理化情"主张,以承认喜怒哀乐的情感为人性的具体表现为前提,而不是将人们的情感仅理解为对事理的不了解。《中庸》说"喜怒哀乐之未发,谓之中;发而皆中节,谓之和"。这种"中""和"观念,并不否定人的喜怒哀乐之情,而是主张人们的喜怒哀乐之情不过不及,各得其当。实际上,这种观念也是主张"以情从理",使人们的情感活动保持在一种正常的限度之内。冯友兰认为儒家这种观念,注意到人们的生活实际,不否定情感,又肯定人们的情感生活可以而且必须遵循事理,提倡正确处理情感与事理的关系,求取正常的情感生活,避免个人的好恶给人生带来的烦恼,确实避免了

---

① 《三松堂全集》第 4 卷,第 456 页。

道家"以理化情"说中存在的理论局限。因此，儒家"调情理"的主张更具备生活方法的意义。

总之，冯友兰所谓"行忠恕"，是要人们以"忠""恕"作为处理交往的行为准则，"调情理"是主张人们正确地处理情感活动同事理的关系。无论前者还是后者，实质上都是提倡人们在社会生活中遵循社会的道德规范和自然的事物理则，以理性安排自己的生活，求取人生的意义和价值。

四、基于觉解的人生境界论

冯友兰在新理学中依据自己的形上学建构的文化理论，除了对中国文化建设方向道路的论释之外，另一个重要内容是通过对人的本质、人生价值的思考而形成的人生境界论。人们探讨文化问题，本质上是在探讨人生问题，追求对人自身的了解。人们总是把对于文化问题的研究当做了解自身的最佳途径，把对人本身的研究作为文化研究的归宿，冯友兰正是如此。他为追求对中西文化冲突的理解、探寻中国文化复兴的道路而创建"新理学"，在"新理学"中"讲理""论事""原人"，把对文化问题的探讨落脚到对作为创造文化的主体的人自身的思考，鲜明地体现了"新理学"作为一种文化哲学的理论特色。

（一）人是有觉解底东西

从哲学的层面追求对人自身的了解，不能不回答人的本质问题。人是什么？这个平常而又古老的理论课题，曾使哲学家和其他人文学者不断地耗费智力和心血。当人类刚刚开始学会运用理性观察世界的时候，古希腊的哲学家们即提出了"认识你自己"。当人类步入近代文明之后，德国的赫尔德仍然主张：如果哲学要想成为对人们有益的哲学，它就应把人作为自己的中心问题。千百年来人们对人的本质作出了种种界定与陈说，但始终未能终止人们对这一问题的思考。冯友兰对人的本质的理解颇具特色，他没有沿袭历史上人们对人的定义的陈说，而是把人的本质看做人所特有的觉解。他说："人是有觉解底东西，或有较高程度底觉解底东西。"①冯友兰所谓觉解是一种自觉地了解，即人能够自觉地了解自身的行为。冯友兰对觉解的具体考察同他对人心的考察是联系在一起的。

在冯友兰看来，人之所以有觉解，是因为人有心，觉解表明的是人心的"特异处"，"觉"与"解"的区别也是由人心活动中的不同状态决定的。了解作为人心的一种活动，实即是人们的认识活动。人们在这种活动中了解事物是甚么事物，了解事物处于何种状态，这种了解亦即是了解事物是某类事物，了解事物之理。人们在对于事物的了解中形成关于事物的概念，得到对于事物之理的知识，这样的概念和知识又使人们更好地了解事物。当人们以内涵较浅的概念了解事物的时候，这种了解是程度较低的了解；同时人们仅凭借概念了解事物还不是对事物真切的了解，只有在经验中得到验证的认识，才是对事物的真切了解。由于人们对事物的了解有程度不同，冯友兰把人们对事物比较深刻的了解谓之"胜解"，把人们对事物最深刻的了解称作"殊胜解"。

"觉"是自觉，是一种心理状态，而不是运用概念对事物的认识活动。冯友兰曾说："我们于有活动时，心是明觉的，有了解的活动时，我们的心，亦是明觉底。此明觉底心理状态，谓之自觉。"②冯友兰讲的自觉实际上也是一种了解，只不过这种了解是了解本身，不是对外物的了解，不必依凭概念，仅仅表现为一种心理状态。冯友兰对觉解的规定和区别依据了心这一概念，但是他没有像中国历史上的哲学家们将心非科学地理解为人的思维器官，而是把人心存在的物质基础和人心的要素区别开来。他说："人的脑子的活动，是人的心的存在的基础，知觉灵明，是人心的要素。此二者不可混为一谈。"③冯友兰讲的人心的要素"知觉灵明"，亦即是觉解。冯友兰是在心理、意识、精神的意义上使用人心这一范畴的。他把人心存在的物质基础与人心的要素区别开来，在某种意义上可以说

---

① 冯友兰《新原人》，北京：商务印书馆1943年版，第15页。
②《新原人》，第15页。
③《新原人》，第33—34页。

是力图把人的意识产生的物质基础和意识活动本身及其特性区别开来。

由于冯友兰把人心理解为以人脑的活动为基础的认识活动,把人的认识理解为对外在事物类别和样态的理解,肯定人心之外存在客观事物,使他对于中外历史上的观念论者把外物之理存在的原因归之于人心的存在的观点持否定态度。在他看来,康德以为外在世界的秩序是先验的认识范畴所给予的,贝克莱主张"存在即知觉",陆王一派的心学家以为舍人心而求物理则无物理,都是把心看得过于伟大,夸大了人心的作用。事实上事物之理本来即有,人们对事物之理的了解,并非对事物之理有无的决定。

但是,冯友兰对观念论的否定,并不意味着他对物质论的肯定。在冯友兰看来,同观念论夸大人心的作用相反,物质论则忽视人心的作用,"把人心看得过于渺小"。因为物质论仅仅把人心看做人脑活动的物质基础,而不了解这种物质活动与其他物质活动的区别,因而不予重视。如果说冯友兰否定的物质论仅指庸俗的物质论,那当然是正确的。因为庸俗物质论者片面强调人的意识的物质基础,抹煞人的意识存在的物质基础和意识本身的区别。但也有一派哲学不仅肯定人的意识是物质世界长期发展的产物,而且充分肯定意识的特殊功能和作用,主张全面理解人心存在的物质基础和人心的要素的联系与区别。冯友兰把忽视人心的错误不加分别地归之于物质论,表明他对物质论了解过于片面。但是从冯友兰对物质论的否定,我们又可以看到他对人的本质的理解的某些特点。他对人的本质的探讨集中于对人心的探讨,对人心的探讨又集中于对人心特质的探讨。

在冯友兰看来,人作为万物中的一物,人生作为万事中的一事,都有其最特殊最显著的性质。他把人的特殊性质看做具有人心,把人心的最显著的性质理解为觉解,以觉解为人和人的生活的"特异处"。这使得他在考察人的本质时涉及人的自然属性与社会属性问题,但又不是把注意力集中在这些属性上;涉及人心何以存在的问题,承认人脑是人心赖以存在的物质基础,又没有把注意力放在对人心及其存在的物质基础的探讨上。因为冯友兰认为,探讨这些问题都不应当是哲学所应承担的任务;哲学的任务不在于回答"因为什么",而只是要阐明对宇宙人生的了解,且这种了解是对宇宙人生一般性质的了解。正是在这样的认识前提下,冯友兰把觉解看做人的特异处,强调人的意识活动的自觉性,强调人的主体性本身。对人的本质的这种理解,也使冯友兰不主张把文化看做区别人与兽的标志,因为如果把文化看做行为的后果,文化并不是人所独有的,动物也有自己的文化。同时,冯友兰认为,人与兽的区别也不在于有无社会组织,因为动物中也存在类似社会的群体。那么,什么是人兽之别的根本标志呢? 冯友兰的回答是:这种标志仅在于能否觉解自己的文化。因为,"人的文化,是心灵的创造,而鸟或蜂蚁的文化,是本能的产物"。前者是有觉解的,后者是无觉解的。人觉解自己的文化,也觉解自己的觉解。世间只有人是具有理性的动物。人的文化正是在其理性的活动中产生的。冯友兰依照自己对人的本质的理解来了解文化和文化的创造者,并把这种理解纳入自己的文化理论体系,使得他肯定人的觉解对于了解宇宙人生的重要作用,将了解宇宙人生的活动看做一种理性的活动,否定那些将人对宇宙人生的了解视为纯感性的直观或非理性的迷信的思想观念。这是他的"新理学"具备某些现代哲学品格或特征的一个重要原因,也是他的"新理学"具体论述人生价值、阐释人生境界的重要理论前提。

(二) 一般社会的普遍道德

冯友兰探讨人的本质,目的在论释人生意义。冯友兰所说的人生意义,实即是人生价值。价值本身所反映的是客体对主体所具有的一种意义。当人们把人生作为觉解的对象时,这种觉解实际上是将自身转换成自己的认识对象。而当主体自身也被对象化的时候,觉解者与觉解对象之间也可以存在价值关系。冯友兰探讨人生问题很少使用价值概念,但他所讲的人生意义实是所谓人生价值。冯友兰认为事物的性质是事物本身具有的,事物的意义则取决于人们的了解。人生也是一件事,人生的意义也取决于人对人生的了解。人们了解人生,就其具体内容讲,即是要了解人应该怎样生活。人的生活内容十分广泛,既有饮食起居一类的物质生活,又有精神生活和社会生活。从哲学的层面了解人生,则是要了解人在生活中应当怎样做人。而要了解人应当怎样做人,则要了解人之所以为人者。这种人之所以为人者即人之理或人之性。或者说是使人成其为人的要素。人若能按照人之所以为人者去生活和做人,使人的生活符合人之理,这样就可以尽人之性,使人生具有最大的价值,获得最丰富的意义。人总是在社会中生活,社会生活中的人所应当遵循的为人之理的内容,实即是社会的政治制度和道德规范。在冯友兰看来,"社会的制度及其间底道德底政治底规律,并不是压迫个人底。这些都是人之所以为人之理中应有之义。人必须在社会底制度及政治底道德底规律中,始能使其所得于人之所以为人者,得到发展"。[①] 因此,在社会中要按人之所以为人者为人,即是要使人的行为符合社会制度的要求,符合社会道德的规范。这样冯友兰把人之理或做人标准实际上又看做一定社会的文化,把"人化"归之于人自己所创造的文化。在这种文化中,冯友兰尤其看重道德这种文化现象对于人成其为人的作用。

在中国历史上,"道"是人们行为的规矩或准则,"德"是人们具有的精神境界。古人把"学至乎礼"作为"道德",则是把道德看做人们的行为与社会的制度相吻合。冯友兰对道德的理解大体上也是以这样的思想观念为起点的。在冯友兰看来,社会作为一类事物,其类分子即是具体的个人。在社会中生活的人们,必须依照社会所依照的理及由此规定的社会制度规范行动,这一社会才能够成立。社会对于人们的行为必然地会有种种规定,这种对于人们在社会中如何行为的规定,正是道德。因此,冯友兰把道德这种社会必有的文化现象看做是"维持社会存在的规律"。冯友兰对于道德的涵义和道德的社会功能的理解大体上是合理的。因为自从人类进入文明社会之后,道德在规范人的行为、调整人与人的关系以及在人的社会化过程中,确实具有其他任何文化现象都无法

---

① 《新理学》,第64页。

替代的功能和作用。

　　冯友兰把道德看做根据"社会所依照之理所规定之基本规律"，这也表明了他对道德起源的理解。他认为一种生产方法的存在，以拥有某种生产工具为前提；某种社会组织的存在，以运用某种生产方法为前提。道德作为一种文化现象，其存在不是人们随意地主观规定和采用的。但冯友兰的意趣不在对于具体的社会道德的探讨，他所追求的是探寻一般的社会道德，通过对一般道德的肯定，为人成其为人找到一种普遍的模式，为人们提供一种永久的行为规范和最一般的生活方法。这种追求使他把社会与某种社会分离开来，把社会的道德和某种社会的道德分离开来。冯友兰认为，社会有各种具体的社会，也有一般的社会；一般的社会与某种社会是不相同的。某种社会形态可以变迁，具体社会制度可以更替。但不论何种社会都是社会。社会有社会之理，这种一般的社会之理是任何具体社会都必须依照的，而与一般的社会相联系的道德也是普遍适用、绝对不变的道德。这样的道德不分新旧，只要有社会，就需要这些道德。中国传统文化中所讲的"仁""义""礼""智""信"就是这种不变的道德。这种一般的不变的道德，是任何社会中人们都必须遵循的行为规范，是维系各种社会存在的道德规律。因此，在冯友兰看来，人要成其为人，最重要的是觉解这种一般的社会道德，用这种不变的道德原则规范自己的行为，使自己的行为成为道德的行为。只有具有这种道德行为的人才是真正的人。

　　冯友兰曾把人的理性区别为"道德底理性"和"理智底理性"，并以此来批评道学家和黑格尔，认为道学家注重"道德底理性"，用道德学的名词阐释自己的形上学，把形上学与道德学混淆在一起；黑格尔注重"理智底理性"，用逻辑学的名词来论释自己的形上学，把形上学混同于逻辑学。但是，当冯友兰自己区别社会和某种社会、社会道德和某种社会道德、肯定社会道德不分新旧永恒不变的时候，这种"道德底规律"实际上也被本体化了。从这种不变的道德原则中，我们可以看到冯友兰形上学中的那个不生不灭、规定一切的"理"。在冯友兰看来，"在基本道德这一方面,是无所谓现代化底,或不现代化底……某种社会制度是可变底,而基本道德则是不可变底。可变者有现代化或不现代化的问题,不可变者,则无此问题。"[1]冯友兰强调不变的道德,实际上是绝对肯定一种传统文化,他认为中国文化的现代化应当一方面继往,即发扬中国人固有的传统道德;一方面开来,吸收西方的科学技术。

(三)人生境界论

人生意义取决于人对人生的觉解,这种觉解的对象对于每个人来说都是相同的,但人们对人生的觉解本身并不相同,这使得人们的人生意义也不相同。冯友兰为了区别人们对人生觉解的差异与人生意义的不同,提出了他的人生境界理论。冯友兰所谓人生境界,是指人们的一种精神境。冯友兰把这种境界区别为四种形式:"自然境界""功利境界""道德境界"和"天地境界",并以此来具体论释他所理解的人生意义或人生价值。

"自然境界"是一种层次最低的人生境界。冯友兰认为具有这种境界的人能"顺才而行"或"顺习而行"。"顺才而行"即"率性而行","顺习而行"是依个人习惯或社会习俗而行。这种境界中的人对于自身行为的性质没有了解,其人生是一片"浑沌"。这种人虽也有自己的人生,但人生对他并不构成什么意义。

"功利境界"高于"自然境界",具有这种境界的人对自身的行为已有清楚的了解,但了解仅限于以自己"心灵的计划"和积极的行为去追求自身的利益。冯友兰把这种境界的特征概括"为利",认为求利是"为利",求名也是"为利",这样的"为利"是为一己之利,故"为利"亦是"为我""为私"。

"道德境界"是冯友兰认定的一种较高的精神境界。冯友兰认为,具备这种境界的人对人性已有觉解,已认识到"人的性涵蕴有社会,是社会

---

① 冯友兰《新事论》,商务印书馆 1940 年版,第 227 页。

底是人的性"。① 这种人性即人的社会性，既表现为人与人的关系，又表现为人与社会的关系。人在社会中生活，必然处于同人的各种关系之中，必然具有自己的"位分"。前者冯友兰谓之"人伦"，后者冯友兰谓之"职"。在冯友兰看来，人们若能够依照"伦""职"的标准规范自己的行为，便是"尽伦尽职"；"尽伦尽职"的行为便是道德的行为。因此，冯友兰把"道德境界"的特征概括为"行义"，认为"行义"是"为公"。"为利"是"为我"，目的在"占有"，重"取"；"为公"是"利他"，目的在"贡献"，重"与"。所以冯友兰特别强调，具有道德境界的人，即使是"取"，其目的也在于"与"。

冯友兰所谓"天地境界"是人生的最高境界。拥有这种境界的人不仅了解人在社会中的"伦""职"，而且了解人在宇宙中的地位和作用，因此这种人的行为已不是停留在"行义"，而是"事天"。"事天"以"知天"为前提，因此冯友兰认为具有"天地境界"的人对宇宙人生已有完全的了解，这种了解是对宇宙人生最终的觉解，可以使人的生活获得最大的意义，使人的人生具有最高的价值。

综观冯友兰提出的人生境界，无不以心性为其立论的依据。不同的人生境界，无非是人对人生觉解的层次不同，以及与此相关的人性完善的程度不同。人生活在不同的社会环境之中，文化素养不同，对宇宙、对人生的了解确有不同。冯友兰肯定人生境界不同，行为不同，致使人生意义或价值不同，主张为了求取人生的意义和价值而追求对于人生的了解，追求一种高层次的人生境界。

把冯友兰的人生境界论纳入他的文化理论体系，我们也可以看到他力图把文化问题同人本身的问题联系起来，进而把对人自身的问题置于理性的思考之中，把人性的完善、人的本质的展现归于人的理性和人所创造的文化的作用，这种思考体现了现代文化理论的特色。一般说来，人们在自己的实践活动中创造了自己的文化，人自身的发展又会受到人

①《新原人》，第 142 页。

所创造的文化的制约和影响。因为,任何人都只能在一定的文化背景之下完成自身的社会化过程。世界上没有其他事物能像文化这样对人自身的发展给予以如此重要的影响。当文化成为人自身完善和发展的重要条件时,人对文化的觉解在人自身的发展中尤为重要。冯友兰在自己的人生境界论中虽然只谈到道德这种文化现象对人成其为人的作用,但他实际上觉察到了文化同"人化"之间的关系,探讨了当今人们所关注的一个重要理论课题。

五、始正终负的哲学方法论

冯友兰的"新理学"曾经在学术界被认为向人们"提供了一种宇宙的类型,提供了一种人生的类型,提供了一种历史的类型,更提供了一种认识的类型"。[①] 这种"认识的类型"实即是"新理学"的思维方法,冯友兰称之为"新理学方法"。冯友兰认为,他的"新理学"之所以是"最哲学底哲学",就在于自己运用了这种"最哲学底形上学方法"。

(一)正的方法和负的方法

冯友兰曾说:"真正底形上学的方法有两种,一种是形式主义底方法,一种是直觉主义底方法。"[②]"形式主义底方法"冯友兰谓之"正的方法"或逻辑分析的方法,"直觉主义底方法"他称之为"负的方法"。"新理学方法"的主要内容实际上即是由这两种哲学方法建构起来的。

冯友兰对"形式主义底方法"的诠释是从对"思"的辨析开始的。冯友兰认为,"形式主义底方法"注重对形上学的命题、范畴的逻辑分析和推导,是一种从正面阐释形上学的方法,运用这种方法主要依靠"思"。"思"是理性思维,与"感"即感觉经验不同。哲学作为人们的一种认识,虽然也需要从感知事实或实际的事物开始,但是,从感知实际的事物而了解实际这只是哲学形成的途径,对实际的了解并非哲学认识。哲学特

---

① 孙道升《现代中国哲学界之解剖》,1935 年《国闻周报》第 12 卷第 45 期。
②《三松堂学术文集》,第 512 页。

别是形上学所追求的是对事物"实在"的了解,即对真际的肯定,对共相的把握,这样的对象是感觉经验所无法把握的。"思"同"想"也不一样,人们凭想象可以再现某一实际的事物,但想象中的事物总是具体的实际事物,事物的共相是无法想象的。从冯友兰对"思"的辨析,我们可以看到,他把哲学的方法限定为"思",在这样的哲学方法中是完全排斥经验的作用和表象的作用的。冯友兰不仅把"思"作为哲学方法的起点,而且把"思"看做一种纯思,即纯粹以事物的共相为对象的思。他曾明确地肯定,把哲学看做是纯思的产物,这是"就哲学的方法及研究哲学底出发点,以说哲学"。① 可以说,以"思"为哲学方法的起点,是冯友兰对"新理学方法"的首先的和基本的界定。

冯友兰把哲学的方法看做纯思,认为纯思主要有两种形式,即分析和总括。他所主张的分析和总括同样是排斥经验的方法和手段的。这表现在他强调哲学的分析同科学的分析不同。科学的分析可以用物质的手段探讨物体构成的成分和元素,哲学的分析则只能在理智中辨析被分析对象不同层面的属性。冯友兰在哲学方法中排斥经验的方法也表现在他强调总括不同于综合。冯友兰认为"综合是把不同底事物或观念,合而为一。总括是把相同底事物,即事物之有同性者,作为一类而观之。综合是一种工作,一种手续,总括是一种看法"。② 断言总括不同于综合,表明冯友兰认定综合不能超越对实际的肯定,认定这种思维形式不能使人们对事物的认识升华为对真际的肯定,也表明他所追求的形上学不是对具体事物的认识,不需要从多样性的统一中去实际地概括了解事物的本质。正是这样的认识,使冯友兰十分强调哲学的分析、总括只能在理智中进行,认定哲学对事物的分析、总括都是一种形式的释义,所以冯友兰把哲学对经验中的事物的分析、总括、解释都看做是理智的、逻辑的、空的,而非积极的、实质的、有内容的,即不是对实际的肯定。

---

① 《新知言》,第 2 页。
② 《新理学》,第 30 页。

冯友兰认为，哲学对经验中事物的形式的释义，在形上学中具体表现为形式命题或分析命题，这种命题是一种不肯定主词存在的重复叙述命题。譬如，"如果甲是那个使圆为方底人，甲是那个使圆为方底人"这样的命题，即是形式命题或分析命题。这个命题中避开了对于甲是否实际存在的肯定，形上学所要求的正是这种性质的命题。因此，形上学的命题既不同于科学命题、历史命题，也不同于一般的逻辑命题。在冯友兰看来，科学命题"灵而不空"，历史命题"实而且死"，逻辑命题"空而不灵"，唯有形上学的命题是"一片空灵"。"空"是说形上学的命题对事物不作实际的肯定，"灵"是说形上学的命题普遍适用。可见，冯友兰主张通过逻辑分析，对经验进行形式的释义，无非是要以一种高度形式主义的方法，在脱离对事物的实际分析和肯定的基础上来建构形上学。

冯友兰认可的直觉主义的方法同逻辑分析的方法相反，这种方法不是从正面阐释形上学，而是以从否定到肯定的方式阐释形上学。冯友兰把这种方法的主要内容表述为"烘云托月"和"于静默中立义竟"。"烘云托月"是从侧面讲形上学，讲形上学不能讲。但在冯友兰看来，这并不是不讲形上学。因为"用直觉主义讲底形上学，并不是讲者的直觉。形上学是一种学，学是讲出底义理，而直觉则不是讲出底义理。用直觉主义讲形上学者，可以说是讲其所不讲，但讲其所不讲亦是讲，此讲是形上学"。① 冯友兰强调自己的"新理学"中的范畴、命题都是理智的而非经验的，形式的（或说逻辑的）而非有内容的；而形式的范畴或观念是不能言说的，即不能运用常识的逻辑语言来描状。因为，一旦对其有所言说，这种言说即不能"不著形迹"，"不落言筌"，言说中的东西即不是本来的东西。实际上冯友兰在"新理学"中对一些形式的观念也曾有过言说，但冯友兰认为，这种言说只是"姑且如此说"，实际上是从侧面讲。

"于静默中立义竟"是以直觉来体认和领悟形上学的对象。在冯友兰看来，从侧面讲形上学，讲形上学不能讲，目的仍在于要理解形上学。

①《三松堂学术文集》，第 512 页。

从正面讲形上学,目的也在把握形上学,使人们达到对宇宙全体的觉解,达到一种最高的思想境界。在这种境界中万物一体,主客为一。要达到这样的境界,完全把握形上学对象,不仅要运用从正面讲或从侧面讲的哲学方法,更重要的是对形上学对象的领悟和体认。这样的领悟和体认是"负的哲学方法"中最为重要的内容。

从冯友兰对自己的哲学方法的论释中,我们可以看到,他一方面强调运用逻辑分析,对经验作形式的分析、总括和解释,以求哲学范畴和命题的清楚明确;另一方面又主张以"负的方法"从侧面论释形上学,通过直觉来领悟和体认形上学对象,以求一种最高的哲学境界。冯友兰曾经说过:"一个完全的形上学系统,应当始于正的方法,而终于负的方法。如果它不终于负的方法,它就不能达到哲学的顶点,但如果它不始于正的方法,它就缺少作为哲学实质的清晰思想。"①新理学体系实际上即是基于这样的认识,由"正的方法"和"负的方法"建构起来的。

冯友兰所谓"正的方法"实际上是西方的逻辑分析方法,所谓"负的方法"则主要是传统的中国哲学方法,特别是佛教中禅宗的思维方法。他把逻辑分析的方法和直觉主义的方法作为"新理学方法"的架构和内容,根源于他从人本主义的角度对哲学的理解。在冯友兰看来,哲学是对于人生的反思,是关于人生的最后觉解和最高觉解。人们要觉解人生,不能停留在对个人生活的孤立的了解,而必须了解宇宙大全。所以"哲学所讲,则系关于宇宙全体者"。② 这样的哲学同科学的性质、功能截然不同。科学追求对事物内容的了解,注重对实际的肯定,所以科学能给人以实际知识,帮助人们统治天然,处理人事。但科学的对象总处于变化之中,人们对其认识也在变化中,这使得科学的结论都是或然的而非必然的,可变的而非永久的。哲学则不同,哲学中的形上学部分追求对宇宙的觉解,追求对共相的把握。个体的事物是变化的,事物的共相

---

① 冯友兰《中国哲学简史》,北京:北京大学出版社 1985 年版,第 394 页。
②《新理学》,第 3 页。

则是不生不灭的。所以哲学特别是形上学的结论不仅是普遍的,而且是永真的,具有永久存在的价值。这样的哲学虽不能给人们以实际的知识,但它能提高人们的思想境界,帮助人们了解人生,实现人生的价值和意义。冯友兰以理解人生说明哲学的功用和价值,以人生为对象来说明哲学所具有的反思、系统等方面的特质,这在思想方法方面是很有特色的。这种理解一方面使他的"新理学"带有近代西方人本主义的倾向,另一方面又使他的哲学未能脱离思辨哲学的范围,不像西方某些人本主义思想家那样把对人及人生价值、意义的理解完全诉诸于非理性的直觉,而是主张建构形上学,通过对宇宙大全的理解,作为人们讲"人道"之根据,入"圣域"之门路。

(二)逻辑推导与直觉体认

冯友兰运用"新理学方法"建构"新理学",首先是从分析命题涵蕴的意义开始的。他曾将"新理学"体系分解为四组形式命题,从这些命题中推导"新理学"的几个主要范畴。这种推导典型地体现了他在思辨中确立自己的形上学的方法。

冯友兰归纳的第一组命题是:"凡事物必都是甚么事物。是甚么事物,必都是某种事物,某种事物是某种事物,必有某种事物之所以为某种事物者。"[①]在这组命题中,冯友兰以事物存在为前提,推导出有某种事物,进而形式地分析何以有某种事物,使这组命题中包涵类与理两个范畴。所谓"凡事物必都是甚么事物。是甚么事物,必都是某种事物",即是说事物必都是某类事物。冯友兰在"新理学"中辨析事物的共相即始于思考事物的"某之类",这种思考实是一种纯逻辑的分析推导。冯友兰认为,在建构形上学、处理感性和理性的关系时,必须"过河拆桥","拆桥"即始于对类观念的分析,因为这种分析开始离开经验中的各类具体事物而限于抽象的"某之类"。在"新理学"中,冯友兰对"物""有""无""宇宙""大全"以及"真际""实际"等范畴的确立和辨析即是以类范畴为

---

① 《新知言》,第59页。

根据的。当冯友兰肯定事物是某种事物时,不仅肯定了事物有类,而且肯定了事物有理,理即是对事物何以为类的回答。用冯友兰的话说即是"某种事物是某种事物,必有某种事物之所以为某种事物者"。冯友兰通过对理范畴的具体规定,又确立和辨析了"新理学"中的"太极""显""微""形上""形下"等范畴。不论对类范畴还是对理范畴,其规定辨析,本质上都可以说是对这一组命题的逻辑分析和展开。

第二组命题是:"事物必都存在,存在的事物必都能存在,能存在底事物必都有其所以能存在者。"①冯友兰在这组命题中,也是从事物存在这样一个前提出发,推导出事物必有其得以存在的基础,由此确立了"新理学"中的气范畴,由对气的规定又引申出了"无极"这一范畴。

冯友兰认为,任何事物的存在都需以理为依照,以气为依据,事物存在即是理实现于气。这样的认识,使冯友兰归纳出他的第三组命题:"存在是一流行。凡存在都是事物的存在。事物的存在,都是其气实现某理或某某理的流行。总所有底流行,谓之道体。一切流行涵蕴动,一切流行所涵蕴底动,谓之乾元。"②为了辨析"流行",冯友兰在"新理学"中先后考察"两仪""阴阳""动静""四象",引申阐释"成""住""坏""空","成""盛""衰""毁","元""亨""利""贞"诸范畴,以考察事物变化中的不同阶段。进而借用《周易》的思想资源,以"复""临""泰"说明"成";以"大壮""夬""乾"说明"盛";以"姤""遯""否"说明"衰";以"观""剥""坤"说明"毁";论释"往""来""屈""伸""反""复";以"进退""损益""变通"诸范畴区别事物的"变化日新";最终以"道体"总括所有的"流行",认定"道体"是一切流行的"全",但"道体"又并非"流行"的始因,存在作为"流行",最初的动因是由于气依照了动之理,"气之动者"才是"流行"的始因,才是"乾元"。

当冯友兰确立起"道体"范畴时,他已经完成了对"新理学"中主干范

---

① 《新知言》,第 61 页。
② 《新知言》,第 64 页。

畴的推导,使"新理学"围绕理、气、道体、大全等范畴组成了一个范畴系统。在"新理学"中,冯友兰析理是辨有,论气是释无,以"道体"总括"流行"、以"乾元"表示动因是说变。实际上气为"无极",仍为存在,并非真无;"道体"即是"流行","流行"也是存在;论变、释无,本质上仍是析有,只不过是层面不同而已。所以冯友兰把第四组命题谓之"总一切底有,谓之大全,大全就是一切底有"。①"大全"在"新理学"中依类的观念即已经引申出来了。所谓"大全"就是群有、万有,万有、全有即在有之中,所以"大全"实际上仍是对有的辨析。冯友兰曾说新理学中的概念范畴全部被看做是"有某种事物"这句话的逻辑蕴涵,他说:"按照这样的路线进行推论,我已经在《新理学》中能够演绎出全部的中国哲学的形上学观念,把它们结合成为一个清楚而有系统的整体。"②"新理学"的范畴体系确实是以逻辑分析的方法得到的。这种方法使"新理学"的范畴概念清楚明确,并注意到了概念、命题之间引申演绎的层次结构及其相互之间的联结。但是,这样的理论体系并没有真正地探讨事物之理,因为它不是根据现实去考察现实,而是把对现实的考察放置在观念的演绎之中。这种方法使得"新理学"避免在实际中辨析事物的共相和殊相的关系,而只求证事物的共相先于事物个体而存在的这种结论。

冯友兰认定理在气先,理世界先于实际的世界,这样的结论正是以逻辑的方法推导出来的。他曾经说:"实际底事物涵蕴实际,实际涵蕴真际,此涵蕴即,如果—则之关系。"③冯友兰将"有某种事物,蕴涵有某种事物之所以为某种事物者"这一命题具体化为"有山涵蕴有山之所以为山者",这一命题按冯友兰讲的"如果—则"的关系,实即是如果有山,则必有山之所以为山者。冯友兰认为,在这一命题中,"如'有山'是真底,则'有山之所以为山者'亦是真底;但如'有山之所以为山者'是真底,则'有

---

① 《新知言》,第 65 页。
② 《中国哲学简史》,第 385 页。
③ 《新原道》,第 115 页。

山'不必是真底"。① 这里冯友兰显然是套用了逻辑中蕴涵式这种逻辑形式,但是他把蕴涵式中的前件和后件实际上当成前提和结论,把前件和后件在蕴涵式中的真假关系等同于事物与事物之理的关系,并以此作为自己推导出"有山之所以为山者,不必有山"这一结论的依据。依据这一结论,冯友兰还曾进一步推导出"如有山之所以为山者不必有山,则山之所以为山者可以无山而有"这一命题。后来他又将这一命题补充为"山之所以为山者,可以无存在底山而有"和"山之所以为山者,先存在底山而有"。② 十分明显,冯友兰在这里并没有在严格的逻辑意义上使用蕴涵式。逻辑形式是人们的思维形式。一般地说,思想符合逻辑主要是说思维形式正确。但思想符合逻辑并不一定就符合客观实际。所以即使正确地使用命题蕴涵,也不能依命题蕴涵中的前后件的真假关系推断有山为假,有山之所以为山者真,并推导出有山之所以为山者不必有山,更不能推导出山之所以为山者无山而有或先山而有。山与山之所以为山者是实际的山同山的一般属性的关系问题,这种关系是客观的存在,并不是一个逻辑问题。蕴涵式并没有力量证明山之所以为山者无山而有,先山而有。

冯友兰以逻辑分析的方法建构起"新理学"的范畴体系,又以直觉主义的方法来追求一种最高的哲学境界,这表现在他对气、道体、大全的辨析和领悟。冯友兰认为气、道体、大全都是形式的观念,是不能言说的。气绝对无性,而一旦以概念描述它,实质上都是对它作出了一种性质的判断。道体是"流行"的总称,人们的思议言说也是一种"流行",因此言说中的"流行"即非总括一切"流行"的"流行"。大全也是如此。大全是万有,思议言说也是一种有,故言说中的大全亦非真正的大全。所以冯友兰把对于宇宙大全的思考看做一种反思,主张经过思考,然后理解不可思考者。这种不可思考者,冯友兰认为是超越经验的"某物"。由于

---

① 《新知言》,第 61 页。
② 《新知言》,第 61 页。

"某物"中有不可感者,又有不可思者,"某物"即是一种"超越理智者",这亦即是宇宙大全。对宇宙大全,冯友兰不是强调逻辑的说明,而是主张在一种自觉的心理状态中体认和领悟。在冯友兰看来,对形上学对象的最高了解实际上存在于无言之中,存在于静默之中,这样的境界即是哲学所要达到的最高境。在这样的境界中,"天人合一""物我同一",已经泯灭了主观同客观的界限和事物的差别。冯友兰在"新理学"中,正是先以正的方法建构自己的哲学体系,再以直觉主义的方法来确立自己所认定的哲学境界的。他把这样的境界谓之"天地境界"。从方法的角度看,他的"天地境界"把他所主张的"纯思"的哲学方法发挥到了极致,使他的哲学理论讲到了"言语路绝心行道断"的地步。冯友兰所讲的"天地境界"中的诸种统一,最本质的是主观和客观的统一。他不是把人们的实践活动作为主客观统一的基础,而是以直觉主义的方法在主观中泯除物我界限,使主观与客观在主观中达到一种契合。

(三)理性主义倾向

在中国现代哲学史上,冯友兰是将自己的哲学方法系统化、理论化的思想家之一。他以自己的哲学方法,向我们展示了中国现代哲学史上的一种认识理论和思维方法。这种认识理论和思维方法最主要的特征是"承百代之流",力求"中道",表现出一种融会中外历史上各种哲学方法的致思趋向。在冯友兰看来,西方曾以逻辑分析的方法建构过许多哲学体系,中国依直觉主义的方法也形成过各种哲学理论;西方哲学家发现过负的方法,中国哲学家也曾提倡"辨名析理",主张分析;但是,负的方法在西方没有得到发展,分析的方法在中国也没有被充分重视和运用;直觉体认和逻辑分析实际上代表了中西文化的两种传统。因此,他从中西文化融会的角度看待中西文化矛盾的解决,从中西思维方法的互补来确认未来哲学的发展。在他看来,欧洲哲学需由中国哲学的直觉和体认来予以补充,中国哲学应由欧洲的逻辑和清晰的思维来予以阐明;只有将正的方法和负的方法融为一体,才有可能建构起新的现代哲学体系。冯友兰对历史上各种哲学方法的评估选择正是基于这样的观念和意向进行的。

冯友兰曾经系统地考察中西不同的哲学方法。他肯定西方逻辑分析的方法始于柏拉图,但并未全面肯定柏氏的辩证法,而是认为柏氏辩证法中的形上学方法仅表现在他对辩证法的"形式底用法"。他肯定笛卡儿和斯宾诺莎各以自己的方法建立了形上学,但认为只有斯氏的反观法中的"逻辑"的成分才具有形上学方法的性质。他反对维也纳学派对形而上学的拒斥和否定,又认为其否定形而上学的方法标志着西方逻辑分析方法的高度发展,力图吸收这样的方法建构自己的"新理学"。同时,他又强调自己的分析方法不全同于维也纳学派的分析法,认为自己主张的逻辑分析既可以辨名,又可以析理,维也纳学派主张的逻辑分析只是辨名,并且把析理也当成了辨名。他把直觉主义的方法谓之负的方法,也标志着他对中国哲学方法的改造。在他理解的负的方法中,实际上糅合了道家、玄学、禅宗等诸家的思维方法。主张负的方法并不是反对理性,而是超越理性的。总之,融会的致思趋向不仅使冯友兰在评估选择历史上各种哲学方法的时候,既表现出一种批判精神,也具有一种优化意识。即依照自己的价值标准,实施对哲学方法的评估、选择。今天,人们把整体性、相关性、动态性和最佳化作为现代思维方式的原则,我们不能说冯友兰的哲学方法中已经自觉地意识到了这些原则,但从他在选择和确立自己的哲学方法时所表现出来的思维视野及其思维过程中的时空跨度,他对诸种哲学方法异中求同、同中求异,以及他的挑剔逆众的心态与批判优化的意识来看,则不能不说冯友兰的思维方法中确有某些现代特色。这些特色从一个视角反映了中国哲学在力图摆脱其求同、封闭、直观、模糊、单维、内倾的思维方式的历史进程中的一个片断。应当肯定,既吸收西方哲学方法的营养,又兼顾民族哲学方法的传统,在二者融会互补的基础上建构一种新的思维方式,这一方向是中国哲学脱离中古而走向近现代的必由之路。从这个意义上讲,冯友兰建构自己哲学方法的尝试以及这种方法中的某些具有近现代方法特色的因素,都是有其历史价值的。

"新理学方法"就其思想实质来看是一种理性主义。理性主义作为一种认识理论的类型,是相对于经验主义而言的。这两种认识理论的对立实即是人们所谓的唯理论与经验论的对立。"新理学方法"的理性主义倾向是很有特色的,这表现在冯友兰在这种方法中不是简单地强调理性,而是把"新理学方法"看做是反对浅薄的经验主义和理性主义的产物。冯友兰所讲的浅薄的经验主义实即是彻底的经验主义,浅薄的理性主义则是一种完全排斥经验作用的理性主义。冯友兰对经验主义和理性主义所持的立场,使他追求一种"中道",这表现在他在对认识起源的理解中不绝对排斥经验的作用,认为即使是哲学的认识,也开始于对经验的释义,这表明冯友兰意识到了历史上的理性主义只承认理性的可靠和确实而绝对忽视经验的作用所导致的理论困境。在哲学方法中,冯友兰既排斥经验的方法,又不否认人们对真理的了解需要借助经验。但冯友兰认为,借助经验了解真理,并不是肯定真理源于经验。真理之为真理,是理性决定的,并不是经验证实的。在"新理学方法"中,冯友兰即是以这样的方法排斥经验的作用的。对理性主义的方法,冯友兰实际上看到了理性思维的局限,这是他在"新理学方法"中容纳负的方法的重要原因。对负的方法,冯友兰又不是将其理解为一种非理性的直觉,而是将其看做对理性思维的补充,看做一种超理智的方法。这样的方法,讲形上学不是什么,实际上是要通过了解形上学不是什么来了解形上学是什么。所以冯友兰讲的负的方法,在某种意义上可以说是一种更高层面的理性的活动,因而从实质上看"新理学方法",其基本倾向仍然是理性主义的,尽管这种方法中容纳了直觉主义的方法。正是"新理学方法"的理性主义倾向,使冯友兰注重逻辑分析,在分析中把事物的共相和殊相区别开来,将人们认识事物的感性活动和理性活动区别开来,把哲学与科学、哲学方法与科学方法区别开来。在一个没有深厚的逻辑思维传统的国度里,这种区别不论是对科学的发展还是对哲学的发展,在方法的层面都是有意义的。

六、辨异见同的中西文化观

冯友兰晚年在回顾自己的学术活动时,曾将自己在六十多年的学术活动中所探讨的问题归结为"以哲学史为中心的东西文化问题"。[①] 如果把冯友兰1915年进入北京大学哲学门视作他学术生涯的开端的话,那末他的学术生涯正好与中国新文化运动的兴起同步。像"五四"时代成长起来的大多数知识分子一样,冯友兰没有回避中西文化的矛盾冲突问题,而是在数十年间努力从哲学的层面追求对中西文化矛盾的理解,探索解决中西文化矛盾的道路,在这种追求和探索中形成了自己不同于"全盘西化"论又有别于"保存国粹"说的中西文化观。

(一)文化是"总和体"

何谓文化? 对这一问题的回答是人们比较中西文化的前提。在众多的文化界说中,冯友兰提出文化是一种"总和体"或"总合体"。他说:"所谓'文化''民族性',都是空的抽象的字眼,不能离开具体的东西而独立。中国文化,就是中国之历史、艺术、哲学……之总合体;除此之外,并没有别的东西,可以单叫做中国文化。……民族性也是如此,他就是中国从古及今,一切圣凡贤愚之行为性格之总和体,除此之外,别无中国民族性。"[②]冯友兰把文化理解为历史的具体的文化现象的总和,否定存在空洞的文化现象,这是从广义的角度来规定自己的文化概念。这种文化概念使他将中国鸦片战争以来日渐激化的中西矛盾,全部视为中西文化的矛盾。冯友兰没有从结构、层次等方面对"总和体"进行纯理论的分析和考察,但是他在对中西文化矛盾冲突的不同阶段的考察中,又隐然表现出他所理解的作为"总和体"的文化本身的结构具有不同的层面。

自1840年鸦片战争起,帝国主义用大炮轰坍了清王朝闭关自守的大门,人们在痛苦中意识到,"不善师外夷者,外夷制之",后来这种意识

---

① 冯友兰《三松堂学术文集·自序》。
②《三松堂学术文集》,第43页。

被人们逐步具体化为自强以练兵为要,练兵以制器为先,人们开始办洋务、兴实业,企图以兵战的形式解决中西矛盾。但是,洋务运动没有使中国在兵战中得到胜利。其后,人们又以为西人谋富强,以工商为先,习兵战不如习商战,但商战也没有使中国走向富强之路。冯友兰将中国近代史上以兵战和商战的形式表现出来的中西文化矛盾,形象地比喻为中西文化的"先锋队斥候队之小冲突"。[①] 从文化的角度来看,他的这种比喻,实质上是把中西文化冲突中的商战兵战的形式看做表层文化之间的冲突。

到"五四"前后,人们系统地比较中西文化、讨论中国民族性优劣的时候,冯友兰认为这意味着中西文化主力军之间的接触。这种接触实际上是以中国本土为战场,展开中西文化主力军之间的决战。如果把一个民族的文化作为一个系统,对其进行结构与层次方面的分析的话,文化中的物质部分,即人们对象化了的劳动部分,是其外层结构;社会组织、制度及与之相关的规范、原则是文化的中层结构;而人们的文化心理结构,即审美情趣、道德情操、价值观念、思维方式等则属于文化的深层结构。冯友兰所说的民族性格,实际上也包含在深层文化现象之中,因此,他把人们评估民族性优劣视作中西文化主力军之间的冲突是不无道理的。冯友兰通过对中西文化矛盾的形式和性质的考察,隐现出文化现象本身具有不同结构层面的思想,这在 20 世纪 20 年代是较有理论特色的。

冯友兰把文化看做一种"总和体",同时也肯定这种作为"总和体"的文化是人们创造活动的结果。在冯友兰看来,文化现象不是空洞的东西,也不是自生自造的产物;文化主要的不是已造的东西,而是正在制造中的东西,是活的东西。冯友兰对于文化的这种理解,表述上有不够清楚之处:他肯定文化不是空洞的东西,这是相对于文化是一种"总和体"而言,而这种作为"总和体"的文化显然包含着历史的文化,即已造的文

---

①《三松堂学术文集》,第 43 页。

化;但他又断言文化是活的东西,是正在制造的东西,而不是已造的东西。冯友兰这种看起来有些矛盾的认识,实际上涉及了一个重要的文化理论问题:那种已造的东西,主要是历史的传统的文化;那种正在制造中的东西固然也是文化,但主要是指那种由传统文化递积而成、内在于主体之中、支配主体认识行为的文化传统。文化传统才是活的文化现象。在冯友兰看来,在文化比较中,对于已创造的文化即历史的文化进行具体的比较,实际上是极其困难的,因为这种比较必须以详尽地了解人类历史上所有的文化现象为前提。比较文化,实际上主要是对文化传统的比较,是对正在制造中的文化的比较。对于这种文化的比较,没有理由将评判文化优劣的结论绝对化。因为正在制造中的文化是活的东西,对活的东西的评估不可能"盖棺论定"。因此,在比较中西文化的过程中,那种断言西方文化优越于中国文化,因而妄自菲薄,不相信自己的成绩和能力,对民族文化悲观失望,甚或采取虚无主义的态度是毫无根据的。

同时,冯友兰认为,中国文化是由中国人自己创造的,中国的民族性也是由中国人自己造就的,每一个中国人都是创造中国文化、造就中国民族性的工人和工程师,只要"中国人一日不死尽,则中国文化及中国民族性即一日在制造之中"。① 对于中国文化的好坏、中国民族性的优劣,每一个中国人都肩负着自己的责任。因此,冯友兰十分强调在比较中西文化过程中的民族意识、主体意识,强调人们比较中西文化必须"以中国人而谈中国文化及民族性"。② 在冯友兰看来,要繁荣中国文化,造就优秀的国民性,只能依靠每一个中国人实际的言行。空泛地谈论中国文化问题,以局外人的身份议论自己的民族性的优劣,对于中国文化的建设是没有任何益处的。冯友兰所主张的这种比较中西文化的途径和态度,应该说也包含了不少积极成分与合理因素。

---

① 《三松堂学术文集》,第 46 页。
② 《三松堂学术文集》,第 47 页。

（二）中西文化的差异在价值标准不同

在中西文化的矛盾冲突中，中国文化"节节大败"，这种严酷的现实迫使人们思考中西文化的异同优劣，探寻中国文化落后的原因。冯友兰早年针对中国文化的落后，也思考过中西文化的差异是等级的差异还是种类的差异这类问题，这种思考的结论则是："中国落后，在于她没有科学。"①"五四"前后，把中西文化的差别看做精神文明和物质文明的不同，把中国文化的落后归结为科学技术的落后，这本是一种普遍流行的观点。冯友兰因循这种看法的思想特色，在于他没有把对于中西文化异同优劣的评估停留在这种观念和结论上，而是深入地探讨中国科学落后的原因，对中国近代以来科学落后的原因作出了理论的解释，从而使自己继梁漱溟探讨东西文化及其哲学之后，将中西文化的比较拓展到了系统的哲学层次，断言中西文化的差别在于两者根本思想即哲学思想的不同，认定这种不同具体地表现为价值标准的差异。

在冯友兰看来，中国古代哲学的产生与欧洲古希腊哲学的繁荣大体上是同步的，所不同者只在于中国没有在现代欧洲开端的时候产生自己的科学，这种情况完全是中国哲学历史发展的结果。在中国古代哲学中，根源于对"天""人"关系的不同理解，形成了重"自然"和重"人为"两种对立的致思趋向，规定和影响了中国哲学的发展方向。春秋时期形成的儒家、道家、墨家三派的哲学理论，即是依不同的致思趋向而建构起来的不同的哲学理论形态。道家一派的哲学以为"道"能够"给予万物以其自己的自然，在其自然中万物得到自己的满足"。② 因此"道"即在我们之中，人们追求对"道"的认识，实即追求认识自我，控制自我。因此，在道家看来，任何人类道德、社会制度都是违反自然的，"那些仅只有志于学的人，即只有兴趣搞理智操练的人，千言万言，全无价值"。③ 道家所执着的是自然状态好的方面，代表"自然"趋向的极端，墨家则恰好相反。墨

---

① 《三松堂学术文集》，第 23 页。
② 《三松堂学术文集》，第 26 页。
③ 《三松堂学术文集》，第 28 页。

家以义为利,"非命""尚力",提倡"兼爱",把自己的理想置于现实之中,而"不满足于把他的模式放在天上。他时刻准备着向一切他以为不能与财富、人口的增长相容的事作战"①。这种对现实理想的追求,使墨家不满意自然状态的精神陶醉,而是主张向外界寻求幸福,提倡"人为",反对"自然"。"人为"是墨家的追求,也是墨家学说的特征。因此,在墨家的理论中不仅充满了科学的精神,而且具备了某些科学思想的萌芽。儒家与墨家和道家均不相同。就致思趋向来说,儒家介于"自然""人为"两者之间,追求一种"中道"。儒家学派分化以后,以孟轲为代表的儒学提出"万物皆备于我",把真理与幸福都看做是存在于人内心之中的东西,主张通过内省而不是向外部世界去寻求真理和幸福,这种主张已接近道家;而以荀况为代表的一派儒学则反对"蔽于天而不知人",主张"制天命而用之",以对自然的征服来代替向自然的复归。这种观点,实际上发展了中国哲学思想中的"人为"路线。

冯友兰认为,中国人如果遵循墨翟、荀况思想中的人为路线,中国也许早就产生了科学。但是历史的事实是,在儒家、道家、墨家三派理论为自身的生存而进行的长期斗争中,墨家在春秋时期虽曾为"显学",后来却始终未能得到发展;荀况一派的儒学也随着秦王朝的早夭而消亡了。到东汉年间,属于极端"自然"型的佛学传入中国后,又致使中国人的思想在相当长的一个时期内游移于儒、释、道三家之间。直到两宋时期,人们将儒、释、道三家合而为一,建立起道学,才又形成自己的主体思想。道学家以新儒家的姿态,提倡"修齐治平",主张"格物致知"。由于对"物"的理解歧异,道学中又分为两派,一派以为"物"是外在的物事,一派以为"物"是人心具有的现象,构成了道学中理学和心学的不同思想体系。心学家所讲之"物"最容易在格物中实行,这使得心学在宋明时期一度压倒理学,得到流传和发展,而中国哲学中的"人为"路线却并未随着道学的兴起而得以复兴。两宋时代在中国历史上本来是科学技术比较

①《三松堂学术文集》,第29页。

发达的时期,在中国对世界文明作出过重要贡献的四大发明中,就有几项即诞生在这一时期。这一时期科技的发展,既具有经验的基础,又具有应用的特征。但是由于中国哲学中"人为"路线的消亡,这一时期哲学家们的理想都浓缩在存理、灭欲的思想范式中。科学的发展依然是为了控制心灵,而不是为了认识和控制外在的世界,哲学观念仍然阻碍着科学技术的进一步发展。欧洲情况则完全不同。欧洲在基督教尚未创立之前,其哲学中也存在过"自然"路线。冯友兰把斯多噶主义视为这方面的例子,认为斯多噶主义教人们事奉他心内的神。当基督教创立之后,原罪意识使人们否定自身是一个自足的存在,假定人性本身是不完善的,主张追求知识和权力,于是人们转而事奉外在的上帝,逐渐形成注重认识外在、证实外在的传统。尽管这种传统在欧洲不同的历史时期表现为不同的形式和内容,但注重"人为"的传统一经形成,便始终被沿袭和发扬着。到了近代,欧洲的哲学家们更加自觉地追求概念的确实,加紧探讨认识外界的方法以及认识本身的规范和原则,把知识本身看做确实性和力量,这种哲学传统终于使欧洲科学技术在近代得到了长足的进步和发展。但是,中国近代科学的发展却是另一番景象。因为,中国历史发展虽然进入了近代,但"自从她的民族思想中'人为'路线消亡之后,就以全部精力致力于另一条路线,这就是直接在人心之内寻求善和幸福"。[①] 这种哲学传统与欧洲把"我们有什么"作为价值尺度和价值取向不同,始终将"我们是什么"作为价值尺度和价值取向,这使得中国哲学家们因为欣赏知觉的确实而忽略概念的确实。就像一位西方学者指出的那样:当西方的哲学家在熟练地运用逻辑方法追求科学、追求真理的时候,中国哲学家们却没有"端坐凝神地攻读论文与三段论法,没有沉浸在科学思辨之中"。[②] 这样的哲学传统不可能意识到科学的重要,因为,按照中国哲学家们的价值观念,既然善与幸福不必向外界寻求,而只要

---

① 《三松堂学术文集》,第 39 页。
② 《三松堂学术文集》,第 40 页。

求诸自己的心灵，那么科学就没有存在的必要。因此，冯友兰断定："中国没有科学，是因为按照她的价值标准，她毫不需要。"①这样，冯友兰便由探讨中国没有科学的原因而探讨哲学与科学的关系，并在这种探讨中确立了自己关于中西文化差异的基本观点。

当然，笼统地断定中国没有科学，并不符合历史实际。因为，中国科学在历史上也曾长时间地走在其他国家和民族的前列。但应当承认，中国自步入近代以后，科学技术确已落后于西方。冯友兰所讲的科学是指关于自然现象及其关系的系统知识。而他所谓的中国没有科学，实际上也主要是指中国近代没有形成类似西方的自然科学。中国近代科学落后，是中国人民遭受西方帝国主义势力侵略的重要原因。冯友兰通过探讨中国近代科学落后的原因而对中国哲学传统的反思有其独到之处。

从文化比较的角度来看，冯友兰肯定中西文化的差别在于价值标准的差异，这是试图从文化的深层结构了解中西文化的不同之点，相较于20年代另外一些学者从文化的表层结构理解中西文化差异的观点，其思想无疑要深刻得多。相比较而言，冯友兰当年比较中西文化的观点更加接近中西文化的实际，也更富有理性的色彩。尽管他在总体上没有超越20年代人们依照地域环境辨析文化的方法，仍将文化分成东方的和西方的不同系统，但他意识到中西文化的差异在于价值标准的不同，这种观点本身不仅达到了较高的思想层次，而且确实能够对中国近代科学的发展状况作出一种理论的解释。

（三）中西文化的同一在于文化类型

文化是人类在社会实践中的产物。作为文化的创造者，不论是西方的民族，还是东方的民族，在生理结构方面有其相同之处，在心理活动方面也存在许多相似之处。人们为了自身的生存，总是要不断地认识与调整自身与自然的关系，调整和理解人与人之间和人与社会之间的关系，因此人们不仅面临共同的认识自然、改造自然的实践任务，也面临共同

---

① 《三松堂学术文集》，第 39 页。

的认识社会、改造社会的实践任务。人们只有通过改造自然和改造社会的实践活动,认识和理解人本身,改造和完善自己,才有可能正确地理解人生,解决人生中面临的共同问题。因此文化现象不单是因为存在于不同的地域和民族而具有差异,更多的是由于创造文化的主体生理结构和心理活动的相似而存在同一。正是在这样的认识前提下,冯友兰在探讨了中西文化的差异之后,解析了中西文化的同一。

冯友兰对中西文化同一的探讨,是从两个层面上进行的。一是在一类具体的文化现象中区分出相同的理论派别,以见中西文化之同;一是在总体上将文化区分为不同的类型来比较中西文化。冯友兰的这种探讨,首先是从一类具体的文化现象比较开始。20年代初叶,他在探讨中西文化的差异时,曾经把"自然""人为"两种致思趋向作为哲学思想中的不同路线并以此来比较中西哲学,以见其差异。后来他又扩展这种认识,用"天""人""损""益"来概括东西方民族在历史上曾经建构的人生哲学中的派别,再通过对不同派别的人生哲学的比较,肯定不同的民族面临着共同的人生问题,一种人生哲学,西方的民族可以建构,东方的民族也可以建构,进而认定哲学本身不分东西,并以此来剖析中西文化之同。在冯友兰看来,历史上不同的人生哲学,不论中西,其内容都源于人生经验。人类所经验的事物不外乎两大部类,即天然的或人为的。正是与这两类事物相联系,在各种人生哲学中才出现了"天然境界"和"人为境界"的差别。中国历史上有过关于人性善恶的辨析,希腊历史上出现过道德根源于天然还是人为的论争,欧洲历史上也存在过与宇宙起源问题联系在一起的有神还是无神的讨论,这些讨论从本质上看,都与天然还是人为这类问题存在间接或直接的联系。

冯友兰认为,人们生活的现实世界中存在的事物有好与不好,在人们实际的生活中存在痛苦与快乐的区别,因此,他依据哲学家们对好与不好的不同判断,以及对苦乐成因的不同理解,将人类历史上的各种人生哲学全部纳入"损道""益道"以及"中道"三个系统之中。在他看来,"损道"系统的哲学家的共同点是认为世界好为固有,世界不好则源于人为；人生本来是快乐的，痛苦完全是人的行为所致。这一派人生哲学把天然境界理想化，断言追求人生幸福的途径在"免除现境，返于原始"。①他把中国的老庄哲学、印度佛教、西方的柏拉图哲学、基督教、叔本华哲学都归于"损道"。在对这些人生理论进行具体比较的基础上，又将老庄哲学称之为浪漫派，将柏拉图哲学名为理想派，将叔本华哲学名为虚无派，以表示"损道"中各种人生理论的区别。冯友兰所谓"益道"一派的特点是崇尚人力，提倡奋斗，主张求幸福于将来，建乐园于人国。因为这一派哲学家"以现在之不好，为世界之本来面目，而现在之好，则全由于人力"。② 冯友兰把中国的杨朱、墨翟、西方的笛卡儿、培根、费希特等都纳入"益道"一派，并把杨朱哲学称为快乐派，把墨家的理论称为功利派，把笛卡儿、培根等人的理论称为进步派，以此来区别"益道"中的各种人生理论系统。中国的儒家学派、西方的亚里士多德哲学、黑格尔哲学被冯友兰视为"中道"。他认为这一派哲学与"损道"不同，与"益道"也有所区别，因为这一派哲学家以为人为是对天然的补充、辅助，"现在世界，即为最好，现在活动，即是快乐"，③力图兼采"损道""益道"两派的理论，在融合的基础上确立起理想的人生境界，在各种人生哲学中自成一个系统。

冯友兰以天、人、损、益来串联人类历史上已有的各种人生理论，以一种平等的心态将中西人生哲学归属于不同的理论系统，以证实人生哲学不分东西，没有固定的地域界限，从一个侧面说明了中西文化之同，这对于人们正确地了解中西文化也是有帮助的。从方法上讲，这种研究实际上是将人生哲学作为一个整体，在这个整体内部区分出不同的子系统和理论层面来，这在比较中西文化的方法中应是一大进步。后来冯友兰还从整个哲学的比较中说明过中西文化之同，他认为西方的哲学包括宇宙论、人生论、知识论三部分内容，中国哲学中则有关于天人性命的学说。中国哲学中关于天道问题的理论，大略上相当于西方哲学中的宇宙

---

① 冯友兰《三松堂全集》第 2 卷，郑州：河南人民出版社 1988 年版，第 50 页。
②《三松堂全集》第 2 卷，第 51 页。
③《三松堂全集》第 2 卷，第 51 页。

论,而中国哲学中的性命之说则大体上相当于西方哲学中的人生论,中西哲学在总体上也有其相同的地方。

　　冯友兰比较中西哲学,说明中西哲学之同,是以一种具体的文化现象说明中西文化的同一。冯友兰认为,要从总体上说明中西文化的同一,需要辨析文化类型。因为,从总体上来看,文化之同是文化类型之同,文化之异也是文化类型之异。冯友兰所谓文化类型,实际上是指一种文化之所以成其为这种文化的要素,或者说是指一种文化之所以为这种文化的特质。这种特质使一种文化与另一种文化区别开来,使这种文化是这种文化而不是他种文化。冯友兰认为,文化现象同其他事物一样,也有特殊与类型的不同,或说一般与个别的差别。特殊的文化是具体的文化,一种具体的文化具有许多性质,按照不同的性质可以把一种文化归属于不同的类别。作为文化的类型,应是撇开了许多非主要性质的文化的共相,是文化的一般。这种文化的类型或共相是使某类文化成为某类文化的内在的本质的根据。考察文化可以把文化作为特殊的文化,考察各种文化特有的性质;也可以把特殊文化作为某种类型的文化的实际例子,考察这种文化之所以属于某种文化类型的一般的性质。对特殊文化的各种性质的考察是记叙文化的历史,对文化类型的考察是探讨关于文化的科学。只有依文化类型考察文化,正确地理解文化的同一,才能够正确了解文化的差异。这种差异不是一类文化的各种不同理论形式之间的差异,而是总体性的文化类型的不同。

　　冯友兰认为,过去人们在比较中西文化的时候,把文化分成西方文化和东方文化本来即是不科学的。因为西方文化、东方文化都是特殊文化,而不是文化类型。后来人们把西方文化视为近代文化、现代文化,用时代来区别中西文化的差别,虽然表明人们对中西文化的了解更接近实际,但近代文化、现代文化也是特殊文化,而非文化类型。人们把西方文化看做一种特殊文化,从这样一个出发点去比较中西文化,是人们无法正确了解中西文化异同的根本原因。在冯友兰看来,文化实际上可以分成很多的类型。这种类型的划分,不受地域、时间的限制,也不由人们的主观愿望左右，而是由人类社会的生产所规定和制约的。冯友兰依据自己对于文化类型的理解，将近百年来处于剧烈矛盾冲突中的中西文化看做是两种类型的文化。他依中国和西方科学技术发达的国家的生产方法的不同，称中国近代文化为生产家庭化的文化，而把西方近代文化则看成是生产社会化的文化。

所谓生产家庭化，按冯友兰的理解，是指一种以家庭手工劳动为本位的生产制度和生产方法，实际上是指一种自给自足的生产方式。在这种生产方式为基础的国家中，人们的社会关系、文化观念都依存于家庭关系。他认为，中国近代的文化类型，正是以这种以家庭为本位的生产方式为其存在的经济土壤的。西方的近代文化则是一种建立在以社会为本位的生产制度之上的文化类型，或者说是一种以生产社会化为基础的文化，这种以社会为本位的生产方法和制度，是经过产业革命、变革以家庭为本位的生产方法和社会制度之后形成和发展起来的。以生产社会化为基础的文化使得西方近代科技发达，经济繁荣。而中国乃至于整个东方国家的近代文化则由于长期滞留于生产家庭化的文化类型，使得中国乃至整个东方文化的落后与经济的落后形成了一种共生现象。基于这种观念，冯友兰进而认为，在近百年来的中西文化冲突中，中国文化落后于西方文化，其根源不在于中国文化是中国的，西方文化是西方的，而在于中国文化是生产家庭化的文化，西方文化是生产社会化的文化，即在于中西文化类型的不同。冯友兰所说的这种中西文化类型的差别，实际上讲的是两种社会形态文化的差别，应当说他这种关于中西文化差别的观念抓住了问题的实质。而这种文化同一于文化类型、中西文化的差异是文化类型的差异的思想，也构成了冯友兰更深入地解析中西文化的矛盾、探讨中国文化发展方向的重要理论根据和思想前提。

（四）中国文化发展的方向在文化类型的转换

在中西文化剧烈的矛盾冲突中，中国文化向何处去？这是思考中西文化同异优劣的人们最终所要解答的一道时代规定的理论课题。冯友兰的回答是，通过中西文化的互补，以及中国文化类型的转变，使中国文化走向近现代。在冯友兰看来，文化作为人类的创造物，虽然不同的地域和民族有类型的不同，但是"各类文化本是公共的，任何国家或民族俱可有之，而仍不失其为某国家或某民族"。[①] 西方民族已经具有的文化类型，东方民族也可以创造。因此思考文化的发展应着眼于文化的同一，而不能强调文化的差异。虽然中西文化之间存在类型的差异，但是我们"应该看到这两种文化都说明了人类发展的共同趋势和人性的共同原则，所以东西文化不仅是相互联系的，而且是相互统一的"。[②] 肯定中西文化的差异，又承认中西文化的统一，使得冯友兰并不主张在比较中西文化时通过两种文化的相互批评判断孰是孰非，以此来理解文化的发展，确立中国文化建设的方向道路；而是认为文化的发展在于不同民族文化的互补融会，在于文化类型的转变。

冯友兰所理解的文化互补主要是就文化传统来说的。冯友兰认为，由于中西文化的根本思想即价值观念不同，西方追求对外在的认识，重视科学，强调认识的严谨与清晰；中国文化注重内心体认，忽视科学而强调直观，这样的传统使中西文化各有所长。西方文化使人们得到丰富的物质享受，中国文化使人具有理性的幸福。如果人类要追求和创造使身心都能得到幸福的文化，那么只有将这两种不同的价值观念合而为一，即西方民族注意中国的智慧，中国则努力发展自己的科学。冯友兰曾就思维方式的互补来展望世界未来哲学的发展，他说："我们期望不久之后，欧洲的哲学思想将由中国哲学的直觉和体会来予以补充，同时中国的哲学思想也由欧洲的逻辑和清晰的思维来予以阐明。"[③]这种展望，集中地展现了冯友兰所理解的中西文化未来的发展方向。

具体到关于中国的文化建设，冯友兰的主张是改变中国文化的类型。冯友兰认为，"五四"以来，人们关于中国文化建设的主张歧异甚多。"西化"派主张个性的自由发展，反对儒家的君权观念和权威意识；同时

---

① 《新事论》，第 17 页。
② 《三松堂学术文集》，第 289 页。
③ 《三松堂学术文集》，第 289 页。

也提倡个人奋斗,否定道家消极无为的自然主义,表现出一种全面否定中国传统文化和文化传统的思想倾向。在这一派学者看来,中国文化的出路只有"全盘西化"。传统文化派则高举维护传统的旗帜,提倡以儒学理论解决人生问题,把世界未来的文化发展看作中国文化的复兴,提倡建设中国本位文化。清朝末年人们围绕"中体西用"而争论的中国文化建设问题,到"五四"时代演化成了"全盘西化""本位文化""部分西化"等多种关于文化建设的理论。在冯友兰看来,所有这些关于中国文化建设的理论或观念都是难以成立的。从思考文化问题的方法来看,这些文化理论或文化观念的形成,都是把西方文化当做一种特殊文化看待的结果。具体而言,"全盘西化"论意味着主张将中国文化这种特殊文化转变为西方文化这种特殊文化。一种特殊文化转变为另一种特殊文化,需要全面地否定原有文化的特殊性,而实际上这是根本不可能的。因为只要一个民族存在,这个民族的文化总会具有自己的民族特性以区别于其他民族的文化。因此,冯友兰认为"全盘西化"论者的主张在实践中是行不通的。同时,冯友兰认为,"部分西化"的理论在文化建设中也是行不通的。因为把西方文化当做一种特殊文化,这种特殊文化具有多方面的特征和性质。"部分西化"论者对于取西方文化的哪一部分以"化"中国文化,实际上很难提出一个具体的标准来。"本位文化"论者主张对西方文化可取者取之,对中国文化当去者去之,这也是把中西文化都当做特殊文化。但"本位文化"论者对于自己所主张的当去者与当取者同样是很难讲清楚的。因此,冯友兰认定,只有通过文化类型的转变,才能促进中国文化的发展。因为,依文化类型的观念来思考中国文化的发展,是要将中国的以生产家庭化为基础的文化类型转变为以生产社会化为基础的文化类型。在冯友兰看来,这种文化类型的转变是中国文化主要性质的转变,而不是中国文化的消灭。就文化主要性质的转变来说,这种转变是"全盘"的;就这种转变并不否定中国文化的个性来说,这种转变又是"部分"的。如果把文化类型的转变看做中国文化发展的方向,那么改变中国文化赖以存在的经济基础就是发展中国文化的具体途径。因此,冯友兰又把生产方法和生产制度的变革看做实现中国文化类型转变的必由之路,把产业革命作为中国文化复兴和中华民族强盛的根本保证。当冯友兰强调生产方法和生产制度的变革是中国文化发展的必由之路时,他使自己的文化理论完全回到了现实的文化建设之中。这样一来,冯友兰即从以价值标准来解释中西文化差异,到以文化类型说明中西文化的同一,再到用文化类型的转换来说明中国文化的发展方向,终于使自己的文化理论形成了一个完整的系统,并从一个较高的理论层面上论述了自己对中国文化发展方向道路的理解。

“五四”以来,在中国知识分子中像冯友兰一样关心中西文化问题的学者不乏其人。但像冯友兰这样在数十年间不断地吸收新的思想方法,不断地关注人们比较中西文化的认识成果,始终把对于文化问题的探讨和理解置于哲学的思考之上的学者却屈指可数。正是执着于对文化问题的哲学思考,使得冯友兰在“五四”以后比较深刻地指出了中西文化的差异在于两者价值标准的不同,提出了中国文化的近代化、现代化问题,把中国文化类型的转变看做中国文化发展的方向,以理性的思辨否定了“全盘西化”“部分西化”“本位文化”等关于中国文化建设的思想观念,从而使自己的中西文化观相较于同他相类似的学者们的中西文化观,显得更具理论的密度与深度。

冯友兰对文化问题的关心和热情是由一种强烈的民族意识支配的。这种民族意识使他把发生在中国近代史上的各种事变都看作两种文化的矛盾,都与中国人民为了摆脱殖民地和半殖民地地位联系在一起,并把对于文化问题的思考落脚到建设一个新中国,并断言“真正的中国人,已造成过去的伟大的中国。这些中国人,将要造一个新中国,在任何方面,比世界上任何一国都有过无不及”。[1] 可以说,冯友兰对于文化问题的思考,已经较好地把文化的时代性和民族性统一起来了。但是,冯友兰是一个职业哲学家。他思考文化问题,以经济根源区划文化类型,主

---

[1]《新事论》,第 230 页。

张以产业革命作为发展中国文化的基础和前提,却不了解文化类型的转变是一个极为复杂的社会工程。他不了解生产方法的转变,并不能机械地使文化类型立刻得到转变。他也没有正确地总结中国近百年来人们前赴后继、救亡图存的历史经验,看不到转变中国文化类型的现实的社会力量。他注意文化类型,看到了中国文化走向近现代的历史趋势,但他不能正确地了解中国社会的实际,使他对中国文化发展的具体目标的理解也存在局限。他把生产社会化的社会区别为两种情形,一是生产社会化,支配家庭化,一是生产社会化,支配亦社会化;他并没有明确地主张将中国文化发展为以生产社会化、支配亦社会化为基础的文化类型。中国历史的发展已经证明,冯友兰主张的文化建设道路并未成为中国现实的文化建设道路。当我们考察冯友兰的中西文化观时可以看到,历史责任感和民族自尊心使他在思考文化问题时把文化的时代性与民族性联系在一起,但自身的社会地位与生活方式又使他不能够进一步将文化的时代性、民族性完全地统一起来,科学地揭示中国文化发展的现实的方向和道路。当然,我们主张正视冯友兰文化理论的局限,并不意味着全面否定其理论价值。从冯友兰认定的文化概念、中西文化异同、中国文化发展的方向及其比较中西文化的心态和动机中,我们仍能得到许多启示。

七、创立范式的中国哲学史学

在当代学术领域,人们探讨哲学史研究的方法学理论可称之为哲学史学。哲学史学不以纯哲学的形式建构其思想体系,而是在实际的哲学史研究基础上形成自己的理论和原则。这样的哲学史学既可以为哲学史学科的建设提供理论根据,又能够转换成哲学史研究中实际的操作方法,这使得哲学史学对于现实的哲学史研究具有双重的意义和价值。中国哲学史学是随着中国哲学史学科的独立与发展而形成和发展起来的。当我们考察中国哲学史学形成的历史和现状时,不能忽略冯友兰在这一领域中的工作和贡献。

（一）中国哲学史学的前源

在中国现代学术思想史上,冯友兰的学术成就与学术贡献包括多方面的内容,他在中国哲学史学方面的建树,是这些内容中重要的组成部分。

冯友兰确立自己研究中国哲学史的原则和方法,建构自己的中国哲学史学,得益于他一生始终不辍的中国哲学史研究;而他之所以立志从哲学的角度追求对中国文化的理解,并在中国哲学史和中国哲学史学这两个相关的学术领域中都取得令世人瞩目的成就,又与他所生活的时代对这两个学术领域建设的要求关联。

在中国学术史上,力图使中国哲学史脱离古典形式,代之以现代形态而成为独立学科,始于"五四"前后。这一时期,就国内学术研究的发展而言,清代学者对于经学、子书的训诂和校勘之类的工作已取得了相当的成就,学术界在清儒对古籍整理"工夫已经做到八九成"的情况下,已"断不能如清儒之专研古典",而需要"用最新的科学方法,将旧学分科整治"。① 因为只有对中国的传统文化"分业自治",才可能推进中国的学术文化研究事业。这种观念曾使梁启超认定:在清人学术工作的基础上,进一步研究诸家学术内容,求出我国文化渊源流别之所出所演,发挥其精诣,而批评其长短得失,当是新的历史时期人们应当肩负起的"学术责任"。国内学术文化发展的这种历史要求,促使人们接受现代学术观念,从专门的学科的立场出发去研探、诠释中国的传统文化。

"五四"前后,西学东渐的步伐加速,西方的学术文化与学术方法通过不同的途径源源不断地传入中国,国内学术界对西方哲学这门学问的性质、内容、特征的理解日趋系统,不断深化。这使得人们参照西方的哲学观念整理中国传统的学术思想史料、考察中国学术的历史发展开始成为现实。再加上随着东西文化交流的加速,中西文化的矛盾也日益尖锐。"五四"前后的知识分子在民族文化危机中比较中西文化时,已经意

---

① 朱维铮校注《梁启超论清学史二种》,上海:复旦大学出版社 1985 年版,第 88 页。

识到哲学是一个民族精神生活的集中反映,了解一个民族,了解一个民族的历史和文化,思考一个民族文化的发展和前途,都必须考察该民族的哲学及哲学发展的历史。这种认识也促进了现代形态的中国哲学史学科的形成与发展。冯友兰即是在这样的学术文化背景下,开始对中国哲学史的研究和对中国哲学史学的思考的。

在中国现代学术史上,冯友兰是最先运用现代学术方法写出完整的中国哲学史著作的学者,也是一生中不断探讨中国哲学史学、写出过多种类型的中国哲学史著作的学者。但是,冯友兰并不是最早从中国哲学史的角度考察中国学术文化的学者,也不是最先尝试参照西方学术方法考察中国哲学史的学者。"五四"前后,较早出版中国哲学史著作的学者是谢无量,最先系统参照西方学术方法研究中国哲学发展历史的学者是胡适。谢无量的《中国哲学史》出版于 1916 年,胡适的《中国哲学史大纲》(卷上)出版于 1919 年。这两部著作都出现在冯友兰的大学生活期间,对冯友兰后来研究中国哲学史、思考中国哲学史学,起到过引导和激励的作用。

冯友兰 1915 年秋进入北京大学中国哲学门学习的时候,中国哲学史已经是北大中国哲学门开设的主要课程之一。但是,当时北大开设的中国哲学史并未真正具备现代中国哲学史学科的性质,其原因在于当时在北大治中国哲学史的学者对于哲学本身并无深入的理解,学术方法上仍依循旧规。以传统学术方法讲授的中国哲学史,虽冠以现代学术之名,实质上仍未脱离传统学术史论的范围。谢无量的《中国哲学史》实际上也在此类性质的著作范围之内。冯友兰曾经购得谢著《中国哲学史》,却很少论及谢无量的《中国哲学史》。他忆及自己在北大学习时,对中国哲学史课程感到不满,可见谢著也未能在课外满足冯友兰一类青年学子从新的文化视角了解中国学术发展的要求。其实,在"五四"前后的学术界,谢无量也不是泛泛之辈,张伯驹在为李克非《京华感旧录》所作的《序》中说:"克非弟乃辛亥名流先表叔沈邱李晓东公之哲嗣,髫年就学即聪颖过人……后又拜乐至谢无量先生之门,兼临汉魏各碑,常获师长褒奖。"由此《序》可见世人推崇谢氏学识。就谢无量的《中国哲学史》《佛学大纲》等著作的内容来看，也应肯定谢氏在中国传统文化和佛学方面确有一定造诣。谢氏的《中国哲学史》从"上古"讲到"近世"，也可以说是经纬成篇。这部著作之所以影响甚微，原因当在于未能正确运用科学的哲学史研究方法。胡适曾说："今人谈古代哲学，不但根据《管子》《列子》《鹖子》《晏子春秋》《鹖冠子》等书，认为史料，甚至于高谈'邃古哲学''唐虞哲学'，全不问用何史料。最可怪的是竟有人引《列子·天瑞篇》'有太易，有太初，有太始'一段，及《淮南子》'有始者，有未始有有始者'一段，用作'邃古哲学'的材料，说这都是'古说而诸子述之。吾国哲学思想初萌之时，大抵其说即如此！'（谢无量《中国哲学史》第一编第一章，页六）这种办法，似乎不合作史的方法。"①胡适的批评是中肯的。谢无量的《中国哲学史》在史料的审定方面，连清人的学术成果都吸纳不够，这样的哲学史当然难以反映中国哲学发展的历史实际。谢著《中国哲学史》给予冯友兰的实际影响，只能是使他更加期盼新的学术方法，期盼用新的学术方法得到新的中国哲学史研究成果。正是这种期盼，使冯友兰对于胡适进入北大后讲授的中国哲学史，感到耳目一新。

胡适在"五四"时期参照西学研究中国哲学史，并且较为系统地论释了自己的中国哲学史研究方法。胡适的哲学方法论中最有价值的内容，是他论释了哲学史特定的研究对象，以及哲学史研究的目的和追求。胡适认为，哲学是关于人生的学问，他说："凡研究人生切要的问题，从根本上着想，要寻一个根本的解决，这种学问，叫做哲学。"②基于这种理解，胡适将考察历史上形成的与人生问题相关的宇宙论、名学及知识论、伦理学、教育哲学、政治哲学、宗教哲学等理论系统的关联与变迁，都看做哲学史应当包含的内容。胡适认为，通过这种考察，弄清这些思想理论沿革变迁的历史线索，以及这种沿革变迁的原因，再对各种思想理论的价

①《胡适学术文集·中国哲学史》（上），北京：中华书局1991年版，第22—23页。
② 姜义华主编《胡适学术文集·中国哲学史》（上），第8页。

值作出自己的评断,即达到了哲学史研究的目的。这便是胡适强调的哲学史研究中的"明变""求因""评判"。胡适对哲学史的类别也作过分辨,并比较西方哲学,讲到了中国哲学发展的几大阶段。胡适的中国哲学史研究及其对哲学史方法的理解,在中国哲学史学科建设和中国哲学史学建设中影响深远。

但是,胡适登上中国的学术文化舞台时,学术界正处于新旧学术交替时期。这使得胡适既可以因参照西学方法研究中国哲学史而成名,又使胡适不能不在其《中国哲学史大纲》中继续清代学者曾经致力的校勘之类的工作。他论释自己的哲学史方法,也不能不以相当的篇幅论述哲学史史料的审定及其方法。加上胡适的学术兴趣和专长既非哲学,亦非中国哲学,使胡适一生中始终未曾写成一部完整的中国哲学史,也未能进一步思考中国哲学史研究方法。胡适在中国哲学史和中国哲学史学方面的成就始终停留在"五四"前后的水平。在中国哲学史和中国哲学史学这两个相关的学术领域中,时代曾对胡适的工作寄予厚望,而胡适的工作成就与时代要求却仍然存在着相当的距离。

(二)史料、方法与哲学创构

冯友兰正是在谢无量、胡适这类学者工作的影响和启发下,研究中国哲学史,思考中国哲学史学,肩负起中国哲学史研究和中国哲学史学建设的时代责任。

冯友兰曾以"二史释古今,六书纪贞元"来概述自己的学术工作。他一生中除了写成过《中国哲学史》《中国哲学简史》《中国哲学史新编》等著作之外,还曾写成过《人生哲学》《中国哲学小史》《新原道》等哲学史著作。这些著作形成于不同的历史时期,在写作方法方面也有所区别。但是,由于冯友兰具备深厚的中国哲学和西方哲学素养,他对于中国哲学史研究的方法论原则的理解,在总体上是一以贯之的。这种一以贯之的研究中国哲学史的方法和原则,是一个吸纳了黑格尔哲学史观念和包容了唯物史观原则的理论系统。

冯友兰的中国哲学史学以他自己对哲学的理解为认识基础和理论

前提。在冯友兰看来，哲学史是考察哲学发展历史的科学。哲学的发展不同于其他事物或其他学科的发展，这使得哲学史虽属于史学的范围，却有别于一般史学和专门史。哲学史考察历史上哲学的演生和发展，但它本身又不能等同于哲学。哲学不仅需要对哲学史考察，而且需要对人类精神生活进行直接的观察和体验。但是，不论从哪一个层面上讲，理解哲学史和哲学史学，都与对哲学的理解关联，都需要对哲学的性质和内容具有系统深入的了解。冯友兰把哲学理解为"对于认识的认识"，认为"哲学是人类精神的反思"，这种反思涉及自然、社会、个人，也涉及这三个方面之间的相互关系。这三个方面以及其间相互关系的问题，是人类精神反思的对象，也就是哲学的对象。这种理解使冯友兰认可西方的哲学观念，将历史上形成的宇宙论、人生论、知识论或所谓形上学、价值论、方法论都看做哲学所应包含的内容。肯定哲学作为一种历史的发展的理论形态，其内容的表现形式会有许多差别；但就中西哲学发展的历史和现状来看，其内容仍不外这几个部分。这些内容既相互区别又相互联系，乃至相互引发，相互证成。冯友兰对哲学的理解比胡适对哲学的认识更为系统，也更具理论色彩。对哲学性质和内容的深入了解，对于哲学史研究是十分重要的。只有科学地了解哲学自身的对象和范围，才可能正确地确立哲学史研究的对象和范围。冯友兰之所以能够脱离传统的学术史论研究，写出具有现代学术性质的完整的中国哲学史著作，首先即得益于他对哲学的深入了解，得益于他依据自己对哲学的了解，明确了中国哲学史研究的性质和任务，确立了中国哲学史研究的对象与范围。

对于哲学的对象与性质有了明确的观念，确立了哲学史研究的对象与范围，才可能确立哲学史史料的筛选方法。当年胡适依据自己的哲学史观念，对哲学史史料的审定方法论释很多。胡适认为，历史上各个哲学家的著作是哲学史研究中的"原料"，而人们所作的关于哲学家的传记、轶事、评论、学案、书目等，则可以作为哲学史研究的"副料"。胡适当年尤为关注史料的真伪，主张以史事、文字、文体、思想、旁证五个方面的辨析,作为判定史料真伪的证据;把校勘、训诂、贯通看做整理史料的方法。强调必须在史料上存真去伪,形成的中国哲学史才会"使人心服"。

冯友兰理解的哲学史史料的筛选方法则更加集中,也更为贴近中国哲学史研究的实际。冯友兰所强调的是,依哲学的内容确定哲学史的研究对象和范围,由哲学史研究的范围来确定中国哲学史史料筛选的标准。依照这种标准,冯友兰主张,古人著述中所论及的问题在哲学范围之内者,可作为哲学史史料;哲学家在自己的著作中为确立自己的思想理论系统而陈述自己新见解的文字,可作为哲学史史料;一部著作则需有中心的哲学观念才可以作为哲学史史料;以"理智的辩论"的形式系统阐释哲学问题的文献才可以作为哲学史史料;有关叙说哲学家人格的文献才可成为哲学史史料。换言之,不涉及哲学问题,"只述陈言"而无新见的文献,或"无中心观念"的杂家之书,或"片语只句"而对哲学问题无系统论述的文字,皆不可成为哲学史史料。

对于古代哲学史籍的考校,冯友兰的观念与胡适的态度也有所区别。在冯友兰看来,在审定哲学史史料的过程中,对古籍分辨真伪是完全必要的,因为"非如此不能见各时代思想之真目也"。[1] 但是古籍的真伪与其价值并不能等同:"某书虽伪,并不以其为伪而失其价值,如其本有价值。某书虽真,并不以其为真而有其价值,如其本无价值。"[2]在哲学史研究中,伪书只是不能代表其假冒之时代或假托之人的思想,但仍可以作为其产生时代的哲学史料。所以,在审定哲学史史料的问题上,冯友兰不是简单地否定伪书而求哲学史的所谓真实可信,而是主张将其纳入其所产生的时代中去考察,以求哲学史真正可信和真实。可以说,冯友兰对哲学史史料的取舍根据、对哲学史史料评价的标准,都在于他的哲学观念和他对哲学史的理解。这种依哲学和哲学史对象审定哲学史史料的主张,不论从中国哲学史学的角度来看,还是从中国哲学史学科

---

[1]《三松堂全集》第 2 卷,第 258 页。
[2]《三松堂全集》第 2 卷,第 258 页。

史的角度来看,都是很有意义的。因为只有具备明确的哲学和哲学史观念,正确地择取哲学史史料,独立的中国哲学史研究才可能变成现实,也才有可能具体地考察中国哲学历史发展的实际。

依冯友兰的观点,在哲学史研究中考察哲学发展的历史实际,首先是通过对哲学史史料的整理,在文字、义理方面了解历史上的哲学家的思想理论,把历史上不同的哲学家、不同的哲学派别的思想体系有血有肉地描述出来,弄清历史上哲学发展的基本线索、阶段和环节,形成系统的哲学史著作。在这种考察中,冯友兰特别强调中国哲学史研究的特殊任务。冯友兰认为,中国古代的哲学家讲究"文约义丰",这使得中国哲学家很少有首尾贯通的哲学著作和在理论上具备一定形式的思想系统。中国古代哲学家在理论上注重人之是什么,而非人之有什么,这又使得知识论、逻辑学在中国古代哲学中没有得到发展。中国哲学家在论证说明方面缺乏严格的逻辑传统,不如西方哲学家、印度哲学家的论证说明清晰严密,这就要求我们在中国哲学史研究中运用现代哲学分析的方法揭示中国传统哲学的观念、范畴所具有的多层面的语义,进而真实地体会哲学家们的所想、所见、所说,清理出其思想中实际存在的理论系统。冯友兰曾经说过:"讲哲学史之一要义,即是要在形式上无系统之哲学中,找出其实质的系统。"①这种方法,即主要是针对中国哲学史研究而言的。

考察哲学发展的历史实际的另一涵义,是考察哲学发展的客观规律。冯友兰认为,写成的哲学史是对本来的哲学史的描摹。哲学发展的本来的历史,是一种客观的历史存在。在哲学发展的客观历史进程中,一些重要哲学问题的提出,不同哲学流派的形成和演变,都受哲学史发展的客观规律所支配。哲学史研究就是要通过对历史上特殊的哲学家、特殊的哲学思潮进行具体考察,揭示哲学史发展的一般规律。在冯友兰看来,哲学史发展规律有着多种多样的表现形式,具有极其丰富的内容,

---

① 《三松堂全集》第 2 卷,第 252—253 页。

只有充分认识这些形式和内容,才可能深刻地了解和揭示中国哲学史发展规律。同认识其他事物一样,人们以不同的视角和方法,不同的形式和内容写成不同的哲学史著作,不断深化对哲学史发展规律的认识,使写成的哲学史不断接近本来的客观的哲学史的实际,但永远也无法穷尽对哲学史发展的认识。哲学史研究需要不断深化,不断发展。这种观念使冯友兰认定:"历史有'历史'与'写的历史'之分,哲学史也有'哲学史'与'写的哲学史'之分。写的历史,与历史既难符合,则写的哲学史,亦难与哲学史符合。……中国哲学史亦只有一个,而写的中国哲学史,则有日渐加多之势。然此人所写,彼以为非,彼之所写,复有人以为非,古之哲学家不可复生,究竟谁能定之? 若究竟无人能定,则所谓写的历史及写的哲学史,亦惟须永远重写而已。"①在冯友兰看来,哲学史研究在辩难中发展,人们不断重写哲学史的过程,既是深化对哲学发展规律认识的过程,也是锻炼自身理论思维的过程。

以上认识,使冯友兰对哲学史研究价值和目的的理解没有停留在胡适的"明变""求因""评判"上,而是主张把哲学史研究与哲学创造结合起来,把哲学史研究作为哲学创造的前提和准备。在冯友兰看来,一个民族的哲学是一个民族文化的最高成就,是一个民族的理论思维的最高发展。民族文化具有时代性,一个民族在不同的时代有不同的哲学,不同的哲学家会有不同的哲学见解。哲学的形式、内容都是多元的。当代的哲学家所确立的哲学,不一定为同一时代所有的人们认同。历史上形成的各种哲学系统,也不会被后人全面否定。实际上,"人类所有之真、善、美,历史上多予以相当的地位。其未得相当的地位者,则多以其不真真、不真善、不真美者也"。② 人们不可能抹煞那些真有理论价值的哲学在其所形成的时代中对人们确立自己的安身立命之地、建设自己的精神家园所产生的影响。因此,一个哲学家要创建自己的思想理论,除了直接地

---

① 《三松堂全集》第 2 卷,第 256—257 页。
② 《三松堂全集》第 3 卷,第 3 页。

观察世界、体验人生之外，还需要广泛地考察历史上形成的各种哲学思想，把哲学史研究作为创建自己哲学理论过程中的一个重要环节。在"五四"以后，冯友兰是较早主张哲学史研究和哲学创造结合的学者，也是较早在研究哲学史的基础上建构自己哲学体系的学者。从方法论的角度来看，冯友兰关于哲学史研究与哲学创造结合的主张，突破了胡适把哲学史研究的目的理解为"明变""求因""评判"的观念，使哲学史研究从史学的层面深化到了理论创造的层面。这种主张，通过对哲学史这一特定领域由史的研究过渡到理论创造的论述，实际上也指出了一条清理传统文化、消化和转化文化传统、创建新文化的文化建设道路。

冯友兰曾经表示，自己的中国哲学史研究既不同于史学领域的"疑古"论者，也有别于史学领域的"泥古"论者，自己的追求在"释古"。但是，在哲学的历史与历史的哲学这两者之间，自己又更注重哲学。自己对于中国哲学发展历史的考察，对于中国历史上的哲学的解读与诠释，目的都在于建构新时代所需要的哲学理论。因此，在冯友兰的中国哲学史学中，我们透过其哲学史研究应当成为哲学创造的前提的主张，既可以看到冯友兰哲学史方法论中的主体性意识，又可以看到冯友兰对民族哲学的新生乃至民族文化的新生的责任意识。

（三）独特成就与深远影响

冯友兰的中国哲学史学，广泛地吸纳了西方的学术观念和学术方法，又兼顾了中国哲学发展的历史实际，作为一种哲学史方法的理论系统，自成一家之言。20 世纪 30 年代，冯友兰写作《中国哲学史》，虽没有使用唯物史观的词句，实际上却运用了唯物史观的原则。20 世纪 80 年代，冯友兰写作《中国哲学史新编》，借鉴了马克思主义的立场、观点和方法，但强调路要自己走，道理要自己认识，学术上的结论也要靠自己的研究得来；并且声明在写《新编》的时候，"只写我自己在现有的马克思主义水平上所能见到的东西，直接写我自己在现有的马克思主义水平上对于中国哲学和文化的理解和体会，不依傍别人"。① 独立思考，"不依傍别人"，营造自身的理论特色和个性，是冯友兰中国哲学史学的一大特征。这种特征使冯友兰的中国哲学史学在中国哲学史学科建设中产生着特殊的作用和影响。

"五四"以后，人们曾以不同的形式和方法研究中国哲学史，成果甚多。仅就方法和形式而言，曾有学者从思想史的角度研究中国哲学史，这种研究将中国哲学思想作为中国思想史的一个组成部分，而不是将中国哲学史作为一个独立的学科；有学者以史评的方式研究中国传统的学术思想，评析诸子，内容也涉及对中国古代哲学的评断；有的学者专做有关哲学著作的考校、辨证、发微之类的工作，积累了很多认识成果，形成了中国哲学史研究中的史料学派；有的学者以哲学问题为纲，清理中国哲学的历史线索和发展脉络，写出了中国哲学问题史性质的著作；也有学者从哲学史的角度对历史上的哲学作专人、专题、专书、专段方面的研究，形成了断代史或专论式的中国哲学史研究成果。但是，更多的学者是从哲学发展史的角度研究中国哲学史，致力于独立的中国哲学史学科建设，通过清理中国哲学发展的历史线索，探寻中国哲学史发展的一般规律，形成通史性质的中国哲学史著作。应当说，不同形式的中国哲学史成果，在中国哲学史学科发展中都有其价值；在不同形式的中国哲学史研究中形成的不同的哲学史方法，都是中国哲学史学的组成部分。但也应当肯定，从哲学发展史角度研究中国哲学史，在"五四"以后的中国哲学史研究中居于主流地位，而冯友兰当是这一派学者中最主要的代表人物。美国华裔学者傅伟勋曾经认为，冯友兰《中国哲学史》一书，"始于孔子，终于清末康有为、廖季平等人的今文经学，乃是我国第一部完完整整的中国哲学史书。换句话说，冯友兰在中国学术界是真正具有'哲学史家'资格的第一人"。② 傅氏的这一论断是符合历史实际的。冯友兰作

---

① 冯友兰《三松堂全集》第 8 卷，郑州：河南人民出版社 1991 年版，第 4 页。
② 傅伟勋《冯友兰的学思历程与生命坎坷》，《当代》1987 年第 14 期。

为中国现代学术史上具有哲学史家资格的第一人，对于中国哲学史研究的原则和方法的理解，实际上引导着"五四"以后中国哲学史研究中一种最基本的研究形式和发展方向，这种研究形式和发展方向所追求的，是参照西方的哲学观念，系统清理中国哲学发展的历史线索和固有传统，在消化中国哲学传统的基础上，融会中西，建立独立的哲学思想体系，求取民族哲学的新生，从独特的层面上追求民族文化的现代化。应当说，在中国哲学史学的理论系统中，这种哲学史方法是一种最有实践价值和发展空间的方法，也应当是中国哲学史研究发展的基本方向。

在中国大陆学者中，沿着这一中国哲学史研究的方向，在学术工作中卓然成家者还有张岱年、冯契。张岱年 20 世纪 30 年代写成的《中国哲学大纲》，以哲学问题为线索，叙述中国哲学发展的历史进程，考察中国哲学思想的演变，实际上也是一部中国哲学史。张岱年在写作《中国哲学大纲》的基础上，又先后写成过《哲学思维论》《知实论》《事理论》《品德论》《天人简论》等哲学论著，探讨真善问题，从而构成了有别于熊十力、金岳霖、冯友兰诸家之学的哲学体系。冯契也有自己的哲学史著作和哲学著作，建构了自己的哲学思想体系。张岱年的哲学史著作注重对中国传统哲学的概念、范畴、问题的分析，冯契的哲学史著作则重视论释中国古代哲学发展的逻辑。张岱年、冯契研究中国哲学史的方法虽有所区别，但他们在哲学史研究和哲学创造活动中的基本方式和思路是一致的。他们都意识到，不研究哲学史，哲学的创造缺乏历史的依据和动力；不进行哲学的创造，对于哲学问题没有自己的见解，很难理解历史上形成的各种哲学理论的义蕴。冯契是清华大学哲学系出身，张岱年曾在清华大学任教，他们的哲学史方法意识实际上都受到过冯友兰的影响。港台地区的唐君毅、牟宗三等学者，也是通过哲学史研究建立自己的哲学思想体系的。唐君毅主张以崇敬之心契合古代哲学家的思想，牟宗三则通过考辨宋明儒家的心体性体观念建构自己的道德形上学。虽然唐、牟一类学者批评冯友兰的中国哲学史研究方法有"先怀成见"之"病"，但就他们学术活动的方式和方向而言，大体上也在冯友兰主张的范围之内。

海内外学术界对冯友兰中国哲学史研究方法，不论是褒扬还是贬抑，实际上都凸现了冯友兰中国哲学史学的影响，都反映了冯友兰的中国哲学史学在现代学术史上的价值。

第三节　方东美的比较哲学

一、生平著述

方东美（1899—1977），原名珣，字德怀，后改字东美，以字行。安徽桐城人。1917年入金陵大学攻读哲学。1921年赴美留学，先入威斯康星大学，研究柏格森，喜爱生命哲学，获哲学硕士学位。后学界流行新实在论，对大陆理性主义哲学颇多嘲讽，他不随波逐流，人云亦云，而是逆流而上，誓要厘清时处于"冷门"的黑格尔哲学，于是转至俄亥俄州立大学，学习了一年左右。在对新实在论和大陆理性主义哲学都深入了解之后，方东美重返威斯康星大学，1924年以《英美新实在论之比较研究》一文获得博士学位。回国后，方东美历任武昌高等师范大学副教授，东南大学、中央政治学校、中央大学教授。1947年夏赴台湾，先后任台湾大学、辅仁大学教授。1964年后在美国讲学两年，深感"青年由文字起，到思想习惯都有一种内在的贫乏症"，[①]"于是放下一切西洋哲学的课程，改教中国哲学"。[②] 先后讲授《原始儒家道家哲学》《中国大乘佛学》《华严宗哲学》和《新儒家哲学十八讲》，并用维多利亚式的典雅英文撰写《中国哲学精神及其发展》。1977年7月13日，方东美在台北病逝，享年79岁。方东美融贯中西哲学，会通古今文化，文辞典雅，气势磅礴，著有中英文作品400多万言，被当代哲学界誉为"一代诗哲"。他的著作后由傅佩荣等人整理，编为《方东美全集》，由台湾黎明文化公司于2005年出版。

---

① 方东美《原始儒家道家哲学》，北京：中华书局2012年版，第3页。
②《原始儒家道家哲学》，第4页。

（一）锋芒初露现棱角

方东美"三岁读《诗经》，在儒家的家庭气氛长大"，[1]"幼年每值除夕，辄宵坐聆意瑰兄（即二哥方义怀）议论今古，达旦不寐"。[2] 良好的传统文化根基，使方东美少年时便崭露头角，"他的作文经常被评为全年级第一，甚至在整个桐城中学都享有盛名，作为范文宣读"。[3]

1917 年，方东美考入金陵大学，1918 年升入文科哲学部，开启了他的哲学生涯。金陵大学是一所教会学校，肩负着传教布道的使命，所以学生除了要遵守普通大学的校纪校规之外，还要遵守一些类似传教士的清规戒律，特别是每逢周日，师生们都要去教堂做礼拜。这对于天资聪颖、生性活泼的方东美，未免有些束手束脚，但他很会利用这些枯燥乏味的时间，他后来说："我的《红楼梦》《三国演义》《水浒传》……都是在教堂里面做礼拜的时候偷偷读完的哩！"[4]但他偷看小说被训导长抓住，差点因此被开除，幸好遇到一个思想开明的汉密尔敦教授为他仗义执言，才让开除一事不了了之。此后方东美也开始反省自己，不再张扬小聪明，收敛起调皮活泼的性情，全心全意地投入学问之中。没过多久，方东美就凭出色的才华被选为金陵大学学生自治会会长、金陵大学学报总编辑。在此期间，时逢五四运动的风潮，少年中国学会成立。方东美不但加入少年中国学会，而且担任该学会刊物《少年中国》的主编。方东美的撰稿很有学术性，他先后发表了《柏格森生之哲学》《唯实主义的生之哲学》《詹姆士底宗教哲学》等论文，还翻译了《一九一九年之俄罗斯》《罗素眼中苏维埃的俄罗斯——一九二〇》等文章。这些文章，一方面表明方东美早年偏爱西方哲学，另一方面也体现出方东美对时局变化的关注。有了扎实的学术根基，1920 年夏，胡适的老师、美国实用主义哲学家杜威到南京讲学的时候，方东美便能从容不迫地在南京欢迎会上致辞。而这

---

[1]《原始儒家道家哲学》，第 1 页。

[2] 方东美《坚白精舍诗集》，北京：中华书局 2013 年版，第 73 页。

[3] 秦平《大家精要·方东美》，昆明：云南教育出版社 2008 年版，第 8 页。

[4]《大家精要·方东美》，第 15 页。

一年,方东美年方 21 岁。也在这年,方东美在中华书局出版译著《实验主义》,以优美流畅的中文译介了实用主义的基本思想。

(二)负笈海外求学理

1921 年,方东美从金陵大学毕业。这时候的少年中国学会,政治意味变得越来越浓,这使以学术为重的方东美感觉越来越隔膜。时逢金陵大学推荐方东美到美国读研究生,于是他暂时离开喧嚣的政治环境,到威斯康星大学安安静静地研究学问。

留学期间,方东美主要受了三位哲学家的影响。其一是罗素。方东美在威斯康星大学就读期间,时逢罗素前来讲学。在讲座开始前的空闲时间,方东美和一些中国留学生前去拜访罗素,罗素也正筹划写作《中国问题》,看到这些年轻的中国留学生,正好就一起讨论《中国问题》中的一些论题,大家兴致很高,相谈甚欢,以至忘记了讲座开始的时间。1922 年罗素出版《中国问题》,一扫西方人关于中国人落后、愚昧的偏见,他说:"中国人摸索出的生活方式已沿袭数千年,若能够被全世界采纳,地球上肯定会比现在有更多的欢乐祥和。然而,欧洲人的人生观却推崇竞争、开发、永无平静、永不知足以及破坏。导向破坏的效率最终只能带来毁灭,而我们的文明正在走向这一结局。"①罗素一方面是肯定了中国传统文明,另一方面则是批判了近代西方文明,这样的观点对方东美的影响深远,尤其是方东美晚期的作品,对近代西方文明的负面性有更加深刻的体认和反思。

其二是柏格森,这也可以说是罗素带给方东美的影响。罗素对柏格森的哲学非常重视,一方面不厌其烦地介绍柏格森的思想,另一方面则用俏皮的言辞对柏格森进行挖苦讽刺。方东美在金陵大学期间,便已经接触过柏格森的哲学,还撰写《柏格森生之哲学》一文,字里行间对柏格森的哲学推崇备至。如今遇到自己钦佩的哲学家罗素似乎对柏格森哲学不以为然,究竟孰是孰非,这激起了方东美极大的兴趣;加之方东美的

---

① 〔英〕罗素《中国问题》,秦悦译,上海:学林出版社 1996 年版,第 7—8 页。

导师的研究兴趣恰好就是柏格森和怀特海,所以,弄清楚柏格森的思想成为方东美非常重要的学术任务。经过一年多的研究,方东美发现柏格森哲学是一种生命哲学,其思想强调的是生命及其创化,天地宇宙,万物众生,都是生命创化的结果。世界的究竟真实不是物质,也不是精神,而是生命的绵延,即不可遏止、不可预测的生命的冲动。对于生命及其冲动、创化,不能用理性分析、科学研究的方法,而要借助直觉、体悟,在自我与宇宙生命的契合之中,用心感受那磅礴融贯的生命之美。柏格森的这种哲学,在主张逻辑实证主义的罗素看来当然是荒诞不经的,充其量"是一种诗意作品,基本上既不能证明也不能反驳",①但对于从小浸淫于中国古典文化的方东美来说,柏格森的这种思维方式和哲学思想,实在是再亲切不过了。儒家的生生之德,道家的物化坐忘,佛教的圆融无碍,乃至中国的园林园艺、绘画音乐、各体文学都"一一深迥宛转,潜通密贯,妙合中庸和谐之道本"。② 在方东美看来,柏格森的生命哲学绝不是肤浅的"诗意作品",而是代表着生命的情感与理趣的智慧。所以,柏格森对于方东美是同道,是知音,是曲尽余意,是心有戚戚。难怪他的硕士论文《柏格森生命哲学述评》写得酣畅淋漓,得心应手,令导师麦奇威教授看后击节称叹,交给众教授和学生们传阅。

其三是黑格尔。柏格森的生命哲学是一种典型的非理性主义的哲学,而理性恰恰是黑格尔哲学的主题。一种主张生命冲动和创化的哲学,和一种主张绝对精神以"正反合"的内在逻辑、严谨有序地变化生成的哲学,必然是水火不容的。批判黑格尔是柏格森的论题之一。方东美研究柏格森,看到不少批判黑格尔的言辞,他并没有轻信柏格森,而是抱持存疑的态度。时逢美国哲学界被新实在论、逻辑实证主义等风潮所笼罩,业内人士对黑格尔哲学大多有些讳莫如深,连方东美的导师麦奇威教授也是如此,他是黑格尔哲学的权威,师生也多次请他讲授黑格尔,但

---

① [英]罗素《西方哲学史》(下),马元德译,北京:商务印书馆1976年版,第402页。
② 方东美《生生之德:哲学论文集》,北京:中华书局2013年版,第116页。

他都予以谢绝,避而不谈黑格尔,这样的情形反倒更加激起方东美对黑格尔的兴趣,他申请转学俄亥俄州立大学,为期一年,跟随雷敦教授研究黑格尔。这一年的研究,让方东美对黑格尔哲学有了深入的了解。他认为,黑格尔哲学是一种"系统哲学",其特点在于"宇宙的结构是交融互摄、不可分割的整体","广大悉备的系统","流衍发舒、次等增进,最后乃能臻于纯真、完善与美妙"。① 对于黑格尔是"历史上僵萎的陈迹"的说法,他认为是"大谬不然"。② 在他看来,"不甚可信,但却可爱而又可憎,这便是黑格尔的系统哲学"。③ 黑格尔的哲学对方东美颇有影响,在哲学风格上,他同黑格尔一样,有一种旁通统贯、广大悉备的气势磅礴之感;在哲学进路上,他评价黑格尔是"引演理念,辗转变化,兜绕一个大圈子依旧回到原处",④"大圈套小圈之连环式哲学系统"。⑤ 而方东美自己的学生傅佩荣也如此评价:"方先生对于'哲学'这门学问,包括中国的、西方的、印度的,在他三十余岁的青年阶段就已经悟得清晰的定见。正是'得其环中,以应无穷',宛如同心之圆,其范围可以无限扩大,'万变不离其宗'。"⑥

方东美完成黑格尔哲学的研究之后,重返威斯康星大学,一年后完成了博士论文《英美新实在论之比较研究》。此番留学,给方东美打下了扎实的西学功底,加之此后方东美长期讲授西方哲学,令他在西学方面有极为深厚的造诣。唐君毅曾受教于方东美,他多次感叹道:"中国人中真正搞通西洋哲学的,只有方先生!""当世能通透东西哲学者,吾师以外亦无第二人。"⑦

---

① 《生生之德》,第 130—131 页。
② 《生生之德》,第 133 页。
③ 《生生之德》,第 202 页。
④ 《生生之德》,第 201 页。
⑤ 《生生之德》,第 203 页。
⑥ 傅佩荣《广大和谐的哲学境界——〈方东美全集〉校订版介绍》,方东美《生生之德》,第 1 页。
⑦ 转引自孙智燊《述小事,怀大哲:东美先生逝世三十周年纪念》,《传记文学》第 90 卷第 6 期,台北:传记文学出版社 2007 年。

（三）比较哲学论东西

自 1924 年回国之后,方东美先后任国立武昌高等师范大学副教授、东南大学教授、中央政治学校教授、金陵大学教授、中央大学哲学研究所所长、台湾大学教授等职。在 1927 年,方东美完成了第一本专著《科学哲学与人生》的前五章。这本书是对 1923 年科学与玄学论战的回应,也是系统性地梳理西方科学与哲学的源流和历史变迁,试图剖析科学与哲学的内在关系,并对人生给予启示。这是方东美对西方哲学的第一次总结,也是方东美第一次提出自己的哲学体系的基本范畴——理与情。此书虽然是处女作,但视域极其开阔,论辩鞭辟入里,尤其是立足历史材料,揭示科学与哲学的相互关系的流变的研究方法,早已超出了同时期一些论者以东西方民族文化心理为基准的见地。

1931 年,方东美在中央大学校刊《文艺丛刊》第一卷第一期发表论文《生命情调与美感》。这是一篇文辞华丽,兼具哲理与诗意的奇文,堪为方东美比较哲学的代表作。在这篇文章里,他先是以戏场为喻,从多个角度展示了希腊人、近代西洋人和中国人这三种生命情调。如"场合",希腊人是雅典万神庙,近代西洋人是哥特式教堂,中国人是深山古寺;又如"主角",希腊人是爱婆罗(今译阿波罗),近代西洋人是浮士德,中国人是诗人词客。[1] 接着又从宇宙、空间、时间等角度仔细分析这三种不同的生命情调。方东美说:"希腊人之宇宙,一有限之体质也;近代西洋人之宇宙,一无穷之体统也;中国人之宇宙,一有限之体质而兼无穷之'势用'也"。[2] 在分析了这三种生活情调之后,方东美接着又比较了道家、儒家与杂家的宇宙观,并指出儒道的宇宙观"多系于艺术表情之神思",[3]杂家之宇宙观"囿于阴阳五行之粗迹";[4]前者本形上,后者执形下;前者表显艺术神思之情蕴,是睿智大慧,后者如有科学,殊觉浅近庸俗。总体而

---

[1]《生生之德》,第 91 页。
[2]《生生之德》,第 101 页。
[3]《生生之德》,第 101 页。
[4]《生生之德》,第 101 页。

言,方东美颇为偏爱以儒道为主的中国人的生命情调,主张"于诗意词心中求之,始极其妙",①寓诸艺术神思,"苟有浓情,顿成深解"。而希腊人、近代西洋人的生命情调寄于科学理趣,贵在几微密察,必有数焉。从内在脉络来看,方东美仍然是延续《科学哲学与人生》的情与理的基本范畴,中国人重在情;希腊人、近代西洋人重在理。

1936 年,《科学哲学与人生》正式印行,与 1927 年手稿相比,多出了《生命悲剧之二重奏》一章。之所以谈起了悲剧,方东美说:"乾坤一戏场,生命一悲剧! 平时最服膺此两句名言。……前所称述之宇宙人生——'情理集团'——便是悲剧的合唱。"②也就是说,这里的悲剧不是指具体的戏剧,而是宇宙人生的情理矛盾纠缠,仍然是探讨科学、哲学与人生的关系。

此文比较了两种悲剧,"一种是不能从心所欲;一种是从心所欲"。古希腊虽然科学不及近代,但其是从心所欲的悲剧,因为古希腊人有波澜壮阔的生命情调,"不时以热情点染万类,使世界之存在呈露纯美的征象"。③ 而近代欧洲则是"不能从心所欲"的悲剧,因为近代欧洲"根本动机常是科学的,不免带些冷酷剿刻的意味",④蕴藏着一种"进取的虚无主义"的趋势,"人类无端掀起大惑昏念,猖狂妄行,处心积虑要鼓舞魔力来破坏宇宙,摧毁生命,结果宇宙真个倾覆幻灭,趋于虚诞,人生真个沈沦陷溺,廓落无容",⑤这一悲剧的典型就是浮士德。方东美说:"《浮士德》简直是近代欧洲生活的实录。……他所代表的就是近代人的全盘诱惑,千端万绪,百折入迷,醇酒、妇人、世宙的苦闷、超人的热望,几于无奇不有。……浮士德的悲剧乃是近代人的悲剧。唯理主义、怀疑主义、实在主义,展转递变,到头仍是悲剧。……理智是近代人所怀的鬼胎,他们的

---

① 《生生之德》,第 105 页。
② 方东美《科学哲学与人生》,北京:中华书局 2013 年版,第 173 页。
③ 《科学哲学与人生》,第 182 页。
④ 《科学哲学与人生》,第 182 页。
⑤ 《科学哲学与人生》,第 202 页。

致命伤也就是纯粹的理智。"①这篇文章延续了对近代西方文明的批判意识,对其负面性有更具体细致的剖析。

1931年始,日军对中国的威胁和侵扰日趋严峻。1937年,日军吞灭中国的野心已暴露无遗,全民抗战即将发动。4月,应国民政府教育部之邀,方东美先后八次,每次二十分钟,通过广播电台向全国中学生倾心谈论中国人生哲学。同年五六月由商务印书馆印成《中国人生哲学概要》,免费分赠全国中学生,这是方东美回国以后第一本以中国哲学为主题的著作。该书对中国的人性论、生命精神、道德观念、艺术理想、政治信仰做了简明扼要的介绍,并对现代中国青年提出了殷切的期望。在这本书里,方东美仍然采用比较哲学的方法,他指出,希腊的天人关系是部分和全体的配合和谐;欧洲的天人关系是二元或多端的敌对系统;中国的天人关系是"彼是相因"的交感和谐。② 在这三种哲学里,方东美对中国哲学盛赞不已。他认为,希腊人把天视为宇宙的全体,人视为宇宙的局部,人寄生于宇宙中,便自不能浃万化而生善行,所以希腊人要想趋向至善之境,非脱离现实的物质世界不可。③ 欧洲人是天人敌对,天之美德,人不能共有,人之善行,天不能同情,人生天地间,其善不能与天地继承不隔,这种观念更容易转移到人生上,引起人与人的抗衡、敌对,滋生纷争,消灭同情,引发许多霸道的观念。④ 至于中国人,"拿我们的学说来和希腊、欧洲的比较,我们不妨确实肯定地说:我们的宇宙是最好的宇宙,我们的生命是向善的生命。任何宗教的冥想,不能使我们舍弃宇宙的价值;任何科学的推论,也不能使我们否认人生的意义"。⑤ 尽管中国哲学弥足珍贵,方东美也指出:"古人的思想无论如何优美,只能拿来做种子,种子之可贵在发育新芽,生生无已。……中国目前学术文化所以极端贫

---

① 《科学哲学与人生》,第203—204页。
② 方东美《中国人生哲学》,北京:中华书局2012年版,第33页。
③ 《中国人生哲学》,第38页。
④ 《中国人生哲学》,第39页。
⑤ 《中国人生哲学》,第39页。

乏,就是因为数百年来,我们民族不自奋发,老是因循苟且,坐吃先哲的精神遗产,不肯日新旧德,努力创造,结果在学术文化上,竟由富家子弟的资格,一变而为思想的乞丐,这是何等可耻!"①青年人要守先待后,既要了解敌人的哲学,更须肯定自己的哲学,启发更伟大的哲学思想新潮,提升宇宙生命的价值和意义。

1937年,方东美在南京出席中国哲学会第三届年会,会上发表《哲学三慧》一文,这是方东美最著名的比较哲学的代表作。这篇文章延续了《生命情调与美感》《生命悲剧之二重奏》的观点,但在文字形式上独树一帜,采用了类似佛经的风格,同时兼取莱布尼兹和维特根斯坦的写作手法。所谓哲学三慧,指的仍然是希腊人、欧洲人和中国人。方东美说:"希腊人以实智照理,起如实慧","欧洲人以方便应机,生方便慧。形之于业力又称方便巧","中国人以妙性知化,依如实慧,运方便巧,成平等慧"。② 对于这三慧,方东美认为各有所长:"希腊如实慧演为契理文化,要在援理证真。欧洲方便巧演为尚能文化,要在驰情入幻。中国平等慧演为妙性文化,要在挈幻归真。"③但也各有所短:希腊"遗弃现实,邻于理想,灭绝身体,迫近神灵,是以现实遮可能,觉此世之虚无,以形骸毁心灵,证此生之幻妄";④欧洲"义取二元","不尚和谐","深中理智疯狂,劈积细微";⑤中国"只图引归身心、自家受用,时或不免趋于艺术诞妄之说,囿于伦理锢蔽之习,晦昧隐曲,偏私随之"。⑥ 方东美把智慧看成一个整体,三家都是智慧之现行,正如佛教所说的种子与熏习的关系,各创智慧之殊相,并无高低贵贱之分。但"民族之气运有盛衰,哲学之潮流有涨落,盛衰涨落均非依稀恍惚,出于偶然。当其盛且涨也,人人服膺哲学之胜情至理;当其衰且落也,人人坠入无明之迷途。坐是之故,民族生活可

---

① 《中国人生哲学》,第68—69页。
② 《生生之德》,第111页。
③ 《生生之德》,第112页。
④ 《生生之德》,第119页。
⑤ 《生生之德》,第119页。
⑥ 《生生之德》,第125页。

划分哲学鼎盛期与哲学衰微期"。① 方东美的意思很清楚,哲学类似一个生命体,有其兴衰之周期。今日之东西文化,并非优劣之分,而是兴衰之别。即便处于兴盛期的欧洲文化,在方东美看来,其负面性也不容忽视。对于这三种文化,方东美主张"一者自救,二者他助",②并呼唤超人的降临,"当以希腊、欧洲、中国三者合德所成就之哲学智慧充实之",③体现出一种兼容并包、转化超越的精神。

抗战开始之后,方东美跟随中央大学迁至重庆,任中央大学哲学研究所所长,主要讲授西方哲学,被学生戏称为"当代黑格尔"。在 1944 年,印度派遣一支文教代表团来中国访问,领队是哲学家拉达克里希南博士。他来到中央大学,特意访问了介绍和讲授西方哲学多年的方东美。拉达克里希南博士提出了一个问题:"请问从中国人的哲学立场来看,你们对目前西方所介绍的中国哲学是否感到满意?"这个问题引起了方东美的深思。他多年传播和研究西方哲学,力求精准、严谨,且国内研究西方哲学的学者也为数不少;西方虽说也有学者研究和介绍中国哲学,但由于对中国的思维方式、语言文字的理解尚不够妥帖,他们在介绍中国哲学时,总是隔了一层,"表面上看来都言之有物,令人目眩,对那些爱赶时髦的人尤具吸引力;然而真正的'中国心灵'却很少有人触及。……如果面对中国的慧心,西方世界只以俗眼来看,那自会视而不见,错误百出"。④ 方东美于是回答:"西方学界介绍中国哲学的情况让人颇不满意!"拉达克里希南于是建议方东美不如自己亲自著述,以英文向西方世界介绍中国哲学。拉达克里希南的建议意味深长,方东美也有强烈的责任担当意识,他决定要以典雅的英文向西方世界传播中国哲学,这方面的成果就是他于 1956 年以英文写成的《中国人的人生观》以及 1976 年再度以英文写成的《中国哲学精神及其发展》。

---

① 《生生之德》,第 117 页。
② 《生生之德》,第 126 页。
③ 《生生之德》,第 127 页。
④ 《中国人生哲学》,第 79 页。

抗战胜利后，方东美返回南京，但此时的南京让他觉得纷纷扰扰。一是民众间的不和谐。抗战期间，留守沦陷后的南京的民众经受了国耻大辱，不得已受制于伪政府。但现在抗战胜利了，原本逃难于后方的人回到了南京，有些人不但不同情这些在沦陷区遭受屈辱的民众，反而以胜利者的姿态凌驾于沦陷区民众之上，动辄以"伪人民""伪学生"加以讥讽。方东美对此大为不满，怒斥这些人自己安居后方，罔顾沦陷区民众的屈辱，回南京后还伤害沦陷区民众的情感。二是新一轮的争权夺利。战火方息，四海未平，国民党的许多官员就开始结党营私，钩心斗角。三是内战的阴影。外敌已退，内战将至，国内的政治气氛日趋紧张，大有剑拔弩张之势。这样的南京，让向来坚持纯学术立场的方东美难以静心。

1947 夏，国民政府请方东美前往台湾巡回演讲，为期一个月。1948年 9 月，国民党在内战中急遽失利，方东美遂决定举家迁往台湾，后任台湾大学哲学教授。1955 年，方东美兼任台湾师范大学和台湾东吴大学教授。1959 年秋，方东美赴美讲学。1960 年，在美国密苏里大学任客座哲学教授时，应邀在欧波林学院之神学研究院作英文演讲《从比较哲学旷观中国文化里的人与自然》。这篇文章仍然是比较中西文化，不过较之以前的文章，对中国文化更为推崇。方东美认为，西方思想的特性是"逻辑化清晰的分离型"，[①]使得人与自然、人与宇宙之间产生一种人为的分隔和对立，往往将自然视为物质素材、罪恶渊薮和机械秩序；而对于中国人的心灵来说，自然是最亲切的。当然，西方人也有近似中国哲学的观点，把自然当做拟人化的母亲，具有无限力量的无限本质。中国哲学是融贯主义，人与天地、性与道都是统一的，天具有无穷的生力，道是发挥生力的完美途径，性是具有无限的潜能。由于人参赞天地之化育，所以他能够体验天和道是流行于万物所共禀的性分中。[②]

回到台湾大学之后，方东美开始为学生系统地讲授中国哲学，在接

---

① 《生生之德》，第 215 页。
② 《生生之德》，第 225 页。

下来的几年里,讲授了原始儒家、原始道家、魏晋玄学、隋唐大乘佛学等课程。尤其是 1966 年 10 月起,方东美三度系统讲授中国哲学,对中国哲学进行了全面的总结。他提出中国哲学思想主要有四大传统——原始儒家、原始道家、大乘佛学和宋明理学。他对《论语》提出了批判性解读,反对仅仅以《论语》作为研究孔子思想的唯一可靠材料,主张儒家思想传统有二:一是《尚书·洪范》中的"皇极"构建了一套永恒哲学;二是《周易》提供了一套变易哲学。这两者较之《论语》更具有形上学的意味,既有本体论,也有价值论。方东美还旗帜鲜明地反对"道统",主张"学统","空喊道统,不能挽救国家的危亡。南宋如此,明代如此,今日亦复如此。真正能挽救国家的危亡、维护文化之传续的,是真正的学术精神及充实的学术内容。"①

总之,在动荡不安的 20 世纪,方东美是一位比较专注于学术的思想家。虽然蒋介石将他视为老师,但他对政治运动、党派纷争往往抱着超然态度,坚持在书斋中寻找自己的宁静。方东美的诗集名曰《坚白精舍诗集》,其中的"坚白"就取自《论语·阳货》"不曰坚乎,磨而不磷;不曰白乎,涅而不缁",意在坚持自己高洁的品行和操守,坚信独立思考不会受世俗的侵扰。方东美的精神历程由西方逐渐转回东方,由原始儒道哲学而通达整个中国哲学,既不拘于门户之见,也不囿于自我创识,倡导一种层层上跻、步步升进的超越精神,充分践行了他所提倡的"学统"。方东美曾自我评价道:"在家学渊源上,我是个儒家;在资性气质上,我是个道家;在宗教欣趣上,我是个佛家;此外,在治学训练上,我又是个西家。"②刘述先说:"东美师最大的贡献是在给人一种精神上的提升和启迪。听他的演讲,读他的文章,一方面令人陶然忘我,趣入玄机,另一方面却也刺激人的思想,逼人作进一步的探索,不容停歇。"③在 20 世纪中国思想

① 方东美《新儒家哲学十八讲》,北京:中华书局 2012 年版,第 15 页。
② 方东美《中国哲学精神及其发展》,孙智燊译,北京:中华书局 2012 年版,代序第 2 页。
③ 景海峰编《儒家思想与现代化——刘述先新儒学论著辑要》,北京:中国广播电视出版社 1992 年版,第 325 页。

界,方东美有着重要的地位。从哲学方面来看,他的生命哲学以及由此生发的中西比较哲学是最具有独创性的成就。

二、生命哲学

比较哲学既是方东美哲学思想的主题,也是构建其哲学体系的方法。当然,方东美早期也是从具体个案入手,如 1920 年发表的《柏格森生之哲学》《唯实主义的生之哲学》,1921 年发表的《詹姆斯底宗教哲学》,以及 1922 年的硕士论文《柏格森生命哲学述评》。从这些文章,我们都可以看出方东美治学的方法和兴趣是西方近现代哲学的具体个案。但是到了博士论文时,方东美就不满足于这种个案分析了,尽管今天我们无法看到他的博士论文的内容,但从题目《英美新实在论之比较研究》来看,他的治学的方法和兴趣已经是纵横比较了。

到了《科学哲学与人生》,这种比较的方法运用得更加娴熟,视野也扩展到从古希腊到近代的哲学史、艺术史和科学史;而到了《生命情调与美感》,方东美第一次突破西学研究的范围,将中国人与希腊人、近代西洋人并列,真正开启了中西比较哲学的治学之路。而此后的《哲学三慧》(1937 年)、《中国人的人生观》(1956 年)、《从比较哲学旷观中国文化里的人与自然》(1960 年)、《中国形上学中之宇宙与个人》(1964 年)、《中国哲学精神及其发展》(1976 年)等,都或是采用中西比较哲学的方法,或是以中西比较哲学为主题。而要理解方东美在比较哲学中的褒贬立场,就要把握其衡量的标准,这就需要走进方东美的生命哲学。

方东美对宇宙人生有独特的看法,他将之概括为"宇宙人生是一种和谐圆融的情理集团"。[1] 在《哲学三慧》中,他开篇即明此态度:"太初有指,指本无名,熏生力用,显情与境。"[2]情境就是宇宙的表现,因此作为透悟宇宙人生的哲学,就必须面对情与境。而在《生命情调与美感》中,他

---

①《科学哲学与人生》,自序第 1 页。
②《生生之德》,第 110 页。

把心、情与宇宙、生命联系在一起:"宇宙,心之鉴也;生命,情之府也;鉴能照映,府贵藏收,托心身于宇宙,寓美感于人生,猗欤盛哉。"①在方东美看来,生命与情感直接相关,所谓"府贵藏收",意思很清楚,生命之可贵在于保藏情感;而人生于宇宙是追求两者,一是把身心与宇宙合一,二是追求以情为本的充盈美感。

对于生命,除了与人生关联在一起,方东美还从宇宙创化的本身来谈及其本体地位:"中国人的宇宙不仅是机械物质活动的场合,而是普遍生命流行的境界。这种说法可叫作'万物有生论'。世界上没有一件东西真正是死的,一切现象里边都藏着生命。"②"宇宙根本是普遍生命之变化流行,其中物质条件与精神现象融会贯通,而毫无隔绝。"③也就是说,没有纯粹的物质或精神,宇宙的存在和变化是普遍生命的流行,万事万物背后的究竟真实就是生命。

这种观点在方东美晚年的《中国哲学精神及其发展》中表述得更清楚:"宇宙太初原始阶段之'本体',实乃万有一切之永恒根本(寂然不动);然自宇宙生命之大化流衍行健不已而观之,'本体'抑又应感而动,元气沛发,遂通万有,弥赞一切,无乎不在,无时或已(感而遂通)。本体实性,则渗入功用历程(即用得体)。……如是,本体现象,契合无间,形上形下,澈通不隔。"④方东美这里说的"本体",就是"宇宙生命",它是宇宙万物的根本所在,无论发生什么变化,它都始终存有,故其一方面表现为永恒;它又不是静止不动的,它具有取之不尽用之不竭的元气,它会孕育万物,它周流不息,故其另一方面表现为变易。

这种普遍生命,方东美认为具有"五义":(甲)育种成性义,即生命的不断繁衍和更新;(乙)开物成务义,即生命不断创造新的意义与价值;(丙)创造不息义,即生命对理想境界奋斗不息,不断超越;(丁)变化通几

---

① 《生生之德》,第89页。
② 《中国人生哲学》,第18页。
③ 《中国人生哲学》,第19页。
④ 《中国哲学精神及其发展》,第22页。

义,即生命之变化是无穷无尽,富有机趣;(戊)绵延长存义,即生命是永无尽头的历程,总会重新发扬新的生机。① 这五义,归结起来,就是方东美特别推崇的《周易》的精神——生生之德。

普遍生命,除了是不断地生成创化的变化过程,还蕴含着价值理想。方东美说:"中国向来是从人的生命来体验物的生命,再体验整个宇宙的生命。则中国的本体论是一个以生命为中心的本体论,把一切集中在生命上,而生命的活动依据道德的理想,艺术的理想,价值的理想,持以完成在生命的创造活动中。"②一方面,方东美把宇宙万物看做是生命的创化流衍,另一方面,方东美反对把生命看做是中立的,认为其具有内在价值。在他的著作里,他多次批判近代西方的科学导致生命,尤其是人的生命的矮化、中立化。如他在《当前世界思潮概要》中归纳了近代西方的"四大打击":一是天文学的打击,把人类降为微不足道的地位;二是生物学的打击,把人类的祖先归之于禽兽,而不是所谓的灵长;三是心理学的打击,把人降为下意识里的本能与冲动;四是社会学的打击,通过阶级斗争,取消家庭乃至国家。③ 虽然方东美详述了这四大打击,但实际上远远不限于这些打击,他感叹道"做一个现代人真是无处不受打击,无处不成为问题"。④ 他引用怀特海的话说:"但是到了今天,有许多科学家好像存心蓄意的用尽他科学上面的一切研究来证明人生好像是没有意义的、没有价值的。……假使科学走上这一条路的话,那么不仅仅是人类的危机,而且连科学家本身存在的意义和价值也成了问题。"⑤

对于近代西方导致的这种生命价值的危机,方东美提出,不能从"平面心理学"看人,如此看到的人性"只被看成是新的原子构造的集结体,就是彷佛水下面这种沙,集结起来的一个机械的组合体,毫无意义,毫无

---

① 参见方东美《中国哲学精神及其发展》,第108—109页。
②《原始儒家道家哲学》,第146页。
③ 参见《方东美先生演讲集》,北京:中华书局2013年版,第193—197页。
④《方东美先生演讲集》,第197页。
⑤《方东美先生演讲集》,第197页。

价值"。① 也不能从"深度心理学"看人,因为"是透过理性的光明表面去看他含藏在后面、见不得人的许许多多黑暗的层次、黑暗的本能、黑暗的冲动。……可以说,所谓人,从心理学的深度看起来,人还不如禽兽"。② 要看待生命,必须从"高度心理学"看人。这表现在中国古代文化中,如道家,老子的态度就是"天大、地大、人亦大",庄子的态度就是"博大真人""圣人""至人"。这种高度心理学,把人看做"屹立贯通在天地之间,顶天立地的一个大人物"。③《周易》则直接把人称作"大人",而且还是"与天地合其德,与日月合其明,与四时合其序,与鬼神合其吉凶",这样的人,从生命里发出来的光明,如同天上的日月;其生命不是卑躬屈膝,而是以一个主脑的地位来表现生命活动。"他的生命气魄,同天的大生之德、地的广生之德配合起来,他的精神,符合天地生物之心。"④而且这种生命精神,不是停留在个体自身,而是在自我践行的基础上再同情推广,让别人的生命也具有价值和意义。

方东美还进一步认为,生命的价值是层层上升的。这种上升,在方东美的生命哲学里有一个特殊的说法:"双回向"。首先是上回向,即将生命价值超越又超越,提升到最高的价值层次上来谈,不能向下看齐,把这些价值剥离掉,或者变得粗俗不堪。那样的做法是"从堕落的领域看人,在堕落的深渊中所表现出的丑陋人性,再由丑陋人性化为中立的物性。如此说来,就把世界变成一个堕落的世界"。⑤ 方东美多次提到,学哲学的第一堂课就是要去坐飞机,因为"平常由常识看法,吾人生在人间世,但对人间世并没有充分的了解。甚至生在此世,对世界也不知欣赏只知诅咒。稍不如意,便由痛苦经验去误解、诅咒世界,认定它为荒谬。在飞机上,由高空俯视,所谓黑暗痛苦的世界,却有许多光明面。……学

---

① 《方东美先生演讲集》,第 200 页。
② 《方东美先生演讲集》,第 200 页。
③ 《方东美先生演讲集》,第 201—202 页。
④ 《方东美先生演讲集》,第 202 页。
⑤ 方东美《华严宗哲学》(上),北京:中华书局 2012 年版,第 125 页。

哲学的人如果只认识此世之丑陋、荒谬、罪恶、黑暗,就根本没有智慧可言。应该由高空以自由精神回光返照此世,把它美化;在高空以自由精神纵横驰骋,回顾世界人间,才能产生种种哲学和智慧"。① 从这段引文可以看出,方东美认为,如果局限在现实的世界里,平面的世界里,而不往高处提升,那么就只能在黑暗的世界里自怨自艾。因此,就要坐飞机,从高处着眼,把鄙陋之心去除掉,也就是方东美常引用的张载的话"大其心则能体天下之物",用方东美自己的话来说,就是一定要"上回向","使现实人类的生命活动,同最高尚的价值理想合而为一"。② 对此,方东美也常借助尼采哲学来诠释。他认为,平常大家对尼采的误解偏多,对于超人的观念往往只是从消极方面讲,认为"超人针对着所有的世界及所有的人类社会表现出最大的鄙视"。但实际上,这种鄙视不是消极的,因为"他不满意流俗的世界、流俗的思想,以及流俗思想里面的价值标准。由于他不满意,所以要表现出极大的鄙视。这极大的鄙视能够促使精神超升起飞,飞到宇宙的上层世界:高级的艺术世界、高级的道德世界、高级的宗教领域、高级智慧流行的境界"。③ 这些上层世界,就是方东美特别推崇的生命的价值世界。

但如果只做"上回向"的动作,并不是真正的层层上升。而且,在"上回向"这一点上,中国和西方并无差别。方东美认为,柏拉图、亚里士多德等西方大哲都懂得这个道理,并构造出了一个精美绝伦的理想世界。他说:"柏拉图他晓得世界上面有一个最高的价值理想,他能够把真、善、美贯串起来,成为一个价值统会的最高理想。"④但是,西方哲学家在做"上回向"时,却往往遗忘了"下回向",他们常常把宇宙分为两橛,一橛是理想,一橛是现实;一橛是物质,一橛是精神;一橛是灵魂,一橛是肉身;而中国哲学则认为两橛之分虽存在,但这种区分并非绝对,两橛理应相

①《原始儒家道家哲学》,第 8 页。
②《华严宗哲学》(上),第 132 页。
③ 方东美《中国大乘佛学》(上),北京:中华书局 2012 年版,第 17 页。
④《华严宗哲学》(上),第 269 页。

济相融。对于这两者的不同,方东美将之归为中西的形上学的差异。他将西方哲学称为超绝的形上学,其特点就在于两分法和隔绝。他将中国哲学称为超越的形上学或内在的形上学,强调的是宇宙万物和个人之间没有间隔和对立,而是雍容浃化,完整统一。方东美说:"这种理想的境界并不是断线的风筝,由儒家、道家看来,一切理想的境界乃是高度真相含藏之高度价值,这种高度价值又可以回向到人间的现实世界中落实,逐渐使理想成为现实,现实成就之后又可以启发新的理想。"①

于是,从中国哲学的立场出发,不仅要做"上回向",而且更重要的是做"下回向"。方东美明确地说:"这种下回向就是说当你进入天国之后,并不滞留在天国的领域中,你还要回到现实世界上面来,甚至于还要深入到地狱里面去拯救地狱道中的众生,这样的了解才叫做'下回向'。"②对于"下回向"的必要性,方东美说:"当我们真正做了菩萨之后,我们还要做大菩萨,做了大菩萨之后,最后的目的便是在完成人性上面最高贵的佛性,也就是成正等正觉。……而大菩萨到达授记的这一种程度,他就要转回过头来,回向世界。假若他这时还看不起这个世界,甚至于还在那个地方诅咒,说这个世界是黑暗的,生命是痛苦的、烦恼的,假使他是持着这一种态度,那么他虽然是大菩萨,但是他仍然是孤家寡人一个,没有一点慈悲心。"③换言之,只有"上回向"而缺乏"下回向",虽然这种生命具有价值,但却是孤立和不完满的,无法真正体验到生命的意义。

方东美还借助尼采哲学来诠释"下回向"。他说,查拉图斯特拉不满意地球,觉得人间鄙陋,到处都是烟雾的世界,他要呼吸新鲜空气,就从平地走上高山,从高山上面看日出,而在此时,他对太阳说:太阳,假使没有物质世界,你的光明又照耀到什么地方去? 结果这样一想,他想通了。他这超人本身就是一个精神的太阳,他是光明,但是他的光明要有照耀的对象啊! 这样想通了之后,超人马上从山顶上一步步脚踏实地地下

---

①《原始儒家道家哲学》,第 15 页。
②《华严宗哲学》(上),第 218 页。
③《华严宗哲学》(上),第 268 页。

山,回到人间世来,接触现实的世界。① "上回向"与"下回向"是相辅相成的,空有"上回向",就如同只有太阳,没有大地,没有人间,这样的智慧只不过是孤芳自赏、凌空蹈虚罢了。而且,放弃"下回向",刻意地与"下层"隔离开来,生怕会沾染和坠落,这样执着的做法,反倒把个体的生命封闭起来,如同将自身关在一个光明美丽的囚笼里,既变成了对自我生命的戕害,也造成对他者的冷漠。所以,方东美笑话他们"变做为树枝头上的一只鸟雀,高高地在树顶上面,静静地来观察世界上面的种种生灭变化,但是却从来不下来参与这个生灭变化的世界"。②

时至今日,这种只顾自己的"上回向",确实也带来不少负面影响,尤其是演变成了"原子式个人主义"。杜维明曾谈到当代美国的个人主义:"你不干涉我,我不干扰你,但是,只要不犯法,我钱赚得再多,你再贫穷落魄,我们一点关系都没有,个人与个人是如此,整个社会有一小批,所谓5%的精英,他掌握了70%—80%的资源,他一点内疚都没有,认为这完全是天经地义。"③如此的孤立、冷漠、缺乏同情,已经背离了生命的价值。方东美批判道:"每个人都把他的头磨得尖尖的,钻到束缚的网里面去,然后沾到那个网上来肯定我们的存在,然后一切存在都成为情绪的烦恼,理智的烦恼,在那个地方过了一生。而过了一生都是昏念妄动的生活,最后一直活到老都是盲目的,没有生命的意义,没有生命的价值。"④

综上,方东美的生命哲学,已经确立了褒贬的依据:生命是宇宙万物的本体;生命是情理集团,理相关于"境的认识",情相关于"情的蕴发",生命不可无理,但更不可无情,"情理一贯故";生命离不开宇宙万物的创化不息,更离不开人所赋予的价值意义,决不能沦为机械物质的纯粹自然;生命的价值要"双回向","上回向"是提升和超越生命的价值意义,

---

① 《中国大乘佛学》(上),第 17 页。

② 《华严宗哲学》(上),第 59 页。

③ 哈佛燕京学社编《启蒙的反思》,南京:江苏教育出版社 2005 年版,编者手记第 2 页。

④ 《中国大乘佛学》(上),第 262 页。

"下回向"是"己欲立而立人,己欲达而达人",是"以先觉觉后觉",是"地狱不空誓不成佛"。

三、比较哲学

方东美的比较哲学贯穿他的学术生涯,但在不同时期,其比较哲学的侧重点不同,这既是思想体系逐渐走向成熟和深刻的必然结果,也是对时代变化的积极回应。据蒋国保、余秉颐的研究,方东美的比较哲学,早期的侧重点在于东西方智慧类型的相异性;①晚期的侧重点在于东西方哲学精神的根本差异。②

方东美的比较哲学最有代表性的著作是《哲学三慧》。《生命情调与美感》虽然对古希腊人、近代西洋人和中国人进行了比较,但其目的不是比较中西,而是透过比较中西来揭示"生命情蕴之神奇,契会宇宙法象之奥妙"。③《哲学三慧》则是直面希腊、欧洲和中国。方东美说:"觉哲学所造之境,应以批导文化生态为其主旨,始能潜入民族心灵深处,洞见其情与理,而后言之有物。"④《哲学三慧》就是比较三种文化生态,潜入三个民族的心灵深处。至于"情与理"则是延续了方东美在《科学哲学与人生》中所提出的生命哲学的架构。方东美说:"情理为哲学名言系统中之原始意象。情缘理有,理依情生,妙如连环,彼是相因。"⑤又说:"总摄种种现实与可能境界中之情与理,而穷其源、搜其真、尽其妙,之谓哲学。"⑥

尽管叫作"哲学三慧",名称上虽只有慧,但实际上是智慧兼备。智相关于知,是对境的认识,"知审乎情合乎理,谓之智";⑦慧相关于欲,是

---

① 蒋国保、余秉颐《方东美思想研究》,天津:天津人民出版社 2004 年版,第 181 页。
②《方东美思想研究》,第 190 页。
③《生生之德》,第 87 页。
④《生生之德》,第 109 页。
⑤《生生之德》,第 110 页。
⑥《生生之德》,第 110 页。
⑦《生生之德》,第 110 页。

对情的度量，"欲称乎情切乎理，谓之慧"。① 方东美说："智与慧本非二事，情理一贯故。知与欲俱，欲随知转，智贯欲而称情合理，生大智度；欲随知而悦理怡情，起大慧解。"②知、欲、情三者具有内在的关联，智与慧也是一体。这种智慧，生在个人，称作"自证慧"；寄于民族，称作"共命慧"。共命慧是根柢，自证慧是枝干。所以，哲学三慧，当以共命慧为主题。

世界上有多少种民族，相应地，也应该有多少种共命慧。比较民族的哲学智慧，方东美并不是第一人。此前就有现代新儒家梁漱溟的《东西文化及其哲学》，把中国、西方、印度列为三大系。此后，也有冯友兰把人类历史的各种人生哲学全部纳入"损道""益道""中道"三个系统之中。梁漱溟的比较标准是意欲的方向，向前是西方，向后是印度，调和持中是中国。冯友兰的比较标准虽也是人生道路的选择，但他突破了民族的限制，或者说，他认为民族虽有差异，但人生哲学的内核是相似的，所以落脚点是哲学本身，而不是以民族代表哲学精神。方东美的比较哲学更接近于梁漱溟的模式，但他选择的对象却不同，梁漱溟是两个东方和一个西方，方东美则是两个西方和一个东方。梁漱溟的选取标准简单明了，意欲就是根本；方东美的选取标准相对复杂，产生的差异也比较多。

首先是智慧本身不同。"希腊人以实智照理，起如实慧"，"欧洲人以方便应机，生方便慧"，"中国人以妙性知化，依如实慧，运方便巧，成平等慧"。③ 三者智慧不同，却不像梁漱溟的东西文化，各据一处，而是类似黑格尔的"正反合"的结构：中国人的智慧的"合题"意味明显，乃依希腊人的如实慧，运欧洲人的方便巧，成就自我的平等慧。其次，智慧种子不同。前文三慧，方东美依照佛教术语，将之称为"智慧现行"，并认为其背后有"种子"。因此，"太始有名，名孚于言；太始有思，思融于理，是为希腊智慧种子"；"太始有权，权可兴业；太始有能，能可运力，是为欧洲智慧

---

① 《生生之德》，第110页。
② 《生生之德》，第110页。
③ 《生生之德》，第111页。

种子";"太始有爱,爱赞化育;太始有悟,悟生妙觉,是为中国智慧种子"。[1] 这三段分别解释了三者智慧的由来。希腊智慧源自名言思理,偏向于求真;欧洲智慧源自权业能力,偏向于功业;中国智慧源自爱赞化育,悟生妙觉,偏向于诗意。这三句看似平淡,实际上暗藏褒贬。方东美都不称欧洲为"方便慧",而用一"巧"字,评价其"虽有精纯智慧,究属方便善巧",[2]言下之意其不能与希腊、中国的智慧相媲美;希腊和中国都是距离现实功利较远的名、言、思、理、爱、悟等,而欧洲却直接是功利性的权、能,这是对近代西洋的科学至上、物欲横流、机械分隔观念的批判。

种子变现,又创造出民族文化。"希腊如实慧演为契理文化,要在援理证真","欧洲方便巧演为尚能文化,要在驰情入幻","中国平等慧演为妙性文化,要在挈幻归真",在这里,再次照应前面的"正反合"的结构,中国的智慧将欧洲的"幻"和希腊的"真"统一起来。真可谓是"毫不含糊地宣示了一种文化认同上的东方取向"。[3]

方东美又进一步细化了这三种智慧。他认为,每一智慧又可分为三种精神。希腊民族生命分为:一、"大安理索斯",代表豪情;二、"爱婆罗",代表正理;三、"奥林坪",代表理微情亏;三者之中以"爱婆罗"精神为主脑。从这个划分可以看出,方东美是以生命哲学为判定标准,从情理关系入手来梳理希腊的精神。他称赞希腊早期的精神:"前六、五两世纪时代,独能以豪情运正理,故长恢恢旷旷,表现瑰奇伟大智慧,如悲剧诗人之所为者。"[4]这种欣赏的根基,正是情理融洽。至于"奥林坪",方东美批评其正是由于过度求理智,而忽视情感的态度,情理相悖,"苏格拉底之大错在以知识之唯一标准判断宇宙之真相、分析社会之构造、计量人生之美德。知识诚可以对镜照理、考核智符,但仅凭理智,不能生情,

---

[1]《生生之德》,第111—112页。

[2]《生生之德》,第119页。

[3] 黄克剑《百年新儒林——当代新儒家八大家论略》,北京:中国青年出版社 2000 年版,第155页。

[4]《生生之德》,第118页。

情亏而理亦不得不支离灭裂、渐就枯萎矣"。①

欧洲民族生命同样分为三种精神：一、"文艺复兴"，以艺术热情胜，"挥运灵奇深心感召宇宙幻美"。② 二、"巴镂刻"，以科学奥理彰，"理智作用就是文艺复兴以后巴镂刻文化的核心"，③之所以如此，方东美说："因心弦脆弱，不能忍受万象之震撼拨剌，终究流为艺术之诞妄，于是辗转推移，折入巴镂刻时代之科学理智"，④也就是以理智拯救文艺复兴时期浮游陷溺于艺术而产生的颓情。三、"罗考课"，情理相违，"此种理智又因驰骤空冥，援无证有，百折入迷，自毁其方法标准"。⑤ 很明显，方东美对欧洲智慧的划分，也是延续情理关系。

谈到中国的民族生命，方东美也以三家为代表：一、老，显道之妙用；二、孔，演易之元理；三、墨，申爱之圣情。中国的智慧是直接诉诸生命哲学的本体，不同于希腊、欧洲的智慧是围绕情理的关系而展开，且终不能摆脱情理的矛盾。老、孔、墨，这三者虽相异，但不相隔。因为三者都是生命哲学的不同方面。老子揭示生命哲学之道的体相；孔子演绎宇宙天地的生生之德；墨子推致生命哲学的博爱之情。方东美说："中国人知生化之无已，体道相而不渝，统元德而一贯，兼爱利而同情，生广大而悉备，道玄妙以周行，元旁通而贞一，爱和顺以神明。"⑥方东美还对中国哲学概括出六大要义：（一）生之理，（二）爱之理，（三）化育之理，（四）原始统会之理，（五）中和之理，（六）旁通之理，⑦这就是方东美推崇的生命哲学的核心意涵。所以，中国的智慧是最理想的智慧，兼具希腊和欧洲的智慧之长。"其理体湛然合天地之心，秩然配天地之德，故慧成如

---

① 《生生之德》，第 118 页。
② 《生生之德》，第 121 页。
③ 《科学哲学与人生》，第 215 页。
④ 《生生之德》，第 121 页。
⑤ 《生生之德》，第 121 页。
⑥ 《生生之德》，第 122 页。
⑦ 参见方东美《生生之德》，第 122—124 页。

实"，①即兼有希腊智慧；"其智相辟宏天下之博，翕含天下之约，故善巧方便"，②即兼有欧洲智慧。正因如此，方东美没有像分析希腊和欧洲智慧的内部演变来批判中国智慧，他说："中国人悟道之妙，体易之元，兼墨之爱，会通统贯，原可轰轰烈烈，启发伟大思想，保真持久，光耀民族。"③言下之意，中国的智慧是完善的，应该是可以发扬光大、滋养和荣耀民族生命的。但历史事实却与这种完善的智慧的应然结果相违背。原因何在呢？方东美并不认为是中国智慧本身的内容有问题，而是在于两个方面：政治、历史的因素和智慧的表现形式，且以前者为主。方东美给出了七种原因，前五种皆为政治、历史的因素：一、学术寄于官府，文化托于少数，虽有智慧，不能普及；二、战国纷争，秦王焚书，霸取天下，设官掌学，博士鲜能寡耻；三、典籍散失，士大夫承学，世守门户，破碎释经，只知守成，莫敢创造，谶纬流行，穿凿附会；四、科举制度以利禄熏人心，以权威约真理，历代均以政治统御文化，箝制思想自由。五、抱持师说，谬袭经生习法，不图依据逻辑原理建立精审方法。④ 后两者为智慧的表现形式的问题：一、天才每创新义，辄以短简直觉方式发舒名言、隐示至理，不事辛勤立量、绅绎理论效果，致令后人无法体验原有之真实证据；二、只图引归身心、自家受用，晦昧隐曲，偏私随之，无科学家坚贞持恒之素德，颇难贯串理体、巨细毕究、本末兼察、引发逻辑思想系统。⑤ 总体而言，方东美对中国智慧本身是青睐有加的，他所批判的，主要是外部因素，诸如政治、历史问题及治学方式、表现方式的问题。他在剖析三者智慧的缺陷的时候，也说："希腊之失在违情轻生，欧洲之失在驰虑逞幻，中国之失在乖方敷理。"⑥希腊、欧洲的问题都是情理矛盾，中国的问题还是治学方式上缺欠逻辑、过于简略。后文也谈到"中国人之所以穿凿""中国之肤浅

① 《生生之德》，第 122 页。
② 《生生之德》，第 122 页。
③ 《生生之德》，第 124 页。
④ 参见方东美《生生之德》，第 124—125 页。
⑤ 参见方东美《生生之德》，第 125 页。
⑥ 《生生之德》，第 126 页。

蹈空",仍然属于这一类批评。

对于三慧,方东美给出了自救和他助的方案。不同于梁漱溟的"世界文化三期重现",把西方看做第一期、中国看做第二期、印度看做第三期,方东美虽认为民族生活有鼎盛与衰落,但并不认为希腊、欧洲、中国存在文化周期上谁先谁后的问题,也不存在谁应该在当下为主流的问题。他首先主张自救:希腊人应据实智照理而不轻生,欧洲人当以方便应机而不诞妄,中国人合依妙悟知化而不肤浅,是为自救之道。① 也就是让民族的智慧种子适度生发,少开旁支,忌走偏锋;其次主张他助:希腊之轻率弃世,可救以欧洲之灵幻生奇;欧洲之诞妄行权,可救以中国之厚重善生;中国之肤浅蹈空,又可救以希腊之质实妥帖与欧洲之善巧多方。② 也就是说,欧洲可以补救希腊,中国可以补救欧洲,希腊和欧洲又可以补救中国。

自救他助是针对民族智慧的历史发展结果而言,对于未来的智慧,方东美认为,不应局限于三慧之一,而应该效仿尼采超人之精神,重估一切价值,对希腊、欧洲、中国的智慧都要虚心欣赏,融通创化:"更当以希腊、欧洲、中国三方合德所成就之哲学智慧充实之,乃能负荷宇宙内新价值,担当文化大责任。目前时代需要应为虚心欣赏,而非抗志鄙夷,所谓超人者,乃是超希腊人之弱点而为理想欧洲人与中国人,超欧洲人之缺陷而为优美中国人与希腊人,超中国人之瑕疵而为卓越希腊人与欧洲人,合德完人方是超人。"③

《哲学三慧》是方东美标志性的比较哲学,到了晚期,方东美尽管以中国哲学为主题,但总会不时将中国哲学与西方哲学进行比较。这一时期的比较,因为意在阐释和宣扬中国哲学,所以跟《哲学三慧》略有不同:《哲学三慧》比较强调三者的并立,各有偏颇,虽暗含着以中国智慧为宗的意味,但更明确地主张三者之间的会通和超越。晚期的思想,则更强

---

① 《生生之德》,第 126 页。
② 《生生之德》,第 126 页。
③ 《生生之德》,第 127 页。

调中西哲学之间的差异,并屡屡批判西方哲学以及西方社会中的政治、经济、文化等多方面的负面现象,转而力主东方哲学,尤其是中国哲学的优越性,或隐或显地主张只有向中国哲学学习,西方哲学才能打破僵局,西方文明才能走出困境。这主要表现在两个方面:

1. 两种形上学

方东美认为,形上学是究极之本体论,而理想的形上学表现为情与理、个人和宇宙大全整体之哲学情调与激发创造生命之诗意灵感,艺术才情与哲学创造一体浑融,浃而俱化。这样的形上学,不独中国有,古典时期的希腊人、印度人,以及近代的尼采都具备。但并非西方哲学的主流,其主流乃是一种"超绝型态之形上学"。这种形上学把宇宙视为两橛二分状态,既对立冲突,又看低生命,"处处尽是二元对立,极不相容,循至绝对实有与绝对虚无之间,固形成有无二界之对反,而存在本身复又剖成真妄二界之对立;生命本身更与周遭世界之诸自然缘件相脱节,世人惟藉抵死,方践其生。……同理,人,就其作为某一个体而言,亦剖成灵肉两截,二者之间,抑又彼此互相冲突不已"。[1] 这一说法实际上延续了《哲学三慧》的观点,如其谈到奥林坪哲学时,也谈到了"生不如死",他说:"人生寄迹现实,如沉地狱,末由游心可能,契会善美,故哲学家之理想,生不如死,常以抵死为全生之途径。"[2]又如其谈及欧洲哲学时说:"一切思想问题之探讨,义取二元或多端树敌,如复音对谱,纷披杂陈,不尚和谐。"[3]方东美说这种"超绝"形上学"对自然界与超自然界之和合无间性与赓续连贯性,显然有损,同时,兼对个人生命之完整性,亦有斲伤"。[4]方东美的生命哲学的立场则认为:"人,乃身心健全之结合体,寓健全之灵魂于健全之肉身,使二者浑融合一,于以形成完整之人格或健全之品

---

[1]《中国哲学精神及其发展》,第20页。

[2]《生生之德》,第119页。

[3]《生生之德》,第121页。

[4]《中国哲学精神及其发展》,第21页。

德。"①这自然使得西方哲学的二元对立的形上学成为他批判的对象。

方东美把中国的形上学称为"超越型态之形上学",对万物皆不看做是某种可以离开一切自然元素与变化历程的凝然神秘的独存者,也不把万物定在某一状态不可改变。中国的形上学认为"宇宙全体与生活其间之个人雍容浃化,可视为形成一大建筑学式之立体结构,完整统一,复依其种种密切相关之基本事素为基础,据以缔造种种复杂缤纷之上层结构,由卑至高,直至盖顶石之落定为止"。② 也就是说,个体生命与宇宙相互关联与渗透,又以现实要素为基础,可以在境界上次第上升。当然,这种形上学绝不只是上升,它是一种"双回向"。方东美说:"吾人得以拾级而登,层层上跻,昂首元天,向往无上理境之极诣。同时,再据观照所得之理趣,踞高临下,'提其神于太虚而俯之',吾人遂得以凭藉逐渐清晰化之理念,以阐明宇宙存在之神奇奥秘,与夫人类生命之伟大成就,而曲尽其妙。"③层层上升,自我觉悟之后,还要将宇宙之奥秘和生命之伟大以清晰的理念向他者阐释出来。这一观点在1964年第四届东西哲学家会议论文《中国形上学中之宇宙与个人》中表达得更清楚完整:"一方面深植根基于现实世界;另一方面又腾冲超拔,趋入崇高理想的胜境而点化现实。"如此一来,这种形上学,就迥异于西方的二元对立,一方面在本体现象上浃化融通,"本体现象,契合无间,形上形下,澈通不隔";④另一方面在个体生命上贯通天地,"夫人居宇宙之中心位置,兼天地之创造性与顺成性,自应深切体会此种精神,从而于全体宇宙生命创进不息生生不已之持续发展历程中,厥尽其参赞化育之天职。其特色也,端系乎一种对个人道德价值之崇高感,对天地万有一切内在价值之同与感,并藉性智睿明,洞见万物同根、天地一体之同一感"。⑤

---

① 《中国哲学精神及其发展》,第21页。
② 《中国哲学精神及其发展》,第21页。
③ 《中国哲学精神及其发展》,第22页。
④ 《中国哲学精神及其发展》,第22页。
⑤ 《中国哲学精神及其发展》,第26页。

2. 两种人性论

对生命的价值尤其是人生价值、人性善恶的讨论是生命哲学的重要内容,也是方东美晚期在中西哲学比较中热衷的话题。方东美认为,西方哲学在探讨人的价值、人性的问题上有两种倾向。

一是人性恶与原罪。方东美认为,古希腊哲学已经可以看出人性原罪说的痕迹,比如柏拉图笔下的苏格拉底强烈主张"归入寂灭"才是人生的正途。而亚里士多德也曾黯然神伤地回答:"不要出生,才是最好的出路,死亡远比生命要好。"① 他们都把死亡看得比生命重要,并认为死亡是灵魂的一种解脱。而在希伯来传统和基督教中,原罪之说更是普遍存在,如圣保罗说:"这就如原罪是从一人入了世界,死又是从罪来的,于是死就临到众人,因为众人都犯了罪。"② 而到了中世纪,当时的人"只看到人世的种种罪恶,死亡,以及最后审判的恐怖,几乎不知道世间还充满了良辰美景,更不知道生命本身即是一种恩赐。那时,美丽成了陷阱,乐趣就是罪恶,现在有如短剧,人生则是堕落的、迷惘的,唯一能肯定的只有死亡"。③ 这样的观念主张贬抑人性,否定现世,背负原罪,"充满了阴郁与错误",因此只能通过走向宗教的觉悟来解决问题。

二是价值中立论。在近代物质科学发展起来之后,价值逐渐就被科学悬置起来。尤其是到了 18 世纪末期与 19 世纪,透过近代科学的唯物论,发展到近代的科学实证论,则把一切价值都悬置起来,连古典物理学所追求的真理这种价值都不保留,这种思潮"认为在物质世界里面只有事实,而根据事实所产生的理论,并非说要估计它的重要价值,而是要观察它能不能与事实相符合"。④ 这样把真理转化为有效性,就是所谓的"价值中立主义"。这种观念产生之后,只要接受科学唯物论,那么"自然

---

① 《中国人生哲学》,第 135 页。
② 《中国人生哲学》,第 135 页。
③ 《中国人生哲学》,第 138 页。
④ 《中国人生哲学》,第 138 页。

对艺术不谈,对于道德不谈,对于宗教也没有法子谈"。① 至于人性及其价值,方东美在《中国哲学之通性与特点》的演讲指出,那在西方哲学的系统里是要化除掉的内容。他说:"中国哲学同西方的哲学,尤其近代西方哲学,有一个显著的差别。西方的思想要从思想的客观系统中设法子把人的性情品德情操化除掉,于是依据方法学或逻辑把它所要成立的思想,以客观的论证一层一层地显现出来。……中国哲学的中心是集中在生命,任何思想体系都是生命精神的发泄。这一生命精神一定要根据这位思想家的性情品格,才能够把他的真象全盘揭露出来。"②

中国哲学在以上两方面都迥然不同。首先,对于现世生命,中国哲学从不遗弃和否定,而是即现世即理想。尤其在生命思想上深受儒家、道家和墨家哲学所影响感召的纯正中国人,他们有一个中心思想:"生命之美就因根植于此世,所以能万物含生,劲气充沛,进而荣茂条畅,芳洁灿溢,蔚成雄浑壮阔的生命气象,令人满心赞叹,生意盎然。我们的理想世界就是将此现实世界提升点化为绝妙胜境,我们的理想德业就是在此现实世界脚踏实地奋发努力。"③

其次,对于人性,方东美首先指出,中国哲学史上关于本性的看法有五种学说:(1) 性善论,(2) 性恶论,(3) 性无善无恶论,(4) 性有善有恶论,(5) 性三品论。其次,他认为,中国哲学实际上真正成立的只有性善论。因为性恶论的代表人物荀子实际上是将性与情混为一谈,而情从逻辑上,应比性低一层,所以,名为性恶论,实为情恶论。至于性无善无恶说,性法自然说,从近代科学的立场来看,不无理由,但若落实到人生哲学上,缺点极大,"因为我们对于人生,必须从价值方面肯定其意义,而不能将价值漂白了变成中心"。④ 至于性有善有恶论、性三品论,方东美认为是从后天习气着想,强为分别,并不曾直透人性之本源。方东美认为,

① 方东美《华严宗哲学》(下),北京:中华书局 2012 年版,第 28 页。
②《方东美先生演讲集》,第 70 页。
③《中国人生哲学》,第 135 页。
④《中国人生哲学》,第 144 页。

人性之善是中国哲学的精义,他说:"所谓理义为性,实以天心贯人性,使人人诚意致知,循理格物,无有不善,所以据我看来,此乃中国哲学思想的根本精义。"①

最后,中国哲学反对价值中立主义。在中国哲学家看来,宇宙乃是普遍生命流行的境界,是伟大而美满的,绝不是机械的、物质的、纯然受因果律支配的。至于人,儒道佛都赋予崇高的价值。比如儒家追求大人的人格,大人有深厚的思想、高尚的情趣、极大的毅力,他不仅就他个人的生命来发泄这一种精神,而他的生命精神更大而化之,扩而充之,可以笼罩整个宇宙的全部真相与全体价值,"上下与天地同流"。道家也发挥圣人的精神,道家要讲公,"公乃全,全乃天",于是把所有个别小的心灵都融会贯通起来,成为广大的心灵整体,然后再把这种广大的精神同宇宙配合起来。② 至于佛家则讲究法满,这种法满意味着把精神修养到智慧遍及一切事物,遍及于宇宙全体,遍及于古往今来人生的各方面,在这个法满状态完成的生命,才是美满的生;特别是发展到唐代、宋代,中国的佛家透过般若智慧,向内追求完满的佛性,才晓得这一个佛性不过是不同的名称,代表人类尽善尽美的人性。③ 总之,中国哲学追求人性的美好,追求真人、至人、完人、圣人,把人视为与天地一体的存在,从而"摄取宇宙的生命来充实自我的生命,更而推广自我的生命活力,去增进宇宙的生命,在这样的生命之流中,宇宙与人生才能交相和谐、共同创进,然后直指无穷,止于至善! 这就是中国民族最可贵的生命精神"!④

方东美的思想正如他所提倡的中国智慧一样,旁通统贯,浃化雍容。他迥异于大多思想家的学术风格,他既无意在某一个领域上做掘井及泉式的研究,也无心构建一个线索清晰、主次分明的形上学体系。1959 年,方东美曾写《简要自述》,他在文中引述了三位朋友的评语:(一)伍叔傥

---

①《中国人生哲学》,第 144—145 页。
②《方东美先生演讲集》,第 72 页。
③《方东美先生演讲集》,第 79 页。
④《中国人生哲学》,第 172 页。

尝言:方东美之简朴幼稚,可资送幼稚园一年级以熏陶;(二)全增嘏曾评他所写的哲学文字,"颇似桑他亚那(George Santayana)之流美";(三)梅贻宝曾告知美国韩路易教授(Lewis E. Hahn):"中国近数十年之哲学师资,多出方东美门下。"①这三个不同的评价,各有侧重。伍叔傥是以风趣幽默的口吻,戏说方东美的性情;全增嘏是点评方东美的文字功夫;梅贻宝则是说明方东美的事业之成功,桃李满天下。在这性情、文字、事业三种评价里,方东美认为对性情的点评最恰当,他说:"以上三者,余尤欣赏伍叔傥先生之仍楳语,真可谓字字落实也。"②"幼稚园一年级"的方东美,意味着真诚、善良、美感、玄思。他的思想,以生命哲学为根基,高扬生生之德,提倡"双回向",是真诚和善良的流露;以比较哲学为纵横,将中国的儒道佛传统与古希腊、近代欧洲的文化思想梳理比较,或以戏场为比喻,或以佛经为文体,或以诗歌为统摄,洋溢着生命的情调与美感,闪耀着智慧的光芒与神秘,实为"挟生命幽情,以观感生命诗戏",不愧为"一代诗哲"!

第四节　贺麟的理想唯心论

一、生平著述

贺麟(1902—1992),字自昭,出生于四川省金堂县五凤乡杨柳沟村一个士绅家庭,父亲贺松云是晚清秀才,曾任金堂中学校长和县教育科长。贺麟8岁入私塾,不久就随当教师的姑丈到镇上读小学,13岁小学毕业,但因体弱,至16岁才入省立成属联中——石室中学继续学业。优良的家庭生活教育和中小学学习,培养了少年贺麟厚实的传统人文素养,为以后的精神成长打下了坚实的基础,他在晚年回忆道,"从小深受

---

① 《中国哲学精神及其发展》,第480页。
② 《中国哲学精神及其发展》,第480页。

儒家熏陶"，"特别感兴趣的是宋明理学"。①

　　1919 年中学毕业后，贺麟考入清华学校，开始了长达 7 年的清华学习经历。在此期间，他逐渐找到了自己终身志业的方向，即阐发中国哲学和翻译西方哲学。当时，在中国哲学的研究方面，贺麟受到了梁启超的指引，他仔细研读戴震、焦循的著作，写成《戴东原研究指南》和《博大精深的焦理堂》，分别发表在《晨报》副刊和《清华周刊》上。同时，在梁漱溟暂住清华期间，贺麟多次前去拜访，得到了读书指导："只有王阳明的《传习录》与王心斋的书可读，别的都可不念。"②而在西方哲学的翻译方面，贺麟深受吴宓的影响。在吴宓的指导下，他勤习翻译，并阅读严复的译作，撰成《严复的翻译》一文，发表于《东方杂志》。他打算"步吴宓先生介绍西方古典文学的后尘，以介绍和传播西方古典哲学为自己终身的'志业'"。③

　　到了 1926 年夏，贺麟从清华毕业，抱着融会中西哲学的志向远涉重洋，前往西方继续求学。他先到美国的奥柏林大学学习。在这里，贺麟遇到了引他进入斯宾诺莎、黑格尔哲学之门的耶顿夫人。在纪念斯宾诺莎逝世 250 周年之际，耶顿夫人在课外组织了斯宾诺莎和黑格尔哲学的读书会，贺麟是读书会成员之一。经过耶顿夫人的指导，贺麟写下了平生第一篇关于斯宾诺莎的论文，试图找寻斯宾诺莎哲学与宋儒思想的相似之处，还以"齐物我，一天人"的中国传统观念剖析斯宾诺莎哲学。④ 在贺麟看来，斯宾诺莎体现了朱子的"圣人与理为一"的人生境界，其所说的自然或上帝，正是"天"，其主张知神而爱神，正是"知天而行天理"，其主张知识克服情感，正是"以天理制情欲"。⑤ 在奥柏林大学读书的经历为贺麟后来研究黑格尔和斯宾诺莎哲学确定了

---

① 贺麟《康德黑格尔哲学东渐记》，《中国哲学》第 2 辑，北京：三联书店 1980 年版，第 376 页。
② 张祥龙《贺麟传略》，《晋阳学刊》，1985 年第 6 期。
③ 贺麟《康德黑格尔哲学东渐记》，《中国哲学》第 2 辑，第 376 页。
④ 张祥龙《贺麟传略》。
⑤ 洪汉鼎《贺麟先生与斯宾诺莎哲学》，《客居杂忆——哲学人生问答录》，北京：中国人民大学出版社 2016 年版。

方向并奠定了基础。[①]

1928年2月，贺麟从奥柏林大学提前毕业，获得学士学位，接着入芝加哥大学读研究生，但不久，他"不满于芝加哥大学偶尔碰见的那种在课上空谈经验的实用主义者"，就转到了更为重视古典哲学的哈佛大学，"目的在进一步学习古典哲学家的哲学"。[②] 在哈佛大学，贺麟选听了路易斯的"康德哲学"、霍金的"形而上学"、怀特海的"自然哲学"，课下又大量阅读美国新黑格尔主义哲学家鲁一士的著作，写下了《道德价值与美学价值》《论自然的目的》等论文。在哈佛大学的学习让他愈来愈倾心于德国古典哲学。于是，在获得硕士学位后，为了学习真正的康德、黑格尔哲学，1930年夏，贺麟从美国前往德国，入柏林大学。在德国留学期间，贺麟阅读了大量的黑格尔研究著作，他对哈特曼的《黑格尔》、格洛克纳的《黑格尔哲学的渊源》、狄尔泰的《青年黑格尔的历史》等尤为看重，认为这几本黑格尔研究的著作"既不抽象附会，又不呆板乏味，而著者又皆能负荷黑氏哲学，有独立思想，在哲学史上占相当地位的哲学家。而且他们皆将全部哲学史烂熟胸中，明了黑格尔的时代、背景、个性，将其全部思想融会于心，而能以批评的眼光、自己的辞句、流畅的文字表达出来"，"不仅可以引导我们认识黑格尔，而且可以引导我们认识什么是真正的哲学"。[③] 贺麟在研读黑格尔哲学的同时，仍旧潜心于斯宾诺莎、康德哲学的研究，也致力于中西哲学的比较融会。他一方面开始翻译斯宾诺莎的《伦理学》，结识了德文、拉丁文版的《斯宾诺莎全集》编辑者格布哈特，并在其介绍下加入了国际斯宾诺莎学会，一方面完成并发表了论文《朱熹与黑格尔太极说之比较观》，这篇论文"想从对勘比较朱熹的太极和黑格尔的绝对理念的异同，

[①] 关于在耶顿夫人指导下阅读斯宾诺莎和黑格尔哲学的经历，贺麟晚年回忆说："她在课外还给我们几个同学讲黑格尔和斯宾诺莎哲学。由于她的启发，奠定了我后来研究黑格尔和斯宾诺莎哲学的方向和基础。所以她是我永生难忘、终生受益的老师。"贺麟《哲学与哲学史论文集》，商务印书馆1990年版，第2页。

[②] 贺麟《现代西方哲学讲演集》，上海：上海人民出版社1984年版，第161页。

[③] 贺麟《黑格尔》译序，商务印书馆1936年版，第3页。

来阐发两家的学说",正式标志着贺麟在学术研究特点上"要走中西哲学比较参证、融会贯通的道路"。[①]

经过 5 年的西方求学历程,1931 年 8 月贺麟回到国内,即由数学家杨武之推荐,到北京大学哲学系任讲师,1932 年受聘为副教授,1935 年升任教授,直到 1955 年离开北大调入中国科学院社会科学部哲学研究所。[②] 在北大执教期间,贺麟主讲西方现代哲学、哲学问题、伦理学等课程,同时也在清华大学开课,讲授西洋哲学史、斯宾诺莎哲学。

回国后的贺麟进入了哲学创作的黄金时期。他融会中西哲学,不断有创见性卓识发表,其中具有代表性的有:1934 年发表《近代唯心论简释》,简明扼要地初步提出了"逻辑的心即理"的理想唯心论主张,标志着他的哲学思想的诞生;1936 年发表《宋儒的思想方法》,提出理智与直觉互补的方法论;1938 年发表《知行合一新论》,综合古今中西哲学家的知行观,对知行合一做出自然与价值的两层区分;1940 年发表《五伦观念的新检讨》,创造性地揭示出传统伦理观念中的现代精神,同年又发表《时空与超时空》,从康德的时空观出发,提出"时空是理"的新见解;1941 年发表《儒家思想的新开展》,昭示新儒家的艺术化、宗教化、哲学化发展路径。贺麟将发表的系列文章结集,加以补充,先后形成了三本著作,即《近代唯心论简释》(1942)、《当代中国哲学》(1945)、《文化与人生》(1947)。其中,《近代唯心论简释》是他的第一本论文集,集中反映了他的理想唯心论思想,在抗战时期,这一思想与熊十力、冯友兰、金岳霖的哲学创作交相辉映,引起学界的普遍关注,胡绳、徐梵澄、谢幼伟、陈康等纷纷撰文,予以评析、讨论。而《当代中国哲学》评述了现代中国哲学的调整与发扬,西方哲学的绍述与融会,时代思潮的演变与批判。《文化与

[①] 贺麟《五十年来的中国哲学》,沈阳:辽宁教育出版社 1989 年版,第 119 页。
[②] 抗战期间,北京大学与清华大学、南开大学先是合并为长沙临时大学,后又合并为西南联合大学,抗战结束后,三校复员,贺麟亦随校分合、迁移。此间贺麟于 1938 年到中央政治大学任教一年,1940 年又被借调至中央政治学校任教半年。详见彭华《贺麟年谱新编》,《淮阴师范学院学报》2006 年第 1 期。

人生》汇集了他在全面抗战八年中关于文化和人生问题的文章,虽然各篇主题不同,但表现出一致的态度和一贯的主张,即以自身的体验吸收西方思想,发扬传统文化。可以说,这三本著作同条共贯,确立了贺麟在现当代中国哲学、特别是现当代新儒学思潮中的重要地位。

贺麟在进行哲学创作的同时,依然不忘致力于西方哲学的翻译和介绍。1933 年,他发表《斯宾诺莎的生平及其学说概要》《黑格尔之为人及其学说概要》;1936 年翻译开尔德的《黑格尔》和鲁一士的《黑格尔学述》,由上海商务印书馆出版;1937 年当选为中国哲学会西洋哲学名著翻译委员会主任,组织翻译、出版了一批高质量的西方哲学译作;1941 年开始翻译黑格尔的《小逻辑》,至 1949 年完成,1950 年由上海商务印书馆出版;1945 年翻译斯宾诺莎的《致知篇》,由重庆商务印书馆出版。贺麟在翻译的过程中,形成了自己的翻译思想。在《黑格尔学述》译序中,他提出谈学、作文、翻译的原则,说:"(一)谈学应打破中西新旧的界限,而以真理所在实事求是为归。(二)作文应打破文言白话的界限,而以理明辞达情抒意宣为归。(三)翻译应打破直译意译的界限,而以能信能达且有艺术工力为归。"①另外,在《康德名词的解释和学说的大旨》中,针对译名问题,他说:"在哲学的领域里,正是厉行'正名'主义的地方,最好对于译名的不苟,是采取严复'一名之立,旬月踟蹰'的态度。尤其是中国现时之介绍西洋哲学,几可以说是草创时期,除了袭取日本名词外,几乎无'定约'无'成俗'可言,所以对于译名更非苦心审慎斟酌不可了。"②在贺麟看来,要想把西方哲学完整掌握,使之中国化,必须认真负责地翻译西方哲学。

1949 年中华人民共和国成立,贺麟拒绝国民党再三赴台邀请,接受了共产党的挽留,他说:"我不愿意提个小皮包,象罪犯一样跑掉,也不愿意再与蒋介石有联系,就是到美国去也不会如学生时代那样受优待,何

①《贺麟全集》第 10 卷,上海:上海人民出版社 2012 年版,第 155 页。
②《贺麟全集》第 3 卷,上海:上海人民出版社 2009 年版,第 139—140 页。

况我的爱人和女儿决不做白俄。"①贺麟自问自己与国民党的关系清清白白,无须为此不安。他继续执教于北京大学。但不久,知识分子的思想改造运动开始,他的生活与学术研究环境发生了重大变化。1950年底,贺麟到陕西长安县参加土改运动,1951年4月在《光明日报》发表《参加土改改变了我的思想——启发了我对辩证唯物论的新理解和对唯心论的批判》,表示自己"改变了从前认唯物论只重视外在现象,不能深入认识事物的本质的错误看法",现在"已亲切体会到惟有辩证唯物论才能深入认识事物的本质、核心和典型",同时"否定了离开事实,离开群众,离开实践而改造思想、改造自我的唯心论观点,而真切体会到植基在辩证唯物论上面的改造思想与搞通思想的真实意义"。② 同年,他又到江西泰和县参加了半年的土改运动。

经过知识分子的思想改造运动,贺麟虽然公开对自己的唯心论进行了批判,也参与了对胡适、梁漱溟的批判,但仍然主张要有宣传唯心主义的自由,他认为"唯心主义中有好东西","对唯心主义否定过多不恰当"。③ 这在当时的社会政治环境中表现出可贵的勇气和学问的真诚,但显然不合时宜。因此,自1957年在反右运动中受到批判后,贺麟主要埋首于西方哲学的翻译工作,基本停止了自己的哲学创作。"文革"中,他"家被抄三次,房屋被占,东西被拿走,还被关起来近一年,后来发遣到河南两年,名为干校劳动,实际上他毫无行动自由"。④ "文革"结束后,贺麟获得"解放",恢复了正常的生活与学术研究,出版了《哲学史讲演录》(第四卷)、《小逻辑》(新版)、《精神现象学》、《法哲学原理》、《黑格尔早期神学著作》等译作以及《现代西方哲学讲演集》、《黑格尔哲学讲演集》、《哲学与哲学史论文集》等著作。晚年,他"一再表示他的兴趣在中国哲学史,企盼回到中国哲学之重建和中国哲学史的研究中来,可惜时势所限,

---

① 《贺麟传略》。

② 贺麟《哲学与哲学史论文集》,北京:商务印书馆1990年版,第445页。

③ 《哲学与哲学史论文集》,第524页。

④ 《贺麟传略》。

生也有涯,这位哲人的智慧未能得到充分的施展"。① 在学术研究之余,贺麟还担任了全国政协委员、民盟中央委员、中华全国外国哲学史学会名誉会长等社会职务。1982 年,他加入了中国共产党,1992 年 9 月 23 日,在北京逝世。

贺麟一生学而不厌,孜孜求索于消化西方哲学、创造新的中国哲学的道路,虽然时势有限,但依然取得了宏富的学术成果。这些成果,尤其是对黑格尔哲学的翻译、绍述,极大地影响了中国现当代学术的发展。1986 年 10 月,中国社会科学院哲学研究所与北京大学哲学系等联合举办了规模盛大的"贺麟学术思想讨论会",约有 300 名国内外学者参会。同年,在国家社科"七五"规划重点课题"现代新儒学思潮研究"中,贺麟被公认为现代新儒家之一,他的思想成为持续研究的对象。1992 年 9 月,中国社会科学院哲学所、中华全国西方哲学史学会、民盟中央等联合举办"贺麟学术思想讨论会",约有 200 名专家参会。2002 年 12 月,中国社会科学院哲学研究所举办了纪念贺麟先生百年诞辰,共百余人参会。近年来,关于贺麟及其思想的研究仍在进行,且有青年学者为继,如 2017 年,在贺麟故居所在地金堂县,中国社会科学院哲学研究所主办了首届贺麟青年哲学奖评审会议。贺麟及其思想的影响力,于此可见一斑。

纵观贺麟的思想著述历程,大致可分为三期。留学归国前,为思想的萌芽阶段,逐渐走上了融会中西哲学的道路;20 世纪 30、40 年代为思想的勃发时期,"融合从柏拉图、亚里士多德到康德、黑格尔的理性派哲学及辩证法,以及新黑格尔主义、唯意志主义和我国宋明理学中的程朱、陆王两派,试图建立一个理想主义和理性主义相结合的哲学体系,确立了他在现当代新儒学思潮中的重要地位";②中华人民共和国成立后,主要致力于西方哲学的翻译和研究。在这三期思想中,如果仅从哲学创作来看,无疑是 20 世纪 30、40 年代的理想主义的唯心论尤见光彩,格外值

---

① 郭齐勇《现当代新儒学思潮研究》,北京:人民出版社 2017 年版,第 193 页。
②《现当代新儒学思潮研究》,第 193 页。

得珍视。

二、逻辑的心本体论

贺麟从阐扬中国哲学的立场出发，融会中西哲学，特别是斯宾诺莎、康德、黑格尔和朱熹、陆九渊、王阳明的思想，主张一种理想主义的唯心论哲学。这一主张虽然没有形成完备的理论体系，但有一以贯之的哲学见解。或者说，没有完备的体系正是贺麟的哲学思想的独到之处。他在《文化与人生》的序言中说："我并不企图讨论专门系统的哲学问题，然而我个人的哲学见解均已在浅近的方式下散见于各篇中，因此希望对于会心的读者能多少引起他的哲学的兴趣并启发他自己的哲学思想。"①思想有了固定的结构，便可能会形式化、机械化，减损它的生动性。因此，理解贺麟的哲学思想的最好方式是直接研读他的著述，与他的精神哲学作历程性的动态交流。不过，为了集中清晰地展现贺麟哲学思想的基本样态，在此还是以体系化的方式依次论述其本体论、方法论、认识论与人生观。

（一）本体的含义

本体在中西哲学中的含义不同，大致而言，其在中国哲学中，与"用"不离不杂，为万有之源，而在西方哲学中，与"现象"相对，为万有的存在根据，可以说，"体与用""本体与现象"体现了中西哲学思维方式的根本区别。贺麟在哲学思想上致力于走中西哲学比较参证、融会贯通的道路，必然要对本体作出自己的解释。因此，在论述他的本体论、指出何为本体之时，有必要先弄清楚他对本体的看法。

关于何谓本体，贺麟并没有作专门系统的论述，但他在论说"文化的体与用"的时候，集中对"体用观"予以澄析，明确了本体的含义。首先，贺麟认为，必须区分开常识、科学与哲学层面的体用。常识层面的体与用大都是主与辅的关系，两者相对而言，以个人需要为准，没有逻辑的必

---

① 《贺麟全集》第 4 卷，上海：上海人民出版社 2011 年版，第 9 页。

然性。而哲学层面的体用之间有必然联系,但这一联系又不是科学层面的因果联系,因为"科学上的因果,都同是形而下的事物,无价值的等级或层次之别,而哲学上的体属形而上,用属形而下,体在价值上高于用"。① 其次,贺麟认为,哲学层面的体用观有两种。一种是绝对的体用观,或称为柏拉图式的体用观,"体指形而上的本体或本质,用指形而下的现象。体为形而上之理则,用为形而下之事物"。而另一种是相对性或等级性的体用观,又可称为亚里士多德的体用观,其"将许多不同等级的事物,以价值为准,依逻辑次序排列成宝塔状的层次。最上层为真实无妄的纯体或纯范型,最下层为具可能性、可塑性的纯用或纯物质。中间各层则较上层以较下层为用,较下层以较上层为体"。② 简言之,绝对的体用观以"本体与现象"言体用,相对性的体与用是"范型与材料"的关系。将这两种体用观加以比较,相对性的体用观可以包括绝对的体用观,其"除以本体现象言体用外,又以本体界的纯范型作标准,去分别现象界个体事物间之体用关系"。③

贺麟在解释哲学层面的体用观时,虽然以柏拉图和亚里士多德的名字命名,但他所说的体用观并不专属于西方哲学。他以朱子和周敦颐的思想为例说:"朱子持理气合一之说,认理为体气为用,则近于此处所谓绝对的体用观。而周子则无极而太极,太极而阴阳,阴阳而五行,五行而万物,似以无极为太极之体,太极为无极之用;太极为阴阳之体,阴阳为太极之用;阴阳为五行之体,五行为阴阳之用;五行为万物之体,万物为五行之用。似分为五个层次的相对的体用观。但若从绝对的体用观来看,则无极太极皆系指形而上之理言,为体;而阴阳五行万物皆系形而下之气言,为用。"④在贺麟看来,中西哲学中均有绝对性的体用观和相对性的体用观,而相对性的体用观在解释体用关系上更为完备。因此,在贺

---

① 《贺麟全集》第 3 卷,第 194 页。
② 《贺麟全集》第 3 卷,第 193 页。
③ 《贺麟全集》第 3 卷,第 194 页。
④ 《贺麟全集》第 3 卷,第 193 页。

麟的哲学思想中,本体即为相对性的体用观中的本体,它既是本质、理则,又是价值标准。

贺麟对本体的解释,明显受到黑格尔的影响。黑格尔说:"一切问题的关键在于,不仅把真实的东西或真理理解和表述为实体,而且同样理解和表述为主体。"[①]黑格尔认为,绝对精神既是绝对的实体,也是能动的主体。贺麟借用这一说法,认为体与用不可颠倒,同时又不可分离,必然合一。他说:"凡用必包含其体,凡体必包含其用,无用即无体,无体即无用。没有无用之体,亦没有无体之用。"[②]本体既然与用合一,即用显体,那么,本体就不可能只是抽象的概念,或外在于世界的死静之物,而是活动的主体。也正是由于本体是主体,所以本体既是本质,又是价值标准。

(二) 逻辑的心即理

贺麟援引中西哲学解释本体,当然不是简单地重复中西哲学史中已有的本体观,他最终的目的是要吸收、消化西方哲学而阐扬、创造中国哲学。他援引中西哲学家的思想,比较中西哲学的体用观,不仅指出两者的相同之处,还深刻反省中国哲学的体用观,并试图提出"逻辑的心即理"这一命题,以改造、创新中国哲学。

贺麟在解释哲学意义上的两种体用观时,主要指出了中西哲学体用观的类似之处,但这并不是说他认为中西哲学的体用观没有差别。那么,两者的差别是什么呢? 在比较朱熹与黑格尔的本体思想时,贺麟以太极指称本体,认为朱熹与黑格尔的太极有不少吻合处,但主要差别也非常明显,即"黑说较注重知识的来源,而朱说则较重道德的自主","黑格尔在西洋实际影响之大几全在他注重于太极之表现于社会理想,而朱学在中国影响之大乃在其注重自个人内心涵养而得之太极。所以朱子有'一物一太极'之说","而黑格尔太极只能承认凡物皆太极的表现,而不承认一物一太极的说法了"。[③] 对此,他还形象地比喻说:"黑格尔的太

---

① 黑格尔《精神现象学》上卷,贺麟、王玖兴译,北京:商务印书馆1979年版,第10页。
②《贺麟全集》第3卷,第197页。
③ 张学智编《贺麟选集》,长春:吉林人民出版社2005年版,第219—220页。

极是向外征服恶魔的战士,而朱子的仁心是向内克治情欲的警察。""朱子的太极是仙佛境界,黑格尔的太极是霸王威风。朱子的太极是光风霁月,黑格尔的太极是洪水猛兽。朱子是代表东方文化的玄学精,黑格尔是代表西方精神的玄学鬼。"①另外,在疏解黑格尔的精神现象学时,贺麟说:"意识经过矛盾发展过程,达到它的现象和本质的同一。而人们研究、描述、分析意识由现象达到与本质的同一的过程,亦即由现象到本质的过程的学问就是精神现象学。用中国哲学的术语来说,这就是'由用求体'的方法。'用'指现象,'体'指本质。中国哲学著作中有所谓'格物穷理','物'是现象,'理'是本质,'格物穷理'就有由现象穷究本质的现象学的素朴意义。……只是中国哲学家谈体用关系很少认识到由现象经过矛盾发展达到本质的辩证过程。"②总之,贺麟认为,中国哲学之体用偏重于道德,西方哲学之体用格外注重逻辑知识,相比于西方哲学,中国哲学在即用求体的时候,对于逻辑知识不够重视,甚至缺乏。

基于这一点,为了加强、扩充中国哲学之道德本体的逻辑知识向度,贺麟吸收康德、斯宾诺莎的哲学思想,综合程朱、陆王的理学思想,创造性地提出了"逻辑之心即理"的本体论命题。考察这一命题的构成,显然其由"心即理"发展而来,是将"心即理"之心作了"逻辑"的规定而形成。因此,理解这一命题,可以先从贺麟对"心即理"的理解出发。

"心即理"是陆王心学的命题,对这一命题的含义,贺麟有清晰的认知。他在概括地比较程朱与陆王的思想区别时说:"程朱陆王都同是要讲身心性命格物穷理之学,所不同者只是程朱主张先格物穷理,而后明心见性,先今日格一物,明日格一物,而后豁然贯通,吾心之全体大用无不明。陆王主张先发明本心,先立乎其大,先体认良知,然后致吾心之良知于事事物物。所以程朱比较注重客观的物理,陆王比较注重主观的心性。一由用回到体,一由体发展到用。"在贺麟看来,程朱和陆王只是工

---

① 《贺麟选集》,第 221—222 页。
② 黑格尔《精神现象学》上卷,译者导言第 10 页。

夫不同,他们有共同的问题意识和致思趣向,两派心同理同,同大于异,如果存异求同,程朱陆王皆偏重道德,偏重于求得道德主体之自觉。据此,贺麟认为,程朱所说的太极或理,是与心合一之理,理即心,"理已非抽象静止之理矣",[①]此理此心,乃是"主乎身,一而不二,为主而不为客,命物而不命于物"的主体。[②]

贺麟认为,程朱与陆王心同理同,他们的道德本体—主体说,与西方哲学也有相通之处。换言之,"心即理"虽然是陆王的哲学命题,但不专属于陆王,而有中西哲学史的普遍意义。在从哲学发展的趋势论证"时空是理"时,贺麟认为,由"物者理也""天者理也""性者理也"发展到"心者理也"的思想,既是中国哲学史发展的必然次序,也是西方哲学史发展的必然历程。关于中国哲学思想的发展,他认为,"物者理也、天者理也、性者理也、心者理也"的思想,"已在先秦的儒家典籍中,隐约地、浑朴地、简赅地通通具备了,到了宋儒才将这些伟大哲学识度重新提出来,显明地、系统地、精详地加以发挥",尤其是陆九渊,直接揭示出"心即理也",创立了"宇宙即是吾心,吾心即是宇宙"的伟大见解,指明"以理解自己的本心,作为理解时空事事物物的关键的先决问题"。而关于西方哲学思想的发展,贺麟认为,"物者理也、天者理也、性者理也、心者理也"的种种见解,也"已隐约地、浑朴地、平正地、美妙地、简赅地通通具于从苏格拉底到亚里士多德时期的正统哲学思想中了",到了近代,欧洲唯理主义和经验主义的哲学家对这些问题加以深入的辩难,至康德集其大成,康德"一方面把握住理性派的有普遍必然性的理,一方面又采取了经验派向内考察认识能力的方法","成立了他的即心即理亦心学亦理学的批导哲学或先天哲学",指出"要了解宇宙须批评地从了解自我的本性、认识能力着手,不然便是无本的独断,无根的玄谈"。[③] 通过对中西哲学史的考察,贺麟认为,中西哲学家"心同理同",中西哲学在各自的历史发展中,

---

① 《贺麟全集》第 3 卷,第 246 页。
② 《贺麟全集》第 3 卷,第 3 页。
③ 《贺麟全集》第 3 卷,第 23—25 页。

都走向了"心即理"的命题。如果对中西哲学中的"心即理"命题只进行求同,可知其同在于开辟了哲学研究的新方向和知识论基础,即由内以知外,以心为宇宙万有的主体。至此,贺麟完成了中西哲学本体论的统一、贯通。

中西哲学有统一、贯通之处,但两者的差异也不容忽视,正如程朱与陆王的差异不容否认。不过,找到了中西哲学的相通之处,再来看两者的差异以及各自内部的差异,就可以在统一的前提下,融会中西哲学,进而吸收西方哲学,阐扬中国哲学。如果以贺麟的相对性的体用观来看程朱陆王、中西哲学的异同,可知程朱陆王之异是用,程朱陆王之同是体;中西哲学之异是用,中西哲学之同是体。程朱陆王、中西哲学之异中求同、同中见异,正是贺麟哲学思想的创造之处。因此,通过对程朱陆王的存异求同,以及对中西哲学的存异求同,贺麟在不断略去"心即理"的特殊性的同时,不仅凸显了它的普遍性,还为它扩充了特殊的内容。具体而言,"心即理"成为具有中西哲学普遍意义的命题之时,中国哲学旧有的"心即理"命题扩充为:心即理,本体即主体,心即逻辑之心,"乃一理想的超经验的精神原则,但为经验、行为、知识以及评价之主体。此心乃经验的统摄者,行为的主宰者,知识的组织者,价值的评判者"。[1]

"心即理"扩充为"逻辑的心即理","逻辑"成为其中的关键。那么,什么是逻辑呢? 贺麟说:"若没有逻辑——概念的次序、语言文字的理则,则人与人之间思想上无共同的方式或范畴,彼此不能以理相喻,彼此不能相互了解,换言之,精神上不能交通。……所以,我说逻辑是精神的交通与精神上斗争的利器。再说明白一点,逻辑即是精神生活的命脉,同时也是物质文明的本源。"[2]显然,贺麟所说的逻辑不是指逻辑的字面意思,而主要指一种精神的法则。对于这一法则的根本含义,他认为,可以借用斯宾诺莎的"据界说以思想"和康德的"依原则而认知"予以说明。

---

[1]《贺麟全集》第 3 卷,第 3—4 页。
[2]《贺麟全集》第 3 卷,第 95 页。

斯宾诺莎和康德的思想同条共贯,以斯宾诺莎为例,贺麟说:"据界说以思想就是根据对于一物的本性的知识以思想,而事物的内在本性乃是固定永恒的贡献,也可以说是深藏于事物之中,为事物所必遵循的律令,……这样看来,据界说以思想即是据共相、概念、律令以思想。"他又说:"据界说以思想亦即是以真观念甚或依对于实体的观念以思想。又此心获得的真观念愈多,则愈知自然,同时亦愈知其自身的力量,此心愈能自知其力量,则愈能自立规律,指导自身,以作求治之补助。因此可以认为'此心循律令而活动,有似精神的自动机'。"[①]可见,贺麟用于规定"心即理"之心的逻辑,主要是在强调心为认知之心,是依自不依他的认知主体。他认为,此"逻辑"是西方哲学的精华,也是中国哲学未能发展充分而欠缺的。因此,在解释作为主体之心时,他将知识主体与评价主体并列,试图"用西方哲学表现的较为充分的逻辑理念法度、普遍规律和知识系统之心加强中国哲学表现得较为充分的道德行为、价值评价之心"。[②]

(三)心物合一

在贺麟的理想唯心论中,逻辑的心即理是第一要义,但他说:"心有二义:(1)心理意义的心;(2)逻辑意义的心。逻辑的心即理,所谓'心即理也'。心理的心是物,……其色相皆是意识所渲染而成,其意义、条理与价值,皆出于认识的或评价的主体。"[③]这表明,逻辑的心即理,只是他的本体论的主要部分,而另一不可或缺的部分,是逻辑之心与心理之心的合一,即心物合一。或者从体用合一来看,逻辑的心即理,其结构为:逻辑的心→物→理。

贺麟认为,心与物是不可分割的整体,心与物的合一关系分为两个内容,即心物平行和心体物用。他说:"严格来讲,心与物是不可分的整体。为方便计,分开来说,则灵明能思者为心,延扩有形者为物。据此界

---

①《贺麟全集》第 3 卷,第 100 页。

②《现当代新儒学思潮研究》,第 202 页。

③《贺麟全集》第 3 卷,第 3 页。

说,则心物永远平行而为实体之两面:心是主宰部分,物是工具部分。心为物之体,物为心之用。心为物的本质,物为心的表现。故所谓物者非他,即此心之用具,精神之表现也。"①贺麟认为,心物平行是科学研究的前提,"依心物平行之理,则心不影响物,物不决定心,如是则心为心因,物为物因,以心释心,以物释物,各自成为纯科学研究之系统"。而心体物用,即心主物从,是唯心哲学的真正看法,其表明"逻辑上物永远为心所决定,意即指物之意义、价值及理则均为心所决定"。②

表面上看,贺麟一方面主张心物平行,一方面主张心体物用,两者相矛盾,如谢幼伟在评论《近代唯心论简释》时认为,贺麟所说的心物关系实为体用合一论,而非平行论,如果既说心物体用合一,又说心物平行,将造成不能调和的逻辑矛盾。贺麟在回应这一批评时,认为心物平行说和体用说并不冲突,但他也承认将两者综合,存在很多困难,自己的说法"也许尚未成功,而方向大概如此"。③ 其实,心物平行和心体物用的冲突只是表面的,从深层来看,两者并不冲突,是心物合一的应有之义。贺麟将心物平行作为科学研究的前提,且以之为心物合一的内容,并不是要在哲学的论述中掺杂科学的内容,而是在强调心物合一的知识向度,换言之,物虽然是心理之心,由逻辑之心所统摄,但不容否认其为"漆黑一团"的材料,因此在强调逻辑之心的本体、主体地位之时,也必须对物予以肯定。同时,贺麟始终强调本体即主体,主体不可能离开物而活动,不然,将陷于离用而求体、离物而求心的抽象玄谈。

基于这一点,贺麟特别强调他的"逻辑"不能离开实际生活,不能离开文化生活、社会生活、日常生活而谈"逻辑",而他的唯心论不能离开文化或文化科学而空谈抽象的心,"注重神游冥想乎价值的宝藏,文化的大流中,以撷英咀华、取精用宏而求精神的高洁与生活之切实受用",④如

---

① 《贺麟全集》第 3 卷,第 4 页。
② 《贺麟全集》第 3 卷,第 296—297 页。
③ 《贺麟全集》第 3 卷,第 297 页。
④ 《贺麟全集》第 3 卷,第 5 页。

此，唯心论则不落于戏论的诡辩、支离的分析、骛外的功利、蹈空的玄谈。贺麟认为，他的唯心论，既可称为唯性论，又可名为理想主义，"就知识之起源与限度言，为唯心论，就认识之对象与自我发展的本则言，为唯性论，就行为之指针与归宿言，为理想主义"。① 所谓唯性，一方面指心之本性即理，一方面指"凡物无论怎样活动发展，终逃不出其性之范围"，而所谓理想主义，是指心之本性，虽然是已有的本体，但又是需要实现的理想。

　　逻辑的心本体论是贺麟比较、融会中西哲学的成果，其为中国哲学、特别是儒家思想哲学化的发展做出了有益的尝试。在本体观，他主要比较朱熹和黑格尔的思想，提出"本体即主体"的论断；在本体论，他主要消化斯宾诺莎和陆九渊的思想，提出"逻辑的心即理"、心物合一的命题。这一本体论说可能存在诸多问题，如他自承在比较、融会中西哲学，主要致力于求同存异，较少深入辨析差异，不免牵强附会，但其贯通中西而阐扬中国哲学的理路已成为现当代新儒学的致思之途，值得进一步肯定和继承。

三、直觉与辩证法相贯通

　　关于哲学方法，贺麟认为，任何哲学家都离不开三种方法，即"形式的分析与推论""矛盾思辨法"和"直觉"，但每位哲学家在使用这三种方法时，各有偏重。"形式的分析与推论"即形式逻辑，"矛盾思辨法"即辩证法。以此观之，贺麟在创建他自己的哲学思想时，也是有偏重地使用了这三种方法。关于他对逻辑方法的看法，已在上文述及，不再赘言，这里集中论述贺麟对直觉法与辩证法的阐发，这两种方法是他在强调方法的自觉时尤为看重的。

　　相比而言，直觉法是中国哲学方法的主要特色，辩证法是西方哲学方法的主要特色，与在本体论上融会中西哲学的创见相应，贺麟致力于

---

① 《贺麟全集》第 3 卷，第 6 页。

贯通这两种方法,一方面发明理智与直觉互补,提出亦经验亦方法的"后理智的直觉",一方面区分辩证观与辩证法,提出亦理性亦经验的辩证直观,从而主张直觉法与辩证法统一。

（一）后理智的直觉

一般认为,直觉只是一种不可言说的神秘体验,虽然有一定的价值,能偶然地帮助人直接洞彻事物的全体,透视本质,但其终究不是理性的,没有严谨的逻辑形式,所以不可能作为一种获得真理的可靠方法;甚至还有人认为,直觉与理智是相反的,直觉是反理性、反理智的。这样的看法,无疑是将直觉归于狂诞的反理性主义了。贺麟经过长时间的思索,对此予以反驳。他认为,直觉是一种经验,也是一种方法。他说:"所谓直觉是一种经验,广义言之,生活的态度,精神的境界,神契的经验,灵感的启示,知识方面突然的当下的顿悟或触机,均包括在内。所谓直觉是一种方法,意思是谓直觉是一种帮助我们认识真理,把握实在的功能或技术。"①贺麟肯定一般对直觉的经验性看法,但在他看来,仅从经验看直觉是不够的。具体的人在具体的情景中使用某一方法而形成经验。经验性的直觉作为一种不可否认的事实,虽然为个人所独有,但其展现出来的好坏、高下、真妄的等差,表现了直觉经验中有一种普遍意义的直觉方法或直觉工夫。因此,透过特殊的直觉经验,可以肯定在人们认识的过程中普遍存在一种直觉方法,"不能因为不采用直觉方法,便根本否认直觉之为方法,一如我们不能因为自己无有直觉的经验,便根本否认直觉经验的事实"。②

既然直觉作为一种方法不容被否认,那么,其与理智方法同为方法,必然有相通之处。贺麟认为,这一相通之处在于直觉与理智的辩证互补。为了说明直觉与理智在认识过程的辩证互补关系,贺麟借用康德的思想,认为从感性到知性、再到理性的认识阶段,即依次为直觉、理智、直

①《贺麟全集》第 3 卷,第 73 页。
②《贺麟全集》第 3 卷,第 73 页。

觉发挥主要作用的阶段,由此而有感性经验、科学知识、哲学知识。理智发挥作用,以直觉发挥作用为前提,同时又为直觉在更高的程度上返回自身提供材料。以逻辑分析为例,分析必以事物的整体印象为前提,同时又以达到对事物的整体认识为目的。据此,贺麟说:"足见直觉与理智乃代表同一思想历程之不同阶段或不同方面,并无根本的冲突,而且近代哲学以及现代哲学的趋势,乃在于直觉方法与理智方法的综贯。"①

依照直觉与理智在认识过程中的辩证互补次序,贺麟进一步认为,直觉一方面是先理智的,一方面又是后理智的。他说:"先用直觉方法洞见其全,深入其微,然后以理智分析此全体,以阐明此隐微,此先理智之直觉也。先从事于局部的研究,琐屑的剖析,积久而渐能凭直觉的助力,以窥其全体,洞见其内蕴的意义,此后理智的直觉也。"②这里需要注意的是,贺麟所说的先理智的直觉与后理智的直觉是同一直觉的不同表现,并非有两个直觉。由于直觉在经过理智的洗礼后,使自身更加清晰,能见其全,因此贺麟认为,可以借用斯宾诺莎的思想,即认识的正确观念越多,求知的方法就越完善,相应地可以说,"直觉的方法是不断在改进中,积理愈多,学识愈增进,涵养愈酣熟,而方法亦随之逐渐愈完善"。③

通过对直觉与理智的辩证互补关系的厘清,贺麟总结说:"可以简略地认直觉为用理智的同情以体察事物,用理智的爱以玩味事物的方法。"④直觉在与理智的辩证互补中,使真理全体显现出来,这样的直觉正是求得本体的不二法门,一如本体也是在自身作为主体的活动中显现为本体。因此,从契合本体的完满程度看,贺麟倾向于将直觉称为"后理智的直觉",以之为真正的哲学方法。

贺麟以他对直觉方法的理解来看宋儒的思想方法,认为程朱理学和陆王心学都采用的是哲学直觉法,但同时,程朱与陆王又有区别,即前者

---

①《贺麟全集》第 3 卷,第 77 页。

②《贺麟全集》第 3 卷,第 74—75 页。

③《贺麟全集》第 3 卷,第 74 页。

④《贺麟全集》第 3 卷,第 77 页。

注重向外观认而为透视式的直觉,后者偏重向内反省而为反省式的直觉。具体以朱熹和陆九渊为例,贺麟说:"陆象山的直觉法注重向内反省以回复自己的本心,发现自己的真我。朱子的直觉法则注重向外体认物性,读书穷理。但根据宋儒所公认的'物我一理,才明彼,即晓此,合内外之道也'一原则,则用理智的同情向外穷究钻研,正所以了解自己的本性;同样,向内反省,回复本心,亦正所以了解物理。其结果亦归于达到心与理一,个人与宇宙合一的神契境界,则两者可谓殊途同归。"①如果结合先理智的直觉与后理智的直觉,透视式的直觉近于后理智的直觉,反省式的直觉更近于先理智的直觉。

贺麟虽然认为朱陆殊途同归,但正如后理智的直觉比先理智的直觉更为完满,他认为,朱子的透视式的直觉法更为完备。他说:"陆象山注重向内反省以回复本心,朱子注重向外体认以穷究物理。但象山所得力的各点,朱子亦兼收其所长。"②更为重要的是,朱子"以回复本心为学问思辨格物穷理方能达到的高远的最后理想",为理智、逻辑知识在求得本体中的重要作用予以肯定。因此,贺麟特别表彰朱子的格物工夫,说:"朱子格物的工夫所欲达到的,非与物相接或与物一体的先理智的神秘的感性的直觉境界,而乃是欲达到心与理一的后理智的理性的直觉境界。"③

贺麟还将朱子的直觉法与西方哲学家斯宾诺莎、狄尔泰、柏格森的直觉法相比拟,认为朱子的直觉法兼具而有:第一,以价值为对象,以文化生活的充实丰富为目的;第二,以生命为对象,以生命的自由、活泼、健进为目的;第三,以形而上的真理为对象,以生活的超脱高洁,以心与理一、心与道俱为目的。④

贺麟对直觉的阐发,与他的本体论说相一致。他肯定直觉亦经验亦

---

① 《贺麟全集》第 3 卷,第 78 页。
② 《贺麟全集》第 3 卷,第 84 页。
③ 《贺麟全集》第 3 卷,第 90 页。
④ 《贺麟全集》第 3 卷,第 71 页。

方法,看重后理智的直觉和朱子的透视式的直觉,即为肯定、强调"心即理"之心是逻辑的心,逻辑的心与物合一;他在直觉与理智的辩证互补中,高扬直觉的主导地位,即为肯定本体即主体;他借用斯宾诺莎、康德、黑格尔等西方哲学家的思想,与朱陆思想相比拟,论断直觉与理智的互补,即为致力于融会中西哲学。

(二)亦理性亦经验的辩证法

贺麟在肯定直觉法为哲学方法的同时,又明确主张辩证法是哲学家共用的方法。那么什么是辩证法呢? 简言之,他说:"辩证法就是思辨法,也就是思辨哲学的根本方法。"①

对于这种思辨法,贺麟认为,其最原初的意思就是以子之矛攻子之盾,即总是处于矛盾之中。其次,这种思辨的矛盾不是陷于怀疑和诡辩,而是使人回思反省,在自己陷于矛盾之中的时候,能够不断修正自己,一如苏格拉底的辩证法"不是消极地使人丧然若失,不知所可,无所适从,乃欲使人自己去寻求德性之知而且昭示人此种德性之知识可用辩证法的启发而寻到的"。② 再次,思辨在矛盾中不断推翻自己、修正自己,即在对立中见统一,不断地由形而下的现象界上升到本体界,最终完成最高的统一,达到至善。最后,达到至善的思辨在自己整个的运动历程中完成自己、显现自己。对照西方哲学的发展历史,贺麟认为,芝诺、苏格拉底、柏拉图和黑格尔的辩证法分别对应真正的辩证法的四个层次。而这四层在内容上,又分别对应形式逻辑、内省的道德、纯理性的知识和文化历史,且每前一层次都为后一层次所包含。因此,在贺麟看来,真正的辩证法即黑格尔的辩证法,它既超越又内在,亦经验亦理性,在矛盾中完成其自身,突破无限的对立而走向绝对的统一。

由此,贺麟认为,真正的辩证法自身就是矛盾的统一。他说:"辩证法一方面是方法,是思想的方法,是把握实在的方法。辩证法一方面又

①《贺麟全集》第 3 卷,第 104 页。
②《贺麟全集》第 3 卷,第 108 页。

不是方法,而是一种直观,对于人事的矛盾、宇宙的过程的一种看法或者直观。"①他还说:"辩证法一方面是求形而上学知识的思辨方法或理性方法,但一方面忠于客观事实的经验方法或体验方法,它是理性方法与精神生活的统一。"②辩证法要在矛盾统一中达到最终的全体大用,直观体验即认识全体,相比而言,两者在认识的过程上分别处于始终两端,然而实际上,在全体大用中,始点又是终点。辩证法与直观的统一在两者的区分中实现,因此,在方法和直观的统一中,贺麟对辩证法和辩证观加以区别,特别强调了辩证直观的知识向度,他说:"理智的直观,每为大诗人、小说家、戏剧家、政治家、宗教家所同具,且每于无意中偶然得之。……而哲学家的特点,就是不单是从精神生活或文化历史的体验中,达到了这种辩证的直观或识度,且能慎思明辨,用谨严的辩证方法,将此种辩证直观,发挥成为贯通的系统。"③在这种强调中,贺麟完成了辩证法与直观的互释。

贺麟认为,宋儒格物穷理的直觉法与辩证法相通。他说:"辩证法是观认万殊归为一理,一理统贯万殊的方法,就此法之多中见一言,可谓为格物(多)穷理(一);就此法之为一中见多言,可谓为以理观物。"④直觉法与辩证法,都是对本体的整体性认识方法,其所不同的地方在于,直觉法是"用理智的同情去体察外物,去反省自己",宋儒多以之为一种道德修养方法,强调主体的地位和作用,而辩证法注重对自身和外物建立知识系统,更为强调主体的活动不离开客观知识。

本体论中,贺麟在强调逻辑的心的主体性时说:"此心乃经验的统摄者,行为的主宰者,知识的组织者,价值的评判者。自然与人生之可以理解,之所以有意义、条理与价值皆出于此心即理智信。故唯心论又尝称

---

① 《贺麟全集》第 3 卷,第 104 页。
② 《贺麟全集》第 3 卷,第 114 页。"但一方面忠于客观事实的经验方法或体验方法"似缺谓语,原文如此。
③ 《贺麟全集》第 3 卷,第 105 页。
④ 《贺麟全集》第 3 卷,第 109 页。

为精神哲学,所谓精神哲学,即注重心与理一,心负荷真理,理自觉于心的哲学。"①逻辑的心是本体即主体的精神,其与理合一有两个方面,即"心负荷真理"和"理自觉于心",心与理的双向互动,既是后理智的直觉活动,又是辩证的直观境界。

四、自然的知行合一观

知行关系是中国哲学中历久弥新的认识论命题,王阳明主张的知行合一是对这一问题的一大发明,贺麟在提出他的哲学主张时,也深入剖析了这一问题,并对王阳明的主张予以回应。贺麟认为,在探究本体之时,关于这一命题的认识不可或缺,尤其是在中国哲学偏重于道德本体讨论的情况下,如果缺少对知行问题的研究,必然陷于武断的伦理学。为此,他吸收西方哲学,特别是斯宾诺莎和格林的哲学思想,并解释、发挥朱熹和王阳明的知行合一观,创造性地提出了自然的知行合一观,对知行的自然合一与价值合一加以区分,以之作为理想唯心论的认识论的主要内容。

(一) 知与行的自然合一

贺麟认为,要想将知行问题说清楚,首先要对知与行的概念有清晰的界定。关于知与行的概念,他说:"知指一切意识的活动。行指一切生理的活动。任何意识的活动,如记忆、感觉、推理的活动,如学问思辨的活动,都属于知的范围。任何生理的动作,如五官四肢的运动固属于行,就是神经系的运动,脑髓的极细微的运动,或古希腊哲学家所谓火的原子的细微运动,亦均属于行的范围。"②在贺麟看来,知与行都不应从完成意义上界定,而要从生成意义上来看。知不是知识,不是指认知的结果,而是指认知活动,同样,行也不是行动的效果,而是指行为活动。

明确了知与行的含义范围,知与行的同异就显然可见了。贺麟说:

----

①《贺麟全集》第 3 卷,第 4 页。
②《贺麟全集》第 3 卷,第 45 页。

"知行虽是两种性质不同的活动,但知与行皆同是活动。因此我们不能说,行是动的,知是静的。只能说行有动静,知也有动静。"①他认为,知与行既然各有所指,那么,两者的性质绝对不能混同,"知"属于意识或心理,而"行"属于生理或物理;但知与行又同是人的活动,因此,知与行又有相同之处。从同是人的活动来看,知与行都处于不断生成中,而生成的内容各式各样,由此,贺麟没有在知与行的具体内容上多作解释,而是从心理事实的角度,采用"显"与"隐"的概念,对知与行作形式上的等级区分。他认为,不管是意识活动的知,还是生理活动的行,都有或显或隐的等级差别,譬如动手动足的行为是显著的生理之行,静坐是不显著的隐行,沉思推理是显著的意识之知,本能的意识为隐知,如此一来,最隐之行好像是无行,最隐之知好像是无知,或者可以更进一步说,最隐之行与显知表现为一回事,最隐之知与显行表现为一回事,如沉思既可以看做是隐行,又可以看做是显知。

从知与行的同异之分来看,知与行就是人们为了认识自身的认识活动而做出的形式上的抽象区分,因此,贺麟认为,分辨知行关系,既不能将知与行直接看做合一不分,也不能把知与行看做有分无合,而要"看出知行关系的分中之合,又要看出知行关系的合中之分"。② 他说:"持知行合一说的人,既不一味说知行是合一的或混一的,亦不一味说知行是对立的、二元的。"③贺麟特别强调,用"合一"概括知行关系的时候,"合一"绝不是"混一",知与行不容混淆不清。那么,"合一"指什么呢? 他认为,"合一"首先是同时发动之意,也即是说,知行没有时间上的先后,人的心理活动与身体的动作是同时发生的,不存在先知后行或先行后知。其次,既然知行是同时发动的人的活动,则可以说两者是同一活动的两面。再次,知行作为同一活动之两面,同时发动,而两者性质不同,这说明知行是平行的,即两者同时并进,又不能交互影响。贺麟以"合一"概括知

---

① 《贺麟全集》第 3 卷,第 45 页。
② 《贺麟全集》第 3 卷,第 46 页。
③ 《贺麟全集》第 3 卷,第 46 页。

行的同异关系,最终将"合一"解释为"平行",显然更为看重知行的相同之处,即认为知行本来合一,在合一中有分别,而分别不是相背而行,其以合一为归宿。

贺麟以"平行"解释"合一",明显受到斯宾诺莎和格林的影响。在贺麟看来,斯宾诺莎主张身心平行,认为身心是同一实体的两面,相应地,知识与行为也是齐头并进,譬如"知的方面只是些糊涂的经验、混淆的观念,行的方面便是被动,便是情欲的努力"。① 而格林主张,有观念的知识与有动机的行为是一致的,如印象活泼有力,相应地,行为就直接冲动。贺麟借用他们的说法,认为在实然层面,知与行是同一活动的两面,两者在时间上没有先后之别,不能交互影响,知为知因,行为行因,知与行各不逾越范围,知不能使身体发生动作,行不能使知识增进。值得注意的是,贺麟对斯宾诺莎和格林的主张的借用并不是原样复述,他对知行的界定与斯宾诺莎、格林的主张不同。贺麟并不把"知"限定为知识,也不把"行"限定为行为,他主要是想从知与行的活动表现中抽象出知与行的逻辑关系。更为重要的是,贺麟的最终目的在于说明知行是合一的,因此他说:"任何一种行为皆含有意识的作用,任何一种知识皆含有生理作用。知行永远合一,永远平行,永远同时发动,永远是一个心理生理活动的两面。"②在贺麟看来,知行永远合一、平行,这是知行活动的自然事实,换言之,知行本来在自然层面上合一,在事实上合一。基于此,贺麟称知行合一为"自然的知行合一"。

贺麟虽然从自然事实层面对知行合一加以解释,但他主张的"自然的知行合一观"并不是想要将知行合一局限于自然事实层面。他说:"自然的知行合一论则认为知行合一乃是'是如此'的自然事实。知行本来就是合一的,用不着努力即可达到,因此单就知行合一的本身言,并无什么价值,虽然有高级的知和低级的知的知行合一之别,但以知与行的内

---

① 《贺麟全集》第 3 卷,第 48 页。
② 《贺麟全集》第 3 卷,第 49 页。

容为准。"①以内容为准,就会失去逻辑的必然性,知或行都可以为主或为从,知行关系将陷入相对主义,无法显现出价值意义。那么如何才能在知行合一的自然事实基础上,确定知行二者孰为主,孰为从,从而发现知行在价值层面上的合一呢? 这就涉及自然与价值、事实与理想的区分。价值与理想从来不是从自然、事实中推导出来的,换言之,自然事实不决定价值与理想,而是价值与理想决定自然、事实。贺麟在解释知行的自然合一的时候,认为知与行各自有显与隐的等级差别,知有显知、隐知,行也有显行、隐行,那么,是不是可以认为,在知与行的各自内部,显知与隐知相比,显行与隐行相比,其中一个应该具有更高的程度或优先性? 如果可以这样推论,知与行各自内部就会有主从之分,主从之分即价值之分,也即是说在知与行的各自内部自然事实中,潜在地同时具有价值上的区分。但这样的推论是实然决定应然,是贺麟无法认同的,在理想唯心论中,逻辑的心才是主体,应然决定实然。因此,贺麟认为,知道了知行有显隐的区别,可以在知行的合一中辨别知行的主从,"亦应辨别主从,且事实上任何二者联合之合一体中,实有主从的关系"。② 但他又明确地说:"我的意思,要主从的关系的区别有意义的话,不能以事实上的显与隐或心理上的表象与背境定主从,而当以逻辑上的知与行的本质定二者之孰为主,孰为从。"③可见,贺麟在主张知行的自然合一的时候,认为必然要同时主张知行的价值合一,但知行的"价值合一"不由"自然合一"决定,而是以之为基础,同时又决定自然的合一。

(二) 知与行的价值合一

贺麟主张自然的知行合一,不仅指知行有自然上的合一,还指知行

---

① 《贺麟全集》第 3 卷,第 50 页。
② 《贺麟全集》第 3 卷,第 53 页。
③ 《贺麟全集》第 3 卷,第 53 页。

有价值上的合一。① 他认为,知行的价值合一是在逻辑上对知与行的本质分出主从,但同时需要注意的是,当从价值层面看知行合一时,不能完全抛开知行的自然合一,与之相背离。价值或理想以改造自然事实为基础,不是离开自然事实的空谈。因此,贺麟认为,在从价值层面看知行的时候,必然要承认知与行是同时发动,永远平行的,但在探讨知行的价值关系时,需要重新界定知与行的含义。在价值层面上,知不是纯粹的意识活动,而是显知隐行;行不是纯粹的生理活动,而是隐知显行。

在贺麟看来,价值层面的知行关系是从知行合一体来看"显知隐行"与"隐知显行"的关系,而不是纯知与纯行的关系。将显知隐行与隐知显行加以比较,可知两者不会同时发动,有时间上的先后,如果想要两者合一,即求两者突破时间限制而达到"兼有"的状态。那么,如何"兼有"呢?贺麟说:"对于知行合一或'兼有'的努力追求,可以分为两个途径。一是向上的途径,即是由行(显行隐知)以求与知(显知隐行)合一的途径。一是向下的途径,即是由知(显知隐行)以求与行(显行隐知)合一的途径。向上的途径是要超越不学无术的冥行,而寻求知识学问的基础,可以说是学术化的途径。向下的途径是要救治空疏之知、虚玄之知,力求学术知识之应用,俾对社会国家人类有实际的影响和裨益。可以说是求普及化、社会化、效用化的途径。"②他认为,不管是向上或向下的途径,显知隐行都是本质之体,而隐知显行是表现之用,显知隐行永远决定隐知显行。

贺麟认为显知隐行是比隐知显行更高一级的知行合一体,与他对人的活动的进一步界定有关。他说:"任何人的活动都是一个求知的活动。科学家种种实验观察、旅行调查的行为,是求知'是什么'的历程。哲学

---

① 贺麟对自然一词有实然与应然的意义区分,如在《论人的使命》中,自然分为客观的自然事物和精神意义上的美化自然,在《自然与人生》中,自然分为与人生相对的外界自然和与人生合一的自然。因此,在他的知行合一论中,自然的知行合一与知行的自然合一是有区别的。知行的自然合一指事实层面的知行平行,而自然的知行合一强调价值的知行合一必须重视事实层面的知识。也正是有此区别,他才主张自然的知行合一观为朱熹、王阳明的知行合一观奠立了学理基础,是程朱至阳明讨论知行问题发展所必有的产物。

② 《贺麟全集》第3卷,第51页。

家种种推论、分析、批评、怀疑的活动乃是求知'为什么'努力。道德的知识是关于'应作什么'的知识,道德家的行为是为'应作什么'的理想或价值之知所指导所鼓舞而产生的行为。他如军事家、政治家、工程师等,表面上好象以作战胜利、改革政治、发展自然等实际行为为主要目标,而以知识为附从手段。其实深一层观察,任何伟大的军事家、政治家、工程师,他们最后的目的仍是求知,他们整个生活仍是求知的生活,不过他们所求的知识,主要的乃是关于'如何做'的知识罢了。"①知与行都是人的活动,两者永远平行,显知隐行与隐知显行是对人的活动的进一步细分,而这里贺麟又将人的活动解释为求知的活动。显然,知行中的"知"与"行"相对,而求知活动中的"知"超越了知行相对,因此可以说,在将显知隐行与隐知显行作比较的时候,贺麟是将"知"的超越意义附加在了"显知"和"隐知"上,由此不论是显知隐行,还是隐知显行,当"知"有了超越意义,那么知主行从,显知隐行为主,隐知显行为从,就是理所当然的了。

贺麟以他主张的知行合一来衡量朱熹和王阳明的知行合一,认为从朱熹的主张到阳明的主张,再到他的主张,是讨论知行问题的必然发展产物。他认为,朱熹和王阳明的知行合一,都是价值层面的知行合一,两者都可以与自然的知行合一相印证。但不同的是,朱熹的知行合一是理想的价值知行合一,而王阳明的知行合一是直觉的知行合一。具体而言,朱熹一方面主张知先行后,知主行从,一方面主张知行应该合一,但他主张的知行合一完全没有涉及自然的知行合一,只是从理想来看知与行何以合一、如何合一。王阳明也主张知主行从,他在讲知行本来体段时,认为一念发动处便是行,这与自然的知行合一相契合,但王阳明的知行合一局限于道德心性领域,只能称之为"直觉的或率真的价值的知行合一观"。而自然的知行合一既是理想的、价值的,又是自然的、事实的,因而不仅不与朱熹、王阳明的知行合一观相冲突,反而能为他们的知行合一观奠立学理基础,即能充分地将理想与现实、自然与价值相融合,达

---

① 《贺麟全集》第 3 卷,第 54—55 页。

到以自然现实为基础,用理想价值改造自然现实的目的。于此可见,贺麟提倡的自然的知行合一虽然受到朱熹、王阳明的影响,但却想要包括甚至超越朱王。由此,贺麟在认识论上保持了他的理想唯心论的一贯主张,即要以逻辑知识补充道德心性,强调本体即主体,主体不仅是价值的评判者,更是知识的组织者、行为的主宰者、经验的统摄者。

五、现代新儒者的人生观

哲学思想并非戏论的诡辩、蹈空的玄谈,它与生活不可分离,为生活的指导,而生活为哲学思想的寄托。贺麟的唯心论既是唯性论,又是理想论,性一方面是已具的本质,一方面又是需要实现的理想,而理想一方面是事实和现实的反映,一方面又是驾驭事实、改造现实的指针,其具体到人生领域,则为在人的使命中发挥人性而养成人格,如果再具体到现代中国,这一使命则为吸收、消化西方文化而促成儒家思想的新开展,这一人格为现代新儒者人格。

(一)人的使命

贺麟认为,人有错综复杂的多方面的生活,要想建立健全合理的人生观,就要格人生之物,穷人生之理,以之作为生活的指导,而在人生的格物穷理中,首先需要弄清楚的问题就是人的使命,也即人生的理想或目的。他说:"假使一个人永久不去追问人的使命,就好象无舵之舟,漂在海上,只能随波逐流,与世浮沉,那么岂不是生活无意义无价值? 进一步说,人没有人的使命,人就没有人格,不能算是真正在做人。"①在贺麟看来,人之所以为人,就在于人有自觉的使命,这是人禽之别,是人特有的理性功能。这里,"使命"具有本质意味,是从理想看人性,表现出贺麟探讨人生观问题时的理想唯心论的最大特色。

那么,人的使命是什么? 贺麟说:"要想知道什么是人的使命,先要

---

①《贺麟全集》第 4 卷,第 86 页。

知道什么是人。先知道了人的本质,就知道什么是人的使命了。"①人的使命即为理想的人性,从什么角度来将人性指示出来,成为理解人的使命问题的关键。对此,贺麟认为要了解人生,就要超出人生。在贺麟看来,只有超出人生,从非人生开始认识人生,才能将人生作为外在的认识对象,对之形成整体的客观知识。

从超出人生而认识人生的视角,贺麟将人与物、天并列,提出了认识人的本质的两条原则,即"欲知人不可以不知物"和"欲知人不可以不知天"。关于知物,他认为,物有三义,即自然之物、实用之物和文化之物,其中,人是自然之物的一部分,受自然律令的支配,而实用之物和文化之物,皆由人运用理智和精神创造出来,人通过知物、用物,征服自然而创造实用之物、文化之物。关于知天,贺麟也将天分为三义,即美化的自然、天道和人格价值之源,其分别对应艺术家直觉之知天、哲学家理智之知天、道德家与宗教家践行信仰之知天,人通过知天、希天,与天为一而与神为侣。可见,在贺麟看来,相比而言,知物是人性之知识表现,知天是人性之价值表现,两者平列进行,同时又以知天为体,知物为用。由此,对人而言,知物与知天不仅不与人无关,反而是人性分别向外、向内实现自我的必然环节。贺麟说:"人是以天为体,以物为用的存在。所以人之知天知物,人之希天用物,即是人的使命、人的天职。这种使命,乃基于人的本性之必然。"②每个人与天、物相对,因此知天知物、希天用物,是每个人的普遍意义的本质和使命。

普遍意义体现在特殊事物之上,人的普遍本质和使命由具体的个体来表现,贺麟所说的知天知物、希天用物,不仅是人的抽象本质和使命,也是"某时某地的特殊个人的特殊使命"。这一使命表现于现实之中,"就是个人在全体人类社会中的使命、位分、生平工作和最大可能的贡献,即为此人所作、所应作、所不能不作、所鞠躬尽瘁、用全副精力以从事

---

① 《贺麟全集》第 4 卷,第 86 页。
② 《贺麟全集》第 4 卷,第 88 页。

的工作"。① 贺麟认为,作为个人使命的工作,不是一时一地的工作,也与职业分工无关,而是终身的事业,其一方面由自己考察、选择、担负,与个人的性情、才能有关,另一方面与环境、家庭、朋友、国家需要有关,由时代所赋予,师友所提醒。

值得注意的是,贺麟在指出个人要承担其终身工作时,特别强调这一终身工作具有公共性、永久性,必是可以成功的好的工作。他说:"这种完成个人使命的终身工作,是有决定性的,它决定个人的命运,是个人无所逃避的,它是不能任意规避的命令、责任或任务。它是有公共性的,不是个人的私事,而是公共的事业,是国家时代所赋予的;对于他人,对于社会国家,都是有益无损的。它是有永久性的,因为既是个人唯一的使命,既是个人终身的使命,就不是见异思迁,一曝十寒,随便可以变更放弃的,它是有永久性的工作。"②这样的公共性和永久性将使个人终身工作的特殊使命具有普遍意义,个人的特殊使命与普遍使命两层贯通、合一。

总之,贺麟认为,人的使命即为自觉地做人。如果从知与行的关系来看人的使命生活,贺麟说:"从知的方面说,要认识什么是人的使命,须从知物、知自然、知天或知天道着手,使人生观建筑在宇宙观上。从行的方面说,要完成人的使命,需要有鞠躬尽瘁,死而后已的终身工作。"③知为主,知行并进,人生的理想与现实既是自然合一,又能价值合一。

(二)现代新儒者人格

依据贺麟所说的人的普遍使命与特殊使命的辩证关系,在现代中国,如果通盘考虑个人的性情、才能和社会国家的时代需要,身为中国人的使命就是在各行各业努力吸收、消化西方文化而促成儒家思想的新开展,养成现代新儒者人格。有鉴于此,贺麟分析儒家思想的新开展途径,提出了现代新儒者的人格养成问题,对儒者、儒者气象、儒者态度进行了界定。

自鸦片战争起,近现代中国陷于一连串的政治军事上的失败,激起

①《贺麟全集》第 4 卷,第 89 页。
②《贺麟全集》第 4 卷,第 89 页。
③《贺麟全集》第 4 卷,第 90 页。

国人先后集中反思技术、制度、思想文化的落后问题。作为"后五四"时期的思想家,贺麟认为,中国近百年来的危机,根本上是文化的危机,其危机在于作为中国文化的主要潮流和根本成分的儒家文化,失掉了孔孟的真精神,失掉了应付新文化需要的能力,而西方文化学术的大规模输入,为儒家思想的复活和发展提供了转机、动力。他说:"西洋文化的输入,给了儒家思想一个考验,一个生死存亡的大考验、大关头。如果儒家思想能够把握、吸收、融会、转化西洋文化,以充实自身、发展自身,儒家思想则生存、复活而有新的发展。如不能经过此考验,度过此关头,它就会消亡、沉沦而永不能翻身。所以儒家思想是否能够有新开展的问题,就成为儒家思想是否能够翻身、能够复兴的问题,也就是中国文化能否翻身、能否复兴的问题。"①

贺麟认为,吸收西方文化,复兴儒家思想,可以从学术研究和生活修养两方面入手。在学术研究方面,儒学可以从其本有的理学、礼教、诗教出发,分别吸收西方哲学、基督教、西方艺术,以之充实自身,应对现代新文化局势。而从生活修养方面,则要"每个中国人都具有典型的中国人气味,都能代表一点纯粹的中国文化,也就是希望每个人都有一点儒者气象"。②在贺麟看来,儒家思想的新开展不只是一句口号,也不是少数人发思古之幽情,不管是否自觉,做到何种程度,其必落于每个中国人的身上。

那么何谓儒者?何谓儒者气象?贺麟说:"最概括简单地说,凡有学问技能而又具有道德修养的人,即是儒者。……儒者固需品学兼优,但因限于资质,无才能知识而卓有品德的人亦可谓儒者,所谓'虽曰未学,我必谓之学矣'。唯有有学无品,有才无品,只有知识技能而无道德,甚或假借其知识技能以作恶者,方不得称为儒者,且为儒家所深恶痛绝之人。"③贺麟对儒者的界定取广泛的意义,其根本衡量标准在于有无品德,这也正是身为儒者的根本标志。贺麟认为,这样的儒者,从气象来看,具

① 《贺麟全集》第 4 卷,第 13 页。
② 《贺麟全集》第 4 卷,第 18 页。
③ 《贺麟全集》第 4 卷,第 18 页。

有诗礼风度。当然，这里所说的诗礼也是取其广泛意义，不局限于传统诗教礼教条文。贺麟认为，只要不是"趣味低下，志在名利肉欲，不知美的欣赏"，就是有诗意；只要不是"粗暴鲁莽，扰乱秩序，内无和悦的心情，外无整齐的品节"，[①]就是有礼意。

贺麟认为，儒者的气象风度表现于做事上就有儒家态度，即"每作一事，皆须求其合理性、合时代、合人情"，"合人情即求其'反诸吾心而安'，合理性即所谓'揆诸天理而顺'，合时代就是审时度势、因应得宜"，三者相互包含、补充，不可缺一。如或不然，则会失去真的儒家的活精神，走向儒者的反面，比如"只求合时代而不合理性，是为时髦"，"只重抽象的理性而不近人情，合时代即陷人以理杀人，以主义杀人，或近人所谓以自由平等的口号杀人"。[②]

贺麟所说的儒者、儒者气象取广泛意义，但于儒家态度，则取最高的理想，这样的界定既为现代新儒者人格确定了本质特征，又指出了本质不断在现实中无限生长的可能。在贺麟对现代新儒者人格的论述中，另有特别值得注意的是，他认为，根据现代社会及其职业分工的特点，应该大力破除抑商、轻视技术工人、热衷做官的传统观念，尤其是要重视工商业，培养具有儒者气象的"儒工""儒商"和有儒者风度的技术人员。贺麟以他遇到的"铁匠""农夫""商人""兽医"为例，认为在现代社会高度分工的情况下，各行各业都是有一定技能知识的人，有知识虽然不一定有道德，但知识可以促进道德的提升，各行各业的人都可以儒家态度做事而具有儒者气象，"维持社会上淳良的风纪，不仅须有旧日的儒医、儒将、儒农，而且须有多数有学问修养的'儒工''儒商'，出来作支持社会的基石"。[③]因此，在中国工业化、现代化的发展中，各行各业之间要相互尊重，砥砺德行，共同维持社会的良序美俗，如此，中国才能重新安定现代社会秩序，走上健康的工业化、现代化道路。

贺麟对儒学的新开展途径的预判，以及对现代新儒者的人格界说，

---

①《贺麟全集》第 4 卷，第 19 页。
②《贺麟全集》第 4 卷，第 19 页。
③《贺麟全集》第 4 卷，第 42 页。

具有非凡的先见之明。他致力于儒学的哲学化工作，已为现当代新儒家所充实、继承，他所说的"儒商""儒工""有儒者风度的技术人员"等，正是今天的中国社会应当大力提倡的人格。贺麟的理想唯心论的思想价值与意义正在于此。

第八章　独立的哲思：现代哲学的边缘

新文化运动以前，近代中国社会思潮大致表现为阶段性演进的状况，例如从改良思潮演进为维新思潮，从维新思潮演进为革命思潮；当后起思潮兴盛之时，先前的思潮就基本上退出了社会意识领域。至新文化运动期间，认同近代欧美启蒙价值的自由主义思潮、认同苏俄社会主义的马列主义思潮、在酌取自由主义和社会主义前提下归宗固有传统的文化保守主义思潮同时或相继登上社会思想舞台，相互摩荡，相须演进，成为一直延续到中国现代哲学终点的三大思潮（实际上可以说，除了1949至1979年之外，三大思潮一直延续至今）。三大思潮在现代中国虽然互有冷热起伏，各擅胜场，但无疑都处于社会思想舞台的中心地位，各自聚集了诸多思想精英，且为多数思想者所依违趋归。不过在三大思潮的边缘，还存在着为数不少的杰出思想人物，他们并不能明确归属于任何一派思潮，或者说他们对于几派思潮都有兼综择取，从而成就了现代中国哲学的别样的精彩，例如以"道是式能"建构本体宇宙论的金岳霖，透悟宇宙本体即是"真情之流"的朱谦之，首先将作为20世纪哲学前沿的维也纳学派观点引入中国的洪谦，主张将唯物、解析、理想亦即马克思主义、分析哲学和中国传统思想予以综合创新的张岱年。[①]

第一节 金岳霖的具有严密逻辑性和高度思辨性的情感哲学

一、生平著述

金岳霖(1895—1984),字龙荪,祖籍浙江诸暨,出生于湖南长沙。父亲金聘之为晚清洋务派大臣盛宣怀部属,三品官衔,担任过湖南省铁路总办、黑龙江省漠河金矿总办等职。母亲唐淑贤,出身于湖南衡阳官宦之家。兄弟七人,金岳霖行七;另有姊妹二人。7 岁入湖南近代教育先驱胡子靖开设于长沙的明德学校读小学。13 岁入长沙雅礼学校读中学。17 岁考入北京清华学堂高等科,同年 10 月辛亥革命爆发,即剪辫响应。未几因时局混乱,经费断绝,清华学堂停课,金岳霖遂经天津、上海辗转回家,次年清华复课方返校学习(本年秋清华学堂改名清华学校)。1914 年从清华毕业,即获官费资助赴美留学,入宾夕法尼亚大学攻读商科。1917 年大学毕业,获学士学位,旋即转入哥伦比亚大学研究生院专攻政治学,次年以《州长的财政权》(*The Financial Powers of Governors*)论文获硕士学位,接着在哥大攻读政治学博士学位。1920 年,以《托马斯・赫尔・格林的政治学说》(*The Political Theory of Thomas Hill Green*)论文获政治学博士学位。毕业后在华盛顿乔治大学任教。1921 年因母亲去世回国治丧,年底赴英入伦敦大学经济学院学习。此时开始系统研读休谟的《人性论》和罗素的《数学原理》,引发对于哲学的兴趣,遂转入剑桥大学研究哲学。1925 年底回国,次年初受中国大学之聘,负责教授英文和英国史课程。同年秋转聘于清华学校(1928 年夏改名清华大学),讲授逻辑学和西方哲学,后来又增开洛克、休谟、布莱德雷等专题研究课程,并于哲学系成立后任教授和系主任,兼任《清华学报》编委会委员。1931 年利用一年休假到美国哈佛大学进修逻辑学。1935 年中国哲学会

---

① 不能归入三大思潮的思想人物大概还有张东荪、李石岑等,因研究不及,兹付阙如。

成立,被推举为常务理事兼任会计,并任中国哲学会刊物《哲学评论》编委。1936年,所著《逻辑》一书被列入"大学丛书",由商务印书馆出版。1937年全面抗日战争爆发后,随校南下,先在长沙临时大学任教,后在昆明西南联合大学任教。1940年,《论道》一书由商务印书馆出版,标志着金岳霖本体论哲学体系的形成。该书与冯友兰《新理学》同获教育部评选抗战以来最佳学术著作一等奖,但因一等奖只有一个名额,为《新理学》所得,《论道》改为二等奖。同年,历时三载写成的《知识论》完稿,但不幸在躲避空袭时遗失,只得重新写过。1943年,应美国国务院邀请,金岳霖作为西南联大教授代表赴美讲学一年。抗战胜利后,西南联大于1946年复员,金岳霖离开昆明,经重庆回到北平,仍任清华大学哲学系教授。1948年当选为中央研究院首届院士,归口在人文组。同年完成《知识论》重写工作,交给商务印书馆,但因时局变化未能出版。1949年初北平和平解放。此年当选为中国哲学会理事,受清华大学校务委员会之命为哲学系主任。次年升任清华大学文学院院长兼校务委员会委员。1951年几次参加"学习毛主席的《实践论》"座谈会,此后开始对自己的学术思想进行自我批评。1952年秋,政务院对全国高校院系进行调整,当时分布在北京大学、清华大学、燕京大学、南京大学、武汉大学、中山大学的全国仅有的六个哲学系全部合并为北大哲学系,金岳霖任合并后的北大哲学系教授和首任系主任。1953年加入中国民主同盟。1954年任《新建设》杂志编委会委员、《光明日报》创办的《哲学研究》专刊主编。1955年,《光明日报》的《哲学研究》专刊独立为杂志,金岳霖为编委会委员。同年春调入中国科学院,参与筹建哲学研究所。6月中国科学院哲学社会科学部成立,任学部常务委员。9月哲学研究所成立,任副所长兼逻辑研究组组长。1956年被评为一级研究员;9月申请加入中国共产党,1960年被批准为正式党员。1957年与潘梓年、冯友兰等赴波兰华沙参加国际哲学会议,回国途中应邀访问苏联科学院。其时瑞典一学者提出"孔子可能系神话创造"的说法,金岳霖以孔子的后代一直存在作为有力证据,反驳道"这就是资产阶级的'独立思考'。拼命地怀疑无可怀疑的事实"！1958 年 3 月,作为中国文化代表团副团长,与许涤新、周培源、谢冰心等出访意大利、英国。同年,《知识论》未刊稿被中国科学院哲学所作为"资产阶级学术思想批判参考资料"第六辑,由商务印书馆印 2000 册,内部发行。1959 年,与逻辑研究组的同事们编写《逻辑通俗读本》,于 1962 年由中国青年出版社出版;与于光远、潘梓年等主持召开京津地区逻辑学讨论会。同年,《论道》作为"资产阶级学术思想批判参考资料"第七辑,也由商务印书馆印 2000 册,内部发行,原序被删除。1961 年参加全国高校文科教材编写工作,任《形式逻辑》一书主编。所著《逻辑》一书与其他上十种重要的逻辑学著作一道被收入"逻辑丛刊",由三联书店出版。1963 年 12 月 26 日,与张奚若、邓以蛰等聚会,私下为毛泽东主席贺寿,金岳霖作寿联曰:"以一身系中国兴亡,入此岁来已七十矣;行大运于寰球变革,欣受业者近卅亿焉。"1965 年完成《罗素哲学批判》书稿,迁延至 1988 年才以《罗素哲学》一名由上海人民出版社出版。1977 年中国社会科学院成立,金岳霖任哲学所副所长兼逻辑研究室主任,后又增选为学术委员,但年事已高,疏于视事。1979 年被推举为中国逻辑学会首届理事长。1980 年被遴选为国务院学位委员会哲学评议组成员。1981 年受聘为中国逻辑学会创办的中国逻辑与语言函授大学名誉校长。1982 年 10 月 11 日,中国社会科学院哲学研究所隆重举行"金岳霖同志从事哲学、逻辑学教学和研究工作五十六周年庆祝会",胡乔木、胡愈之、杨献珍、周培源、钱昌照、钱端升、梅益、于光远、冯友兰、贺麟、王力、朱光潜、洪谦、沈从文、姜椿芳、张岱年、容肇祖、沈有鼎、温公颐、王宪钧、胡世华、任继愈等二百五十多人参加庆祝会。是年金岳霖 88 岁,古称米寿,冯友兰赠联曰:"何止于米,相期于茶;论高白马,道胜青牛。"1983 年被中国逻辑学会第二届理事会推举为名誉会长。是年《知识论》一书在完稿 35 年后由商务印书馆正式出版,《论道》一书也由商务印书馆重印。1984 年 10 月 19 日,金岳霖在北京逝世,终年 90 岁。

二、道是式—能的本体宇宙论

在《论道》中,金岳霖建立了一个以"道"为最崇概念的本体宇宙论体系。关于道,他说:"这里的道是哲学中最上的概念或最高的境界。"①他指出,道是实在的,但却并非如同"万物散殊"即实存事物或"观照凌虚"即思想观念那样的实在;道是可分可合的,但作为本体的道则是唯一的,他说:

> 最崇高概念的道,最基本的原动力的道决不是空的,决不会像式那样的空。道一定是实的,可是它不只是呆板地实象自然律与东西那样的实,也不只是流动地实象情感与时间那样的实。道可以合起来说,也可以分开来说,它虽无所不包,然而它不像宇宙那样必得其全然后才能称之为宇宙。自万有之合而为道而言之,道一;自万有之各有其道而言之,道无量。"道二,仁与不仁而已矣"的道,照本书底说法,是分开来说的道。从知识这一方面说,分开来说的道非常之重要,分科治学,所研究底对象都是分开来说的道。从人事这一方面着想,分开来说的道也许更是重要,"得志与民由之,不得志独行其道"的道都是人道,照本书底说法,都是分开来说的道。可是,如果我们从元学底对象着想,则万物一齐,孰短孰长,超形脱相,无人无我,生有自来,死而不已,而所谓道就是合起来说的道,道一的道。②

道之所以实,是因为它包含了"式"与"能",此即所谓"道有'有',曰式曰能"。③ 式与能这对范畴,是金岳霖借鉴朱熹的"理"与"气"以及亚里士多德的"形"和"质"而来的。他说:"现实之不能不有也许就是朱子所说的理不能无气,气不能无理,或亚里士多德所说的形不能无质,质不能无形。本书底式类似理与形,本书底能类似气与质,不过说法不同而已。"④

---

①《金岳霖文集》第2卷,兰州:甘肃人民出版社1995年版,第158页。
②《金岳霖文集》第2卷,第157页。
③《金岳霖文集》第2卷,第158页。
④《金岳霖文集》第2卷,第154页。

所谓"能",就是"一特殊的事物"中"那根本就不是任何相的成分"。一个特殊的具体的事物,当然要有相(类似于理或形)才能构成。相有该事物所属之类的共相,又有该事物独特的殊相。但是,仅靠共相和殊相,无论如何不能构成一个特殊的具体的事物,"一特殊的事物不仅是一大堆的共相,把共相堆起来,无论如何的堆法,总堆不出一个特殊的事物来。这不仅是共相与殊相底分别底问题,殊相底'殊'虽殊于共相底'共',而殊相底相仍是共相底相。一特殊事物也不仅是一大堆的殊相,把殊相堆起来也堆不出一个特殊的事物来"。① 所以在共相和殊相之外,一定还要有其他成分才能构成一特殊事物,这种成分就是能。

相是可以用概念来表达的,而能却不能用概念表达,"能既不是任何相,我们当然不能以概念去形容它",②"'能'是名字,不是名词或其他任何概念,以任何概念去'形容''能'不过是表示那概念是可能,'能'可以塞进那概念,而成普通所谓那概念范围之内的具体的东西",③所以能只是一种非概念表达的 X。"名字叫'能'的那 X 不是普通所谓东西,也不是普通所谓事体",④而是任何事物的材料,微观如原子、电子乃至更加细微的粒子也还不是能本身,而只是普通的事物,它们也要以能作为材料,"能不是电子。能是任何事物底材料,无论电子何小,它总是一类的事物,每一电子有它底能。即令以后发现比电子小到几万倍的东西,那东西依然有它底能以为它底材料"。⑤ "'原子''电子''力'都是类,都形容,都摹状;它们都可以有定义,它们也都是抽象的,它们可以只有算学方面的意义;它们都靠这里所说的 X 套进去方能成具体的原子、电子、力,才能有化学或物理学方面的意义"。⑥

---

① 《金岳霖文集》第 2 卷,第 154—155 页。
② 《金岳霖文集》第 2 卷,第 155 页。
③ 《金岳霖文集》第 2 卷,第 164 页。
④ 《金岳霖文集》第 2 卷,第 158 页。
⑤ 《金岳霖文集》第 2 卷,第 155 页。
⑥ 《金岳霖文集》第 2 卷,第 159 页。

　　能或称 X"是活的动的,不是死的静的";①能没有大小,"小东西如电子有能,大东西如世界也有能,可见能本身无所谓大小";②且能没有生灭,没有始终。③ 能非概念因而不能用言说表述,但却"可以在宽义的经验中(有推论有想象的经验)抓住它",④例如:

　　　　我手上有一支纸烟,此刻它是完整的,有某形,有某色,它有它底来源。它底烟的那一部分在多少时前是某一地方的烟叶子;未成植物前,一部分是种子,其他部分是肥料,是水,是太阳光中的某一种光等等。它底纸的那一部分可以追到某造纸厂,由造纸厂可以追到某一种树,理论上也可以追到某一棵树,也可以追到水、光、土等等。我现在抽这支烟,原来的整体又分开来了,一部分变成灰,一部分变成烟,……烟这一部分在我底内部趿蹓趿蹓之后就大部分往空气里走了。成灰的那一部分变动比较地慢,起先留在烟灰缸里,以后也许就到土里与别的东西混合起来,过些时候也许又回到另外一种植物里去。这一大堆变更中,有些东西是直接经验的,有些是想象的。所谓"烟",所谓"纸",所谓"光",等等,都是可以下定义的,都没有变。可是,在此变更程序中,有 X 由"是某甲种的东西"变成"是某乙种的东西",由"是某乙种的东西"变成"是某丙种的东西",等等。这里的意思是说,我们说"这支烟变了灰",在那里变的不是"烟"类或"烟"概念,也不是 X 本身,而是"是那支烟的 X 走入'那一堆灰'里去了"。⑤

这是说,在纸烟的一系列变化中,水、光、土、肥、烟、纸等概念都没有变,可是确有非概念表达的 X 由甲变乙,由乙变丙……由此"可以在宽义的经验中"抓住 X 亦即"能"的活动及其恒在。而既然"在经验中抓住了它,

---

①《金岳霖文集》第 2 卷,第 159 页。
②《金岳霖文集》第 2 卷,第 155 页。
③ 参见《金岳霖文集》第 2 卷,第 164、168 页。
④《金岳霖文集》第 2 卷,第 158 页。
⑤《金岳霖文集》第 2 卷,第 158—159 页。

在所谓'形而上'学底范围之内,它也就逃不出去",①因此,能可以作为本体论的范畴。

所谓"式"亦即"可能","这里所谓可能是可以有而不必有'能'的'架子'或'样式'"。② 式或可能又分两部分,"一部分是普通所谓空的概念,另一部分是普通所谓实的共相"。③ 所谓"空的概念",即虽可以有能而不必有能套入的空的架子或样式,如"超人""龙""世界共和国""剑仙"等等,"它们不是此处所谓共相,因为它们没有具体的表现,然而它们是可能,因为它们可以有具体的表现。所谓可以是逻辑方面的可以,是没有矛盾的可以,这是最普遍的可以,只要'架子'或'样式'没有矛盾,它就可以有'能',那就是说,它就是可能,它就是可以有而不必有'能'的可能"。④ 所谓"实的共相",则是有能套入的架子或样式,如红、绿、烟、灰、水,等等,"凡有具体的表现(为这个红的东西、那个绿的东西,等等)而又不是各个体之所分别地表现的情形,都是所谓实在的共相"。⑤ 而实在的共相"既是有'能'的'架子'或'样式',当然是可以有'能'的'架子'或'样式',那就是说共相是可能"。⑥ 因此,空的概念既是可能,实的共相归根到底也还是可能。金岳霖进一步说:"如果我们把以上所说的可能,包举无遗地,用'或'底思想排列起来,这析取地排列起来的可能本身为一可能,这可能就是此处的'式'。"这就是说,式与可能虽然混言无异,但严格说来,式是一切逻辑上没有矛盾而不只是想得到或事实上的可能的总和,亦即"式是析取地无所不包的可能"。⑦ 这种严格意义上的作为一切可能的总和的式,才是本体论的范畴。

式与能之相同在于,二者都无生无灭,无新无旧,无加无减,无始无

①《金岳霖文集》第 2 卷,第 160 页。
②《金岳霖文集》第 2 卷,第 160 页。
③《金岳霖文集》第 2 卷,第 160 页。
④《金岳霖文集》第 2 卷,第 160 页。
⑤《金岳霖文集》第 2 卷,第 160 页。
⑥《金岳霖文集》第 2 卷,第 160 页。
⑦《金岳霖文集》第 2 卷,第 161 页。

终，无所谓存在，无所谓大小，无所谓孰先孰后，[1]因而彼此是必然联系的，"'式'之外既没有可以有'能'的架子或样式，那么'能'只能在式之中；'能'既不能消灭，'式'之中总有'能'，这当然就是说没有无'能'的式。既然如此，'能'既老在'式'之中，'式'既不能无'能'，'能'也不能无'式'，那就是说，没有无'式'的'能'。……能与式之不能分既是必然的，则'无能的式'与'无式的能'都是矛盾，矛盾就是不可能"。[2] 式与能的不同则在于，式刚而能柔，式阳而能阴，式显而能晦，特别是式常静而能常动。常动的能在常静的式之每一可能中有出有入，当其入，就是能套入式的某种可能之中，这便意味着这一可能为现实存在；当其出，则是能跑出式的某种可能之外，这便意味着这一可能非现实存在。能之出入于式的过程，也就是事物的生灭过程，"'能'之入于可能，即一类事物或一具体事物底生；'能'之出于可能，即一类事物或一具体事物底死"，[3]"'有人'表示'能'之套入'人'这一可能范围之内，'现在无恐龙'表示'能'之跑出'恐龙'这一可能范围之外，'无鬼'表示'能'根本就没套进'鬼'这一可能范围之内。照从前的说法，'能'无生灭，所以人、恐龙、鬼底生灭不是'能'底生灭。照本条底说法，'能'有出入，而这些东西底生灭就是'能'底出入"。[4] 现实世界的发展变化正是通过这种必然联系、动静出入的"式—能"关系而展开。这种"式—能"关系也就是道的内容，故金岳霖说："道是'式与能'。仅'式'无以为道，仅'能'亦无以为道，这是显而易见的道理。同时我们要知道无无'能'的'式'，无无'式'的'能'。'式'无'能'为不可能；'能'无'式'，即'能'之不可，也就是不可能。有'能'才有'式'，有'式'才有'能'。'式'与'能'虽可以分别地讨论，却不可分开地'是'道。道是二者之'合'，不单独地是'式'，也不单独地是'能'。"[5]总之

---

① 参见《金岳霖文集》第 2 卷，第 155、164—169、172 页。
②《金岳霖文集》第 2 卷，第 163—164 页。
③《金岳霖文集》第 2 卷，第 176 页。
④《金岳霖文集》第 2 卷，第 173 页。
⑤《金岳霖文集》第 2 卷，第 175 页。

道一定要在式与能的动态依存关系中得以体现,这就是所谓"居式由能,莫不为道"①。

至此,金岳霖构建了一个以"道"包含"式"与"能"、由"式"与"能"的未结合或已结合而形成"可能"与"有能"、由"有能"的抽象性或具体性而分别为"共相"与"殊相"、基于"共相"寓于"殊相"的规律而落实为个体界的本体宇宙论体系(见下图)。这个体系的现实化存在着纷繁复杂的可能方式,然而归根到底,"所有的变动都是由能居式,殊相底生灭是由能居式,共相底关联也是居式由能,整个的现实历程是居式由能底历程,无极与太极也仍然居式仍然由能。……居式由能是一句关于变动底横切的或断面的话,把现实底历程切一段下来,其中任何变动都居式而由能"②,即是说,居式由能是无限复杂的宇宙变动的根本规律,"它是变底原则,动底原则,这川流不息的世界底基本原则"③。

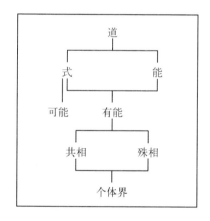

金岳霖本体宇宙论体系示意图

相应于居式由能的根本规律或基本原则,无限复杂的宇宙变动又都遵循数可先知几不可测、理有固然势无必至两条原则。关于第一条原则,所谓"数",意即"能之会出会入","会字底普通用法至少有两个:一是

---

①《金岳霖文集》第 2 卷,第 177 页。
②《金岳霖文集》第 2 卷,第 331 页。
③《金岳霖文集》第 2 卷,第 317 页。

知道或能够如何如何,例如某某会用打字机;一是一定如何如何可不知道在甚么时候如何如何,例如某某会来。本条底用法是后面这用法。或者说会入就是未入而不会不入,会出就是未出而不会不出。……这'会'虽不是必然的'必',而仍有不能或免底意思"。① 所谓"几",意即"能之即出即入","能既有出入,当然有入此出彼底情形发生。既出彼入此,也当然有未入而即将入未出而即将出的阶段。此即出即入我们叫作几",② "几没有事先决定底意义,这一点非常之重要,这表示从几这一方面着想,我们底将来不是已经决定的将来"。③ 数几相对的各自特点则是"能之即出即入,除能本身底活动外,没有什么预兆,也没有超乎此活动之外的根据,既然如此,则自知识而言之,有知识的个体无从知道究竟如何,此所以说几不可测。数可不同。数是能之会出会入,数是有决定的。根据'会'字底用法,'能之会出入于甲可能'等于说'能定出入于甲可能,可不定究竟在什么时候能出入于甲可能'。何时出入虽未定,而出入已定。所谓已定就是方向可以寻找出来,虽然有知识的个体不必能够寻找出来。数是知识底对象。有知识的个体虽不必知数而数可以先知",④这就是说,以居式由能为根本规律的大千宇宙必定是变动不居的,这是定数;但具体的变动如何实现则无从预定,只能归于几率。关于第二条原则,金岳霖说:"任何事体总是有理的或总是遵守理的,此所以本条说个体底变动理有固然。……许许多多的因果关系都可以现实,可是究竟哪一因果关系现实呢? 这可不容易说了。……这也就是说我们不知道一件特殊的事体究竟会如何特殊地发展。不仅如此,本条底主张以为即令我们知道所有的既往,我们也不能预先推断一件特殊的事体究竟会如何发展。殊相底生灭在本书看起来本来就是一不定的历程,不仅对于将来如

---

① 《金岳霖文集》第 2 卷,第 294—295 页。
② 《金岳霖文集》第 2 卷,第 289 页。
③ 《金岳霖文集》第 2 卷,第 292 页。
④ 《金岳霖文集》第 2 卷,第 304 页。

此,对于已往也是如此。……此所以说个体底变动势无必至。"①又说"在任何一时间,势究竟要表现些什么理本来就没有决定",但是"势虽无必至而有所依归。势未成我们虽不知其方向,势既成我们总可以理解。势未成,无必至;势既成,乃依理而行"。② 这就是说,宇宙间的一切变动都毫无例外地遵循因果理则,这是固定不易的;但特定的变动在所涉诸多因果关系中究竟遵循哪些理则却是乘势随机,而非预先规定的。由此,无限复杂的宇宙的存在与变动就框定于普遍性与特殊性、规律性与变化性、必然性与偶然性、决定性与随机性、可知性与不确性等关系间架之中。金岳霖特别根据第二条原则,既批评了休谟的怀疑论,也批评了科玄论战中科学派的僭妄,他说:"休谟讨论因果关系,其所以绕那么一个大圈子者,也因为它碰着势无必至底问题。他承认势无必至,就以为理也没有固然。前几年习于科学,或对于科学有毫无限制的希望的人们又以为理既有固然,所以势也有必至。一部分归纳法底困难就是这势无必至的困难。势与理不能混而为一,普通所谓'势有必至'实在就是理有固然而不是势有必至。把普通所举的例拿来试试,分析一下,我们很容易看出所谓势有必至实在就是理有固然。若真正谈势,我们也很容易看出它无必至。"③这就指出了休谟有见于势无必至而茫昧于理有固然,科学派则有见于理有固然而茫昧于势无必至,二者均失于一偏。

三、无极而太极的道的实现论

上述由道层层下贯至个体界的本体宇宙论体系只是这个体系的共时态表现,也就是"把现实底历程切一段下来"所呈现的"横切的或断面的"形态。而现实的历程当然还有历时态展开,其表现即为"道"的"无极而太极"的运动,金岳霖说:"仅居式而由能不足以表示现实历程底方向,

①《金岳霖文集》第2卷,第319—320页。
②《金岳霖文集》第2卷,第323页。
③《金岳霖文集》第2卷,第320页。

仅说居式由能似乎不够。现实底历程是有方向的,现实底方向就是无极而太极。"①

所谓"无极",即指道的"无始底极"。金岳霖说:"道无始。所谓无始就是说无论把任何有量时间以为道底始,总有在此时间之前的道;或者说从任何现在算起,把有量时间往上推,推得无论如何的久,总推不到最初有道的时候。可是,道既然无始,为什么又有极呢? 如果有极,那极岂不就是道底始? 这极是极限的极,是达不到的极。它虽然是达不到的,然而如果我们用某种方法推上去,无量地推上去,它就是在理论上推无可再推的极限。道虽无有量的始,而有无量地推上去的极限,我们把这个极限叫作无极。"②无极具有以下特点。其一无极为既往,"无论我们在任何有量时间上打住,那时间总是既往,而对于那时间,无极仍在前面,所以无极也是既往"。③ 其二无极为混沌,万物之所从生,"有这个有那个就是有分别,所以清楚。无这个无那个就是无分别,所以混沌。从时间上着想,这样的'有'虽不能上追到这样的'无',而这样的'有'底极限就是这样的'无'。无极是这样的无,所以无极为混沌,万物之所从生"。④ 其三无极非能而近乎能,"无极不是单独的式或能,而是现实的能,在式的能","我们这样的世界可以没有,而式不能没有,能不能没有,现实不能没有。无极是这样不能没有的现实,它不是能而近乎能"。⑤ 其四无极为理之未显,势之未发,"我们可以说无极有理而无势。无极不过是未开的混沌而已,它不是毫无所有的无,也不是不可能的无,它既是现实,当然有理。可是,有理之有不是有势之有,未显的理仍为理,未发的势不是势。……无极有理而理未显,势未发故无极无势"。⑥

所谓"太极",即指道的"无终底极"。金岳霖说:"道无终始。无论以

---

①《金岳霖文集》第 2 卷,第 331—332 页。

②《金岳霖文集》第 2 卷,第 311 页。

③《金岳霖文集》第 2 卷,第 311 页。

④《金岳霖文集》第 2 卷,第 312 页。

⑤《金岳霖文集》第 2 卷,第 314、315 页。

⑥《金岳霖文集》第 2 卷,第 317—318 页。

什么有量时间为道底始，在那时间之前已经有道；无论以什么有量时间为道底终，在那时间之后，道仍自在。道虽无始，而无始有它底极限；道虽无终，而无终也有它底极限。无始底极，我们叫作无极；无终底极，我本来想叫作至极，可是既有太极这名称与无极相对待，我们似乎可以利用旧名称把无终底极叫作太极。无极既不是道底始，太极也不是道底终。追怀既往，我们追不到无极；瞻望将来，我们也达不到太极。无极与太极都是极，都是极限的极，它们虽然是不会达的，而它们不是不可以现实的。"①与无极相应，太极具有以下特点。其一太极为未达，"太极带点子'目标'味，即英文中 for what 那种味道"。② 其二太极为至，太极至真、至善、至美、至如，"我们要知道在日常生活中，真、善、美有分别，因为它们都是相对的，它们所相对的既不同，它们本身也有分别。太极是绝对，势归于理也可以说是万归于一。在这种情形之下，真就是美，美就是真，而它们也都是善。太极既是绝对的，真善美也都是绝对的，所以本条说至真、至善、至美。但是为什么也至如呢？虽然道莫不如如，而在日常生活中，因为情不尽性用不得体，万事万物各就其本身而言都不完全地自如。在现实底历程中任何一阶段，万事万物都在那不均衡的状态中，无时可以安宁，无时可以休息，所以无时不在相当紧张状态中。这就是说它们都不完全自在，不完全自在当然也就是不完全自如。在太极情尽性，用得体，万事万物莫不完全自在，完全自如"。③ 其三太极非式而近乎式，"我们要特别注意在太极势归于理，所谓势归于理就是理势合一。在理势合一的状态之下，理是纯理，势是纯势。在现实底历程中，情不尽性，用不得体，势虽依于理而不完全地达于理，我们似乎可以这样地说：势既不完全地达于理，势是拖泥带水的势；理既不为势所达，理也是带上渣滓的理；所以势不是纯势，理也不是纯理。在太极势归于理的情形之下，理势都纯。理是共相底关联而不仅是可能底关联，所以理不是式，这

---

① 《金岳霖文集》第 2 卷，第 326 页。
② 《金岳霖文集》第 2 卷，第 327 页。
③ 《金岳霖文集》第 2 卷，第 329 页。

一点上面已经表示清楚。可是,势归于理的理是纯净清洁的理,是渣滓澄清后的理,纯到无可再纯,所以虽与势合,而差不多纯到式那样的通明透亮。所以本条说太极非式而近乎式"。[①] 其四太极绝逆尽顺,理成势归,"变动之极势归于理,势归于理则绝逆尽顺。……天演这名词范围不够宽,'道演'两字也许合格。道演之极当然是势归,可是势归也就是理成。在现实底历程中,好些东西互为顺逆。害虫猛兽相对于我们底要求,我们不能不说它们阻许多现实之达于理。可是害虫猛兽其本身也依于理,而相对于它们,我们也不能不承认我们阻它们之达于理。在无极而太极,顺逆兼备,不兼备不足以为道。在太极,绝逆尽顺,不绝逆尽顺也不足以为道"。[②]

分别地看,"无极"与"太极"构成道的两极,"无极是无,太极是有。无极是混沌,太极是清楚。无极虽不是道底始,而是道无始底极;太极虽不是道底终,而是道无终底极。无极非能而近乎能,太极非式而近乎式。……无极与太极相对称。在无极老是现实的可能还没有现实,在太极老不现实的可能却已现实。在无极不可以不现实的仍不可以不现实,在太极不可以现实的仍不可以现实。无极不是不在式的能,太极也不是无能的式。无极不是单独的能,太极也不是单独的式"。[③] 联系起来看,"无极而太极"则是道的无始无终的现实历程,"道无终始,现实不从无极始到太极终。虽然如此,现实仍有方向,它底方向是由近乎无极那样的现实到近乎太极那样的现实。……若从现实底历程着想,整个底现实历程就在这'而'字上"。[④] "无极而太极"的历程囊括且穷尽一切可能的变动:

> 无极而太极可以说是天演,也可以说是造化。好些可能只在现实底历程中现实,例如自然史所发现的许多野兽,在太极这些可能

---

① 《金岳霖文集》第 2 卷,第 331 页。
② 《金岳霖文集》第 2 卷,第 334 页。
③ 《金岳霖文集》第 2 卷,第 330 页。
④ 《金岳霖文集》第 2 卷,第 332 页。

不会再现实。从这一方面,现实底历程象天演,但现实底历程范围比天演大得多,而无极而太极比现实历程底范围更大。式中所有的可能都"会"现实,不然不是可能;我们想象力所能想象的任何可能也都会现实;我们可以思议的任何可能也都会现实。现在的问题是所有的可能底现实,而不是一些现实底淘汰。这样的无极而太极也许我们利用造化两字表示,这两字也不大好。本条说无极而太极理势各得其全,理势各得其全底意思就是说所有的可能都在无极而太极现实——或老在现实,或正在现实,或曾经现实而现在不现实,或曾经现实而现在继续地现实,或现在未现实而将来会现实——天演与造化底意思均有而范围更大。

请注意我们这里说所有的可能都在无极而太极现实,这显而易见地不仅是谈现实底历程,无极而太极不仅是现实底历程。在现实底历程中老不现实的可能依然老不现实,所以在现实底历程中,所有的可能不都现实。上条讨论方向的时候,我们曾表示过整个的现实历程在"而"字上。现实底历程不从无极始到太极终。无极而太极虽表示现实底方向,而不等于现实底历程;它不仅包含现实底历程,而且包含无极与太极。要在这个条件之下,所有的可能才都现实,理势才各得其全。①

但"无极而太极"的历程又不仅仅只是客观的可能的变动,这一历程还蕴涵着价值目的,"现实底历程是有意义的程序,这就是说现实底历程不是毫无目的、毫无宗旨的,它不仅是历程,而且是程序。无极而太极不仅表示方向,而且表示目标,表示价值"。②

对于曾经、正在乃至将要存在的无量数的个体来说,"无极而太极"的历程表现为情求尽性、用求得体的目的性。金岳霖解释"性"为"个体底共相存于一个体者","情"为"个体底殊相存于一个体者","体"为"性

①《金岳霖文集》第2卷,第332—333页。
②《金岳霖文集》第2卷,第335页。

之"相对于其他个体者"，"用"为"情"之"相对于其他个体者"，①也就是说，"从性质方面着想，从共相之存于一个体者这一方面着想，一个体是一个性；从关系方面着想，从共相之相对于其他个体者这一方面着想，一个性是一个体。相当于性质的殊相本条叫作情，相当于关系的殊相本条叫作用"。② 一切个体都是基于殊相而企往共相，以求情尽性且用得体，"情总是求尽性的，用总是求得体的。水之就下，兽之走旷，是具体的水求尽水底性，具体的兽求尽兽底性。大多数树木之弃阴就阳也就是具体底树木求尽树木底性。风雨雪雹、星辰日月都有这情求尽性用求得体的现象。求尽性似乎是毫无例外的原则，不过程度有高低的不同，情形有简单与复杂底分别而已。……本条底讨论虽以人为例，而本条底范围不只于人。万事万物莫不情求尽性用求得体。性是情之所依，性表于情，情依于性。个体底变动从一方面看来是情，是殊相底生灭；从另一方面看来是性，是共相底关联。情求尽性即势求依于理"。③ 尽管事实上"情虽求尽性，用虽求得体，而情不尽性，用不得体"，④甚至"情老在那里求尽性而老不尽性，用老在那里求得体而老不得体"，⑤也就是说殊相或许永远不能与共相合一，但这种企往毕竟体现了"无极而太极"历程中的个体的完美倾向，因而具有价值内涵。

而对于无始无终的道的现实来说，"无极而太极"的历程则指向至真至善至美的绝对的目标，亦即太极至境，"至善、至美、至真都是老不现实的目标。……这种老不现实的目标是绝对的目标"，"在无量长的时期，它们会现实，所以它是目标"，"老不现实的可能即在太极也就现实"。⑥不过在太极至境现实之前，"无极而太极"的历程已经淘汰了许许多多可能的现实，"有好些可能对于太极已经是现实过而不再现实的可能，这就

① 《金岳霖文集》第 2 卷，第 320 页。
② 《金岳霖文集》第 2 卷，第 321 页。
③ 《金岳霖文集》第 2 卷，第 321—323 页。
④ 《金岳霖文集》第 2 卷，第 324 页。
⑤ 《金岳霖文集》第 2 卷，第 325 页。
⑥ 《金岳霖文集》第 2 卷，第 309、330 页。

是说,在现实底历程中这些可能底现实已经洗刷淘汰,太极所现实的不过是式中一部分的可能而已"。①"无极而太极"的历程所淘汰的那些可能的现实并不仅仅只是物竞天择、适者生存的自然结果,而是往往包含着深刻的价值取舍,"在太极有好些现实总是要淘汰的。历史上的野兽免不了已经淘汰,切己的问题当然是人。大多数的人以为人是万物之灵,这从短期的历史上着想,大概是这样。在现实底历程中是否有过类似我们这样的东西已经淘汰,我们不敢说,也无法知道。以后人类是否会被淘汰,我们也不敢说。我个人对于人类颇觉悲观。这问题似乎不是人类以后会进步不会底问题。人之所以为人似乎太不纯净。最近人性的人大都是孤独的人,在个人是悲剧,在社会是多余。所谓'至人'或'圣人'或'真人',不是我们敬而不敢近的人,就是喜怒哀乐爱恶等等各方面都冲淡因此而淡到毫无意味的人。这是从个体的人方面着想。若从人类着想,不满意的地方太多,简直无从说起。人类恐怕是会被淘汰的"!②这当然是着眼于德性而推测可能的现实在"无极而太极"的历程中的命运。综括而言,无论从"无极而太极"的历程的指向,还是从这一历程对于可能的现实的洗汰,乃至从这一历程中的无量数个体对于尽性得体的不辍追求,都意味着无始无终的道的现实是有意义、有目的、有宗旨、有价值的,"不过在短时期内,我们看不出来而已。以千年、万年、百万年为单位,我们看不出整个的道演底踪迹"。③

四、以所得还治所与的认识论

金岳霖的另一部巨著是《知识论》,在这部巨著中,他通过对作为认识结果的知识的研究,④实际上全面深入地探讨了认识的来源或对象、认

---

① 《金岳霖文集》第 2 卷,第 330 页。
② 《金岳霖文集》第 2 卷,第 334—335 页。
③ 《金岳霖文集》第 2 卷,第 335 页。
④ 金岳霖说:"知识不必亲知,而认识总是亲认。"(见《金岳霖文集》第 3 卷,第 213 页)表明知识归根到底是认识的结果,研究知识的构成当然涉及认识的机理。

识的心理机制、认识的方式、认识的目的以及认识的真假标准等问题。金岳霖反复声明，他的《知识论》"是论日常知识的书"，"所论的是常识中的知识"，"所论的知识是平平常常的知识"，"我们以日常生活中所认为知识那样的知识为对象"，①并不涉及形上学本体论，他说："有一说谓我们所能知道的是现象不是本体，这样的本体究竟有没有很难说。我们并不以为它既不能知，我们就可以否认它底有，也许我们虽不知道它，而它仍有。我们也不以为它既不能知，我们就不能知其有，也许我们虽不知道它，而我们仍知其有，知其有与知其形色状态也许是两件事。可是，无论它有或没有，本书不讨论这一问题。如果它有而同时是可知的，那么它虽与现象不同，然而它与现象同为知识底对象，我们在导言中不必提出讨论。如果它有而又是不可知的，那么它不是知识底对象，我们根本不应该提及它。如果它有而同时又是我们知道它是我们所不能知道的，那么它底有虽是知识底对象，而它本身仍不是知识底对象，即令我们须提及前者，而我们无从讨论后者。可是也许根本就没有本体，果然如此，知识论当然用不着讨论这一问题。作者在别的立场也许承认有类似本体而又无法可知的'东西'，但是在知识论，我们仍无须乎牵扯到那样的'东西'。"金岳霖所谓"别的立场"大概就是他在《论道》中所持的形上学本体论立场，但在《知识论》中，他将那种立场收缩到形下世界，将研究范围限定在实际领域，这使他的认识论具有相当鲜明的科学（特别是逻辑学）特点。不过金岳霖并不认为他的认识论仅仅就是科学，而仍以之归于哲学范畴，他辨析说："哲学以通为目标"，"科学以普遍的真为目标"，"知识论与科学相似，它底对象是普遍的理，但是它底目标不是真而是通。由后说它不是科学，而是哲学类中的一门学问。……这里所要特别注意的是知识论虽以知识底理为对象，虽以普遍的真为对象，而它底目标不是真而是通。从对象说，它与科学一样；从目标说，它与科学不同"，"本书所要陈述的知识论是以知识底理为对象的学问。它底对象是普遍

---

① 《金岳霖文集》第 3 卷，第 785、789、793、831 页。

的,所以它不是记载学;虽有人把它看成人类知识史,而根本不是知识史。它底目标是通,不是真,所以它底对象虽是普遍的理,而它仍不是科学,它是哲学类中的学问",①这就是说,从知识角度看,知识论并不是某一或某些学科的特殊知识,而是普遍的知识之理;从认识角度看,认识论也不是对某一或某些领域的特殊认识,而是关于认识的来源或对象、认识的心理机制、认识的方式、认识的目的、认识的真假标准等的一般规律的认识。

那么认识的来源或对象是什么呢? 金岳霖说:"知识底大本营既然是对于耳闻目见的世界底知识,主要的知识者也就是耳能闻目能见的知识者。"②由此可知,认识来自认识者通过感官对于外部世界的把握,或者说认识来自外部世界对于认识者的感官的作用,"所与或外物是知识底材料",③"间接知识底大本营依然是对于所谓耳闻目见的世界底知识",④这就确凿肯定了一切知识都来源于"独立存在的外物"亦即客观的外部世界。⑤ 金岳霖又说:"思想活动有原料,有内容,有对象。原料是所与所供给的,或者说就是所与。……普通以对象为外物,以内容为现象,以前者为在外,以后者为在内。本书底说法与这说法相似。照本书底说法,对象是所与,内容是所觉,而客观的呈现在性质上就是所与。"⑥此所谓思想活动即认识活动,原料即认识得以形成的素材,内容即据素材所形成的认识或曰知识;原料来自所与甚至就是所与,所与就是客观的外部世界及其呈现,⑦因此,客观的外部世界既是认识的最终来源,也是认

---

① 《金岳霖文集》第 3 卷,第 6、10—11、15—16 页。

② 《金岳霖文集》第 3 卷,第 19 页。

③ 《金岳霖文集》第 3 卷,第 111 页。

④ 《金岳霖文集》第 3 卷,第 19 页。

⑤ 金岳霖说:"在实在主义底立场上,'有独立存在的外物'是一无可怀疑的命题。……本书一直认为它是真的,并且在本书底立场它也是无可怀疑的。本书直接承认这一命题。"见《金岳霖文集》第 3 卷,第 107—108 页。

⑥ 《金岳霖文集》第 3 卷,第 261—262 页。

⑦ 金岳霖说:"所与有两方面的位置,它是内容,同时也是对象。就内容说,它是呈现;就对象说,它是具有对象性的外物或外物底一部分。"见《金岳霖文集》第 3 卷,第 117 页。

识的唯一对象。金岳霖总括道:"知识总是客观的。知识底根据总是客观的呈现。假如一官觉类同时是一知识类,该类所能得的知识底根据,总是该类底所与,这就是说,总是该类各官觉者底客观的呈现,而不是他们底主观的呈现。"①这就明白无误地将认识的基点落实到客观的外部世界。

但是,仅有客观外部世界这一方面无疑不可能形成认识,"知识本来是对于外物的知识,有官觉和有外物这两命题本来应该有同等的待遇",②"外物本来是有的,它底存在和官觉者底存在一样地是正觉底与料",③这就点明了认识者的心理机制对于认识的形成也是不可或缺的方面。形成认识的心理机制首先是官觉(亦即感觉),"官觉总是知识底窗子";④其次是官觉与外物相契而产生的客观的呈现或所与(亦即表象),"我们以后称客观的呈现为所与。所与是知识底最基本的与料,任何知识都直接或间接地追根到它";⑤另外还有习惯、记忆、意志等等。认识者基于认识的心理机制,进而还须运用一系列认识方式,才可能成就认识。认识方式大致诸如:经验,"无论知识是甚么东西底知识(是人底知识也好,是猴子底也好,是狗底也好……)它总来自那东西底经验,任何知识决不能先于经验而得",⑥"知识底大本营是官觉经验";⑦摹状与规律,"所谓摹状,是把所与之所呈现,符号化地安排于意念图案中,使此所呈现的得以保存或传达",⑧"所谓摹状,是意念上的安排,以保留或传达所与之所呈现。此意念上的安排不能不同时是规律",⑨"所谓规律,是以意

① 《金岳霖文集》第 3 卷,第 433—434 页。
② 《金岳霖文集》第 3 卷,第 77 页。
③ 《金岳霖文集》第 3 卷,第 109 页。
④ 《金岳霖文集》第 3 卷,第 105 页。
⑤ 《金岳霖文集》第 3 卷,第 110 页。
⑥ 《金岳霖文集》第 2 卷,第 173 页。
⑦ 《金岳霖文集》第 3 卷,第 25 页。
⑧ 《金岳霖文集》第 3 卷,第 315 页。
⑨ 《金岳霖文集》第 3 卷,第 334 页。

念上的安排，去等候或接受新的所与"，①"无论我们从时间上的先后着想也好，或从非时间上的先后着想也好，摹状与规律没有先后问题。……从必要条件与充分条件说，彼此是彼此底必要条件，彼此也是彼此底充分条件。摹状与规律这两意念，有点像普通所谓两极意念，例如左右、上下、因果……等等，这就是表示摹状与规律分不开"；②收容与应付，"收容是把一时官能之所得保留起来。……收容既是如此地保留所与，官觉者有所收容，也就能够应付"，"官觉者能够应付，他对呈现上的激刺总有反应，总受了够使他发生应付的影响，而这就是说总得到收容底结果。……只要官觉者对于所与有行为上的反应，他就有应付一部分的所与底能力"，③"一官觉者对于他所得的所与，假使没有收容，则所与对于他有如东风拂耳，一纵即逝，他根本不能有觉。一官觉者对于他所得的所与，假使他不能应付，则他对于所与没有相当的反感，也许他要吃亏；而在此情况下，他也没有觉。能收容与应付，我们是否就能说有觉，颇有问题；但不能收容与应付，我们不能说有觉。收容与应付二者交相为用。一官觉者不能收容，他也不能应付；他不能应付，他也不能表示他底所与已经为他所收容。可是虽然如此，收容与应付依然是两件事"；④抽象，"抽象这一工具在知识论特别地重要。……它是知识底主要工具"，⑤"抽象这工具最为重要。抽象的成分实在是知识底必要条件。没有抽象的成分，不但语言不可能，传达不可能，意念不可能，知识也不可能。只有官能而无抽象能力，不但共同知识不可能，即亲知也不可能。官觉者总要能够超出他一时一地底官觉底所得，不狃于特殊的与具体的，他才能有知识。具体的底重要在增加亲切成分、综合成分、图案成分，而抽象的底重要在化官觉之所得的所与为知识。……从由官觉阶段进而入于知

---

① 《金岳霖文集》第 3 卷，第 322 页。
② 《金岳霖文集》第 3 卷，第 333—334 页。
③ 《金岳霖文集》第 3 卷，第 167—168 页。
④ 《金岳霖文集》第 3 卷，第 166 页。此所谓"反感"意即"反应"。
⑤ 《金岳霖文集》第 3 卷，第 205 页。

识阶段着想,抽象这一工具最为重要";①思议,"没有思议根本没有知识,有思议才有知识";②意象,"所谓认识,以上已经说过是把已往的所得的综合的图案综合地引用到当前的呈现上去。请注意,照此用法,图案是意象,不是意念。……第二点,我们得注意这图案不是抽象的,是类似具体的。……意象虽不是具体的东西那样的具体,然而它是类似具体的。第三点,我们得注意这图案不是普遍的,是类似特殊的";③保存与整理,"有知识就是有真命题底发现。知识经验底继续一方面是保存与整理已有的发现,另一方面是从事于新的发现,新的发现有时寓于旧的发现底整理之中";④如此等等。金岳霖常常将认识方式称为工具,在"收容与应付"一章中,他说:"本章的主要题目是收容与应付所与,所提出的工具也不少,它们都各别地有它们的特别的职务,而这些职务都重要。"⑤综上所述,在金岳霖看来,认识者基于心理机制,运用认识方式或认识工具去对待客观外部世界,才是成就知识的充要条件。

那么认识的目的是什么呢? 一言以蔽之,即"以得自所与者还治所与"。⑥ 金岳霖在《知识论》中反复表达这一意思,如谓:"本书底主旨可以说是以官能之所得还治官觉,或以经验之所得还治经验或去作更精确的经验",⑦"所谓经验,实在是以得自所与者还治所与,这一点非常之重要",⑧"知识经验就是以所得还治所与。以得自所与的意念还治所与就有觉。官能无错误,官觉有错误,引用 A 意念于不能承受 A 意念的所与就是错误。如果意念引用得不错的时候,结果就是发现事实。事实是知识的直接对象",⑨"本书底主旨是以经验之所得还治经验,或以得自官觉

---

① 《金岳霖文集》第 3 卷,第 210 页。
② 《金岳霖文集》第 3 卷,第 260 页。
③ 《金岳霖文集》第 3 卷,第 212—213 页。
④ 《金岳霖文集》第 3 卷,第 833 页。
⑤ 《金岳霖文集》第 3 卷,第 210 页。
⑥ 《金岳霖文集》第 3 卷,第 294 页。
⑦ 《金岳霖文集》第 3 卷,第 216 页。
⑧ 《金岳霖文集》第 3 卷,第 340 页。
⑨ 《金岳霖文集》第 3 卷,第 416 页。

者还治官觉。知识者实在是以所与摹状所与,在多数所与中抽出意念以为标准,然后引用此标准于将来的所与,以为接受将来的所与底方式",①"在知识经验中,我们实在是以得自官觉者(虽然有约俗成分)还治官觉",②"任何意念本身就是小的图案,这小的图案来自所与也还治所与。……意念图案是四通八达的,它底关联脉络就是意思与命题,它也是得自所与,也是能还治所与的的"。③ 由于所与既可指观念中的表象,也可指客观的外部世界,④那么在金岳霖看来,得自所与的认识所还治的所与究竟指向前者还是后者呢? 如果指向前者,则认识的目的不过是封闭在观念领域之中,而与客观外部世界无关,然而这不是金岳霖的意思。金岳霖说:"知识本身就可以说是应付具体的环境,以求适合我们底生活底工具。"⑤他举例说:"植物学家看见一棵树和普通的人看见一棵树大不一样,分别就在于植物学家能够引用一整套的意念结构于所与。"⑥既要以知识应付环境、适合生活、研究事物,当然也就是要使认识作用于客观外部世界,这也就是金岳霖主张的认识的目的。

关于认识的真假标准,金岳霖指出主要有四种说法,他说:"真假底说法非常之多,有好些我们根本不提出,我们所要提出的只有以下四种:(一)融洽说,(二)有效说,(三)一致说,(四)符合说。"⑦他逐一否定了前三种说法。对于融洽说,他说:"从命题真假说,或从以真假为命题底真假说,融洽说总有不大对题的情形。本书既是论日常知识的书,所发生兴趣的所谓真假是命题底真。融洽说底玄学趣味重,对于本书底主旨不免扞格不通。"⑧对于有效说,他在提出一连串质疑之后说:"无论如何,

---

①《金岳霖文集》第 3 卷,第 608 页。

②《金岳霖文集》第 3 卷,第 646 页。

③《金岳霖文集》第 3 卷,第 834 页。

④ 参见《金岳霖文集》第 3 卷,第 117 页。

⑤《金岳霖文集》第 3 卷,第 208 页。

⑥《金岳霖文集》第 3 卷,第 416 页。

⑦《金岳霖文集》第 3 卷,第 783 页。

⑧《金岳霖文集》第 3 卷,第 785 页。

本书所要求的所谓真,有效说不能满足。"①对于一致说,他说:"单是命题一致底一致,没有积极的意义,至少就真假说,它是如此。""我们所论的是常识中的知识,所发生兴趣的真假是常识中的真假。兴趣既不是形上的,我们不能以形上的说法来解释一致和真假底关系。"②"一致说我们也不赞成。"③在前述基础上,金岳霖肯定了符合说,他说:"本书不赞成融洽说、有效说或一致说,所采取的是符合说。"④"在日常生活中,我们的确以真为命题和事实或实在底符合。"⑤"符合说确有困难,即令困难不是以上所说的,它还有别的类似的困难,问题是我们是否因为它有困难就舍而不用。主张一致说或有效说或融洽说的人大都以符合说有困难而放弃它,本书认为符合说不容易放弃,而在本书底立场上说,不应放弃。"⑥"我们不应该放弃符合说,因为符合说是最原始的真假说法。所谓原始的说法是说,一方面在思想及工具未发达的时候,我们只有此说法;另一方面,别的说法都根据于此说法。"⑦"本书所主张的即是符合说。所谓真当然就是符合。……在日常生活中,我们大都以符合与否为真假底定义,其所以如此者,因为常识接受一独立于知识者的客观的外界。命题对于那个外界有所陈述或有所断定,命题底真假不能与那个外界不相干。知识者不能要求那个外界迎合知识者底意趣,不能盼望那个外界来将就知识者底命题,他只能要求他底命题和那个外界中的情形符合。……无论如何,本书以符合为真底定义,所谓真就是符合。"⑧这就明确地以客观外界或事实、实在作为通过命题所表现的认识之真假的标准,强调认识必须符合客观外界,而不是相反。

---

① 《金岳霖文集》第 3 卷,第 787 页。
② 《金岳霖文集》第 3 卷,第 788、789 页。
③ 《金岳霖文集》第 3 卷,第 819 页。
④ 《金岳霖文集》第 3 卷,第 822 页。
⑤ 《金岳霖文集》第 3 卷,第 789 页。
⑥ 《金岳霖文集》第 3 卷,第 790 页。
⑦ 《金岳霖文集》第 3 卷,第 791 页。
⑧ 《金岳霖文集》第 3 卷,第 803 页。

综上所述,金岳霖阐明了认识的形成必须具备客观外部世界和具有认识的心理机制与方式(亦即工具)的认识者这两方面,而客观外部世界乃是认识的来源或对象、认识的目的以及认识的真假标准;由于客观外部世界实为根本的所与,所以金岳霖的认识论可以概括为得自所与并且还治所与的认识论。

五、知识论的态度与元学的态度

金岳霖的道是式—能的本体宇宙论、无极而太极的道的实现论及其以所得还治所与的认识论都具有严密的逻辑性和高度的思辨性,但他却并不只是一个纯理性而无情感的学者。他将自己的学术态度区分为"知识论的态度"和"元学的态度"。在谈到《论道》一书的取名时,他说:

> 每一文化区有它底中坚思想,每一中坚思想有它底最崇高的概念,最基本的原动力。……中国底中坚思想似乎儒道墨兼而有之。中国思想我也没有研究过,但生于中国,长于中国,于不知不觉之中也许得到了一点子中国思想底意味与顺于此意味的情感。中国思想中最崇高的概念似乎是道,所谓行道、修道、得道,都是以道为最终的目标;思想与情感两方面的最基本的原动力似乎也是道;成仁赴义都是行道;凡非迫于势而又求心之所安而为之,或不得已而为之,或知其不可而为之的事,无论其直接的目的是仁是义或是孝是忠,而间接的目的总是行道。……不道之道,各家所欲言而不能尽的道,国人对之油然而生景仰之心的道,万事万物之所不得不由、不得不依、不得不归的道,才是中国思想中最崇高的概念,最基本的原动力。对于这样的道,我在哲学底立场上,用我这多少年所用的方法去研究它,我不见得能懂,也不见得能说得清楚,但在人事底立场上,我不能独立于我自己,情感难免以役于这样的道为安,我底思想也难免以达于这样的道为得。关于道的思想,我觉得它是元学底题材。我现在要表示我对于元学的态度与对于知识论的态度不同。

研究知识论,我可以站在知识论底对象范围之外,我可以暂时忘记我是人,凡问题之直接牵扯到人者,我可以用冷静的态度去研究它,片面地忘记我是人适所以冷静我底态度。研究元学则不然,我虽可以忘记我是人,而我不能忘记"天地与我并生,万物与我为一",我不仅在研究底对象上求理智的了解,而且在研究底结果上求情感的满足。虽然从理智方面说,我这里所谓道,我可以另立名目,而另立名目之后,这本书底思想不受影响;而从情感方面说,另立名目之后,此新名目之所谓也许就不能动我底心,怡我底情,养我底性。知识论底裁判者是理智,而元学底裁判者是整个的人。①

由此表明,金岳霖在学术研究中虽然是一位采取"知识论的态度"的冷静学者,但作为中国人,却对自己的民族文化传统抱持"元学的态度",充满炽烈的情感和坚定的信念,并不因长期浸润于西学而有丝毫减损,这在中国文化遭受西方文化的迫压而节节败退、西化思潮风靡于世的现代中国,实在难能可贵,至今仍不失其楷模意义!金岳霖的"元学的态度"还集中体现于 1943 年为给外国人授课而撰写的《中国哲学》一文中。② 此文为中国哲学不同于西方哲学因而颇受诟病的特点辩护,如谓:

> 中国哲学的特点之一,是那种可以称为逻辑和认识论的意识不发达。这个说法的确很常见,常见到被认为是指中国哲学不合逻辑,中国哲学不以认识为基础。显然中国哲学不是这样。我们并不需要意识到生物学才具有生物性,意识到物理学才具有物理性。中国哲学家没有发达的逻辑意识,也能轻易自如地安排得合乎逻辑;他们的哲学虽然缺少发达的逻辑意识,也能建立在已往取得的认识上。③

---

① 《金岳霖文集》第 2 卷,第 156—157 页。
② 该文以英文撰写,1980 年首次发表于 *Social Sciences in China* 第 1 卷第 1 期;中译件发表于《哲学研究》1985 年第 9 期,钱耕森译,王太庆校。
③ 《中国近代思想家文库·金岳霖卷》,北京:中国人民大学出版社 2015 年版,第 21 页。

此文进而通过中西对比,褒扬势处明夷的中国文化而批判如日中天的西方文化,显示了相当充分的文化自信,如谓:

> 多数熟悉中国哲学的人大概会挑出"天人合一"来当做中国哲学最突出的特点。……这"天人合一"说确是一种无所不包的学说,最高、最广意义的"天人合一",就是主体融入客体,或者客体融入主体,坚持根本同一,泯除一切显著差别,从而达到个人与宇宙不二的状态。……如果比较满意地达到了这个理想,那就不会把自己和别人强行分开,也不会给人的事情和天的事情划下鸿沟。中国哲学和民间思想对待通常意义的天,基本态度与西方迥然不同:天是不能抵制、不能反抗、不能征服的。
>
> 西方有一种征服自然的强烈愿望。人们尽管把人性看成"卑鄙、残忍、低贱的",或者把人看成森林中天使般的赤子,却似乎总在对自然作战,主张人有权支配整个自然界。这种态度的结果,一方面是人类中心论,另一方面是自然顺从论。这对科学的影响是巨大的。促进科学的因素之一,是获得征服自然所需要的力量。没有适当的自然知识,就不能征服自然。只有认识自然规律,从而利用自然,人才能使自然顺从。一切工程奇迹,一切医药成就,实际上,全部现代工业文明,包括功罪参半的军事装备,至少在某种意义上都可以看成用自然手段征服自然以达到人类愿望的实例。从自然与人类隔离的观点,产生的结果是清楚的——胜利终归属于人类;但是从人类有自己的自然天性、因而也有随之而来的相互调节问题这个观点,产生的结果就不那么清楚——甚至可以变成胜利者也是被征服者。
>
> 自然与人分离的看法带来了西方哲学中彰明昭著的人类中心论。说人是万物的尺度,说一物的本质即是其被感知,或者说理解造成自然,人们就以为自然并非一成不变。在哲学语言中,"自然"概念包含一种可以构造的意思,心智是在其中自由驰骋的;在日常

生活语言中，人类所享有或者意图享有的自然，是可以操纵的。我们在这里说的并不是唯心论或实在论，那毕竟是意识的构造物。我们是说中国和西方的态度不同，西方认为世界当然一分为二，分成自然和人；中国则力图使人摆脱物性。当然，中国的不同学派以不同的方式解释自然，给予自然不同程度的重要性；同一学派的不同思想家，同一思想家在不同时期，也可以对自然有不同的理解。可是尽管理解不同，都不把人与自然分割开来，对立起来。

　　到此为止，我们仅仅接触到了人性。西方对自然的片面征服似乎让人性比以往更加专断，带来更大的危险。设法使科学和工业人化，是设法调和人性，使科学和工业的成果不致成为制造残忍、屠杀和毁灭一切的工具。要保存文明，就必须设法控制个人，控制社会，而唤醒人们设法这样做的则是一些思想家。我们应当小心谨慎，不能随便提征服。在一种意义上，而且在一种重要的意义上，人的天性和非人的天性是从来没有被征服过的。自然规律从来没有为了人的利益、顺从人的意志而失效或暂停；我们所做的只是安排一个局面，让某些自然规律对另一些自然规律起抵制作用，俾使人的愿望有时得以实现。如果我们想用堵塞的办法来征服自然，自然就会重重地报复我们，不久就会在这里那里出现裂缝，然后洪水滔天，山崩地裂。人的本性也是一样。例如原罪说就会造成颓废心理，使人们丧失尊严；或者造成愤怒的躁发，使人们成为破坏分子和反社会分子。①

此文更有对于中国哲学与文化的深切赞许，如谓：

　　也许应该把庄子看成大诗人甚于大哲学家。他的哲学用诗意盎然的散文写出，充满赏心悦目的寓言，颂扬一种崇高的人生理想，与任何西方哲学不相上下。其异想天开烘托出豪放，一语道破却不是武断，生机勃勃而又顺理成章，使人读起来既要用感情，又要用

---

① 《中国近代思想家文库·金岳霖卷》，第23—25页。

理智。①

又谓：

> 中国哲学家都是不同程度的苏格拉底式人物，其所以如此，是因为伦理、政治、反思和认识集于哲学家一身。在他那里知识和美德是不可分的一体，他的哲学要求他身体力行，他本人是实行他的哲学的工具。按照自己的哲学信念生活，是他的哲学的一部分。他的事业就是继续不断地把自己修养到近于无我的纯净境界，从而与宇宙合而为一。这个修养过程显然是不能中断的，因为一中断就意味着自我抬头，失掉宇宙。因此，在认识上，他永远在探索；在意愿上，则永远在行动或者试图行动。这两方面是不能分开的，所以在他身上你可以综合起来看到那本来意义的"哲学家"。他同苏格拉底一样，跟他的哲学不讲办公时间。他也不是一个深居简出、端坐在生活以外的哲学家。在他那里，哲学从来不单是一个提供人们理解的观念模式，它同时是哲学家内心中的一个信条体系，在极端情况下，甚至可以说就是他的自传。我们说的并不是哲学家的才具——他可以是第二流哲学家，也可以具备他那种哲学的品质——那是说不准的；我们说的是哲学家与他的哲学合一。②

金岳霖对中西哲学与文化的认识无疑是深刻而精当的，这当然是遵循"知识论的态度"的结果，但由之体现的民族立场和文化认同也是明确而深沉的，这则是"元学的态度"使然。"知识论的态度"与"元学的态度"的结合，使金岳霖的哲学形成具有严密逻辑性和高度思辨性形态的情感哲学。③

---

① 《中国近代思想家文库·金岳霖卷》，第22页。
② 《中国近代思想家文库·金岳霖卷》，第28—29页。
③ 金岳霖的哲学与他的人格是一致的，他的外表是一位严肃的学者，但他一生有笑有哭，敢爱敢恨，富于感情。参见《金岳霖年表》，《金岳霖文集》第4卷，第790—838页。

第二节 朱谦之的唯情哲学

一、生平著述

　　朱谦之(1899—1972),字情牵,福建福州人。他在中学时代就自编《中国上古史》,探究人与世界的来源问题,还写了一本《英雄崇拜论》,以英雄自命,表现出极大的哲学热情。1917年考入北京大学法预科,后转入哲学系,开始了其早期哲学思想历程。就读北京大学时期,正逢新文化运动蓬勃开展之时,新旧思潮交织摩荡,他接触各种思想,逐渐成为一名无政府主义者或虚无主义者。他写下《政微书》《周秦诸子学统述》《太极新图说》《现代思潮批评》等著作,评述古今思想,醉心于"虚空破碎,大地平沉"的革命理想。他还参加废除考试运动,散发革命传单,将虚无主义的革命观落实到行动中。1920年10月9日,朱谦之的好友毕瑞生在散发革命传单时被捕,身上带有朱谦之所作的《中国无政府革命计划书》,朱谦之听闻后,于12日去警局自首,将毕瑞生救出而自己入狱。入狱的这段经历,给朱谦之思想上极大的震动。在狱中,他每日静坐读书,其中《周易》《传习录》和革命家的著作传记给他精神上莫大的慰藉。入狱百余日后,他写下《绝命书》,决意绝食殉道。在《绝命书》后附录一首诗《到虚空去》:"我从虚空来,还向虚空去。虚空是我本来身,也正是我们归宿。……只凭一念真实我自赤条条地到虚空去。"①可见此时他的虚无主义思想已经成熟。在一名牢狱看守的关照下,朱谦之绝食的消息被朋友得知,后经北京和上海的学生及革命团体援助,得以获释。出狱后,他写成《革命哲学》,系统解释了他的虚无主义的革命哲学思想,初步提出了他的唯情哲学。其时他认为,要从根本上求得革命,必须改造人心,而要改造人心,佛学是最彻底的虚无路子,于是他在1921年5月到西湖太虚大师处出家。朱谦之出家不是真的信服佛学,他"是想跑到佛教里

---

① 《朱谦之文集》第1卷,福州:福建教育出版社2002年版,第451页。

打个大筋斗,使佛教混乱一顿,放出一道红光",站在"佛顶上,宝塔上",高唱大虚无的歌儿。[1] 因此,他很快就不能忍受僧伽制度而离开佛寺,后又到南京问学于欧阳竟无大师,虽然感动于欧阳大师的真诚,但总觉得唯识宗不合意,最终也没有在思想上皈依佛学。从 1921 年到西湖后的两年内,朱谦之多次往返京、沪、杭、宁,在贫困处境中,或浮海,或游山,放浪形骸,没有一定的住处,结交了郭沫若、郑振铎等人。他在受到自然的陶冶时,又"受了这些文学家的洗礼,渐渐觉得从前思想之非","好乱的心理也一转而入望治的心理"。[2] 而此时他的好友梁漱溟出版了《东西文化及其哲学》,提出一种和虚无主义不同的生活方式,进一步促使他思想发生大的转变。朱谦之将思想上的转变写出来,即《无元哲学》。在卷首自序中,他说:"这本书是我数年来做的无元哲学论文集。上篇所说只要完一个'无'字,第一义是第一义,第二义是第二义,有和无截然分为二事。下篇便不然了,第二义即第一义,现前昭昭灵灵的即是无所有不可得的。这么一来,便把从前的无元思想走到尽处和大乘佛法(华严宗、般若宗)很接近了。这是我思想变迁的线索如此,恐怕聪明人都是如此罢!然而我思想的前途,毕竟不到此而止。"[3]序文清楚地表明了他的思想从怀疑走向再生和信仰,一方面把虚无主义走到尽头,一方面寻求对"情"的新解释。不久他又写出《唯情哲学发端》《信仰与怀疑》等文,结集为《周易哲学》,宣告他的唯情哲学的成熟。他从"无之又无"的还灭理想回到了生命事实上来,从怀疑、否定世界转变为体认万物一体。1924 年,朱谦之在济南第一师范作题为《一个唯情论者的宇宙观及人生观》的演讲,对唯情哲学作了全面的总结。朱谦之在发生思想转变后认识了杨没累,两人开始恋爱,后来相约隐居西湖,意图过闭门著述的生活,至 1927 年因谋生无着而结束隐居。由于杨没累的主要研究领域是音乐,致使朱谦之关注音乐文学史,他在这一方面的研究成果有《音乐的文学小史》《中

---

[1]《朱谦之文集》第 1 卷,第 123 页。
[2]《朱谦之文集》第 1 卷,第 124、125 页。
[3]《朱谦之文集》第 1 卷,第 406 页。

国音乐文学史》《中国古代乐律对于希腊之影响》等。1928年杨没累去世,朱谦之精神大受刺激,离开杭州。1929年4月,朱谦之从同学处借得二百大洋到日本东京留学,后得到蔡元培和熊十力的帮助,获得中央研究院社会科学研究所的资助,顺利度过两年研究生活。1931年回国后,朱谦之开始了"中年讲学在南方"①的时期。

　　青少年思想求索时代结束时,朱谦之创立了唯情哲学,同时在研究兴趣上发生了转移。除了音乐文学的研究,他特别关注历史研究。早在1926年他就出版了《历史哲学》,据说是中国第一本以"历史哲学"为题的专著。1929年至1931年在东京时,他不满意旧著《历史哲学》,加上中央研究院给他的研究题目是"关于社会史观与唯物史观之比较研究",②朱谦之遂对历史哲学产生了极大兴趣,留学的两年内除了历史哲学类的书籍,还搜集了五大册《历史哲学论文集》,为他以后从事历史研究和文化研究奠定了基础。1931年初朱谦之从东京回国,先到杭州,不久到上海暨南大学任教,主讲历史哲学、西洋史学史等课程。因与浙江省省长张难先相熟而被请教经济问题,著成《历史学派经济学》。又应民智书局之约主编"历史哲学丛书",其中收有他的论文集《黑格尔主义与孔德主义》,该书表明他的历史哲学是黑格尔和孔德的历史哲学的结合。1932年春,朱谦之因躲避战争而前往北平暂住三个月,写成《历史哲学大纲》,梳理历史哲学的概念和发展。同年秋,朱谦之南下广州,受聘于中山大学,主持或参与了文史哲学科的研究与教学工作,直到1952年全国高校院系调整,他被调到北京大学哲学系,这一工作才结束。这二十年是朱谦之历史研究、文化研究的主要时期,他著有《文化哲学》《黑格尔的历史哲学》《孔德的历史哲学》《现代史学概论》《中国思想对于欧洲文化之影响》《扶桑国考证》《中国思想方法问题》《太平天国革命文化史》《哥伦布前一千年中国僧人发现美洲说》《奋斗二十年》《文化社会学》《比较文化

---

① 《朱谦之文集》第1卷,第205页。
② 《朱谦之文集》第1卷,第71页。

论集》《庄子哲学》《黑格尔哲学》等著作,还创办了《现代史学》期刊,引领了现代史学理论的研究风气。朱谦之在历史哲学研究方面的成就,以《黑格尔主义与孔德主义》《黑格尔的历史哲学》《孔德的历史研究》为代表,这些著作不仅开拓了国内关于黑格尔和孔德研究的领域,也使朱谦之建立起他的"四阶段法则"的历史哲学。"四阶段法则"是借鉴孔德的"三阶段法则"而提出的人类社会发展分期。孔德将人类社会发展过程分为上古至中世纪、文艺复兴至18世纪、19世纪三期,在产业阶段上分别对应军事时代、法律时代、产业时代,在知识阶段上分别对应神学时代、形而上学时代、科学时代。在孔德的基础上,朱谦之引入黑格尔的辩证法,提出人类社会发展的第四期,即信仰生命哲学时代,指出历史发展的动力在于本能,并以此重新界定社会发展的四个时期。朱谦之晚年回顾这一历史哲学时认为,黑格尔的历史哲学是逻辑主义,孔德的历史哲学是心理主义,自己当时想把两者统一起来,是想把辩证法与归纳法结合,服务于文化主义的哲学社会科学。① 在文化哲学研究方面,朱谦之的成就集中表现于《文化哲学》一书。他首先从哲学、历史学、社会学、教育学等方面论证文化哲学的必要性和重要性,认为在现代无论说到哲学、历史学、社会学、教育学,都已经一致倾向于文化主义,如哲学表现为文化哲学,历史学表现为文化史,社会学表现为文化社会学,教育学表现为文化教育学,其中因为哲学是求根本问题的学问,所以文化哲学为一切文化学中"最'综合'的因子"。② 他还在《文化哲学》中对文化的本质、类型作详细的分析,对文化所包含的宗教、哲学、科学、艺术等知识生活加以根本研究,同时还分析了文化在地理上的分布,表明中外文化的关系,最终指出如何建设未来的世界文化。总体上看,朱谦之历史哲学建立在他的生命哲学基础上,而文化哲学又建立在他的历史哲学基础上,正如

---

① 《朱谦之文集》第1卷,第40页。
② 《朱谦之文集》第6卷,第243页。

有学者所指出的,"其文化哲学中透露出的便是生机主义的历史观",①如他的文化阶段说和类型说与他在历史哲学中对人类社会历史发展时期的划分相对应。值得注意的是,除了历史哲学与文化哲学的研究,朱谦之还有唯物史观和辩证唯物论的研究。他后来回忆抗战时期避难于梅县的几个月是他思想发生大转变的时刻,他说:"我在抗战以前,无论抱如何革命思想,总不免是唯心的,观念论的,但在抗战期中,我所写《太平天国革命文化史》却已开始应用了唯物史观来解释革命文化的背景。"②抗战胜利后,朱谦之的研究重心再次发生转移。1946 年秋,他辞去各种行政职务,只保留哲学系主任一职,主要精力放在讲授和研究黑格尔哲学、庄子哲学。到 1949 年新中国成立,特别是经过思想改造后,朱谦之的哲学思想转变为以辩证唯物主义和历史唯物主义为指导原则,开始了他的晚年治学时期。

1952 年,全国高校院系大调整,各大学的哲学系合并到北京大学哲学系,朱谦之也被调到北京,之后,他的学术研究重心转移到哲学史、思想史,学术研究内容随着工作单位和形势的变化而变化,大致可分为三个时段。第一个时段是 1952 年至 1958 年。朱谦之被分配在北京大学中国哲学史教研室工作,他陆续做出中国哲学史方面的研究成果。在《七十自述》中他回忆,最初是写作《戊戌维新思想述评》,后来为了避免争论而专心于史料研究,先后写成《老子校释》《王充著作考》《李贽——16 世纪中国反封建思想的先驱者》《18 世纪中国哲学对欧洲的影响》《新辑本桓谭新论》《中国哲学史史料学》等著作。③ 第二个时段是 1958 年至 1964 年。因政治需要,朱谦之奉命把研究重心转入东方哲学史,尤其是日本哲学史,撰写《日本的朱子学》《日本的古学及阳明学》《日本哲学史》,并编著《日本哲学史料》和《日本哲学》。第三个时段是 1964 年以

① 张国义《一个虚无主义者的再生:五四奇人朱谦之评传》,北京:中国文联出版社 2008 年版,第 90 页。
② 《朱谦之文集》第 1 卷,第 163 页。
③ 《朱谦之文集》第 1 卷,第 178—179 页。

后。朱谦之被调入中国科学院世界宗教研究所,此后他没有接到指定任务,于是自行以宗教作为研究对象,翻译了日本忽滑谷快天的《中国禅学思想史》和《朝鲜禅学思想史》,因指导研究生的研究题目涉及中国基督教史,他开始从事中国基督教史的研究,写成《唐景教碑新探——中国早期基督教研究之一》。朱谦之在这三个时段内从事的哲学史、思想史研究,基本上都自觉地以马列主义理论为指导思想,有很高的学术价值,其中最值得注意的是《老子校释》和日本哲学史研究著作。《老子校释》不仅得到国内学术界的重视,在国际上也有很大影响。有学者指出:"《老子校释》因搜集版本之丰而在莫斯科召开的全世界汉学家会议上被一致推荐为最佳的研究著作。"①当然,该书的价值不止于"搜集版本之丰"。而他的日本哲学史研究则填补了中国国内在该领域的学术空白,做出了开拓性的贡献。

朱谦之有很强的时代感受力,他的生命体验丰富,思想领域广阔,特别是在哲学、哲学史、历史、比较文化等方面取得了很大的学术成就,在20世纪中国学术界占有重要地位。但仅从哲学方面来看,他的最具独创性的成就是20世纪20年代提出的"唯情哲学"。这一哲学思想集中表现于他的《革命哲学》(1921)、《无元哲学》(1922)、《周易哲学》(1923)、《一个唯情论者的宇宙观及人生观》(1924)等著作中。

二、情本体论

中国哲学以"见体"为根本问题,因此,何为"体"? 如何"见"? 这是朱谦之在创建他的哲学思想时不得不回答的首要问题。前者为哲学的本体论问题,关涉何为宇宙万有生生不息的本根,何为人的生命存在的本源。后者为哲学的方法论问题,关涉如何以自己的生命体验去接契本

---

① 黄夏年《〈日本的古学及阳明学〉跋》,载朱谦之《日本的古学及阳明学》,北京:人民出版社 2000年版,第391页。

体,是每家哲学成一家之言的关键。两者并不截然有分,本体是方法的本体,方法是本体的方法,但为了清楚地展示朱谦之哲学思想的特色和逻辑结构,下面先论述他对本体的思考。

(一) 对本体论的肯定

在前现代,本体论或形而上学是大多数哲学家思考的中心问题,但是到了现代,在西方,科学从哲学中独立出来,率先引发了科学与哲学关系的讨论,其中提出了重新理解、定位哲学的问题,从而使哲学的本体论是否值得研究成为争讼不已的问题。随着自然科学不断取得重大突破,西方人认为理性与科学万能,于是科学主义逐渐兴盛起来,发展成为势不可挡的主流思潮。人们普遍认为,只有自然科学才是真知识,相应地,科学主义取消形而上学、否认本体的主张,也成为时代的强音。而在近现代的中国,受西方的影响,也由于自身落后的情势,"科学"成为新文化运动的口号,特别是在 1923 年科玄论战之后,对科学的崇拜成为社会主流思潮之一。因此,身处科学主义兴盛、形而上学遭受质疑的时期,要想探究本体问题,必须对本体论有所肯定,且这一肯定要建立在对本体论的新阐释上。

朱谦之对形而上学遭受质疑的情形有广泛的了解,他回应这一质疑,对本体论加以肯定。他说:"宇宙本体问题,是否值得研究? 西方哲学的始祖 Thales 最初就来究问宇宙本体,什么本体如何如何,是一是二是物质是精神,这些形而上的问题,在西方不知闹了几千年,还没解决,因此最近如美国的实验主义家詹姆士杜威遂倡不要人研究形上而学的问题;而在德国方面之欧根,法国方面之柏格森,则一个由生命之流动的观念讲形而上学,一个则主张精神生活之独立——都是想替形而上开一条道路。至于中国,则《系辞》一书完全讲形而上学,宋儒开山老祖的周濂溪《太极图说》、张横渠之《正蒙》是讲形而上学的,这我们都已知道的了。就是近代汉学家,其最初一部书是惠栋的《周易述》,这本书批评宋儒讲理不对,稍稍提出'情'字,也是要讲形而上学的。直到现在汉学的末流,才主张抛开这些不讲。……中国现在哲学界也是对于形而上学可讲可不讲发生了问题。依我意思,形而上学是应该讲他的,要明此,不可不对于主张不讲形而上学的斯宾塞和实验主义下一批评。"①

朱谦之对本体论的肯定,不是因为中西哲学史上有大量的形而上学,他不是简单地重复中西哲学史上对形而上学的肯定,这一肯定首先建立在他对实证主义的批评上。以穆勒、斯宾塞为代表的实证主义认为,人只能认识现象,获得经验知识,而现象背后的本体是不可思议的。但朱谦之认为,这种主张是站不住脚的,我们不能因为以实证主义为代表的科学主义对本体论有所批评,就放弃对本体的探求。他认为,首先,"不可思议是从思议处而不思议罢了","知道不可思议就是思议";②其次,这是由怀疑而武断,为人生设立人为的制限。因此,朱谦之同意西方生命哲学家对实证主义和实验主义的批判,他援引欧根和柏格森的话,认为实证主义和实验主义不讲形而上学,就是人生日益坠落的表现。

朱谦之在批判实证主义、重新肯定本体论时,受到了西方生命哲学的影响,但这并不是说他对本体的肯定与西方生命哲学对本体的肯定完全一致。本体在中西哲学中的含义并不相同。在西方哲学中,本体与现象相对,本体是作为现象根据的自在之物、假设之物,而在中国哲学中,本体是万有的根源,与万有体用相即。因此,面对重新肯定本体论的问题,中西哲学家面临的问题并不完全是一回事。朱谦之将中西形而上学一起加以肯定,似乎没有对中西哲学中的本体加以区分,但从他探究本体所使用的概念来看,并不是将中西哲学中的本体混为一谈。朱谦之认为,本体"不是一件物,而实为万物的大根底",③本体与万物万象不是两个不同的事物,而是体用合一。显然,朱谦之从体用关系上来探究本体,肯定本体,这说明他不是从本体与现象相对立的角度而探究、肯定本体,换言之,他对本体的肯定不以西方的本体论为本体论的唯一标准,而是站在中国文化的主体立场上,要求扩大本体的含义,通过重新解释中国

---

① 《朱谦之文集》第 1 卷,第 471 页。
② 《朱谦之文集》第 1 卷,第 471 页。
③ 《朱谦之文集》第 1 卷,第 460 页。

哲学的原有概念,给予中国哲学形上学普遍意义,从而达成对本体论的重新肯定。

朱谦之站在中国文化的立场上,凭借中国哲学的形上学资源对本体论予以重新肯定,如他深受老子哲学的影响,最后归宗生生之易,但这些都是他肯定本体论的外缘,内在的关键原因在于他始终自觉地将本体论与自己的生命连在一起。他认为,本体问题"是我们自己的问题,如果我们而不自加思议,敢问替我思议的是谁呢"?① 这也就是说,对于朱谦之而言,本体问题不是在他生命之外的一个可有可无的问题,而是自我始终不能逃避的真问题。在《一个唯情论者的宇宙观及人生观》导言中,朱谦之谈论宇宙本体问题的重要性,以本体问题为真理问题,开篇即说:"晓得怎样探求真理,就晓得怎样去做我的生活。"② 在稍后的《我研究这问题的经过》一节,他回顾自己探求本体的历程,又说:对于形而上学,"虽然人家对此一点也不发生问题的,但我如不将这问题解决了,就不能过活",甚至在本体的思考支配下,"因之想自杀、出家",这"都无非要达到宇宙本体的一种企图"。③ 可见,朱谦之的本体思考与他的生命相合一,可以说,他的本体论就是他的生命的理论形态,因此他对本体的肯定,即为对人的生命存在的肯定,对宇宙万有的肯定。

(二) 从"无"到"有"解释本体之情

朱谦之对本体的重新肯定,与他指出"何为本体"相一致,也即是说,他肯定中国哲学的本体论的普遍意义,更为清楚地表现在他对本体的内容的认识。那么,何为本体呢? 朱谦之对此多次明确断言:"情就是本体",④"情就是宇宙本体",⑤"本体不是别的,就是现前原有的宇宙之生命,就是人人不学而能不虑而知的一点'真情'"。⑥ 可见"情"是朱谦之对

---

① 《朱谦之文集》第 1 卷,第 472 页。
② 《朱谦之文集》第 1 卷,第 457 页。
③ 《朱谦之文集》第 1 卷,第 473 页。
④ 《朱谦之文集》第 1 卷,第 323 页。
⑤ 《朱谦之文集》第 1 卷,第 413 页。
⑥ 《朱谦之文集》第 1 卷,第 473 页。

本体的说明。那么,"情"又是什么?

朱谦之以情为本体,是其一贯的主张,但他对情有相反的两种解释。朱谦之在开始对本体有系统的看法时,认为本体之情是"无",即着重以否定的方式解释本体之情。在 1919 年写成的《太极新图说》中,朱谦之首次系统阐述他的本体论,说:"自无而有心,心者太极也,心之出而有电,电有阴阳,阴阳相对,动静在其中矣;一动一静,而生火水土金;合火水土金,变而成人,化而成男女;人复相贼,以相贼故,浸成淘汰,化为无量万物,盖宇宙发生之现象如此。"①朱谦之认为,本体为无,现实万有均为心之幻化的假有,人在情感盛时忘了一切假有而破除心惑,就达到了本体,因此本体是情,也是无。

在《革命哲学》中,朱谦之对这一看法作了更加详尽的说明。他认为,从构造心理学和机能心理学来看,当我们认识宇宙时,这一认识在发生和发展上表现为情—意—知,即先有兴趣,然后有注意,最后有知识,由此可见,知识以意志为根据,意志以情为根据,情才是最根本的。而"要说明宇宙的缘起,则认识起的时候便是",因此,"宇宙就是'情'之化为理知者,因情化身为客观,相对,有限的东西才为宇宙的森罗万象而现"。② 换言之,在兴趣阶段,我们对事物没有分别的知识,与物处于浑然无分别的状态,而一旦对事物形成了有条理的知识,即陷落于分别对待中。情化为理知,即从无分别变为有分别,从无对变为相对、有限,显然这是一个分裂、坠落的过程。由此,朱谦之认为,情在本质上既是无始无终、独立自存的自然存在,又是个性自存而绝对真实的本体,更是与有限的万有相对的"透明的本体,空无所有的地方"。③

为了强调本体与万有的区别,朱谦之还认为,情之虚无,就是无心、无物、无神、无知无名、无是无非,一切矛盾不相容的东西到了情这里,都可以融化相容。正是在此意义上,朱谦之说:"由本体上去看,'虚无'不

---

① 《朱谦之文集》第 3 卷,第 3 页。
② 《朱谦之文集》第 1 卷,第 397 页。
③ 《朱谦之文集》第 1 卷,第 324 页。

是别的东西,便就是本体,本体一向空无,是名不得状不得的,是透明的,自然的,因他是无形、无声,整个的不可分断,却又无所不在,故从具体的方面着想,用那空无所有的'虚无'来形容他,……虚无两字,可分开来讲,虚是表明宇宙全体实虚而不屈动而愈出的,无是表明现在宇宙进化的倾向,因宇宙有其自无而有的成而住,便有其自有而无的坏入空,所以我说虚无,就有还灭的意思了。……归根结底,虚无的意义,总是批评的、破坏的、理想的,而且可受流动变化的说明。"①朱谦之认为,本体之情为无,这是从现实中万象的流动进化上看到的外在超越的本体之情。

朱谦之以情为本体、又认为情是虚无的看法,是将老子哲学、虚无主义、柏格森的生命哲学和现代心理学进行了粗糙的杂糅,其有强烈的现实指向,即要打破现实,使之复归本真自然的状态。他的本体论与其生命感受相连。然而,正如他自己所承认的,高扬虚无,总是消极的破坏的,不是积极的建设的,以"情"为虚无,强调还灭,始终无法解释为什么"虚空破碎,大地平沉",一切灭绝是止境。同时,他有时以体用解释本体与万有,有时又以本体与现象的对立来说明本体的超卓独立,这显然是矛盾的。

在《无元哲学》中,朱谦之为了解决"本体之情为无"的内在矛盾,对"本体""无""情"作了进一步的解释,他不再仅仅通过从有到无的否定来解释本体之情,而更多补充了从无到有的肯定性解释。他说:"宇宙间一切现象都是由'真生命'流出,也无不还到'真生命'去,因为真生命就是一切现象的虚无本相,所以超越凡情,很难轻易的道破他,如从前形而上学者,高谈本体如何如何,……其实在真生命里都没有这回事,真生命见无所有不可得的,是自己如此的,所以超过一切言说,如要问宇宙的本体,当下就是本体了。要问宇宙的本源,当下就是本源。"②

朱谦之一方面依然认为,万有是没有自性的,本体"无知""无名",

---

① 《朱谦之文集》第 1 卷,第 394 页。
② 《朱谦之文集》第 1 卷,第 445 页。

"宇宙万物都是以'有'为生,而有生于无,虽现在宛然有,而常毕竟无,这个'无'是无始终的,无生灭的,是不堕在见解计较中的",因此"无就是无所有不可得的本体了"。① 但另一方面,他认为"有生于无,也决不是离有言无,及断见邪见得无",无不是虚空之物,而是当下所证之境。因此,本体不从超绝万有之外得到,只在眼前事物上。朱谦之主张本体与万有不离,即为主张从体用上探究本体,相应地,他在解释本体之情为无的时候,认为"无"扫除不自然而复归于真,本体之情不是破碎的无之情,而是无碍流行的"真情"。朱谦之对本体之情的解释从"无"转移到"真",表明其思想上想要挣脱虚无主义、老子哲学的倾向。

朱谦之真正扬弃老子哲学、虚无主义而从"有"上肯定地探究本体之情,是在他受到梁漱溟《东西文化及其哲学》的影响后。他说:"漱溟思想也变了,当他《东西文化及其哲学》出版,我实受极大的影响,这时我的本体论,完全折入生命一路,认'情'是本有,不是'无',对于漱溟所主张的'无表示'是中国根本思想,反甚反对,并且他所说的三条路,尤不敢赞同。所以当我和漱溟共学时,他们爱讲人生,我讲宇宙,总是扞格不入,尤其是以我的泛神思想,被讥迷妄。但是我呀,却于这时确立了一个新宇宙观了,从'虚无'里而回转到'这世界'了。……现在呢,我敢大胆告诉人家,本体不是别的,就是现前原有的宇宙之生命,就是人人不学而能不虑而知的一点'真情',我敢说这'情'字,就是宇宙的根本原理了。"②

朱谦之思想的转变的确深受梁漱溟思想的影响,但这只是转变的外缘,内在的原因在于他否定"无"的路走到了极处,就反转出了"有"的肯定的路,怀疑彻底而反身有信仰的诚乐。朱谦之认为,自己原来以"无"为本体,是在现有宇宙之上另立一个外在超越的本体,犯了本体与现象相对立的错误,因此,不管怎么解释"无"都没有办法达到本体之情实。而只有直接肯定当下,"任举眼前的一个东西,莫不是本体的全体大用

---

① 《朱谦之文集》第 1 卷,第 443 页。
② 《朱谦之文集》第 1 卷,第 473 页。

了",①才能真正打破思想迷障,打通心物之隔,认识到"本体本自现成,本自实现","天则流行,何尝有个东西是遮掩过'真情'的?'真情'是真实的,不坠分别境界的,所以由此流出来的宇宙万物,也都是真实的,不坠分别境界的"。②

为了更加肯定地解释本体之情,朱谦之还将"情"的本体发明归于《周易》,认为这是孔家哲学的大头脑处和本来面目,但正如他给李石岑的信中所说:"这种思想与其说是研究周易哲学结论,不如说由参澈自己的变化得来。"朱谦之对周易哲学、儒学的阐发是以自己思想为主的六经注我。同理,朱谦之在以"有"释"情"时,借用了柏格森生命哲学的时间、绵延等概念,也不是在简单重复柏格森的思想。这里暂且不论他们之间的区别,而集中来看朱谦之的以"有"释"情"。

与从"无"解释本体之情的超绝无对相比,朱谦之对"本体之情为有"的解释,着重于真情本体于万有变化中呈现。他将"真情"称为"真情之流",说:"天地万物的本体——情——是永远在那里变化,没有间断的,好像滔滔不绝的流水一般,所以我特别立一个表记,叫做'真情之流'。"③这样的真情之流周行于宇宙万物之中,包涵万有,即万有之聚散流行变化而可见,从而表现为"自然而然的""真实无妄的""变动不息的""绝对无二的""本有不无的""稳静平衡的"。④

朱谦之以本体为真情之流,即是从大化流行解释本体,那么这一流行是如何变化的呢? 朱谦之通过动静、感应、时空来解释情之本体的变化。他认为,首先一定不能用推理的方式来看真情本体的变化,一用推理计量,变化就成了机械的断点,因此应该从时间的绵延、进化、生生不已来看变化,也即是说,本体的变化不是有一个本体在变化,而是除了生生不已的变化就没有本体,变化与本体不能分开来说。如此一来,本体

---

① 《朱谦之文集》第 3 卷,第 102 页。
② 《朱谦之文集》第 3 卷,第 101 页。
③ 《朱谦之文集》第 3 卷,第 102 页。
④ 《朱谦之文集》第 3 卷,第 118—121 页。

的流行变化是在即变化说本体,这一变化只能是随感而应,"感也只是这点情,应也是这点情",没有这一感,"情"不可见,"情搭于一感一应而行,才感便是动,才应便是静,感的时候就是永不间断的绵延","当其静的时候,就向空间顿时发散,而成其为分段的生命",①时空循环无端,进化不已。

朱谦之认为,本体之情到此方明白无误,于是他将情本体的哲学概括为十条:"(一)宇宙本体就是浑融圆转活泼流通永没休歇的'真情之流'。(二)'真情之流'是无思无为的自然变化,完全自然的、泛神的,唯心的变化而一,一而变化。(三)'真情之流'就是绝对的意象——表示,但这个惟一表示,实只浑然一流,由此而生的一个个意象———表示,也都是活泼泼地,都是圆转流通的,但不能执为物质,而认作有形有体。(四)在流行变化中,自然进出天则,这天则本自现成,本自调和,隐秘而含藏于'真情之流',发出来都是自然而然的,神妙不测的,其孰安排是?其孰运行是?(五)'真情之流'中,无独必有对,所以一动一静,一阖一辟,一感一应,都是天则的自然,如没有这相对相双的天则流行,便绝对也不可见,绝对即在相对中。(六)'真情之流'是极活泼极流通而稳静平衡的,在活泼流行中,而稳静平衡是其体,于稳静平衡中而常流不息是其用,体用非二。(七)我们自己的'人性',是在那里流着,'穿过真情之流',所以要我们入于真情之流的内部,实不假外求,只须内省的默识便得。如果亲切分明看到自家'人性',即是见本体了!(八)科学所分析的'物',本和'真情之流'浑融为一,由默识方法看起来,没有物质这个东西。(九)人自有生以来,'真情之流'是没有一回间断的,所以'人性'皆善。(十)天地万物本我一体,我和天地同流。"②

以上为朱谦之的本体内容与变化,他始终指认"情"为本体,并以"无""真情""真情之流"解释本体。虽然这三个词在以"无"释"情"和以

---

① 《朱谦之文集》第3卷,第128页。
② 《朱谦之文集》第3卷,第106页。

"有"释"情"中都有使用,但在不同阶段有所侧重。因此,可以说"无""真""流"为顺次解释"情"的主线。同时,不管是以"无"释"情"还是以"有"释"情","情"都是真实自然,"无"是消极的独立自然,而"有"是积极的生生自然,前者因过于看重本体的超越性而将本体推出世界,后者将超越内在于大化流行之中。情本体的解释从"无"转变为"有",意味着朱谦之对本体的认识,从本体与现象的相对转为体用合一,从消极的否定转为积极的肯定,从外在超越转为内在超越,从老子哲学、虚无主义归于儒家的生生之易。值得注意的是,虽然他认为以"无"解释"情"会将本体看做一物而无法达至本体,应当抛弃这种看法,但这不能说以"无"释"情"没有意义,如果没有这一前见,恐怕他也难以转入以"有"释"情"。

三、直觉方法论

朱谦之指认"情"为本体,提出情本体论,其"情本体"如何得"见"?这是他的哲学方法论问题,也是他之所以能指认"情"为本体、并在解释"情本体"时从虚无主义转变为生命哲学的关键。为了回答这一问题,朱谦之区分了科学方法和哲学方法、辩证法与直觉法、推知与元知、格物与默识,进而论证了直觉方法为唯一的哲学方法。

(一)科学方法与哲学方法的区分

朱谦之在开始探究本体论问题时,就针对科学主义的科学万能论,对科学与哲学作了区分。他不反对科学,但批评科学主义对科学的崇拜,认为对于科学也应该采用研究的态度,认识其限度,不能一味夸大而走上不科学的道路,哲学自有其独立的地位。他区分科学与哲学时,不是将两者作直接的比较,而是通过比较革命与科学、哲学的关系,判定两者有不同的研究领域和方法。这里略去他对革命与科学、革命与哲学的比较,直接将他关于科学、哲学的看法加以对比,来看他对科学与哲学所作的区分。

从研究领域来看,科学不能涵盖哲学,两者各有独立的研究对象和效用。朱谦之认为,科学研究的是"现实",即具体事物,是"把耳目可以接触的自然做材料,以事实做基础,以试验做证明,舍此万不能在现今发生影响的,不能够消化受用的,都把他划出在知识之外",①这样的关于具体事物的知识,其唯一效用在于发明制造,以满足人的需求。而哲学研究的是终极问题,如理想、信仰、宇宙本体、人生的根本,其效用在于给人精神上的指引,是精神的基础。

科学与哲学的研究领域不同,相应地在解决问题的方法上有极大的差异。对于科学解决问题的方法,朱谦之说:"科学是以叙述为事,既要叙述,就不能不假定那被叙述的是永远存在的事实,由此可见,以叙述为起点的科学,实在都是包在一个大圈套的假设里边,……不是说科学没有创造力,只可惜他所谓创造,还不过是向空间性而趋的活动,换句话说,就是把创造的冲动,安排在空间里面,因为科学跳不出数理的范畴,这自然对于非概念非数学的创造,老不明白,……科学是把智识做标准,理性做权衡,所以对于超理性的感情,非常反对。"②而对于哲学解决问题的方法,朱谦之认为,首先,"疑问是哲学的发端",因而哲学的方法是批评;其次,"治学志在穷理,自然少不得思想作用,但这思想不必就是用来应付环境,有时也用来创造将来",③即是说,因研究的对象不是具体事物,而是终极问题,所以哲学研究追求理想或信仰上根本的解决;最后,"现在的哲学,是主情意的,不是主知的",④可见在朱谦之看来,科学解决问题的方法是以理性为主导的假设与实验,而哲学解决问题的方法是以情意为主导的信仰与立志。

对于如何看待科学方法和哲学方法的差异,朱谦之认为,应该在科学与哲学的领域内承认各自的方法的合理性,不能脱离各自的研究对象抽象地评断两者的优劣。他说:"由我的意思,无论哲学或科学的方法,其本身都是对的,但我们拿方法来应用的人,总应该知道那种方法,在那

---

① 《朱谦之文集》第 1 卷,第 326 页。
② 《朱谦之文集》第 1 卷,第 327 页。
③ 《朱谦之文集》第 1 卷,第 331 页。
④ 《朱谦之文集》第 1 卷,第 331 页。

时候适用，那时候用不着，要是不懂得这种分别，而胡乱的把一种看做万能，要他'浮之四海而皆准'，这自然是用方法的不对，和方法的本身何涉？……哲学是哲学的方法，科学是科学的方法，我们不能把哲学方法，来侵占科学，犹之乎科学家不应把科学方法来喧宾夺主，……不如各干各自的，把界限分清，由此哲学独立。"[1]

由上可见，朱谦之认为，科学诚然使人对自然有更丰富的知识，是人类进步的重要手段，但科学理性不能解决宇宙人生的根本问题，如果一切以科学为衡量标准，滥用科学，使科学从破除迷信的利器演变为制造迷信的偶像，那么人们就会丧失人文理想和信仰，现实的改变也就无从谈起了。

朱谦之对科学与哲学的区分，其目的是要反驳科学方法为学问的唯一方法，给予哲学独立的地位，他认为，两者把界限分清，就可以相安无事，共同服务于人的生活、社会的发展、世界的进步。但一个有意思的问题是，两者的界限是不变的吗？以上朱谦之对科学与哲学的区分，明白地表现为理性与非理性的情意对立，这只是现代西方文化中对科学与哲学的一种区分，以此概括科学与哲学的区分，就显得过于简单。当然，这里的区分也并不是朱谦之对科学与哲学区分的完整看法，只是表明，朱谦之对科学与哲学有自觉的区分，随着他对哲学方法的进一步辨析，哲学及其方法的独立性愈来愈明显。

（二）辩证法与直觉法

朱谦之在《革命哲学》中以"无"解释情本体的时候，认为与科学的方法即演绎法和归纳法相比，哲学的方法或形而上学的方法，有辩证法与直觉法两种。辩证法就是本着历史的眼光去思考宇宙间的变化、发现万物处于流动变化之中的方法；而直觉法直接证会本体，"不止似辩证法只教我们以流动、综合、进化、灭而复生、断而再续的绵延，还要引渡我们去契合那意识界绵延的本真"。[2] 这两种方法相反相成，辩证法不能见完全

---

[1]《朱谦之文集》第1卷，第333页。
[2]《朱谦之文集》第1卷，第334页。

的本体,但可言说;直觉证会本体,但不可说。

朱谦之将辩证法与直觉法归为哲学的方法,深受黑格尔和柏格森的影响。他说:"形而上名学,是把黑格尔的辩证法与柏格森的直觉法,合拢起来成的。"①朱谦之直觉法直接来自柏格森的生命哲学,但他的辩证法虽然有取于黑格尔的辩证法思想,却并不相同。朱谦之认为,辩证法是为直觉法服务的,直觉法能够直接证会本体,但直觉不可言说,而证会本体后,对本体的表达又不能不言说,因此需要辩证法将直觉所证会的浑然无分别的本体以分别的方式展示出来。他说:"从前用辩证法的,又不知直觉法,用直觉法的,又无条件的看轻辩证,由我看来,这两法实在相反相成,可以互相帮助的,何则辩证所得,虽不如直觉的完全,然直觉实能藉辩证以表现,而且从表面上看去,辩证只见一支一节的片段,若能用'直觉'去证会辩证,还是无穷的,完全的,不间断的本真,由此可见辩证法要是活着,也见得到真的时间。"②可见,朱谦之所主张的辩证法是以直觉法为服务对象的,而在直觉法的主导之下,他认为可以将辩证法的原有理性成分洗刷掉,与科学划清界限。

但朱谦之运用这种被直觉所洗刷过的辩证法展示本体之时,他得到的并不是预想的从无到有、从有到无的循环进化,而是一切灭绝,虽然他说"虚无主义根据于辩证法,知道宇宙的进化,是自无而有自有而无的迁移",但实际上,"辩证法告诉我们,一切存在的东西,都有消灭那一天,有的不能不无,存的不能不亡,完全的不能不毁坏,因为事物都有互相反对的两端,而这两端又互相连结,所以现在既有了宇宙,就不能不向无宇宙的方面行,现在既有了人生,就不能不到消灭人生的路上走",③一直到"虚空平沉,大地破碎"。可是,这样一切还灭的结果,如何能够说明本体之流行不已呢?

以辩证法与直觉法作为哲学方法,朱谦之遇到了本体言说的困难,

---

①《朱谦之文集》第 1 卷,第 334 页。
②《朱谦之文集》第 1 卷,第 336 页。
③《朱谦之文集》第 1 卷,第 399 页。

辩证法不仅没有与直觉法相反相成,反而达到了直觉法的对立面。为了解决这一矛盾,朱谦之放弃了已有的辩证法作为哲学方法,也不再认为可以直接采用柏格森的直觉法,而化用老子哲学的有无、名实,提出"无知""无名",试图将辩证法与直觉法相融合,提出新的直觉法。

朱谦之认为,柏格森的直觉不够彻底,作为天生的直觉,其与经验知识不仅不同,而且相反。他说:"柏格森好似很有反知的倾向的,其实他的直觉哲学,还未曾摆脱知识的材料,依他意思,必合知识和直觉,才能够窥本体之全,所以直觉和知识可以互相协助,而哲学和科学应该融合为一,却不知真正的直觉,实和知识朝着两相反对的方面去伸张,不但不可调和,而且调和的结果,反使直觉消失了。"[1]他将直觉说分为三种,即超于知识的直觉,和知识共存的直觉,存在于感觉的直觉,认为只有超于知识的直觉才是真正的直觉,而另外两种直觉,要么和知识走同样的路,要么和知识共存而受其遮蔽。真正的直觉"应该冲破知识而超过之",因此真正的直觉是"无知"的,"无知"的"知"即经验知识。

直觉超越知识而无知,但"直觉"一词是概念,是有分别的符号,因此,朱谦之又认为,直觉是"无名",以此来保证直觉对知识的超越。他说:"主张'无知',一定连带主张'无名'。"他引用老子哲学,用以证明"名"是虚伪的、差别的,进而指出"无名"是真实自然的、无差别的。如此,将无知与无名相合,朱谦之说:"直觉是不可说不可说的,因会说的只能体会事物的关系,和生命的皮相,所以全实在的知识,除直觉外没有方法表出,而直觉之为直觉,也不是言语文字所能形容出来,因直觉方法要发之为言语文字,便在那里凝固了,却不是现证得的本体了。……直觉方法是一种无知的知,如能扫除意见,废绝思想,将四方八面路头一齐塞住,那时候默而识之,由这不可思议的感通,便见虚无的本体,常在眼前,而浑浑融融如万象毕见于水鉴之中——这便是直觉,也就是顿悟了。"[2]

---

[1]《朱谦之文集》第 1 卷,第 409 页。
[2]《朱谦之文集》第 1 卷,第 411 页。

可见，朱谦之在对直觉法作新的解释时，比原来更为强调科学知识与哲学不同，认为两者相反，以此达到方法上的更新，解决证会、言说本体的困难。他说："科学无论如何，总是处旁观的态度，以知得相对的皮相为已足，因他对于内面绝对的知识，未能探得分毫，而分析的研究，倒扰乱了学者陷于论理的混乱，因此我极力否认科学的真实，就是对于晚近直觉学者，要实现科学与形而上学之结合的统一的，也实不敢赞成。"①朱谦之还将科学方法得到的知识称为"推知"，将直觉法得到的知识称为"元知"，分别对应中国传统哲学中的见闻之知和德性之知。这里且不说见闻之知并不是科学知识，通过科学与哲学对立，见闻之知与德性之知对立，并不能有助于解决直觉方法的困难，原本是想要清楚展示本体，但以哲学反对科学，以德性之知反对见闻之知，只会将本体推向与万有无关的神秘的"无"，仍然不能避免走向灭绝一切的境地。朱谦之也认识到了这一点，如他说："我们主张'无名'，就因把'无名'的'无'看得比'名'重，以为所谓真理，所谓实在，都是'无'，'无'是整个的不可分断，却又无所不在的。"②通过这种无知、无名的直觉顿悟，所达到的仍然是否定宇宙人生，不能表现本体的流行不已。

（三）默识与格物

朱谦之以辩证法与直觉法相合，以无知、无名的直觉法，都不能解决本体证会、言说的困难，为此他总结失败的原因说："大概我的根本错误，在不根据生命的事实而来。"③不根据生命事实，由分析求本体，本体成为静的，与活动的宇宙成为二物；由辩证求本体，始终不出辩证，不出相对，如同追逐自己的影子；由"无之又无"求本体，反对见闻之知，认为言语道断，心行路绝，可以默识本体，最终还是在万有之外立了一个超绝的本体，在言说境界之外判立了一个非言说的境界。因此，如果想要识得本体，必须彻底转变方向，将直觉不外转，回到生命事实上来，才能打通内

---

① 《朱谦之文集》第1卷，第407页。
② 《朱谦之文集》第1卷，第412页。
③ 《朱谦之文集》第1卷，第473页。

外，成就宇宙万物一体。

那么，如何是回到生命事实的直觉？朱谦之说："你看天空海阔，月白风清，鸢飞鱼跃，充塞这个宇宙内，无非本体，如果人们能够在大自然中默默体会。从感性生出斯歌，斯咏，斯啸，斯舞，无时不听凭直觉，即无时不是本体，无时不与天地同流了。（宇宙万有，决不是理智得来，只能永远缄默去证会的）"①"默识"即为回到生命事实的直觉方法，所谓当下即是，触处便见。

朱谦之认为，所谓当下即是的默识是造化良知的发用，是无上的智慧，借用《周易》的话，就是"穷神知化"。穷神不是要人着眼于虚空去想象一个神，而是"由一念之微起，以至于'鸢飞鱼跃，山峙川流'，莫不是用力地方，若能真穷到十分彻底，真见得神，则日用间碰着触着，都是神的全体大用"。② 朱谦之认为，这样当下即是的默识或穷神，虽与经验认知不同，但不会排斥经验知识；既从感觉下手，又不会止于感觉。他以看花为例，认为看花时，开始是一时的感觉，继而有许多感觉的相续，然后有与花的生命相感通，"不但得到花的'美的意象'，并且会得到'花'的兴趣感情"，③于是物和我之间的障壁被打通，物我皆为真情之流。

基于此，朱谦之对"格物"作了一番新解释。他说："原来格物不是别的，就只是'穷神'二字。《说卦传》说'神也者妙万物而为言'，《系辞》说'天生神物''精气为物'，《中庸》说'神体物而不可遗'，这不都是告诉我们以万有皆神的大道理吗？可见任举眼前一个东西，莫不有神，格物是要实到那地方，穷至事物的甚深微妙处，这就和穷神是一桩事的了！"他还据此简略地批评综合程朱陆王的格物说，认为陆王偏于致知而高悬本体，程朱偏于格物而旁观，殊不知格物致知不能分开，"穷到事物的神，而后有神的智慧，不然神的智慧，是不会从天上掉下来"。④ 朱谦之解释致知格物，还是以他的哲学思想为主，说明默识不是静坐悬想，而是要大着

①《朱谦之文集》第 1 卷，第 475 页。
②《朱谦之文集》第 3 卷，第 110 页。
③《朱谦之文集》第 1 卷，第 480 页。
④《朱谦之文集》第 3 卷，第 110 页。

心胸,浑合内外,当下肯定本体与万有相即,是"凡认识的对象都是,会得时物即我,我即物,滚作一片,都无分别"。[1]

当下即是的默识也不是要人求本体的顿悟,而是要人"即刻有信仰,便即刻有生活"。朱谦之说:"所当用力之处,从当境的体认,到那能认识的神,虽然彻首彻尾,只是'默而识之',而因程度浅深的不同,也可约之为三步。"第一步,是于当下默识宇宙万有不断的美的意象。第二步,是将不断的意象贯通,"一瞬间一瞬间都通彻无间了",内观自证,"所证得是物即我,我即物,滚作一片都没有分别,没有穷尽"。第三步,一任听凭直觉,无思无为。三步合起来即为"穷理尽性以至于命",因此不能当做三件事,只是一事。[2]

以上是朱谦之探究本体时提出的方法及其内容变化,其从科学与哲学的区别入手,而后表现为从辩证法与直觉法二分,变为辩证法与直觉法合用,再变为纯粹的直觉法,直觉法逐渐成为哲学的唯一方法,其方法在形式上从外求变为内证,而内容上从分析式的否定变为默识肯认。朱谦之情本体哲学所确立的直觉方法,使他在求见本体的时候,最终落在人与万有的感通上,因之,他的哲学不是单纯建立一个体系,而是于人的生命求得存在的意义。

四、"复情"的人性论

中国哲学的特点之一,是本体论、方法论与人性论相合,朱谦之提出情本体论哲学不是为了玩弄概念光景,而是要为自己找到生而为人的生命意义。因此,与他的本体论、方法论相一致,朱谦之有人性认识上的流转变化。但从逻辑上看,他以"真情"为性,以"复情"为修养工夫,以"情人"为理想人格。

---

[1]《朱谦之文集》第1卷,第475页。
[2]《朱谦之文集》第3卷,第111—113页。

（一）"真情"为性

在现代,中西文化激荡,传统与现代相对相生,造成思想流派纷呈、是非相攻而日变的社会光景,身处其中,人生好像没有了统一的意义,好像与宇宙大生命、大根本失去了联系,这种情形刺激着朱谦之探求宇宙本体。一开始的时候,他扫荡名相,信仰自我,认为"无"是宇宙的真实情态,因而去革命,去出家。但"无"只能还灭,与他坚持"无"的"一念真实"始终相冲突,于是他又凭着"一念真实"变为"现世主义者","很相信存在于这世界的一切因而信仰'这世界'能够使生活可能",①完成了从怀疑到信仰的再生。经过千难万苦,朱谦之发现,人与宇宙并不对立,而为一体之"情",宇宙生命为"真情之流",人的生命包含在其中,进而他提出了以"真情"为性的人性论。

朱谦之认为,原来充塞宇宙间,不外这项活泼顶流通的"真情之流",宇宙万物无一不为"真情"所摄,而人作为宇宙万物之一,自然也为"真情"所摄,即人之所以为人的根据不在形体上,而在宇宙本体之情。他说:"什么叫做人？难道就是两手两脚的动物,就算一个人吗？须知人之所为人,是以'情'为根本内容的。所谓人生的意义,就是为有这点'情'而有意义。"②朱谦之认为人的意义根据在于"情",不在形体,他并不是反对人的形体,只是反对从形体上来定义人的意义。因为从形体上看,人不过是一种物,虽然可以与其他物相区别,但始终都是在物的相对之中,所以要超出物的相对来看人之为人的真正原因。

朱谦之从情感的感通出发,指出作为人之所为人,就在"真情"的随感随应。他说:"本来一身浑是这点'情',所以若无渣滓,便与天地同体,善感善应,如阳明先生所说见孺子入井,必有怵惕恻隐之心,是仁与孺子一体,孺子犹是同类,见鸟兽之哀鸣觳觫,必有不忍之心,是其仁与鸟兽一体,鸟兽犹有知觉者也,见草木之摧残,必有怜恤之心,是其仁犹与草

---

① 《朱谦之文集》第 1 卷,第 124 页。
② 《朱谦之文集》第 1 卷,第 482 页。

木一体,草木犹有生意者也,见瓦石之毁坏,必有顾惜之心,是仁与瓦石一体。"①这里,朱谦之发挥"仁"的意思,认为人随时随地都能有感触,没有一刻没有情感,由此可见,正是在随感随应中,人不是别的,就是一点"真情"。

朱谦之认为,随感随应的"真情"是通物的,因此在将人之为人的根据归于"真情"的时候,不能将"真情"限定在人身上而排斥物。他认为,在说到人之为人的时候,不可不先判别"真我"和"假我"。假我即以血肉形体的我为真,或者"把我看得比宇宙还大,以为宇宙都是我之所为,我可以范围天地",两者虽然不同,但实质上都是用分析的方法来看人,将人与物看做决然对立,前者是在宇宙全体中分离出人,后者是在宇宙全体之外假设一个超人。而真我"就是一片真情浑在其内","就是把最普遍的公共的'情'为我,不以分别为我",②与物为一体。真我与物有别,但与物不相分离。据此,朱谦之认为,孔子所讲的仁就是"真情",仁者爱人就是强调人的真情不是私有的,始终处于随时扩充开来的状态,真情的流露有外在的条件。

朱谦之特别强调,在仁或真情扩充开来的时候,感觉是情之流行开始,随遇而安。他说:"我讲仁,决定他是活的,不是死的。活的所以能感觉人的痛痒,当下他便随感而应,如遇赤子入井,自知怵惕;遇堂下之牛,自知觳觫;无往而不是活的,即无往而不是仁的实现。感在那里,即我在那里,仁在那里,所以在家仁家,在天下仁天下,如有一物不活,便是我的仁有未尽出,而我之为我,更是如此,生机活泼真情洋溢时,是人的生活,麻痹不知痛痒时,便不是人的生活。"③从根源上说,随感而应、随遇而安的是真情自身,而从现实表现上说,怵惕、觳觫、痛痒皆是真情。

正是由于对真情之感的强调,朱谦之认为"真情"与情感不二,皆是性。他说:"因为人之所以为人,是活动有生意的,所以能随感而应,见宇

①《朱谦之文集》第 1 卷,第 482 页。
②《朱谦之文集》第 1 卷,第 484 页。
③《朱谦之文集》第 1 卷,第 485 页。

宙内飞潜动植，纤细毫末的东西，见其得所就油然而喜，和自家得所一般，见其失所就閔然而戚，和自家失所一般，这满腔子恻怛之心，就是人生的本能，断不能说是后天的，是不靠经验，不用学习的。"①在朱谦之看来，既然恻怛之感是由人之根源上发出的，那么，恻怛之感就是天生的，其与根源为一，虽然它与物相接相通，但不能说与根源是两个事物。因此，他认为，"情"就是性，性善就是真情。

朱谦之认为，"情"即性的看法是传统儒家关于人性的正统观点，如孔子讲仁，孟子讲性善，《中庸》讲天命之谓性，《易传》讲"一阴一阳之谓道，继之者善也，成之者性也"，等等，都是即情言性，以情为性。他批评宋儒性善情恶的主张，批评阳明学的"无善无恶"说，认为他们都是将性与情二分，前者在现实之外别立一个善性，后者流于空见。在朱谦之看来，情与性不离，他在解释性善时说："原来人之一生，就是为着这一点'情'，这一点'情'就是真人生，即在我的灵魂，纯粹是一种本然存在，所以唤作'性'，至善无恶所以唤作'善'，这个'善'生来便有，不是生后始发此窍也，不然既不是学虑，试问这点'情'从何处交割得来？ 所谓'性善'，不过如此意思。"②朱谦之认为，讲人性不能离开"情"，而"情"不能离开与人物相接的生活。

（二）"复情"的工夫

朱谦之认为，宇宙尽是真情之流，人之为人在于有"情"，而"情"即是性，情与性不离，情性至善无恶，由此，人在生活中随感而应，处处尽性，并"把这一点'情'灌植他，扩充他，使达于最高限度，便无往而不爱，便无往而不乐了"。但在现实中，有恶的事实，有痛苦、忧愁等恶情，这是什么原因？ 对此，朱谦之追溯恶之来源，进而提出"复情"的工夫。

恶是怎么产生出来的？ 朱谦之在以"无"为本的时候，认为恶是理智作用的结果，当理性认识事物时，事物就从浑然的宇宙中被分别出来，分别即相对、不完满，于是有恶，可见恶是人为的，本体没有计较而全是善。

①《朱谦之文集》第 1 卷，第 485 页。
②《朱谦之文集》第 1 卷，第 486 页。

如此一来,消除恶,就要反智,反对知识,以此来复情,实现真情、真我。但这样解释恶,且不说反智是否现实,其始终跳不出善恶相对,会使恶成为无法消除的实体存在。因此,朱谦之不得不放弃以"无"为本,转入生命哲学,才真正解释了恶的来源问题。

在转入生命哲学后,对于什么是恶,朱谦之说:"所谓恶,没有别的,只是生命才停滞些子,静化些子,在不绝活动当中才有一毫倚着,便是恶,然恶也不过善才小了些子便是。"①在他看来,恶是虚的,不存在实体的恶,恶与善不是对立的,恶只是善的最小限度,如果没有真情流行之善作为根据,我们无法想象"恶"。那么,恶为什么会发生? 或者说善为什么会不足? 朱谦之认为,恶的发生有两种原因,其一是由于失中,如刚柔都是善,但偏于刚而成刚恶,偏于柔而成柔恶;其二是由于不动,即"人本来和天地一般大,但他自小了,将自我作为生活最后目的"。② 可见从现实来看有善有恶,但从本源来看则至善无恶。

同时值得注意的是,朱谦之认为要从本源来区分常人所谓的恶,有的恶并不是恶,善之不足才是恶。他说:"乐是从'真情之流'生出来,是在永远的拥抱之中,换句话说,即是生命对于生命的和谐,如果使内在的生命不动,不去与外面的生命相应和,那末这真是烦恼的原因了。"③这种内在生命不去与外面生命相应和,是善之不足的恶。但有时候看起来属于负面的情感,如忧患,不一定是善之不足。以孔子的忧、恸为例,朱谦之认为,孔子的忧患比常人更重,哭颜渊时至恸,但这种忧、恸不是来自个人的私欲,因此并不是恶。

对于善人、恶人的区分,朱谦之也说:"所谓最善的人没有别的,就是这点'情',最发达的人,所谓恶人也没有别的,只是这点'情',最低限度的人,然无论如何,这点'情'总是有的,所以虽然蔽锢之深,依然有时

---

① 《朱谦之文集》第 1 卷,第 489 页。
② 《朱谦之文集》第 1 卷,第 490 页。
③ 《朱谦之文集》第 1 卷,第 488 页。

发见。"①

　　既然恶是善之不足,"情"之不足,那么便有"复情"的工夫,使善充足。对于"复情"的工夫,朱谦之说:"人们根本是不能不善,天地之心永远是消灭不了的,所以一念萌动,即得本心,才动即觉,才觉即化,无往不复,即无往不是天地之心了。"②即是说,从本体来看,"复情"的工夫就是听凭直觉,随感而应,一任真情流行,只要没有私意作乱就生机盎然。

　　为了说明"复情"工夫与传统儒学修养工夫的不同,朱谦之提出"有我"与"无我"之辨。"有我"即造作,"无我"即自然而然。朱谦之认为,做"复情"的工夫,既不能"律以苦身,缚体如尸如斋,言貌如土木人",也不能"栖身虚寂,要从静中养出端倪来",愈操持愈执着于"有我",愈不能复情,真正的工夫都在"无我"上求。他说:"若在平日情感受过伤的人,更是放开自我,才有凑泊,能够一任自然,没有些子积滞,便自然是'真情之流'了。"同时,朱谦之认为,"无我"不是逆的工夫,而是顺的工夫,"于生命的流行顺而达之"。他说:"现身的我,本就是'真我',只当有所着时便小了。"③"有我"只是"无我"的消极状态,因此消除"有我"与求得"无我"是一回事,本体与工夫相即不离。

　　朱谦之肯定现身即真我,"复情"的工夫就不是悬想空见,而是日常行动。他说:"因为人生就是这一点'情',时时这一点'情',即时时在那里动,时时在那里动,却是时时与天地同流,会得这个,就是学问的大头脑了。……我们没有一时一处而非事,就也没有一时一处而非情,没有一时一处而非情,就也没有一时一处而不可实现真人生,所以古人说着衣吃饭,即是学问,能够将着衣吃饭的'事'和这点'情'打成一片,这就算完成一生,便没有许多事了。"④朱谦之认为,"情"在事中,生命与行动合一,越是能够随事精进,越是能体验到自己的"一点情"与天地通。

---

①《朱谦之文集》第1卷,第486页。
②《朱谦之文集》第1卷,第490页。
③《朱谦之文集》第1卷,第491页。
④《朱谦之文集》第1卷,第492页。

朱谦之以日常行动为"复情"的场域,反对息绝交游、静坐等"静"的工夫,对"动"尤为强调。他说:"真人生态度没有别的,只是发愤忘食,努力做'人',只是不停歇不呆坐着的全身全灵的'动',生命的动。"①可见,朱谦之所说的"复情"的"复"不是简单的回返,而是生生不已,这一"动"的工夫与流行不已的真情本体相配合,赋予了人性论积极入世的性格。

(三)"情人"的理想人格

朱谦之以"真情"为性,以"复情"为工夫,在境界上提出了"情人"的理想人格。"情人"的名称多见于朱谦之以"无"释"情"的阶段,当他转入生命哲学后,几乎不用"情人"的名称了,甚至要建立真情之神的自然宗教,但这无碍于将"情人"视作他的人性论的理想人格。

朱谦之在《革命哲学》的人生观后附录一封公开信,集中表述了他的"情人"理想人格。当时,他以扫除一切名相的革命热情,从"无"为本体之情出发,认为人生可以不必要什么理想人格,以往的理想人格,如英雄、伟人、圣人、君子等,更不必要了,但现实中又不可不设立这样的一个工具,指明做人的目标,时时为意志不够坚定的人鼓劲。而既然以往的理想人格都不足取,那就要创造一个新的理想人格。关于这个新的理想人格的提出,朱谦之说:"我在狱三个多月,已觉得'立志'的紧要,要是没有坚决不挠的'志',什么事也做不成,什么苦也耐不住。但立志必有所立,如从前的革命者想做'英雄',所以做'英雄'是他们的立志处;推之释家立志成佛,道家立志成仙,墨氏立志做'钜子',孔门立志做'圣人',以至近代哲学家如尼采的超人,马洛克的伟人,都因有个可立的志,故能艰苦卓绝,百折不挠的做去。不然无志之人,他的心先馁了! 一旦患难当前,直如疾风之扫秋叶耳! ……我现在……当着自家本体宣誓,我现在是个有志的人,而这个'志',虽然说来平常,但却是从千磨百难中立得,简单一句话:我现在立志做个'情人'了。我理想的人格,就是情人;我很

①《朱谦之文集》第1卷,第492页。

盼望世间上有情的人，都爽爽快快做‘情人’去。”①

朱谦之提出“情人”作为理想人格，而不用以往的理想人格名词，是为了高扬情本体之“无”的至上性。他想要通过怀疑一切，达到直契本体、自作主宰的境地。他说：“情人是和宇宙本体合德的——情就是宇宙本体，情人的好处，就在能够认识本体，到达本体，他的一举一动，莫不是本体之流行，因他和本体合德，所以他就是本体，他已经是绝对的单一，是不能比较的了。”②

为了进一步论证“情人”的本体来源，朱谦之又从四个方面对情人加以说明。他认为，第一，本体至小无内，至大无外，而情人就最为我，也最兼爱；第二，本体与现象相对，情人以达到本体为目的，所以不绝地挑战现象界；第三，本体兼动静，动静皆“情”，情人之情也永不间断；第四，情人是忧患中人，本体无忧，因有情人当其忧。③ 由此可见，朱谦之所谓的“情人”在前三个方面与本体无二，而在最后一点与本体不同，这一点不同，其实就是朱谦之此时本体论上的矛盾表现。他认为本体之情为“无”，超绝于万有，在现世之外高悬一个“无之又无”的本体，没有办法解决本体与现象隔断后如何联系的问题。因此，他表述“情人”这一理想人格时，也出现了“情人”与本体不一致的情况。“情人”既与“无之又无”的本体合一，就是出世的，但朱谦之本于自己的生命体验，又必然将“情人”看做是积极入世的，他说：“情人不是在外，只在我的心中。”这一矛盾必然要在他转变致思方向后，才能得到解决。

朱谦之从虚无主义转入生命哲学，情本体从“无”的辩证转变为“有”的直觉体认，真情之流当下即是，“真情洋溢，胸次悠然，直有与天地万物上下同流各得其所之妙”，原来否定态度转变为肯认的态度，因此，在理想人格的用词上，他不再排斥“圣人”“君子”“仁者”等概念，几乎没有再使用标新立异的“情人”概念。在理想人格的表述上，他用词温和，多说

①《朱谦之文集》第 1 卷，第 383—384 页。
②《朱谦之文集》第 1 卷，第 384 页。
③《朱谦之文集》第 1 卷，第 384 页。

要人"做人",尽人道。

不过,值得注意的是,朱谦之在借用《周易》发挥他的唯情哲学时,特别注重《周易》中"神"的观念。他用神指称宇宙本体"真情之流"的妙用,有时又好像将神看做实体,认为"宇宙从神而来,由'神'的真情而流出",[1]一切包含在神的真情之流中,神也潜藏在我们自身之内。这样的自然泛神论的说法好像是准备提出一个新的理想人格,但由于并不是真的要越出情本体哲学的范围而宣扬一种宗教,所以不能说朱谦之提出了新的理想人格。

总的来看,如果从朱谦之的情本体论哲学来看他的理想人格的特色,那么无疑要使用"情人"这一概念。在"情人"的理想人格境界中,人与天地万物一体同流。且看朱谦之描述这一人性美境:"本来浑然在天地造化一团虚明活泼之中,人们和宇宙是一体的。好比长空,云气流行,没有止极,好比大海,鱼龙变化,没有间隔,这时遍体玲珑,广大无际,洞然天地人物尽在'真情之流'当中,而天地人物的变化就是人们一点'情'的变化,所以宇宙即我,我即宇宙。……人受天地的'真情'而来,浑是一片,美在其中。"[2]

第三节　洪谦对维也纳学派之逻辑实证论的引介

一、生平著述

洪谦(1909—1992),祖籍安徽歙县,出生于福建,谱名宝瑜,又名洪潜,号瘦石。早年在东南大学法学预科学习,此间在《学衡》杂志发表一篇讨论王阳明的文章,康有为看后认为洪谦很有哲学才华,于是约他到上海天游书院面谈,并推荐他跟随梁启超治学。梁启超旋即介绍洪谦去日本留学,师从东京帝国大学阳明学专家宇野哲人。半年后,洪谦因病

---

[1]《朱谦之文集》第3卷,第132页。
[2]《朱谦之文集》第2卷,第123页。

辍学回国,改在清华大学国学研究院旁听,受到梁启超和梁廷灿等先生的悉心指导。1927年,梁启超又推荐洪谦前往德国耶拿大学,拟跟随倭铿(Rudolf C. Eucken,1846—1926)学习精神哲学,但洪谦到达耶拿大学后,方知倭铿已经去世,不过他还是留在耶拿大学,转而主修物理学、数学和哲学。不久他因对赖欣巴哈(Hans Reichenbach,1891—1953)关于相对论的著作发生兴趣而转至柏林大学师从赖欣巴哈;又经赖欣巴哈推荐,于1928年到维也纳大学,成为石里克(Moritz Schlick,1882—1936)的学生,主修物理学、数学、逻辑学和哲学课程。1930年,洪谦参加石里克小组,亦即维也纳学派(Wiener Kreis; Vienna Circle)的核心圈子,直到1936年石里克被一个患精神病的学生枪杀为止,成为参加石里克小组时间最长的外国人。1934年,洪谦在石里克指导下,完成了博士论文《现代物理学中的因果性问题》,获得博士学位。此后两年间,洪谦留在维也纳大学从事研究工作。石里克不幸去世后,洪谦于1937年初回到国内,受聘为清华大学哲学系讲师;1940年至1945年任西南联大哲学系教授;1945年至1947年受邀为英国牛津大学新学院研究员;1948年至1949年任武汉大学哲学系教授兼系主任。这一时期,洪谦的教学和著述都以介绍维也纳学派的理论为主,重点则是阐述石里克的逻辑实证论观点。1951年,洪谦任燕京大学哲学系教授兼系主任。1952年全国大专院校院系调整之后,洪谦调至北京大学哲学系任教授兼外国哲学史教研室主任,1965年又兼任北京大学外国哲学研究所所长。这一时期洪谦的主要学术工作是编译"西方古典哲学原著选译"一套四种:《古希腊罗马哲学》《十六—十八世纪西欧各国哲学》《十八世纪法国哲学》《十八世纪末—十九世纪初德国哲学》,还主编了《西方现代资产阶级哲学论著选辑》,并与他人合作翻译了马赫(Ernst Mach,1838—1916)的名著《感觉的分析》。1979年,洪谦兼任中国社会科学院哲学研究所研究员和学术委员会委员,此后陆续兼任英国牛津大学客座研究员、日本东京大学客座教授、中英暑期哲学学院名誉院长,从1981年至1992年还长期担任中国现代外国哲学研究会名誉理事长。这一时期洪谦又集中以维也纳学派作为研究重点,但他不再只局限于研究石里克的思想观点,而是着力于全面梳理维也纳学派成员的思想观点及其相互异同,涉及克拉夫特(Victor Kraft,1880—1975)、维特根斯坦(Ludwig Wittgenstein,1889—1951)、卡尔纳普(Rudolf Carnap,1891—1970)、费格尔(Herbart Feigl,1902—1988)、艾耶尔(A. J. Ayer,1910—1989)等诸多人物。此间他还主编了《逻辑经验主义》文集,全面展示维也纳学派的基本思想及其历史脉络;并主持编译了《现代西方哲学论著选辑》。他还多次赴奥地利、英国、日本以及香港参加学术活动。1992 年 2 月,洪谦病逝于北京。

二、逻辑实证论引介

在中国现代哲学史上,洪谦的独特贡献就是将他所信奉的维也纳学派,特别是该学派领袖石里克的逻辑实证论(又称彻底经验论、逻辑经验论或逻辑实证主义)较早且较系统地引介到国内,[1]他因而成为现代西方这个重要的哲学流派特别是石里克学说在中国传播的真正开山者。[2]

关于石里克思想以及维也纳学派的历史渊源,洪谦说:"逻辑实证论是一般人对于维也纳学派哲学所常用的一个名称。维也纳学派创始于

---

[1] 从洪谦在 1949 年以前所写的文著来看,他或是转述石里克的思想观点,或是依据石里克的观点阐发逻辑经验论,或是在作出学术推论之后引用石里克的言说加以证明,所以韩林合说:"1937 至 1945 年、1948 至 1949 年洪谦先后在清华、西南联大、武大讲授维也纳学派的学说,重点是介绍石里克的哲学观点。"又说"20 世纪 70 年代末以后,现实条件又允许洪谦继续其维也纳学派哲学的研究了。这时,他的研究重点发生了很大的转变。他不再像 20 世纪 40 年代以前那样,满足于单纯地介绍石里克的思想,而是着力于梳理维也纳学派成员及其相关者之间的观点上的分歧,以及对他们的观点进行批判性的分析和阐释"。(见《洪谦选集》,长春:吉林人民出版社 2005 年版,前言第 2、3 页)韩氏前说直接肯认洪谦在中国现代哲学史上的主要工作就是介绍维也纳学派和石里克的观点;后说虽然意在强调洪谦后来的学术思想发生了很大转变,但却对照地突出了洪谦在中国现代哲学史上乃是"满足于单纯地介绍石里克的思想"的。

[2] 洪谦说:"维也纳学派是现代哲学中一个新起的重要学派。这个新起的哲学流派在我国,虽然有人认为已有'若干年的历史',但是,我们除了只知道其中若干人的生平履历和作品目录之外,一切其他方面的了解,实在是无法谈到的。"(见《洪谦选集》,正文第 2 页。以下引文皆引自正文)由此表明,即使有人早于洪谦将维也纳学派介绍到中国,也不过是略及其皮毛,唯待洪谦方得其底蕴。

石里克,当代逻辑学家卡尔纳普、魏斯曼、数学家汉恩(H. Hahn)、孟格尔(K. Menger)、物理学家弗朗克、社会学家纽拉特,都是其中主要的人物。维也纳学派在哲学方面的贡献,在于综合马赫(阿芬那留斯)、罗素、维特根斯坦的哲学思想,以及应用现代科学如相对论、量子力学的理论根据建立了一个哲学系统。这个哲学系统我们可称为一个'科学的哲学系统'。所谓'科学的哲学系统'虽然是溯源于孔德、穆勒,到马赫、波尔兹曼、奥斯特瓦尔德、罗素、爱因斯坦才发展起来,但是它能脱离一切形而上学的传统,自成一种哲学体系,如逻辑实证论,则不能不归于维也纳学派了。"[1]又说"石里克过去对于学术文化之最大贡献,不在于他的逻辑实证论的哲学,而在于他能综合亥姆霍兹(H. Helmholz)、马赫(E. Mach)、阿芬那留斯(A. Avenarius)、波尔兹曼(L. Boltzmann)、彭加勒(H. Poincaré)、弗雷格(G. Frege)、罗素(B. Russell)的思想,完成了一个'科学的哲学'的理论基础。所谓'科学的哲学'是溯源于孔德(A. Comte)和穆勒(J. S. Mill),到了马赫、波尔兹曼、奥斯特瓦尔德(W. Ostwald)、彭加勒、罗素才发展起来;但是使它能脱离一切传统思想而自成一个哲学体系,则不能不归功于维也纳学派领袖石里克了","石里克哲学的发展过程,原则上能分作前后两时期。在前一时期中他是一个经验的批判的实在论者,影响他最深的除休谟(D. Hume)、马赫、阿芬那留斯之外,要算亥姆霍兹、彭加勒与罗素了;在后一时期中他已经放弃以前的立场,而成了一个逻辑经验论者;影响他最深的除维特根斯坦之外,卡尔纳普是最多了","维也纳学派之能主张知识仅有形式关系的知识而非所谓'体验'内容的知识,在理论上是不能不归功于由柏夫所启端至希尔伯特才完成的一种'新'的几何学的发展","代表现代'科学的哲学'的维也纳学派的创始人如石里克、维特根斯坦、卡尔纳普等,都是对于数学物理学有研究的,其中如石里克就是一位物理学家。就维也纳学派成立的整个而言,它与马赫、爱因斯坦、普朗克、弗雷格、罗素、希尔伯特的名字是不可分离

---

[1]《洪谦选集》,第31页。

的","这个学派正是从巴克莱和休谟所发现的伟大原则出发向前的",①这就勾画出一条由巴克莱、休谟、孔德、穆勒、亥姆霍兹、马赫、阿芬那留斯、波尔兹曼、弗雷格、奥斯特瓦尔德、彭加勒、普朗克、柏夫、希尔伯特、罗素、爱因斯坦、维特根斯坦、卡尔纳普、海森堡直到石里克以及维也纳学派的思想传承或影响的脉络。这些影响石里克以及维也纳学派的人物都是经验主义者、实证主义者或自然科学家,由此便基本上决定了石里克以及维也纳学派的思想方向。②

根据洪谦的阐述,秉承近代经验论和实证论传统以及自然科学成就的维也纳学派,特别是其领袖石里克,其致思焦点就在于知识的科学性、真实性及其意义问题,"求知求真是他唯一的对象、唯一的目的"。③ 在石里克或维也纳学派看来,"所谓知识,仅有科学的知识,科学是知识的体系,是一种真的能证实的经验命题体系"。④ 凡属科学的真实的知识,"它对于事实非有所传达,有所表达不可。我们这里所谓能传达的、能表达的,就是我们能用一种符号表现的,能用一种公式叙述的,或者能用一种语言形容的,无论属于哪一方面的实际知识,都是应用它的符号、公式或它的语言对于事实的一种传达,对于事实的一种表达,所以知识之所以为知识,原则上只能如维也纳学派所言:'一切知识都是对于事实有所传

---

① 《洪谦选集》,第 4、5、89、107、248 页。

② 当然,就石里克来说,其前辈或同代的影响存在着复杂情况,除了引文中已经陈述的其后期放弃了曾给予其以深刻影响的休谟、马赫、阿芬那留斯、亥姆霍兹、彭加勒和罗素的观点之外,洪谦还反复指出石里克的实证论与马赫、波尔兹曼的传统实证论具有重大区异(参见《洪谦选集》,第 15、39—41 页),并展示了石里克与卡尔纳普之间关于"原始记录语句"和"物理主义"的深刻分歧(参见《洪谦选集》,第 245—247 页)。不过无论如何,洪谦肯定"实证论者如马赫、波尔兹曼与维也纳学派之产生,不无历史的关系"(《洪谦选集》,第 15 页),"我们根本无从否认逻辑实证论与传统实证论的渊源关系"(《洪谦选集》,第 41 页),他还多处承认卡尔纳普对于石里克思想最终形成的重大作用,认为"如果没有这些影响,他(按指石里克)就不可能完成从'批判实在论'向'逻辑实证论'或'彻底经验论'的转变"(《洪谦选集》,第 237 页)。

③ 《洪谦选集》,第 92 页。此语并非直接指石里克和维也纳学派,但其指涉对象无疑包含了他们。

④ 《洪谦选集》,第 26 页,另参见第 194 页。

达,每种知识都必须是能传达的,仅有能传达的,方能成为一种知识。'"①
更进一步,"仅有以纯粹形式为对象而与实际无关系的知识,方才具有绝
对不可怀疑的'真''实'性。属于这样精确而真实的范围内的科学,是数
学、几何学"。②

逻辑对于知识的构成具有至关重要的作用,"所谓知识仅是一种表
达或叙述,我们根据这样的表达能认识一种事实,同时这种事实是能用
不同的手续与方式不同的符号与语言叙述的。但是这些不同的叙述方
法之用以表达同样的事实而能得到同样的知识者,则不能不归功在它们
当中的一个共同点,这个共同点,石里克名之为逻辑的形式。因为有这
个逻辑的形式,而后才有真的或假的事实的表达,假如没有它,不仅一切
的表达或叙述不可能,就是对于事实都无法思想,无法推论。换句话说:
'一切的知识因有其逻辑形式,而后才能成为知识。'假如没有逻辑形式,
不仅是一切的表达或叙述无可能性,就是思想与语言也失去它的普遍的
作用了"。③

逻辑形式诚然为知识构成的基础,而知识构成本身,由上可见,则依
赖于表达或叙述。表达或叙述的基本要素乃是判断或命题,所以洪谦依
据石里克的观点说:"一切的知识仅能从判断中而产生,至于所谓'判断'
在实际上的意义,则是一种'事实的成立'的表达或说法。石里克认为有
了判断的存在,而后才有知识,才有'真理'和真理的体系。"④因此,知识
的真实性及其意义问题便可归结为判断亦即命题的性质问题。石里克
或维也纳学派认为,一切命题无非大别为两类,一类是先天分析命题(又
称形式真理、分析真理、同语反复的变式、重言式、蕴含定义),另一类是
后天综合命题(又称事实命题、经验命题、经验真理、综合真理)。洪谦依
据石里克的观点说:"一切的命题就其效用而言,仅有两种:一为分析命

①《洪谦选集》,第88页。
②《洪谦选集》,第130页,另参见第92、234—235页。
③《洪谦选集》,第18—19页。
④《洪谦选集》,第130页。

题,一为综合命题。分析命题是以同语反复的变换为对象,是先天的;综合命题是以实际的知识为对象,是后天的。"①又说"石里克认为真理的概念能分为两种:一为'形式真理',一为'经验真理'。'形式真理'是以分析命题为根据。分析命题之所以是先天的,即因分析科学如数学、逻辑等都以纯粹形式定义的假定为理论基础,所以在每个演绎推论中,结论的证据已经包含在前提之内。一切形式的演绎推论,事实上仅是一种符号的语言关系,用同值的形式加以变换而已。所以对于分析命题的效用之怀疑,是原则上不可能的,因为我们对于语言概念的应用法则已经明白,那么对于种种不同的变换方式与种种不同的形式结论自然也随之而明白。石里克曾说:'分析命题,仅是叙述同值词句的纯粹形式的变换,仅能当做证明、演绎与计式,一种技术的方法,它是一个同语反复。同语反复自然为先验真理,因为它是对于事实无所表达的,与经验是毫无关系的,我们理解两种词句是否同值,根本无须事实的证明,从它所假定的意义中即能判断了。'但是'经验真理'则根本不同,因为经验科学如自然科学,是一种包含实际知识的命题,是一种表达生活的、科学的事实命题。因此这一类的命题的效用性,自然不能从任何的形式条件或神秘方法'本质直观'中可以证明,而非求之'事实的答复'不可。所谓'事实是答复'就是说:一切经验的命题是以'命题与事实的一致'为它的最后标准;而命题与事实之是否一致,仅有从观察中判断,从证实中证明。一切综合真理之所以是后天的,即因综合的命题不能从理解它的意义中,就能明了它的真假性,在我们了解它们意义之后,还必须证明这个意义是否有能说明的、能证实的意义。石里克认为'经验真理'与'形式真理'的原则不同点'就是前者是以实际的本质为根据,后者则以语言的形式为根据;所以前者的意义是需要观察来说明的,至于后者的意义,如已理解则就完全理解了'"。②

---

① 《洪谦选集》,第9页,另参见第199、234页。
② 《洪谦选集》,第8—9页,另参见第33、36—37、134、181—182、183、234、237页。

无论先天分析命题或是后天综合命题，都存在着真或假两种可能性。前者的真或假取决于命题的形式关系之正确与否，不同形式关系为同值者即是真命题，否则就是假命题；后者的真或假则取决于事实的检验，只有与事实符合者方为真命题，否则便为假命题。[①] 虽然只有真命题才能提供真实的知识，而假命题则没有这种效用，但只要是可以验证其真假性的命题，却都是有意义的命题，"凡是在原则上就能真或假的命题，都是有其事实的意义，都是一种有意义的命题。……凡是一种对于事实有所主张、有所表达的命题，在原则上无有不能为真为假的，无有不能为一定的所与性所证实的。所以维也纳学派中人认为命题的意义，是在于它的证实方法。换句话说：某个命题之有无意义，是在于它所主张的事实能否经所与的证实，能否经'是'或'不是'的答复。凡是原则上能经所与的试验以及经'是'或'不是'答复的命题，都能真或假，都是有意义的"。[②] 而且专就后天综合命题来说，"假如一个命题无事实上的证实方法，那么这仅归咎于科学方法上和技术上的缺点，可不能证明它之'无意义性'。……譬如'实证论之祖'孔德以为星球的内部构造，就从化学方面也是根本不能认识的，但是不久基希荷夫（Kirchhof）与布森（Bussen）即应用'光谱分析'将其完全解释了。其实孔德所谓星球的内部构造之不能认识，不是原则上不能认识，而是事实上不能认识，他这样的科学假说也不是原则上不能证实，仅是事实上不能证实而已"，[③]即是说，由于条件限制而无法用事实加以检验的命题，也不是无意义的。

但是，在石里克或维也纳学派看来，康德提出的在先天分析命题和后天综合命题以外的先天综合判断，诸如"上帝存在""灵魂不死""意志自由"之类，则是完全无意义的。"所谓'先天综合判断'一方面是包含着实际的知识，是综合的，另一方面则无须经验的试验而有其效用，即所谓

先天的"。① 虽然康德根据欧几里德几何学以及因果律,意图为其先天综合判断设定科学的基础,"但是从现代科学的进展而言:新几何学中如希尔伯特的几何学,是以公设、定理、定义为理论基础,是一种纯粹形式的演绎系统,既无须综合的作用,也无须直观的成分,他之为先天的命题,是一种先天的分析命题,而不是'先天综合判断'。就以几何学之为'空间的科学'这一点观之:相对论中时间空间论与'先天综合判断'也不能一致。康德认为欧几里德几何学与空间的关系是必然的先天的,可是爱因斯坦则认为这种关系,与物理学中其他的度量标准相同,仅是一综合命题,而不是一种'先天综合判断'。还有康德主张为先天的综合知识的因果律,海森堡则根据量子论的发展,已给与原则上的批评了,因此因果律就失其在科学中的普遍效用性。因果律之无科学中的普遍效用性,自然不是证明它从此失去科学中的价值,仅说出它之为科学知识的先天'假定',是再不可能的了",②即是说,现代科学已将康德认定的"先天综合判断"的科学基础消解了。③ 由此,这种既包含实际的知识、却又无须经验的试验的"先天综合判断","从证实方法中根本不知其为真假,好似它的真假与证实的试验是不相关的,那么这个命题一定是无意义的"。④亦因此,洪谦依据石里克的观点说:"康德的'先天综合判断'是原则上不可能的","根据各种理由,我们把这种观点视为不能成立的,而加以拒绝","对于数学和自然科学中是否存在'先天综合判断'的问题,回答必定的否定的"。⑤

石里克或维也纳学派否定康德"先天综合判断"的旨归在于否定一切形而上学,在他们看来,康德提出的"上帝存在""灵魂不死""意志自由"之类"在真假以外的无意义命题",正是典型的"传统的形而上学命

---

① 《洪谦选集》,第 63 页,另参见第 134、181 页。
② 《洪谦选集》,第 34 页,另参见第 131、134—135、182、232—234 页。
③ 参见《洪谦选集》,第 234 页。
④ 《洪谦选集》,第 11 页。
⑤ 《洪谦选集》,第 131、152、234 页。

题"，"这一类的形而上学问题，如所谓宇宙是物的、心的或其他的，上帝是存在的，灵魂是不死的，意志是自由的种种，曾不知引起哲学上多少'似是而非的问题'，曾不知引起哲学上多少无意义的理论"，然而"所谓宇宙的本质是心的或物的，上帝存在，灵魂不死，意志自由等，从逻辑的修辞法而言，它们根本就是不能互相联系的，它们的不能联系，即如千克的重量与'欢愉'的概念，'道德'的概念与无机自然之不能联系一样"，[①]所以石里克一言以蔽之曰："传统的形而上学命题，都是在真的或假的以外的无意义的命题。"[②]总而言之，石里克或维也纳学派认定，"形而上学之为知识理论是不可能的，因为形而上学家误解了知识的内容与感情的内容，知识的内容在于它的真理性是能由经验证实的，至于感情的内容则是一种感觉，一种体验。所以石里克认为形而上学之无理论根据，不是在于'人类未具有解决形而上学问题的理智'，而是在于形而上学家根本'认错了知识的概念'。所谓直观的形而上学是不可能的，因为直观是一种体验，一种生活，却不是一种真理知识；演绎的形而上学是错误的，因为它根本误解了演绎的方法；一个在逻辑上不能当做演绎前提的事实，它想从演绎的结论中得来；归纳的形而上学在归纳的有效前提下虽有可能性，但是这个可能性在事实上则非常之少；不然一个实际的知识体系的科学，就失去了它的基础和作用了"。[③]

不过，石里克或维也纳学派并不一概否定形而上学自有其特殊功能，而且肯定与形而上学相区别的哲学也有其适当作用。[④] 就前一方面来说，"虽然形而上学不是一种知识理论，但还能引起人们的信仰，即因

---

① 《洪谦选集》，第 38—39 页。将康德的三个命题作为传统的形而上学的代表性命题，还见于此书第 134、188、191 页。

② 《洪谦选集》，第 11 页。

③ 《洪谦选集》，第 6—7 页，另参见第 25—26、88、133 页。

④ 石里克或维也纳学派是将形而上学与哲学区别看待的，他们认为，"哲学与科学事实上不仅无冲突之点，而且在发展上也是互为因果的，仅有形而上学方从另一实际立场和知识概念中而否定整体而统一的科学'世界图景'，或者说否定纯粹哲学的'世界观'。……形而上学与科学的对立性是在科学与哲学中间所未有的"。见《洪谦选集》，第 113—114 页。

它具有一种科学未有的作用：就是人们能从形而上学的体验中（如主客观世界一致）充实生活的内容，从形而上学的理想中（如灵魂不死、上帝存在等）弥补生活的空虚。诗人、艺术家能借他们的诗歌与艺术品而得到内心的满足，神学家、宗教家能借上帝的假定而得到精神的安慰，如是一般非诗人非艺术家非神学家非宗教家的人们（尤其科学家与哲学家），则仅有借形而上学的体验与理想，以满足自己与安慰人生了。石里克曾更明白地说过：'形而上学的体系所能引以为安慰的，就是它能充实我们内心生活与扩张我们体验境界，所以人称形而上学为概念的诗歌，至于它在文化上的作用也如诗歌一样，这是对于形而上学一种恰当的说法'"。① 而就后一方面来说，"哲学虽然不是一种科学，但是它对于科学的贡献实在超过任何的科学，所以我们称'哲学为科学之王'，不是对于它一种过誉，仅是说明它对于科学的伟大意义而已。石里克曾说：'哲学虽不是一种科学，但它对于科学研究的意义还是非常重大的。这个重大的意义仅有用"科学之王"方能表达出来。……我们现在已经认识这个新的趋势的哲学，就是它不是一种知识体系，而是一种说明与确定知识命题的活动。一切的命题是由哲学而说明，由科学而证实；所以前者是以命题的意义为对象，后者则以命题的真假为对象。科学的内容、灵魂与精神，最后完全包含在科学命题的意义之内，如是说明意义的哲学活动，是一切科学理论最重要的因素。'"② 只不过在石里克或维也纳学派那里，承认形而上学的特殊功能以及哲学的适当作用，是有其原则上的限定的，那就是无论形而上学或哲学都不是知识或独立的知识体系，"形而上学之为知识理论是不可能的"；"哲学在原则上不是一种知识的体系"，"所以哲学就其本质而言，是不能超出科学或与科学并列，而是属于科学

---

① 《洪谦选集》，第 26 页。另参见第 7、40、98、124、134、189、194—195、237 页。在《石里克的人生哲学简述》中，洪谦引述维也纳学派成员魏斯曼（F. Waismann）的话说："我们如视形而上学为一种知识的体系如物理科学那样，那么石里克确是反对形而上学的；不过假如我们视它为一种'体验人生的基本感情'的话，那么石里克则是一个十足的形而上学家。"见同书第124 页。

② 《洪谦选集》，第 29—30 页。

范围内'活动'的一种学问";与此相对照的是,"所谓知识,仅有科学的知识,科学是知识的体系,是一种真的能证实的经验命题的体系"。① 将形而上学或哲学拒斥于知识领域之外,而确认科学是唯一的知识体系,这就是石里克或维也纳学派的理论旨归。

通过洪谦的引介,石里克及维也纳学派的理论在中国现代哲学史上产生了一定影响,例如冯友兰就运用一系列"对于事实为形式的解释"的分析命题来建构其"新理学"哲学体系,意在既"接着讲"形而上学,又使其形而上学因无需事实的证明而具有必然合理性,从而避免被拒斥于知识领域之外。虽然冯友兰的这种意图和做法遭到洪谦的尖锐批评,②但由此反映当时维也纳学派对中国哲学家的影响却是没有问题的。再如熊十力在历数古今中外种种本体论和哲学观的缺陷时说:"更有否认本体,而专讲知识论者。这种主张,可谓脱离了哲学的立场。因为哲学所以站脚得住者,只以本体论是科学所夺不去的。我们正以未得证体,才研究知识论。今乃立意不承有本体,而只在知识论上钻来钻去,终无结果,如何不是脱离哲学的立场? ……学者各凭意想,聚讼不休,则又相戒勿谈本体,于是盘旋知识窠臼,而正智之途塞,人顾自迷其所以生之理。"③这正是对于洪谦所引介的维也纳学派观点的驳斥。④ 熊十力对维也纳学派观点的了解或许不尽全面恰切,但是他从本体论与知识论截然二分且抑前扬后的视角把握该学派的主旨,却是相当准确的,由此作出的批评也是有道理的。事实上,尽管形而上学确实多以先天综合命题构成,然而古往今来人类仍然视之为有意义的知识,甚至是高于自然科学和社会科学的安身立命的根本知识,其证实根据不在于物质对象,而在于心灵印可。

---

① 《洪谦选集》,第 6、26、115 页,另参见第 194 页。
② 见氏著《论〈新理学〉的哲学方法》,《洪谦选集》,第 187—196 页。
③ 《熊十力全集》第 3 卷,第 17—18 页,另参见同书第 91—93 页。
④ 这些见于 1944 年出版的《新唯识论》语体本中的批评言论,在 1932 年出版的《新唯识论》文言本中却并不存在,由此可证熊十力是在 1937 年洪谦回国后对维也纳学派的引介中得知该学派的观点并补写了这些批评言论。

第四节　张岱年的"新唯物论"和新文化建设思想

一、生平著述

　　张岱年（1909—2004），曾用名宇同，别名季同，原籍河北献县，出生于北京。父亲张镰是清光绪朝进士，曾授翰林院编修。张岱年从小就受到良好的教育和传统文化的熏陶。1912 年，4 岁的张岱年随母亲回乡八年，在故乡私塾中学习了《三字经》《百家姓》《论语》《孟子》《大学》《中庸》等典籍，为一生学问打下牢固基础。1920 年，12 岁的张岱年回到北京，插班入北京师范大学附属小学读书。从此，张岱年一直都在北京生活工作。1923 年小学毕业后，15 岁的张岱年以优异成绩考入北京师范大学附属中学试验班。自此，他与北师大结下深厚的学缘。中学时期的张岱年博览群书，好学深思。他晚年回忆说："可以说，中学 5 年，是我开启心智，逐渐亲近'爱智之学'的时期。"①在其长兄张申府影响下，张岱年逐渐树立了基本人生志向。张申府又名张崧年，曾任《新青年》编委，1919 年参加五四运动，1920 年追随李大钊筹组北京共产主义小组，是中国共产党的第一批党员，也是新实在论哲学在中国的代表人物，他对张岱年的学术生涯产生了直接影响。

　　1928 至 1933 年，张岱年在北京师范大学教育系读书，这也是其学思精进、初露锋芒的五年。除了古代典籍以外，他尤其重视胡适、冯友兰的中国哲学史著作，反复研读，琢磨深思，并由此下定决心走上中国哲学研究道路。1931 年，年方 23 岁的张岱年撰写了一篇颇具文献功底和哲学素养的文章《关于老子年代的一假定》，在《大公报·文学副刊》上发表，引起古代史专家罗根泽的注意，被收入《古史辨》第四册中。这一文章可算是张岱年学术生涯之起点，其哲学研究天赋与早慧由此可见一斑。大学期间，张申府对张岱年帮助更大，不仅指导他阅读了大量西方哲学名

---

① 张岱年著，林大雄整理《张岱年学述》，杭州：浙江人民出版社 1999 年版，第 15 页。

著,而且介绍他结识熊十力、金岳霖、梁漱溟、冯友兰等前辈,这些学术交往都让张岱年终身受益。在大学最后两年,张岱年用"宇同"的笔名先后发表了《先秦哲学中的辩证法》《秦以后哲学中的辩证法》《辩证法与生活》《辩证法的一贯》《论外界的实在》《世界文化与中国文化》等一系列颇有见地的文章,成为时人瞩目的学界新秀。

1933年大学毕业,年仅25岁的张岱年因成果丰硕,经冯友兰和金岳霖推荐,被清华大学哲学系破格聘为助教,从事哲学专业的教学工作历19年。清华哲学系大师云集,对张岱年哲学思想的发展、成熟起到了极大的促进作用。1936年,张岱年写成了以问题为中心叙述中国哲学发展历程的《中国哲学大纲》,全书共50余万字。这是第一部以问题为纲的中国哲学史研究著作,既注重对中国古代哲学概念范畴的分析,也注重阐释中国古代哲学的理论体系,体现了张岱年主张的"唯物、理想、解析,综合于一"的哲学思想。该书1943年被选为私立中国大学的讲义,1958年商务印书馆以"宇同"的笔名正式出版,后来被翻译成日文在日本发行,广受赞誉。1937年"七七"事变以后,张岱年滞留北平,在日寇统治下闭门著书,在此期间完成一批力作,包括构成其哲学思想重要组成部分的"天人五论"中的《哲学思维论》《知实论》《事理论》《品德论》。

1949年新中国成立,张岱年以满腔热忱从事哲学研究,投身于新中国的建设事业。1952年,全国高等院校调整,张岱年调任北京大学哲学系教授,自此一直在北京大学从事中国哲学的教学和研究工作。这一时期,张岱年的教学和研究的重心围绕在挖掘明清之际辩证唯物主义的思想传统,先后发表了《王船山的唯物论思想》《张横渠的哲学》等重要论文,还完成了关于宋明哲学史的论著《宋元明清哲学史提纲》《张载——中国十一世纪唯物主义哲学家》等著作。1957年,张岱年在"反右"运动中被错划为"右派",从此在教学研究上陷入沉默期长达20年。

1977年,晚年的张岱年重新开始学术生涯,并渐至顶峰。1978年12月,张岱年当选为中国哲学史学会会长并连任三届,一直到1989年他主动辞去此职务。同时,他还担任中华孔子学会会长、清华大学思想文化研究所所长、中国社会科学院哲学研究所兼职研究员等多项职务。这段时间也是张岱年哲学思想的多产期和丰收期,不仅自身成果丰富,而且培养了大批当代中国哲学界的骨干。在学科建设方面,他开始注重《中国哲学史料学》课程的建设。随着中国社会经济的繁荣,他也开始注意社会主义新文化建设的问题,在文化的内涵、文化的民族性和普遍性、建设新文化等方面做出了有意义的探索。

二、"新唯物论"哲学体系

在中国现代哲学家中,张岱年是有着较强的构建哲学体系意识的哲学家。那么,他构建的哲学体系应该如何概括与界定?学界对此问题见仁见智,看法不一。仔细研读张岱年著作,并参鉴其本人主张,张岱年的哲学体系应该界定为"新唯物论"。其"新唯物论"的哲学体系具有一个线条清晰、逻辑严密的三位一体"构图",即将"唯物""理想""解析"综合于一体,以"唯物"为基础,以"理想"为旨归,以"解析"为方法,建立一种博采众长的哲学体系。

(一)"新唯物论"之"唯物"

张岱年在哲学基础上服膺"唯物论",自然与马克思主义哲学在中国的传播密切相关,尤其与其长兄张申府关系密切。张申府在现代国内学术界影响颇大,是中国最早接触马列主义哲学的人物之一,也最先在国内学界引进罗素哲学,并进而主张"列宁、罗素与孔子,三流合一",[1]这些思想对张岱年的哲学思想创造产生了直接影响。张岱年自述:"在吾兄申府的指引之下,我阅读了英哲罗素的哲学著作。对罗素所提倡的逻辑分析(Logical analysis)方法甚为赞佩。我认为逻辑分析应是哲学的基本方法。……接着,我阅读了马克思、恩格斯、列宁的理论著作,深深为辩证唯物论(包括历史唯物论——当时称为唯物史观)的真理光辉所吸引。我认为辩证唯物论解决了西方近代哲学中唯理论与经验论的争论,正确

---

[1] 刘军平《传统的守望者——张岱年哲学思想研究》,北京:人民出版社2007年版,第6页。

说明了感性经验与理性认识的关系，也解决了物质与精神的关系问题，既肯定物质是本原的，又承认精神对于物质的能动作用。"①

张岱年认为，"新唯物论"优于"旧唯物论"的关键之点包括两方面："第一，新唯物论已舍弃旧唯物元学所谓本体之观念"，"第二，旧唯物论是机械的，新唯物论是辩证的"。② 从第一方面来看，"本体"确为西方哲学一贯的核心范畴之一，其义所指为一种居于万物最终极之处的固定不变之物。马克思之前的哲学家，无论"唯物论"还是"唯心论"，都有这种追求终极不变之"本体"的倾向。而"新唯物论"则超越了此种倾向："是故旧唯物论所谓唯物者，谓物质为本体也，新唯物论之谓唯物者，谓自然先于心知也。自然者何谓？心所对之外境，离心而固存之世界"。③ 此观点为张岱年1930年代作出的论断，显示出其敏锐的哲学思维和对"新唯物论"之准确见解。确如其言，与"旧唯物论"之追逐某种固定"本体"不同，"新唯物论"是以自然乃至整个世界作为立论之根基，这种"唯物"之定位克服"旧唯物论"的僵化思维，暗含有"相对而言"的意味。张岱年特举出列宁之"物质"定义来充分说明："列宁之释物，有云：'物质是人类感官作用于其上而生感觉者'。即以物质为独立存在于人类意识之外之质量。"④此处说得明白，"物质"之为"根本"，是因为其相对于"人类意识"而言处于独立之地位。这种地位非僵化之"本体"，而是流动的历程。张岱年更从"宇宙论"的角度来说明这一点："新唯物论以宇宙为一整个的大历程，为一发展的大流。此大流之内一切事物皆有联系，故宇宙为一整个。一切事物皆是变动的，一切事物皆有生而灭之历程。"⑤尤为难得的是，张岱年以此"新唯物论"为立场对西方哲学家的观点进行深度解读，不仅能明辨柏拉图、菲希德（费希特）、黑格尔、叔本华等唯心主义观点，

---

① 《张岱年全集》第1卷，石家庄：河北人民出版社1996年版，第3页。
② 《张岱年全集》第1卷，第129—130页。
③ 《张岱年全集》第1卷，第130页。
④ 《张岱年全集》第1卷，第130页。
⑤ 《张岱年全集》第1卷，第130页。

更能发现"旧唯物论"者的"唯心论"倾向。例如,他对"经验批判主义"代表人物马赫思想的分析:"犹不特此,马赫等只以感觉要素为宇宙根本,虽云以主客未分者为本,实以主观为客观之因,是亦唯心。"①马赫本人是物理学家,懂得许多自然科学原理,其思想明确宣称超越"唯物""唯心"之对立,但张岱年寥寥数语即已点明,这种思想的根底仍然是唯心主义。

从第二方面来看,"机械唯物主义"看待万物的视角缺乏辩证观、缺少生命意识。张岱年指出"彼为机械的,故将生(生命)还原于物,而不见物生之异;此为辩证的,故既辨物生之同,亦辨物生之异;既知物生之异,亦不忘物生之同"。② 从"机械唯物主义"角度看,具有生命的世界被"还原"为没有生命之"物",只强调万事万物作为"物质"相同的一面,完全无视万事万物还有多样化差异的一面。其犯错的主要缘由就在于不懂"辩证",张岱年指出,"或谓既言辩证,何又唯物? 是未深解辩证之义。辩证者最重相反之统一,一体之矛盾,但矛盾非惟矛盾,矛盾之二方非平衡对待,而实有主导方面。此云唯物者,以见物为生心之根,以言见物可赅生心,以见生心虽异于物而亦非非物"。③ 从这段驳论中可以看出,那些不懂"辩证"的机械唯物论者认为讲"唯物"就只能单纯地讲"物质",不可再去谈论从"物质"中产生出"心"的问题。而结合了"辩证法"的"新唯物论"则超越了这种观点,认为"物"与"心"是一种辩证关系,是对立统一之关系。"物"与"心"有不同表现,这是一种对立;而"心"产生于"物",这是一种统一关系。同时,二者地位不是完全等同的,"物"居于本源地位、主导地位。正是在这个论证基础上,张岱年特别指出,"言唯者,表特重之义,示根本之义,而非别无可说之义",④这个解释在很大程度上可以澄清许多人因"唯物"之"唯"字而产生的误解,误以为"唯物论"只讲"物质"而不讲"心",那正是"机械唯物论"错误之所在。张岱年还大力申明"唯物

---

① 《张岱年全集》第 1 卷,第 130 页。
② 《张岱年全集》第 1 卷,第 129—130 页。
③ 《张岱年全集》第 1 卷,第 130 页。
④ 《张岱年全集》第 1 卷,第 130 页。

主义"的意义之所在："或谓自然先于意识，常识而已，不足为哲学之论，是亦不然，如哲学史上无执精神先于自然者，则特主此论或不必；今哲学史上执精神先于自然者甚众，何得不特扬真。"①其迫切之原因还不在单纯的学理辩论，更与哲学史、思想界的情形密切相关。由于哲学史上许多思想家之观点以"精神先于物质自然"居多，从辨明真理的角度看，就凸显申明"唯物主义"的巨大价值了。

（二）"新唯物论"之"解析"

在张岱年的哲学体系中，将解析定位为哲学的基本功夫。解析本身绝非目的，而是一种需要充分使用的方法。其使用目的在于，通过精准严格的解析，辨析清楚不同哲学概念之意谓，剖析清楚复杂纷繁的事实。如果从"真""善""美"三个角度看，"解析"方法之主要目的在于"求真"。

从张岱年对逻辑分析的运用来看，他的确是紧跟罗素的思路，注重使用逻辑方法来探求知识的确定性、确实性。在一定程度上，他对逻辑解析的运用超越了亚里士多德思想中典型的传统形式逻辑和黑格尔思想中本体论的逻辑。广义来讲，张岱年运用的逻辑解析方法包含"解析"（狭义）和"会通"两大方面。相比较之下，"解析"（狭义）主要侧重"于同见异，剖一为多"，会通则侧重"于异观同，合众为一"。②

张岱年在其哲学体系中对"解析"（狭义）的运用主要分为两大类：一是"名言的解析"，二是"经验的解析"。③

"名言的解析"是张岱年论述的重点，具体又可以分为四个层次，即"名之意谓之解析""命题之解析""问题之解析"和"论证之解析"。④ "名之意谓之解析"主要讨论语言中概念要"名实（意谓）相符"的问题。张岱年注意到无论是在古代语言还是现代语言中，常常出现大量的"同名而异实"的情况，造成了语言表达乃至哲学思想阐释的混乱，这需要充分运

①《张岱年全集》第1卷，第130页。
②《张岱年全集》第1卷，第68页。
③《张岱年全集》第1卷，第66页。
④《张岱年全集》第1卷，第66页。

用逻辑解析的方法来详细分析每一概念在不同情形下之"意谓",摈除不适当之意谓,而确定一个唯一的适当意谓,做到"一名止于一实""异实务须异名",①按照这种原则制定"尽可能简纯清晰之概念与观念"。② 这可以说是任何哲学研究得以展开的基本要求。在此基础上,张岱年也重视"名词意谓中要素之厘明"。③ 即使确定了每一概念的内涵(意谓),但是很多概念内涵不是单一的,而是包含若干要素的复杂状况,这同样需要通过仔细的逻辑解析,将各个要素厘清,不使其相互混杂,在一个概念内部造成混乱。"命题之解析""问题之解析"与以上分析相类,分别针对"命题"内涵(意谓)和"问题"内涵(意谓)之厘清。"命题之解析"包含"命题"本身内涵的确定和集合"命题"内部各子命题、简单命题之间内涵的确定。"问题之解析"则包含"问题"本身内涵的确定和复杂问题内部、大问题各简单问题、小问题之间内涵的确定。"论证之解析"指的是"论证层序之辨别"。④ 张岱年主要就如何论证,确定了正面论证、"破他人之论"、寻根究底之论、经验论证、演绎论证等各种论证需要注意的逻辑结构与要求。凡有所论,都需要做到"根据与结论之推移的关系""灿然明晰"。⑤

"经验的解析"相当于是对"名言的解析"原则的具体运用,又可以分为三个层次,即"经验所含之要素之辨别""诸要素间关系之察识""辨识一现象与其他现象之异同"。⑥

张岱年在其哲学体系中对"会通"的运用也分为两大类:其一是"兼综或融会",其二是"通观或'以道观之'"。⑦

"兼综或融会"就是"一般的综合法",也即并非哲学所特有的方法。

---

① 《张岱年全集》第3卷,第66页。
② 《张岱年全集》第3卷,第66页。
③ 《张岱年全集》第3卷,第66页。
④ 《张岱年全集》第3卷,第67页。
⑤ 《张岱年全集》第3卷,第67页。
⑥ 《张岱年全集》第3卷,第67页。
⑦ 《张岱年全集》第3卷,第68页。

又可以具体包含"方面之兼综""观点之兼综"和"学说系统之兼综"，分别有助于哲学研究者"见全体之广大""融会贯通诸观点之所见而各予以适当之位置"和"裁长补短，兼取异说之真理而摒弃其妄见"。① "通观或'以道观之'"则属于哲学特色的方法，包括"永恒观"和"广大观"。事实上，这两种方法归根到底就是要求哲学研究应该有一种"无限"的立场。"永恒观"就是时间无限，"广大观"就是空间无限。以时间无限的"永恒观"视角而言，任何事物都只是"大宙之无穷的变化大流之一瞬"。② 以空间无限的"广大观"视角而言，任何事物都只是"大宇之无穷的扩展之一端"。③ 事物本身有始终，但事物与事物前后相继的过程没有始终，"其始之前更有无穷物，其终之后更有无穷物"；④事物本身有界限，而事物与事物之相联系没有界限，"环于其限界之外者复有无穷物""凡事物莫不有无穷之关联"。⑤ 任何事物都是处于一种"无穷""有穷"的关系之中，一事物虽处于无限联系之中，但亦有其作为有限个体的特点。这样来研究事物，方能明白事物并非孤立存在，"一物非仅一物而已，一物实映照全宇宙"。⑥ 通过这样的方法，才能防止片面、静止、孤立的立场，"能不蔽于一曲而见众异之会通"。⑦

张岱年之逻辑解析方法的确有集大成的特点。对他而言，逻辑解析方法不仅只是一种抽象要求，更是一种哲学研究中的具体运用，他自己的哲学体系正是这样建构起来的。例如，他早年著述《关于老子年代的一假定》就是自觉运用这些逻辑解析方法来讨论并澄清关键哲学问题的典范作品。"老子出生年代（包括老子究竟为何人等内容）"这一问题可说在哲学史上聚讼纷纭，但是张岱年的论证却线索明朗，读后让人有拨

①《张岱年全集》第 3 卷，第 68 页。
②《张岱年全集》第 3 卷，第 68 页。
③《张岱年全集》第 3 卷，第 68 页。
④《张岱年全集》第 3 卷，第 68 页。
⑤《张岱年全集》第 3 卷，第 68 页。
⑥《张岱年全集》第 3 卷，第 68 页。
⑦《张岱年全集》第 3 卷，第 68 页。

云见日的感觉。当其反驳过去诸种不恰当观点时，又让人领略到一种层层推进、事实与逻辑严丝合缝的感觉。20 世纪 30 年代的著作至今读来仍然富于启迪，发人深省，哲学的魅力、逻辑分析的穿透力跃然纸上。

（三）"新唯物论"之"人生理想"

在张岱年看来，哲学之追求绝不仅仅在于"求真"，因而也不能停留于"解析"，还需要"求善""求美"，这些内容就归纳到张岱年哲学思想的"人生理想"部分。显然，在"人生理想"部分，张岱年更多的资源来自历史悠久的传统中国哲学。作为从中国传统哲学衍生出的综合创新体系，不可能无视中国本来的传统资源。其实，根据生活实践创立切实的哲学理想是哲人的天命。中国哲学传统中的自然主义与理想主义的合一，即是"天人合一"。综合唯物与理想于一体，事实上正是发挥中国哲学之传统，以推陈出新。

中国哲学无论探讨宇宙、人生，都以"道"为最高原则。张岱年认为，宇宙论中的"道"探讨"所以然"，而人生论探讨之"道"为"当然"。此意表达就是所谓"义"，即指应当或当然。孔子之"仁"，墨子之"人民之大利""兼爱"等，都是此种内涵。以"仁"而言，张岱年认为，孔子所论之"仁"的本旨就是"己欲立而立人，己欲达而达人"，所以根本上是爱人的。[1] 但是，这种"爱"并非没有原则的"姑息之爱"。对于不仁之人，完全可以"恶"之，使其不得影响自己，"惟仁者为能得好恶之正"。[2] 行"仁"以己立而立人为要，而求"立"必须循礼；[3]要"立人达人"，故为仁"必须真诚实在的力行"，[4]不作虚言。从境界而言，真能达到仁的境界，"便可以得到至高无上的快乐，一切恐惧烦恼都已消灭，惟一种快慰充满了内心"，[5]行仁之人能够过一种"至极快乐的生活"。[6] 以墨子"兼爱"而言，其哲学出发

---

① 《张岱年全集》第 3 卷，第 285 页。
② 《张岱年全集》第 3 卷，第 285 页。
③ 《张岱年全集》第 3 卷，第 285 页。
④ 《张岱年全集》第 3 卷，第 287 页。
⑤ 《张岱年全集》第 3 卷，第 287 页。
⑥ 《张岱年全集》第 3 卷，第 287 页。

点是利，"以利言仁"。① 当然，其利乃指"人民之大利，而非一人之私利"。② 以"无为"而言，张岱年认为，"无为即自然之意。无意于为，虽为亦是无为，故无为则能无不为。孔墨之道都是益，老子之道则是损。孔墨皆是有为，老子则是无为"。③ 但是，无为的思想实质中存在矛盾，因为作为人而言，"有为本是人类生活之自然趋势"，④人人都"有思虑，有知识，有情欲，有作为"，故意视而不见，这恰恰是一种违反自然的做法。这种思想之影响导致过去中国人的生活萎靡不振，其唯一的好处在于教人"不以得失祸福毁誉穷达扰心，即教人脱除名利的思想"，人们可以按照此要求获得"一种精神的解脱"。⑤ 以"有为"而言，主要表现在荀子"制天命而用之"的思想、《易传》中刚健进取的思想以及魏晋时期裴氏"崇有论"的思想。以"诚及与天为一"而言，则主要在于孟子、《中庸》、周敦颐、二程等思想中。以"与理为一"而言，则涉及宋明理学中程颐、朱熹等思想。以"明心"而言，则主要涉及宋明理学中陆九渊、陈白沙、王阳明及其后学思想。以"践行"而言，则由荀子开其端绪，后有王船山、颜元、戴震等思想之接续。

总而言之，张岱年认为中国哲学中人生理想论的发展衍变有清晰的线索，可以描述为一种"由合而分"、又"由分而合"的脉络，大致上可以总结为从"中道"演变至"两极端"、从"两极端"复归于"合"。总体的"人生理想"论，开端是孔子的"仁"说，可算是"中道"；由此"中道"演进，进至两个极端的状况，就是墨子的"兼爱"和老庄的"无为"；⑥"无为"思想引起反响，出现荀子的"有为"思想；"无为""有为"对立发展，出现调和的"诚"思想。汉唐之际，佛学大盛，亦属于"无为"一脉；宋明新儒家便又企图调和"有为""无为"，仍归于"诚"说和"与天为一"说。由"与天为一"说再发展

---

① 《张岱年全集》第 3 卷，第 298 页。
② 《张岱年全集》第 3 卷，第 298 页。
③ 《张岱年全集》第 3 卷，第 313 页。
④ 《张岱年全集》第 3 卷，第 333 页。
⑤ 《张岱年全集》第 3 卷，第 333 页。
⑥ 《张岱年全集》第 3 卷，第 411 页。

而分裂,出现"与理为一"说和"明心"说。再进一步发展,乃归于清朝末年新的"有为"思想。① 就比较特点而言,张岱年认为,先秦哲学与近古哲学之人生理想有性质上之区别,"先秦哲学所讲,多是人群生活之大道,即致治之方;近古哲学所讲,则偏重个人生活之理想境界与其修养方法"。②

(四)"新唯物论"之哲学前途

张岱年之所以推崇、认定"新唯物论"之意义与价值,是因为他熟稔当时各种哲学派系、哲学思想,并对哲学发展趋势有深刻洞察力。通过综览当时正在流行的各种哲学,张岱年将之分为五种类型,分别是"1. 社会主义的哲学思想;2. 自然科学家的哲学思想;3. 唯心玄学的哲学思想;4. 主观主义的哲学思想;5. 布尔乔亚代言人的哲学思想。主观主义也可以说是怀疑论的,也可以说是唯心的。自然科学家中又有物理学家与生物学家各不相同"。③

张岱年认为这五种类型的哲学的发展状况充满竞争,相互之间似有杀伐攻略之情态,他将此种情形描述为"现在的战场上哪一派将得胜"。④

那么,在这种激烈较量中,究竟哪一派哲学会取得胜利呢?张岱年从两个方面来进行判断。第一个方面是根本判断,即认为,"根本上哲学是受社会实际所支配的",⑤哲学派别的胜利从根本上取决于社会发展状况;而从社会发展状况来说,"将来的社会,定是社会主义的,这又已是一般承认的预言"。⑥ 顺理成章,未来最有前途的哲学当然就是属于第一种类型"社会主义的哲学思想"了。和"社会主义的哲学思想"相比,其他哲学派别思想都只能居于次要地位、边缘地位。从社会发展状况角度看,"主观主义的哲学思想""布尔乔亚代言人的哲学思想"由于都属于布尔

---

① 《张岱年全集》第3卷,第412页。
② 《张岱年全集》第3卷,第412页。
③ 《张岱年全集》第1卷,第71页。
④ 《张岱年全集》第1卷,第71页。
⑤ 《张岱年全集》第1卷,第72页。
⑥ 《张岱年全集》第1卷,第71页。

乔亚社会必然的产物，在社会主义社会就不会再有了；"唯心玄学的思想"属于"有闲没有工作可作的人"娱乐自己的思想，也一定会"消灭无疑"；①最终能存在的只能是"社会主义者的哲学思想与自然科学家的哲学思想这两个类型了"。② 又由于"科学与社会主义本是不可分的"，③最终两派会融为一体，也就是"新唯物论"。第二个方面是从哲学发展本身来判断。张岱年通过审视哲学发展史特别是世界近代以来的哲学发展史，得出"哲学离不开科学"的论断，二者合则两利，分则两伤。之所以在张岱年生活时代哲学出现混乱，就是因为没有将二者很好的结合。在这种情势下，"新唯物论"可以说应运而生，"贡献了一种解决一切矛盾的利器"。④

他通过充分比较各种类型哲学的优缺点，坚定认为，从哲学发展历史与前景而言，未来真正有前途的哲学是属于"社会主义的哲学思想"类型的"新唯物论"。"新唯物论"所具有的这种哲学前景体现三个特点上，分别是"唯物的或客观主义的""辩证的或反综的""批评的或解析的"。从第一个特点来看，张岱年强调，居于中心地位的哲学必须要与生活实践结合，"惟有唯物论才与生活的实践相融洽，才与科学的实践相融洽"。⑤ 那些唯心主义、玄学思想事实上都是"改头换面的创世论"，⑥他们的思想只是将世界创造者从"人格的上帝"换成了"一个大精神"而已；那些"主观主义归根到底又只是唯我论"。⑦ 按照这些思想的立场，各种自然科学都没法进行。例如对于物理科学、生物科学、社会科学而言，如果"世界是大精神的化身，或世界只是我的感觉，那就物理实验无法做，

---

① 《张岱年全集》第 1 卷，第 72 页。
② 《张岱年全集》第 1 卷，第 72 页。
③ 《张岱年全集》第 1 卷，第 72 页。
④ 《张岱年全集》第 1 卷，第 72 页。
⑤ 《张岱年全集》第 1 卷，第 72 页。
⑥ 《张岱年全集》第 1 卷，第 72 页。
⑦ 《张岱年全集》第 1 卷，第 73 页。

进化论、遗传论无法讲,社会现象的解剖就更说不上了"。① 这样反过来就力证"唯物论"特别是"新唯物论"对于科学研究、人们日常生活的意义将是决定性的。因而张岱年指出,持有客观主义立场的"新唯物论"在将来一定会受到社会普遍相信,"一般人是必会相信这与文化生活、社会生活相一致的理论的"。② 从第二个特点来看,张岱年强调,居于中心地位的哲学必须是辩证的,"因为唯有辩证法是解决问题的要诀"。③ 他指出,这是由于所有的困难问题都是由矛盾形成,能够解决矛盾与对立的唯有辩证法(张岱年又称之为"反综法")。运用辩证法(反综法)才可以在处理问题时防止一些失误出现,诸如"顾此失彼""以偏概全"等;现代哲学中存在的一切对立和混乱的状态也才能得到解决。张岱年还举出现代科学中实际存在的矛盾问题来说明:"惟用反综法能说明波粒的关系,确定物、生、心知的关系。由反综法乃能看清知识与实践的联系,解决经验与超验的矛盾"。④ 从第三个特点看,张岱年强调,居于中心地位的哲学必须是解析的或批评的。所谓"批评的"即是一种"批评哲学",要求对常识、科学所肯定的基本概念,必须要"加以严格的批评"。⑤ 这样的哲学"必不再作玄渺的臆想,必不再说意谓不确定的话。每一名词必只有一个确定的意谓"。⑥ 哲学上的每一句话,必须要论证缜密,指验(demonstration)明确。以前的哲学存在太多暧昧的字眼、太多漂浮的议论,运用"逻辑解析的"(或批评的)方法就可以防止此类弊病的出现。一旦"新唯物论"哲学体系成功地建立起来,不仅极大克服以往哲学中的诸多弊端,更可以将以往诸多哲学中的优势加以包涵,张岱年指出,"怀梯黑、胡萨尔、鲁易摩根、迈耶森,以及实用主义等的好处,也就可都被

---

① 《张岱年全集》第 1 卷,第 73 页。
② 《张岱年全集》第 1 卷,第 73 页。
③ 《张岱年全集》第 1 卷,第 73 页。
④ 《张岱年全集》第 1 卷,第 73 页。
⑤ 《张岱年全集》第 1 卷,第 74 页。
⑥ 《张岱年全集》第 1 卷,第 74 页。

容纳了"。①

三、中国哲学史研究

作为一门独立的学科,"中国哲学"或"中国哲学史"是在西方文化、西方哲学的刺激下逐渐建立起来的。作为现代中国哲学家的代表之一,张岱年对相关问题有深度思考并做出了独特的贡献。

(一)论证"中国哲学"的学科合法性

"西学东渐"以来,中国社会面对西方文化的强势进入,发生了从物质生活到精神生活的全面变化,一系列中国本有的思想在所谓"学科"问题上由此面临着"合法性"危机的挑战。与其他学科的情况一样,philosophy作为西方文化固有范畴和学科进入中国,与中国传统文化中许多类似思想发生碰撞,引发了一系列问题。许多人开始思考并尝试回答这些问题:philosophy究竟应该怎样翻译? 其所包含的内容在中国文化中是否存在? 如果运用西方philosophy所包含的概念范畴、逻辑结构、话语体系来审视中国传统文化中的思想内容,会有怎样的结论? 进一步,中国传统文化中的思想内容能否自成一种与西方文化并立而毫不逊色的philosophy? 这些问题可以统称为"中国哲学"的学科合法性问题。

早自上世纪30年代起,张岱年已经非常自觉地关注这一问题,在《中国哲学大纲》《天人五论》《中国古典哲学概念范畴要论》《中国哲学史方法论发凡》《中国哲学史史料学》等论著中对此问题多有阐述。50年代后,他又写有《中国古典哲学中若干基本概念的起源与演变》《中国古典哲学的几个特点》《关于中国哲学史的范围、对象和任务》等一系列论文。通过这些文章,他始终站在比较公允的立场上对这些问题进行条分缕析的解答,结合中国传统文化中的思想资源,力证了一系列"中国哲学"的特质。

---

① 《张岱年全集》第1卷,第74页。

在张岱年看来,从 philosophy 的本义"爱智"来讲,当然可以说中国文化中是有哲学的,因为"爱智,是古希腊文中哲学的本义,然实亦是一切哲学之根本性质"。① 张岱年对这一界定十分首肯:"中国古代哲学是世界三大哲学传统(中国哲学、印度哲学、西方哲学)中的一个。历史发展到今天,我们应该对它加以科学的检验和总结。全盘否定传统哲学是不科学的态度。科学的态度是实事求是地区别出传统哲学的精华与糟粕。"② 由此可以说,"中国哲学与西洋哲学在根本态度上未必同;然而在问题及对象上及其在诸学术中的位置上,则与西洋哲学颇为相当"。③ 陈来总结了张岱年给哲学与中国哲学下的定义,提出应该注意四个方面:第一,西方哲学中没有统一的哲学定义,虽然哲学家们的"哲学"往往各立一说,但哲学教育家需要一种综合的"哲学"定义;在内容上,张岱年不要求哲学家们面面俱到地研究宇宙论、人生论、认识论的各个方面。第二,中国古代没有与哲学意义相同的总括性名称。在中国古代学术史上,不同的时期有不同的名称指类似于哲学的学科。第三,在东西文化的视野中,"哲学"这个术语应该是一个类称,西方哲学不是哲学的唯一范型。第四,哲学还有一般哲学和特殊哲学之分。④

那么,具体而言,哪些内容可以被纳入这种 philosophy 的外延中来呢? 张岱年所肯认的主要是两大类:"总各家哲学观之,可以说哲学是研讨宇宙人生之究竟原理及认识此种原理的方法之学问",⑤可以简要概括为"宇宙论"与"人生论"。张岱年既说明在同一哲学体系中宇宙论、人生论和认识论三者的统一,又指出对三者中的任何一种的研究就可以称为哲学研究。他说:"根本问题分三方面:一、宇宙事物之根本原则;二、人生之根本准则;三、人类认识之根本规律。在历史中,有若干哲学家专从

---

① 《张岱年全集》第 1 卷,第 172 页。
② 《张岱年全集》第 6 卷,第 210 页。
③ 《张岱年全集》第 2 卷,第 3 页。
④ 陈来《关于"中国哲学"的若干问题浅议》,《江汉论坛》2003 年第 7 期。
⑤ 《张岱年全集》第 2 卷,第 1 页。

事于宇宙之研究，有若干哲学家专从事于认识之探讨，亦有若干哲学家专从事于人生理想之推阐。"①张岱年按照他的上述理解，采取不同于当时流行的以"哲学家"为纲领的体例，以"问题"为纲领撰写了一部 50 万字的《中国哲学大纲》，引起时贤及后学的广泛赞誉。他所撰写的"中国哲学"，就正以宇宙论、人生论、认识论三大板块组成，在每一板块下再分设若干"子目"，在"子目"下再分梳更细致的概念、命题、具体观点。

张岱年这种处理方式在学界得到广泛认可。李翔海梳理 20 世纪中国哲学研究的主要流派，概括为"以西释中""以中判西"和"平章中西"三种基本范式。"以西释中"以胡适、冯友兰为代表，他们基本上是"按照西方的价值系统、观念框架、问题意识、甚至话语体系"对中国传统文化中的相关思想进行"裁减、梳理、编排、改造"。"以中判西"以现代新儒家为代表，他们"立足于中国哲学的基本精神来理解和评判西方哲学"，翻转了中国哲学的理论范式，不再是"如何更为彻底地接纳西方"，而是如何通过中西哲学的对比来"更为充分地体现中国哲学自身的精神特质"。"平章中西"则是张岱年的理论范式，这种理论范式的特点表现为，对于中西哲学传统具有更加"平实而开放的心态"，表现出"鲜明的民族文化主体意识"，以及兼采东西方两家之长的"综合的创造"理论取向。对比三种范式，李翔海指出，张岱年所主张的哲学范式，"就其理念来说，而在一定程度上比'以西释中'和'以中判西'体现了更强的合理性"。② 刘军平也认为张岱年在这些方面的研究对于中国哲学研究本身和中国哲学学科建设都贡献巨大，他指出，"因为中国哲学的合法性问题依赖于对哲学涵义的理解，肯定中国传统思想中有哲学思想，而不是仅仅有思想史（history of thought），是张岱年建构中国哲学史的关键所在"，"学术本身的价值在于求真明理，从这个意义上看，中国哲学学科的自觉与反省，现代教育体制的建立和一批批中国哲学史著作恰逢其时的出现恰恰证明

① 《张岱年全集》第 3 卷，第 6 页。
② 李翔海《20 世纪中国哲学的三种基本理论范式述评》，《河北学刊》，2004 年第 1 期。

了对中国哲学的体认。张岱年所做的就是要克服这种偏狭理解中国哲学的做法,或者大而统之地把哲学、历史都放在一个篮子里的做法"。①

(二)构建中国哲学研究体系

张岱年不仅重视从理论内容方面论证"中国哲学"的合法性,更重视构建中国哲学的体系,他的《中国哲学大纲》正是这样一部优秀作品。在书中,张岱年明确指出,构建体系是中国哲学研究非常必要而紧迫的问题。从历史来看,"中国哲学书,向来没形式上的条理系统",②这种情况有碍研究的科学性。以朱子的《近思录》为例,由于没有严格的条理系统,只是粗略分成十四部分,导致"各部分互相出入的情形颇甚"。③针对不少人怀疑,既然中国哲学本来没有形式上的条理系统,如果后人自己加上去,是不是会损伤中国哲学本来面目的问题,张岱年明确说道"给中国哲学穿上系统的外衣,实际并无伤于其内容,至多不过如太史公作《史记》'分散数家之事',然也无碍于其为信史"。④从另一个层面讲,"中国哲学实本有其内在的条理",⑤后人的研究不是凭空去强加系统、强行割裂,而是通过悉心探求,"因其固然",把本有的条理系统呈现出来而已。在这本堪称中国哲学研究的奠基性作品中,他既从宏观上总结了中国哲学的"纵横结构",也按照"宇宙论""人生论"和"致知论"三大板块建立了中国哲学体系。

一是总结中国哲学纵横结构。以"横"的方面而言,张岱年将中国哲学的特点总结为三个主要方面和三个次要方面,一共六大特点。三个主要方面分别是"合知行""一天人""同真善"。所谓"合知行",强调的是中国哲学"理论与实践"充分结合的属性。他指出中国哲学的"思想学说与生活实践,融成一片",⑥中国古代哲人研究宇宙人生的大问题,常从生活

---

① 刘军平《传统的守望者——张岱年哲学思想研究》,第 176 页。
②《张岱年全集》第 2 卷,第 4 页。
③《张岱年全集》第 2 卷,第 4 页。
④《张岱年全集》第 2 卷,第 4 页。
⑤《张岱年全集》第 2 卷,第 4 页。
⑥《张岱年全集》第 2 卷,第 5 页。

实践出发，以反省自己的身心实践为入手处，最后又归于生活实践。张岱年举"知之者不如好之者，好之者不如乐之者""广大高明不离乎日用"等命题为例，充分证明中国哲人一切探求真理的行动，"目的乃在于生活之迁善，而务要表见之于生活中"。① 因之也非常重视道德的修养，"以涵养为致知之道"。② 所谓"一天人"，强调的是中国古代哲人大都将"天人合一"作为人生最高理想境界。在中国哲学看来，人道与天道是一个世界，而不是两个世界，宇宙本根与人的心性相通，所谓"天人既无二。于是亦不必分别我与非我。我与非我原是一体，不必且不应将我与非我分开。于是内外之对立消弭，而人与自然，融为一片"。③ 所谓"同真善"，强调中国哲学"求真""求善"合一的主旨。一旦某人"离开求善而专求真"，结果所得就是"妄"，而不是"真"。另一方面，也显示出中国哲学家中少有"为求知而求知的态度"，④他们基本认为，"宇宙真际的探求，与人生至善之达到，是一事之两面"。⑤ 三个次要方面是从主要方面派生出来的，分别是"重人生而不重知论""重了悟而不重论证"和"既非依附科学亦不依附宗教"。

　　从"纵"的方面而言，张岱年粗略勾勒了中国哲学的发展历程。他认为，中国哲学思维的萌动开始于春秋初期。由于彼时社会制度发生剧烈变动，"乃震醒了人们的意识，遂引起了种种的哲学思潮"。⑥ 在张岱年看来，中国哲学之创始人即是春秋时期的孔子。孔子思想特点有二：第一，他有自己的"道"，并且力图行其道于天下；第二，孔子愿意将其"道"和其他文化知识传授于一般人民。因此，"孔子是集过去时代之学问思想之大成的人，而又是一个新时代的开创者"。⑦ 孔子而后的春秋战国时期，

---

① 《张岱年全集》第 2 卷，第 6 页。
② 《张岱年全集》第 2 卷，第 6 页。
③ 《张岱年全集》第 2 卷，第 7 页。
④ 《张岱年全集》第 2 卷，第 8 页。
⑤ 《张岱年全集》第 2 卷，第 8 页。
⑥ 《张岱年全集》第 2 卷，第 10 页。
⑦ 《张岱年全集》第 2 卷，第 10 页。

张岱年认定的著名哲学家就有墨子、孟子、惠施、老子、庄子、荀子等。再而后,张岱年即以其对哲学的理解,按照朝代顺序,从秦汉时期一直讲到清末的康有为、廖平和谭嗣同,拟定了中国哲学发展之脉络。总的来看,他认为中国的哲学,"以周秦哲学为最宏伟,创造力最雄厚,内容最丰富,为以后的哲学所不及"。[①] "宋明道学"非常成熟完备,丰富活泼不足。清代王船山、颜习斋、戴东原之哲学"足以为现代思想之前驱"。[②] 当今我们需要新哲学,期待着一个"可以媲美先秦的哲学灿烂的情形之到来"。[③]

二是以"宇宙论、人生论、致知论"三大板块构建中国哲学体系。张岱年将中国哲学归纳为五个部分,分别是宇宙论(或天道论)、人生论(或人道论)、致知论(或方法论)、修养论、政治论。而根据他所说的"一般哲学"和"特殊哲学"的划分,则宇宙论、人生论、致知论三部分"正相当于西洋所谓哲学",[④]属于"一般哲学"内容,为中国哲学之主干;修养论、政治论属于特殊哲学,不在一般哲学范围之内。

再进一步细分,宇宙论又可以划为"本根论或道体论"和"大化论"两部分,"本根论"探究宇宙之究竟本源,"大化论"探究宇宙发展之历程。人生论可以划分为"天人关系论,即关于人与本根之关系,人在宇宙中之位置的论究""人性论,即关于人性之研讨""人生理想论或人生最高准则论,即关于理想生活之基本准则之理论""人生问题论,即关于人生的各种问题如义与利、兼与独、损与益、动与静等等之讨论"。[⑤] 致知论可以划分为"知论,即关于知之性质、可能、标准之理论"和"方法论,即关于求道之方、名言与辩等之理论"。[⑥] 张岱年认为,在这三大板块中,中国哲学相对最欠缺的是"致知论","知识论及方法论颇不发达,但亦决非没有"。[⑦]

---

① 《张岱年全集》第 2 卷,第 29 页。
② 《张岱年全集》第 2 卷,第 29 页。
③ 《张岱年全集》第 2 卷,第 29 页。
④ 《张岱年全集》第 1 卷,第 3 页。
⑤ 《张岱年全集》第 1 卷,第 4 页。
⑥ 《张岱年全集》第 1 卷,第 4 页。
⑦ 《张岱年全集》第 1 卷,第 4 页。

在他看来,中国哲学"论人论天,都在知中",①中国古代哲人关注"知识论"问题,是从方法角度切入的,目的是"闻道",因此需要研讨"闻道之方","闻道之方"就是"致知之方"。② 为了弄清、用好这个"致知之方",哲人们便进一步探讨"知之所缘以起,知之可能与否,以及真知标准",③也即知识的起源、可能性与知识标准等问题。这样的中国哲学"知识论",不说内容深刻与否,起码在结构上比较完备。因此,张岱年明确主张,"认为中国哲学完全没有知识论与方法论,其实是谬误的"。④

张岱年还从总体上对中国哲学的内容作了"死""活"两方面划分。所谓"活"的内容指的是"中国旧哲学中,有一些倾向,在现在看来,仍是可贵的,适当的",⑤主要包括不用"实在""现象"来将自然"二分"、将宇宙看做是变易之大流、将反复两一看做世界之客观规律、人生理想上追求人我和谐、在现实之中实现理想和直截了当的可知论。所谓"死"的内容指的是中国旧哲学中"有害的,该排弃的",⑥主要包括宇宙论上"尚无薄有"、人生理想上"崇天忘人"、"重内遗外"、"重'理'忽'生'"、忽视"群己"关系和轻视知识等弊端。

(三)中国哲学研究方法的探索

张岱年对马克思主义哲学有十分深刻的领会,并以之为指导,探讨了研究中国哲学的主要方法,大致包括"哲学基本问题及哲学派别划分""哲学研究中的阶级分析方法""哲学研究中的理论分析方法""哲学研究中的历史与逻辑相统一""哲学遗产的批判继承"和"哲学史料的整理方法"六个方面。

从"哲学基本问题及哲学派别划分"来看,张岱年熟稔恩格斯从西方哲学史中总结出来的"思维与存在"基本问题和由此产生的"三个对子"

①《张岱年全集》第 2 卷,第 521 页。
②《张岱年全集》第 1 卷,第 521 页。
③《张岱年全集》第 1 卷,第 521 页。
④《张岱年全集》第 2 卷,第 521 页。
⑤《张岱年全集》第 2 卷,第 615 页。
⑥《张岱年全集》第 2 卷,第 615 页。

的哲学派别划分标准。他基本认可通过"哲学基本问题"来研究中国哲学,但同时也指出必须要根据中国哲学自身特点进行总结,"中国古代哲学所用的概念范畴与西方的不同,没有人像黑格尔一样采用'思维与存在'这个表达方式。但是中国古代哲学确实也有自己的基本问题或最高问题"。① 他认为"先秦时代哲学的最高问题是天道问题",这个问题一直延续到汉唐;"魏晋时代,'有无'问题突出起来";到了宋明时代,"哲学家们着重讨论了'心物'问题和'理气'问题"。②

张岱年特别指出,"'心物'问题即是精神与物质的关系问题,而理气问题是与西方哲学中'思维与存在'的问题非常接近的",③从而哲学派别划分在中国哲学研究中也应当受到重视,"唯物主义和唯心主义的矛盾对立也贯穿于中国哲学史中,同时又要看到中国古代的唯物论和唯心论又有其特点"。④ 一个重要特点也是根本特点就是,"在中国古代哲学中,宇宙的第一原理也就是道德的最高准则,认识真理的方法也就是道德修养的方法",⑤无论是唯物主义还是唯心主义,都遵循这个最高原则。值得注意的是,张岱年专门强调通过哲学派别划分进行研究时,必须注意防范偏激的问题。一方面,他通过马克思、恩格斯、列宁对亚里士多德、康德、黑格尔、赫胥黎、费尔巴哈等人的思想评析,明确指出三条基本要求:"第一,应该肯定唯物主义和唯心主义的矛盾是哲学史的最主要的矛盾。第二,企图调和唯物主义和唯心主义的对立,事实上也都不能逃避这一矛盾。第三,在哲学史上,唯物主义和唯心主义是相互渗透、相互包含的,应该对具体问题进行具体的分析,不能满足于简单的肯定或否定。"⑥另一方面,他也重申了关于探讨"形而上学与辩证法对立"时需要

① 《张岱年全集》第 4 卷,第 121 页。
② 《张岱年全集》第 4 卷,第 120 页。
③ 《张岱年全集》第 4 卷,第 120 页。
④ 《张岱年全集》第 4 卷,第 123 页。
⑤ 《张岱年全集》第 4 卷,第 125 页。
⑥ 《张岱年全集》第 4 卷,第 123 页。

谨记的原则，包括"严格区分辩证法与诡辩论的界限"，①"辩证法与折衷主义也是对立的"，②"无论形而上学方法、诡辩论、折衷主义，在不同方面，都是反辩证法的错误观点。对于哲学史中辩证思维如何与形而上学方法、诡辩论、折衷主义进行斗争，我们必须充分重视"。③

从"哲学研究中的阶级分析方法"来看，张岱年同样对历史唯物主义的"阶级分析方法"十分信服，并结合中国哲学自身特点，做了十分细致的探讨。他指出，依据历史唯物主义的观点，哲学思想属于社会意识，是社会存在的反映，"每一时代的哲学思想是在那一时代的经济基础之上建立起来的，但是哲学思想和经济基础的关系是间接的、曲折的、复杂的"，④在种种中间环节中，阶级利益是重要的影响因素，所以，"一定的哲学思想是一定的阶级利益在哲学上的反映。因此，我们必须要发现每一哲学思想中所涵蕴的阶级意义"。⑤ 张岱年结合中国哲学史对此做了许多阐发。一是要全面理解各个时代主要阶级之间的联系，"春秋战国时代，平民经常起来进行斗争，在思想上不能不有所反映。必须全面地考察春秋战国时代社会各阶级、各阶层相互斗争又相互联系的情况，才能真正了解当时'百家争鸣'的社会基础"。⑥ 二是要全面考察一个思想家的主张符合当时的哪一个阶级的利益，⑦他指出，"董仲舒'天不变道亦不变'的学说，显然是对汉代已经取得统治地位的地主阶级有利。程朱、陆王的学说要求维护当时的统治秩序，显然是对统治阶级有利"。⑧ 三是要全面考察思想家对于当时制度以及对于各阶级的态度，例如有人认为王夫之哲学代表市民阶层，张岱年指出要仔细考察王夫之对待各阶级的态

①《张岱年全集》第4卷，第128页。
②《张岱年全集》第4卷，第129页。
③《张岱年全集》第4卷，第129页。
④《张岱年全集》第4卷，第130页。
⑤《张岱年全集》第4卷，第132页。
⑥《张岱年全集》第4卷，第137页。
⑦《张岱年全集》第4卷，第137页。
⑧《张岱年全集》第4卷，第137页。

度,"他维护封建制度和封建秩序,猛烈反对豪强大地主兼并土地;同情人民的痛苦,但反对农民起义。可见,王夫之还是代表地主阶级中下层的利益"。① 四是要正确认识唯物主义和唯心主义的阶级基础。张岱年指出,一般而言,唯物主义代表进步的阶级或阶层,唯心主义代表保守的阶级或阶层,但是要注意特殊情况,"新生的阶级或阶层在开始时是软弱的,没有力量的,代表这一新生的阶级或阶层或者新的生产关系萌芽的思想家,往往采用唯心主义",包括明代后期的李贽、明清之际的唐甄;反过来,有的时候,具有唯物主义思想的人却是反动的,比如《列子·杨朱》篇的作者,"肯定了无神论,却极力鼓吹追求目前的享乐,宣扬腐朽的思想"。② 五是要充分认识劳动者阶级、人民群众对哲学发展的意义,张岱年肯定中国历史上的农民战争对中国哲学史上几次哲学发展的转折起到直接的影响,"黄巾农民起义,对两汉的经学转到魏晋的玄学,起了一定的转折作用。唐末的黄巢农民起义,对佛教唯心主义的衰落,也有一定的影响",③但是这一作用不能夸大,不能由此认为劳动人民是哲学发展的主要力量。当然,阶级分析方法在中国哲学研究中地位极为重要,但也仍要警惕"简单化"倾向。他明确提醒所有研究者,"在哲学史的研究中,进行阶级分析是一项复杂的工作","只有靠大量的、批判地审查过的、充分地掌握了的历史资料,才能解决这样的任务"。④

从"哲学研究中的理论分析方法"来看,张岱年从"哲学是对于世界总体的认识"⑤的定义出发,确定哲学史就是"人类追求真理的历史",⑥主张"深入考察哲学家们的学说体系的理论内容"。⑦ 按此要求,张岱年按照由微观到宏观的次序,大致确定了"哲学概念分析""哲学命题分析"

---

① 《张岱年全集》第4卷,第138页。
② 《张岱年全集》第4卷,第143页。
③ 《张岱年全集》第4卷,第145页。
④ 《张岱年全集》第4卷,第133页。
⑤ 《张岱年全集》第4卷,第148页。
⑥ 《张岱年全集》第4卷,第148页。
⑦ 《张岱年全集》第4卷,第148页。

和"哲学体系分析"三大层次的分析方法。"哲学概念分析"主要涉及"名词、概念、观念、范畴""普遍、特殊、个别""概念、范畴的演变""概念和观念的理论意义和阶级意义"四个方面。如"程朱学派认为理是最根本的，是宇宙的本体，万物的本原。'理'的内容包括仁义礼智等道德标准，这就是把封建等级秩序永恒化，绝对化了，这是它的阶级意义。'理'又包括元亨利贞的内容，元亨利贞，就是生、长、遂、成，即发生、长大、发展、完成。这是反映了植物生长的根本规律。这是理的理论意义。可见，程朱的'理'，既有阶级意义，也有理论意义"。[1] "哲学命题分析"涉及"哲学命题的普遍意义和特殊意义""哲学命题的多层意义"两方面。如孔子所说的"学而不思则罔，思而不学则殆"命题，其所为"学""思"的内容特指"诗书礼乐"，这就是特殊意义；同时，"这句话反映了接受已有知识与个人独立思考的关系，总结了一项认识的规律"，[2]这就是普遍意义。"哲学体系分析"涉及"注意一个哲学家所要解决的主要问题""考察每一思想家哲学理论的基本倾向""注意考察哲学体系中概念范畴的层次""理解哲学学说的真谛与所达到的深度"四个方面，例如关于董仲舒思想的研究，"从他的著作来看，就可以了解，他是为了总结秦朝灭亡的教训，防止农民战争，谋求汉朝的长治久安而提出他的哲学体系的"。[3]

从"哲学研究中的历史与逻辑相统一"来看，主要涉及"正确理解历史的与逻辑的之统一""中国哲学发展的客观规律""中国哲学固有的概念范畴""哲学思想的螺旋发展"四个层次。就"正确理解历史的与逻辑的之统一"而言，张岱年指出要从历史唯物主义角度来运用这一方法，"逻辑的"应该是指人类认识发展的规律，那么，"所谓历史的与逻辑的之统一，主要包含两层意义：第一，哲学思想发展的历史过程与哲学思想发展的规律是一致的。第二，哲学思想发展的历史与概念、范畴的发生、发展、演变的历史也是一致的，要注意概念、范畴发展演变的历史。我们要

---

① 《张岱年全集》第 4 卷，第 153 页。
② 《张岱年全集》第 4 卷，第 154 页。
③ 《张岱年全集》第 4 卷，第 156 页。

依据这个观点来研究中国哲学史"。① 关于"中国哲学发展的客观规律",张岱年鲜明指出,这就是"两种基本倾向、两条基本路线的对立斗争"——"一条基本路线是以存在说明思维,另一条是以思维说明存在"。② "中国哲学固有的概念范畴"主要包括"本""道""气""诚""神""理"等。就"哲学思想的螺旋发展"而言,张岱年主要提醒研究者注意时代思想演变进程中低潮与高潮的关系,"历史的发展是曲折的,在一段时间内,后起的不一定胜过先驱者,但是后一时期的高峰往往会胜过前一时期的高峰,这表现了思想的不断前进"。③ 同时,叙述某一时代的哲学思想,要避免以偏概全,不能只讲各个时代占据统治地位的思想,例如"两汉时代,经学是官学,而一些进步思想家,如桓谭、王充、王符、仲长统,都不属于经学。魏晋玄学盛行,但杨泉、裴頠都是反玄学的,他们的学说也具有重要的意义"。④ 在追求真理的研究中要注意底线,"思想自由就是追求真理的自由,但不是毫无准则的胡思乱想。只有在唯物论原则的指导之下,人们抱有追求真理的热忱,才能达到哲学的真正繁荣"。⑤

从"哲学遗产的批判继承"来看,主要涉及"认识的发展与思想的继承""真理的具体性与普遍性""古代思想的历史检验""批判继承的基本原则"四个层次。主要的要求就是站在历史唯物主义立场,"具体问题具体分析",避免脱离历史条件抽象讨论问题。他指出,"古代学者的著作中,有关于历史事实的记载,这是作为具体知识必须继承的。古代学者的著作中,有关于宇宙人生的深奥问题的提示,如果确实反映了普遍的客观规律与联系,也是应该继承的","至于一些陈腐有害的观念,那就必须坚决地扫除之"。⑥ 例如,"儒家重视文化知识与道德教育,对于中国文化的发展,作出了积极的贡献","但儒家过于重视传统的继承,而忽视改

---

① 《张岱年全集》第 4 卷,第 166 页。
② 《张岱年全集》第 4 卷,第 166 页。
③ 《张岱年全集》第 4 卷,第 167 页。
④ 《张岱年全集》第 4 卷,第 167 页。
⑤ 《张岱年全集》第 4 卷,第 167 页。
⑥ 《张岱年全集》第 4 卷,第 175 页。

革与创新的必要,对于科学艺术的发展也起了消极的影响"。①

从"哲学史料的整理方法"来看,主要涉及"史料的调查与鉴别""校勘""训诂""史实的考证""史料的诠次"五个方法。在这些方法中,张岱年以深厚的古代经典研读功底和文字工夫详述了应该怎样具体去整理中国古代哲学史料的原则与章法。例如,"史料的调查与鉴别"要注意"泛观博览""深入考察""辨伪与证真""辑佚与'集语'"等。"校勘"要注意"对校法""内校法""参校法""误文举例"等。"训诂"要重视"广征博考,寻求古训通义""注意本篇文义,力求贯通""注意旁证和反证,避免主观臆断"等。"史料的诠次"要注意"史料的区分与会综""厘定史料的次序""发扬实事求是的学风"等。②

(四)张载思想研究

北宋大儒张载作为唯物主义哲学家,其哲学思想受到张岱年的重视,是唯一被张岱年以专著形式专门研究的中国哲学代表人物。在专著中,张岱年对张载思想的背景,张载与佛教唯心主义的斗争,古典唯物论思想、辩证法思想、伦理思想等方面展开研究,并对张载思想的缺陷进行客观总结。张岱年指出,"张载是宋代伟大的唯物论哲学家、无神论者,他的哲学思想在中国古典唯物论的发展史上占有重要的地位,同时他对于中国的古典哲学中辩证观念的发展,也有卓越的贡献。他的学说中,自然而不可免地,也包含了许多落后性的糟粕。"③张岱年对张载思想的研究在现代中国哲学界具有开创意义。

从唯物史观视角出发,张岱年首先展示了张载思想产生发展的社会背景,指出张载思想诞生于"北宋中期以后阶级矛盾逐渐深刻化,种族矛盾也逐渐尖锐化的时代"。④ 北宋名臣范仲淹是张载走上哲学研究道路的引路人。张载的家乡陕西在北宋时正处于国家边防前线,经常受到西

---

① 《张岱年全集》第 4 卷,第 181 页。
② 《张岱年全集》第 4 卷,第 184 页。
③ 《张岱年全集》第 3 卷,第 231 页。
④ 《张岱年全集》第 3 卷,第 231 页。

夏侵扰,民不聊生。年少时的他很有救国情怀,喜欢讨论兵法。张载二十一岁的时候,曾给当时镇守边陲的范仲淹上书讨论军事,但受到范仲淹的劝导,让他研读《中庸》,由此张载走上研究哲学的道路,由《中庸》而佛教及道家,再回到儒家的经典。张岱年指出,"他追求真理的道路是曲折的","在他追求真理的过程中,唯物论的思想与唯心论的思想,在他的头脑中曾经展开斗争。他终于达到了唯物论的观点",①特别是儒家经典《易传》的朴素唯物论与自发辩证法给张载很大的启发。由于亲缘关系,张载与北宋理学代表二程有密切联系,他们之间的关系历来是学术史上聚讼纷纭的公案。一种观点认为张载学说来自二程,张载自己的弟子吕大临也有类似说法。张岱年对公案进行了扼要考订,认为综合各方面因素考量,张载学说来自二程是诬枉之说。其一,张载和程颢、程颐的父亲是表兄弟,论亲戚关系他比二程长一辈,在年岁上比二程大十几岁。其二,张载思想与二程思想有根本上的区别,坚持唯物主义的张载思想绝无可能出自坚持唯心主义的二程思想,"这是唯心论者门徒们对于唯物论者的诬蔑,这里表现了唯物论与唯心论的激烈斗争"。② 其三,程颐本人也反对这种说法,程颐说:"如果说表叔(指张载)的平生议论,有和我们兄弟相同的地方,是可以的。如果说他曾从我们兄弟学习,那是没有的事。我告诉吕与叔(吕大临)改正,不想他还没有改,这就太大胆了",③后来吕大临修改说法为"于是尽弃异学,淳如也",④意思是张载见二程兄弟之后,去掉所有的和儒家学说不同的"异学"思想,变成更为纯粹的儒家。其四,二程思想与张载思想异同之点是很明确的,相异的是宇宙观,相同的是伦理学说,张岱年一针见血地指出原因在于"张载的宇宙观是唯物的,而他的伦理学说是唯心的"。⑤ 二程尤其赞美张载伦理学著述

---

① 《张岱年全集》第 3 卷,第 233 页。
② 《张岱年全集》第 3 卷,第 236 页。
③ 《张岱年全集》第 3 卷,第 236 页。
④ 《张岱年全集》第 3 卷,第 236 页。
⑤ 《张岱年全集》第 3 卷,第 236 页。

《西铭》，用《西铭》作为学生的教科书。① 而在张岱年看来，张载思想的精粹在《正蒙》。

从思想发展历程来看，张岱年认为张载的唯物论哲学体系是在与佛教唯心论斗争中建立起来的。佛教宣传灵魂不灭、生死轮回、因果报应、天堂地狱等迷信，同时更建立了"一切惟心""万法唯识"的唯心论体系，以为宗教迷信的理论基础。这种思想"粗暴地否认了世界的物质性，否认了外在世界的客观实在性。它教导人民忽视现实世界中的事物，忍受现实生活中的一切苦难，去追求那实际并不存在的来世的快乐"。② 在范缜、石介等人反佛教思想的基础上，张载大大加强了反佛教的力度，其思想特点是直接从唯物论与唯心论的基本对立来立论，"明确地肯定了物质世界的独立存在，明确地肯定了物质的第一性与精神的第二性"，③指出佛家思想的最大谬误就在于其"一切惟心""万法唯识"的唯心论。④ 佛家把他所不能认识的就看做"幻妄"，这正像夏虫疑冰一样，"夏天的虫子，没有见过冰，就怀疑冰的存在，唯心论者正是同样可笑"。⑤ 佛教的生死轮回学说、有鬼论——受到张载批驳。

从思想精华角度看，张岱年认为张载唯物论的内容主要包含三个要点："第一，关于世界的物质性的论证；第二，关于物质的自己运动的说明；第三，关于物质变化的规律性的论证"。⑥ 就第一个要点而言，张载的基本命题就是"一切存在、一切现象都是气"，⑦就是认为一切存在都是物质，也就是认为世界是物质性的。张岱年指出，"气"是中国古代唯物论的基本范畴，直到张载，才提出关于气的详细理论。⑧ 张载认为，普通所

①《张岱年全集》第 3 卷，第 236 页。
②《张岱年全集》第 3 卷，第 241 页。
③《张岱年全集》第 3 卷，第 242 页。
④《张岱年全集》第 3 卷，第 242 页。
⑤《张岱年全集》第 3 卷，第 242 页。
⑥《张岱年全集》第 3 卷，第 244 页。
⑦《张岱年全集》第 3 卷，第 245 页。
⑧《张岱年全集》第 3 卷，第 245 页。

谓虚空其实并非空无所有,而是气散而未聚的状态,即所谓"太虚无形,气之本体。其聚其散。变化之客形尔"。① 对此,张岱年解释道:"太虚即是普通所谓天空。天空无形无状,乃是气的本来状态。气集聚而成为具体的物。一切具体的东西都是气结合集聚而成的。气分散而为太虚。"② 通过"太虚即气"的观点,张载否定了魏晋玄学所谓"无"的实在性,"彻底否定了这种唯心论"。③ 张载还再三说明天是无心的,是没有思虑的,"天无心,心都在人之心","天地固无思虑",④因此,天不是精神性的,而是物质性的。⑤ 就第二个要点而言,张载肯定气(物质)是经常在运动变化之中的,这种变化表现为"聚散往来,胜负屈伸,浮沉升降。聚是集合,散是分离。往是消逝,来是出现"。⑥ 张岱年解释道:"气与气之间相互排斥相互吸引,因而有胜负屈伸。胜者伸,负者屈。浮升即是向上的移动,沉降即是向下的移动。"⑦而这种运动变化乃是气(物质)的本性,这一特点他用"神"字来表示:"惟有神能够变化,因为神统一了世界中的运动。"⑧在此基础上,张载提出了"神天德"的命题。张岱年指出,"所谓天德即是世界的本性、宇宙的本性的意思",⑨"神天德"也就是"运动变化是宇宙的本性"。⑩ 就第三个要点而言,张岱年认为张载常常谈到的"不测"范畴,正是用来表达"变化的复杂性多样性,并不是表示变化没有规律"。⑪ 虽然具有复杂多样的"不测"特点,但同时是有必然规律的,这规律叫做"理",其原语为"变化之理,顺序乎辞",⑫张岱年解释道,此意为"变化之理即是

①《张岱年全集》第3卷,第245页。
②《张岱年全集》第3卷,第245页。
③《张岱年全集》第3卷,第245页。
④《张岱年全集》第3卷,第247页。
⑤《张岱年全集》第3卷,第247页。
⑥《张岱年全集》第3卷,第247页。
⑦《张岱年全集》第3卷,第247页。
⑧《张岱年全集》第3卷,第248页。
⑨《张岱年全集》第3卷,第249页。
⑩《张岱年全集》第3卷,第249页。
⑪《张岱年全集》第3卷,第250页。
⑫《张岱年全集》第3卷,第250页。

变化的规律。变化的规律是可以用命题(辞)来表示的"。① 张载还对气、道、理的关系进行辨析，"阴阳是天的气。天生成万物，覆盖万物，是天的道。增益、减损、充满、亏缺的区别是天的理。道是同的。理是异的"。② 张岱年指出，"道与理的区别即是同与异的区别。道是同，即是普遍的。理是异。即是特殊的。道是总过程，理是分别的条理"。③ 在这里，无论是张载的原论，还是张岱年的解读，都将复杂的中国哲学范畴清晰辨明，是中国哲学研究的精彩典范。

张岱年还研究了张载的认识论和伦理学思想。张岱年认为，张载的认识论是混杂着唯物主义和唯心主义观点的，一方面，他承认世界是可以认识的，人的知识以外在世界为基础，见闻之知的真实性的标准是公共，④这都是他的认识论学说中的唯物论部分；但他又把人的知识分为两种，除了感性的"见闻之知"以外，还有不依赖于见闻的"德性之知"，这就离开了唯物论的立场，而陷入唯心论。⑤ 而张载的伦理学说，在张岱年看来就完全走入唯心论。最关键问题就是"他提出了一种神秘的人性论学说"，⑥这种学说把人性分为"天地之性"和"气质之性"两层。张岱年认为，宋代思想家"在周、秦、汉、唐的学者们所讲的抽象人性之外，更提出一种尤其抽象的人性"，⑦这种观点的开创者就是张载。张载这样做的原因是为了否定佛家的轮回迷信，但却陷入了"关于永恒的性的形而上学幻想中"，"虽然是反对佛教的，却只能有保守的意义"。⑧ 相对而言，张载提出的"民胞物与"思想获得高度评价，张岱年认为他鼓吹"封建时代所可能有的平等博爱的思想"，⑨具有进步意义。

---

① 《张岱年全集》第 3 卷，第 250 页。
② 《张岱年全集》第 3 卷，第 250 页。
③ 《张岱年全集》第 3 卷，第 250 页。
④ 《张岱年全集》第 3 卷，第 261 页。
⑤ 《张岱年全集》第 3 卷，第 259 页。
⑥ 《张岱年全集》第 3 卷，第 263 页。
⑦ 《张岱年全集》第 3 卷，第 263 页。
⑧ 《张岱年全集》第 3 卷，第 265 页。
⑨ 《张岱年全集》第 3 卷，第 266 页。

对于张载哲学思想的局限性,张岱年也多有指出,包括其"鬼神"观中的唯心论残余①、"民胞物与"思想对人民的反抗意识的麻痹②、宣扬"乐天""顺命"观念"完全是为封建秩序作辩护"③。综而言之,张岱年认为张载"虽然是唯物论者,但在当时条件下,他并没有超出封建社会的局限"。④

四、中国新文化建设思想

作为中国现代哲学家,张岱年所关注的问题并不限于哲学本身,而是更广泛地涉及如何通过哲学研究和思想创建,推动中国的新文化建设。他指出,"我们现在已经进入了社会主义社会,所以要建设的是社会主义的新文化。……这个新的文化体系,是在马克思列宁主义原则指导下,以社会主义价值观,来综合中西文化之长,而创新中国文化。它既是传统文化的继续,又高于已有的文化"。⑤

(一)中国新文化建设坚持马克思主义哲学的立场

张岱年对中国新文化建设的思考由来已久,早在1930年代已经"萌发了综合创新的基本主张"。⑥ 1980年代,他积极参与当时的"文化热"讨论,"从1986年起,我又在当时的'文化热'大讨论中,多次阐发马克思主义综合创新论的文化主张"。⑦ 他的主张十分鲜明,就是要在马克思主义指导下,进行文化的"综合创新",最终达到建成"社会主义的新文化"的目标,"社会主义的新文化是高于资本主义的文化。建设社会主义的新文化是一个创新的事业"。⑧

---

① 《张岱年全集》第3卷,第251页。
② 《张岱年全集》第3卷,第267页。
③ 《张岱年全集》第3卷,第267页。
④ 《张岱年全集》第3卷,第239页。
⑤ 张岱年《文化传统和综合创新》,载《江海学刊》,2003年10月。
⑥ 张岱年《综合创新文化观的运用》,载《光明日报》2003年4月22日。
⑦ 《综合创新文化观的运用》。
⑧ 张岱年《综合、创新,建立社会主义新文化》,载《清华大学学报》1987第2期。

　　以马克思主义哲学为指导来建设社会主义新文化,首先要注意处理社会文化的主流与支流关系问题。张岱年指出,"每一民族的每一时代的文化,都构成一个体系。在每一时代的文化体系中,必然有一个主导思想成为占统治地位的思想。而在这主导思想之外,又有多种支流思想"。① 对于主流文化与支流文化的关系,应按照马克思主义唯物辩证法立场来确定,一方面,不能随意压制支流文化,因为"如果对于那些与主导思想不同的各种支流思想采取压制的态度,必然引起文化发展的停滞";②另一方面,也不能淹没主流文化,"如果各种支流思想杂然并陈,纷纭错综,而没有一个占统治地位的主导思想,则不利于社会秩序的稳定"。③从世界文化史来看,每一民族每一时代的文化莫不如此,"既须确立一个主导思想,又须容许不同流派的存在,才能促进文化的健康发展"。④ 具体到新时代的中国文化,张岱年指出,"唯物论与辩证法应占主导地位。而新中国的唯物论与辩证法应是马克思主义与中国哲学中的唯物论与辩证法的优秀传统的综合",这是对主流文化的肯定。同时,"应允许唯心论以及自称既非唯心也非唯物的各种思想流派的存在。现在世界各国都允许宗教信仰的自由,新中国也允许各种宗教的信仰自由,既然允许宗教信仰的自由,则理应容许唯心论的自由,这是合乎逻辑的"。⑤

　　以马克思主义哲学为指导来建设社会主义新文化,其次要注意处理文化对时代问题的呼应。以唯物史观基本观点来看,张岱年认为,新文化建设应该遵循社会存在决定社会意识的规律,"一定的文化总是一定社会形态的反映。我国当今的社会状况与 20、30 年代的半殖民地半封建社会已大不相同,而且是大大的进步了。不同的时代应有不同时代的精神。在文化建设上,今天我们如何把握时代精神,建设社会主义的新

① 张岱年《试论中国文化的新统》,载《中国文化研究》1994 年 5 月。
②《试论中国文化的新统》。
③《试论中国文化的新统》。
④《试论中国文化的新统》。
⑤《试论中国文化的新统》。

文化,我认为对这个问题应有一个明确的认识",①当今的社会存在中最根本内容就是社会主义社会的生产方式,所进行的文化建设也应该是社会主义新文化。从这个立场出发,张岱年对一些错误的所谓"新文化"观点进行批驳。例如,"有人认为,在近几年的文化热中,已发表的文章,基本上还没有超出 20、30 年代的水平",张岱年针锋相对地批驳,认为这种观点不全面,而且忽略了关键的主题——"当前我们所处时代的时代精神"。② 如果要和 20、30 年代相比的话,那就必须明确那个时代的主题,"当时讨论的是:中国走向何处? 中国文化走向何处? 中国到底应如何办? 这是那个时代面临的问题"。③ 因此,当时的文化建设、所写的文章主要也是在呼应那样的一种时代问题。从文化建设角度看,当时许多的学者、思想家都"希望在西方学术中找到救国之道。但是,各种学说虽然曾经流行一时,不过都不能解决挽救民族危机的问题"。④ 最终来解决问题的是"无产阶级革命家以马克思列宁主义为指导来解决中国革命的实际问题,终于取得了胜利,建立了新中国"。⑤ 时隔半个世纪之后的今天,我国早已进入了社会主义社会,"20、30 年代面临的问题已经解决了,目标和方向已经确定了。现在的任务是建设有中国特色的社会主义物质文明和精神文明"。⑥ 这样一对比,问题就很清楚,当代社会已经解决了以往的问题,所面临的是比以往更高级别的问题,所以当代社会的文化建设总体上肯定是高于以往水平的。这样看来,那些学者提出的观点"似乎是很'新',实际上却没有把握时代的精神"。⑦

以马克思主义哲学为指导来建设社会主义新文化,还要注意处理对传统文化的态度问题。张岱年同样站在历史唯物主义立场上来进行阐

---

① 《综合、创新,建立社会主义新文化》。
② 《综合、创新,建立社会主义新文化》。
③ 《综合、创新,建立社会主义新文化》。
④ 《试论中国文化的新统》。
⑤ 《试论中国文化的新统》。
⑥ 《综合、创新,建立社会主义新文化》。
⑦ 张《综合、创新,建立社会主义新文化》。

释,他指出,在中国传统文化中有大量消极的思想观点,应努力加以克服,但也有大量积极的有价值的思想观点应该肯定。[①] 那么以何种标准来区别积极、消极、精华、糟粕呢? 张岱年指出,这种标准的基础仍然是以历史唯物主义为原则,"我觉得不同的时代会对文化的发展提出不同的要求,但有两条是基本的:(1)真正反映客观实际情况;(2)能够促进文化的发展。第二点是非常重要的标准。列宁说过无产阶级思想最重要的是能不能促进社会的发展,不能促进就是不进步。邓小平同志晚年也说过:发展是硬道理"。[②] 历史唯物主义坚持的是历史前进的发展原则,因而,传统文化中的积极因素也必须符合这一历史前进趋势。

(二)中国新文化建设对"中西论争"的超越

讨论中国新文化建设,必然涉及近代以来"中西论争"的热点问题。张岱年从继承优良传统文化和汲取西方文化的角度,提出"我们建设社会主义的新文化,一定要继承和发扬自己的优良文化传统,同时汲取西方在文化上的先进贡献,逐步形成一个新的文化体系",[③]另一方面,他主张对两种错误进行批评,"我们创造社会主义新文化,既要反对民族虚无主义、历史虚无主义,也要反对文化保守主义、复古主义",[④]"反对全盘西化和中国文化优越论"。[⑤]

反对"民族虚无主义、历史虚无主义"体现出张岱年敏锐的文化自觉意识。他的文章从早年到晚年,都对近代以来一直存在并影响巨大的"全盘西化"论进行尖锐批判,明确反对"传统文化否定论"。他提出:"近年来,有一种论调,在国内影响甚大。我称之为'传统文化否定论'。他们主张对中国传统文化应一概否定,完全向西方学习"。[⑥] 对这类人,张岱年从学理层面、事实层面和价值层面进行了全面批评。

---

① 《文化传统和综合创新》。
② 《文化传统和综合创新》。
③ 《综合、创新,建立社会主义新文化》。
④ 张岱年《建设新道德:儒学作为一个整体已经过时》,载《教育艺术》1996 年 12 月。
⑤ 《文化传统和综合创新》。
⑥ 《综合、创新,建立社会主义新文化》。

从学理层面来看,某些高谈阔论否定传统文化的人"侈谈什么'中国文化的深层结构',甚至说,在中国,'人'还没有'萌芽'",张岱年剖析这类观点的荒谬性说:"毋庸讳言,在我国传统文化中有不足之处,但是,如果说有五千年文化的中华民族还没有出现'人'的观念,这就不但彻底否定了中国的文化,而且连中华民族也彻底否定了",如果一个发展了五千年的民族,她的文化中居然没有"人"的观念,这是在挑战所有人的常识底线,如果这一观点成立,那岂不是从事实上否定中华民族作为"人"的资格? 显然,这一类观点没有任何学术讨论的意义,更接近一种泄愤式的谩骂,"我认为,这种思想是对中国传统文化和中华民族的玷污、污蔑。如此观点,对中国文化的浅层结构都不了解,何能谈文化的深层结构呢"!①

从事实层面来看,张岱年列举切近的事例证明"全盘西化"论之荒谬,逻辑混乱。他指出:"中国的20、30年代,日本等帝国主义入侵中国,民族、国家处于危急存亡之秋。当时,一般的中国人都有一个信念:'中国必胜',并以'我们是中国人'自豪。"②历史上的事实不容否认,中国人在面对强敌入侵时众志成城,英勇抗敌,这是最真实的"文化自信"的表现! 反过来看,那些历史上特别是现实中偏偏看不起自己的中国人的存在就是一个值得反思的问题:"可是,在80年代的中国人中,有人却偏偏看不起自己,这不能不引起我们深思。如果说中国国民性中有'奴性'的一面,那末,这些人看不起中国的思想,正是'奴性''劣根性'的表现。"③这一段论述十分精妙,明确向读者揭示,那些动辄胡诌中华民族"奴性""劣根性"的"全盘西化""传统文化否定论"者,其实所批评的对象正是他们自己,他们的言论自以为站在思想最高点,但恰恰相反,他们的观点是处在所有思想的最低层,导致他们所痛恨的问题也正是他们自己,而不是口口声声宣称的"全民族"。

从价值层面来看,张岱年极力发掘中国传统文化精华。他提出:"我

---

① 《综合、创新,建立社会主义新文化》。
② 《综合、创新,建立社会主义新文化》。
③ 《综合、创新,建立社会主义新文化》。

们现在面临一项重要任务，就是要阐明中国的传统文化有哪些特点？对人类文化作出过什么贡献？哪些是中国传统文化的精华？值得每一个中国人骄傲和自豪。"①张岱年纵论上下几千年的历史事实，针对一直以来甚嚣尘上的中华民族"奴性"说，鲜明提出中华民族"对外""对内"的"反抗"传统、"反抗"精神。"对外"的"反抗"传统即"中国人民有反对外来侵略的传统，对外来侵略不能忍受，在历史上有过无数的爱国志士和民族英雄，他们为了捍卫国家、民族，不惜抛头颅洒热血，与外来侵略者作不妥协的斗争。在我国历史中，写下了可歌可泣的篇章"②，当然，张岱年也没有忽略反抗传统中存在的异类，坦陈"在我国历史上也有过汉奸，但仅是少数，不代表传统的主流，而且遭到人民的唾弃"。③ "对内"的"反抗"传统即"中国人民对内有反暴政、反压迫的传统。从陈胜、吴广揭竿而起，直至太平天国起义，上下两千多年风起云涌的农民起义，无不反对暴政、反对压迫。我国古代，早在春秋战国时期，就有孔子宣扬'仁'，孟子提出'仁政'。自此以后，历史上的进步思想家和有识之士，继承了这一优良传统，为了国家、民族的长远利益，反对统治者的暴政，同情人民所遭受的苦难"。④ 这两种"反抗"传统就是"中华民族赖以延续的精神支柱，今天仍应大大发扬。这个优良文化传统，可以用《易传》中的 4 个字'自强不息'来概括"。⑤ 在众多历史事实的基础上，张岱年批评所谓"奴性"说的不合理："从 20、30 年代直至今日，都有学者断言，中国的国民性的特色是'奴性'，显然，这是不符历史的偏颇之见。"⑥在另一篇文章中，张岱年对优秀传统文化做了更广义的概括，阐述为四点："爱国主义思想""人格价值观念""人际和谐思想""社会责任观念"。⑦ 他特别指出，从

---

① 《综合、创新，建立社会主义新文化》。
② 《综合、创新，建立社会主义新文化》。
③ 《综合、创新，建立社会主义新文化》。
④ 《综合、创新，建立社会主义新文化》。
⑤ 《综合、创新，建立社会主义新文化》。
⑥ 《综合、创新，建立社会主义新文化》。
⑦ 《建设新道德：儒学作为一个整体已经过时》。

孔子的"天地之性人为贵",孟子的"良贵""所欲有甚于生者"和"所恶有甚于死者"等观念,可以看出中国传统文化强调"人人都具有天赋的内在价值,于是强调人格的尊严""人格的尊严比生命还重要"。①

反对"文化保守主义、复古主义"是张岱年的另一种文化批评态度。在大力批判"全盘西化"的同时,张岱年没有一味鼓吹传统文化的复古要求,对本国传统文化,他同样有着理性的态度,对于中国传统文化的主要构成部分——儒学,他的评价即能反映这种态度:"儒学思想虽然有一些深湛内容,但是儒学作为一个整体已经过时了。当代新儒家企图复兴儒学,那是不能解决问题的。"②张岱年将中国传统伦理道德中过时的内容称为"陈腐传统",主要包括"等级意识"和"空疏倾向"。就"等级意识"而言,张岱年指出,"所谓君臣、父子、夫妇的关系都是不平等的,这种不平等的关系,要完全加以否定。在今天,君臣关系已经不存在了,父子夫妇都应是平等的。社会主义社会既应废除阶级剥削,更应废除等级差别"。③ 就"空疏倾向"而言,张岱年指出,"儒家在一些问题上表现了空疏倾向,割裂了道德理想与物质利益的联系",④在这个问题上,儒家大师孔子、孟子都有一定责任,"孔子对于中华民族的精神文明有重大的贡献,强调正德,但对于利用厚生有所忽视。孟子强调'何必曰利',其实固然不应追求私利,但是国家人民的公共利益还是必须讲究的"。⑤ 对这一缺点,张岱年极为重视,反复申述。他还从中国古代传统所重视的"正德、利用、厚生"三个方面进行分析比较,认为这种"空疏"倾向正表现为对"利用""厚生"的不够重视。他指出:"孔子只是讲正德,没有讲利用、厚生,这有消极影响。这一点别的学派也有缺陷,魏晋讲玄学、宋明讲理学,都是有所偏,都不注重利用、厚生",⑥其他如"墨家利用而不厚生,庄

---

① 《建设新道德:儒学作为一个整体已经过时》。
② 《建设新道德:儒学作为一个整体已经过时》。
③ 《建设新道德:儒学作为一个整体已经过时》。
④ 《建设新道德:儒学作为一个整体已经过时》。
⑤ 《建设新道德:儒学作为一个整体已经过时》。
⑥ 《文化传统和综合创新》。

子的《天下》篇中，就批评墨家太苦，一般人接受不了"。① 相比之下，西方文化就有这个优点，"西方就强调利用、厚生"。②

（三）中国新文化建设的创新性

以马克思主义哲学的唯物史观为基础，在平实分析评判中西传统文化优缺点的基础上，张岱年指出中国新文化建设的方向应该是"创新"。他明确指出："历史在不断发展，时代在不停前进。中国五千年以来的传统文化已面临严重挑战，因为它已不满足社会主义现代化的需要，必须创新。"③他的论证非常鲜明，讲清楚了创新的原因是历史的前进，是社会主义现代化建设的需要。

张岱年论述中国新文化建设的"创新"有三个构成基点：第一是中国文化优良传统的传承和发展，第二是西方外来文化优点的吸收，第三是对当前及未来中国国情的把握。他指出："创新决不是传统文化的'断裂'，而是优良传统的继续和发展。综合中西文化之所长，融会中西优秀文化为一体，这才是真正的创新"，④"我认为：一方面要总结我国的传统文化，探索近代中国落后的原因，经过深入的反思，对其优点和缺点有一个明确的认识。另一方面，要深入研究西方文化，对西方文化作具体分析，对其缺点和优点也要有一个明确的认识"。⑤ 第三个基点则是"新文化建设"的实际基础和前进方向。从国情角度看，中国特色社会主义就是当前及今后我国最大的国情，结合这个国情，我们应该创新建设的就是"社会主义新文化"。张岱年在这方面是十分乐观的，他指出，"在邓小平同志建设有中国特色的社会主义理论的指导之下，经过全民的认真讨论，社会主义新道德建设一定会成功"，⑥"它是具有中国特色的社会主义

---

① 《文化传统和综合创新》。
② 《文化传统和综合创新》。
③ 《综合、创新，建立社会主义新文化》。
④ 《综合、创新，建立社会主义新文化》。
⑤ 《综合、创新，建立社会主义新文化》。
⑥ 《建设新道德：儒学作为一个整体已经过时》。

的新文化,是人类文化史上高度民主、高度科学的新文化"。①

张岱年所阐述的"新文化"涵盖面极宽,是一种广义的"文化"。在晚年写的《中华文明的现代复兴和综合创新》一文中,他将中国文化之创新概括为十大方面:"中国文化在未来的新世纪,必将以建设有中国特色社会主义的新型文明为主题,在中华文明史乃至世界文明史上,做出具有历史意义的十大创新",②第一是创造一个富强、民主、文明的社会主义现代化新中国;第二是创造物质文明与精神文明高度统一的有中国特色社会主义新型文明;第三是开创一体两翼式的有中国特色社会主义的新型体制,即新型市场经济—新型民主政治—新型科学文化体制;第四是开创"体制改革—经济起飞—国家统一—文化复兴"四大潮流有机统一的跨世纪中国主潮;第五是开创有中国特色社会主义现代化的新道路和新模式;第六是创造现代革新的中华民族精神;第七是创造有中国特色社会主义的新型价值观体系;第八是努力创造富有时代精神与东方神韵的新型方法论体系——大成智慧学;第九是创造大器晚成、现代复兴的中华文明新形态;第十是创造现代新型主体,以熔铸 21 世纪新型世界文明。③

总而言之,张岱年对中国社会主义新文化建设的前景十分看好,他指出,"有中国特色社会主义,不仅意味着一种中国现代化的新模式,而且意味着世界文化中的一种新类型:它既不同于西方资本主义的近现代文化,也不同于东亚周边国家的所谓'儒家资本主义'文化。走综合创新之路,意味着中国将以开放的态度和博大的胸襟,广泛借鉴东西方现代化先行国家的正反历史经验,并在借鉴之中有所发展,有所创造,有所升华。这是中国文化的现代复兴之道,生生不息之道,后来居上之道"。④可以看出,张岱年对于中国社会主义新文化建设具有深刻的认识、卓越的远见、坚定的立场、乐观的心态和充分的自信。

---

① 《综合、创新,建立社会主义新文化》。
② 张岱年、王东,《中华文明的现代复兴和综合创新》,载《教学与研究》1997 年 5 月。
③ 《中华文明的现代复兴和综合创新》。
④ 《中华文明的现代复兴和综合创新》。

主要参考文献

（以征引先后为序）

李天纲编校. 弢园文新编. 香港：生活·读书·新知三联书店有限公司,1998.

王韬编. 弢园文录外编. 上海：上海书店出版社,2002.

夏东元编. 郑观应集. 上下册. 上海：上海人民出版社,1982、1988.

姜义华、张荣华编校. 康有为全集. 全12集. 北京：中国人民大学出版社,2007.

谭浏阳全集. 台北：文海出版社,1962.

谭训聪编. 清谭复生先生嗣同年谱. 台北：商务印书馆股份有限公司,1980.

广东省社会科学院历史研究室、中国社会科学院近代史研究所中华民国史研究室、中山大学历史系孙中山研究室合编. 孙中山全集. 全11卷. 北京：中华书局,1981—1986.

中国科学院近代史研究所中华民国史组、广东省哲学社会科学研究所历史研究室合编. 孙中山年谱. 北京：中华书局,1976.

上海人民出版社编. 章太炎全集. 全6册. 上海：上海人民出版社,1982—1986.

朱维铮、姜义华编注. 章太炎选集(注释本). 上海：上海人民出版社,1981.

章玠编选. 革故鼎新的哲理——章太炎文选. 上海：上海远东出版社,1996.

章太炎撰,陈平原导读. 国故论衡. 上海：上海古籍出版社,2003.

章太炎著,虞云国标点整理. 菿汉三言. 沈阳：辽宁教育出版社,2000.

汤志钧编. 章太炎年谱长编. 北京：中华书局,1979.

王栻主编. 严复集. 全5册. 北京：中华书局,1986.

姚淦铭、王燕编. 王国维文集. 全4卷. 北京：中国文史出版社,1997.

任建树、张统模、吴信忠编. 陈独秀著作选. 全3卷. 上海：上海人民出版社,1993.

欧阳哲生编. 胡适文集. 全12册. 北京：北京大学出版社,1998.

罗志田. 再造文明之梦——胡适传. 成都：四川人民出版社，1995.

中国文化书院学术委员会编. 梁漱溟全集. 全 8 卷. 济南：山东人民出版社，1989—1993.

[美]艾恺著，郑大华等译. 梁漱溟传. 长沙：湖南出版社，1992.

张君劢. 民族复兴之学术基础. 北平：再生杂志社，1935.

张君劢. 立国之道. 桂林：商务印书馆，1938.

张君劢. 陈文熙编. 中西印哲学文集. 上下册. 台北：台湾学生书局，1981.

张君劢、丁文江编. 科学与人生观. 济南：山东人民出版社，1992.

张君劢. 新儒家思想史. 北京：中国人民大学出版社，2006.

张君劢. 宪政之道. 北京：清华大学出版社，2006.

张君劢. 义理学十讲纲要. 北京：清华大学出版社，2006.

张君劢. 政制与法制. 北京：清华大学出版社，2008.

张君劢. 明日之中国文化. 长沙：岳麓书社，2012.

翁贺凯编. 张君劢卷. 北京：中国人民大学出版社，2014.

李贵忠编. 张君劢年谱长编. 北京：中国社会科学出版社，2016.

刘义林、罗庆丰. 张君劢评传. 南昌：百花洲文艺出版社，1996.

翁贺凯. 现代中国的自由民族主义——张君劢民族建国思想评传. 北京：法律出版社，2010.

郑大华. 张君劢传. 北京：商务印书馆，2012.

中国李大钊研究会编注. 李大钊全集. 全 5 卷. 北京：人民出版社，2006.

李达文集编辑组编. 李达文集. 全 4 卷. 北京：人民出版社，1980—1988.

中共中央文献研究室编. 毛泽东哲学批注集. 北京：中央文献出版社，1988.

中共中央文献研究室、中共湖南省委《毛泽东早期文稿》编辑组编. 毛泽东早期文稿. 长沙：湖南出版社，1990.

中共中央文献编辑委员会编. 毛泽东选集. 全 4 卷. 北京：人民出版社，1991 年第 2 版.

中共中央文献研究室. 毛泽东文集. 全 8 卷. 北京：人民出版社，1993—1999.

中共中央文献研究室编. 毛泽东书信选集. 北京：中央文献出版社，2003.

中共中央文献研究室编. 毛泽东年谱 1893—1949. 全 3 卷. 北京：人民出版社、中央文献出版社，1993.

艾思奇文集编辑组编. 艾思奇文集. 全 2 卷. 北京：人民出版社，1981—1983.

艾思奇全书编委会编. 艾思奇全书. 全 8 卷. 北京：人民出版社，2006.

萧萐父主编、郭齐勇副主编. 熊十力全集. 全 10 册. 武汉：湖北教育出版社，2001.

冯友兰. 新理学. 商务印书馆，1939.

冯友兰. 新事论. 商务印书馆，1940.

冯友兰. 新原人. 商务印书馆,1943.

冯友兰. 新原道. 商务印书馆,1946.

冯友兰. 新知言. 商务印书馆,1948.

冯友兰. 三松堂学术文集. 北京:北京大学出版社,1984.

冯友兰. 三松堂自序. 北京:生活·读书·新知三联书店,1984.

冯友兰. 中国哲学简史. 北京大学出版社,1985.

冯友兰. 三松堂全集. 全 13 卷. 郑州:河南人民出版社,1985—1994.

蔡仲德. 冯友兰先生年谱初编. 郑州:河南人民出版社,1994.

方东美. 原始儒家道家哲学. 北京:中华书局,2012.

方东美. 新儒家哲学十八讲. 北京:中华书局,2012.

方东美著,孙智燊译. 中国哲学精神及其发展. 北京:中华书局,2012.

方东美. 中国人生哲学. 北京:中华书局,2012.

方东美. 华严宗哲学. 全 2 册. 北京:中华书局,2012.

方东美. 中国大乘佛学. 全 2 册. 北京:中华书局,2012.

方东美. 坚白精舍诗集. 北京:中华书局,2013.

方东美. 生生之德:哲学论文集. 北京:中华书局,2013.

方东美. 科学哲学与人生. 北京:中华书局,2013.

方东美先生演讲集. 北京:中华书局,2013.

蒋国保、余秉颐. 方东美思想研究. 天津:天津人民出版社,2004.

贺麟. 现代西方哲学讲演集. 上海:上海人民出版社,1984.

贺麟. 五十年来的中国哲学. 沈阳:辽宁教育出版社,1989.

贺麟. 哲学与哲学史论文集. 北京:商务印书馆,1990.

张学智编. 贺麟选集. 长春:吉林人民出版社,2005.

贺麟全集. 第 3 卷. 上海:上海人民出版社,2009.

贺麟全集. 第 4 卷. 上海:上海人民出版社,2011.

贺麟全集. 第 10 卷. 上海:上海人民出版社,2012.

金岳霖学术基金会学术委员会编. 金岳霖文集. 全 4 卷. 兰州:甘肃人民出版社,1995.

中国近代思想家文库·金岳霖卷. 北京:中国人民大学出版社,2015.

朱谦之. 日本的古学及阳明学. 北京:人民出版社,2000.

黄夏年编. 朱谦之文集. 全 10 卷. 福州:福建教育出版社,2002.

张国义. 一个虚无主义者的再生:五四奇人朱谦之评传. 北京:中国文联出版社,2008.

韩林合编. 洪谦选集. 长春:吉林人民出版社,2005.

张岱年全集. 全 8 卷. 石家庄:河北人民出版社,1996.

林大雄整理. 张岱年学述. 杭州:浙江人民出版社,1999.

［美］艾恺著.世界范围内的反现代化思潮——论文化守成主义.贵阳：贵州人民出版社，1991.

景海峰编.儒家思想与现代化——刘述先新儒学论著辑要.北京：中国广播电视出版社，1992.

黄兴涛著.文化怪杰辜鸿铭.北京：中华书局，1995.

黄克剑著.百年新儒林——当代新儒家八大家论略.北京：中国青年出版社，2000.

哈佛燕京学社编.启蒙的反思.南京：江苏教育出版社，2005.

郭齐勇著.现当代新儒学思潮研究.北京：人民出版社，2017.

后　记

　　本卷写作得到武汉大学哲学学院田文军教授、国防大学马克思主义教研部李青教授、天津市工会管理干部学院陈寒鸣副教授、湖北经济学院马克思主义学院谭绍江讲师、长江大学马克思主义学院徐骆副教授、湖北经济学院马克思主义学院介江岭讲师的帮助。田老师提供了 10 篇他以前撰写的关于冯友兰哲学思想研究的论文,计约 12 万字,由我整理成"冯友兰的'新理学'"一节,其中"生平著述"部分为我新撰,全稿一并交田老师过目底定。田老师和蔼宽厚、扶掖后学的长者风范令我铭感! 当时李青老师与我未曾谋面,我在中国现代哲学学会成立 30 周年纪念文集的征稿目录中看到他提交的关于艾思奇哲学思想研究的篇名,于是打听到他的联系方式,并贸然去信向他求稿,李老师旋即回复慨允赐稿,此后他多次打电话与我商谈写作计划,电话那头传来的爽朗声音非常符合我想象中的一位在军队单位任教的马克思主义学者的形象。李老师按时发来"艾思奇与马克思主义哲学的大众化、中国化和时代化"文稿,我基本上未作改动就整合到本卷之中了。我认识的北京师友何止数十百位,但我决定下次进京首先要去拜谢李青老师! 就在同年 10 月中,我到北京大学参加杜维明先生八秩寿庆会,期间约请李老师在蓝旗营一家牛羊肉馆夜酌,初次见面彼此便了无拘礼,快何如之! 陈寒鸣兄是我的知交,其为人也沉毅木讷,但其内秀非寻常可及。由于无关乎学术水平的原因,寒鸣兄止步于副教授职称,然其学术造诣岂是一般教授能望其项背！寒鸣兄对职称一事坦然处之,从不遮遮掩掩,更加令我钦佩！当我向寒鸣兄求取"张君劢"一稿,他当即答复"遵命",嗣后不断发来半成稿嘱我参与意见,及至稿成,洋洋洒洒竟十余万字！其学殖深厚,才思敏捷,万斛泉源,滔滔汩汩,于斯可见。因篇幅所限,我请他力加删削,他删至八万字而止,我继续删至五万余字,是为"张君劢的自由意志人生观及其和会中西归宗儒家的文化观"一节。需要说明的是,我对寒鸣兄文稿的删削集中在张君劢生平著述部分,原稿这一部分简直就是一部张君劢传记;其正论部分则未作大动,所以寒鸣兄对张君劢思想研究的成果基本保全。谭绍江、徐骆、介江岭皆为青年才俊,也是与我共学的忘年之交。绍江撰写了"李大钊的传统哲学思想和唯物史观"和"张岱年的'新唯物论'和新文化建设思想"两节,徐骆撰写了"方东美的比较哲学"一节,江岭撰写了"贺麟的理想唯心论"和"朱谦之的唯情哲学"两节。对于各位师友的帮助,在此一并致以真诚感谢！除以上所列各节之外,其余文稿皆为我研读构思结撰而成的心血之作。

本卷最终成功,还必须感谢业师亦即本套书主编郭齐勇教授和本套书策划者江苏人民出版社总编辑府建明编审,他们以极大的耐心等待冥顽不化的我按照自己的思路结撰书稿,对于我的迟滞虽有催询,但也再三宽限,从未责让,反而体贴鼓励有加。若无这种难能可贵的耐心、包容和信任,必致本卷半途而废,由此令我特别领悟到良师益友的含义,望尘追随,终生受用！

本卷按照中国现代哲学对于西学的开阖次第安排章节,以理论形态的接近而非政治态度的异同归并人物,所有论述、观点和评价都生发于研读原始文献基础之上,绝未捃撦二手资料,更非空口腾说。凡此都是笔者自信本卷独到和稳当之处。

刘彦和言曰:"方其搦翰,气倍辞前;暨乎篇成,半折心始。"(《文心雕龙·神思》)本卷不逮之处想必尚多,敬祈博雅方家不吝指正。

胡治洪

2019 年 5 月 20 日记于江夏玉龙岛湖畔居